I0046176

HISTOIRE

DE

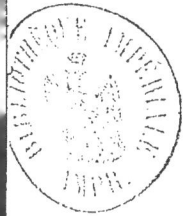

VERDUN

ET DU PAYS VERDUNOIS

270

8° LK 7
13488 (2)

PROPRIÉTÉ DE L'ÉDITEUR

4
1869

HISTOIRE

DE

VERDUN

ET DU PAYS VERDUNOIS

PAR

M. L'ABBÉ CLOUËT

BIBLIOTHÉCAIRE DE LA VILLE
CHEVALIER DE LA LÉGION-D'HONNEUR, OFFICIER ET ANCIEN
PROFESSEUR DE L'UNIVERSITÉ
MEMBRE DES ACADÉMIES IMPÉRIALES DE METZ
ET STANISLAS DE NANCY

TOME II

VERDUN

IMPRIMERIE DE CH. LAURENT, ÉDITEUR

1, RUE DES GROS-DEGRÉS, 1

1868

HISTOIRE

DE

VERDUN

~~~~~~

PÉRIODE

DES COMTES VOUÉS

DE L'AN MIL A L'AN 1140 ENVIRON.

~~~~~~~~~~~~~~~~~~~

Cette période est longue et pleine d'événements. Pour
mettre de l'ordre dans son histoire, nous y distinguerons
d'abord l'époque des voués de la maison d'Ardenne, jusqu'au départ de Godefroy de Bouillon pour la Croisade,
en 1097, et celle des voués de la maison de Bar, dont le
dernier fut Renauld-le-Borgne, expulsé par l'évêque Albéron de Chiny, vers 1140. Dans chacune de ces deux divisions, nous établirons des subdivisions, selon les occurrences du sujet ; et nous reprendrons notre récit en
supposant présentes à l'esprit du lecteur les choses dites,
au chapitre des Institutions, sur la principauté épiscopale
et les fonctions des comtes grands avoués.

CHAPITRE Iᵉʳ.

LA PRINCIPAUTÉ ÉPISCOPALE A SA NAISSANCE. L'ÉVÊQUE HEIMON.
ETAT DE PAIX, JUSQU'A LA RÉVERSION DE L'AVOUERIE AUX DUCS DE BASSE-LORRAINE.

De 990 à 1025 environ.

Le temps d'Heimon est considéré comme l'âge d'or de
l'Eglise de Verdun. La grandeur de ce prélat, l'habileté de
son gouvernement, l'heureux succès de ses entreprises, la
dévotion de son peuple et le zèle des fondateurs ecclésiastiques, enfin l'absence de toute querelle politique ou religieuse firent de son épiscopat une époque presque idéale,
qui demeura longtemps dans les souvenirs, au milieu des
calamités des siècles suivants (1).

Il est nécessaire de rappeler ici, en quelques mots, l'état
des choses lorsque cet évêque vint à Verdun. Avant les
événements de 984, Godefroy, déjà vieux, avait ainsi pro-
jeté la répartition de son héritage entre les membres de sa
nombreuse famille. Aux deux aînés, Godefroy Sans-Lignée
et Gothelon, les grandes positions féodales : c'étaient des
hommes d'épée et de véritables princes, qui parvinrent
l'un après l'autre au duché de Basse-Lorraine; et Gothelon
ainsi que ses descendants figurèrent, aux premiers rangs,
dans l'histoire politique du XIᵉ siècle. Pour les puînés, Adalbéron, Frédéric et Herman, tous trois gens de douceur et
de dévotion, ainsi que leur mère Mathilde la Saxonne, qui
passait les jours à prier Dieu dans l'église Saint-Vanne,
Godefroy réserva Verdun, qu'il considérait comme apanage héréditaire dans sa maison. Adalbéron eut l'évêché,

---

(1) *O quanti Patres, qui tot bona ecclesiæ contulerunt sub domno Heimone : ô
quanta viri hujus ergà ecclesias sollicitudo!* etc. Continuat. de Bertaire.—*Feli-
cia tunc tempora Virdunensis ecclesiæ, tantis, sub Heimone, insignita personis
ut, usquè in hodiernum diem, illorum claritate resplendeat.* Flavigny.

où nous avons vu sa promotion, d'abord malgré le roi
Lothaire, ensuite de son consentement; le comté séculier fut la part de Frédéric, digne frère de l'évêque en
sainteté et en bonnes œuvres ; enfin le plus jeune de la
famille, Herman resta près d'eux pour les aider, et entou-
rer de soins la vieillesse de Mathilde (1). Tel était le bonheur dont ces paisibles princes espéraient jouir, quand l'entreprise de Lothaire vint déranger leurs plans. L'Empire
ayant refusé sa ratification au traité par lequel ils livraient
en rançon de leur père des places du Verdunois aux comtes
français Herbert et Eudes, la maison de Godefroy se trouva,
en fait, déchue des droits qu'elle s'attribuait sur notre pays.
Il fut résolu, au conseil de Théophanie, régente d'Allemagne, au nom d'Othon III, qu'on laisserait s'éteindre entre
les mains des médecins de Salerne le jeune évêque Adalbéron, maladif et faible personnage, qui s'était soumis à
Lothaire, et avait garanti les conventions : puis, qu'on mettrait à sa place un prince évêque, libre de tout engagement,
et capable de revendiquer, d'autorité impériale, les fiefs et
les forteresses illégalement cédés; l'intention de la cour
n'étant pas d'ailleurs qu'on s'aliénât, par aucun procédé
blessant, la vieille et noble race des Godefroy, illustre, jusqu'à ce jour, parmi les plus fidèles. Telles furent les instructions avec lesquelles Heimon vint à Verdun, investi du
bénéfice régalien de comté et de Marche, dont nous avons
expliqué les prérogatives dans le tome précédent : et il dut
prendre possession, vers 990, peu après la mort d'Adalbéron.

Cet évêque, puissant et riche seigneur, de haute noblesse de Bavière, s'entoura de splendeur dès son arrivée,
pour ne point paraître inférieur aux comtes dont il venait
prendre la place (2). Personne ne put se méprendre sur

(1) Sur cette famille, ci-dessus, tom. i. p. 574.
(2) *Dominus Heimo, vir nobilis et superabundans divitiis. — Genere et mo-*
ribus nobilissimus Heimo, à Teutonicâ. — Ex ducatu Bavariæ oriundus, impera-
toris Henrici aulicus, etc.

l'éminence de son rang; car on mettait sur la monnaie son
nom à côté de celui de l'empereur : ce qu'on n'avait fait
auparavant pour aucun de nos comtes, ni de nos évêques (1). A la grandeur de ses manières, il joignait d'excellentes qualités : il plaisait aux saints, en se montrant pieux
avec eux, et en leur promettant de belles églises; et il
gagna l'affection du peuple par des dépenses larges et
magnifiques, et par l'espoir qu'on obtiendrait de son crédit
la réparation des malheurs passés. Quoiqu'il fût allemand,
il parlait très-bien à ses ouailles en langue romane, qu'il
avait apprise chez l'évêque Noger de Liége, son maître
dans les études de cléricature (2); il était lui-même bon
clerc, complimenté à ce titre par les savants, et occupant les
copistes à transcrire de beaux livres pour sa bibliothèque
épiscopale (3). C'étaient là d'honorables moyens de popula-
rité; et nos chroniqueurs l'en ont loué à juste titre : mais,
comme il n'eut garde de les initier à son gouvernement,
c'est ailleurs que dans leurs écrits que nous avons à chercher les traces de ses actes politiques.

L'affaire importante du temps de son avénement fut de

(1) Sur cette monnaie, la première de nos pièces épiscopales, voir ci-
dessus, tom. I. p. 390-91. Denier d'argent fin : poids 1,54 gramme. Décrit
dans Robert, Etudes numismat. p. 235: gravé, ibid. pl. XVIII, fig. 8. Inscription : *Otto imperator, Heimo episcopus.*

(2) *Episcopus Virdunensis, eò quòd linguam gallicam noverat, causam synodi
prolaturus surrexit.* Richer de Reims. IV. 100. — *Iste fuit discipulus Notgeri,
Leodiensis episcopi,* Albéric de Tr. Font. à l'an 988. — Sur Noger et son école
Mabillon. Annal. IV. 201. Art de vérif. les dates, III. 131. — A la même
époque, l'abbé Nantaire de Saint-Mihiel est noté, dans la chronique de cette
abbaye, comme *linguæ gallicæ peritiâ facundissimus.* Ceci semble indiquer
que le français était dès-lors assez formé pour qu'on pût paraitre éloquent
en cette langue, jusqu'alors appelée roman rustique.

(3) *Jussu domini Heimonis, venerandi præsulis ecclesiæ Virdunensis, accepi
ego Rodulfus, obedienter ac gratanter, hunc librum ad scribendum, finivique
anno Inc. dom. millesimo IX, indict. VII, X kalendas aprilis, regnante Heinrico rege
in regno Hlotharii.* Ce manuscrit, in-fol., d'une belle écriture, se voyait à la
bibliothèque de l'ancienne Sorbonne ; c'était un recueil de lois canoniques
et civiles, dont la dernière datait de l'empereur Lothaire, en 824. V. la note
de Roussel à ce sujet. — Remarquer, dans l'inscription précédente, les
mots *in regno Lotharii,* qui prouvent qu'on n'avait point encore oublié, au
XIᵉ siécle, l'ancienne division des royaumes carlovingiens.

sauver l'évêché de la dégradation et des pertes consenties
par le précédent évêque pour la rançon du comte Godefroy. La situation s'était améliorée, depuis que Hugues
Capet avait renoncé au Verdunois, en reconnaissance de ce
que l'Empire abandonnait de son côté le prétendant Charles; mais il restait à débattre avec Herbert, Eudes, et leurs
adhérents, les clauses d'intérêt stipulées à leur profit : et,
dans ce débat, telle était, au grand avantage de l'évêque, la
fausse position de nos anciens comtes, qu'ils ne pouvaient
paraître, ni pour se dédire honteusement des stipulations
jurées par eux, ni même pour s'excuser sur le refus de
sanction impériale, une telle excuse impliquant aveu que
le Verdunois n'était pas apanage patrimonial et de franc
aleu, dans leur famille. L'évêque, trop habile pour ne pas
tirer parti de cet état des choses, réduisit les anciens princes à le laisser agir seul, pour annuler leurs arrangements
de son autorité régalienne : mais cet acte de droit ne terminait pas les embarras de fait; et il restait à craindre, en
ces temps de guerres privées, qu'un déni pur et simple
d'exécution du traité n'attirât sur le pays les armes des
deux comtes français. Il fallut, en conséquence, négocier
avec eux. Heimon consulta Gerbert, parvenu alors à l'archevêché de Reims, par nomination de Hugues Capet : et
il ne pouvait mieux s'adresser qu'à cet habile politique,
parfaitement au fait des événements, dans lesquels il
avait été acteur, et capable, par ses relations avec la nouvelle cour de France, de forcer les opiniâtres poursui-
vants à lâcher prise. Nous trouvons, à ce sujet, quelques
mots, malheureusement fort vagues, dans une lettre qui
fut l'une des dernières écrites par lui en notre pays. « Nos
chers et communs fils D. et R., dit-il à l'évêque de Verdun, me réjouissent de la bonne nouvelle que les choses
changent en mieux : mais défiez-vous de certains français
et des belles paroles qui couvrent la duplicité et les détours
de leur pensée. Vous soupçonniez déjà leurs subterfuges :
je vois avec plaisir que maintenant vous les démêlez à

Négociations
au sujet
du traité avec
les Français.

fond ; ce ne sont que simulations et dissimulations dont il
était impossible, avec votre profonde et naturelle prudence, que vous fussiez longtemps dupe. Vous pouvez
vous fier à D., pour transmettre ce que nous aurons délibéré en commun accord (1). » C'est là tout ce que nous
savons de la diplomatie de nos deux prélats ; car Gerbert
n'écrit jamais qu'à mots confidentiels : mais le résultat fut
heureux ; du moins notre histoire ne parle pas de nouvelles complications de cette affaire embrouillée.

Le
comte Frédéric:
son voyage
à Jérusalem.

Il ne survint non plus, du côté des Godefroy, aucun
obstacle sérieux, les uns se résignant, pour le moment, à
l'impérieuse nécessité des circonstances, les autres gagnés
par les excellents procédés de l'évêque. Frédéric était
moine d'affection : il finit par l'être en effet à Saint-Vanne;
et il se faisait honneur de servir l'église. Mathilde, sa
mère, le poussait dans cette voie religieuse ; et son jeune
frère Herman y marchait avec lui. Heimon fut heureux de
trouver de tels princes, qui lui servaient de sauvegarde
contre Gothelon, mécontent peut-être de leur abaissement
politique, mais n'ayant aucun droit d'intervenir dans leur
apanage. Comme les lois de ce temps défendaient aux seigneurs ecclésiastiques d'exercer eux-mêmes leur milice et
leur justice, l'évêché les remit de grand cœur à Frédéric, lequel demeura ainsi comte de Verdun, fort louangé
par tous ceux dont il servait si bien les vues (2). Quelques

(1) Cette lettre, comme la plupart de celles de Gerbert, a besoin de commentaire. Elle est la 53ᵉ du 2ᵉ recueil, dans Du Chesne, tom. II. p. 842. Les
expressions *communes filii, filium nostrum D.* indiquent un évêque parlant
de clercs diocésains ; elle est par conséquent du temps où Gerbert fut archevêque de Reims, entre 992 et 995. L'évêque de Verdun, auquel il écrit, et
avec lequel il se dit en intelligence, était alors Heimon qui, au commencement de son épiscopat, eut à démêler avec les comtes français Herbert, Eudes, ou leurs représentants, l'affaire dont parle la lettre citée ci-dessus
tom. I. p. 571, des *villas Virdunensis episcopi quas, pro redemptione suá, unà
cum filio suo Adalberone episcopo, invitus donat Godefridus comes.*

(2) *Fredericus, eo tempore, istius civitatis comitatum, corpore strenuo et ingenti animo probiter regebat.* Vie de Richard. — *Fredericus, comes venerabilis,
huic domino (Richardo) se servum subdidit, prœdiis ecclesiam auxit : cui, non*

années s'étant ainsi écoulées, il conçut, ou on lui inspira le projet du saint voyage de Jérusalem, Herman devant le remplacer chez nous, pendant cette longue absence, qui accoutuma, de plus en plus, la ville à la principauté épiscopale. En cadeau d'adieu, et afin qu'on priât pour lui Notre-Dame dans les périls de la route, il rendit à l'Eglise « les centènes » des grandes terres rurales qu'elle possédait, c'est-à-dire, comme nous l'avons expliqué ailleurs, qu'il renonça au droit, ou à la prétention des comtes d'instituer les centeniers des domaines ecclésiastiques : ce qui avait été jusqu'alors une source de troubles dans ces juridictions (1). C'est à ce départ de Frédéric que Wassebourg place, en l'an 997, la prétendue donation du comté faite par ce prince à l'évêque Heimon : si cette tradition a quelque fondement, elle vient sans doute de ce que le peuple lui-même s'aperçut, et dit alors que le pouvoir passait entièrement au prélat (2).

En 995, Gerbert, après tous les mouvements qu'il s'était donnés pour prévaloir sur ses adversaires politiques, eut la douleur de tomber lui-même, pour quelque temps, dans la déchéance. Il s'agissait de l'archevêché de Reims, auquel Hugues-Capet l'avait élevé en 991, en faisant déposer, pour cause de trahison carlovingienne, un prince Arnoul, qu'il avait lui-même nommé en 988, et qui tenait, par naissance illégitime, à la dynastie déchue. Le pape Jean XV trouva mauvais qu'on se fût passé de son consentement pour déposer ainsi un métropolitain : et il envoya un légat qui convoqua, pour le 2 juin 995, un concile, en l'église Notre-Dame de Mouson. Gerbert s'aperçut bientôt que la cour de Rome allait prononcer contre lui : alors il écri-

Affaire de Gerbert. Concile de Mouson.

---

solùm sua, sed et seipsum ultrò contulit. Continuat. de Bertaire. Eloge, en style pompeux, dans Flavigny, p. 161.

(1) Ci-dessus, tom. i. p. 437.—Godefroy-le-Breux reprit ces centènes : leur restitution fut une des conditions de sa paix avec l'évêque Thierry : *Pacem cum episcopo fecit, centenas potestatum ecclesiæ et prædia quæ invaserat reddidit*, dit Laurent de Liége, Spicil. tom. xii. p. 280.

(2) V. ci-dessus, tom. i. p. 380.

vit, au sujet des censures du pape, des choses peu respec-
tueuses, qu'il se garda de reproduire quand il fut devenu
pape lui-même (1). Cette affaire déplaisait soit en France,
soit en Allemagne, à cause des services que l'accusé avait
rendus aux deux cours ; mais Jean XV la poursuivit, pour
faire acte de juridiction sur les métropolitains. Il y eut, de
la part des rois Hugues et Robert, défense aux prélats du
royaume d'aller au concile de Mouson : du côté de l'Allemagne, il ne vint que quatre évêques, désignés par l'empereur pour faire cortége au légat : et, parmi ces quatre, se
trouvait Heimon, qui fut nommé orateur de l'assemblée,
parce que seul il pouvait parler français aux seigneurs et
au peuple assistant. A en juger par son discours d'ouverture, il déclina, pour lui et ses collègues, toute responsabilité, en déclarant que le seigneur légat Léon informait
seul par autorité apostolique, les autres n'étant là que pour
lui obéir (2) : puis on laissa longuement parler Gerbert,
auquel il fut dit qu'il devait, par provision, garder la suspense lancée contre lui à Rome : enfin on donna la parole à Arnoul, qui ne comparut pas, Hugues Capet le tenant
en prison. Alors nos prudents pontifes s'empressèrent de
déclarer leur session close : ce qu'Heimon alla annoncer
au public, en ces termes : «Attendu que l'absence de l'une
des parties ne permet pas de prononcer sentence, notre assemblée vous fait savoir que la cause est remise à un autre
temps. » Après cette décision peu compromettante, ils se
séparèrent, et se gardèrent d'aller à Reims, où le légat
convoqua sur le champ un nouveau concile. A celui de
Mouson étaient venus le vieux Godefroy, et deux de ses
fils : notre évêque parut avec eux en très bons rapports ;

(1) Voir, notamment, sa lettre à Séguin de Sens, et le détail des faits, dans
Longueval, Hist. de l'église gallic. liv. xix.

(2) *Quoniàm ad aures domni papœ sœpissimè perlatum est Remorum metropo-
lim pervasam..., nunc, post tot ammonitiones, domnum hunc abbatem et monachum mittere voluit, qui vices suas teneat, et rem memoratam, nobis obedienti-
bus, discutiat.* Discours d'Heimon, dans Richer de Reims, iv. 100.—*Cùm Gallia-
rum episcopi, ab regibus prohibiti, ad synodum non venissent,* etc. Ibid n° 99.

et on leur demanda avis sur le parti à prendre (1). Il est à
regretter que le chroniqueur Richer, où nous puisons ces
détails, ait traduit en latin le discours d'Heimon, qui serait,
si nous en avions le texte, un fort curieux échantillon de
la langue vulgaire de notre pays, au xᵉ siècle. La suite de
ces événements n'appartient pas à notre histoire. Malgré
Hugues Capet, qui persista à tenir Arnoul prisonnier à Orléans, Gerbert perdit sa cause à Reims, où, dit un écrivain
témoin oculaire, le légat le foudroya de tonnerres d'éloquence : mais il se releva bientôt de cette chute ; l'Empire
lui donna l'archevêché de Ravenne ; enfin, en 999, il s'éleva
au rang suprême de la papauté, sous le nom de Silvestre II.
Oubliant alors toute rancune, il adressa à son ancien anta-
goniste Arnoul des bulles honorables, avec expression très
catégorique des droits du Saint-Siége, afin de faire savoir
que, sur cet article, Silvestre II ne pensait pas comme Gerbert. La haute fortune de cet homme extraordinaire, ainsi
que sa science, qui paraissait prodigieuse au moyen-âge,
le firent passer pour sorcier : et Wassebourg, tant est
grande sa crédulité, répète encore cette fable absurde :
« Silvester deuxiesme, dit-il, homme de grand sçavoir,
mais ambitieux et maulvais, se donna au diable, pour parvenir dessoubs lui, comme pape (2). »

..De retour à Verdun, Heimon s'occupa de fortifier la
ville, dont le siége de 984 avait révélé les endroits faibles.
Cette entreprise de fortification lui tenait tellement à cœur
que, dérogeant pour cet objet seul, à ses pieuses habitudes,
il faillit se brouiller avec les saints, qui ne voulaient pas
qu'on enfermât Saint-Vanne dans une forteresse (3). Nous

Réparation
des
fortifications.

(1) *Consederunt quoque... laïci etiàm, Godefridus comes, cum duobus filiis
suis...Tunc episcopi omnes, cum Godefrido comite, qui eis intererat, simul sur-
gentes, seorsùmque seducti, quid agendum deliberabant.* Richer, iv. nᵒˢ 99
et 106.

· (2) Wassebourg, p. 208, verso.

(3) *Dominus Heimo cœpit valdè insistere œdificiis murorum civitatis; undè
factum est ut istud cœnobium includere deliberaret intrà muros, contrà votum
venerabilis patris Richardi, etc.* Vie de Richard.

apprenons de ce trait, auquel nous ajouterons quelques
détails dans l'histoire de l'abbé Richard, qu'Heimon projeta
une citadelle, à l'endroit même où est aujourd'hui la
nôtre, et tournée contre la France, laquelle était, pour
lui, l'ennemi. Il ne put exécuter ce dessein, parce que les
moines firent intervenir l'empereur saint Henri : ce fut le
seul échec de notre évêque, pendant sa longue et heureuse
carrière. Pour l'entretien des murs restaurés, il adopta un
système qui nous semblerait aujourd'hui fort étrange :
c'était d'assigner à un certain nombre d'établissements
religieux des parts dans les droits de tonneu, autrement
dits d'entrée et de vente des denrées, à charge de réparation d'une partie correspondante des murs de la Fermeté.
On trouve mention de contributions de cette espèce dues
par Saint-Vanne, pour son marché au sel et son «portaige
en Châtel,» par la Madeleine, pour sa cuillerée des grains,
par Saint-Maur, pour son tonneu, et même par Beaulieu
et Saint-Mihiel, sans doute pour quelque exemption, ou
dime dont ils jouissaient (1). Ces dispositions semblent
indiquer que la Ville, comme telle, demeura longtemps peu
puissante; mais la Commune, dès sa naissance, fit des
tonneus son patrimoine, et eut à pourvoir elle-même à sa
fortification. C'est ce que nous expliquerons avec plus de
détail, à l'article des anciens impôts dits Fermes de la
Ville.

Ce qui nous reste à dire de ces premières années du xie
siècle est un véritable chapitre de Vies des Saints, tant il se

(1) *Mercatum etiàm quod in ipso monte Sancti-Vitoni Heimo episcopus habendum constituit, et teloneum omnium rerum, cum pugillo annonæ quæ à superiori
cursu Mosæ..... Et quia significasti nobis abbatem et fratres, pro exactione
pituræ muri civitatis te (Theodericum) convenisse, nos, juxtà petitionem tuam,
sicut justum est, maximè quia hoc etiàm prædecessores tui venerabiles viri Be-
rengarius et Wicfridus episoopi, ut testaris, ità ordinaverunt, constituimus ut
ab hominibus præfati banni, per præpositum abbatiæ, eadem pitura exigatur.*
Bulle de 1049, pour Saint-Vanne. — Je Nicholes abbés, et tout li couvent de
Biauleu en Argonne... nos devons la porture à la Fermetei de Verdun, selon
l'antienne coustume, c'est assavoir celle partie dou mur qui est entre la
porture notre peire l'évesque de Verdun, et la porture de l'abbei de Saint-
Mihier, etc. *Charte de* 1242, citée ci-dessus, tom. 1. p. 177.

fit alors chez nous d'actes de piété et d'édification. L'an mil se passa : et la fin du monde, qu'on avait redoutée, n'étant point venue, tous, sauf quelques pervers, qui recommencèrent leurs désordres, reconnurent que la postérité avait encore un millénaire à vivre, et qu'il fallait tout disposer pour qu'elle s'y conduisît saintement. Heimon, oubliant pour un moment ses combinaisons politiques, et écoutant les doléances des femmes, qui le suppliaient de leur donner un monastère à Verdun, bâtit Saint-Maur, sans rien presser toutefois ; car la bulle de 1027, la plus ancienne de cette abbaye, porte qu'il laissa à son successeur Raimbert l'honneur de l'achever (1). Le princier Amicus fonda Sainte-Croix, dans la ville-basse, où il n'y avait encore d'églises qu'au bourg Saint-Victor ; l'archidiacre Ermenfroy commença la construction de la Madeleine, et le vénérable Richard, brillant au milieu de tous ces bienfaiteurs, releva Saint-Vanne, et réforma tous les monastères du pays. Un volume suffirait à peine pour raconter toutes ces bonnes œuvres, avec les légendes qui les illustrèrent : nous devons du moins aux établissements qu'elles créèrent, de rapides notices, pour empêcher que leurs noms ne se perdent entièrement dans l'oubli.

Fondations d'Eglises, après l'an mil.

L'histoire de Saint-Maur, comme du reste celle de la plupart des monastères de femmes, présente peu d'intérêt. Cette maison était une riche abbaye de Dames bénédictines, au service desquelles les prébendés de Sainte-Croix étaient assujettis par le titre de leur fondation, de telle sorte que l'abbesse de Saint-Maur les nommait, et qu'ils étaient tenus de desservir l'église des religieuses, aussi bien que la leur (2). Cette abbesse avait le patronage de la

Saint-Maur et Sainte-Croix.

(1) *Prœventu mortis implere non potuit : successor ejus Rambertus episcopus, cum magno labore, sicut proprius piusque pastor firmare curavit.* Bulle de 1027. Celle de 1049 est imprimée dans les Preuves de D. Calmet, et dans les *Instrumenta* du tom. XIII du *Gallia christiana*.

(2) *Ecclesiam Sanctœ Crucis, quam Heimo episcopus dilatavit..., ut, in jàm dicto monasterio divinis inservituri, pro dispositione abbatissæ, mercedem recipiant.* Bulle de 1027. Celle de 1049 ajoute : *nec canonicam, nisi ab abbatissâ*

cure de Saint-Médard, au quartier du monastère (1), ainsi
que celui de plusieurs paroisses rurales : en outre, afin
qu'elle fût vraiment dame, les évêques fondateurs avaient
annexé à sa crosse les seigneuries de Chaumont-sur-Aire,
de Courcelle, et des Erizes grande et petite (2) : elle était à
l'élection des religieuses; mais, s'il survenait des contestations électorales, l'évêché s'en réservait le jugement. Cet
établissement de Saint-Maur consola les vraies dévotes des
récentes duretés de Vicfrid envers les béguines, et de la
confiscation qu'il avait faite de leurs dîmes au profit de
Saint-Paul (3). Il résulte des chartes qu'avant l'abbaye, et
d'ancienneté immémoriale, on voyait en cet endroit une
chapelle de Saint-Jean-Baptiste, où reposaient des évêques
des temps primitifs, et que la tradition donnait pour le
baptistère de la cathédrale de leur époque (4) : Saint-Médard existait aussi, comme chapelle, dont on attribuait
l'érection à l'antique pontife saint Airy. Au XIIIe siècle,
Urbain IV ayant, lorsqu'il était Jacques de Troyes, évêque

recipiant. — « Mathilde Thomas, humble abbesse, etc. Comme ainsi soit
que le canonicat et prébende de Sainte-Croix, ancienne église collégiale de
cette ville, que tenoit et possédoit ci-devant maître J. B. Béclet, soient va-
cans par la mort dudit, et que le droit de nomination, provision et institution nous appartienne en tous temps et en tous mois, icelui droit confirmé tant par le pape Léon IX que par l'évêque Théoderic, Nous avons
donné et conféré à Fr. Jos. Morel, clerc de ce diocèse, etc. 5 décembre
1691. »

(1) Madame était même curé primitif : ce qui lui attribuait une certaine
portion du casuel de Saint-Médard. Ainsi jugé contre maître Nicole Philippe,
et enregistré à l'officialité , le 28 mai 1459. — En 1758, consultation de
maîtres Simon, Nouet, et Forfelier, avocats à Paris. « Attendu que la déclaration royale, du 5 octobre 1726, attribue toutes les offrandes aux curés et
aux vicaires perpétuels, et ne reconnaît plus aux curés primitifs que le
droit d'officier aux quatre grandes fêtes, et Madame ne pouvant officier, il
ne lui reste qu'à laisser en paix son vicaire perpétuel de Saint-Médard. »

(2) *Villam ad Calvum-Montem, et ei omnia pertinentia,* disent les bulles. —
Acte de 1268, mentionnant la cour Saint-Maur à Chaumont.—Sentence de
Robert, duc de Bar, reconnaissant et énumérant les droits de Saint-Maur à
Chaumont, Courcelle et les Erises. 1409. — Arrêt du Conseil, du 9 août 1785,
renfermant l'indication des titres. — Il est étrange que D. Calmet ne men-
tionne pas, en sa Notice, la seigneurie de Saint-Maur en ces villages.

(3) Ci-dessus, tom. I. p. 547.

(4) Ci-dessus, tom. I. p. 63.

de Verdun, travaillé à l'amélioration spirituelle et temporelle de Saint-Maur (1), une certaine Agnès persuada aux
Dames de faire acte de courtoisie envers lui, en remettant
à sa disposition pure et simple, une élection abbatiale
qu'elles eurent à faire sous son pontificat : le pape, par
bulle datée de Viterbe, la veille des ides de mars de sa
première année (14 mars 1261), nomma Agnès elle-même ;
et, comme celle-ci lui avait sans doute fait savoir qu'elle
n'aimait pas l'évêque, son successeur, elle fut, par la même
bulle, privilégiée, pour toute sa vie, d'exemption contre
la juridiction épiscopale du vénérable frère R. (Robert) de
Verdun. Il arriva ensuite, vers 1300, que le couvent s'en-
nuya de l'observance monastique : alors l'abbesse Marguerite de Bar abolit l'abstinence, partagea les prébendes
aux Dames, et permit à chacune d'elles de vivre à part (2) :
choses de mauvais exemple, qui tendaient à transformer
l'abbaye en Chapitre de chanoinesses séculières, comme
étaient celles de Remiremont. Ces négligences durèrent
longtemps, et furent fort difficiles à corriger. En 1519, la
sainte duchesse Philippe de Gueldres, pour réparation de
ce que son fils Louis de Lorraine jouissait du titre et du
revenu de l'évêché, demanda qu'on réformât Saint-Maur ;
mais les Dames s'excusèrent de faire pénitence pour le prince Louis (3) : en 1552, la destruction de tous les bâtiments,
sauf l'église, augmenta l'irrégularité : enfin le bon ordre et
la règle bénédictine furent, pour toujours, remis en vigueur
par l'heureuse réforme de 1608, sous Catherine de Choiseul et sa coadjutrice Ursule de Saint-Astier. En vertu de
cette réforme, l'abbesse devint triennale, et la crosse tomba
souvent en roture ; mais on en fut bien dédommagé par
l'excellente religion qui brilla, sans éclipse nouvelle en ce
cloître, jusqu'à la Révolution. Quant à Sainte-Croix, qui
n'était qu'une petite collégiale, on la transféra, après 1552,

(1) V. ci-dessous, à l'histoire de Jacques de Troyes.
(2) Roussel, p. LVIII.
(5) Husson, Notes sur la p. 209, verso, de Wassebourg.

en la chapelle Saint-Laurent, l'une des quatre extérieures
de la cathédrale ; puis, cette chapelle ayant été elle-même
détruite en 1739, les chanoines cessèrent tout service, et
transformèrent leurs prébendes en bénéfices simples,
c'est-à-dire en sinécures. Par cette conduite, ils s'attirèrent, en 1777, une bulle de suppression, avec union de leurs
fonds à la mense de Saint-Maur (1); mais la suppression
ne devant avoir lieu qu'à la mort des titulaires, et différentes oppositions étant intervenues, il y avait encore, au moment de la Révolution, un Trésorier de Sainte-Croix.

Cures
de Saint-Maur.

Des chartes de Saint-Maur, nous recueillerons encore
un renseignement sur la manière dont on nommait et traitait le clergé paroissial, au moyen-âge. Déjà nous avons vu
quelques indications à ce sujet dans les chartes de Saint-
Vanne et de Saint-Paul (2); celles de Saint-Maur sont particulièrement curieuses, en ce qu'elles ont pour objet la
collation de cures par des femmes. Les cures s'appelaient
alors autels : mot que les documents prennent souvent
comme synonyme d'église, mais qui désignait plus particulièrement le spirituel, et les droits qui en dépendent. Au
sujet des autels ou cures de Saint-Maur, Thierry, après
avoir rappelé qu'en ce genre de collations tout doit être
gratuit, régla que les Dames délibéreraient entre elles, soit
sur le choix de dignes titulaires, soit sur la prébende
(portion congrue) à allouer à chacun d'eux, et qu'ensuite
elles présenteraient leur élu à l'archidiacre, duquel il
recevrait la charge d'âmes, c'est-à-dire l'autorité pastorale.
Il n'est point dit, en cette pièce, qu'on remontât d'ordinaire jusqu'à l'évêque qui, dans ces anciens temps, n'inter-

(1) *Pius, etc. Exposcit debitum pastoralis officii, cui, disponente Domino
præsidemus, etc.* Suit un décret de suppression *collegiatæ Sanctæ-Crucis,
olim in civitate Virdunensi erectæ... illiusque perpetuæ unionis monasterio
monialium Sancti-Mauri, reservatà plenà fruitione reddituum canonicatuum
modernis sex possessoribus, quoad vixerint. Datum Romæ, apud Sanctum-
Petrum, anno Inc. Dom. 1777, xiii kal. septembris, pontificatûs nostri anno
tertio.*

(2) Ci-dessus, tom. I. p. 319-321.

venait que comme autorité supérieure, sur contestation
ou appel des décisions archidiaconales. La charte énumère
ensuite les autels du patronage : puis menace de la punition
divine quiconque troublera les Dames dans la libre jouissance de leur prérogative, que ce soit, dit-elle, un futur
évêque, un archidiacre, un « prêtre cardinal, » ou un rival
quelconque. Ce titre est le seul où nous ayons trouvé chez
nous mention de prêtres cardinaux ; terme qui paraît désigner les curés des mères églises, dont quelques-uns reven-
diquaient peut-être des droits sur les paroisses érigées
dans leurs anciennes circonscriptions (1).

Nous revenons aux saintes histoires de cette belle, et
malheureusement trop courte période. Le comte Frédéric,
de retour de son périlleux voyage, alla, sans entrer en ville,
frapper à la porte de Saint-Vanne, demandant, pour lui et
pour un ami qui l'accompagnait, hospitalité, puis place au
rang des novices. Cette démarche était une inspiration
divine, venue aux deux amis en se rencontrant à Reims :
et l'étranger, qui fut ensuite le célèbre abbé Richard,
s'était senti tellement pressé d'obéir à la voix céleste, qu'il
avait quitté ses fonctions de clerc rémois, sans demander
congé à l'archevêque. Pour excuse, il lui adressa, de
Verdun, ce mot de l'apôtre Paul : « Ceux qu'inspire l'Esprit ne sont plus sous la loi » : et, comme on savait que la
maxime était vraie pour lui, l'Ordinaire se contenta de
cette réponse (2). Ils trouvèrent néanmoins d'assez grands

Frédéric
et Richard
à Saint-Vanne.

(1) *Theodoricus, etc.... Provocante nos charitate et industriâ domnæ abbatissæ Alix... dedimus altaria ecclesiarum quæ in nostro episcopio possident omnia..., et habeant potestatem personam de suis, quamcumque elegerint, gratis
et sine pretio, introducendi : et ipsa congregatio ipsam personam eligat et abbatissa ; et sicut disposuerit, consilio sororum suarum, præbendæ donum tribuat,
archidiaconus autem curam animarum. Nomina autem altarium : In suburbio
Virdunensi, unum in honore Sancti-Medardi. In Villeio, unum. In Lupemonti,
unum, etc., etc... Si quis autem, temerario ausu, contrà hanc nostram devotio-
nem, sive episcopus futurus, sive archidiaconus..., sive sit clericus, sive presbyter cardinalis, et æmulus, etc.* Dans Calmet, tom. ii. Preuves, p. 276.—Nous
soupçonnons le préambule et la fin de cette charte d'avoir été copiés dans
quelque Formule étrangère.

(2) *Remensi archiepiscopo cartulam misit, hæc continentem : Si Spiritu duci-*

dégoûts à Saint-Vanne : la maison était, à ce que dirent
du moins leurs amis, habitée par des rustres, sous le gouvernement d'un hibernois, appelé l'abbé Fingen qui, pour
tous moyens de discipline, humiliait ses moines, les mettait
en rudes pénitences, et même les faisait fustiger. D'autres
relations ne sont pas aussi défavorables à Fingen : peut-être
ce vieil abbé soupçonna-t-il, non sans motif, que les nouveaux venus le supplanteraient un jour, lui et son antique
gouvernement ; de sorte qu'il les rebuta et les força de s'en
aller. Ils se rendirent à Cluny où, après un fort court
séjour, saint Odilon leur dit de retourner à Saint-Vanne,
champ de labeur à eux assigné par la Providence, et man-
quant de bons ouvriers : alors Fingen se retira, alléguant
sa vieillesse, et alla mourir à Saint-Clément de Metz, vers
l'an 1004 (1). Les moines de Verdun marchaient dans ses
errements et demeuraient fidèles à sa mémoire ; ils prirent
la réponse d'Odilon pour une suggestion de l'évêque, et
se montrèrent peu disposés à donner leurs suffrages à son
candidat. Il fallut qu'Heimon, qui appuyait Richard, parût
ouvertement sur la scène : usant du droit de haut gouvernement, que lui reconnaissaient les chartes, il vint présider l'élection, discuta avec les électeurs les mérites des
candidats, passa en revue les membres de la communauté,
comme pour chercher le plus digne ; mais, quand il en fut
à Frédéric et à Richard, on lui dit que le tour de ces nouveaux n'était point encore venu, et qu'en attendant qu'on
les présentât à quelque autre élection, ils devaient, en
celle-ci, se retirer devant leurs anciens. Le prélat, voyant
qu'on s'obstinait, trancha la difficulté par la voie extraor-

---

mini, non estis sub lege. Quam ille suspiciens, et vim verbi diligentius inten-
dens, ait : Abiit qui Spiritu Dei ductus est ; et ideò à nobis repetendus non est.
Flavigny, p. 165.

(1) Septem tantummodò Scotigenæ, sub abbate multæ simplicitatis Fingenio,
nec multùm laudabili vitâ. Vie de Richard. La Vie de Fingen, qui est dans le
même volume de Mabillon, ne renferme rien des traits assez défavorables
que le biographe de Richard rapporte de Fingen ; et Hugues de Flavigny les
supprime également.

dinaire du suffrage d'inspiration, dont il existait de beaux
exemples dans l'histoire de l'Eglise. Apercevant, au fond
de la salle les oblats, c'est-à-dire les jeunes novices et éco-
liers offerts par leurs parents : « Enfants, leur dit-il, qui
choisiriez-vous, si vous aviez droit de voter? » Tous répondirent qu'ils prendraient Richard, à cause de sa grande
bonté, pour laquelle ils l'appelaient, entre eux, la Grâce de
Dieu. « De la bouche des enfants! s'écria Heimon ; ceci est
une inspiration : vous le chantez dans vos psaumes : *Ex
ore infantium ;* je joins ma voix à celle des enfants; et j'ins-
tallerai Richard. » Les vieux moines se crurent joués; mais
ils n'osèrent le dire ; et ils eurent bientôt à s'applaudir de
l'heureuse adresse de l'évêque : car jamais il n'y eut d'abbé
meilleur ni qui fît plus d'honneur à Saint-Vanne que
Richard. Ce n'était point un étranger : né au village de
Bantheville, vers Montfaucon (1), il avait étudié à Reims,
probablement sous l'écolâtre Gerbert : il nous reste de
lui quelques homélies, fort goûtées, dans son siècle; et
nous sommes redevables à ses écrits de ce que nous savons
de saint Rouin et des premiers temps de Beaulieu; mais
son grand talent était l'administration, dans laquelle il
réussit au point qu'on lui confia successivement jusqu'à
vingt abbayes notables, à réorganiser. En ces missions délicates, il ne déchut pas de son surnom de la Grâce-Divine,
qu'il tenait des oblats (2); il le justifia toute sa vie, par son
art de toucher et de persuader ; et il fut un personnage
mémorable dans l'histoire monastique, laquelle tenait
alors une très-grande place dans celle du monde.

Richard, comme Heimon, aimait à bâtir; et nos chroniques décrivent, non-seulement les constructions en pierre,
mais encore les beaux ouvrages à sculptures sur métaux

(1) *In finibus Montis-Falconis, in villâ quæ dicitur Bantonis.* Vie citée.
(2) *Quem tantâ Deus donaverat omnium gratiâ ut, pro benignitate, vitæque et
sermonis acceptione, hoc vocaretur agnomine Richardus Gratia Dei : sicut et
sanctus Odilo, ab ingenitâ pietate Pius ; et Willelmus, à rigore ferventioris pro-
positi Suprà Regulam.* Flav. p. 175.

qu'il fit exécuter à Saint-Vanne (1). Ces descriptions seraient de quelque intérêt pour les arts, si des dessins les accompagnaient; mais, telles qu'elles sont, on n'en peut guère induire autre chose que le fait de l'existence d'artistes assez nombreux en notre ville. Nous avons parlé ailleurs des belles pierres et des grandes dalles qu'on fit alors venir de Belgique par la Meuse; les moines travaillaient avec les ouvriers, et l'ancien comte Frédéric, devenu moine lui-même, encourageait les autres par son exemple. Son aîné Godefroy, qui murmurait de la dévotion par laquelle il livrait le comté à l'évêque, le vit un jour tout en sueur, et lui dit qu'étant venu pour visiter un prince, il ne trouvait qu'un maçon : mais, répliqua Frédéric, on ne déroge pas au service de Dieu; et la couronne de ses serviteurs est mieux assurée que celles des princes. Ce fut pendant ces

travaux qu'on trouva les huit tombes pour lesquelles fut érigé l'Analogium ; et le mystère de ces antiques sépultures demeurant impénétrable, on répandit des bruits d'apparitions nocturnes; et il se fit des légendes, que Wassebourg prit, dans la suite, pour le titre, si longtemps perdu, de la noblesse apostolique de notre église (2).

Heimon, sans aucun doute, voyait avec plaisir ces beaux édifices : néanmoins il faillit décourager les constructeurs, et se brouilla, pour ce sujet, avec son ami Richard. Comme il n'oubliait jamais sa politique, et qu'il faisait tout par raison d'état, il réfléchit qu'en cas d'une nouvelle invasion, telle que celle du roi Lothaire, la position de Saint-Vanne n'était point à laisser prendre aux Français ou aux Champenois : en conséquence il ordonna qu'on fît là des rem-

---

(1) *Pulpitum, œre crebris tunsionibus in laminas tabulasque producto et deaurato. Per duodecim tabulas, duodecim prophetarum imagines, duodecim apostolorum formas subvehentium, sculptorio et polymito opere... Abrahæ offerentis filium, Abel agnum, Isaac benedicentis, Jacob supplantantis, David canentis, Tobiæ sepelientis, simili opere. Dominus Jesus in throno majestatis residens, et Virgo mater, et Baptista Johannes, cum quatuor evangelistis, etc., etc.* Flav. p. 165, 166. Ces ouvrages existaient encore de son temps.

(2) Ci-dessus, tom, I. p. 64.

parts et des fossés, pour joindre cette colline à la ville par
une forte enceinte. Les ingénieurs modernes qui ont établi
notre citadelle, semblent avoir eu la même idée ; mais les
moines du xıᵉ siècle, gens peu versés dans les principes de la
fortification, s'indignèrent à la seule pensée que leur saint
asile fût exposé au voisinage de toutes sortes de lieux et de
bruits profanes. En dépit de leurs remontrances, on commença activement les travaux ; et l'évêque, comme pour
braver les murmures, établit, sur le portail même de Saint-
Vanne, une espèce d'observatoire, où on le voyait monter,
avec ses entrepreneurs, pour surveiller les ouvriers et tra-
cer des plans d'ensemble (1). Richard, ayant perdu toutes
les paroles qu'il avait pu lui dire pour le dissuader, s'en
alla, laissant croire qu'il partait en visite pour quelqu'un
de ses couvents : mais en réalité il allait se plaindre à l'empereur Henri II, qui lui-même était un saint, et qui lui
donna raison. Quand le prélat, qui croyait bien mériter de
l'Empire en fortifiant sa frontière, apprit cet échec, il s'en
trouva fort humilié ; et tel fut son mécontentement que
Richard n'osa revenir à Verdun. Il se réfugia au Saint-Mont,
près de Remiremont, en Vosges : le bruit courut qu'on ne le
reverrait plus, et qu'il allait se faire ermite ; on parla
même de miracles arrivés dans ce désert : et il s'éleva
de grands gémissements contre Heimon, qui réduisait
un tel homme à s'exiler. On vit alors le premier prélude
des dissidences qui surgirent, au temps des investitures,
lorsque les politiques se rangèrent au parti de l'évêché,
tandis que les gens très-religieux suivaient Saint-Vanne.

---

(1) *Instabat frequens cruderatoribus aggerum, et prospiciebat eos per fenestras culminis portarum nostrarum. Vir autem Domini Richardus cœpit vehemen-
ter obsistere, dicens cœnobitis incongruum et indecens intrà civitatis mœnia
includi, et cornisantium aut vociferantium ululatus molestias inferre. Verùm,
quoniàm dominus pontifex non erat hujus fortunæ ut facilè à proposito posset
dimoveri, reverendus heros imperatorem Henricum, sibi amicissimum, adiit
etc.... Hâc de causâ, episcopus indignatus cœpit abbatem insimulare...., qui,
penès Romarici-Montem, invenit locum qui dicitur Rumbech, in quem conscendens,
multis diebus ibi solitarius vixit.* Vie de Richard, p. 527, dans le vıᵉ siècle
bénéd. de Mabillon.

— Les chroniques n'ayant point fixé les dates de ces incidents, nous sommes forcé de laisser quelque vague dans
la liaison des faits (1).

En 1023, les querelles d'Eudes de Champagne et de
Thierry de Lorraine devenant fort vives, on retrouve Richard dans les grandes affaires. Comme il était à craindre
que la lutte de ces puissants vassaux n'amenât la guerre
entre les deux royaumes desquels ils dépendaient, le bon
empereur saint Henri, voulant conjurer ce péril, chargea
Richard, avec l'évêque Gérard de Cambray, d'une mission
de paix vers le roi de France. Les deux délégués parlèrent
au roi Robert, dans son palais de Compiègne, et rapportèrent la bonne nouvelle que ce roi viendrait à la frontière
s'entendre, en amicale entrevue, sur les moyens de terminer les différends. La conférence, fixée au 12 août de cette
année, à Ivois sur la Chiers, ayant été annoncée avec solennité, une foule immense accourut en ce lieu, pour admirer
la majesté des princes et la splendeur de leurs cours.
L'empereur, mettant de côté le cérémonial du salut en
barque, au milieu de la rivière, vint sans escorte au camp
français ; le roi lui rendit, le lendemain, pareille visite :
puis ils s'entendirent, aux dépens du comte de Champagne, que Robert n'aimait pas. Pour l'examen des griefs
particuliers des deux adversaires, il fut dit que, le 8 septembre suivant, on tiendrait à Verdun une séance de délégués des deux souverains. Eudes fut condamné sur la
plupart des points ; et il n'osa désobéir à la sentence, dans
la crainte du roi Robert, qui ne demandait qu'une occasion
de le traiter en rebelle, et de lui retirer l'investiture (2).

(1) L'auteur de la Vie de Richard dit, sans préciser, que sa retraite en
Vosges fut longue, *multis diebus*. Un autre document, dans le même volume
de Mabillon, p. 557, la fait durer deux ans ; Hugues de Flavigny, exagérant
peut-être, en met cinq, (p. 185). Pour date, D. Calmet, Notice, art. Remiremont, assigne l'an 1020 ; M. Lepage, Statistique des Vosges, tom. ii. p. 425,
dit l'an 1028 ; mais alors Helmon était mort.

(2) *In palatio Compendii, quòd ad cum Romanorum imperator Henricus Gerardum Cameraci episcopum, et Richardum, Virdunensem abbatem, legationis gratiâ
miserat.* Charte citée par Mabillon, sæc. vi. pars. 1. p. 517.—Sur les démêlés

Ce fut probablement au temps de cette entrevue d'Ivois que saint Henri, passant à Verdun, témoigna le désir de terminer dans la solitude de St-Vanne le peu de jours qui lui restaient à vivre. Déjà, plusieurs années auparavant, il avait voulu se retirer au Münster de Strasbourg; mais l'évêque Werner l'en avait détourné, dans la crainte qu'on ne pût retrouver un aussi pieux empereur. On eût dû peut-être agir autrement à Verdun, quand il renouvela sa prière; car les forces abandonnaient alors le monarque; et il souffrait cruellement de la maladie de la pierre, à laquelle il succomba, l'année suivante: néanmoins on lui répéta la réponse de Strasbourg que, puisqu'il voulait être religieux, il fallait qu'il promît obéissance, et qu'en vertu de cette obéissance, on lui ordonnait de retourner à son trône. Ce trait est célèbre : et on le voyait autrefois représenté, en peinture à fresque, sur les murs du cloître de Saint-Vanne, avec ce distique :

> *Pertœsus regere Henricus venit ecce regendus.*
> *Vult utrumque abbas, nempè regendo regi* (1).

Richard, qui fit cette réponse, avait probablement été ramené à Verdun par l'empereur lui-même, qui tenait à le réconcilier avec l'évêque, ne pouvant se dissimuler que si,

---

de Thierry et de Eudes, v. d'Arbois de Jubainville, Hist. des comtes de Champagne, t. I. p. 251. — Sur l'entrevue d'Ivois, P. Delahaut, Annal, d'Ivois. p. 35.

(1) Le biographe de Richard tenait ses renseignements des témoins ocu-laires : *ab ipsis qui viderunt, et certissimè cognoverunt,* dit-il, dans son préam-bule. « *Cùmque, sustentantibus eum (Henricum) venerabili patre Richardo et episcopo Heimone, claustrum intraret noviter constructum : Hæc requies mea in sæculum, etc. Quod dictum insedit cordi pontificis, et secretiùs abbatem allocutus : Si hunc retinueritis, omne imperium pessumdabitis,* etc. Dans Mabillon, p. 533. — *De Henrico imperatore legitur, et scriptum reperitur, quòd abbati Richardo Virdunensi professionem fecerit, volens apud Sanctum-Vitonem monachus fieri : sed sanctus abbas Richardus, virtute obedientiæ ei injunxit ne imperium di-mitteret, quamdiù viveret.* Alberic de Trois-Fontaines, à l'an 1019. — Pfeffel, Hist. d'Allemagne, et la Nouvelle Biographie générale placent le trait de Verdun avant celui de Strasbourg: Luden, liv. XVI. ch. XI, attribue le désir de l'empereur de se retirer à Saint-Vanne au découragement dont il fut pris, vers l'an 1020, après l'insuccès de sa seconde expédition en Bourgogne.

comme saint, il avait donné raison au premier, il devait, comme empereur, reconnaître que le second n'avait pas tort. La réconciliation était déjà commencée par lettres entre les deux anciens amis; et, comme Heimon insistait toujours sur la nécessité de ne pas laisser le mont Saint-Vanne sans défense militaire, Richard le laissa faire autour du couvent un solide mur de clôture, capable de mettre le lieu à l'abri de surprise (1).

Mort d'Heimon. Heimon mourut en avril 1024, gardant jusqu'au dernier moment le consolant espoir que son successeur achèverait son œuvre en des jours paisibles. L'avenir semblait assuré pour longtemps; l'empereur saint Henri dépassait à peine la cinquantième année; au comté de Verdun siégeait Herman, digne frère de Frédéric; et le mouvement religieux continuait à entraîner vers les églises, non-seulement le peuple, mais des hommes de la noblesse la plus illustre (2). Mais les signes d'un triste changement parurent bientôt : l'empereur mourut deux mois seulement après l'évêque; les fils d'Herman périrent de mort tragique; et leur père, consumé de chagrin, alla, comme Frédéric, s'ensevelir dans le cloître de Saint-Vanne, près des tombeaux de sa mère et de son frère. Alors le comté revint aux puissants ducs de Basse-Lorraine, branche aînée de la maison : et des choses bien différentes de celles qu'on avait vues au temps d'Heimon se préparèrent.

Cet évêque reposa longtemps à Saint-Maur, sous un haut mausolée, à la place d'honneur; mais, en 1612, ce grand

(1) *Murum in circuitu monasterii, ex suo construi fecit.* Flavigny, p. 174.

(2) Dans les chartes de Saint-Vanne, on trouve, outre Frédéric et Herman, *nobilissimus comes Lotharius, Conradi imperatoris nepos et consanguineus, qui inibi monachus est effectus. — Comes Lethardus, tempore episcopi Heimonis, sub me (Richardo) monachus effectus. — Nobilissimus miles Arnulfus, de Hatto-nis-Castro, qui posteà est monachus in Sancto-Paulo. — Theodoricus, comes... ipso loco cui præest domnus abbas Richardus, etc.* — Dans l'une de ces chartes se trouve ce renseignement qu'en cas d'homicide, on bannissait toute la parenté du coupable : *compulsus est,* dit ce texte, *exire à regione, quoniàm de illorum qui hominem occiderant fuerat parentelâ, nec tamen conscius in perpe-tratione ipsâ.*

sépulcre parut gênant; on l'abaissa au niveau du pavé, et
on mit, dans les reliquaires des Dames, l'anneau d'or, le
calice d'argent, et la tunique de soie de leur fondateur, avec
plusieurs de ses ossements (1). Une inscription sur lame
de plomb, trouvée dans son cercueil, apprit qu'il était mort
le 2 des calendes de mai, c'est-à-dire le 30 avril (2); comme
il n'y avait pas de date d'année, on y suppléa, dans la
nouvelle épitaphe, en écrivant 1027, d'après Wassebourg :
ce qui était une erreur; enfin, en 1810, quand on aplanit
le terrain de Saint-Maur, on ne trouva dans le cercueil en
pierre d'Heimon que quelques ossements, qu'emportèrent
des personnes pieuses (3). Pour la chronologie, il est certain
que la mort de cet évêque arriva, au plus tard, en 1024 :
car, dans une charte de l'année suivante, il est parlé de son
successeur Raimbert; mais le commencement de son épiscopat, vers 990, n'est indiqué qu'approximativement, par
le calcul des trois ans et demi de son prédécesseur Adalbéron, sacré en janvier 986. Il est certain qu'en 1016,
Heimon se trouvait le plus ancien des trois évêques : car
alors c'était à lui à faire le sacre du métropolitain (4); or il
y avait, en ce moment, à Toul un évêque siégeant depuis
octobre 995. — Par une charte de 1025, où le comte Herman est qualifié d'avoué de Saint-Vanne, on sait qu'alors il
n'avait point encore pris l'habit monastique, qu'il ne porta
pas longtemps; car l'inscription de sa tombe, ouverte en

(1) Verbal, du 12 avril 1612, des notaires Danly et Fourier, en présence
de dom Didier de La Cour, prieur de Saint-Vanne, et de révérende dame
Ursule de Saint-Astier, abbesse de Saint-Maur, et autres. — Il est dit, dans
la chronique, qu'avant l'ouverture, personne ne savait quelle était cette
tombe : ce qui explique comment Wassebourg a pu croire qu'Heimon était
inhumé à la cathédrale.

(2) *Heimo, hujus sedis episcopus, reparator et innovator loci hujus,* II *kl.
maii facto fine vivendi, hic tumulatus requiescit.* — *Hodiè fit anniversarium
Heimonis, quondàm episcopi, qui hanc ecclesiam Sanctæ-Crucis ædificavit : et
distribuuntur præsentibus in missâ sex solidi, de decimâ minutâ de Ranzières.*
Nécrol. de Sainte-Croix, au 5 des calendes de mai, ou 27 avril.

(3) Quelques détails, dans le *Narrateur de la Meuse,* nos 460 et 463.

(4) Ce sacre, dit l'Annaliste saxon, se fit *licentiâ Virdunensis episcopi, qui
in ordine suffraganeorum primus erat, et à quo consecrari debuisset.*

1835, après la démolition de l'église, marquait sa mort au
5 des calendes de juin, ou 28 mai 1029. Il fut l'un des
grands bienfaiteurs de Saint-Vanne, où l'on conservait,
parmi les joyaux, son crucifix d'or, orné de perles fines
avec l'inscription *Hermannus comes Vird.* (1).

CHAPITRE II.

PREMIÈRES LUTTES DES ÉVÊQUES ET DES COMTES.
ÉPISCOPATS DE RAIMBERT ET DE RICHARD.

De 1025 à 1050 environ.

Ces longues discordes furent occasionnées par les prétentions opposées des comtes et des évêques, les premiers
revendiquant le comté comme leur patrimoine d'apanage
héréditaire indépendant; les seconds prétendant, au contraire, que l'investiture régalienne du « Bénéfice de comté
et de Marche, » accordée à Heimon, rendait le comté épiscopal, de telle sorte que les titulaires devaient le tenir de
l'évêché, et l'exercer en son nom, comme grande avouerie.
Ainsi exposent le sujet de la querelle toutes les chroniques de cette époque : le comte, disent-elles, s'attribuait le

(1) Hauteur, un peu plus de 20 pouces, dit l'Inventaire. — Inscription de
la tombe, à l'intérieur, sur lame de plomb : *Hermannus, nobilis comes et monachus, ob.* v *kl. junii, anno* MXXIX. *Piæ memoriæ,* ajoute le Nécrologe, *qui præ
cunctis mortalibus locum hunc ditavit :* et, dans la Vie de Richard : *Princeps
magnificus, divâ pietate refertus, justitiâ validus, et qui militiæ flos extitit.*
Sa nombreuse famille s'éteignit, les deux aînés s'étant entre-tués dans une
querelle, le troisième étant archidiacre de Liége, puis moine à Saint-Vanne :
une de ses filles mourut en cette église, le jour du Jeudi-Saint, avec des
circonstances miraculeuses, racontées dans la Vie de Richard.—On trouve,
au tom. XIII. du *Gallia christ. Instrum.* p. 557, une charte assez curieuse sur
la restitution qu'il fit faire de la monnaie de Mouson à Saint-Vanne : de lui
venait également à l'abbaye le prieuré de Munau près Bouillon, où les jésuites, qui l'avaient fait unir à leur collége de Liége, eurent, en 1750, la fameuse affaire Signorel.

comté comme son héritage ; et l'évêque refusait de le lui
reconnaître en cette qualité. Nous avons donné ailleurs les
explications nécessaires pour l'intelligence de ces débats :
l'Empire, qui fut toujours du côté de l'évêché, reconnut
formellement, dans le diplôme de 1156, que la légalité avait
été pour lui, depuis le temps d'Heimon.

La première tempête tomba sur l'évêque Raimbert ; et **Le duc Gothelon.**
le premier assaillant fut Gothelon, de Basse-Lorraine, duc,
depuis 1023, par la mort de son aîné Godefroy-Sans-Lignée.
Gothelon, avec d'autres mécontents, tramait alors contre
l'empereur Conrad le Salique, élu malgré eux, à la diète de
septembre 1024, pour successeur de saint Henri. En France,
le bon roi Robert, enchanté de trouver le chemin ouvert
pour rentrer en Lorraine, avait promis de venir en aide
aux conjurés (1). Pour lui lever les obstacles, Gothelon fit
promettre à l'évêque Raimbert, au moment de son élection,
qu'il ne reconnaîtrait l'empereur Conrad qu'autant que
lui-même duc Gothelon lui en donnerait l'exemple ; et on
put voir en cette circonstance pourquoi les ducs entendaient demeurer seuls maîtres au comté de Verdun, qui
touchait à la France, et facilitait les intelligences avec les
Français. L'évêque de Liége fut entraîné à donner la même
promesse que Raimbert ; Gérard de Cambray la refusa (2) :
ensuite Raimbert, soupçonnant où on voulait le conduire,
se rétracta, dès avant le milieu de l'année suivante 1025 ;
car on le trouve, en ce mois de juillet, à Strasbourg, faisant sa cour à Conrad et à l'impératrice Gisèle, et obtenant

(1) *Robertus ad invadendam Lotharingiam intendit, Gothelone duce, qui, propter privatum odium, gravabat regnum Conradi, etc.* Sigebert à l'an 1026. —
Lotharingiæ dux Gothelo, cum Frederico, Mosellanorum duce, rebellat. Gilles
d'Orval.

(2) C'est par l'histoire de celui-ci que nous connaissons ce trait, dont nos
auteurs n'ont point parlé. Balderic, le chroniqueur de Cambray, louant cet
évêque de n'avoir pas fait la promesse imprudente dont les autres furent
obligés de se dédire, rapporte que Gothelon *episcopos Noviomagi, Virduni,
Trajecti, Leodii allocutus, sacramentum à singulis accepit nonnisi ejus consensu
manus se Conrado daturos, neque ad eum ituros... quod episcopi primi infrege-
runt.*

d'eux des chartes pour notre église de la Madeleine, commencée aux derniers temps d'Heimon (1). Il est probable que ce fut alors qu'il reconnut l'empereur et reçut l'investiture : il dut également s'entendre avec la cour au sujet de Gothelon ; et il se crut sans doute bien appuyé ; car, à son retour à Verdun, il déclara qu'à la place de ce rebelle déchu, il nommait au comté, de l'agrément impérial, Louis de Chiny, qui s'empressa d'accepter (2). En même temps l'empereur offrait le duché de Basse-Lorraine à Frédéric de Luxembourg ; mais celui-ci déclina le dangereux honneur d'enlever à Gothelon sa couronne ducale (3). Il jugeait bien les choses : car, tandis que Raimbert se félicitait d'avoir tiré l'évêché de la dure servitude des grands ducs, on apprit, l'an suivant, que l'empereur et Gothelon, qui avaient peur l'un de l'autre, s'étaient réconciliés par politique, sans s'inquiéter de l'évêque de Verdun, qu'on laissa, avec son comte, dans les hasards de leur situation compromise. Louis de Chiny montra du cœur ; mais c'était à lui courage téméraire et funeste que de vouloir se maintenir contre un adversaire qui faisait reculer l'empereur lui-même. Le terrible Gothelon arriva avec des soldats de Bouillon, repoussa son ennemi dans la ville, et le tua dans la bataille. Cette catastrophe dut arriver aux environs de Saint-Vanne ; car l'infortuné comte, se sentant blessé à mort, demanda les moines, pour qu'ils lui missent, à sa dernière heure, l'habit de leur Ordre, espérant entrer plus aisément au

Louis de Chiny,
comte
de l'évêque.

(1) Cette charte, qui est la plus ancienne des archives de la Madeleine, se trouve d'une manière incomplète, et avec la fausse date de juillet 1024, dans les Preuves de D. Calmet. L'original porte 1025 : et il n'en peut être autrement, puisqu'à pareille date de l'année précédente, Conrad n'était point élu.

(2) La nomination de Louis de Chiny se fit par l'empereur, suivant Gilles d'Orval, et par l'évêché (*episcopalis auctoritas*), suivant Laurent de Liége. Tous deux ont raison, la nomination du comte épiscopal devant être agréée par l'empereur.

(3) *Funestum planè munus Ludovico Chisnensi. Prudentiore usus consilio, Fredericus Luxemburgensis oblatum sibi Lotharingiæ ducatum recusavit.* Gilles d'Orval.

ciel sous ce costume qu'en armure de chevalier. On s'empressa de satisfaire à son désir : le mourant fut sur le champ
inscrit à la matricule, comme frère bénédictin ; puis, quelques heures après, au nécrologe, comme moine défunt (1).
Ceci arriva en 1027 ou 1028 ; et cette lugubre prise d'habit
laissa des souvenirs qui inspirèrent au poëte de Garin les
vers suivants :

> Moines l'emportent : sur un escu l'ont mis, *(sur un bouclier)*
> Jusqu'à Saint-Venne, où l'encloistre est assis.
> Et, dit un moine : Malement est baillis ! *(dangereusement blessé).*
> Bien le sachiez, que il est encor vis ; *(vivant)*
> Mais il sera à grant poine guéris.
> Lui chalt de ce les draps noirs à vestir, (*Lui chaut, lui importe*)
> Ne doutant mie qu'il ne doie morir...
> Moine l'ont fait ; les draps li ont vesti...
> Et, en l'encloistre enterré et gèsi.

Après cette tragédie, nul s'osa plus s'exposer à la colère
de Gothelon ; et la puissance de ce duc devint tout à fait
formidable en 1033 quand, après la mort de Frédéric II de
Haute-Lorraine, il s'empara de ce second duché, sans que
l'empereur osât lui en refuser l'investiture. L'évêque Raimbert, triste spectateur de la mort de son comte Louis,
perdit l'espoir de s'affranchir : cependant il maintint ses
droits en faisant, comme Heimon, inscrire sur la monnaie
son nom avec celui de l'empereur : *Conradus imperator
augustus ;* au revers, *Raimbertus præsul Virduni :* et nous le
trouvons nommé avant Gothelon dans un acte légal de
donation, autorisée, dit cette charte, *per manus Ramberti
episcopi et Gozelonis ducis* (2).

Ces temps furent tristes et désolés par les fléaux du ciel
plus encore que par la méchanceté des hommes. De 1030 à
1033 régna la famine dont il est parlé dans toutes les his-

---

(1) *Quarto kalendas octobris* (28 septembre), *obiit Ludovicus de Chisneio, ex
comite monachus : pro cujus animâ habemus quinque mansos apud Geronisvillam.*
— Dans l'épitaphe : *Ergò cruentatus habitum sumit monachatûs.*

(2) Charte du cartulaire de Saint-Vanne, imprimée *Gall. christ.* XIII. *Instrum.* p. 561.

Famine de 1033. toires; les angoisses furent telles, en certains pays, que des misérables égorgèrent des hommes pour se repaître de leur chair (1). Des pluies continuelles détruisaient les récoltes; des milliers de malheureux périssaient; et la calamité, après avoir duré trois ans, recommença, pour une autre année, en 1044. Richard épuisa le trésor de Saint-Vanne: on vendit aux églises de Reims, par son ordre, tous les joyaux qui n'étaient précieux que par leur matière; il écrivit aux communautés qu'il dirigeait, ainsi qu'aux princes dont il avait la confiance, de faire argent de tout en cette nécessité extrême; enfin, les ressources s'épuisant, ce bon abbé trouva, pour dernier moyen, un arrangement avec le comte de Rodez, au sujet de Saint-Amant en Rouergue, que Bérenger, fondateur de Saint-Vanne, avait mis dans la dotation de l'abbaye. La stipulation fut que le comte prêterait de l'argent, en sûreté et en payement duquel il détiendrait Saint-Amant jusqu'à ce que le revenu l'eût largement indemnisé; mais, ainsi qu'on pouvait le prévoir, il garda le fonds et la rente, et n'envoya jamais de quittance.

Perte de Saint-Amant en Rouergue. Waleran, successeur de Richard, essaya de recouvrer ce domaine, au moyen de bulles de Rome : ces bulles ne parvinrent pas au comte, parce que le porteur mourut en route; et il est douteux qu'elles eussent produit aucun effet. De cette possession, qui remontait à un don des rois mérovingiens, il resta, pour tout souvenir, le titre patronal de saint Amant à l'église paroissiale du ban Saint-Vanne : ce patron n'était point saint Amand de Maestricht, comme on l'a cru, par erreur; c'était saint Amant de Rodez, dont la fête se faisait le 4 novembre (2).

(1) *Humanæ carnes ab hominibus devoratæ : itâ ut in forum Trenortii* (Tournus en Bourgogne) *delatæ sint, ac si venumdandæ : quas qui attulit igne crematus est.* Flavigny, p. 182. Glaber de Cluny rapporte les mêmes choses, à l'an 1033 : et ils attribuent tous deux cette famine à ce que *tribus annis, præ nimiâ pluviâ, non invenirentur sulci utiles seminibus.*—1044, dans Sigebert.

(2) Ces divers détails, dans Hugues de Flav. p. 185. La bulle de Nicolas II *R. Ruthenensi comiti, dilecto filio,* pour la restitution de Saint-Amant, *ibid.* p. 195. *Sed quia,* ajoute le chroniqueur, *Waleranno defuncto apud Aremari Monasterium* (Montier-Ramey, en Champagne), *non fuit qui litteras comiti Hu-*

Ici nos auteurs modernes racontent la translation des reliques de saint Saintin de Meaux à Verdun, à l'occasion, dit le récit ancien, d'une grande famine, où ils ont cru reconnaître celle dont nous venons de parler. Des documents il résulte, pour indications chronologiques, que cette translation se fit entre le siècle de Bertaire, vers l'an 900, et celui de Hugues de Flavigny, vers 1100; car Bertaire parle encore de la tombe de saint Saintin à Meaux; et, du temps de Hugues, la tradition, déjà ancienne, de Saint-Vanne disait que les reliques étaient venues, lors d'une invasion de Normans ou de Hongrois, par des marchands qui les avaient rachetées, quand les Barbares ruinèrent l'église de Saint-Saintin, hors des murs de Meaux. Cette croyance était déjà presque immémoriale en 1100, puisque Hugues crut que les Normans dont on parlait étaient ceux de Hasting, en 866 (1). En cet état des traditions, fut composée la légende que nous allons rapporter, où la date de l'événement est laissée vague; mais, à la mention d'une caravane de nos marchands revenant d'Espagne, on reconnaît que les souvenirs, embellis par le légendaire, remontaient au xe siècle, en son milieu. Cette légende est donnée sous la garantie d'un certain frère Richard, de Saint-Vanne, qui, passant à Meaux, aurait recueilli d'un vieux prêtre l'histoire suivante :

Translation des reliques de saint Saintin.

« Frère, si vous voulez me jurer le secret (car je n'entends pas me compromettre ici), je vous dirai des choses arrivées, il y a bien longtemps, qui n'ont plus que moi pour témoin, et que vous serez certainement curieux d'apprendre. Vous saurez donc qu'à l'époque dont je parle, les péchés de ce peuple, ayant attiré ici une grande famine, on déserta la ville, chacun allant chercher sa subsistance dans des contrées moins désolées. L'évêque, avant de partir, fit apporter en cette cathédrale Saint-Etienne, tous les reliquaires du

Légende

_____

thenensi perferret, adhùc abbatia, cum fundis, retenta est. — Sur l'origine de cette possession, v. ci-dessus, tom. 1. p. 85. 226.

(1) *Sanctus Sanctinus, Meldis in ecclesiâ majore positus, à Virdunensibus maximo pretio Virduni relatus, anno 866.* Flav. p. 123.

pays, les confia à la garde de quatre prêtres, du nombre desquels j'étais; et nous jurâmes de bien et fidèlement garder ce sacré dépôt. Cependant, la famine croissant, et nos ressources diminuant, arrivèrent les marchands de Verdun, revenant d'Espagne, chargés d'or, avec grand train de chariots, de chevaux et de mulets; c'étaient, autant que nous pûmes le voir, des gens riches et de haute apparence (1). Ces hommes, combinant sans doute ce qu'ils eurent le bonheur d'exécuter, s'en vinrent à notre église ouïr nos vêpres, puis firent une offrande; et nous leur montrâmes nos reliquaires; alors, voyant combien nous étions misérables, ils nous invitèrent à souper, de leurs provisions : on nous régala; puis ils nous dirent : « Il ne tient qu'à vous d'être délivrés, vous et vos fidèles, de ce péril de faim : laissez-nous emporter saint Saintin; et vous n'aurez pas lieu de vous plaindre de notre reconnaissance. » Comme nous hésitions, à cause de notre serment : « Ce n'est pas un péché, dirent-ils; c'est au contraire une bonne œuvre que vous ferez, en sauvant votre vie, et celle des autres.» Enfin nous cédâmes : nous entrâmes nuitamment avec eux dans l'église; et, les portes bien closes et verrouillées, nous tirâmes l'urne du tombeau; ils enveloppèrent les reliques dans un voile magnifique, et partirent de grand matin. Voilà, serviteur de Dieu, comment vous êtes devenus possesseurs de ce trésor. » — Comme ces choses s'oubliaient, poursuit le légendaire, reprenant la parole en son nom, j'ai cru devoir les écrire : je proteste que je n'y ai pas ajouté d'embellissements; et on peut tenir pour parfaitement véritable ce présent récit : *Incipit narratio qualiter delatum est corpus beatissimi Sanctini à negotiatoribus ab urbe Meldis in civitatem Virdunensem* (2). »

Pour tout éclaircissement sur cette légende, nos savants modernes y ont mis les dates de 1032, ou de 1044, sans remarquer qu'avec une telle surcharge, l'histoire devenait apocryphe, à cause de son absence des récits fort détaillés que nous avons des événements d'alors. Trois chroni-

(1) *In unâ dierum, ecce Virdunenses negotiatores, cum multo apparatu ab Hispaniâ revertentes, repentè apparuerunt : viri honorificentissimi, et, quantùm datum est intelligi, in divitiis potentissimi, habentes in comitatu suo equos onustos, mulos et asinos, copiosas advehentes divitias.*—Nous ne trouvons pas cette pièce imprimée.—Sur le trafic avec l'Espagne, v. ci-dessus, t. ı. p. 286.

(2) *Hujus textus narrationis nullum recepit commentum falsitatis, sed potiùs gaudet præclarâ subnixus luce veritatis.*

queurs nous les ont transmis : le continuateur de Bertaire, rigoureusement contemporain, qui termina son livre en 1050 ; puis Hugues de Flavigny, et le biographe de Richard, qui écrivirent vers 1100. Tous les trois, les deux derniers surtout, entrent, au sujet de Saint-Vanne et de Richard, en détails minutieux, remémorent certaines reliques qu'il apporta de Commercy, et notent jusqu'aux encensoirs et aux tapis donnés à l'église. Ils n'étaient point gens à oublier saint Saintin : et une telle omission, étrange même pour un seul d'entre eux, est tout à fait incroyable, commise par les trois écrivains à la fois. Nous croyons que le vrai récit est celui dont on conservait encore la tradition à Saint-Vanne, au temps de Hugues, savoir que les saintes reliques étaient arrivées à l'époque d'anciennes invasions barbares : mais ces invasions n'étaient point, comme il le crut, celles des Normans du IXe siècle ; car, au temps de Bertaire, la tombe de notre premier évêque ne se trouvait nulle part ailleurs qu'à Meaux (1). La translation est même postérieure à la fondation de Saint-Vanne, en 952 ; autrement Bérenger n'eût eu garde d'omettre, dans sa charte, le nom de saint Saintin à côté de ceux des anciens pontifes dont il dit que les corps reposaient en ce lieu : mais, en 954, survint la grande irruption des Hongrois, qui coururent la Lorraine, la Bourgogne, et même la Champagne, aux territoires de Reims, Laon et Châlons (2). Alors l'église Saint-Saintin, hors de Meaux, dut subir le sort de la chapelle où reposait saint Paul, près Verdun ; et on s'autorisa de ces désastres pour emporter, ou même voler des reliques, comme le prouve, chez nous, la mésaventure des moines de Tholey (3). Toutes les circonstances de notre légende, la mention

(1) *Ubi tamen corpus ejus sepultum sit, nusquàm reperimus, nisi Meldis.* Bertaire.

(2) Ci-dessus, tom. I. p. 303. — *Sint sua, si vera aiunt, Meldensibus busta,* dit encore, peu après la fondation de Saint-Vanne, une vie manuscrite de saint Saintin, composée en cette abbaye, alors toute récente : *in hoc cœtu sanctorum monachorum, à beatæ memoriæ Berengario noviter inceptum.*

(3) Ci-dessus, tom. I. p. 165.

surtout de la caravane d'Espagne, dénotent cette époque,
déjà confuse, en 1050, pour le continuateur de Bertaire qui,
comme nous l'avons vu, dans l'histoire du siège de 984, ne
savait rien d'exact ni de précis sur ce mémorable événement. Il ne connaissait non plus de son abbaye de ce temps
que les noms des abbés, le couvent ayant alors été habité
par Fingen et les hibernois, gens étrangers et ignorants,
dont il ne restait pas une pièce d'écriture. Ainsi s'explique
l'absence de documents contemporains. L'intervention des
marchands est réelle; car tous les renseignements s'accor-
dent sur ce point (1): mais la mise en scène de leur entrevue
avec les prêtres de Meaux est un embellissement de pittoresque, inventé soit par ces marchands eux-mêmes, soit
par la tradition orale, qui mit la légende sous la forme
où nous l'avons reproduite, et où la fixa, en beau style
imité de Hugues de Flavigny, un moine de la seconde
moitié du XII⁰ siècle. Les marchands se bornèrent sans doute
à offrir de l'argent pour la réparation de l'église, si on voulait partager avec eux les restes du commun patron. Cette
légende, ne disant en aucune manière que toutes les reliques, sans exception, aient été transférées à Verdun, il est
étrange que nos auteurs aient été surpris, et comme décon-
certés d'apprendre qu'on avait gardé à Meaux une châsse
de saint Saintin jusqu'au saccagement de la cathédrale par
les calvinistes, en 1562 : on était mieux instruit, en cette
ville; on savait qu'il n'y avait eu que partage entre les deux
églises des restes de leur apôtre commun; et l'authenticité
de la portion échue à Verdun souffrait si peu de doute,
qu'après le désastre de 1562, on s'adressa à nous, pour
réparer la perte, au moyen d'un nouveau partage (2). Telle

(1) Outre la légende que nous avons traduite, l'ancienne inscription trouvée dans la châsse, en 1132, et rapportée par Wassebourg, p. 234, verso,
portait : *Hæc pretiosissima ossa Virdunenses negotiatores, post multa tempora,
pretio comparaverunt.* Hugues de Flavigny fait allusion à ces mêmes marchands : *A Virdunensibus, maximo pretio Virduni relatus.*

(2) Les documents constatant l'existence d'une châsse de saint Saintin à
Meaux, jusqu'en 1562, sont indiqués dans l'Errata de Calmet, à la suite de la

nous semble être la vérité sur la provenance à Verdun de ces célèbres reliques, dont l'histoire ne présente d'autre difficulté que les détails apocryphes ajoutés par d'inhabiles explicateurs.

Pendant que la famine désolait le pays, nos deux ducs Frédéric et Gothelon, de Haute et de Basse-Lorraine, firent entre eux des arrangements par lesquels le premier donnant au second la tutelle de ses filles, le rendit son associé, puis, peu après, son successeur, en 1034. Ces dispositions déplurent à l'empereur Conrad ; mais il n'osa s'y opposer : et Gothelon devint un véritable grand duc, tel, sauf l'habileté, qu'avait été l'archiduc Brunon, un siècle environ auparavant. Il sembla que le vieux royaume de Lothaire allait être rétabli : il le fut en effet jusqu'à la mort du grand duc, en 1043 ; et il ne tint pas à Godefroy, son fils, que l'union des deux duchés ne subsistât à son profit : car tel fut le motif des troubles excités par lui à son avénement.

Ce Godefroy est celui que l'on distingue par le surnom de Breux, ou barbu ; quelques auteurs écrivent Bref, ou court. Il résulte de nos chartes qu'il fut comte de Verdun dès 1032, nommé par conséquent du vivant de son père, sans doute de peur que l'évêque, à la mort de celui-ci, ne trouvât quelque moyen d'intervenir dans la transmission du comté. Dans la hiérarchie politique qui s'établit alors chez nous, et que nous ne connaissons que par les protocoles de quelques chartes, figurent toujours, avec le duc, l'évêque et le comte : le pouvoir dominant appartenait certainement au premier ; quant aux deux autres, on ne voit ni leur

Gothelon, duc des deux Lorraines.

Godefroy le Breux comte.

table de son tome II, avant les Preuves, 2ᵉ édit. Felibien, Hist. de Saint-Denys, p. 245, mentionne des reliques de saint Saintin données à l'abbé Mathieu, en 1259, par le Chapitre de Meaux. — Après 1562, demande, en 1622, de l'évêque de Meaux à Saint-Vanne, pour avoir part aux reliques : v. Roussel. p. 19.—«Dominique Séguier, par la miséricorde divine, etc., évêque de Meaux, etc. Savoir faisons que, l'an 1658, le 30 octobre, en présence, etc., avons transféré les reliques qui ensuivent, savoir celles de saint Saintin, données à notre église par les religieux de Saint-Vanne de Verdun, comme il se voit par l'attestation desdits religieux, en date du 1ᵉʳ juillet 1622... etc. »

rang entre eux, ni les titres auxquels ils se reconnaissaient
leurs qualités réciproques. La charte d'Amel, de 1032, par
Raimbert, comme évêque diocésain, porte les indications
suivantes : « Fait publiquement à Verdun, en synode légal,
le 8 des ides de septembre (six), l'an 1032, neuvième du
règne et cinquième de l'empire du très-noble empereur
Conrad, quatrième de son fils Henri ; Frédéric étant duc
et Godefroy comte (1). » Ce duc Frédéric était celui de
Haute-Lorraine : ainsi notre ville, par sa situation topographique, se rattachait à ce duché, bien que le comté
appartint à la maison des ducs de la Basse. Ceci devait
ajouter aux complications ; mais, ainsi que nous l'avons
vu, il y avait accord parfait entre Frédéric et Gothelon : ils
conspirèrent ensemble, au commencement du règne de
Conrad ; et le premier légua au second son duché, avec la
tutelle de ses filles. Un autre document nous apprend qu'il
y eut, entre 1040 et 1044, du vivant du duc Gothelon, une
session où les droits des sous-voués furent réglés, ce duc
et son fils le comte Godefroy examinant et décidant, avec
et par-devant le seigneur évêque Richard (2). Sans doute
l'évêque entendait que le comté relevât de lui, comme grande
avouerie ; et Godefroy se portait, au contraire, pour comte
patrimonial et indépendant, avec titre d'avoué : mais la
manière dont Gothelon avait tranché la question, en tuant
Louis de Chiny, ôtait toute hardiesse à l'évêché : il n'articu-
lait rien de clair ; et, sans s'opposer à la transmission,
d'ailleurs légale, du comté-avouerie dans la famille des

(1) *Ego Rembertus, Virdunensis ecclesiæ humilis episcopus... domnum Sigifri-*
dum, abbatem Gorziensem, me suppliciter exorasse ut, meo assensu et auxilio
posset, in villâ quæ dicitur Amella, nostræ diœcesi subditâ, monachos collocare et
regularem institutionem confirmare..... Actum publicè Virduni, in legali synodo,
octavo idus septembris, anno ab Inc. Dom. M. xxxii, indictione xv, regnante no-
bilissimo imperatore Conrado, etc., duce Frederico, comite Gotfrido · testibus Du-
done primicerio, Rodulfo, Frogero, Willelmo archidiaconis, etc. *Ego Regimun-*
dus cancellarius recognovi. Charte imprimée *Gall. christ.* xiii. *Instrum.*
p. 557. /
(2) *Sicut, vivente patre meo Gozelone, meque adstante, coràm domino Richar-*
do episcopo, acta et definita est causa, præsentibus tàm clericis quàm laïcis.
Charte de Godefroy, vers 1060.

comtes voués, il attendait que quelque nouvelle brouille entre cette famille et l'empereur, lui fournît à lui-même occasion de faire une démarche opportune, avec l'appui impérial. Wassebourg dit que l'empereur, en consentant à regret à la transmission de la Haute-Lorraine à Gothelon, exigea que du moins, et sauf usufruit pour Godefroy, il renonçât à ses prétentions héréditaires au comté de Verdun : nous ne trouvons point cette renonciation dans les documents (1).

Ce prieuré d'Amel, dont nous venons de rencontrer le nom dans nos titres, était d'ancienne origine ; et nous ne devons pas le laisser entièrement sans mention. A l'érection des paroisses rurales, dans les temps fort reculés où peu d'églises et peu de population se trouvaient dans les campagnes, il y eut à Amel une de ces antiques paroisses, que l'on appelait basiliques mères, ou *plèbes*, parce qu'elles gardèrent longtemps les droits paroissiaux sur tout le peuple de leur vaste territoire : les autres paroisses étaient leurs filles, c'est-à-dire simples chapelles érigées sous leur dépendance, à mesure que les villages se peuplèrent. Pour le service et la dévotion des plèbes venant à la mère église, il se trouvait à Amel, au milieu du xe siècle, deux églises, St-Pierre et St-Martin, dans le village même, Notre-Dame, ou Dame-Marie, aux environs (2) : l'endroit était du comté et pays de Verdun ; et la seigneurie en appartenait à une comtesse Hildegonde. Cette noble dame, voulant pourvoir avec largesse aux églises que fréquentait son peuple, fonda et dota, en celle de Saint-Pierre, une collégiale de douze clercs : l'acte de fondation, signé d'Hildegonde elle-même et de l'évêque Vicfrid, est daté de 959, première année du pré-

Prieuré d'Amel.

_____

(1) Wassebourg, p. 226.

(2) *Ecclesiam Sancti-Petri, cum omni decimatione, atque abbatiâ in eâdem villâ Amellâ conjacente... villam Griminciam vocatam, in eodem pago Wabrensi et comitatu Virdunensi, cum ecclesiâ in honore Sanctæ-Mariæ stabilitâ..., pari modo ecclesiam in honore Sancti-Martini constructam. Charte d'Hildegonde.* D'après la charte de Raimbert, que nous citerons dans la note suivante, les deux églises Saint-Pierre et Saint-Martin étaient voisines.

lat; et il y est dit que tout le Chapitre de la cathédrale fut
appelé comme témoin. En 982, Conrad fils de la comtesse, se sentant blessé à mort dans une bataille contre les
Sarrasins de Calabre, fit, sous l'étendard, en forme militaire, son testament, léguant à l'abbaye de Gorze tout ce
qu'il avait au pays de Lorraine : alors ces moines devenus
seigneurs d'Amel, y établirent, sous la dépendance de Gorze,
une de ces colonies qu'ils appelaient Prieurés, gardèrent
pour eux l'église Saint-Pierre, et reléguèrent à Saint-Martin tout le service paroissial. L'évêque Raimbert sanc-
tionna ces arrangements par sa charte de 1032, rendue en
synode, à l'assistance des quatre archidiacres, parce qu'il
s'agissait d'un ministère de paroisse (1). Cette charte est la
première où ces dignitaires soient mentionnés au nombre,
qui devint ensuite fixe, de quatre, y compris le princier ;
mais on n'y voit point encore d'affectation de territoire
spécial à chacun d'eux. A la paroisse d'Amel demeurèrent
annexés, comme restes de ses anciennes plèbes de mère
église, les villages de Senon, Eton et Ornel, dont le premier fut érigé en cure par bulle de Clément VII, en 1526.
Comme le Prieuré était riche et considérable, les comtes
de Bar, à raison de leur châtellenie de Briey, n'omirent pas
de s'y faire part de vouerie : on trouve un acte de 1289,
associant le comte Thibauld II, pour moitié, dans les bois,
alors plus étendus qu'après les défrichements modernes.
A la suppression de Gorze, en 1572, le Prieuré, avec
sa haute justice, ses droits et ses dîmes, tomba dans le
lot qui fut fait aux Jésuites sur les biens de la grande
abbaye éteinte : il appartint aux révérends pères de
Pont-à-Mousson, qui y eurent une résidence, et le main-

---

(1) *In presentiâ nostri cleri, et totius sanctæ synodi..., obsequium quod hactenus in prædictâ Sancti-Petri ecclesiâ, in baptizando, sive missas celebrando, à
presbytero loci ipsius populo exhibebatur, amodò in ecclesiâ Sancti-Martini,
quæ vicina est, à vicario monachorum exhibendum statuimus, et synodali auctoritate confirmamus.* — Cette charte de 1032 se trouve, avec celle de la comtesse Hildegonde en 959, au tom. XIII. *Instrum.* p. 554 et 557 du *Gallia
christiana.*

tinrent en bon état ; mais, après eux, les chanoines réguliers du Sauveur, héritiers en Lorraine des établissements
des ci-devant Jésuites, le traitèrent en ferme, administrée
par des gens d'affaires, et obtinrent de l'évêque Desnos, le
10 mai 1779, permission de démolir l'église Saint-Pierre,
à condition que la mémoire des fondateurs serait conservée par un service annuel à la paroisse. Il y eut, à Amel, un
hôpital, dont la charte de fondation est datée du lundi
après la Saint-Jean 1312 : mais, comme au XVIIe siècle, on
n'y exerçait plus l'hospitalité, les chevaliers du Mont-Carmel
et de Saint-Lazare le revendiquèrent en 1673 ; et il y eut un
procès qui se termina, en 1687, par leur désistement, le
révérend père recteur de Pont-à-Mousson ayant prouvé
qu'on distribuait en aumônes le revenu de cet hôpital. Dans
l'ancien diocèse, Amel était le titre d'un décanat de l'archidiaconé de Woëvre ; et il reste, soit en cet endroit, soit aux
alentours, plusieurs vestiges d'anciennes constructions.

Le malheur des temps continua après la grande famine,
et le pays fut désolé par une guerre que firent naître les
discordes des princes voisins. En 1033 mourut Rodolfe le
Fainéant, dernier roi des deux Bourgognes (1), après avoir
déshérité son neveu Eudes de Champagne, en envoyant à
l'empereur Conrad les insignes royaux et la lance de saint
Maurice, en signe qu'il l'instituait son successeur. Le
déshérité offrit l'abandon de ses prétentions royales, à
condition qu'on lui donnerait investiture de prince ; mais
Conrad, qui voulait réunir les Bourgognes à l'Empire,

---

(1) Il se forma, au démembrement de l'empire carlovingien, deux
royaumes de Bourgogne. Le premier, dit aussi de Provence, ou de Bourgogne cis-jurane, fut fondé, en 855, par l'empereur Lothaire, en faveur de
son troisième fils Charles : l'autre ne datait que de l'anarchie qui suivit la
déposition de Charles le Gros, en 888. Rodolfe II, roi de cette dernière Bourgogne, ayant, en 933, conquis la Provence, les deux pays réunis s'appelèrent royaume d'Arles, qui comprenait notre Bourgogne et sa comté, le
Lyonnais, le Dauphiné, la Provence, la Savoie, la Suisse. C'est ce royaume
que Rodolfe le Fainéant, ou Rodolfe III, légua à l'empereur Conrad : *dans ei
lanceam sancti Mauritii, quod erat insigne regni Burgundiæ*, dit Flavigny,
p. 185.

Guerre
des Champenois.
refusa. Alors Eudes se jeta sur la Haute-Lorraine, prit le château de Bar, et assiégea Toul, en 1036 ; puis, sur la nouvelle que l'empereur arrivait à Saint-Mihiel, avec les Allemands et les Lorrains, il se retira : mais il revint, l'an suivant, reprit Bar, où il laissa garnison de 500 hommes, et marcha sur la forteresse de Commercy, très-ancienne, dit cette relation, avec chapelle renommée pour des reliques qu'avait apportées d'Orient l'archiduc Brunon (1). Cependant Gothelon, irrité de tant de courses et de ravages sur ses territoires de Haute-Lorraine, s'avançait avec ses comtes et toutes leurs milices, réunies depuis Liège et Namur : en passant à Verdun, il prit avec lui l'abbé Richard, pour le charger, à l'occasion, de missions de paix, et surtout afin qu'il donnât courage et confiance aux troupes par sa présence, étant réputé saint dont on racontait des miracles. Malgré la rapidité de sa marche, le duc ne put sauver Commercy, qu'il trouva en flammes, à son arrivée ; mais Richard tira de l'incendie les reliques de la chapelle, les rachetant, pour Saint-Vanne, d'un soldat pillard : c'étaient celles de saint Pantaléon, ancien martyr de Nicomédie, en Asie mineure ; et on chantait, en leur honneur, une hymne, dite cantique de Commercy. Ensuite les armées, après marches et contre-marches, se rencontrèrent, vers le milieu de novembre 1037, en un endroit appelé dans les chroniques Honol, sur l'Orne (Ornain) : c'est un lieu que nous ne connaissons pas, mais qui ne pouvait être très-loin ni de Bar, dont le nom resta à la bataille, ni de Verdun ; car des morts et des blessés furent transportés à Saint-Vanne. Cette bataille commença vers neuf heures du matin : les Champenois, ayant l'avantage du nombre, parurent d'abord prévaloir ; et ils tuèrent le comte de Namur ; mais Gothelon, et son fils Godefroy remportèrent la victoire, après cinq heures de lutte acharnée. Du champ de bataille, Gothelon envoya son anneau à l'empe-

(1) *Castrum antiquissimum*, *Commereceium dictum...* *Antiquissima dignitas capellæ ipsius castri.* Vie de Richard, p. 525.

reur en Italie, pour qu'il eût la première nouvelle de ce grand succès : et il réserva l'étendard de Champagne comme trophée pour la cour impériale. Deux mille champenois et mille lorrains restèrent sur cette funeste place : on ne sut d'abord ce qu'était devenu le grand comte Eudes ; enfin Richard et l'évêque Roger de Châlons découvrirent, au milieu d'un tas de morts, son cadavre, nu et couvert de blessures sanglantes ; et ils l'envoyèrent à la comtesse Ermengarde. On retrouva près de lui Manassé, comte de Dammartin, qui fut inhumé, avec d'autres, au cloître de Saint-Vanne (1). Dans la bataille, Richard, voyant le jeune Valeran de Breteuil tomber sous les coups de Godefroy, courut lui mettre un habit de moine, disant que ce jeune homme avait demandé à être son religieux : ce fut ainsi qu'il sauva son futur successeur, qui demeura boiteux sous son habit monastique, à cause de la griève blessure que l'épée de Godefroy lui avait faite au genou (2). Cette bataille fut très-célèbre : vingt-sept chroniqueurs de divers pays en ont parlé ; chez nous, on l'appela journée désastreuse et déplorable du château de Bar : *lacrymabile bellum apud Bar castrum, in quo cecidit comes Odo Campaniæ*, dit Hugues de Flavigny (3).

Commercy, dont nous n'avons pas eu occasion de parler avant cette guerre de 1037, passait dès lors pour un fort très-ancien, comme le porte la relation citée plus haut,

(1) *Comitem Manassen de Domno-Martino, cum quibusdam aliis, istuc deportari fecit, et honorificè sepelivit : quod audiens uxor ipsius, variis donis eumdem Patrem (Richardum) muneravit, et tapetem magnum huic ecclesiæ dedit. Uxor etiàm Odonis comitis, in memoriam sui et mariti, casulam croceam tradidit. Sic industriâ et bonâ famâ beati viri, hæc ecclesia cumulabatur ornamentis.*—Parmi les anniversaires de St-Vanne était celui des comtes *antè Bar interemptorum*

(2) *Comitem Bretuliensem Walerannum, graviter vulneratum, ne ab insectatoribus extingueretur, sacrâ religionis veste defendit, et huc delatum curatumque, bonâ institutione innormavit et sacris litteris imbuit, ut, post ejus venerabilem transitum, isti præficeretur ecclesiæ. Cujus pater, Gelduinus nomine, tùm filii amore, tùm beati viri sacrâ allocutione, sæculo renuntiavit ; et, plurimis donariis huic loco traditis, in senectute bonâ quievit.* Ibid. — *A Godefrido graviter vulneratus in geniculo, claudicabat*, Flavigny, 183. 190.

(3) Exposé complet, avec indication des sources, dans l'Hist. des comtes de Champagne, par d'Arbois de Jubainville, tom. I. p. 338.

Commercy.

qui répète encore cette épithète de très-ancienne en parlant de la chapelle. Cet endroit était remarquable en ce que là aboutissaient les frontières de Lorraine, de Barrois, de Champagne et des Evêchés ; de là vint qu'on l'appela concours ou confluent des Marches, *Commarcheium*, en français Commarcy, puis Commercy. Il relevait de l'évêché de Metz, auquel faisaient hommage ses seigneurs (1), qui prenaient le titre de sires, et qu'on appela damoiseaux, depuis la fin du xiv⁰ siècle (2) : au spirituel, il était de Toul. On ne croit pas que Commercy soit d'origine romaine : la ville se forma autour de l'ancien château, dit, dans la suite, Château-Haut, parce qu'au xiv⁰ siècle, on en construisit un Bas, pour la portion de la seigneurie appelée part de Sarrebrück. La localité attira, pour la première fois, l'attention des chroniqueurs par le fait étrange qui y arriva, en 823, d'une jeune fille qui, après la communion pascale, demeura plusieurs mois, ou même plusieurs années sans nourriture : chose extraordinaire, mais non miraculeuse ni impossible ; car les médecins, en leurs traités des cas rares, en ont signalé d'autres exemples, surtout chez les femmes (3). Dans la catastrophe de 1037, fut brûlé un cou-

(1) En 1248, reprise de Gaucher et Henry de Broyes, de Jacques de Lorraine, évêque de Metz. — Jehans comte de Sarrebruch, et sires de Comarcei... Comme nous teniens en foi et en homaige, de notre très-chier seignor l'évesque de Metz, nostre chastel et forteresse de Comarcei... 1335. — Faisons savoir que ce jourd'huy, notre amé et féaul messʳ. Eimeis de Sarrebruche, chevalier, signour de Comarcey et de Venisey, est venu par devers nous, et nous ait présenté main et bouche, et reprins de nous, à cause de nostre éveschie et église de Metz, en fié et de plein homaige, le chastel et la forteresse de Comarcei, qui muevent des fiés de nostre dite éveschié..... 1400. *Chartes, dans l'Hist. de Commercy de M. Dumont*, tom. ɪ. p. 108 et 187. —Indication des actes de reprise, dans l'arrêt de la Chambre royale de Metz, du 15 avril 1680.

(2) On appelait damoiseaux, ou petits seigneurs, les jeunes gentilshommes non encore reçus chevaliers. Tels n'étaient pas les seigneurs de Commercy : on a supposé que cette qualification venait à ceux du Château-Haut de ce que, bien que leur seigneurie fût prépondérante, ils étaient néanmoins de la branche cadette de Sarrebrück ; mais, dit M. Dumont, tom. ɪ. p. 186, on ne sait rien de positif sur le motif pour lequel ils adoptèrent cette qualification.

(3) V. Dict. des sciences médicales, art. Abstinence, tom. ɪ. p. 54, et Cas

vent de religieuses, qu'on suppose avoir été au Breuil.
Richard en amena les nonnes à Saint-Maur, où elles apprirent aux nôtres le cantique de Commercy, qui fut trouvé
si beau que Valeran, le successeur de Richard, le mit en
latin, et en fit, sur le même air, une sorte de prose ou de
répons, qu'on chanta longtemps à Saint-Vanne (1). Le Breuil
fut rétabli, vers la fin du même siècle, par les moines de
Molesme, qui en firent un de leurs prieurés, auquel l'évêque Pibon de Toul donna, en 1096, l'autel, c'est-à-dire le
patronage de la paroisse, avec droit de nommer à la
cure (2) : ce prieuré de Breuil, qui subsista jusqu'aux derniers temps, entra, en 1621, dans la congrégation de Saint-
Vanne, et y fut incorporé définitivement en 1663 (3). Enfin,
pour autres vieilles fondations ecclésiastiques, Commercy
possédait une collégiale, ou Chapitre de Saint-Nicolas, doté,
en 1186, par Simon de Broyes, l'un des anciens seigneurs,
dont la petite-fille Elisabeth porta, en 1265, la seigneurie
dans la maison de Sarrebrück. En 1326, Jean Ier, faisant
partage anticipé de sa succession, attribua à sa branche
aînée le comté de Sarrebrück, avec une portion de Commercy, qu'on appela, pour cette raison, part de Sarrebrück,
la branche cadette ayant pour apanage le Château-Haut, ou

Rares, tom. IV. p. 170. Les docteurs attribuent ces phénomènes au système
nerveux des femmes, et à ce que la polyphagie est une propriété du sexe
masculin.

(1) *Cantum quem in suis partibus didicerant, ejusdem cœnobii (Sancti-Mauri)
sorores docere studuerunt..., quem domnus Valerannus suos discere fecit : et ex
tunc, usquè hodiè, pro veneratione sancti martyris Pantaleonis, cum magno tri-
pudio, in nostro cœnobio canitur.* Vie de Richard, dans Mabillon, p. 557.

(2) *Ego Pibo, etc. dedi ecclesiæ Sanctæ-Mariæ quæ est in Molesme altare quod
situm est in Commarceio, ad utilitatem monachorum inibi Deo famulantium. Quia
verò cœnobium illud* (de Molesme) *ad ecclesiæ nostræ non attinet subjectionem,
statuimus ut, suprà censum debitum, nostræ solvant sedi assiduè, cum ipso censu,
sex denarios.* — Il semble résulter de cette charte que c'était à l'abbé de
Molesme, et non au prieur du Breuil, à nommer le curé de Commercy :
aussi y avait-il contestation entre eux à ce sujet.

(3) *Beata Maria de Brolio, vulgò* Breuil-lez-Commercy, *nostræ congregationi
aggregatum, anno* 1621, dit la Matricule de Saint-Vanne. Mais il y eut contestation : enfin, par acte du 17 décembre 1663, Molesme consentit à l'in-
corporation, moyennant une redevance de deux écus d'or, dont un pour la
mense abbatiale.

seigneurie principale. Ce furent les seigneurs de cette branche qui se titrèrent de Damoiseaux; l'autre vendit, en 1444, sa part de Sarrebrück à Louis, marquis du Pont, fils du duc René 1er; et elle devint ainsi un apanage lorrain. Nous retrouverons Commercy, au commencement du xve siècle: et nous en reparlerons à l'occasion de notre évêque Jean de Sarrebrück, frère du damoiseau Eimei, ou Amé.

Nantaire de Saint-Mihiel.

L'état politique, après 1037, se laisse entrevoir dans ce que fit alors l'abbé de Saint-Mihiel Nantaire, pour recouvrer les usurpations des ducs de Haute-Lorraine sur son couvent. La race de ces ducs s'éteignait : il n'en restait, pour représentants, que deux très-jeunes princesses, Sophie et Béatrice, que leur père, le dernier Frédéric, avait laissées, avec son duché, à la tutelle de Gothelon, afin que celui-ci les mariât un jour avec ses fils, et que l'union des deux duchés se maintînt dans les deux familles réunies. Le sort en disposa autrement. Gothelon, qui ne savait pas élever les jeunes filles, crut bien faire en recourant à l'impératrice Gisèle, tante par alliance de ses pupilles, et fut content qu'elle les adoptât : ceci fut de sa part une faute, par laquelle on parvint à ruiner ses projets de mariages; et il lui arriva, pour premier déplaisir, de voir Sophie et Béatrice se prêter, comme instruments, aux combinaisons de Nantaire. Cet abbé, homme fort adroit, se borna d'abord à des réclamations d'apparence insignifiante, sur ce qu'en 1036, pendant la première invasion champenoise, l'empereur Conrad campant près de Saint-Mihiel, sa grande armée qui fit lever le siége de Toul, épuisa les terres de l'abbaye: alors l'abbé harangua la majesté impériale, avec la croix, l'encens, l'eau bénite, le cérémonial, et tous les moines; et Conrad, reconnaissant de bonne grâce qu'il y avait lieu à indemnité, laissa sa bague : mais ensuite, comme il arrive quelquefois aux princes, absorbés par leurs grandes affaires, il oublia sa promesse (1). Cependant il avait

(1) *Contigit imperatorem diverti ad monasterium : cui occurrit abbas cum monachis, cruces et cœtera venerationi Cæsaris apta, portantibus ; ac, post oratio-*

été dit à Nantaire qu'après l'expédition, il pourrait venir à
la cour, présenter ses demandes : il y vint en effet, avec la
bague, et reçut pour réponse que le fisc impérial était en
ce moment obéré. Alors sa sagesse lui suggéra l'idée que,
puisque la maison ducale n'avait plus de princes pour la
défendre, c'était le moment de réclamer sur les nombreux
envahissements commis par elle, depuis le premier Frédéric, qui avait pris le tiers des biens de l'abbaye, pour le
casamentum de Bar : en conséquence, il transforma sa pétition en humble requête pour quelques restitutions; et telle
fut la supplique, qu'il eut l'art de faire appuyer par les
princesses mêmes, héritières des défunts ducs (1). On ne
lui rendit toutefois rien en Barrois, parce que là était la
part du voué, et aussi parce que l'impératrice réservait Bar
pour la dot de Sophie; mais il obtint réintégration dans
les terres de Saintois, usurpées par les trois ducs Frédéric 1er, Thierry et Frédéric II, soit pour eux-mêmes, soit
pour bénéfices à leurs hommes d'armes : enfin, comme
Gothelon, grand guerrier, mais peu dévot, ne paraissait
pas devoir exécuter avec beaucoup de bonne volonté ces
arrangements, on choisit Gérard d'Alsace pour défenseur
des moines dans leurs terres restituées. Ici se rencontre,
pour la première fois en nos chroniques, ce nom mémorable de Gérard d'Alsace : le prince qui le portait alors fut
père du second Gérard, dont l'avénement au duché, en
1048, ouvre l'histoire de la Lorraine proprement dite, et
des ducs héréditaires. Cette maison d'Alsace s'introduisit

nem, datâ benedictione, cœpit abbas de dampnis loco illatis interpellare. Cui
princeps benignè annuit, et armillam auream, quam bangum (bague) nominant,
ei, pro munere, porrexit. Chron. de Saint-Nihiel.

(1) Duces, qui videbantur loci defensores, patroni dicti vel advocati, subtraxerant, partim sibi, partim suis militibus in beneficio. Opportunum intelligens abbas
repetere..., non enim erat qui contradiceret, cunctis morte absumptis, Frederico
duce, Theoderico filio ejus, et filio filii, exceptis duabus puellulis Sophiâ et Beatrice, quæ nutriebantur in aulâ regis : nàm conjux imperatoris, amita carum,
eas sibi adoptaverat in filias... Quas, ne quid contrarietatis posteà sustineret,
abbas, consilio aulicorum, adiit : ut memores sint animarum patris et matris pre-
catur, et ex animo consentientes, ac secum apud Imperatorem interventrices ut
fiant, obsecrat et impetrat. Ibid.

en notre province par l'évêché de Metz, dont le premier Gérard fut comte, et où son frère Adalbert fonda, vers 1030, l'abbaye de Bouzonville, en l'honneur d'une relique de la vraie croix qu'il avait rapportée de Palestine (1). Le Saintois, en latin *pagus Segintensis*, est le pays qui fut, depuis la fin du XIe siècle, le comté de Vaudémont, vers Vézelise, bien au sud de Nancy. Ces territoires étaient loin de Saint-Mihiel; et, pour les mieux garder, Nantaire y fonda le prieuré Saint-Calixte de Haréville, en un lieu commode et agréable, au-delà de Neuf-Château. C'est par l'histoire de cette fondation que termine son récit l'ancien chroniqueur de Saint-Mihiel : son livre est court, mais fournit des renseignements dont nous avons plus d'une fois profité; il vise à l'élégance de style, prend des phrases dans les anciens poëtes, et cite le philosophe Boëce, habile, dit-il, à définir les choses dans les meilleurs termes scholastiques (2). Ce sont là des indices que la tradition des bonnes études, du temps de Smaragde, ne se perdait point sous l'abbé Nantaire.

A Verdun, l'évêque Raimbert ne se rassura jamais complétement de la grande épouvante qu'il avait eue en voyant Gothelon tuer son comte Louis de Chiny. Il se garda désormais de toute querelle avec ce terrible personnage, dont la puissance n'avait fait dès lors que s'accroître; et, comme l'événement lui avait appris combien peu on pouvait compter sur l'empereur, il se borna à poursuivre en patience les œuvres commencées par Heimon. Il continua la Madeleine, pour laquelle, dès son avénement en 1025, il fit reconnaître par Conrad, aussi à son avénement, l'autorisa-

(1) Sainte-Croix de Bouzonville, incorporée à la congrégation de Saint-Vanne, en 1612. Les ducs de Lorraine, comme descendants des fondateurs, avaient le domaine sur cette abbaye. En 1070, le duc Thierry, fils de Gérard d'Alsace, consentit à la céder à l'évêché de Metz, en échange de Commercy : mais ce projet ne fut pas exécuté; car l'évêché continua, comme nous l'avons vu, à recevoir l'hommage des seigneurs de Commercy.

(2) *Ait Boëlius, vir scholasticissimus, et in definiendis rebus prudentissimus : Anxia est humanarum rerum felicitas, etc. — Cùm jàm Phœbœa lampas, radiis luce crinitis, montium lustraret opaca, etc.*

tion déjà obtenue de saint Henri (1). Cette première autorisation, qui peut-être ne fut que verbale, ne se trouve pas
dans les chartes; mais nous avons, pour documents sur
l'origine de cette église, le diplôme de Conrad lui-même,
dont l'original s'est conservé, ceux de Henri III, en 1044
et 1047; puis la bulle de Léon IX, qui fit la dédicace, à son
passage à Verdun, en 1049; enfin les actes de l'évêque
Thierry. Celui-ci nous apprend qu'une vieille et vague tradition attribuait la première consécration du lieu à saint
Remy de Reims, qui, disait-on, avait béni là une chapelle,
dès le temps de Clovis; et, pour cette raison l'endroit s'appelait Vieux-Moutier (2) : mais il ne restait rien de ce Moutier
quand, au grand réveil religieux de l'an mil, il fut jugé bon
de le rétablir. Quatre évêques, Heimon, Raimbert, Richard
et Thierry mirent successivement la main à cette bonne
œuvre, dont le grand promoteur fut l'archidiacre Ermenfroy (3) ; et on ne se proposa rien moins que d'avoir comme
une cathédrale supplémentaire, en étroite union et en
relations de services avec l'autre. De là vient que la Madeleine ne fut point un monastère de moines : c'était un
Chapitre de second ordre, de ceux qu'on appelait autrefois
Collégiales. Le premier bienfaiteur fut Vénérand, voué de

(1) *Chuonradus, divinâ favente clementiâ rex... Ob interventum dilectæ conjugis nostræ Giselæ, et Ramberti, Virdunensis ecclesiæ præsulis, cuidam suo
monasterio, ab antecessore suo Heimone, venerabili episcopo, in honore Sanctæ-
Mariæ-Magdalenæ constructo et renovato, omnia prædia quæ, vel antecessor
noster bonæ memoriæ Henricus imperator augustus, vel prædictus Heimo, etc.* —
D. Calmet a mis à cette charte la date de 1024, pour 1025, et a supprimé
beaucoup de noms de lieux, dont la plupart se retrouvent, il est vrai, dans
les chartes suivantes.

(2) *Vetus Monasterium, sub titulo Sanctæ-Mariæ-Magdalenæ, priùs à sancto
Remigio consecratum, Remensis scilicet ecclesiæ pontifice.* Charte de Thierry, en
1049. — *Locum qui ab antiquioribus Vetus Monasterium dicebatur, sed sub quâdam incuriâ olim neglectum, postmodùm operosis antecessorum meorum eleemo-
synis, imò Ermenfridi, ejusdem loci præpositi, industriâ aliquo modo sublevatum.*
Autre charte du même, en 1047. — Ce que dit Wassebourg de la relique de
sainte Madeleine mise là par saint Nadalvé, ne se trouve dans aucun document.

(3) Mentionné dès 1025, mais sans le titre d'archidiacre, qu'il n'eut probablement qu'après 1032, la charte d'Amel ne le nommant point au nombre
des quatre de cette date.

la Ville (1) qui, de concert avec sa dévote femme Bertrade,
offrit le terrain, et mit ses gens au service des constructeurs. Heimon, qui réparait alors la Fermeté, approuva
fort la nouvelle entreprise, parce qu'elle mettait à la charge
de ces pieux ouvriers tout le grand circuit de mur qui
s'étendait depuis la porte Ancel-Rue jusque bien au-dessus
du tournant de Saint-Pierre; et, se déclarant lui-même
fondateur, il accorda à la Madeleine le hallage, qu'on appelait, à Verdun, Cuillerée de la Grange, consistant dans le
prélèvement d'une cuiller, c'est-à-dire de la 24ᵉ partie de
l'ancien franchard, sur tous les grains vendus à la halle (2).
Il donna encore un moulin sur la Meuse, vis-à-vis d'un
autre dont il avait déjà fait présent à ses dames de Saint-
Maur : on fit, entre les deux usines, un pont dit alors Nouveau, que la rivière emporta quelque temps après, et que
les possesseurs ne rétablirent pas (3); mais la Madeleine
garda son moulin jusqu'aux travaux faits sur la Meuse, vers
1780, et la moitié de sa Cuillerée de la Grange jusqu'à la
Révolution, l'autre moitié étant passée à la Ville, comme
nous le verrons en parlant des fermes de celle-ci. Conformément à ce qui s'était fait pour les fondations précédentes, on attribua à la Madeleine un certain nombre d'autels
ou de cures, dont l'énumération se lit aux chartes; Châtillon et Moulainville y sont désignés comme mères-églises
(4). Dans les années suivantes, l'infatigable Ermenfroy

(1) *Venerandus, vir nobilis et urbis advocatus*, dit Laurent de Liége, Spicil.
XII. 281. Il est également nommé dans la charte de 1025 : *Ad Novam Villam,
mansos quos à Vuenerando acquisivit Ermenfridus*. Ce Wénérand était sans
doute le vicomte, ou sous-voué du comte Herman pour la ville : car alors la
Commune n'existait pas.

(2) *Teloneum portarum et rasalis modii*, dit la charte de 1025, dans la partie
omise par D. Calmet. Même chose dans les autres. Dans son inventaire de
1790, la Madeleine évalue son droit de Cuillerée à un revenu moyen de 300
franchards.

(3) V. ci-dessus, tom. I. p. 461, note 3, et p. 513. — *Duo molendina sublus
monasterium sita*, disent la charte de 1025, et les autres.

(4) *Matres ecclesias duas Molenivillæ et Castelonis, cum Altaribus et familiá*,
dit la charte de 1047. Un peu plus loin : *Matres ecclesias Pomperciæ villæ
duo*.

parvint à enrichir sa fondation de seigneuries, à Orne, à Kœnigs-Makeren, sur la Moselle, dans le pays de Luxembourg, et à Dieuze en Lorraine : en ce dernier endroit, les chartes primitives accordaient déjà un manse pour le sel, et à Scarponne, près Dieulouard, deux pour le vin (1). L'acquisition de Dieuze se rattache à des événements mémorables de l'histoire de Godefroy le Breux ; Kœnigs-Makeren fut échangé, en 1222, contre Etain ; nous parlerons ailleurs d'Orne : en général la Madeleine laissa perdre ses droits seigneuriaux, et ne conserva que des droits utiles. Au spirituel, Thierry accorda que l'archidiaconé possédé par Ermenfroy serait uni à perpétuité à la prévôté, ou première dignité de la Madeleine, afin de cimenter l'union des Chapitres, et pour que le second jouit aussi, dans son chef, des prérogatives archidiaconales sur le clergé diocésain : en vertu de cette union, le prévôt de la Madeleine, une fois élu par ses confrères, allait, en vertu de son élection seule, prendre possession de l'archidiaconat de Woëvre, à la cathédrale (2). L'histoire des deux Chapitres étant à peu près la même, nous en donnerons ailleurs un aperçu commun aux deux corporations. Comme édifice, la Madeleine, avec sa crypte, où se faisait le service paroissial de Saint-Oury, était un beau monument ; nous l'avons fait connaître ailleurs (3) ; jusque vers 1820, on en vit les ruines, exploitées comme carrière de pierres toutes taillées par les acquéreurs nationaux de 1792. — Une coutume singulière

(1) *Duosœ, mansum unum, undè sal. Scarponœ, duos mansos, undè fratres aliquid vini haberent.* Charte de 1025. Ceci ne prouve pas qu'il n'y eût pas alors de vignes à Verdun : car la charte de 1047 porte : *Extrà urbem…, vineam à fratribus majoris ecclesiœ concambio alterius terrœ adquisitam.*

(2) Charte de cette union, dans Roussel, Preuves, p. 6.—Arrêt du Conseil, de juin 1715, déboutant Malsagne, nommé par M. l'évêque à l'archidiaconé de Woëvre, sans qu'il eût été préalablement élu à la prévôté de la Madeleine, et défendant à Charlet, nommé à ladite prévôté par le roi (qui prétendait que, comme première dignité, elle était à sa nomination), sans mention de l'archidiaconé de Woëvre, de se faire installer avant d'avoir des bulles des deux dignités unies. Cet arrêt maintint l'union contre le roi et l'évêque, qui voulaient nommer librement l'un à la prévôté, l'autre à l'archidiaconé.

(3) Ci-dessus, tom. I. p. 490.

du moyen-âge mettait aux frais de la Madeleine le feu de la Saint-Jean (1); et ce fut ce Chapitre qui établit, le jour de sa fête patronale, la foire qui existe encore.

Saint-Airy. Les anciennes inscriptions louaient Raimbert d'avoir enfin commencé, en 1037, l'abbaye Saint-Airy, promise par Vicfrid depuis un demi siècle déjà (2) :

> *Præsul Raimbertus, nostram dùm conderet ædem,*
> *Mille et ter denus septimus annus erat.*

Cette date de 1037 s'accorde avec ce qu'on lit dans un diplôme de Henri III, renouvelant, en février 1042, l'autorisation déjà accordée par son père et prédécesseur Conrad au vénérable Raimbert, pour un monastère à construire à Verdun, en l'honneur des saints Martin et Airy (3). Le premier de ces patrons était celui de l'antique chapelle, bâtie par saint Airy. Ce lieu était, et fut longtemps encore hors de la ville, au bourg Saint-Victor : le vieux nom de Trice, c'est-à-dire de Friche, qui lui est resté, indique qu'il ne fut cultivé qu'assez tard : pour tous renseignements, la charte de 1042 y mentionne deux manses, trente-un « courtils, » et un moulin (4). Les manses étaient des terres à labourer; les courtils des places à maisons de jardinages. Les moines mirent ces terrains en valeur; car alors ils travaillaient encore des mains; et il est fort douteux que saint Benoit, l'auteur de leur règle, eût approuvé les divers

---

(1) Ce feu, qu'on allumait devant la Madeleine, était aux frais des stagiaires, c'est-à-dire des chanoines en première année : et, à défaut de stagiaires, aux dépens de la Fabrique. Celle-ci, bien que la coutume fût en désuétude depuis longtemps, mentionne encore, dans son inventaire de 1790, un droit de dix livres sur chaque stagiaire, pour le feu de joie.

(2) Ci-dessus, tom. I. p. 348.

(3) *Monasterio in honore beatorum confessorum Martini atque Agerici, quod Rambertus venerabilis episcopus, divinâ misericordiâ, consilio et consensu nostri genitoris Chuonradi, bonæ memoriæ imperatoris, ab ipsis fundamentis ædificavit, et cui Baldericum, primum abbatem præfecit... Data idus februarii, indict.* IX. *anno* MXLI (1042 avant Pàque)... *Actum Trajecti feliciter.* Première charte du cartulaire. — *In ecclesiâ Sancti-Martini et Sancti-Agerici, à se inceptâ, sepultus est præsul Raimbertus.* Continuat. de Bertaire.

(4) *In civitate Virdunensi mansos duo, curtilia* XXXI, *molendinum unum.*

prétextes, d'études ou d'affaires, qu'ils inventèrent dans la suite pour faire tomber cet article en désuétude. Cette abbaye fut chez nous la dernière à belle dotation territoriale : au XIIIᵉ siècle, on eut peine à fonder ainsi Saint-Nicolas : quant aux couvents postérieurs, ils durent, comme tard venus, se contenter de vivre à la façon des Quatre-Mendiants. Le rang de nos églises, quant à l'opulence, était à peu près celui de leur ancienneté : d'abord la cathédrale, puis les abbayes mérovingiennes et carlovingiennes, qui remontaient à des temps où le pays, ravagé par les Barbares, laissait d'immenses territoires à la disposition des fondateurs : enfin les autres églises, de moins en moins riches, suivant leur origine de plus en plus moderne. On fut longtemps avant d'achever Saint-Airy : l'évêque fondateur mourut pendant les premiers travaux ; puis des mécréants profitèrent de l'interruption pour envahir et usurper : et peut-être la bonne œuvre eût-elle échoué, si l'évêque Thierry ne l'eût reprise, vers 1080. Pour cette raison, les inscriptions d'honneur des moines joignirent son nom à celui de Raimbert : « C'est à ces deux pontifes, disaient-elles, que nous devons tout ce que nous sommes (1). »

Raimbert, ayant passé sa vie avec peu de bonheur, la termina d'une manière fort triste, sur la route de Jérusalem, où il s'avança, en 1039, jusqu'à Belgrade en Hongrie. Il n'ignorait cependant pas combien de périls on courait au saint voyage ; car, peu auparavant, il avait inhumé, en sa cathédrale, son collègue Avesgaud du Mans, qui revenait tellement exténué et fatigué qu'il ne put dépasser Verdun, et mourut chez l'évêque (2). Ce malheu-

Mort
de Raimbert,
à Belgrade.

(1) *Tertio kalendas maii* (29 avril), *obiit Raimbertus episcopus, qui hanc ecclesiam à fundamentis exstruxit... Ipsi, et Theoderico præsuli, debemus quidquid sumus.* Nécrologe.

(2) *Sexto kalendas novembris* (27 octobre), *obiit Avesgaudus, Cenomanensis episcopus.* Nécrol. de la cathédr., sans date d'année. — *Quo redeunte, Virdunis, Lothariensi regno, obiit peregrinus, et sepultus est honorificè à Ramberto episcopo, in ecclesiâ Sanctæ-Mariæ.* Dans le *Gesta pontificum Cenomanensium,* aux Analecta de Mabillon.

reux exemple n'empêcha pas notre pontife de partir : mais il mourut lui-même, étant seulement au tiers du chemin. Ses compagnons, Bernier et Bernard rapportèrent ses ossements ; ayant, à ce qu'il paraît, brûlé le corps, à la mode antique, faute de savoir l'embaumer : du moins le tombeau ayant été ouvert, vers l'an 1500, on y vit des os noircis comme par le feu (1). Cet évêque gouverna quatorze ans, de 1025 à 1039 (2) : son mausolée était à Saint-Airy, au mur latéral d'une petite crypte, vers le maître autel ; et les moines y avaient mis une inscription disant, en poésie du XIᵉ siècle, que, sur la route de Jérusalem, ce bon pasteur avait rencontré celle du ciel :

Hierusalem vadis : sed vadens sidera scandis.
Bellegrada priùs tenuit resolubile corpus,
Posteà Virdunum Berneri ardore relatum,
Hicque sepulcra tuis donantur debita membris.

Préliminaires des Croisades.   L'histoire des Croisades commence vers ce temps, par le récit de pèlerinages en troupes nombreuses ; ceux des époques précédentes ne s'étant faits que par des individus presque isolés. Ces dévotes caravanes préludaient à la grande expédition guerrière : et l'on cite, comme l'une des **Les 700 pèlerins de Richard,** premières, peut-être même la première de toutes, celle des sept cents pèlerins que l'abbé Richard conduisit de Saint-Vanne à Jérusalem. Nos chroniques, dans leur incurie chronologique, n'ont point précisé la date de cette mémorable pérégrination : on voit seulement, à la mention incidente qu'elles font du duc Richard II de Normandie, que le départ précéda, et le retour suivit la mort de

_____

(1) Bruslèrent ledit corps, *dit Wassebourg*, combien que, de présent, telle manière de faire soit abrogée et défendue par le chapitre *Inhumanum...*; et, de nostre temps, environ l'an mil cinq cens, a esté ouvert le monument de Raimbertus, et y furent trouvés ses ossements tout noirs, et comme bruslés de feu. » — Le continuateur de Bertaire ne dit rien de ce brûlement.

(2) Cette date de 1039 résulte du passage où Hugues de Flavigny dit, p. 186, que Henri III, la première année de son règne, offrit l'évêché vacant de Verdun à l'abbé Richard.

ce duc, en 1027 (1). Depuis que les Hongrois avaient été civilisés par leur roi saint Etienne, on préférait, pour le voyage de Palestine, la route de terre, par l'Illyrie, Constantinople, l'Anatolie et la Syrie. Ces régions, telles qu'elles étaient alors, avec leurs monuments anciens, leurs villes et leurs peuples, seraient pour nous fort intéressantes à connaître; mais l'attention du moyen-âge se tournait peu vers ces choses : d'ailleurs les Musulmans, qui toléraient, à prix de besans d'or, les visites des chrétiens aux saints lieux, n'eussent pas souffert qu'ils parcourussent leurs territoires en curieux, c'est-à-dire, suivant eux, en espions. Ni Richard, ni ses compagnons, ne pénétrèrent dans les villes : quand ils s'arrêtaient trop près d'elles, la relation porte qu'on leur jetait des pierres, pendant leurs cérémonies religieuses, que peut-être ils célébraient trop ostensiblement, en manière de profession de foi. A travers ces tribulations, ils arrivèrent à Jérusalem, où ils firent, le dimanche des Rameaux, une entrée processionnelle, avec des palmes; puis assistèrent à tous les offices de la semaine sainte, dans les lieux mêmes où s'étaient accomplis les mystères de la Passion : le samedi saint, à la distribution du feu nouveau, qui s'allumait de lui-même à la lampe du sanctuaire, il y eut un tel tumulte, qu'ils crurent que les infidèles voulaient les égorger (2). Avant leur départ,

(1) Michaud, Hist. des Croisades, tom. I. p. 570, met le départ de Richard après sa prédication de la Trêve de Dieu en Normandie, l'an 1040; mais il est dit formellement, dans le récit, que le duc Richard II, qui mourut en 1027, avait contribué aux frais du pélerinage, et que nos pèlerins revinrent avec un moine Siméon, du Sinaï, qu'ils rencontrèrent à Antioche, allant chercher l'aumône ordinaire du duc, lequel se trouva mort à l'arrivée. V. les passages dans Flavigny, p. 176, (*expensas viæ Richardus, comes Normannorum, etc.*), et dans la Vie de saint Siméon, racontant comment, après avoir rencontré Richard à Antioche, ce saint *solus venit Rotomagum, quæ est civitas Normannorum nobilissima, sancti Audoeni corpore et meritis valdè præclara, ubi, cùm Richardum comitem jàm mortuum reperisset*, etc. Dans Mabillon, sæc. VI. pars 1. p. 376.

(2) Ce feu nouveau se produisait à l'aide d'un verre brûlant, ou lentille convexe des physiciens. Il y eut quelque chose d'analogue dans nos églises, au VIIIᵉ siècle : du moins saint Boniface, lors de ses missions de Germanie, consulta à ce sujet le pape Zacharie, qui lui répondit que *de cristallis nul-*

ils allèrent se baigner au Jourdain : là Richard perdit un petit reliquaire de la vraie croix qu'il portait à son cou ; on se mit à la recherche de ce précieux joyau ; et on le découvrit enfin flottant miraculeusement sur le fleuve, à la place même où il était tombé. Un autre beau miracle arriva au désert, en un lieu aride, où le saint homme, partageant avec ses voisins sa provision d'eau, la coupe qu'il leur présenta passa de mains en mains, sans se désemplir, jusqu'au dernier de la troupe. Ce merveilleux vase fut rapporté à Verdun, et honorablement gardé dans le trésor de Saint-Vanne, jusqu'aux derniers temps (1). On repassa par Antioche, où l'on rencontra Siméon, allant en Normandie, vers le duc Richard II ; cet incident fournit, comme nous l'avons noté, un indice de date à ce récit : on revint en Europe par Belgrade ; enfin, quand on arriva près de Verdun, toute la ville alla au-devant des pieux voyageurs, dont l'absence avait duré environ un an (2).

L'évêque Richard.

Richard, la première année de l'empereur Henri III, en 1039 (3), fut désigné par ce prince pour succéder à Raimbert ; mais il n'accepta pas, voulant se consacrer, jusqu'à la fin, à son grand gouvernement monastique. A son refus, on nomma son filleul, de même nom que lui, Richard fils d'un comte Héselin. Pendant la cérémonie du sacre, Ermenfroy, toujours préoccupé de sa fondation dè la Madeleine, s'avança et déclara, en présence du métropolitain, des suffragants et de toute l'assistance, qu'étant au comble

lam habemus traditionem. Sirmond, Concil. 1. 579. Le peuple croyait ce feu venu du ciel, et chacun s'empressait d'y allumer des chandelles, pour le transporter dans les maisons ; ce qui produisait toujours un certain tumulte. *Venit dies sancti sabbati, quo expectabatur ignis à Domino, et horâ circiter nonâ, in unâ lampade, ignis accensus est à Domino,* dit Hugues de Flav., racontant le pèlerinage de Richard.

(1) « L'écuelle de saint Richard, par laquelle Dieu opéra plusieurs miracles, » dit le catalogue des reliques de Saint-Vanne. On faisait boire les malades dans cette écuelle.

(2) *Cùm in expeditione Hierosolymitanâ... per annum continuum penè remoratus fuisset, famaque fuisset defunctum eum esse, etc.* Flav. p. 181. — Tous les détails précédents, dans Hugues de Flav. et dans la Vie de Richard.

(3) *Primo regni sui anno.* Flav. p. 186.

de ses vœux en voyant sur le trône épiscopal l'évêque Richard, l'un des premiers bienfaiteurs de son œuvre, il abdiquait entre ses mains son titre de fondateur, et toute sa fondation, ne croyant pas possible de lui procurer jamais un meilleur patron (1). Cette exquise courtoisie eut, pour récompense, un aleu du comte Hézelin à Orne; et la Madeleine le joignit au bénéfice déjà obtenu par elle au même lieu, sous Heimon : mais les documents semblent indiquer qu'après l'évêque Richard, sa famille rentra dans l'aleu (2), et fut la tige des anciens barons d'Orne, premiers pairs de l'évêché. La charte d'affranchissement de ce bourg, donnée en 1252, à la loi de Beaumont, par le Chapitre de la Madeleine et Jacques, sire d'Orne, prouve qu'à cette date, la seigneurie était encore partagée entre eux (3) :

Baronnie d'Orne

(1) *Ad petitionem Richardi, Virdunensis ecclesiæ præsulis, locum in honore Sanctæ-Mariæ Magdalenæ ab antiquioribus constructum, sed modò, suffragante operosâ fidelium devotione, à quodam suæ diœceseos clerico Ermenfrido renovatum, et primitivo renovationis tempore patris sui Heizelini comitis, suis etiàm postmodùm opibus crementatum, nostrâ corroboratione confirmare velimus, ut ab antecessoribus nostris domino Henrico, genitore quoque meo Chuonrado imperatoribus comperimus esse jàm factum... Undè et in die suæ ordinationis, cùm socius fuisset in labore, prior reædificator (Ermenfridus), quia videbat eum, ut semper optavit, pontificali honore sublimatum, coràm archiepiscopo Treverensi Poppone et Metensi episcopo Theoderico (de Luxembourg), et cœteris sanctæ Dei ecclesiæ fidelibus, super his se abalienavit, ipsique in præsens reddidit... Allodium de Beroldi curte (peut-être Meraucourt) quod, in primis, ejus pater comes Heizelinus eidem loco tradidit. Allodium etiàm de Ornâ, cum vineâ, et familiâ, et molendinis, aquis, aquarum decursibus, pratis, campis cultis et incultis, quæ idem Richardus, suique hæredes, eidem ecclesiæ contulere. Beneficium quod similiter ad Ornam dicitur, cum familiâ et banno, ab Heimone siquidem bonæ memoriæ episcopo... In civitate, duo molendina, subtùs monasterium sita, et piscariam à novo ponte usquè ad vadum Sancti-Pauli, atque teloneum portarum et rasalis modii ipsius civitatis, et unum clibanum in Macello... Signum domini Henrici tertii, regis invictissimi. Datum* xvi *kal. julii, indictione* vii, *anno dominicæ incarnationis* m. xli. *etc. Actum Metis, feliciter.*—La cure d'Orne était du nombre de celles de S.-Maur, qui en accorda l'alternative à la Madeleine.

(2) Du moins la charte de 1047, du même empereur Henri III, après la mort de l'évêque Richard, ne parle plus de l'*alodium de Ornâ*, qui venait de cet évêque, tout en continuant de mentionner le *Beneficium*, qui venait d'Heimon. — Cette charte de 1047 régla la fondation définitive de la Madeleine; les diplômes de saint Henri, de Conrad, et d'Henri III lui-même, en 1041, ayant légalisé successivement les différentes acquisitions, ou mutations depuis la première origine.

(3) L'année qui précéda cet affranchissement, le Chapitre et le chevalier

dans la suite, le Chapitre ne posséda plus en ce lieu qu'un
revenu territorial, que son inventaire de 1790 évalue à
1376 livres (1).

L'évêque Richard fut, au témoignage de tous ses contemporains, homme tellement pacifique qu'on disait de lui
que, s'il eût pu vivre toujours, on fût toujours demeuré en
paix. De grands troubles éclatèrent néanmoins de son temps
en Lorraine. L'empereur, irrité d'une nouvelle révolte, que

Sentence
impériale
sur le comté.

nous raconterons bientôt, déclara, en 1045, Godefroy le
Breux, fils de Gothelon, déchu de tout droit héréditaire au
comté de Verdun ; et la sentence attribua à l'évêque pouvoir de nommer comte toute personne qu'il croirait
capable de cette grande charge. Trois auteurs contemporains rapportent ce fait; et celui des trois qui vivait au
moment même ajoute que Godefroy accepta la décision,
la paix ne lui étant faite qu'à cette clause (2) : mais il fei-
gnait, et ne se soumettait que pour sortir de prison, sachant fort bien comment l'Empire avait laissé tomber
pareille mesure, déjà prise sous Conrad. L'évêque, qui le
savait non moins bien que lui, se garda d'user du droit
qu'on lui reconnaissait : peut-être ne trouva-t-il personne
qui voulût s'exposer au sort de Louis de Chiny. On mit
alors sur la monnaie la singulière empreinte d'une grande

Jacques firent un accord sur leurs droits respectifs, l'évêché (dans l'Inventaire duquel ces actes sont mentionnés, art. Orne) ayant toujours la seigneurie dominante.

(1) Dans ce revenu figurent le tiers du terrage, et une redevance, dite
droit de bourgeoisie, payée par la commune : redevance insignifiante de
36 sols, mais prouvant, ainsi que la part au terrage, l'ancienne co-seigneurie
du Chapitre.

(2) *Qui (Godefridus) pacem cum rege Henrico aliter habere non potuit donec...
jura quæ potestativè in hâc civitate tenebat, eidem episcopo Richardo et ecclesiæ
reddidit.* Continuat. de Bertaire. Cet écrivain termina son livre après avoir
vu l'avénement de Thierry. — *Godefridum idem imperator, inter alia multa,
comitatum hujus urbis, quem à prædecessoribus suis tenebat, in curiâ suâ exhœ-
redaverat : et ipsum comitatum Richardo episcopo manu dederat* (de là l'empreinte de la main sur la monnaie), *ut alteri, quem idoneum judicasset, illum
traderet.* Laurent de Liége, Spicil. p. 579. — *Benignissimus imperator, mediante beato patre Richardo, episcopatum hujus civitatis, cum comitatu, Richardo episcopo dederat.* Vie de Richard, dans Mabillon, ibid. p. 530.

main s'ouvrant sous les mots *Henricus rex*; au revers, *Ricardus episcopus* : cet emblème voulait dire que le comté restait dans la main impériale (1); et les choses étant demeurées ainsi jusqu'à la mort de notre prélat, ce fut Thierry qui, à son avénement, en 1047, eut à démêler avec Godefroy la périlleuse question. Rien autre chose de mémorable ne nous a été transmis de l'évêque Richard. Il se gouverna toujours par les conseils de son vénérable homonyme de Saint-Vanne; et il fut tellement affligé de sa mort, qu'il pria publiquement Dieu de ne pas le laisser survivre longtemps. La Providence l'exauça à souhait; car, en novembre 1046, cinq mois après la mort de l'abbé Richard, il mourut lui-même, n'ayant siégé que six années.

De ce célèbre réformateur, qui gouverna Saint-Vanne Trève de Dieu.
pendant quarante-deux ans, et eut la haute direction des monastères de plusieurs provinces, le dernier trait que nous connaissions est qu'en 1040, il alla prêcher la Trève de Dieu en Normandie. Ce pays l'estimait depuis longtemps déjà; car le grand voyage de Terre-Sainte, que nous avons raconté, s'était fait en partie aux frais du duc Richard II, mort en 1027; et parmi les pèlerins, la relation mentionne plusieurs Normands, venus de Bayeux pour partir de Verdun avec l'abbé (2). Hugues de Flavigny tenait d'un vieil évêque d'Autun cette anecdote que, quand l'église voulut établir la Paix de Dieu (qu'on fut bientôt obligé de convertir en trève), les Austrasiens avaient écouté d'assez bonne grâce les exhortations; mais les Neustriens se montrant

(1) Robert, Etud. numismat. p. 235, et planche xviii. fig. 10. Comme la main est du côté du nom de l'empereur, elle doit représenter la main impériale, et non celle de l'évêque bénissant : la figure est très grossièrement faite, comme le sont toutes les pièces de ce temps. Henri ayant pris le titre d'empereur en 1046, les pièces qui portent le mot *rex* sont antérieures à cette date.

(2) *Erant in comitatu ejus quàm plures... Humbertus et Gaufredus, ab urbe Bajocensium... qui, comitante divinâ gratiâ, Virdunum venientes, etc.* Flav. p. 176.— *Expensas autem viæ Richardus, comes Normannorum, etc. Supersunt adhuc in Britanniâ et Normanniâ nobiles et probati viri qui viderunt hunc patrem Gratia-Dei, et noverunt quanto ab eodem comite diligebatur affectu. Vir Domini Richardus septingentos peregrinos secum duxit, etc. Ibid.*

plus rebelles, les évêques leur envoyèrent pour prédicateur Richard, qu'on appelait toujours la Grâce-Divine, à
cause de son éloquence persuasive (1). Pour aider aux
missionnaires, on répandit le bruit que le mal des Ardents,
sorte de peste, ou de fièvre très inflammatoire qui ravagea alors la France, était une punition du ciel contre les
insoumis et les violateurs; mais, malgré les louables efforts
des conciles, l'institution dura peu, parce que les gens de
bien qui l'observaient étaient victimes des méchants qui la
transgressaient, et que les hommes de désordre feignaient
de croire leurs brigandages autorisés, les jours non
compris dans la trève. Il n'y eut de vraie paix publique
qu'à la suppression du droit de guerre privée que s'arro-
geaient les seigneurs féodaux.

Légendes sur l'abbé Richard. Comme il n'est point ici-bas de vertu sans tache, ni de
mérite sans reproche, on critiqua l'abbé Richard pour les
grands et superbes bâtiments qu'il érigeait dans toutes ses
abbayes, à la sueur des moines. Les détracteurs n'osèrent
parler très haut de son vivant; mais, après sa mort, et afin
d'effrayer les abbés qui voudraient le prendre pour modèle
en ce point, ils racontèrent une vision de l'autre monde,
disant qu'on avait vu en purgatoire l'illustre père la Grâce-
Divine, en habit de maçon, suant à grosses gouttes, et
soulevant, à force de machines, d'énormes pierres, pour
un édifice qu'il était condamné à bâtir. Nos chroniqueurs
se gardèrent, comme on le pense, de répéter cette mauvaise histoire: mais elle fut très répandue; car le cardinal
Pierre Damien, surnommé l'OEil du pape, la connut : et
c'est lui qui nous l'a transmise dans ses lettres (2). A ces

---

(1) Flavigny, p. 187. — Peut-être la peste qui, suivant cet auteur, désola
Verdun, peu avant 1045, est-elle le mal des Ardents.

(2) *Vir quidam, raptus in spiritu ad infernum..., vidit Richardum Virdunensem velut excelsas machinas erigentem, et anxium atque sollicitum, tanquàm
munita castrorum propugnacula construentem. Hoc enim morbo laboraverat abbas ille ut exstruendis inaniter œdificiis omnes ferè diligentiæ suæ curas expen-
deret, et plurimas facultates in frivolis hujusmodi nœniis profligaret. Quod ergò
fecit in vitâ, hoc perferebat in pœnd. Petri Damiani, lib.* VIII, *epist.* 2. Dans ces
temps, les moines n'aimaient pas les abbés bâtisseurs. « Nous vous sup-

rumeurs de dénigrement, les panégyristes opposèrent le miracle des tours de Saint-Laurent de Liége, que le saint abbé, au sortir de matines, remit d'aplomb, d'un signe de croix, et qui, en retombant droites sur leurs fondations, firent un tel bruit que toute la ville se réveilla en sursaut (1). On voit, à ces traits, quel usage on faisait alors des légendes : elles étaient la littérature du temps ; et le blâme, ainsi que l'éloge, se distribuaient sous cette forme. Richard mourut le 14 juin 1046 (2), entre les bras de l'évêque son filleul, qui ne le quitta pas dans ses derniers instants. On lui fit de magnifiques funérailles, d'abord en son abbaye, puis successivement à la cathédrale, à Saint-Paul, et à Saint-Maur, où le corps fut porté pour des services solennels. Sept abbés mitrés, des premiers disciples du défunt, y assistèrent : c'étaient des prélats réguliers qui, pour le bien commun, venaient, chaque année, conférer en la chapelle Saint-Nicolas à Saint-Vanne (3). On l'inhuma en cette chapelle même, qui ne tarda pas à s'appeler de saint Richard : car la voix publique le canonisa ; les anciens titres parlent de son autel (4), et Wassebourg écrivit

plions, très glorieux empereur, dirent ceux de Fulde à Charlemagne, qu'on ne nous exténue plus de travaux pour les immenses édifices de l'abbé Ratgaire... » Mabillon, Annal. bened. tom. II. p. 394.

(1) Hugues de Flavigny triomphe de ce miracle : *Hujus miraculi testis est tota Leodiensis civitas : et patres qui viderunt narraverunt filiis suis, ut cognoscat generatio altera,* dit-il, p. 168. Le bruit provint sans doute de quelque grand vacarme, qu'on entendit pendant la nuit ; et les tours ne devaient pas être aussi hors d'aplomb que le dit cet écrivain, habituellement exagérateur.

(2) xviii *kal. julii* MXLVI, *horâ tertiâ, die sabbati, obiit Richardus abbas, qui vixit in cœnobio annis* XLI, *mensibus* VII : *anno septimo Richardi episcopi, et in baptismate filii.* Inscript. sur lame de plomb.

(3) *Regebat enim multa cœnobia in Lotharingiâ et in Franciâ... et, pro lege eis constituerat ut singulis annis huic ecclesiæ matri suæ se repræsentarent... in capellâ suâ, quam in honorem gloriosi pontificis Nicolai ædificaverat.* Vie de Richard, ibid, p. 552.

(4) xv *kal. septembris, obiit Petrus de Xorbeio, capellanus capellæ beati Richardi.*— La chapelle Saint-Richard, à l'autel Saint-Nicolas, en l'église Saint-Vanne. Registre du Chapitre, 7 novembre 1449. — *Ut tamen ejus vitam hîc inter sanctos demus, movet non tantùm titulus sancti vulgò apud Virdunenses ipsi tributus, etc.* Bollandistes, juin, tom. II. p. 975.

la vie de ce saint, entre celles des évêques Heimon et Raimbert. Sa tombe devint un lieu de pèlerinage pour tous les
vrais bénédictins : changée de place, lors de la reconstruction de l'église, elle demeura, jusqu'aux derniers temps,
telle qu'on l'avait faite au XIe siècle, fort simple, et ne
consistant qu'en deux dalles de marbre, l'une dans le pavé,
l'autre à quelque hauteur, soutenue par de petites colonnes ; et, pour toute élégance, ce monument, sans inscription ancienne, était couvert de fleurs ou de tapis, les jours
de fête (1).

CHAPITRE III.

EPISCOPAT DE THIERRY. — SUITE DE LA LUTTE DES ÉVÊQUES ET DES COMTES.
— COMMENCEMENT DES TROUBLES DES INVESTITURES.

De 1050 à 1090 environ.

Séparation
de la Lorraine
et
du Barrois.

Ce milieu du XIe siècle est mémorable par l'avénement
héréditaire de la maison d'Alsace en Haute-Lorraine. A la
même époque, on sépara le Barrois de ce duché, lequel se
réduisit dès lors à la Lorraine des temps modernes. Ce furent des changements comparables à celui qu'avait opéré,
un siècle auparavant, l'archiduc Brunon, en divisant l'ancien royaume de Lothaire. Depuis cette division, la Basse-
Lorraine était demeurée telle que l'archiduc l'avait établie;
et la maison ducale de ce pays, la même que celle de nos
comtes de Verdun, subsistait pleine de vigueur : mais celle
de Mosellane, ou Haut-Duché, ayant produit les trois générations de Frédéric Ier, fondateur du château de Bar, Thier-

(1) *Tumulus beati Richardi in alâ meridionali ecclesiæ..., tumba marmorca
super quatuor columnas erecta, absque ullâ antiquâ inscriptione : sed novam,
depictis litteris, addiderunt.* Mabillon, Iter litt. dans les Œuvres posthumes.
Même description dans Calmet, à la fin du livre XIX : rien n'était changé depuis Hugues de Flavigny, p. 189.

ry (1) et Frédéric II, s'éteignait dans les princesses Sophie et Béatrice. Gothelon projeta alors la réunion des deux couronnes ducales : Frédéric se le nomma pour successeur, et destina ses deux filles aux deux .fils de son légataire : mais l'empire, craignant la résurrection du vieux royaume, fit échouer ce plan. On attendit la mort du grand duc, en 1044 : alors on fit passer la Haute-Lorraine à Adalbert, en- *Gérard d'Alsace.* suite à Gérard d'Alsace : et, loin de marier les princesses aux fils de Gothelon, l'impératrice, se portant pour mère adoptive de ces jeunes filles, donna Sophie, avec Bar pour dot, à Louis de Montbéliard, comte de Mousson, et Béatrice *Louis* à Boniface, marchis de Toscane. De Gérard d'Alsace *de Montbéliard.* sortirent tous les ducs héréditaires de Lorraine, jusqu'à la réunion de ce pays à la France : Louis de Montbéliard fut la tige des comtes, puis ducs de Bar, qui eurent treize générations, jusqu'au cardinal Louis, mort en 1430 : enfin de Boniface de Toscane et de Béatrice naquit Mathilde, célèbre dans l'histoire générale, à cause de Grégoire VII, et considérable aussi dans notre histoire locale, pour les domaines qu'elle hérita de Béatrice, et parce qu'elle épousa le fils de Godefroy le Breux.

Ces changements, qui renversaient le projet ambitieux des Godefroy de régner seuls sur les deux Lorraines, les irritèrent. Ils devinrent dès lors opposants et séditieux : mais l'Empire prévalut, et leur rendit, avec usure, les tribulations qu'ils infligeaient à nos évêques dans le comté de Verdun. La scène de ces tragédies s'ouvrit dès la mort de Gothelon. Il laissait trois fils : nous n'avons point à

---

(1) Ce duc Thierry, ayant maltraité sa mère Béatrice (la fille de Hugues Capet), parce qu'elle garda trop longtemps la régence après la mort de Frédéric Ier son mari, fonda, en expiation, la collégiale Saint-Maxe, dans la chapelle castrale du château bâti par Frédéric. *Dux ille Theodericus*, dit le cartulaire, cité par Maillet, p. 10, *Nanterum abbatem Sancti-Michaelis Romam transmisit, ut suo nomine absolutionem à pontifice obtineret, quòd Beatricem matrem arctiùs carceribus inclusisset. Hic, injunctâ pœnitentiâ, quatuor canonicos, ut dicunt, præbendatos in ecclesiâ Sancti-Maximi instituit.* Dans la suite, le nombre de ces chanoines s'éleva à 13, toùs à la nomination du comte de Bar.

parler du dernier qui, abandonnant à ses frères les principautés, se fit homme d'église, alla en Italie, et devint le
pape Etienne IX. Les deux autres héritèrent chacun d'un
duché : mais l'aîné, qui eut la Haute-Lorraine, et qu'on
appelait Gothelon l'Inutile ou l'Imbécile, était un homme
de telle nullité que son frère Godefroy le Breux, le voyant
perdre son héritage, en demanda, pour lui-même, l'investiture. C'était demander qu'on rétablît l'ancien royaume, ou
plutôt qu'on le laissât subsister, tel que l'avait refait le
grand duc qui venait de mourir. Godefroy comptait que
Henri III n'oserait pas plus que son prédécesseur Conrad,
refuser cette investiture, déjà une fois consentie ; mais il se
trompait : l'empereur tenait à Gothelon l'Inutile précisément pour son ineptie, qui facilitait l'avénement d'une
autre maison princière ; et il répondit qu'on ne pouvait le
priver de sa part dans la succession paternelle. Godefroy
comprit ce que signifiait en politique une telle réponse :
il fit alors sa première révolte, qu'il concerta avec les
comtes Baudoin de Flandre, son parent, et Thierry de Hollande : malgré leur appui, il succomba, fut pris, et ne put
sortir de prison qu'en renonçant à toute prétention sur la
Haute-Lorraine, y compris le comté de Verdun. Il lui fallut
même, parce qu'on le suspectait de feindre et de ne renoncer qu'en paroles, laisser son jeune fils en otage. Peu après,
l'empereur, voulant que sa renonciation devînt irrévocable,
nomma Adalbert d'Alsace duc de Haute-Lorraine, soit que
l'Inutile fût déjà mort, en 1046, soit qu'on n'eût aucun
égard à lui : et, à la même époque, fut prononcée, au
sujet du comté de Verdun, la sentence dont nous avons
déjà parlé, annulant les droits, ou prétentions héréditaires
de la maison ducale, et laissant ce titre à la libre nomination de l'évêque. Ces actes d'autorité blessèrent amèrement
et profondément Godefroy : l'évêque Richard, craignant
son redoutable courroux, n'osa désigner de comte, et mourut, comme nous l'avons dit, laissant les choses aller au
cours des événements.

Révolte
de Godfroy.

L'empereur comprit alors qu'il fallait, sur le champ, nommer à l'évêché un prince ferme et aussi habile qu'Heimon.
Il choisit un des meilleurs de toute sa noblesse ecclésiastique, Thierry, princier de Bâle, chapelain impérial, fils
d'un comte Wezelon (1), et, par-dessus tout, homme de cœur,
de coup d'œil politique, et de fidélité éprouvée. Ce prélat
Thierry tint tout ce qu'on attendait de lui : il fut le plus
prince de tous nos évêques, régna quarante-deux ans, dans
des temps très-agités, toujours aux prises, non-seulement
avec de petits seigneurs, mais avec les ducs de Basse-Lorraine : et, pour comble d'embarras, il se trouva enfin
mêlé à la grande querelle religieuse qui surgit de
son temps pour les investitures ecclésiastiques : mais il fit
face à tout; et, bien que la fortune ne l'ait pas favorisé du
bonheur sans nuage d'Heimon, il parvint toujours à surmonter intrépidement ses adversaires. Son avénement est de
l'an 1047 : sa mort arriva en 1089 : pendant ce long intervalle, il lutta sans cesse, tantôt pour Henri IV contre Grégoire VII, tantôt pour l'évêché contre trois générations
de Godefroy, dont le dernier fut celui de Bouillon.

Son installation se fit dans la paix que son prédécesseur
avait maintenue, et qu'il espérait lui-même pouvoir maintenir, à force de prudence. L'empereur, voulant faire
honneur à sa prise de possession, chargea l'évêque de Bâle
de le conduire à Verdun, en brillant cortége : on remarqua
la dévotion des deux prélats qui, dès leur entrée, allèrent
offrir à la tombe de l'abbé Richard un magnifique tapis; ils
plurent par là aux fidèles, encore tristes de la perte
récente de ce saint homme (2). D'autres actes de piété

(1) *Hic genere, moribus et sapientiâ prædilus, naturâ teutonicus, Basiliensis
ecclesiæ canonicus, patre nobilissimo quondàm Guezelone, etc.* Laurent de L.
p. 278.—*Pontificem Virdunensi ecclesiæ præfecit Theodericum, Basileæ præpositum, et capellanum suum.* Herman Contract, à l'an 1047. — La chronique
de Laurent de Liége commence à l'avénement de Thierry.

(2) *Theodericus, Basiliensium episcopus, vir multæ auctoritalis, cùm in dedu-
cendo novo episcopo Virdunum, missus ab imperatore venisset, etc., pallio pre-
tiosissimo, crocei coloris, tumbam ipsam adornavit.* Vie de Richard, p. 563.
Même chose dans Flav. p. 190.

et de grandeur inaugurèrent bien cet épiscopat : néanmoins
on n'était pas sans appréhension et sans vague inquiétude
sur ce que pourrait faire Godefroy. Il se tenait, pour le
moment, tranquille en Basse-Lorraine ; et, comme ses derniers revers semblaient devoir le modérer, Thierry prépara
des transactions. Bien loin de l'irriter par la nomination
d'un autre comte, il se montra, au contraire, prêt à le
rétablir lui-même, pour peu qu'il reconnût la principauté
épiscopale, comme l'avaient fait ses oncles Frédéric et
Herman ; mais le fier duc, qui espérait une prochaine et
éclatante revanche, était loin de vouloir plier ainsi. Un
malheur fortuit vint précipiter le cours des choses. Son
fils, qu'il avait laissé en otage à l'empereur, mourut : alors,
n'étant plus retenu par ce gage, il accusa Henri III
d'avoir fait périr cet enfant, se révolta de nouveau, et
appela aux armes des déchéances dont on l'avait frappé.
Thierry déclara résolument qu'il ne lui reconnaîtrait jamais
le comté de son église comme patrimoine (1) : il espérait
de prompts secours, soit de l'empereur, soit du nouveau duc lorrain Adalbert d'Alsace ; mais sa confiance fut
déçue. Godefroy était prêt d'avance, n'ayant cessé, depuis
sa sortie de prison, de comploter avec ses amis les comtes
de Flandre et de Hollande ; et il surprit tout le monde par
sa marche rapide. Son armée, qu'il avait lui-même grande
peine à maîtriser, fut un torrent dévastateur. Elle brûla, à
Nimègue, un palais construit par Charlemagne ; puis, quelques jours après, tombant tout à coup sur Verdun (2), força
l'évêque à fuir, pilla l'évêché et y mit le feu, qui se communiqua à la cathédrale et au cloître, et dévora les objets

(1) *Theodericum episcopum infestavit, quia comitatûs principatum ei non re-*
coguoverat. Laurent de L. p. 279. Roussel, p. 196, traduit : « Godefroy exigeait que Thierry lui fît hommage du comté. » Notre auteur s'imagine que
Thierry se portant lui-même pour comte, Godefroy réclamait de lui hommage
comme suzerain : mais jamais il n'y eut d'intermédiaire entre l'empereur
et les princes évêques.

(2) Il y eut surprise de la ville : *dolo captam*, dit Herman Contract, à la fin
de l'an 1047.

précieux, ainsi que les archives, déjà incendiées, un siècle Godefroy brûle
et demi auparavant, sous Dadon. Ce désastre arriva, dit la Cathédrale.
Hugues de Flavigny, la première année de Thierry : les
autres chroniqueurs disent la seconde; mais Hugues tenait
à faire croire que l'évêque impérialiste avait, dès le premier jour, attiré sur son peuple les plus funestes catastrophes. Cependant le duc Adalbert venait; et Godefroy
observait sa marche : profitant d'un moment de désordre, Il tue Adalbert.
il l'attaqua à l'improviste, et le tua de sa main. Ainsi fut
vengée la maison d'Ardenne de celui qui n'avait pas craint
de lui prendre une de ses couronnes; et ainsi avait déjà
péri, vingt ans plus tôt, Louis de Chiny, intrus par l'évêque Raimbert dans le comté de Verdun. D'aussi énormes
attentats que des villes brûlées et des princes égorgés
attirèrent à Godefroy de nouvelles déchéances: on lui retira Il est déchu.
la Basse-Lorraine, comme la Haute, et tous les fiefs qu'il
tenait de l'Empire : de sorte qu'il ne lui resta légalement
que ses domaines patrimoniaux. La Lorraine-Basse fut
donnée à Frédéric de Luxembourg, la Haute à Gérard
d'Alsace , neveu de l'infortuné duc Adalbert, qui n'avait
régné que deux ans : les descendants de Gérard gardèrent
son duché, qui fut la Lorraine moderne; mais la maison
d'Ardenne rentra en Basse-Lorraine, après la mort de Frédéric de Luxembourg, en 1066. Quant au comté de Verdun,
il demeura litigieux, les Godefroy prétendant qu'il était de
leur patrimoine en franc aleu, et non en fief d'Empire.

L'incendie de la cathédrale de Verdun fit très-grand scandale dans le pays, et fort au loin, dans les provinces des
alentours. Tous les chroniqueurs en parlèrent (1), et tous les
ennemis de Godefroy crièrent au sacrilége; mais il affirma
toujours que c'était un malheur arrivé contre sa volonté:
et nous le croyons ; car, s'étant déjà fait mettre au ban de
l'Empire, il ne pouvait chercher à s'attirer encore les ana-

(1) *Urbem quoque Claborum, quæ Virdunus dicitur, cum majore Sanctæ-Mariæ
ecclesiâ, incendit.* Sigebert. — Ce passage prouve que l'ancien nom d'*Urbs
Clavorum* était encore en usage au milieu du xıᵉ siècle.

thèmes de l'église. Afin de protester contre cette grave et
nouvelle accusation, il fit amende honorable à Verdun
même, en grand apparat. Devant tout le peuple, il se rendit,
pieds nus, à la cathédrale incendiée, se mit à genoux, quand
il fut en haut des Degrés, et se traîna ainsi jusqu'à l'autel de
la basilique, où il se fit donner quelques coups de baguette,
en signe de pénitence (1) : puis il offrit deux terres assez petites, et quelques sommes d'argent, qui parurent bien mince
indemnité pour un si grand dommage. Il refusa de se laisser couper les cheveux et la barbe, comme on le faisait aux
pénitents, soit qu'il tînt à sa belle barbe, qui lui valait le
surnom de Breux, soit plutôt qu'il ne voulût pas, en ce
moment critique, s'engager à déposer les armes, pour faire
des jours de pénitence : il composa en argent, pour être
dispensé de cette partie de la cérémonie ; enfin il se mêla
aux ouvriers reconstructeurs, et daigna maçonner de ses
nobles mains quelques pierres en leur compagnie (2). A
ces marques de repentir, il se garda d'ajouter un acquiescement aux prétentions de l'évêque : au contraire, il renouvela sa revendication du comté, comme patrimoine de ses
ancêtres (3) ; mais bientôt sa puissance déchut en Lorraine ; puis il alla en Italie, où l'attendait la fortune : de
sorte que Thierry demeura seul maître à Verdun, où on ne
revit plus le Breux qu'à de rares intervalles.

    L'année suivante 1049 effaça, par l'heureuse venue du
pape Léon IX en personne, les augures de malheur que
des gens superstitieux tiraient des débuts peu fortunés

---

    (1) *Penè nudus et discalceatus, genuum et brachiorum poplitibus flexis, re-
pendo se per terram trahens, ità ex summo urbis usquè antè majus altare processit : ibique multis verberibus (ut dicitur) se submisit, villasque sui juris
Pusvillare et Areum* (Peuvillers, Moirey?) ..., *satis minora malis illatis.* Laurent de L. p. 280.

    (2) *Publicè se verberari fecit, et capillos suos, ne tonderentur, multá pecuniá
redemit, et in opere cementario per seipsum, vilis mancipii ministerio functus,
deserviit.* Lambert d'Aschaffenbourg, dans Struve, t. I. p. 519.

    (3) *Ipsum urbis comitatum, quasi legitiman à patribus hæreditatem sibi vin-
dicavit,* dit Laurent de Liége, immédiatement après le récit de la pénitence
de Godefroy.

de notre prélat. Ce pape était l'ancien évêque Brunon de Toul, que l'empereur Henri III, par un choix excellent, avait désigné au pontificat, à la fin de 1048, dans une diète tenue à Worms. Sa naissance le rattachait à la maison d'Alsace ; et il eut, pendant cette même diète de 1048, la joie de voir l'investiture de Lorraine accordée à son parent Gérard. Au sortir de l'assemblée, Thierry s'empressa d'aller, avec le métropolitain Eberhard et Adalbéron de Metz, reconduire à Toul l'illustre collègue qu'on venait d'élever si haut : tous trois lui firent assistance, pendant les fêtes de Noël ; puis, quelques mois après, le pape, étant allé s'entendre avec l'empereur en Allemagne, revint par Toul, et indiqua à Reims un concile, dans les premiers jours d'octobre. En cette session, qui ne dura que trois jours, notre évêque, accompagné de l'archidiacre Ermenfroy, pria le Saint Père de se détourner jusqu'à Verdun, pour bénir l'église nouvellement terminée de la Madeleine. Le pontife, qui regrettait de n'avoir pu, pendant son voyage d'Allemagne, visiter ses anciens amis de la province tréviroise, consentit, ayant le projet d'aller de Verdun à Metz, et à Trèves. Cette dédicace papale de la Madeleine fut célébrée le 9 octobre 1049, en présence des évêques de la province, et des archevêques Hugues de Besançon et Halinard de Lyon (1). Une telle foule remplissait l'édifice et ses abords qu'on crut un instant que le cortége ne pourrait entrer : le cloître et le parvis furent également bénits ; et on les respecta longtemps, comme lieux d'asile, à cause de leur auguste consécration (2). Cette église tenait alors lieu de

---

(1) *À meipso, in honore sanctœ Mariœ Magdalenœ devotè dedicatum et consecratum*, dit le pape lui-même, dans sa bulle pour la Madeleine. — *A domno apostolico antistite Leone,* VIII° *idus octobris…, favente et adstipulante me, hujus sedis (Virdunensis) pontifice, adstantibus quoque et simul confirmantibus archipræsulibus Treverense Eberardo, Lugdunense Alenardo, Vesuntino Hugone, Metense quoque compare meo Adalberone, et innumerá monachorum, clericorum, et circumfluentium populorum catervá.* Charte de Thierry, en 1049. — D. Rivet, tom. VIII. p. 247, et D. Cellier, tom. XX. p. 705, confondent cette dédicace de la Madeleine avec celle de la cathédrale par le pape Eugène III, en 1147.

(2) *Fugit in atrium Sanctœ Mariœ Magdalenœ : venerabatur enim ab omnibus,*

cathédrale, celle-ci étant dévastée : et l'aspect des ruines de la ville-haute était fort triste ; car Léon IX dit, dans une de ses bulles, qu'il ne put retenir ses larmes, en revoyant ces lieux, si déplorablement changés depuis qu'il y était venu, pendant son épiscopat à Toul (1). Il resta environ trois jours chez Thierry : là il reçut la visite du Chapitre, en doléance de ce que les bandits de Godefroy, ayant brûlé ses archives, il ne restait à Notre-Dame aucun titre de ses propriétés. Sa Sainteté fut, en conséquence, suppliée de vouloir faire écrire, en bulles bien authentiques, le catalogue qu'on lui en présenta, comme acte de notoriété (2). La Madeleine et Saint-Maur présentèrent des demandes semblables, attachant haute importance à ce que leur état fût reconnu par lettres d'un aussi saint pape que Léon IX, qui éclipsait de beaucoup tous ceux qui, depuis longtemps, s'étaient assis sur le siége de saint Pierre : et, lorsqu'il revint en Allemagne, quelques années après, Saint-Vanne et Saint-Airy se firent expédier des diplômes en la même forme. Ce sont là ces bulles de Léon IX, que nous avons déjà plusieurs fois citées pour les nombreux renseignements qu'elles fournissent sur les localités de notre pays, au milieu du XIᵉ siècle. Celles de 1049 sont datées des 8 et 7 des calendes de novembre, c'est-à-dire des 25 et 26 octobre « par la main de Pierre diacre, bibliothécaire et

pro consecratione sancti Leonis noni. Laurent de L., à propos d'un événement arrivé vers 1110.

(1) *Redeuntibus igitur nobis à Remensi synodo contigit Virduni hospitari, et non lœtari, sed potiùs lacrymari. Respeximus enim crudele urbis excidium, quale nullus possit non dolere hominum. Tyrannorum sævitia totam diruit civitatem per dura incendia ; nec ignis ipsi Sanctæ-Mariæ ecclesiæ pepercit.* Bulle de la cathédrale.

(2) *Quapropter lacrymabiliter omnes ad vestigia nostra prostrati, nostræ apostolicæ auctoritatis privilegium vobis postulastis de iisdem præbendis, usibus et salariis vestris, ab antiquis temporibus... Sunt autem ista, cum bannis et centanis : Lemmia, cum ecclesiá ad Oscheras, et duobus mansis, etc., etc.* Très-longue énumération. — Après l'incendie, Laurent de Liége dit, p. 280, que vingt-quatre chanoines, dont il attribue le départ à la misère, allèrent en Hongrie, et que plusieurs ne revinrent jamais. C'était sans doute une députation à l'empereur, pour demander secours contre les violences de Godefroy.

chancelier du saint siège apostolique, la première année du seigneur Léon pape, indiction 3. »

Ce pape, à son second voyage, en 1052, rendit aux deux Lorraines le signalé service d'emmener avec lui Godefroy qui, depuis 1044, troublait tout le pays par ses continuelles révoltes. En ce moment, les forces de cet obstiné rebelle s'épuisaient ; et il voyait approcher sa ruine quand, apprenant que Léon IX cherchait du secours contre les Normands d'Italie, il saisit cette occasion de faire une retraite honorable, et s'offrit pour conduire l'expédition. Le pape hésita, craignant que le choix d'un tel général n'offensât l'empereur : et il fallut que Godefroy, pour se faire agréer, s'humiliât jusqu'à implorer le pardon de Henri III. Il prit pour médiateur Thierry, qui s'entremit volontiers, étant lui-même fort satisfait de voir le comte s'en aller de bonne grâce et réconcilié à l'évêché par la reconnaissance d'un service reçu. Ils se présentèrent à la cour, où Godefroy parut fort humblement, avec grandes marques de repentir, versant même des larmes, peut-être de dépit : puis il dit que, désirant partir sur le champ, et n'ayant ni le temps, ni l'argent nécessaires pour satisfaire aux réclamations et aux amendes, il abandonnait son domaine de Dieuze à l'évêque, à charge par celui-ci de désintéresser tous les plaignants ; après quoi, on tiendrait loyalement compte de l'excédant de valeur que Dieuze pourrait avoir. L'archidiacre Ermenfroy fut chargé des détails compliqués de cette affaire ; et il en prit volontiers la tâche, espérant faire tourner les choses au profit de sa chère fondation de la Madeleine : ce qui arriva en effet, parce qu'il eut le crédit d'obtenir qu'en sa considération, le fisc impérial remettrait les amendes, de sorte qu'il n'eut à dédommager que les particuliers. Pour la plus value de Dieuze, il rendit l'aleu de Forbach, qu'il acquit, dans ce but, de Saint-Vanne : puis il remit le fief, franc et quitte à Thierry, à la prière duquel l'empereur l'accorda à la Madeleine (1). Telle fut la manière

Départ
de Godefroy
pour l'Italie.

Dieuze
à la Madeleine.

(1) *Fletibus quibus maximè poterat exoravit Godefridus, eo tenore ut gratiam*

dont cette église acquit Dieuze, domaine important, à cause des salines : mais le nouveau duc de Lorraine Gérard d'Alsace s'y fit faire part de voué; et le Chapitre, vu l'éloignement du lieu, s'y associa ce prince comme co-seigneur, en 1065; puis, en 1296, il engagea l'autre moitié de la seigneurie au duc Ferry III, qui ne la rendit jamais. Il y eut encore d'autres complications, à cause de la part de légitime que les ducs furent obligés, en 1259, d'accorder à Jacques de Lorraine, évêque de Metz (1). Le résultat fut que la Madeleine perdit ses droits seigneuriaux, tout en conservant, jusqu'à la Révolution, plusieurs droits utiles (2). Quant à Godefroy, l'empereur lui pardonna volontiers, afin qu'il s'en allât : mais il ne lui rendit aucun de ses duchés; et notre comte partit ainsi pour l'Italie, avec son

genitoris mei Henrici augusti sibi readquireret... et sic, ordine compositionis peracto, ipse comes, in præsentiâ imperatoris, seniori suo Virdunensi episcopo Duosam curtem, cum puteo salmario et mercato, reddidit ; et ipse episcopus de manu in manum ipsam imperatori restituit, et imperator ad monasterium Sanctæ-Mariæ Magdalenæ ipsam tradidit, et præcepti sui scripto roboravit... et nostræ confirmationis summam spontè adjicientes, etc... Actum anno dom. inc. MLXII, indict. XV, secundo idus octobris, anno autem ordinationis domini Henrici quarti VIII. Actum Seligenstats, feliciter. — Cette charte, que nous ne trouvons pas imprimée, est donnée *per interventum et petitionem fidelis nostri domini Theoderici, Virdunensis episcopi, consensu et favore comitis Godefridi. Duosam curtem, de cujus beneficio erat, concessimus. Ipse quidem comes Godefridus genitori meo Henrico augusto quasdam ob causas obnoxius, diversa diversa objicientibus, et de incendiis aliisque injuriis acriùs adversus illum insurgentibus, omnibus legem facere imperiali sententiâ ammonitus, cùm non adesset copia satisfaciendi nec virtus, seniori suo Virdunensi episcopo sese, cum lacrymis, obtulit, et ut Duosam curtem, quam ipse tenebat, etc.* Suivent les arrangements que nous rapportons en texte.

(1) V. Calmet, Notice, art. Dieuze. Comme il ne connaissait pas la charte précédente, il n'a pu expliquer l'origine des droits de la Madeleine. — L'arrêt de la Chambre Royale, du 4 juillet 1680, ne rapporte point les titres de cette église; et, après mention de ceux de l'évêché de Metz, ordonne audit prétendu seigneur de Dieuze de faire reprise de l'église de Metz..., sans s'arrêter, quant à présent, à ladite requête des doyen, chanoines et Chapitre de l'église collégiale Sainte-Marie-Madeleine de Verdun, tendant à être reçus parties intervenantes, et sauf audit Chapitre à se pourvoir ainsi qu'il advisera bon estre. »

(2) « Cent résaulx de blé, mesure de Nancy, sur les moulins de Dieuze; les deux tiers des grosses et menues dîmes du ban de Bisping; une redevance sur l'étang de Lindre, etc. Revenu annuel de Dieuze et Bisping : trois mille cent trois livres. *Inventaire de* 1790.

frère, le futur pape Etienne IX, alors chanoine de Liége,
qui ne voulut pas rester dans le pays, théâtre de l'humiliation de sa famille.

De ce moment Thierry régna sans partage, toujours
appuyé par les empereurs, dont il fut l'un des plus cons-
tants fidèles. Il conçut dès lors le projet de réduire par les
armes les seigneurs pillards du voisinage, afin de se montrer vraiment prince, en état de se passer du bras séculier
d'un comte; mais il lui fallut, avant tout, relever les ruines
faites par les incendiaires de Godefroy. De nobles et riches
personnages l'aidèrent en cette œuvre réparatrice; Frédéric, comte de Toul, donna le bois de charpente à prendre
dans une de ses forêts (1); Ermenfroy quêta chez les princes;
Wason, évêque de Liége, envoya cinquante livres d'argent:
don considérable, par lequel commença ce que le Chapitre
appela, dans la suite, sa confraternité avec Liége. De son
côté, Thierry déployait la plus grande activité; et les travaux avancèrent si rapidement qu'au bout de quelques
années, il put officier dans sa cathédrale, rebâtie presque
à neuf. Cet édifice est probablement celui dont on voit le
portail à deux tours sur quelques monnaies de notre évêque: il dura peu; et les nouvelles dévastations de Renauld
le Borgne, vers 1140, obligèrent de construire à sa place
la basilique dont les gros murs subsistent encore. Comme
il semblait être du destin de Thierry que quelque infortune troublât toujours ses entreprises, il arriva, peu après
la reconstruction de sa cathédrale, que le tonnerre y tua
deux chanoines. On profita de ce malheur pour exhorter

Reconstruction
de la
Cathédrale.

(1) *Usuarium argunnæ sui nemoris*, dit Laurent de Liége, p. 281. C'est le
bois en grume, ou en écorces. Roussel traduit les bois d'Argonne. — Aux
détails donnés ici par Laurent de Liége, on peut joindre divers articles du
Nécrologe : *Quarto kal. februarii, obiit Fridericus comes, Leodiensis episcopi
frater, qui ad restituendam ecclesiam et ad opus claustri, lignorum materiem
sui nemoris nobis perempniter concessit.* — *Octavo kal. junii, obiit Banacer
laïcus, qui ad reædificationem hujus ecclesiæ tres columpnas fecit, et sex jugera
alodii dedit nobis ad Belcicurt.* Laurent de Liége dit de Thierry : *Magnus ejus
labor in reædificandâ à fundamentis ecclesiâ et mœnibus; magna sollicitudo et
industria : undè est ei in posteros memoria benedictionis.*

les autres à vivre perpétuellement dans la crainte de Dieu ; et, pendant tout cet épiscopat, la meilleure discipline régna au cloître, sans aucune dispense de faveur pour les clercs nobles, ni de la table, ni du dortoir, ni de la lecture et des autres observances de la vie régulière en commun (1). Ces paroles, honorables pour le Chapitre, sont de Laurent de Liége, le chroniqueur de Saint-Vanne ; elles témoignent que les deux corporations, malgré leur division au sujet des investitures, s'estimaient réciproquement.

Guerre contre
Raoul de Crespy. Pendant qu'on relevait ainsi les décombres de nos murs, Thierry qui, pour ce travail, avait besoin d'argent, trouva très-mauvais et intempestif que Raoul, comte de Crespy en Valois, ainsi que de Mantes et de Bar-sur-Aube, vint lui réclamer une rente de vingt livres, qu'il prétendait lui être due sur le pays Verdunois. On ne sait sur quoi il fondait sa prétention : peut-être remontait-elle à quelqu'un des arrangements pris avec les comtes français Herbert et Eudes, après les événements de 984. Quoi qu'il en soit, l'évêque répondit fièrement qu'il saurait délivrer son peuple de cette vexation, et de toutes les autres oppressions des seigneurs. Malheureusement, il le prenait trop haut avec ce comte Raoul, qui avait épousé la mère du roi de France Philippe Ier, veuve de Henri Ier (2), et qui était lui-même chevalier très-redouté, si brave, disent les romans, que

> Jà n'avoit-il en France nuls princes si hardis
> Qu'osât faire vers lui ne guerre ne estris.

Une place attaquée par lui était une place prise, dit le chroniqueur Guibert de Nogent ; et Thierry en fit l'épreuve à son dommage : car il eut le déplaisir de voir encore l'ennemi et l'incendie à Verdun, quand Raoul y fit une course,

(1) *Ità ecclesiasticus ordo tunc invaluerat ut omnis clerus insimul lectionem, cibum, dormitorium et chorum, nullo excepto, frequentarent, etiàm et nobiliores districtiùs regerentur.* Ce plus-que-parfait *invaluerat* semble indiquer qu'il n'en était plus ainsi au temps de Laurent lui-même, qui écrivait vers 1150.

(2) *Vitricus Philippi Francorum regis*, dit Laurent de L. : ce qui prouve que c'était bien le fameux comte Raoul.

pour se venger. Néanmoins on le repoussa (1); mais la redevance de Crespy ne fut point abolie pour toujours : car on la trouve mentionnée dans des actes de la fin du xiie siècle; et ce ne fut qu'en 1238 que Raoul de Torote parvint à en dégager entièrement l'évêché. Pour le comte Raoul, c'était un homme non moins perfide que brave; car les mêmes romans disent qu'on trouva dans sa tombe un gros serpent qui lui rongeait la langue, dont il avait tant de fois menti et juré faux :

> Ains vous veuil amentoir de Simon de Crespi,
> Qui le comte Raol son peire desfouit, *(exhuma)*
> Et trouva en sa bouche un froit plus que demi,
> Qui li rongeoit la langue dont jura et menti.
> Li cuens vit la merveille; moult en fut esbahis :
> Est-ce donc mon peire, qui tant chastiaux brouist! etc.

Alon de Dun.

A la querelle de Raoul de Crespy succéda celle d'Alon, ou Adelon de Dun, qui prit à Thierry un village appelé dans la chronique *Rourum vicus*, probablement Rouvres. Cet envahisseur fut repoussé; mais notre prélat n'avait jamais de réussite complète; et, pendant qu'il reprenait Rouvre, Alon, tournant brusquement, vint encore mettre le feu dans Verdun. C'était le troisième incendie depuis l'avénement de l'évêque. Il s'en vengea en prenant Dun; et comme ce fief, qui probablement dépendait de Godefroy le Breux, était vacant par la déchéance de celui-ci, il l'ob-

---

(1) *Uterque tamen* (l'autre était Alon de Dun), *per industriam episcopi, armis repressus ac repulsus est, et res episcopii suæ libertati vindicata.* Ibid.

(2) Sentence arbitrale d'A., évêque de Verdun (probablement Albert de Hirgis), entre Anselme de Crespy et Bertremin, son frère, chevaliers, *super hæreditate suâ..; et fuit additum quòd nonum denarium, quem habebat in episcopatu Virdunensi sæpè dictus Anselmus, nullo modo, quoad viveret, posset vendere, nisi de consensu fratris sui.* Cartul. de l'évêché, n° 116. — *Ulricus, Boemundus, et Willelmus fratres, filii Anselmi militis de Crispeio.., quidquid juris habemus et habere debemus in nonâ parte totius terræ Virdunensis... venerabili patri ac domino nostro R., Dei gratiâ Virdunensi episcopo, et successoribus ejus in perpetuum acquitamus et quitum clamamus, laude et assensu Jacobetæ, sororis nostræ, et Bartholomæi, militis de Asperomonte, avunculi nostri... 1238, mense martio.* Ibid., n° 115.—Il y avait un autre Crespy en Laonnois; mais Raoul, qui épousa la veuve du roi Henri Ier, était comte de Crespy en Valois.

tint légalement de l'empereur Henri IV, en 1065 (1). Cette
date étant la seule marquée dans l'histoire de ces événements, il est possible que la petite guerre d'Alon, et son
occupation de Rouvre, aient été des représailles contre la
charte obtenue par l'évêque : quoi qu'il en soit, Thierry
garda Dun qui, depuis ce moment, figure parmi les fiefs de
l'évêché. On y mit un atelier de monnaie épiscopale; et
Alon demeura probablement comme voué : car on le retrouve dans un incident de l'an 1081, dont nous allons
parler; et sa signature, avec celle de son fils Frédéric, se
lisent à une charte de 1105 (2). La fille de ce Frédéric, Aléide
ou Adeleide, épousa, vers 1140, un Gobert qui, sans quitter le fief de Dun, de l'évêché de Verdun, obtint Apremont,
de l'évêché de Metz ; de là vinrent les Apremont à la Croix-
Blanche, dont il a déjà été parlé ci-dessus (3). Il est dit,
dans le diplôme de 1065, que Dun est situé au comté de
Dormois. Alon fut aussi l'un des voués de Saint-Hubert:

Barbarie du voué de Chauvency. la chronique, dite *Cantatorium*, de cette abbaye rapporte
qu'il avait à Chauvency un sous-voué, du nom d'Albéric,
tellement dur et inhumain, que la vache d'un serf ayant
avorté de fatigue à la charrue, il fit atteler le pauvre serf
à sa place, l'obligeant de labourer ainsi toute la journée,
avec l'autre vache. L'abbé de Saint-Hubert alla se plaindre
à Alon; et tous s'indignèrent de la conduite barbare du
sous-voué: mais celui-ci prétendit qu'il n'avait pas excédé
son droit; et il fallut que l'intendant, ou *villicus* de Saint-
Hubert jurât en justice, et subît l'épreuve de l'eau froide

(1) *Ob fidele servitium Theoderici episcopi, ad ecclesiam Virdunensem ... quoddam castrum, Dunum nominatum, in comitatu Dulcomensi Friderici comitis, cum
omnibus appenditiis, etc., in perpetuum dedimus, atque tradimus... Datum septimo idus augusti, anno dom. inc. M° sexagesimo quinto, etc.* Cartul. de la cathédr. p. 171. — L'auteur de l'art. Dun, dans la Notice de D. Calmet, suppose qu'Alon fit la guerre à Thierry, parce que celui-ci était « schismatique. »
Cela est bien peu probable : l'affaire des Investitures n'était point encore
ouverte en 1065.

(2) Dans D. Calmet, tom. I. p. 519, des Preuves de la première édit.

(3) Tom. I. p. 597, 98.

pour confondre Albéric. Ceci arriva l'an 1081 (1). On voit,
en ce trait, la différence du sous-voué et du *villicus* : celui-
ci était l'homme du seigneur ecclésiastique, à ses ordres,
comme l'un de ses ministériaux, tandis que le sous-voué
était un fonctionnaire légal, contre lequel on ne pouvait
agir qu'avec forme de justice (2).

Thierry prit encore les forteresses de Sainte-Ménehould,
de Stenay et de Clermont : et cette expédition fut un bien
pour le pays; car la Marche d'Argonne servait de repaire
au brigandage (3). La première de ces places dépendait
alors du Rethélois, l'un des sept comtés de Champagne; et
elle avait pour seigneur Manassé II, comte de Rethel :
c'était encore Manassé qui occupait Stenay, on ne sait à
quel titre, cette terre appartenant à la maison d'Ardenne.
Il n'est pas probable qu'il s'en fût emparé par violence, ou
usurpation; car il est mentionné, en nos assises de 1060,
au nombre des fidèles de Godefroy : peut-être celui-ci la lui
avait-il laissée comme en dépôt pendant son exil. (4) Quoi
qu'il en soit, Thierry marcha d'abord sur Sainte-Ménehould,
le plus dangereux des trois forts, et celui qui servait d'appui aux autres. Il parait qu'à cette époque la renommée
militaire de notre prélat était déjà bien établie : du moins,
comme il était encore en route, on lui envoya les clefs du
château ; de sorte qu'il y entra sans perdre un seul homme.

Prise
de
Ste-Ménehould,
Stenay,
Clermont.

(1) *Cantatorium*, § 54. Chauvency est appelé dans ce texte *Calviciacum*.

(2) Sur cette différence, v. ci-dessus, t. 1. p. 436, et suiv.

(3) V. ci-dessus, t. 1. p. 402 et 357.

(4) Buirette, rapportant ces événements dans l'Hist. de Sainte-Ménehould,
p. 62, met Sampigny, au lieu de Stenay : mais, outre qu'il est bien peu probable qu'un comte de Rethel ait occupé un lieu aussi éloigné de ses terres
que Sampigny, Thierry, après avoir repris cette place, se serait gardé de la
démanteler, puisqu'elle appartenait à l'évêché. L'erreur de Buirette vient
de ce que Laurent de Liége appelle ici Stenay *Saptiminium*. Le nom ancien
de *Satanacum* subissait alors les variations qui amenèrent la forme moderne
du mot Stenay : Albéric de Trois-Fontaines écrit ici *Setunia* : le diplôme de
1086, dont nous parlerons bientôt, met *Sathiniacum*. — Buirette attribue
cette guerre à ce que le comte Manassé aurait pris le parti du pape Grégoire VII contre Thierry : mais ce comte était mort lorsque commença l'affaire des Investitures.

C'était cependant un lieu de bonne défense, sur un rocher isolé au milieu d'une plaine marécageuse. La petite armée se dirigea ensuite vers Stenay, qui résista, mais fut pris et démantelé après un siége. On ne voit, dans la relation, aucun indice que le comte Manassé soit venu défendre ses places : il est assez probable qu'il était alors d'âge avancé et près de sa mort, que l'on place approximativement à l'an 1068 (1); Albéric de Trois-Fontaines s'accorde avec cette conjecture en rapportant la prise de Sainte-Ménehould à la date de 1065. Clermont résista aussi; et il fallut l'attaquer par de fortes contrevallations : enfin les seigneurs, qui étaient les fils d'un chevalier du nom de Humbert, demandèrent la paix. Ces exploits de l'évêque ressemblent à ceux des princes séculiers de son temps : lui-même était noble de naissance, et peu endurant de caractère; et il aimait mieux tirer l'épée que subir des vexations. Nos chroniques, loin de l'en blâmer, l'applaudissent d'avoir combattu, même au-delà de ses forces, pour la liberté de son peuple, contre tous les oppresseurs (2).

Voyage
de Thierry
en Terre-Sainte.
Du récit des vaillances de Thierry, Laurent de Liége passe à celui de ses beaux traits de piété, négligeant toujours les dates précises : de sorte qu'il nous est impossible de disposer les faits dans un ordre qui servirait à les éclaircir. Le grand acte de dévotion de ce temps était le voyage de Jérusalem; et notre évêque n'y manqua pas, à l'exemple de quantité de princes, de nobles et de gens de toute condition, dont la foule, de plus en plus grossissante, annonçait l'impétueux torrent des Croisades. En 1064, des prélats et des princes d'Allemagne firent publier qu'ayant résolu d'aller bientôt en Terre-Sainte, ils recevraient dans

(1) Et non 1058, comme le porte, par erreur typographique, le Dict. de France de Le Bas, art. Rethélois. V. Art de vérif. les dates, tom. ii. p. 630, 31.

(2) *Theodericus præsul plurimas molestias à militibus pertulit, cùm urbem et episcopatum, quos illi antè affligebant, in libertatem ab eis vindicaret... Theodericus igitur, verus libertatis defensor, etiàm suprà vires pro patriá pugnabat.* Laurent de L.

leur compagnie les chevaliers et pèlerins qui voudraient se joindre à eux. Il en vint jusqu'à sept mille : et ce fut comme une première croisade, antérieure à celle de Pierre l'Ermite ; car il y eut des combats, soit en Lycie, soit contre les Bédouins de Palestine. Rien n'indique que Thierry ait fait partie de cette grande troupe : il alla, en petite et rapide escorte, par l'Autriche, la Hongrie, la vallée du Danube, demanda, en passant à Constantinople, audience de l'empereur grec, à la cour duquel il parut avec des manières grandes et généreuses, telles qu'il convenait à un prince de l'empire d'Occident; enfin il atteignit heureusement le terme de son voyage, et revint, après avoir visité le Saint-Sépulcre. Pendant son absence, l'évêché étant sous la protection immédiate du Saint Siége, suivant le privilége des pèlerins d'Outre-Mer, il arriva que, nonobstant cette respectable sauvegarde, Engobrand, châtelain de Mouson, aidé des troupes de son seigneur l'archevêque Gervais de Reims, se jeta sur les terres de notre église, pilla les deux villages de Merles et de Peuvillers, emmena prisonniers deux chanoines qu'il y surprit, et, partageant avec son prélat le butin de la course, lui donna tout ce qui avait été pris à Peuvillers, gardant pour sa propre part le reste des 264 têtes de bétail capturées dans ce brigandage. L'archevêque Gervais était neveu d'Avesgaud du Mans, dont nous avons raconté la mort à Verdun, au retour d'un voyage de Jérusalem : il avait succédé à son oncle dans cet évêché du Mans, que Geoffroy Martel, comte d'Angers, le força de quitter, et dont il fut dédommagé, en 1055, par la grande prélature de Reims : mais, comme il était amateur passionné de la chasse, et qu'il ne trouvait ni forêts, ni bêtes fauves dans les plaines de sa nouvelle ville, il fit mettre, en son palais, un cerf de bronze, avec cette inscription de regret :

*Incursions
d'Engobrand.*

> *Dùm Cenomannorum saltus lustrare solebat*
> *Gervasius, cervos tunc sufficienter habebat.*
> *Hunc, memor ut patriæ sit semper, condidit ære.*

Sa querelle avec notre Chapitre venait peut-être de quelque anticipation dans les forêts, ou de délits de chasse commis, soit par lui, soit par Engobrand, au préjudice de la terre Notre-Dame : quoi qu'il en soit, le pape Nicolas II trouva mauvais qu'il eût, au mépris de la protection apostolique, exercé de pareilles voies de fait; et il lui écrivit de les réparer sur le champ, s'il voulait conserver son amitié et celle de la sainte église romaine (1). Ce pape étant mort en 1061, le pèlerinage de Thierry doit avoir eu lieu entre cette date et celle de l'avénement de Gervais en 1055. Celui-ci s'exécuta de bonne grâce ; et, pour marquer qu'il n'avait point de rancune, alla, en personne, complimenter Thierry sur son heureux retour de Palestine. L'évêque lui

Réception
de Thierry
à Reims.

rendit sa visite, au temps de l'expédition d'Argonne : car, à son entrée à Reims, on lui chanta, soit par manière de compliment, soit avec intention malicieuse, une antienne où se trouvaient ces mots d'un psaume : « Vous agitez et épouvantez tout le pays; » à quoi il répondit, en continuant le verset du psaume : « Dieu guérisse nos blessures, et nous remette de nos agitations (2). » Quel que soit le sens de ces allusions, elles n'ont point trait à la querelle des Investitures, qui n'éclata qu'assez longtemps après la mort de Gervais, en 1067. Sauf cette antienne à double entente,

(1) *Quod autem contrà ejusdem ecclesiæ fratres nunc noviter et tu, et tui damni et injuriæ intulistis communiter, et sanctæ Romanæ ecclesiæ causâ et nostri amore, emendare te, omni occasione remotâ, admonendo jubemus: hoc est prædam de Postviler, quæ potestati tuæ contigit, et de Merlà, quam Engobrandus deprædatus est : prædæ cujus numerus infrà scriptus est ducenta sexaginta quatuor animalia. Clericos autem de eâdem ecclesiâ canonicos, nullâ interveniente morâ, recludi à capturâ præcipias, ut gratiam apostolorum et nostram habere promerearis... nec Virdunensi ecclesiæ, quæ nobis commissa est, quidquam injuriæ, tàm per te, quàm per tuos, inferre amodò patiaris. Nicolaus II Gervasio Remensi,* dans Hardouin, Concil. tom. VI. pars 1. pag. 1054. — Au commencement du XIVe siècle, les habitants de Saint-Avold devaient à l'évêque de Metz, allant à la chasse dans cette seigneurie, quatre sapeurs, pour rendre les chemins des bois praticables, lesdits sapeurs défrayés par le maître d'hôtel de l'évêché. Bénéd. Hist. de Metz, tom. II. p. 493.

(2) *Gervasius, super portas Remorum clausas, per duos cantores in occursum ei occinit : Commovisti terram et conturbasti eam. Cui ille, itidem duobus cantoribus respondit : Sana contritiones ejus, quia commota est.* Laurent de L.

Thierry fut bien reçu à Reims : on lui fit dire la messe à l'autel de saint Remy, distinction accordée à peu de personnes, et qu'il reconnut généreusement par le don d'une riche chapelle. Quelque temps après, il alla à Rome remercier le Saint Siége de la protection accordée à l'église de Verdun, pendant l'absence du pasteur : et il fit plusieurs fois ce voyage romain, qu'on appelait alors voyage aux Saints-Apôtres. On trouve dans le droit canon (1) une décision d'Alexandre II rendue, vers 1070, à sa requête et à celle du métropolitain de Trèves contre un certain diacre Richer qui, apprenant qu'un de ses confrères pourvu d'une prébende sacerdotale, répétait, se sentant fort malade, que, s'il échappait, il se ferait moine, avait transformé cet acte de contrition en acte de démission, et obtenu par surprise, la prébende non vacante, avec les autels ou cures dont elle avait le service. On voit, en ce trait, la différence des prébendes, et comment celles des prêtres étaient encore chargées de dessertes paroissiales, conformément aux institutions du presbytère antique. Pour autres dispositions ecclésiastiques de Thierry, antérieurement à sa mésintelligence avec Rome, on cite l'union de l'archidiaconat, dit ensuite de Woëvre, à la prévôté de la Madeleine : nous avons déjà parlé de cette union, dont la charte, expédiée peu après la dédicace célébrée par Léon IX, renferme déclaration que le prélat choisit sa sépulture en cette neuve église (2) ; enfin il fit à Saint-Vanne beaucoup de bien, dont il fut assez mal récompensé : et comme ce monastère périclitait sous l'abbé

Ses voyages à Rome.

(1) Décret, 2ᵉ part. cause 17, quest. 2. ch. 1. Gratien a supprimé les faits locaux : *Beneficium et altaria quæ, per canonicam Virdunensis ecclesiæ obtinere solebat Cosaldus, questus est à quodam diacono Richerio nomine, sibi ablata esse. Dixit enim quòd quondàm in infirmitate, etc. et confitetur quòd beneficium in manu advocati ecclesiæ refutaverit. Dixit etiàm quòd, cùm infirmus jaceret, prædictus Richerius beneficium suum ab episcopo Virdunensi acquirere potuisset, quia dixit eum monachum jàm factum esse. Causa differtur in Treverensem synodum, in quà præfatus Richerius diaconus malâ fide acquisisse, ac malè intrasse convictus est. Quapropter, etc.*

(2) *Ego quóque ibi locum sepulturæ meæ delegi.* — Il est très-douteux que cette intention ait été exécutée. La charte est dans Roussel, Preuves, p. 6.

Grimold, qui ne pouvait venir à bout de religieux insolents et déréglés, il en donna, en 1075, la crosse abbatiale à Rodolfe, de Saint-Airy, lequel se tourna ensuite contre lui, pour le parti de Grégoire VII.

Godefroy épouse Béatrice de Toscane.

Pendant ces années, Godefroy rétablissait sa fortune, non à la vérité par le succès de ses armes en Italie, car il ne put empêcher que Léon IX, dont il commandait les troupes, ne tombât au pouvoir des Normands, mais par son brillant mariage avec Béatrice, veuve du marquis Boniface duc de Toscane et comte de Modène. Cette princesse était, comme nous l'avons vu, propre sœur de Sophie de Bar; et Godefroy l'avait connue en Lorraine. Le mariage se fit vers la fin de 1053, malgré l'empereur, dont l'irritation fut au comble quand il apprit que, le jour même de leur union, les époux, veufs tous deux, avaient fiancé leurs enfants; Godefroy, son fils, dit le Bossu, et Béatrice, sa fille Mathilde, afin qu'ils héritassent à la fois des principautés italiennes de Boniface, des domaines lorrains de leur mère, qui possédait en notre pays Briey, avec des terres équivalentes à la dot de Sophie, enfin de toutes les prétentions de la maison d'Ardenne sur les Lorraines, y compris le comté de Verdun. Henri III crut que Godefroy voulait le détrôner:

Arrestation de Béatrice.

il alla au-delà des Monts, l'année suivante, et fit arrêter Béatrice, parce qu'une telle princesse ne devait se marier qu'après agrément impérial, et que de si grands fiefs ne pouvaient être apportés par une femme à un ancien rebelle déchu pour crimes de félonie. On emmena Béatrice en Allemagne, au sortir d'une audience qu'elle avait demandée pour se justifier : toutefois l'empereur, craignant les Normands, n'osa pousser Godefroy à bout ; il y eut seulement ordre de le tenir à l'écart, et d'avoir l'œil à ses trames, contre lesquelles sa duchesse prisonnière devait servir d'otage. Ainsi surveillé, et ne pouvant recouvrer sa femme, il conspira de nouveau avec le séditieux Baudoin de Flandre, revint en Lorraine, et assiégea, dans Anvers, son rival Frédéric de Luxembourg. Ces hostilités durèrent jusqu'à la mort d'Henri III, en 1056; puis vint la minorité Nouvelle révolte de Godefroy. d'Henri IV, au commencement de laquelle le pape Victor II obtint une réconciliation, qui rendit Béatrice à son mari; mais l'incorrigible perturbateur ne put se tenir en paix. A la nouvelle de la maladie mortelle du pape, quelques mois plus tard, il courut en Italie, et parvint à faire élire au pontificat son propre frère Frédéric, qui prit le nom d'Etienne IX, le 2 août 1057. Un bruit se répandit alors que ce pontife voulait faire son frère empereur, qu'il épuisait dans ce grand but le trésor du Mont-Cassin, son ancienne abbaye, et que tout se préparait pour un couronnement impérial à Florence. Ces rumeurs, vraies ou fausses, indiquent de nouvelles machinations, qui échouèrent par la mort presque subite d'Etienne IX, le 2 mars 1058, après sept mois seulement de règne. Godefroy était patrice de Rome : et l'élection de son frère, ainsi que le choix que Léon IX avait précédemment fait de lui-même pour général, prouvent qu'il s'était mis en excellentes relations avec la cour papale. Sans aucun doute, cette puissante influence lui fut très-utile en notre pays : car le pape Nicolas, dans ses admonitions déjà citées à Gervais de Reims, au sujet des brigandages d'Engobrand dans le Verdunois, recommande fortement à l'archevêque de faire et maintenir bonne paix avec le très-cher fils du Saint Siége, duc Godefroy : rien ne pouvant, ajoute le pape, m'être plus pénible que des discordes entre d'aussi chers enfants que vous me l'êtes tous deux (1). Ce fut pendant les déchéances de notre prince en Nom de Bouillon donné à la maison d'Ardenne. Lorraine qu'on commença à l'appeler duc de Bouillon, cette châtellenie étant presque la seule de ses terres où ses droits demeurassent incontestés. Ce titre, qui reçut ensuite tant d'illustration d'un autre Godefroy, dut paraître d'a-

(1) *Referente filio nostro G..., mandamus quatenùs cum duce, carissimo filio nostro, pacem ineas, ut tui ad nos securè valeant venire. Nolumus enim duos tàm carissimos filios in discordiâ manere.* Lettre citée.—On voit, en ces paroles, percer quelque crainte que Godefroy n'interceptât les communications avec Rome par la Toscane : c'était sans doute un des moyens politiques qu'il employait pour influer sur la cour romaine.

bord bien chétif auprès de ceux dont celui-ci avait été dépouillé (1). Quand la vieillesse l'eut rendu moins dangereux, et après la mort de Frédéric de Luxembourg, en 1065, l'empereur Henri IV lui laissa reprendre la couronne ducale de Basse-Lorraine, qui revint ainsi à la maison d'Ardenne, pour y rester jusqu'à la fin du siècle, au départ du fameux héros de la Croisade.

Mort
de Godefroy
le Breux.

La chronique dite *Cantatorium* de Saint-Hubert en Ardenne contient une relation du trépas de Godefroy le Breux (2). Quand il revint, pour la dernière fois d'Italie, en 1069, il était déjà atteint de la maladie dont il mourut : et il sembla n'être revenu que pour se faire inhumer au pays de ses ancêtres. Comme il était toujours craint et surveillé de l'empereur, il descendit au château de Bouillon, lieu écarté, où sa présence ne pouvait être un sujet d'alarme pour personne : puis, se sentant dépérir, sans toutefois qu'il gardât encore le lit, il manda l'abbé Thierry de Saint-Hubert, monastère dont il était le bienfaiteur, et où il offrait les prémices de ses chasses. Après sa confession, il prit son épée des mains de Godefroy le Bossu, son fils, et la remit à l'abbé, en attestant Dieu, et toute l'assistance, qu'il renonçait à la milice séculière, c'est-à-dire qu'il entendait mourir en profession religieuse. L'abbé pleura, et dit : Ainsi Dieu humilie l'orgueil de l'homme! Le malade donna ensuite des terres, pour que les moines de Saint-Hubert fondassent, en mémoire de lui, un prieuré à Saint-Pierre de Bouillon ;

(1) Laurent de Liège appelle déjà *Bullionenses milites* les soldats de Gothelon qui tuèrent Louis de Chiny : c'est une anticipation aisée à comprendre de la part d'un auteur qui écrivait au milieu du xii siècle, et qui ne parle qu'incidemment de ce fait. Depuis Godefroy le Breux, la dénomination de Bouillon devient fréquente. *Theodericus episcopus,* dit le même Laurent, *nisus est auferre urbis comitatum de sub jugo Bullionensis principatûs,* etc.

(2) Dans Martène, *Amplissima collectio,* tom. iv. p. 959, 940. Cette relation, du xii siècle, commet quelques inexactitudes chronologiques; soit en datant la mort de Godefroy le Breux, de 1074, au lieu de 1069, soit en supposant qu'il s'était séparé de sa femme Béatrice. C'est une confusion entre le Breux et le Bossu, que quitta sa femme Mathilde, fille de Béatrice.

il disposa, en faveur de ceux de Gorze, de la riche fondation
canoniale déjà existante à Saint-Dagobert de Stenay (1) ;
puis il se fit porter à la maison du four banal où, depuis son
retour, on distribuait le pain aux pauvres de tous les environs. Un morceau de ce pain lui fut présenté, parce qu'il
voulut prendre avec les indigents son dernier repas à Bouillon : il ajouta le four à la dotation du futur prieuré ; enfin
son cortége, semblable à un convoi funèbre, se mit en route
pour Verdun. Il y vécut encore un mois environ, jusqu'aux
approches de Noël 1069 ; et on l'inhuma en notre cathédrale, ainsi que le remarquèrent tous les chroniqueurs,
dont aucun n'omit de parler de la fin d'un prince aussi
célèbre (2) ; mais, soit à cause de la reconstruction de la
basilique, vers 1140, soit par le laps des années et les nombreux changements faits à l'édifice, on a, depuis très-longtemps, perdu le souvenir de l'endroit où fut cette tombe
mémorable. La prétendue donation du quart du comté à
l'église par ce Godefroy, et l'épitaphe mentionnant cette

(1) La charte, signée de Godefroy, de Béatrice sa femme, et de
Godefroy le Bossu son fils, et datée de Bouillon en 1069, déclare que
la disposition a été prise *cum consilio domini Cunradi, sanctæ Treverò-
rum sedis archiepiscopi, in cujus diœcesi locus ipse situs erat.* Ceci fait
difficulté, parce qu'en 1069, l'archevêque de Trèves était Eudes, ou
Eudon, qui siégea de 1066 à 1077. Il est assez probable que le Conrad
de notre texte est Conon, assassiné en 1066, le jour même de son
entrée à Trèves, par le comte Diedrich. L'expression *erat* indique un
temps passé ; et Godefroy ne dit pas que le prélat Conrad, ou Conon,
dont il a pris conseil, fût actuellement existant : sans doute le projet
avait été arrêté dès 1066 ; et, en 1069, le duc ne voulut pas mourir
sans l'avoir exécuté. Pour motif de la donation à Gorze, la charte
allègue que : *ecclesiam Sancti-Dagoberti, apud Sathanacum villam juris
nostri, et pretiosis ipsius sancti martyris ossibus illustratam, sed à canonicis ibi sub carnali vitâ degentibus, et sua potius quàm divina quærentibus,
usquequaquè neglectam,* etc. Cette charte est dans les Preuves de D.
Calmet, où on l'attribue mal à propos à Godefroy de Bouillon. Celui-ci ne fit
que la renouveler, vers 1090 : *quia,* dit-il, *dux Godefridus, avus meus,
cum Beatrice, uxore suâ, apud Sathanacum, juris sui villam,* etc.

(2) Dans la principale chronique de ce temps, qui est celle de Lambert d'Aschaffenbourg : *Dux Lotharingorum Godefridus, omnibus penè terris
magnitudine suarum rerum gestarum compertus et cognitus, obiit* 1070, *et
Verdunis sepultus est. Cui filius ejus Godefridus successit : præstantis quidem animi adolescens, sed gibbosus.*

donation, sont des inventions de Rosières (1). Nous savons
seulement, d'une manière générale, que, soit désir de réparer le désastre de 1048, soit reconnaissance du service
qu'il reçut de Thierry lors du départ de Léon IX, le duc
se montra, à dater de ce moment, plein de bienveillance
pour notre ville (2), l'évêché évitant de son côté de renouveler aucune des anciennes contestations, pour ne point
contrevenir aux injonctions du Saint Siége, que nous
venons de voir dans la lettre de Nicolas II à Gervais de
Reims.

Assises de 1060.   En une année dont on a peine à assigner la date dans les
agitations de la vie de ce prince, il vint à Verdun, avec la
duchesse Béatrice, y réunit sa noblesse et les chefs du
clergé, et promulga, de l'assentiment de tous, le règlement sur les avoueries rurales, dont nous avons déjà plusieurs fois parlé, sous le nom d'Assises ou Grands-Jours de
1060 environ (3). Laurent de Liége mentionne cette assemblée, dont les décrets, dit-il, sont conservés dans les chartes
de nos priviléges ecclésiastiques ; et il loue Béatrice de son
intervention en cette affaire (4). Il semble, aux termes du
chroniqueur, que l'on se soit aussi occupé des intérêts de la
ville : mais nous n'avons que la charte des avoueries, statuant sur le régime des campagnes, et ne constatant, pour
la ville, guère autre chose que l'existence de l'antique palais

(1) Charte 49 des *Stemmata* de Rosières. Il pousse l'impudence jusqu'à
décrire le sceau : *sigillum habebat ornatum scuto decorato cruce et car-
bunculo, seu* escarbocle, *desuper*. Baronius, à l'an 1070, n° 32, et Thomassin, Discipl. de l'égl. tom. III. p. 216. édit. 1725, ont été dupes de cette
fausse charte.

(2) *Per viginti duos annos quibus posteà vixit* (après l'incendie de 1048),
*benignus satis Virdunensibus fuit... Multa urbi et ecclesiæ utilia disposuit :
moriens quoque in ipsâ ecclesiâ quam concremaverat se sepeliri mandavit*.
Laurent de Liége.

(3) Ci-dessus, t. I. p. 396 et 457.

(4) *Beatricis hortatu, idem dux, celebrato intrà hanc urbem comitum et
principum generali concilio, multa urbi et ecclesiæ utilia disposuit : quod
etiàm in ecclesiasticis annotatum est privilegiis*. Laur. de L. — *Uxoris meæ
Beatricis monitu et intercessione, consilio quoque ejus, et non parvo labore*,
dit la charte.

de la cité de Verdun, sans nous apprendre quel était, et où se trouvait cet édifice historique. Ni Laurent, fort négligent en chronologie, ni la charte elle-même ne donnent de date précise; l'acte porte seulement, à la fin: «Expédié au palais de Verdun, aux fêtes de la Pentecôte.» Pour avoir occasion d'exposer l'état du pays, au moment où Godefroy fut pardonné, nous supposerons que cette Pentecôte est celle du 18 mai 1057, bien que probablement l'assemblée soit de quelques années postérieure (1). L'empereur Henri III était mort, le 5 octobre 1056, entre les bras du pape Victor, son ami, venu, sur sa prière, l'assister à sa dernière heure : et le pieux pontife, agissant en ministre de réconciliation, avait obtenu amnistie pour Godefroy et liberté pour Béatrice, qui sortit alors de prison. En ce moment de joie, les deux époux, se voyant pour la première fois libres et réunis en notre pays, voulurent s'y montrer en princes : mais de nouveaux ducs régnaient sur les deux Lorraines; et le représentant de l'ancienne famille ne put tenir sa cour que dans sa vieille cité patrimoniale de Verdun. Pour y faire aimer sa duchesse, il lui fit honneur de la convocation, ainsi que des règlements, prenant soin toutefois de ne pas trop s'écarter, en ceux-ci, du modèle d'une charte que le défunt empereur avait faite pour les voués de Saint-Maximin de Trèves (2). Il se donna les titres de duc et de marchis, sans expliquer si c'était de Lorraine, ou de Toscane; les deux pays étant également duchés marchisats; et le vague même de l'expression semblait protester contre les possesseurs des duchés lorrains. On ne sait quelle attitude prit l'évêque Thierry, en voyant cette

(1) C'est par faute d'impression que la charte est datée de 1052 dans les Preuves de Roussel, p. 6 : car il dit lui-même, dans l'histoire de l'évêque Thierry, qu'elle doit être postérieure à 1061, à cause de la mention qu'elle fait de Grimold, abbé de Saint-Vanne. — Comme il est connu que Godefroy vint mourir à Verdun, en 1069, beaucoup d'auteurs, sans y regarder de plus près, ont donné cette date à ses Assises: mais, d'après le récit de la chronique de Saint-Hubert, il était alors trop malade pour tenir une telle cour.

(2) Dans Hontheim, tom. I. p. 599.

session : il vivait en bonne harmonie avec Godefroy, toujours absent ; et il ne voulut pas, sans doute, troubler sa
présence momentanée, en soulevant de délicates questions,
au déplaisir du Saint Siége, qui aimait ce prince : au reste,
il n'est fait aucune mention de l'évêque dans les actes, et
son nom ne figure pas parmi ceux des personnages présents. Peut-être le prélat était-il en quelque voyage, ou
absent à dessein : quoi qu'il en soit, le règlement fut
applaudi et signé par le clergé, sans aucune opposition. Les
décrets, avantageux en eux-mêmes, rentraient dans la compétence du grand avoué sur les sous-voués ; et la charte
reconnut, d'une manière quelconque, l'autorité épiscopale,
en s'en référant à ce qu'avait déjà fait, en cette matière, le
duc Gothelon, par devant le seigneur évêque Richard. Au
sortir de nos assemblées, quel qu'en fût le motif, Godefroy
repartait d'ordinaire pour l'Italie : en 1057, ce fut sur l'avis
que lui transmit son frère de la maladie du pape Victor,
qui mourut le 28 juillet.

Contrat de mariage en 1068. Comme curiosité, et en manière de diversion, nous rapporterons ici un contrat de mariage, daté de Verdun, le dix
des calendes de mai, ou 22 avril 1068, entre Adalbert
comte, et noble Berthe, qu'il prend en légitime épouse. On
ne trouve pareil acte dans les minutes d'aucun notaire ; et
cette pièce renferme quelques particularités bonnes à recueillir en passant. C'était la coutume légale, chez nous,
que le mari assignât, sur ses propres biens, un douaire à sa
femme (1) : pour satisfaire à cette obligation, le comte Adalbert, ayant, dans un assez long préambule, exposé comment
on se mariait depuis le temps de la création d'Eve racontée
par Moïse, continue en ces termes :

(1) Le douaire coutumier existait aussi dans les mariages non nobles.
Melinon, au xive siècle, en rapporte ainsi la loi : « Le droit de Verdun
est tel. Quiconques soit varlet (jeune homme) à marier, et il prent
femme, elle est doueie de la moitiei de quanques le varlet ait, et de
la moitiei de ce que li enchoira de par ses hoirs : et d'aultrement
non. Meimement peut le vieulx homme (veuf) dowuer sa femme du
quart des acquestes que il auroit acquesteis au conduit d'aultre femme. »

« Etant d'usage que les maris dotent d'un douaire celles qu'ils épousent, je vous donne, chère et noble Berthe, la moitié de tout ce que je dois hériter de ma mère, en l'évêché de Verdun, et au comté de Godefroy: c'est à savoir l'aleu de Molaincourt, celui de Dom-Basles, celui de Rogiecourt, et un autre à Autrécourt, avec toutes leurs dépendances. A ces terres sont attachés les serfs dont les noms suivent : Robert et sa femme Dade, avec quatre enfants, Lambert et sa femme Holdiarde, avec cinq enfants, Constantin et Guy son frère, Létard, Ernald, Erpric, Lambert, Reilende et ses deux filles, Emma et son enfant, Azeline, avec deux enfants, Ingle, avec trois, Gerberge, aussi avec trois, Odile, Hébert et sa femme Jeanne, avec trois enfants, Isenne, Ave, avec son enfant, Schaide, Rocèle, avec un enfant, Berthe, avec ses trois filles. J'ajoute toute la part qui me reviendra de l'aleu de Rampon, après la mort de mon oncle G., prés, terres, et bois; item, la part de l'aleu d'Auzéville qu'il a mise en gage entre mes mains, savoir la moitié en prés, champs et serfs, qui sont Ciline et sept enfants, Ermengarde et deux enfants, Odile et deux enfants, enfin Renauld. Je vous donne ces choses à vous Berthe, par cette présente charte, dont les témoins sont Angelbert, Drogon, Warnier, Isembauld, Othon, Rodolfe, Reinard, Herbert, Hugues, Albe-ric, Héselin. Fait publiquement, à Verdun, le dix des calendes de mai, l'an de l'Incarnation M. LXVIII, indiction VI, le roi Henri régnant, le seigneur Thierry, évêque, siégeant sur la chaire de Verdun, Gode-froy étant comte et marchis (1). »

(1)... *Dominum ex initio, post cuncta suæ creationis opera, hominem ex limi efficiasse materiâ..., et misit soporem in Adam, et tulit unam de costis ejus, etc. Et ego Adalbertus comes dilectissimam Bertham nobilem elegi in copulâ legitimi matrimonii, ut benedicatur in generationibus nostris Deus, qui est benedictus in sæcula. Et, ut mos est nubentibus desponsatas sibi dotalitiis dotare, dò tibi, ex possessione meæ hæreditatis medietatem, quantùm mihi pervenerit, post obitum matris, in parte med : id est, in episcopatu Virdunensi, in comitatu comitis Godefridi, alodium de Moleneicurte, alodium de Domno-Basolo, alodium de Rogisicurte, et ad Austrandicurtem alodium, cum omnibus appenditiis. Horum autem alodiorum hæc sunt nomi-na mancipiorum : Robertus et uxor ejus Dada, cum quatuor infantibus, etc. etc... Et, ad Rampedonem, post obitum avunculi mei G., talem partem alodii, quanta mihi pervenerit, etc... Hæc autem trado tibi sub attestatione chartæ hujus : et, ut firma permaneat, testes sunt Angelbertus, Drogo, etc. Acta publicè Virduni, decimo kalendas maii, anno ab Incarnatione Domini MLXVIII, etc., regnante rege Henrico, præsidente cathedræ Virdunénsi domno Theoderico episcopo, comite et marchione Godefrido.*—On voit, à cette charte, que la fortune du comte Adalbert était allodiale, c'est-à-dire en terres de patrimoine franc, et non tenues en fief.

Verdunois
à la conquête
de l'Angleterre.

En 1066, le duc Guillaume de Normandie, avec ses chevaliers, et des aventuriers de toutes les provinces, fit la conquête de l'Angleterre. Plusieurs de nos compatriotes grossirent son armée, et purent revoir, avant de se mettre en mer, quelques-uns des anciens pèlerins de l'abbé Richard : mais ils ne prirent pas modèle sur ces gens de bien ; et ils ne songèrent qu'à s'enrichir, aux dépens des vaincus. Parmi les impitoyables ministres de la conquête, on cite un clerc lorrain, Vaulcher, que Guillaume fit évêque de Durham : trois autres clercs de notre pays, Herman, Guy et Vautier eurent les évêchés de Wells, de Shereborn et de Hereford (1) ; et, au nombre des hommes d'armes, est mentionné Bertrand de Verdun qui, comme beaucoup de soldats de fortune de cette invasion, était dénommé du lieu de sa naissance (2). Le livre de la pairie anglaise, à l'article des familles éteintes, parle de celle des lords de Verdun (3), dont la baronnie, au comté de Stafford, passa, par alliance, à la maison de Talbot ; et on vit longtemps, au comté de Louth, en Irlande, les ruines d'un château de Roche, ou de Rose, dont la tradition attribuait l'origine à une douairière Rose de Verdun, héritière de cette ancienne famille. Il nous est impossible de rien préciser à ce sujet : nous savons seulement qu'on garda longtemps en Normandie le souvenir de l'abbé Richard. Hugues de Flavigny se rappelait avoir vu, dans sa jeunesse, des hommes qui demandèrent de ses nouvelles, de la part de Guillaume le Conquérant, étant chargés de lui transmettre, s'il vivait encore, l'expression de l'estime de ce prince (4).

(1) Aug. Thierry, Conquête de l'Angleterre, tom. II. p. 140 et 225. A la p. 36, Bertrand de Verdun. — Shereburn, uni ensuite à Salisbury.

(2) Liste des compagnons de Guillaume le Conquérant, par L. Delisle dans le *Bulletin monumental*, de 1862. Il déclare avoir fait cette liste uniquement sur les documents contemporains de la conquête, surtout d'après le *Doomsday book*, sans recourir aux catalogues dressés en Angleterre au XIVe siècle, ou au XVe, ni même à celui de Wace, dans le roman de Rou.

(3) Verdun, lord de Verdun, dans John Debrett, *Peerage of the united kingdom*, édit. 1820, p. 1359, à l'article *The extinct peerages, dormant, and in abeyance of England, from the conquest.*

(4) Flavigny, p. 191.

Vers ce temps, Thierry eut un tel démêlé avec les moines de Saint-Mihiel qu'il envoya son « ost » épiscopal mettre le feu chez eux, parce qu'ils déclinaient sa juridiction,
refusaient de comparaître à ses audiences, et prétendaient
passer au diocèse de Toul. Pour explication de cette querelle, nos auteurs modernes ont dit que Thierry était devenu
schismatique, et qu'alors les moines voulurent se réfugier
sous la houlette catholique de Toul, en échappant ainsi
à la crosse et aux verges impérialistes de notre prélat: mais
Pibon de Toul n'était guère moins schismatique que son
collègue (1); et il résulte des lettres du pape Grégoire VII
que l'affaire de Saint-Mihiel était déjà connue du Saint
Siége en 1074, antérieurement au schisme des Investitures, qui n'éclata qu'en 1076. Les vraies causes du différend paraissent avoir été d'ordre politique : et il faut
probablement les chercher dans le mouvement du comté
de Bar, pour sa consolidation, lorsqu'il se trouva séparé de
la Lorraine, donnée à Gérard d'Alsace. Dans les anciens
temps, Saint-Mihiel, ainsi que le prouvent ses premières
chartes, dépendait du Verdunois. Après la fondation du
château de Bar, les trois ducs successifs de Haute-Lorraine
s'emparèrent d'une partie des biens des moines; mais
ceux-ci, comme on le voit aux aigres expressions de leur
chronique, ne considérèrent ces voués que comme des
usurpateurs qu'ils subissaient de force (2). Cette disposition des esprits parut dangereuse, quand Sophie et Louis
de Montbéliard, ne régnant plus que sur le Barrois, craignirent qu'il ne s'y opérât des fractionnements. Sous leur

----

(1) On a dit qu'en 1084 (date que les modernes donnent à l'événement),
il était réconcilié avec le Saint Siége. Cependant on trouve, dans les *Concilia Germaniæ*, tom. III. p. 202, le nom de *Bibo Tullensis* parmi ceux des
évêques qui adhérèrent à une assemblée tenue, à Mayence, en avril 1085,
contre Grégoire VII : ce qui semble indiquer que le P. Benoit a interprété
bénévolement les hésitations et tergiversations de Pibon.

(2) *Dominio subjugavit, sub titulo defensionis.* — *Duces, qui videbantur loci
defensores, patroni vel advocati dicti, subtraxerant, etc.* Chronique de Saint-
Mihiel. — *Tutelam ecclesiæ in dominium usurpaverunt..., per quatuor succes-
sionum gradus.* Plaintes à Hillin de Trèves, vers 1154.

règne, et grâce à leurs bons procédés, s'effacèrent, pour un moment, les rancunes monastiques. Sophie qui, étant encore pupille de l'impératrice Gisèle, avait si bénévolement aidé Nantaire à recouvrer les terres non barroises de l'abbaye (1), continua ses bienfaits, au point qu'elle passa pour sainte chez ses protégés : puis, vers 1070, mourut son mari, qu'elle fit inhumer à Saint-Mihiel ; et elle fut fort longtemps régente. C'est au temps de sa régence qu'arriva le différend avec Thierry, entre les années 1070 et 1074, comme l'indique la date de la lettre déjà mentionnée de Grégoire VII. Le projet fut d'incorporer entièrement Saint-Mihiel au Barrois, et de l'affranchir de tout assujettissement à notre évêché, en faisant passer l'abbaye au diocèse de Toul, qui était celui du comté de Bar. Peut-être allégua-t-on, en faveur de ce changement, les dispositions illégales des chartes de Wolfang, dont nous avons parlé ailleurs (2). L'éclat se fit par un refus du couvent de comparaître aux audiences de l'évêché : *eò quòd*, dit Laurent de Liége, *ad Tullensem transferri vellent, et ad audientiam vocati, Virdunum venire nollent.* Thierry, choqué de voir sa juridiction ainsi méprisée par des gens dont il avait naguère, vers 1069, dédié en personne l'église abbatiale, en leur faisant cadeau de l'autel, ou cure de leur propre bourg, annonça que, si on s'obstinait, il mettrait le monastère en interdit ; et, comme on s'obstina en effet, il envoya le doyen de la cathédrale Richer, avec Fulcrade, abbé de Saint-Paul, mettre les scellés sur l'autel. Telle fut alors l'insolence des moines qu'ils excitèrent une grande émeute, pendant laquelle leurs gens mirent la main sur les délégués épiscopaux, les arrêtèrent et les conduisirent à Sophie, qui les enferma dans son donjon de Bar (3) : puis

(1) Ci-dessus, p. 42, 43.

(2) Ci-dessus, tom. I. p. 201.

(3) *Pro quá re (eò quòd ad audientiam venire nollent) misit idem præsul, ad sigillandum altare Sancti-Michaëlis, Fulcradum et Richerum decanum ; at familia ecclesiæ, invasos eos ab ecclesiá pertraxit, et vinctos apud Barrum incarceravit. Quamobrem ipsam villam et ecclesiam ab hostico episcopali contigit concremari.* Laur. de L.

ces rebelles, sachant que la comtesse avait en Italie une
sœur et une nièce, Béatrice et Mathilde, en grande faveur
à la cour de Rome, écrivirent à Grégoire VII des plaintes
contre la tyrannie de l'évêque de Verdun, qui avait mis
leur église en interdit, et prétendait, disaient-ils, les obliger d'assister, le jour de saint Marc, à sa procession des
litanies, malgré la distance des lieux. Il n'est pas parlé de
ces litanies dans Laurent de Liége; mais peut-être Thierry
avait-il déclaré qu'il ne lèverait son interdit qu'après satisfaction faite publiquement par les réfractaires, en se montrant à la procession de Verdun : et le peu de bonne foi des
moines paraît encore en ce qu'ils se gardèrent de rien dire
au pape des violences qu'ils avaient eux-mêmes commises
contre Richer et Fulcrade. Grégoire écrivit à notre évêque :
celui-ci persista; enfin le pontife, par lettre du deux des
nones de mai 1074 (1), commit le métropolitain et les deux
autres évêques de la province pour enjoindre à Thierry
de lever ses censures, sauf à lui à demander justice au concile provincial, ou au tribunal du Saint Siége, s'il croyait
ses droits lésés; mais, ajoutait le pape, je n'ai, pour vous
parler à cœur ouvert, qu'une bien médiocre confiance
dans son obéissance (2). Ainsi était connu notre prélat,

(1) 6 mai 1074. C'est la seule date officielle et certaine qu'il y ait pour
cette affaire, qu'Albéric rapporte à l'an 1084, par erreur fort concevable
chez un écrivain postérieur de deux siècles à l'événement. En conséquence,
il n'y a pas motif suffisant de distinguer, comme le fait D. Calmet, liv. xx,
nᵒˢ 140, 41, le démêlé de 1074, mentionné par Grégoire VII, de celui de
1084, suivant Albéric : car, ni ce chroniqueur lui-même, ni Laurent de
Liége, ne parlent que d'une seule querelle de Thierry avec Saint-Mihiel.
Il est vrai que Laurent la place vers la fin de son chapitre sur Thierry : mais
il n'existe pas de chronologie chez lui, et il a voulu réunir les différentes
querelles du prélat avec les moines. Peut-être s'y est-il trompé lui-même,
car il n'écrivait que vers 1150 : quoi qu'il en soit, on voit, à la substance
de son récit, qu'il s'agit bien du même fait dont parle Grégoire VII. De part
et d'autre, c'est un interdit lancé et rigoureusement maintenu par Thierry
contre Saint-Mihiel : seulement Laurent en raconte l'histoire tout entière,
tandis que le pape n'en savait, et seulement par la version des plaignants,
que ce qui était passé au moment de sa lettre.

(2) *Undè nec nos quidem de ejus obedientiâ (si privatim loquimur) multùm
confidentes, fraternitatem tuam apostolicâ auctoritate monemus, etc.* Grég. VII,
liv. I. epist. 81, dans Hardouin, Concil. tom. vi. pars 1. p. 1256.

homme fier et peu docile : et, en cette rencontre, il justifia
sa renommée; car, avant d'avoir reçu l'injonction, peut-
être même pour la prévenir, il envoya ses hommes d'armes
saccager Saint-Mihiel. Cette conduite dut l'y rendre fort
odieux ; et ce fut alors, vers la fin de 1077, que l'abbé Sigefroy, se rattachant de plus en plus à la douce Sophie, alla
reprendre d'elle sa crosse, «comme avaient fait, dit Wassebourg, ses prédécesseurs abbés aux ducs voués prédécesseurs d'icelle, lesquels nommaient abbés à leur plaisir, et les
instituaient par la tradition du bâton pastoral, à raison de la
vouerie». Ceci n'est pas clair dans les documents (1) : quoi
qu'il en soit, en 1078, nos bons catholiques de Bar et de
Saint-Mihiel ne pouvaient agir ainsi que par ignorance du
décret rendu par Grégoire VII, contre de pareilles investitures : et il n'était pas possible qu'ils prétextassent longtemps
cette cause d'ignorance; car les troubles d'Allemagne
avaient donné une grande notoriété au décret. En conséquence, Sophie et Sigefroy, craignant de se faire passer eux-
mêmes pour schismatiques, pires encore que Thierry, s'en
allèrent, l'un après l'autre, demander humblement pardon à
Rome, où l'abbé porta sa crosse pour la recevoir directement du pape. Ceci put paraître une rétractation de l'hommage précédemment rendu ; d'autant plus qu'on se décida
enfin, chez les moines, à faire satisfaction à Thierry, en
venant, au mois de décembre de cette même année 1078,
à son audience de Verdun, où il fit la paix, en déclarant
qu'il renouvelait et confirmait son ancienne donation de
l'autel du bourg de Saint-Mihiel, et en y ajoutant, comme
gage d'amitié rétablie, l'autel de Heudicourt, lieu qu'on

(1) Wassebourg, p. 245. Le seul document du temps des ducs est le passage du chroniqueur qui vit installer l'abbé Nantaire : *Dux Theodericus,
cujus ditioni abbatia subdita erat..., cum voto et applausu sanioris consilii fratrum, Nanterum honore donat prælationis. rerum administrationem concedit,
Virdunense pontifice præsente, à quo suscipiens curam animarum, statim benedictionis apice, ad id officii congruente, sublimatus est.* Ce texte ne parle pas
d'investiture par la crosse. Le duc agit avec le conseil des moines, en présence et avec le concours de l'évêque de Verdun, et comme duc, car,
comme voué, il eût eu à recevoir, non à donner l'investiture.

nommait alors Tronion (1). Entre autres témoins de la
charte, se trouva le doyen Richer, qui mit son nom, peut-
être en signe qu'il pardonnait de son côté son incarcéra-
tion à Bar.

Quelque temps après, vers 1090, Sophie et son fils
Thierry, reprenant leur projet de domination, dirent qu'à
cause de la multitude toujours croissante des gens pervers,
la forteresse de Bar ne suffisait plus, et qu'il en fallait une
seconde à Saint-Mihiel. Ils protestèrent qu'ils n'avaient
d'autre but que la défense de l'église, et qu'ils feraient
jurer à leur châtelain de ne prendre les armes que pour ce
bon motif; mais, ajoutèrent-ils, il est juste que saint Michel
fasse les frais de sa défense : d'ailleurs, nous pourrons le
dédommager par quelque terre de nos aïeux. Les moines,
qui n'avaient pas complétement oublié leurs griefs contre
les anciens ducs, répondirent, avec le plus de ménagements
possible, qu'ils ne voyaient pas la nécessité de ce nouveau
château : toutefois la princesse et le jeune comte insistant,
ils finirent par céder, malgré eux, dit la relation, et de
peur de pis (2). Il fut stipulé que le châtelain jurerait, à
son entrée en charge, de ne rien prendre au-delà de la
part qu'on lui assignerait sur le revenu, de ne pas tenir de
plaids sans commission du seigneur abbé, et surtout de ne
jamais se faire justice à lui-même, par représailles et voies
de fait. Ces choses s'observèrent tant que vécut la pieuse
comtesse; mais elle ne vécut plus que deux ans, étant morte
en 1092, veuve depuis 20 ans de Louis de Montbéliard,

Château
des comtes
de Bar
à Saint-Mihiel.

(1) *Ego Theodericus, etc... Domnus Seyfridus nos adiit, pro cujus dilectione
eamdem traditionem (altaris ecclesiæ quæ ibidem est in suburbio) renovari et
confirmari placuit, addito insuper altari ecclesiæ Troniaci..... Actum publicè
Virduni, tertio idus decembris, anno ab Inc. Dom.* M *septuagesimo octavo, regnante rege Henrico, Theoderico episcopo, qui hanc chartam fieri jussit, anno
episcopatûs ejus trigesimo secundo.* Dans les Preuves de l'Hist. de Saint-Mihiel,
p. 450, 51.

(2) *Quocircà abbas, cum priore et cæteris monachis, respondit nullo modo sanum
sibi consilium fore postulata concedere vel affirmare. Sed, quoniàm potestas
comitissæ erat quo deteriora remanerent, hanc subscriptam bonorum suorum
divisionem demùm inviti permiserunt, etc.* Relation contemporaine, dans
Calmet, Preuves, t. I. p. 486, 87. 1re édit.

près duquel on l'inhuma à Saint-Mihiel. Après elle, les
choses s'acheminèrent vers l'état où les représente la plainte
de 1154, le seigneur abbé n'étant plus rien, et personne
n'osant se réclamer d'autre pouvoir que de celui de Bar.
Les moines, voyant que le nouveau château ne servait qu'à
commettre les vexations qu'il devait empêcher, s'estimè-
rent heureux, ayant payé malgré eux, en 1090, pour le bâtir,
de payer une seconde fois, en 1106, pour qu'on le leur aban-

Anciens rapports avec Verdun. donnât à détruire (1). Dans les temps suivants, il n'y eut
plus que peu de relations politiques entre Saint-Mihiel et
Verdun. Avant que nos anciens « tonneus » fussent devenus

Exemption. les Fermes de la Ville, il y eut exemption de ces droits, ou
péages pour les hommes « de Saint-Michiel, et pour ceux
de Bel-lieu ; » et comme charge correspondante, l'entretien
d'une certaine portion de la Fermeté était aux frais des
abbés : ce qui prouve qu'au temps d'Heimon, où fut fait le
vieux règlement pour les réparations de nos murs, les deux
abbayes étaient réputées territoire verdunois. Au milieu du
XIIIᵉ siècle, elles jouissaient encore de leur immunité, et en

Monnaie. subissaient la charge (2). En 1099, l'abbé Udalric obtint de
l'évêque Richer permission de se servir à Saint-Mihiel des
coins de la monnaie de Verdun : cette autorisation fut renouvelée en 1124, avec quelques modifications ; de sorte
que, jusqu'au milieu du XIIᵉ siècle, l'abbé eut un des ateliers
de notre monnaie épiscopale. Son monétaire devait venir
prendre à Verdun les coins de l'évêché, et jurer, en les re-

(1) *Quoniàm inceptæ malitiæ nullum imponi finem conspiciebant, et ipsum castellum, non ad tutelam ecclesiæ, sed ad direptionem... ducentis marchis idem
castellum redimens, etc...—Actum apud Commerciacum, anno* MCVI. *etc.* Mêmes
Preuves, p. 519.

(2) « Ce sont les droits du tonnieu de Verdun... hors maix les hommes de
de Sainct-Michiel, et de Sainct-Michiel de Condei, et de Bellieu, » *Dans Melinon, p.* 133-35. — Je Nicholes abbés, et tout li convent de Biauleu... nos
devons la porture à la Fermetei de Verdun, selon l'antienne coustume, pour
la portion don mur entre la porture notre peire l'évesque de Verdun, et la
porture de l'abbei de Saint-Mihier... 1242. Charte rapportée ci-dessus, tom. I.
p. 177. note 3. — Condé, bourg du Barrois, sur la Chée, *Condatum, in pago
Barrense, super fluvium Callo,* appartenait à l'abbaye de Saint-Mihiel, par
donation spéciale de Wolfang, jointe aux chartes de fondation, en 722.

cevant des mains du camérier épiscopal, de ne faire que des pièces de bon poids et de bon aloi. Comme il fabriquait avec les coins mêmes de Verdun, on ne peut aujourd'hui reconnaître les produits de sa fabrication. Il est encore dit dans cette charte que, s'il faut faire à la monnaie des changements ou rénovations, l'évêque et l'abbé s'entendront à ce sujet, et que le monétaire, en venant chercher les nouveaux coins, s'en rapportera à l'estimation de ses confrères sur la redevance due au camérier, à la miséricorde duquel il paiera, conjointement avec l'abbé, la somme fixée par l'arbitrage : somme que la charte de 1124 modéra à 60 sols. C'était la taxe extraordinaire, pour changement de monnaie, aux avénements des évêques, ou aux refontes des espèces anciennes; et il y avait, en outre, un droit de cinq sols, annuellement payable à Noël au même officier (1).

(1) *Quinque solidos, pro eulogiis*, ou, comme on dirait aujourd'hui, pour le pain bénit. C'est ce qu'on appela dans la suite pot de vin. Cette charte de 1099 est dans les Preuves de D. Calmet.

SCEAU DE THIERRY.

Denier d'argent de Thierry

LES INVESTITURES

Nous arrivons à l'endroit scabreux et au passage périlleux dans lequel Thierry laissa son orthodoxie tomber en défaillance. Cette malheureuse éclipse commença en 1076, quand se brouillèrent le pape Grégoire VII et l'empereur Henri IV, au sujet des Investitures, dont celui-ci se servait pour dominer toute l'église d'Allemagne. En général, on appelait investiture la cérémonie dans laquelle les souverains, après avoir reçu foi et hommage de leurs vassaux, les mettaient en possession, ou, comme on disait alors, les « revêtaient » de leurs fiefs ; et ce mot était passé dans la langue commune, pour toute cérémonie symbolique et légale de transmission de propriété, même particulière. Le vendeur, ou le donateur d'une terre investissait son cessionnaire par une motte du gazon de la glèbe, un rameau vert des arbres, ou un fétu de l'herbe des prés ; on voit même quelquefois ce fétu attaché à la cire de la charte (1). Dans les fiefs militaires, l'investiture se donnait par l'épée,

(1) L'acte de cession de Stenay et Mousay à la cathédrale par la comtesse Mathilde, vers 1107, accumule ces modes : *Per cultellum, festucam nodatam, wantonem* (gant ôté), *wassonem terræ* (gazon de la terre), *atque ramum arboris, dictæ ecclesiæ facio concessionem et investituram, et me exinde foràs expulsam walprivi* (déguerpi), *et absentem me feci.* Dans les Preuves de D. Calmet. V. Ducange, au mot *Investitura.* — *Ego Th. comes Barri et Lucemburgensis, et Henricus, filius meus primogenitus, advocatiam de Lammes, sicut eam habebamus, super majus altare Virdunensis ecclesiæ, per cespitem unum in elcemosynam contulimus... Actum Virduni 1215, pridiè nonas maii.* Cartul. p. 5.

la bannière et la lance : pour les évêchés, on recevait de
la main royale l'anneau et la crosse, bien que ce fussent des
emblèmes d'autorité spirituelle; mais, dans l'enveloppe-
ment où sommeillèrent longtemps les rapports des deux
puissances, personne ne se choquait de cet usage, qui ne
semblait qu'une application particulière du cérémonial
général de remettre à l'investi un objet indiquant la nature
de ses fonctions. Jusque à l'empereur Henri IV, les abus
furent rares, et purent passer pour erreurs inévitables;
mais ce prince, n'ayant pas la délicatesse de conscience de
ses prédécesseurs, abusa de sa prérogative pour ne donner
d'investiture qu'à ses favoris, ou à leur recommandation;
et certains clercs ne rougirent pas d'acheter des prélatures,
soit à prix d'argent, soit par stipulations de politique et
d'intérêts privés. Alors le pape Grégoire, homme très aus-
tère et énergique, défendit de recevoir des princes séculiers les investitures des sacerdoces, notamment celles qui
se donnaient par la crosse et l'anneau. Il crut trancher
ainsi la racine du mal, sans tenir compte des dernières
conséquences de son système, qui aboutissait à rendre
l'empereur entièrement incompétent dans les promotions
épiscopales : chose impossible en Allemagne, où la plupart
des évêques étaient princes; mais, suivant ce pontife, les
Regalia, une fois donnés aux évêchés, n'appartenaient plus
qu'à saint Pierre; et il fallait d'ailleurs que le siècle obéît
à l'église, comme le corps est soumis à l'âme. Non moins
extrêmes de leur côté, les impérialistes entendaient faire
des épiscopats des principautés séculières, sous une autre
forme; et, tout en avouant que l'empereur ne pouvait rien
stipuler directement pour le spirituel, ils lui attribuaient
le pouvoir indirect d'exiger ce qui lui conviendrait pour
les fiefs annexés aux crosses (1). Ces dangereuses alterca-

(1) *Dicebat (Egilbertus Trevirensis electus) imperatori licere, si non spiritualia, sed regalia sua, gratis pretiove, cui voluerit impendere.* Mais, réplique le
chroniqueur, qui est du parti papal : *Quæ regalia utiquè non sua (imperatoris),
sed, juxtà Romanam consuetudinem, beati Petri vel ecclesiæ, potiori jure possunt
appellari. Gesta Trevir. ch.* 60.

tions ne purent être terminées qu'à la longue, et par des arrangements dont sont sortis les concordats modernes ; mais, comme les belligérants n'arrivent d'ordinaire à de telles transactions qu'après épuisement de leurs forces, la querelle des Investitures fut la première des grandes batailles par lesquelles l'Empire et la papauté du moyen-âge se minèrent réciproquement ; et, pour premier résultat, Henri et Grégoire moururent tous deux dans le malheur. A l'ouverture de leurs débats, des troubles incalculables affaiblissaient déjà l'empire et l'église. Henri avait pour ennemis implacables les Saxons et les Thuringiens ; et Grégoire était odieux à toute la partie du clergé qui craignait son inflexible caractère, et la sévérité de ses réformes : de sorte qu'on vit quantité de princes séculiers prendre le parti du pape, et beaucoup d'évêques se joindre aux amis de l'empereur. Les partis d'ailleurs ne s'épargnaient ni les calomnies, ni les injures ; ce qui rend difficile d'apprécier les personnages individuels (1).

Assemblée de Worms.

Thierry fut mêlé à tous ces événements ; et, en racontant son histoire, nous ferons assister nos lecteurs aux principaux actes de la tragédie. La première scène publique se joua, au commencement de 1076, en une assemblée de Worms, où assistèrent nos trois évêques, avec leur métropolitain (2). Tandis qu'on délibérait, non sans quelque animation, à cause de la gravité des circonstances, survint, comme par coup de théâtre, et peut-être en était-ce un en effet, un personnage inattendu. C'était un cardinal appelé Hugues le Blanc, récemment déposé par le pape, et se disant délégué du sénat et du peuple romain, pour demander justice impériale contre ce tyran. Au nom de ses commettants, il lut, en forme d'accusation, un libelle auquel

(1) Beaucoup de documents sur l'affaire des Investitures, dans Thomassin, Discipline de l'église, part. 2. liv. 2. ch. 58. dans le tom. II. p. 915, édit. 1725.

(2) *Concilia Germaniæ*, tom. III. p. 178. L'éditeur donne à cette assemblée, qu'il appelle *latrocinale conciliabulum Wormatiense* la date de mars 1076. D'après d'autres chroniques, elle serait des derniers jours de janvier.

il est difficile que personne, pas même l'empereur, ait sérieusement ajouté foi, tant il était absurde (1) : néanmoins l'évêque d'Utrecht, et d'autres meneurs, stimulés par la présence du monarque, s'extasièrent à cette lecture, en remerciant la Providence des lumières qu'elle leur envoyait si à propos. Ils votèrent que Grégoire était indigne du pontificat. Herman de Metz objecta qu'on ne pouvait juger ainsi un accusé, surtout un pape, sans l'avoir entendu; mais le cardinal, à force de crier que les scélératesses de Grégoire étaient flagrantes, et ses attentats contre la majesté impériale de notoriété publique, finit par entraîner les opposants. Il fut dit qu'on rédigerait contre le souverain pontife un décret de déposition, dont lecture publique serait donnée, le lendemain dimanche, à la grand'messe, par Pibon de Toul. Celui-ci s'effraya d'un tel rôle; et la peur l'ayant pris, au sortir de l'assemblée, il alla demander avis à Thierry. Notre évêque, non moins embarrassé que son confrère, d'autant plus qu'après la lecture du décret, chacun devait signer individuellement un acte de renonciation à Grégoire, ne trouva rien de mieux à conseiller à Pibon, que de disparaître, tous deux ensemble, de la ville pendant la nuit. Ce n'étaient pas encore des schismatiques bien héroïques; et il leur fut tenu compte, en cour papale, de leur conduite atténuante. Ce fut l'évêque Guillaume d'Utrecht qui lut le décret; puis le cardinal, avec d'autres, fut chargé d'aller en faire la proclamation à Rome. Peu après, l'empereur reçut la bonne nouvelle que Didier, l'un de ses émissaires, avait gagné à sa cause presque tous les prélats de Lombardie; alors il crut le succès complet, et se félicita d'avoir, du premier coup, terminé avec tant de bonheur une si dangereuse affaire. Malheureusement, elle était à peine commencée.

Son beau rêve dura peu : car le sol de l'empire était miné;

---

(1) *Natum ex fornicatione, necromanticis ab ineunte ætate studiis operam dedisse, ac dæmonum patrocinio sedem obtinuisse Petri, dolis et artibus malis, et quæ postea commiserit horrenda et incredibilia penitùs flagitia.*

et l'empereur se réveilla, brusquement tombé dans un abîme. Comme il avait abusé de ses anciennes victoires en Saxe pour disposer arbitrairement de la vie et des biens de ses ennemis, des haines profondes se soulevèrent, et donnèrent aux excommunications de Rome le poids politique qu'elles n'avaient pas. Ce fut l'évêque Eudon de Trèves qui mêla le premier le bruit de ces anathèmes aux débats publics. Au sortir de l'assemblée de Worms (1), voyant ses suffragants mécontents, celui de Metz du peu de cas qu'on avait fait de ses objections, et les deux autres, Thierry et Pibon, s'enfuyant de peur de la dernière scène (2), il se rendit lui-même à Rome

Rétractation des trois évêques.

pour demander pardon, au nom de tous. Sur ses excuses, qu'ils avaient été intimidés et entraînés, il revint avec un bref d'absolution, dont Pibon seul fut excepté, parce qu'il avait à démêler avec le Saint Siége des griefs particuliers. On les fit connaître aux autres, avec charge d'admonéter, et même d'excommunier leur collègue, s'il incidentait plus longtemps pour sa justification catégorique. Ce bref était ainsi conçu :

« Grégoire etc., à nos frères et co-évêques Eudon de Trèves, Thierry de Verdun, Hériman de Metz. Informé que vous n'avez suivi qu'à regret (*non sponte*) les schismatiques insurgés contre la sainte église romaine, nous vous envoyons nos lettres apostoliques. Vous partagez notre foi, et vous connaissez les écrits des saints pères ; ainsi nous n'avons pas besoin de vous dire quelle doit être la sin-

---

(1) *Aderant in consensu illo iniqua gerentium Virdunensis Theodericus et Pibo Tullensis... et quidem Tullensi id officii à rege impositum fuit ut negotium exequeretur : sed ille, dùm pavet ad singula, nec audet reniti, noctu cum Virdunensi fugæ se credit consilio.* Flavigny, p. 225. Il raconte cette scène comme s'étant passée en une assemblée d'Utrecht de 1077 ou 1078 : mais on ne connaît point cette assemblée : et il est probable que Hugues se trompe, à cause du rôle de l'évêque d'Utrecht aux assemblées de Worms, en 1076, de Mayence et de Brixen, en 1080. C'est entre ces assemblées qu'il faut partager ce que Hugues rapporte de celle d'Utrecht.

(2) *Ego N. civitatis N. episcopus, Hildebrando subjectionem et obedientiam, ex hâc horâ interdico, et eum posthàc Apostolicum nec habebo, nec vocabo.* — De cette formule on peut rapprocher celle que le *Gesta* de Trèves, ch. 59, dit avoir été imposée par les pontificaux : *Anathematizo omnem hæresim Henrici, dicti regis, et omnium complicum ejus, et omnem qui eum regio nomine vel honore veneratur, Henricum, inquàm, nominis hujus quartum regem.*

cérité de votre retour. Détestez les folles présomptions des rebelles :
et que l'église, qui s'est affligée de vous voir séduits, se réjouisse
désormais de votre fidèle dévouement. Nous voulons encore que
vous reprochiez, de notre part, à Pibon de Toul sa négligence à obéir
à nos injonctions. Il lui siérait mieux de se disculper par de bonnes
preuves que de prendre les armes pour la défense de ses iniquités,
ou d'aller solliciter le roi contre nous : ce qui est, et sera toujours
défendu aux clercs. S'il persiste à ne tenir compte de nos remontrances, vous lui dénoncerez, de l'autorité de saint Pierre, que la
communion lui est interdite, et que la punition divine l'atteindra,
dans son âme, et même dans son corps (1). »

Ce bref ayant rétabli la paix romaine dans notre pro-   Grande défection
vince, l'archevêque Eudon alla, peu après, à une diète à   contre Henri.
Mayence, où il refusa de voir son collègue de cette ville,
ainsi que celui de Cologne, parce qu'ils étaient excommuniés l'un et l'autre, comme fauteurs de l'attentat de Worms.
Tout l'Empire apprit ainsi qu'on ne pouvait adhérer à ce
parti sans encourir l'anathème. Les impérialistes crièrent
qu'Eudon était un menteur, un traître et un hypocrite (2) ;
mais leurs adversaires se donnèrent tant de mouvements,
aggravèrent et envenimèrent si bien les choses que la diète
se sépara, sans rien conclure ; de sorte que l'empereur fut
à peu près laissé à la merci des Saxons. Bientôt il ne se
trouva plus personne, ni ecclésiastique ni laïque, pour
soutenir la légalité de la déposition de Grégoire : au contraire les puissants ducs de Souabe, de Bavière et de Saxe,

(1) Registre de Grégoire VII, liv. III. lettre 12, dans Hardouin, Concil., tom.
VI. pars 1. p. 1336. Les accusations contre Pibon, ibid. p. 1271, liv. II. lettre 10,
datée du 17 des calendes de novembre, indiction 13, c'est-à-dire 16 octobre
1075. Elles sont graves : *Quòd archidiaconatus, consecrationes ecclesiarum, et
ipsas ecclesias vendendo, simoniacâ hæresi se commaculasset. Quòd cum muliere
quâdam in publicâ fornicatione jaceret, de quâ filium genuisset, quanque rumor
est sacramento et desponsatione, laïcorum more, sibi copulasse. Quòd nonnulli
eum ad episcopatum pactione præmii pervenisse dicunt. Quòd milites ejus huic*
(au plaignant) *omnem securitatem abnegavere, et intrà claustrum ei minitati
sunt. Quòd episcopus sua omnia diripi et publicari præcepit.* Grégoire chargea
le métropolitain d'informer à Toul. On comprend comment, en 1076, les
schismatiques de Worms, voyant Pibon dans une telle affaire, comptaient
sur lui pour publier leur décret.

(2) Récit de cette scène, dans Lambert d'Aschaffenbourg, à l'an 1076.

déclarèrent que le véritable traître était Henri lui-même ;
et ils se présentèrent pour monter sur le trône à sa place.
Telle était leur confiance qu'ils avaient déjà réglé quelle
position assurerait aux deux autres celui des trois que
l'élection favoriserait (1). Ils firent convoquer, pour le
milieu d'octobre, une nouvelle diète à Tribur, autrement
Tewer, ancienne résidence carlovingienne, près Mayence :
on y invita tous les princes ; et le pape fut prié d'y venir,
soit en personne, soit par légats. Quant à Henri, il dut se
tenir à l'écart, attendant la décision de son sort, à Oppenheim, en face de Tribur, de l'autre côté du Rhin. Parmi
le petit nombre de fidèles qui le suivirent, se trouvait l'évêque Thierry, invariable dans son attachement à son empereur (2).

Cette assemblée s'ouvrit le 16 octobre 1076 : et, pour
première déclaration, les légats y notifièrent aux schismatiques d'avoir à se tenir bien loin d'eux. Il se fit alors une
grande abjuration de gens qui, se sentant pris dans le filet
de la barque de saint Pierre, cherchèrent à s'échapper, au
moindre dommage de leurs prélatures : puis on lut une
lettre du pape adressée, avec bénédiction apostolique, aux
évêques, aux ducs, aux comtes, et à tout le peuple chrétien
du saint royaume teutonique. Les conspirateurs, jugeant du
pontife par eux-mêmes, ne doutaient pas que cette lettre
n'éclatât en foudroyants anathèmes contre l'empereur, avec
ordre de l'écarter sur le champ ; et ils s'apprêtaient à obéir,
avec acclamation ; mais, à leur grande surprise, le pape
avait écrit tout autre chose. Ils ouïrent, avec dépit, ces
paroles inattendues : « Nous vous exhortons, au nom du
« Seigneur, à revenir sans malveillance à Henri, s'il veut
« lui-même revenir sans feinte à son devoir. Rappelez-vous

(1) *Hâc conditione ut, electo novo rege, alter ei non invidens libenter concede-
ret*, dit Brunon de *Bello Saxonico*.

(2) Sa constance est signalée non-seulement dans nos chroniques, mais
dans celles qui racontent l'histoire générale. *Diedericus, episcopus Verdu-
nensis, vir constantissimæ ergà regem fidei*, disent Lambert d'Aschaffenbourg,
et les autres que nous citerons dans le cours du récit.

« la piété de son père et de sa mère : quels souverains,
« parmi ceux qui ont gouverné les hommes dans notre
« siècle, pourriez-vous leur comparer ? Eloignez du fils de
« ces nobles princes les pervers et les mauvais conseillers
« qui le déshonorent : qu'il cesse de traiter la sainte église
« en servante ; qu'il l'honore, au contraire, comme sa sou-
« veraine, et lui rende sa liberté, sans plus d'oppression sous
« prétexte de vieilles, mais abusives coutumes (les Investi-
« tures). Il déférera, nous en avons l'espoir, à nos salutaires
« avis ; il fera droit aussi à vos justes réclamations : alors
« vous nous enverrez vos députés pour tenir conseil ; seu-
« lement, comme il y a, chez vous, des prélats trop portés à
« capter la faveur des grands, nous défendons que per-
« sonne l'absolve, sans notre autorisation spéciale. Si, ce
« qu'à Dieu ne plaise, il fallait, à cause de son manque de
« sincérité, chercher un autre roi, vous nous renseigneriez,
« le plus tôt possible, sur la personne et le caractère de
« votre préféré, afin que nous puissions sanctionner son
« élection, de notre autorité apostolique. Donné à Lauren-
« tum, le 3 des nones de septembre, indiction 15 commen-
« çant » (3 septembre 1076) (1). Telle était la lettre de Grégoire. On eut beau crier aux légats que Henri était incorrigible, et que d'un pareil tyran on ne pouvait attendre
que de nouveaux parjures, ils persistèrent à s'opposer à
toute élection, tant que le délai de repentance ne serait pas
écoulé. Il devait expirer avec l'année, qui commençait alors
à Pâque ; néanmoins les impatients firent décider que la
diète s'ajournerait seulement au 2 février, à Augsbourg, et
que là, en présence de tous les princes, la sentence définitive du pape serait prononcée.

A travers ce violent orage, Thierry marchait toujours
avec l'empereur ; et il y eut un moment où il fut à lui seul
toute la cour impériale. Ceci arriva au temps de la grande

Fidélité
de Thierry.

(1) Cette lettre *ad Germanos* est la 3ᵉ du livre IV du Registre grégorien.
Dans Hardouin, Concil. ibid. p. 1347. Laurentum était une ville près de
l'embouchure du Tibre.

détresse de Henri, lorsque les révoltés de Tribur le confinèrent à Spire, sans armes, sans suite, sans amis et sans moyens d'action, pour qu'il attendît ainsi la décision pontificale. Dans cette séquestration, le malheureux prince demanda qu'on lui laissât du moins, comme compagnie, l'évêque de Verdun (1). On y consentit, parce que cette grâce parut sans importance; mais on ignorait combien notre prélat avait de crédit sur Mathilde, avec laquelle il concertait, en ce temps même, l'exclusion de Godefroy de Bouillon du comté verdunois. Nous verrons tout à l'heure ce qu'ils firent à ce sujet; et il est étrange que nos auteurs modernes n'aient point soupçonné leur accord, bien qu'une lettre de Grégoire VII eût dû les mettre sur la voie (2). Il fut résolu, dans la solitude de Spire, que par l'évêque on agirait sur la grande comtesse, et par celle-ci sur le pape, de manière à obtenir que, sans attendre la diète d'Augsbourg, où le succès du parti hostile était presque certain, Henri fût absous, et le prétexte des rebelles anéanti. Des mots d'ordre furent transmis à quelques fidèles d'aller sans bruit en Italie : et on convint qu'à la fin de janvier, le pape et l'empereur se rencontreraient chez Mathilde, dans son château de Canossa, non loin de Modène. Malgré tout le mystère de ces démarches, il en transpira quelque chose : les ducs Rodolfe de Souabe, Welf de Bavière et Berthold de Carinthie surveillèrent les routes, surtout les passages dits Cluses des Alpes; de sorte que Thierry, qui partit l'un des premiers, sans connaître ces précautions, tomba entre les mains d'un comte Adalbert de Kalw, qui lui prit son argent, le garda prisonnier pendant le temps le

Son intervention près de Mathilde.

Il est arrêté en route.

---

(1) *Ut, dimisso exercitu, omnibusque quos Romanus pontifex excommunicaverat, in urbem Spirensium secederet, ibique, solo Verdunensi episcopo, paucisque ministris contentus, privatam interim vitam ageret.* Lambert d'Aschaffenbourg, à la fin de l'an 1076.

(2) De tous les historiens, nous ne voyons que Luden, Hist. d'Allemagne, liv. xix. ch. 5, qui ait remarqué le rôle de Thierry. « L'évêque Thiedrich de Verdun, dit-il, qui était resté auprès de Henri, avec la permission des princes, était un homme loyal, qui avait conservé de bonnes relations, et qui favorisa certainement la fuite du roi. »

plus utile, et ne le relâcha qu'en lui faisant jurer de ne jamais poursuivre réparation (1). L'évêque de Bamberg fut également arrêté : en revanche, celui de Plaisance, qui était impérialiste, retint Eudon de Trèves et les députés des ducs, qui venaient chercher le pape pour le conduire à Augsbourg, sans le quitter. L'empereur, mis en garde par ces accidents, prit un long détour, par le royaume de Bourgogne, et arriva sans malheur à Canossa, où se trouvaient déjà Mathilde et Grégoire. Celui-ci partit de Rome dès le 8 janvier, laissant croire qu'il allait en Allemagne. D'avance, il était convenu que le roi se soumettrait avec humilité, et serait relevé de la malédiction : mais le pontife craignait une grande colère contre lui à Augsbourg, quand on y apprendrait qu'au lieu de venir à la diète, il avait en chemin, sans conseil des princes et sans tenir sa parole, pardonné lui seul à l'excommunié. Il fallait, en conséquence, que le roi donnât de telles marques de repentir qu'on pût dire aux Allemands qu'il avait été impossible de les refuser : de là vint la fameuse pénitence de Canossa, où Henri jeûna trois jours, sans chaussure, et couvert d'un simple habit de laine. Témoin de cette grande humiliation, Grégoire se hâta d'écrire en Allemagne une lettre où il explique ainsi, avec un certain embarras, les motifs de sa conduite : « Je n'ai pu, dit-il, repousser le roi, tant nous avons tous été émus de pitié et de compassion! Chacun suppliait; j'entendais même murmurer autour de moi que je dépassais les bornes de la sévérité apostolique, et que, par de tels refus, je m'attirerais un reproche mérité de dure tyrannie. Cependant je n'ai point oublié vos griefs; et j'ai fait jurer au roi qu'il en accorderait réparation, soit à mon jugement, soit par accommodement de bon accord avec vous, sur mes conseils, et dans le terme que je fixerai (2). » Telle fut la

Pénitence
de Henri
à Canossa.

(1) Dans Lambert, ibid. Ce comté de Kalw était en Würtemberg. Nos auteurs ne voient dans le comte Adalbert qu'un détrousseur de passants : mais son but devait être politique. Le pape Victor II, qui avait réconcilié Godefroy le Breux avec Henri III mourant, était de la famille des comtes de Kalw.

(2) *Ad tantam pietatem* (pitié) *et compassionis misericordiam movit..., ut om-*

Mathilde et Godefroy le Bossu.

fameuse scène de Canossa, et la paix, ou plutôt la trève qui y fut conclue.

Nous profiterons de cet intervalle pour revenir à notre histoire. Ici se placent les souvenirs et les légendes qui restèrent chez nous de la célèbre comtesse Mathilde. Elle était, par son père Boniface, marchise de Toscane ; sa mère Béatrice, sœur de Sophie de Bar, lui avait laissé en notre pays d'immenses domaines patrimoniaux ou, comme on disait alors, allodiaux : enfin elle tenait de son mari Godefroy le Bossu, les titres de duchesse de Basse-Lorraine et de comtesse de Verdun ; mais son mariage n'était pas heureux. Elle avait été fiancée toute jeune, et comme malgré elle, à ce prince bossu, par Béatrice et Godefroy le Breux qui, le jour de leur propre mariage, crurent de bonne politique d'unir aussi leurs héritages, dans la personne des enfants que chacun d'eux avait déjà. Malgré ses belles qualités de caractère et ses exploits guerriers, Godefroy le Difforme ne plut jamais à sa femme : et le malheur voulut qu'il déplût encore à Grégoire VII, le seul qui pût le réconcilier avec elle. Peut-être faisait-il obstacle au projet de la fameuse donation qui se fit, après sa mort, des états de Mathilde au Saint Siége : quoi qu'il en soit, l'inimitié du pape contre lui ne vint pas du schisme, qui n'existait point encore à la mort de notre prince (1). La duchesse allégua d'abord que sa santé ne lui permettant de suivre son mari en Lorraine, c'était à lui à résider avec elle en Italie ; et

nes insolitam mentis nostræ duritiam mirarentur : nonnulli verò in nobis, non apostolicæ severitatis gravitatem, sed quasi tyrannicæ feritatis crudelitatem esse clamarent. Denique, instantiâ compunctionis ejus, et tantâ omnium qui ibi aderant supplicatione devicti, etc. C'est la lettre 12 du liv. IV. du Registre. — Le serment portait : « Ego Henricus, de murmuratione et dissensione quam nunc habent contrà me principes regni Teutonicorum..., aut justitiam secundùm judicium domni papæ Gregorii, aut concordiam, secundùm consilium ejus faciam... Actum Canusiæ, quinto kalendas februarii, indictione decimâ quintâ. »

(1) Grégoire, dans le livre I. de son Registre, se plaint d'un manque de parole de Godefroy. Viam multorum secutus, declinasti : ubi est auxilium quod pollicebaris ? Quod beato Petro promisisti non implevisti, etc. Lettre 72. Dans un autre endroit, il dit formellement que Godefroy a été son ennemi : Gotfridi, quondàm Mathildis viri, non me impedit inimicitia. Liv. IV. lettre 2, vers la fin.

comme Godefroy, l'un des meilleurs généraux de l'empereur, quittait l'Allemagne à peine une fois en quatre ans, Mathilde se donna l'air de veuve, et se dégoûta de plus en plus de son déplaisant époux (1). En vain celui-ci lui envoyait-il des reliques de Saint-Hubert, dans une jolie boîte provenant de Béatrice et du marchis Boniface ; en vain fit-il accueillir, au lieu qui devint bientôt l'abbaye d'Orval, des moines italiens, se recommandant du nom de sa dame, il ne put gagner qu'elle le regardât jamais d'un œil de faveur. Il semble même que, chez elle, on n'osât parler de lui ; du moins le chapelain Donison, l'historien domestique de la princesse, jugea à propos de passer entièrement le mari sous silence. Il est dit de ce Godefroy, dans notre histoire, qu'ayant succédé à son père, en 1069, il fut traîtreusement assassiné, en février 1076, par un valet des comtes de Frise et de Hollande, contre lesquels il venait de remporter une victoire. Il survécut sept jours à l'attentat, adopta son neveu Godefroy de Bouillon, appelé alors de Boulogne, parce qu'il était fils d'Eustache, comte de cette ville ; puis déclara sa dernière volonté d'être inhumé, près de son père, dans la cathédrale de Verdun, à laquelle il légua le domaine de Jametz. Tous l'estimaient, même ses ennemis. On ne trouve sur lui que des éloges dans les chroniques (2) : néanmoins les Saxons ne purent lui pardonner ses victoires ; et ils dirent que sa fin tragique était une vengeance divine. Telle était, en ce malheureux temps, la fureur des partis qu'on

Godefroy le Bossu assassiné.

Inhumé à Verdun.

(1) *Vivente adhuc viro suo, quamdam viduitatis speciem prætendebat, longissimis ab eo spatiis exclusa, cùm nec ipsa maritum in Lotharingiam sequi vellet, extrà natale solum, et ille vix, post tertium vel quartum annum, semel marcham Italicam inviseret.* Lambert, à l'an 1077. Le Cantatorium, après avoir raconté, § 36, l'envoi de la belle boîte de reliques, ajoute : *Sed nec sic quidem apud eam maritalem gratiam obtinuit, spretus ab eâ, et vi actus ab Italiâ.*

(2) *Verdunis, juxtà patrem sepultus : magnum Teutonici regni robur ac momentum. Qui, licet staturâ pusillus et gibbo despicabilis, fortissimorum tamen militum gloriâ, prudentiæ maturitate, et totius vitæ temperantiâ, longè cæteris principibus supereminebat.* Lambert, à l'an 1076. — *Per octo annos quibus dux præfuit, nunquàm molestus, sed bonus nostris civibus extitit : et moriens Gemmatium prædium, sui juris, Virdunensi ecclesiæ, in quâ requiescit, contulit.* Laurent de L.

ne rougit pas de répandre le bruit que Mathilde était la
véritable meurtrière de son mari, et que ce crime remontait jusqu'à Grégoire VII, dont elle était la maîtresse (1).
Des calomnies non moins atroces se trouvent à profusion
contre presque tous les personnages qui parurent alors sur
la scène politique. — Le *Cantatorium* de Saint-Hubert
donne quelques détails sur le transport du corps de Godefroy le Bossu à Verdun. Quand le cortége arriva à Liége,
l'évêque de cette ville, Henri de Verdun, voulut s'y joindre;
mais tel était son chagrin de la mort du duc, qu'il ne put
aller plus loin que Vilance, à deux lieues de Saint-Hubert,
où il se fit remplacer par l'abbé Thierry (§ 44, 45.)

Accord
de Thierry
et de Mathilde
contre Godefroy
de Bouillon.
La nouvelle que le mari de Mathilde venait d'être assassiné vola rapidement en Italie; et la grande duchesse,
ainsi que la cour de Rome, qui devait recueillir sa succession, trouvèrent fort mauvais que le prince défunt eût, à
l'affront et au préjudice de sa femme, choisi un autre
qu'elle pour héritier. Le duché de Basse-Lorraine était, il
est vrai, fief d'Empire : mais la maison d'Ardenne possédait de riches aleux, au nombre desquels elle mettait le
pays verdunois; et il fut résolu que Mathilde les récla-
merait, comme biens patrimoniaux de son mari. L'évêque
de Verdun avait un rôle important dans cette affaire : mais,
comme on ne savait où le trouver, au milieu des agitations
d'Allemagne, Grégoire VII chargea l'archevêque Manassé
de Reims de transmettre, au plus tôt, à notre pontife des
instructions, et de s'entendre avec lui contre le prétendant
Godefroy de Boulogne, qui déjà se faisait appeler de Bouillon, comme héritier de son oncle (2). On était au mois de

---

(1) *Undè*, dit Lambert, à l'an 1077, *nec evadere potuit incesti amoris suspicio-
nem, quòd die ac nocte impudenter in papæ volutaretur amplexibus. Sed hæc
falsa apud omnes sanum sapientes constat esse.*

(2) *Domino Gregorio, patri ac domino suo, Manasses, Dei gratiâ Remorum archiepiscopus. Vestro, domine, interventu et obsecratione, reddidi dominæ M.
marchisæ, omnia quæ de me suus antecessor tenuit : consilium meum et auxilium
ac receptus meos promitto fideliter, et promisi : et de rejiciendo G., et recipiendo
comite A. quidquid ipsa quæsierat paratus sum exequi. Ad quæ omnia confir-
manda, diebus sacris Pentecostes, cum fratre nostro, fideli vestro Theoderico*

mars 1076. Thierry avait fui de Worms, de crainte d'y
succomber jusqu'au bout aux tentations schismatiques;
Godefroy de Bouillon était venu en personne conduire, à
la cathédrale, le deuil de son père adoptif (1), dont nul
ne paraissait alors vouloir contester les dispositions; on
ne savait point encore l'excommunication de l'empereur;
enfin une diète était annoncée à Mayence, après la Pentecôte, contre les révoltés saxons. Tout à coup, au temps
même de cette Pentecôte, qui tombait cette année le 15
mai, on vit arriver l'archevêque de Reims, pour une communication que l'on dut croire importante et pressante,
puisqu'il laissait son église, au jour d'une pareille fête.
Elle l'était en effet : et le public put immédiatement juger
du résultat, dont témoigne Laurent de Liége remarquant,
comme chose frappante, qu'à peine la tombe de Godefroy
le Bossu fermée, Thierry fit un grand effort pour secouer
le joug de Bouillon, et donna le comté au très noble Albert
de Namur. C'était le chevalier de Mathilde, qu'elle avait
établi son voué en notre pays. Sur ce fait, nous avons le
témoignage de Thierry lui-même, exposant, dans une
charte de 1082, comment il avait, dans les années précédentes, terminé la fondation de Saint-Airy. « Je remercie,
dit-il, pour sa bienveillante coopération, Mathilde, à laquelle
j'ai, après la mort du duc Godefroy, son mari, reconnu
droit héréditaire au comté de Verdun; je rends grâce aussi

_Virdunensi, suæ civitati interfui, relictis, causâ necessitatis suæ, in sacro-
sancto tempore, meis omnibus necessariis._ Lettre de Manassé, dans Hardouin,
Concil. tom. VI. part. 1. p. 1569. Cette lettre est sans date. Nous plaçons,
pour le récit, les événements immédiatement après la mort de Godefroy le
Bossu, à laquelle ils ne peuvent être postérieurs de beaucoup.

(1) _Duce Godefrido Gibboso in hâc urbe, juxtà patrem, à duce Godefrido tertio
honorificè sepulto, nisus est episcopus ipsum urbis comitatum de sub jugo Bullionensis principatûs auferre. Undè ipsi Godefrido Boloniensi, quem ex sorore
nepotém Gibbosus sui ducatûs hæredem moriens designaverat, illum abstulit...,
et nobilissimo Alberto, Namurcensi comiti, beneficiavit._ Laurent de L. Ce chroniqueur, en appelant Godefroy de Bouillon Godefroy III, considère le duché
de Basse-Lorraine. Dans le comté de Verdun, il y eut Godefroy Ier, le Captif
ou le Vieux; Godefroy II, le Breux; Godefroy III, le Bossu; enfin, Godefroy IV,
de Bouillon.

à son bénéficiaire (avoué représentant) le comte Albert de Namur (1). » On voit, en cette charte, l'évêque écrire de sa propre main, sans hésiter ni vétiller, ce mot de droit héréditaire, qui l'avait si fort choqué du temps de Godefroy le Breux. C'est que Rome, future héritière de Mathilde, exigeait qu'on s'exprimât clairement sur cette hérédité, que le comté fût d'ailleurs patrimoine ou simple fief d'avouerie. Par un tel acte, Thierry, l'impérialiste et le schismatique, mettait, sans s'en douter, le comté de Verdun dans le domaine temporel du pape : et tel fut le service qui lui donna sur Mathilde cette influence dont il usa, après la diète de Tribur, au profit de l'empereur. La lettre où Manassé rend compte au pape de son voyage à Verdun existe encore : il y eut, de la part des deux prélats, engagement formel de remettre à Mathilde tout ce que tenaient d'eux ses auteurs, c'est-à-dire les princes dont on la reconnaissait héritière, de l'aider de conseils et de secours, de mettre les places à sa disposition, enfin de recevoir son comte Albert, et de rejeter le nouveau Godefroy.

Légende d'Orval   Ces intrigues politiques de nos grands personnages, et les pénibles duretés de Mathilde envers son époux, se sont effacés des souvenirs, grâce à la belle légende d'Orval, où, comme dans beaucoup d'autres récits, les fleurs de l'imagination cachent les misères de la vie réelle. De tout ce que dit ce pieux roman, le seul trait que l'histoire ne contredise pas, c'est que peut-être la duchesse, après la mort de Godefroy, se montra en notre pays, pour les affaires d'intérêt princier dont nous venons de parler. Tout le reste semble fiction ; mais c'est une fiction gracieuse et traditionnelle, dont nous ne devons pas priver le lecteur, et que nous a transmise, à peu près en ces termes, Bertels qui, vers la fin du xvie siècle, recueillit les anciens souvenirs du pays de Luxembourg :

(1) *Post mortem verò ducis Godefridi, annuente ipsius uxore dominâ Mathilde, cui hæreditario jure comitatum Virdunensem reddidi, favente etiàm Namurcensi comite Alberto, qui ipsum beneficium ab eâ receperat...* Charte de Thierry, 6 des ides de septembre 1082, dans le cartulaire de Saint-Airy.

« La duchesse Mathilde, quand elle vint en ces contrées, était encore jeune (1) : elle avait avec elle son fils unique, âgé de huit ans (2) ; et ils cherchaient tous deux asile et conseil près de leur parent Godefroy de Bouillon, après l'assassinat du glorieux duc Godefroy de Lorraine. Mathilde, pleine de tristesse, voulait renoncer au monde, et confier son fils au doyen Richer de Metz, qui fut, peu après, évêque de Verdun ; mais le duc de Bouillon l'en dissuadait, disant que le jeune héritier de si grands états devait, dès la jeunesse, apprendre l'art militaire, ainsi que la science du gouvernement ; et on passa plusieurs jours à délibérer sur ce sujet. C'était alors l'hiver, qui fut, cette année, d'une telle rigueur que, sur la Semois, rivière de Chiny, la glace portait les plus lourdes voitures. Les gens des environs s'amusaient à courir sur cette glace : ils tinrent même sur la rivière une foire, avec spectacles de toute espèce ; de sorte que le jeune prince, attiré par leur bruit, s'échappa du château, pour courir avec les enfants de son âge. Au milieu des jeux arriva un affreux malheur : la glace se brisa sous ses pieds ; et des glaçons tranchants heurtant son corps, en détachèrent la tête. Nul autre que lui ne périt : ce qui fit soupçonner que de noirs scélérats, qui convoitaient son héritage, avaient préparé cette catastrophe. Ainsi mourut cet enfant, en 1079, deux ans après son père. On ne peut exprimer la douleur de Mathilde : elle se repentit amèrement de n'avoir pas suivi son premier dessein de laisser son malheureux fils à Metz, chez Richer ; elle le fit inhumer près de ses ancêtres (3) ; puis la peur la prit elle-même, quand elle songea qu'il y avait peut-être, en ce tragique événement, des embûches et un crime ; et elle repartit, comme en s'enfuyant, pour l'Italie.

« Assez peu de temps après, elle revint, passa avec ses nobles et sa cour, chez le comte Arnoul de Chiny : et la vue de ces funestes lieux lui arracha des larmes. Voulant la distraire et la consoler, le comte lui proposa une visite aux saints religieux qui étaient venus

(1) Née vers 1046, elle devait avoir trente ans, à la mort de Godefroy le Bossu, en février 1076.

(2) On ne connaît pas, dans l'histoire, de fils de Godefroy et de Mathilde. Néanmoins, parmi les rumeurs répandues au sujet de la séparation de cette princesse et de son mari, on trouve qu'à cause des douleurs d'un accouchement, elle avait juré de ne plus s'exposer à pareil danger. Quoi qu'il en soit, si Godefroy le Bossu eût laissé un fils survivant, il n'aurait pas pris pour héritier son neveu Godefroy de Bouillon.

(3) Par conséquent à la cathédrale de Verdun, où reposaient Godefroy le Breux et Godefroy le Bossu, l'un aïeul, l'autre père du jeune prince.

d'Italie, au temps de son mari : mais là arriva encore un pénible accident. Il y avait, près de la porte de leur église commencée, une fontaine profonde, d'où l'eau jaillissait avec bouillonnements qui agitaient le sable. La duchesse voulut plonger le bras en cette espèce de gouffre, comme pour en mesurer la profondeur : alors sa bague se détacha ; et, quoi qu'on fît, on ne put la retrouver dans le tournoiement confus de ces eaux. C'était l'anneau nuptial de Godefroy, en or, enrichi de pierres précieuses ; et elle le portait toujours comme souvenir de son mari. Il semblait que cette terre de Chiny fût pour elle un lieu d'infortune, où elle ne pouvait paraître sans éprouver quelque chagrin. Les moines, désolés presque autant qu'elle, s'épuisaient en efforts pour retrouver la bague : enfin, désespérant et à bout de recherches, ils firent vœu à Notre-Dame de lui dédier leur église, si elle daignait accepter cette offrande par un signe de sa faveur. Leur attente ne fut pas trompée : car, à peine le vœu prononcé, le gouffre rendit sa proie ; et la précieuse bague, surnageant sur les eaux, vint d'elle-même au-devant de la belle main dont elle était la plus chère parure. C'est à cause de ce miracle que ce lieu s'appela la Vallée de la bague d'or, puis ensuite la Vallée d'or, ou Orval ; et la source est celle que marque, près de l'église, une pyramide carrée en pierre, avec cette inscription : *La Fontaine d'Orval.* Dès lors Mathilde prit notre monastère sous sa protection ; elle obtint pour lui, du comte Arnoul de Chiny, tous les terrains environnants ; elle laissa une forte somme pour achever l'église : puis, retournant par Verdun, elle donna à l'évêque (Thierry) l'abbaye des Dames de Juvigny, qui dépendait d'elle, afin que ce lieu eût un protecteur, pendant qu'elle-même habitait l'Italie. D'après les registres de nos archives, ces choses arrivèrent environ l'an 1080. »

Abbaye d'Orval.   On voyait, dans les armoiries d'Orval, ce merveilleux anneau, émergeant à demi, ou, comme on dit en blason, issant, avec trois gros diamants, des eaux azurées d'une belle fontaine. Cette fameuse abbaye, de splendeur princière et de renommée sans tache, a laissé de grands souvenirs dans le pays. Elle était à l'extrémité du Luxembourg, distante d'environ trois lieues de Montmédy ; et on en parle encore fréquemment, à cause des légendes de son origine, des travaux d'art de ses moines, et de son épouvantable catastrophe, en 1793 : enfin la mystérieuse prophétie qui sembla sortir de ses ruines lui donne encore, tout aprocryphe qu'elle paraisse, une auréole de moyen-âge, agréable aux gens crédules. Ses chartes de fondation devaient dater de l'an 1070 environ; mais elles ne sont connues que par l'extrait qu'on en inséra, en 1124, dans la relation de la dédicace de l'église, par Henri de Winchester, évêque de Verdun, délégué par le diocésain Geoffroy de Trèves. De ce document il résulte que l'honneur principal de la fondation était attribué à Mathilde, le comte Arnoul II de Chiny agissant sous ses ordres, et ayant dû, d'après ses intentions, renoncer sur ce monastère à toute prétention d'avouerie (1). Aux légendes de la fondatrice s'ajoutèrent bientôt celles de saint Bernard : on montrait à Orval l'endroit où il avait logé, et le calice laissé par lui. Historiquement, il est certain qu'une colonie de ses religieux de Trois-Fontaines vint, par ses ordres, et à la demande de l'évêque de Verdun Albéron de Chiny, prendre possession du nouvel établissement, en 1131 (2). Ces Bernardins devinrent peu à peu si riches que le roi d'Espagne Philippe II, projetant, vers 1560, la création de nouveaux évêchés dans ses Pays-Bas, assigna la mense abbatiale d'Orval pour principal fonds de celui qu'il voulait mettre à Luxembourg. De là vient que la liste des abbés présente une interruption entre les années 1570 et 1578 (3) : mais la mense échappa à ce péril, ainsi qu'au fléau de la commende, qui dévorait les abbayes

(1) *Jussu Mathildis marcionissæ, cujus erat fundamentum illius loci..., sine retentione alicujus juris, vel occasione advocationis eorum quæ tunc possidebant, vel possessuri erant... Quæ omnia Otto comes, prædictæ ecclesiæ, in die dedicationis ejus, ità liberè sicuti pater suus Arnulfus comes pridem concesserat, jussu marcionissæ Mathildis.* Charte, dans Berthollet, tom. III. Preuves, p. 51.

(2) De là était venu l'usage, longtemps suivi à Orval, de faire approuver l'élection abbatiale par l'abbé général de Clairvaux, considéré comme successeur et représentant de saint Bernard. Quelques abbés d'Orval furent vicaires de l'Ordre pour les pays de Luxembourg, de Trèves et de Verdun. V. la liste, dans le *Gallia christiana*, tom. XIII. p. 625-54.

(3) *Quâ de causâ*, dit Bertels, *monasterium Aureæ-Vallis, per integrum septennium sine abbate permansit, monachis prohibitis ne ad electionem procederent..., ne fortè episcopus Luxemburgi instituendus difficultatem pateretur dotem indè percipiendi.*

françaises : de sorte qu'elle atteignit une opulence inouïe dans les autres couvents. Au commencement du xviie siècle, Orval eut pour abbé le singulier personnage dont on trouve la caricature, sous le nom de Petit Feuillant boiteux, dans la satire Ménippée : c'était un gascon, qui s'appelait, de son vrai nom, Bernard Percin de Montgaillard, et qui, forcé de fuir, après la chute de la Ligue, devint prédicateur de l'archiduc Albert et de l'infante Claire-Isabelle dans les Pays-Bas. Il porta la crosse abbatiale de 1605 à 1628, mieux qu'on ne s'y serait attendu, gouvernant suivant les bonnes pratiques des Bernardins réformés, dits en France Feuillants, et abjurant ses erreurs politiques, en faisant brûler, devant tous les moines, ses anciennes harangues de ligueur : on lui érigea dans l'église un mausolée, avec statue de marbre blanc (1). Celui de tous les abbés auquel la chronique décerne le plus d'éloges est Charles de Bentseradt, d'Epternach, qui, ayant longtemps étudié et médité les anciennes institutions de saint Bernard, parvint à les rétablir heureusement, suivant leur forme et teneur : sa longue administration dura de 1666 à 1707 : il inaugura sa réforme le jour de Pâque 1674; et elle se maintint jusque aux derniers temps. Il remit en honneur le travail des mains : de sorte qu'on revit à Orval des moines laborieux, les uns cultivant les champs, les autres ouvriers, et même artistes. Les sculptures, ciselures, beaux ouvrages de serrurerie, tableaux et peintures de leur demeure, étaient des œuvres de leur propre talent. Cette maison, hors du territoire français, survécut deux ans aux suppressions de 1790; mais son sort n'en fut que plus tragique : car, dès les premières guerres de la Révolution, on la détruisit, à la fin de juin 1793, par un vaste incendie : on braqua même contre elle le canon, afin qu'il ne restât pas pierre sur pierre des

_____

(1) V., pour plus de détails, les dictionnaires historiques, art. Montgaillard, (Bernard). Valadier, de Saint-Arnoul de Metz, autre personnage assez excentrique, composa sous ce titre : « Les saintes collines d'Orval et de Clairvaux, » une histoire de la vie exemplaire et du religieux trépas de dom Bernard de Montgaillard, imprimée à Luxembourg, en 1629.

beaux édifices, reconstruits avec une magnificence extraordinaire, dans la seconde moitié du siècle dernier (1). Nous reparlerons de cette destruction dans l'histoire moderne, ainsi que de la Prophétie, dont la vogue ne vient certainement pas des moines d'Orval : car, en dépit du prétendu exemplaire de 1544, personne n'en avait ouï parler avant la Révolution.

De ces légendes et histoires détachées, nous revenons à nos événements du xie siècle. Ni Thierry, ni l'archevêque Manassé, ni le voué Albert de Namur, ni probablement la cour de Rome elle-même, qui les armait champions de Mathilde, ne se doutaient des traverses que leur causerait leur entreprise de disputer au nouveau Godefroy, qu'ils affectaient d'appeler Godefroy de Boulogne, l'héritage de son oncle. Albert, bras séculier de cette ligue, marcha le premier au siége de Bouillon : l'évêque de Reims lui promit un fief dépendant de son église dans cette châtellenie (2); quant à Thierry, qui mettait sa gloire à secouer le joug de la maison ducale, il vint à l'armée en personne, avec toute

Première guerre de Thierry et de Godefroy de Bouillon.

(1) Sur ces bâtiments, nous lisons ce qui suit, dans une relation de voyage, à la date du 31 août 1779 : « J'examine les beaux et vastes bâtiments que l'on construit à Orval. L'église, et l'aile gauche du monastère sont achevées; l'autre est bien avancée : et l'on travaille, avec toute l'activité imaginable, à meubler et à orner l'intérieur. Le frontispice (portail) de l'église, quoique vaste et bien conçu, sera d'un faible effet, au milieu de cet édifice immense. On construit un orgue magnifique : ce qui indique qu'on a dessein de se relâcher, sur quelques points, de la réforme ; quant à celui-ci, du moins, il n'y a pas de quoi s'alarmer (Bentzeradt, dans sa réforme, avait supprimé l'orgue). Le 10 septembre, l'électeur de Trèves est venu, et a passé deux jours à examiner les curiosités de cette pieuse et magnifique solitude. Je pars, en traversant les forêts qui couvrent l'abbaye à l'est, l'espace d'une lieue et demie; je traverse la petite ville de Virton, etc. » — Vues et plans d'Orval, dans l'ouvrage de M. Jeantin, sur cette abbaye.

(2) Non pas, comme le disent quelques auteurs, l'investiture de Bouillon même, qui alors aurait été de la mouvance de Reims, mais l'investiture d'un fief particulier, que les ducs tenaient des évêques de Reims, et qu'ils avaient rattaché à la châtellenie de Bouillon. L'évêché de Liége, acquéreur de cette châtellenie par la vente de Godefroy à son départ, dut entrer en arrangements particuliers avec celui de Reims, pour ce fief. V. Ozeray, Hist. de Bouillon, 2e édit. tom. i. p. 68, et la charte de 1127, dans Marlot, tom. ii. liv. ii. ch. 36.

la main forte de l'évêché. Il eut, pour honneur militaire,
d'être, ainsi qu'Albert, battu de la main d'un héros, Godefroy de Bouillon, qu'ils ne savaient pas encore si grand guerrier : et ils commençaient déjà à craindre pour eux-mêmes
quand, l'affaire des Investitures ayant repris une tournure
très grave, l'empereur appela leur vainqueur à son armée.
En partant, celui-ci remit sa cause à Henri, comte de Grand-
Pré ; et ce fut un nouvel adversaire pour notre prélat, qui en
avait déjà tant d'autres (1) : mais, comme ce nouveau général n'était point comparable à celui qui s'éloignait, la lutte
traîna en longueur, et ne se ranima qu'au retour de Godefroy, vers 1085. Pour encourager l'évêque dans ce bon
combat, Mathilde lui céda le château et la forêt de Mureau,
vers Damvillers, et, en outre, parce qu'elle le croyait bon catholique, bien revenu pour toujours au pape, l'abbaye de
Juvigny-les-Dames (2). Nous parlerons ailleurs de Mureau,
qui devint une des quatre pairies de l'évêché. Quant à
Juvigny, Thierry s'empressa d'en prendre possession, en y
installant pour abbesse Walburge, la première dont le nom
soit connu : c'était une vieille recluse, ou sœur du service
de Saint-Airy qui, peu après son arrivée, trouva dans
un coffret les reliques de sainte Scholastique, cachées et
oubliées pendant les malheurs des temps précédents (3).

Cession de Mureau et de Thierry par Mathilde.

---

(1) *Sed dux bellicosissimus cito obsidionem solvit, multis nobilium interemptis:
subinde. plurimùm offensus episcopo, comitem Henricum de Grandi-Prato, primùm
sibi rebellem, solvit à vinculis, et Virdunico hostem territorio misit.* Laurent
de L.

(2) *Mirowall castrum, cum foreste, et abbatiam Juveniaci, à Mathilde marchisâ
adquisivit.* Laurent de L. Même chose dans le Nécrologe, 4 des calendes de
mai. Cette expression *acquisivit* indique que la cession ne fut pas entièrement gratuite. — Dans le diplôme de 1156 : *Mireuvall castrum... fundum Ju-
veniacensis abbatiæ, cum banno et advocatiâ.* — Ne pas confondre avec Mirowart,
terre de l'abbaye Saint-Hubert, au pays de Liége, acquise par Luxembourg,
en 1334. V. Berthollet, tom. vi. Preuves, p. 25, 57, 60, 64. On appelait autrefois Chaumont-sous-Mureau le village dit aujourd'hui Chaumont-devant-
Damvillers.

(3) *Tunc temporis, Mathildis marchissa addiderat episcopio Virdunensi Juvi-
niensem abbatiam, cui Theodericus episcopus Galburgem, religiosam virginem,
præfecerat, quam diù multùmque reluctantem, de reclusione violenter abstraxe-*

On fit grande fête en l'honneur de cette découverte : mais, malgré la belle cérémonie que célébra alors notre pontife, il perdit bientôt Juvigny, parce qu'il retomba dans le schisme. Mathilde déclara alors que sa mère Béatrice ayant déjà donné au Saint-Siége la moitié de ce domaine, l'autre moitié serait comprise dans la donation qu'elle fit elle-même de tous ses biens au temporel du pape (1). Sur cette disposition intervint la bulle de 1096, privilégiant le monastère de liberté, sous la protection immédiate de Rome. « Ce privilége sera, dit la bulle, reconnu par une offrande annuelle, au palais de Latran, de six deniers d'argent, monnaie de Verdun ; on ne pourra imposer aux religieuses d'autres clercs que ceux de la communauté qu'elles ont, dans leur pieuse sollicitude, établie à Saint-Montan (2) ; mais elles rendront au diocésain de Trèves les honneurs canoniques ; et, dans les élections abbatiales, elles prendront son conseil, pourvu que ce soit un évêque pieux et catholique (3). » Cette bulle, adressée par le pape Urbain II à l'abbesse Walburge, celle-là même qu'avait établie Thierry, montre la tendance de la cour de Rome à soustraire à l'omnipotence épiscopale les communautés

Juvigny donné au Saint-Siége.

rat. *Quæ cùm in eodem loco scrinium reliquiarum invenisset, ferreis nexibus firmiter colligatum, etc. Cantatorium* § 57. Ce coffre est encore conservé à Juvigny. —Au nécrologe de Saint-Airy, 8 des ides de mars : *Walburgis, quæ quondàm extitit inclusa Sancti-Agerici.* — Sur la translation de sainte Scholastique à Juvigny, au temps des ravages des Normans, v. ci-dessus, tom. I. p. 278.

(1) *Quod monasterium egregiæ memoriæ Bonifacius marchio, et ejus uxor Beatrix, cum insigni filià suà dominà Mathilde, beato Petro et episcopis sanctæ Romanæ ecclesiæ obtulerunt..., medietatem scilicet præfatus marchio et ejus conjux in vità suà, alteram post obitum eorum comitissa Mathildis.* Bulle de 1096, dans le *Gallia christ.* tom. XIII. *Instrum.* p. 338. — On trouve dans cette bulle l'énumération des villages qui composaient alors le domaine de Juvigny : *Verinolum magnum et minus, Yreid,* etc. etc.

(2) On apprend, par ce passage, qu'il y eut à Saint-Montan, depuis ermitage, aujourd'hui écart d'Iré-le-Sec, une petite collégiale, fondée par Juvigny pour sa desserte.

(3) *Salvâ Treverensis ecclesiæ canonicà reverentià... adhibito etiàm (in electionibus abbatissæ) diœcesani episcopi consilio, si catholicus religiosusque extiterit... Ad indicium autem perceptæ à Romanà ecclesià libertatis, Virdunensis monetæ sex argenteos quotannis, Lateranensi palatio persolvetis.* Même bulle.

religieuses, qui offraient un point d'appui au pape, en cas de schisme des évêques.

Jametz.

Jametz, dont nous n'avons rien dit, en racontant sa donation à la cathédrale par Godefroy le Bossu (1), fut fief de l'évêché jusqu'à la fin du XIIIe siècle (2) ; puis ses seigneurs, issus probablement des anciens voués, se rendirent indépendants, et se rattachèrent à Luxembourg. Ils reconnaissaient encore, en 1378, le duc Wenceslas Ier pour « leur très-redoubté seigneur ; » et ils lui promirent, lorsqu'ils « renforchièrent » leur château, que « à nuls temps advenir, les gens issant et rentrant en ladite maison de Jamais ne feroient mal, dommage, ne grief, ne à lui, ne à ses hoirs, ne à ses gens, ne à ses aidans (3). » Cette promesse fut assez mal tenue par les Lamarck, dits Sangliers des Ardennes, dans les domaines desquels entra Jametz, par un mariage, vers le milieu du XVe siècle. Ce château, démoli en 1673, est célèbre par le siége de deux années qu'il soutint, de 1587 à 1589, contre les Lorrains, au temps de guerres de religion.

Henri de Verdun
évêque de Liége.

Godefroy de Bouillon, malgré le refus de Thierry de le reconnaître pour comte, fit nommer, en 1076, à l'évêché de Liége, l'un de nos dignitaires, l'archidiacre Henri de Verdun, son ami et celui de notre prélat. Ce qui se passa alors est un exemple assez curieux de collation de prélature, au temps même où s'ouvrirent les grands débats à ce sujet. Au mois de mai 1075, mourut l'évêque de Liége Théoduin ; et on discuta très-longtemps en cette ville pour le choix de son successeur : enfin, de crainte que l'empereur ne s'offensât du long retard qu'on mettait à lui reporter la crosse, on la lui renvoya par Thierry, abbé de

(1) *Quinto kal. martii, obiit Godefridus junior, dux et marchio, qui dedit nobis alodium de Jamars.* Nécrologe. Laurent de Liége met *Gemmatium*, dans le passage où il rapporte cette donation.

(2) « Reprinse par Robin de Mirowaut (Robert de Mureau) de Romaïgne, Chaulmont, Thyl et Jametz. » 1294. Inventaire de l'évêché.

(3) Charte dans Berthollet, tom. VII. Preuves, p. 41. — V. la notice de M. Ch. Buvignier sur Jametz et ses seigneurs, imprimée en 1861.

Saint-Hubert, sans avoir arrêté aucune élection (1). Cependant les prétendants s'insinuaient en cour, les uns se poussant eux-mêmes, les autres se donnant du moins le mérite d'offrir leurs services à celui qui leur semblait avoir les meilleures chances. C'étaient là des manœuvres inutiles : car, dès la mort de l'évêque, Godefroy avait eu parole de l'empereur que l'évêché serait pour son propre candidat. A l'arrivée de la crosse, cérémonie qui constatait officiellement la vacance, il expédia, à Verdun, à son ami Henri, avis urgent de partir ; et celui-ci accourut en effet, ne sachant encore ce qu'on voulait de lui. L'empereur tint alors son audience publique où, en présence des députés, il déclara qu'il le nommait. Les candidats, bien que mortifiés, n'osèrent contredire : car la voix de l'empereur était prépondérante, en cas de scission ; néanmoins, pour retarder, ils avisèrent qu'il serait bon de prendre conseil de l'abbé de Saint-Hubert. Celui-ci, craignant peut-être de s'engager dans leurs débats, répondit sur le champ : « Que Dieu élise lui-même ; mais je crois qu'en effet il a élu ; et son élu est le mien ! » Cette réponse, dit la relation, fut jugée, par la cour probablement, d'une urbanité exquise, et d'une excellente expression : *urbanæ elegantiæ, et latialis eloquentiæ :* puis Godefroy conduisit le nouvel évêque en sa cité, où la réception fut très-belle : et le métropolitain de Cologne procéda au sacre, sans objection. Henri ne devait point être inconnu à Liége ; car son père Frédéric, comte de Toul, était frère de l'évêque Wason, dont nous avons raconté la riche aumône à notre cathédrale incendiée. Il fut, comme l'évêque Thierry, qui l'avait fait archidiacre, et comme Godefroy lui-même, du parti de l'empereur (2) ; et il avait

(1) *Nullâ adhûc electione firmatâ, ne videretur injuriosum regi baculum pontificalem paulò morosiùs referri, ut eum referret injunxerunt Theoderico abbati. Quidam autem de clericis, alter alterum anticipans, curiam irrepserant, sperans quisque vel sibi proventurum eventum, vel paratus, gratiâ vicissitudinis, ferre suffragium alteri, etc.* Cantatorium, §§ 40, 41. Ceci arriva en 1076. V. *Gallia christ.* tom. III. p. 860. Art de vérif. les dates, tom. III. p. 135.

(2) On trouve son nom dans la liste des impérialistes assemblés à Mayence,

fait toutes ses études à Verdun, sous un excellent maître,
du nom d'Eleuthère, qui le suivit dans son évêché, et dont
l'éloge, dans les chroniques, prouve que Thierry, malgré
ses nombreuses préoccupations, n'omit pas de confier à de
dignes mains le soin de notre école. (1) A Liége, Henri fut
surnommé le Pacifique, à cause de son établissement du
tribunal de paix : et, chez nous, il justifia ce surnom, en
se rendant médiateur entre Thierry et Godefroy, comme
nous le raconterons bientôt.

Suite
des Investitures. La suite des événements nous ramène à la querelle
acharnée des Investitures. Le mécontentement des conju-
rés fut grand quand ils apprirent que l'empereur, préve-
nant leur diète d'Augsbourg, où ils se tenaient sûrs de le
détrôner, avait fait d'avance sa paix avec le pape. Néanmoins ils ne perdirent pas courage : et, comme jamais des
circonstances plus favorables ne paraissaient pouvoir se
présenter, ils résolurent de presser la convocation de la
diète où on leur avait promis d'examiner leurs griefs. Dans
le conciliabule qu'ils tinrent à Ulm, pour arrêter leur décision, figura Herman de Metz, qui alors quitta le parti impérial, et n'y revint jamais. La nouvelle assemblée des
rebelles s'ouvrit le 13 mars, à Forcheim, ville de Franconie,
dans l'évêché de Bamberg : là ce qui se préparait depuis si
longtemps fut accompli, par l'élection de Rodolfe de Souabe,
en présence et sans opposition formelle des légats du pape.
Celui-ci protesta qu'ils avaient outrepassé ses instructions, et que cette élection de Rodolfe s'était faite non-
seulement sans son ordre, mais même sans aucun avis
de sa part (2). L'empereur Henri revint d'Italie, après avoir

en 1085, *Concilia Germaniæ*, tom. III p. 202. Grégoire VII, liv. VI. lettre 4,
se plaint de paroles irrévérentes *(mordaci invectione)* de cet évêque, au sujet
d'une censure pronon. ée par lui, et cassée à Rome.

(1) *Quidam Virdunensis senex Eleutherius, vir equidem religiosus, et qui, ab*
ineunte ætate, instruxerat eum honestis et castis moribus. Cautatorium. § 48.
— *In Virdunensi ecclesiâ, prima scholarum tirocinia transegerat, et ab episcopo*
Theoderico archidiaconatum susceperat. Laurent de Liége.

(2) *Deo teste, Rodulfum qui rex ab ultramontanis ordinatus est, non nostro*
præcepto, sive consilio. Lettre *ad universos fideles*, 28ᵉ du IXᵉ livre. Dans celle

découvert (ce qui ne contribua pas peu à lui rendre courage),
que les ennemis de Grégoire n'étaient guère moins nombreux en ce pays que les siens propres en Allemagne : et la
guerre civile recommença, avec plus de fureur que jamais.
Par un singulier reflux des choses, ce fut cette guerre même
qui pacifia notre comté, où Thierry et Godefroy de Bouillon
étaient aux prises : car alors ils furent tous deux, et presque en même temps, appelés par l'empereur, l'un pour le
commandement des armées, l'autre pour une négociation
à Rome, où il s'agissait de maintenir le pape dans la neutralité qu'il avait, jusqu'à ce moment, gardée entre les deux
compétiteurs impériaux. Il importait beaucoup que cette
neutralité fût officiellement connue en Allemagne : car
l'un des grands moyens de Rodolfe était de prétendre, en
s'appuyant sur la présence des légats à son élection, que
seul il avait l'aveu de Rome, et que son adversaire était
toujours excommunié. Thierry partit pour son ambassade
avec un autre évêque, Bennon ou Bernard d'Osnabrück : et
nous savons le résultat de leur mission par le discours que
tint, peu après, le pape lui-même, dans un concile romain.
« J'ai reçu, dit-il, deux évêques, celui de Verdun et celui
d'Osnabrück, délégués et partisans de Henri : en même temps
vinrent les envoyés de Rodolfe, tous réclamant justice,
chacun pour son empereur. Je répondis, avec l'assistance
divine, à ce que je crois, qu'il m'était impossible de rendre
cette justice demandée, si, au préalable, les deux partis,
en présence l'un de l'autre, dans une conférence, que je
veux être tenue au-delà des Monts (en Allemagne), n'exposaient contradictoirement leurs raisons. Peut-être pourra-
t-on alors venir à un accord : en tous cas, le débat appren-
dra quel est le meilleur droit (1). » Après ces paroles,

*Thierry envoyé
par l'empereur
à Rome.*

ad Germanos, 3e. du livre VII, il dit, au sujet des légats : Nàm, si legati nostri
aliquid contrà quod illis imposuimus egerunt, dolemus quòd ipsi (sicut comperimus), tùm violenter coacti, tùm dolo decepti, fecerunt.

(1) Duo episcopi, Virdunensis scilicet et Osenburgensis, de consentaneis Henrici, et ex parte illius, Romam venerunt, etc. Discours de Grégoire, dans Hardouin,
Concil. tom. VI. pars 1. p. 1590.

Grégoire prit l'assemblée à témoin que jusqu'alors, loin de favoriser aucun des rivaux, il n'avait cessé de dire et de répéter qu'il ne voulait d'autre parti que la justice. On voit à ce récit que nos députés n'eurent pas de peine à obtenir, pour le moment, la neutralité du pontife : toutefois, comme il ne suffisait pas qu'elle fût connue à Rome, ils reçurent un bref autorisant l'archevêque Eudon de Trèves à la proclamer formellement, et dans les mêmes termes en Allemagne. « Je vous charge, disait le pape, d'annoncer la prochaine arrivée d'intègres et religieux légats qui, dans lelieu que choisiront avec eux les princes ecclésiastiques et séculiers, s'efforceront de pacifier les troubles du très-noble empire germanique, ou du moins de discerner, avec l'aide de Dieu, quelle est la cause la plus juste. Annoncez encore que quiconque, grand ou petit, troublera cette œuvre de pacification, sera maudit, dans son corps et dans son âme, par Dieu et par saint Pierre Comme vous êtes du parti de Henri, vous vous adjoindrez un partisan de Rodolfe; et vous travaillerez, de concert, à préparer les voies à la paix (1).» Eudon était mort, lorsque arriva ce bref, expédié le 9 mars 1078. Quant à Thierry et à son collègue d'ambassade, le parti de Rodolfe leur sut très-mauvais gré d'avoir rapporté une telle pièce, qui fit la plus mauvaise impression sur les Saxons, persuadés jusque alors que leur empereur était le seul légitime devant le Saint Siége. Ils se plaignirent amèrement du pape, dans deux lettres, que l'on a encore; et, au point de vue politique, Grégoire avait tort : car le parti de Rodolfe, qu'il déconcertait ainsi, était le seul qui lui fût dévoué à lui-même ; mais ce pontife mettait, avant tout, son idéal de justice. Les Rodolfiens se vengèrent en répandant le bruit que Thierry et Bennon n'avaient réussi qu'à force d'impostures et de mensonges : peu s'en fallut

---

(1) *Ut, unà cum venerabili fratre nostro Treverensi archiepiscopo, qui Henrico favet, et allero, qui utilis et religiosus ad hoc sit opus, episcopo, ex parte Rodulfi, etc... Data Romæ, septimo idus martii, indictione primâ.* (9 mars 1078). Grég. VII, liv. v. lettre 15.

qu'on ne les accusât d'avoir acheté, à prix d'argent, tout le synode romain et le pape lui-même; et le chroniqueur Bertold regretta qu'ils n'eussent pas rencontré, sur la route, un nouvel Adalbert de Kalw, pour les arrêter dans leur pernicieux voyage (1).

Vers ce temps, Herman de Metz, le seul de nos trois évêques qui fût partisan de Rodolfe, s'enfuit à Verdun, proscrit politique, pour avoir fait évader les Saxons confiés à sa garde par l'empereur (2). Celui-ci, déjà mécontent de la part qu'il avait prise à la rébellion de Forcheim, éclata quand il apprit l'évasion des prisonniers, et voulut, dans un premier mouvement de colère, aller en personne punir l'évêque et la ville; mais Thierry, duc de Lorraine, se chargea de la commission, excité par ses propres ressentiments (3). C'était le fils de Gérard d'Alsace, et son successeur, depuis 1070 environ. Le fugitif, sachant l'excellente renommée impérialiste de son collègue de Verdun, ne trouva rien de mieux que d'aller lui demander asile, au nom de Grégoire VII, dont il avait une lettre de recommandation, à laquelle Thierry s'empressa de faire honneur; car, quelque temps après, il écrivit ainsi au pape : « J'ai reçu

Herman de Metz fugitif à Verdun.

---

(1) *Et, quia palàm ire, et omnia quæ voluerunt pacifico libitu efficere, et in Longobardiâ et in ipsâ Romanâ urbe poterant, muneribus, mendaciis, promissis, assentationibus, querimoniis flebilibus, necnon omni arte et ingenio, uti experimentissimi erant, à minimis ad usquè maximos, corruptos, delusos, seductos omninò omnes in favorem sui regis attrahere non cessabant, et in odium et calumnias Rodulfi permaximas.* Bertold, à l'an 1078.

(2) *Quòd excommunicatum esse regem frequentes nuntii deferebant, his animatus Mettensis episcopus, et alii, nonnullos ex principibus Saxoniæ, quos à rege in custodiam habendos susceperant, inscio rege, in sua liberos redire permiserunt... Rex irâ impulsus, ad oppugnandam Mettensem urbem exercitum admovere cogitabat, et ab episcopo loci, quòd creditos custodiæ suæ principes dimisisset, vindictam expetere...* Lambert d'Aschaffenb. C'est de ce chroniqueur que nous savons l'assistance d'Herman au conventicule qui prépara la diète de Forcheim : là étaient, dit-il, *Rudolfus dux Suevorum, Welf Bajoariorum, Bertoldus Carentinorum... Herimannus, episcopus Metensis.*

(3) *Theodericus dux civitatem Metensem et bona Sancti-Stephani injustè invasit; quâ de re excommunicatus ab episcopo Metensi, etc.* Grég. VII, liv. VI, epist. 22. Cette lettre est datée du cinq des nones de mars, indiction 2, c'est-à-dire du 3 mars 1079.

mon excellent confrère de Metz comme je vous aurais reçu
vous-même ; j'ai fait de sa cause la mienne ; je lui ai été uni
dans l'adversité comme dans la prospérité ; et je me félicite
d'avoir pu, en lui montrant mes sentiments fraternels, prouver en même temps que je suis toujours prêt à obéir à vos
ordres, ayant très à cœur de mériter l'honneur de votre confiance (1). » C'est ainsi que Thierry entretenait ses bonnes
relations ecclésiastiques, et mettait les devoirs de l'amitié
au-dessus des dissentiments politiques. Sigebert, auteur
contemporain, qui habita Metz vers cette époque, donne l'an

Lettres de Grégoire VII à cet évêque.
1078 pour date à l'expulsion de l'évêque Herman. Ce prélat, l'un des grands fidèles de Grégoire VII, semble avoir été
choisi par lui pour soutenir et expliquer, en notre province,
la doctrine de la suprématie pontificale. Le pape lui écrivit
à ce sujet deux longues lettres, où il n'omit pas l'exemple
de Zacharie, transférant à Pépin le Bref la royauté des
descendants de Clovis; et il ajouta des raisonnements et des
éclaircissements, dont Herman fut sans doute satisfait, puisqu'il agit en conséquence, mais qui prouvent, par leur
étendue même, que le public hésitait et avait besoin d'être
argumenté. Un extrait de ces lettres importantes a été inséré
au Droit canon (2).

Dans ces malheureuses discordes, rien ne pouvait surve-
nir qui ne devînt, pour les combattants, un nouveau champ
de lutte. A la fin de l'an 1077, mourut l'archevêque Eudon
de Trèves; et l'empereur, comme on devait s'y attendre,
chercha à le remplacer par un zélateur de sa cause. En

(1) *Monitus à te, suscepi confratrem meum Metensem ut teipsum : causam ejus
meam feci ; eadem nobis adversitas, eadem fuit prosperitas. Ad hoc me invitavit
mutua fraternitas, sed præcipuè jussio tua, benevolentia tua, et habita in me
fiducia.* Lettre de Thierry à Grégoire VII, dans le Gesta Trevir. ch. 62.

(2) Décret, 2ᵉ part. cause 15, quest. 6, ch. 3. Les lettres entières, dans le
Registre de Grégoire, liv. iv. epist. 2, et liv. viii. epist. 21. La première est
de la fin d'août 1076 : la seconde, simplement datée des ides de mars, doit
être de l'an 1080 : *Alius item romanus pontifex Zacharias regem Francorum,
non tàm pro suis iniquitatibus, quàm quòd tantæ potestati non erat utilis, à regno
deposuit, et Pippinum, Caroli magni patrem, in ejus loco substituit, omnesque
Francigenas à juramento fidelitatis absolvit.*

cette ville, on tenait au droit d'élection, tellement qu'en
1066, l'archevêque Annon de Cologne, ayant fait nommer
directement son neveu Conon ou Conrad, il s'éleva une
émeute, dans laquelle ce favorisé fut, avant son entrée à
Trèves, tué par le comte voué Diedrich. L'empereur,
craignant le retour de pareilles scènes, se décida à tenir,
au moins pour la forme, une assemblée électorale : et il
vint en personne, dans les premiers jours de 1078, ayant
mandé les trois évêques dans leur cité métropolitaine.
Herman n'était point encore alors chassé de Metz. En présence de ce synode, s'ouvrirent les débats ordinaires des
élections. Le clergé présenta successivement ses candidats,
de son propre corps; l'empereur les récusa l'un après l'autre, parce que, dirent ses adversaires, nul d'entre eux ne
transigeait à son gré; on discuta pendant trois jours : enfin
se renouvela la scène déjà jouée, à l'élection de Henri de
Verdun à Liége. Une inspiration soudaine vint à l'empereur de proposer Egilbert, prévôt ou princier de Passau (1),
qui se présenta à l'improviste, comme pour apporter des
dépêches. L'évêque de Verdun, avec une partie de l'assistance, applaudirent; mais Herman de Metz et Pibon de Toul
se turent, voyant la plupart des trévirois murmurer contre
cet étranger qui, disaient-ils, ne valait pas mieux qu'eux,
qui était dans sa ville le chef des impérialistes, et que l'on représenta même comme excommunié formellement par son
évêque, pour opinions sentant l'hérésie « henricienne. »
On qualifiait ainsi le système de l'empereur Henri, que le
temporel pouvait s'acquérir par des moyens temporels (2).
Personne cependant ne fit acte légal d'opposition, de

(1) *De civitate Bataviâ, de optimatibus Bajoariæ,* dit le *Gesta,* ch. 60. C'est
Passau, dont le nom romain était *Batava castra.*

(2) *Solus Theodericus Virdunensis, qui cognomento Magnus vocabatur, et pars
aliqua populi Treverensis... Pontifices verò Herimannus Metensis et Bibo Tullensis, et residuus clerus et populus, quantum in ipsis erat, non assenserunt, quo-
niam ipsi tàm idoneas personas exhibuerant. Gesta, ibid.* Le P. Benoît, p. 395,
traduit : « Les évêques de Metz et de Toul protestèrent, et quittèrent l'assemblée. » C'est beaucoup plus que le texte ne dit. — Remarquer, dans ce

sorte que l'élection passa pour consentie d'accord commun ;
et Egilbert reçut la crosse et l'anneau, le jour de l'Epiphanie
1078 (1). Il s'en fallait cependant que l'unanimité, ou même
une majorité incontestable fussent pour lui : et les mécontents allèrent, après la séance, dire aux évêques qu'ils entendaient que l'affaire fût soumise au pape, et qu'ils les priaient
en conséquence de ne pas procéder au sacre. Comme Thierry
avait voté pour l'élu, et qu'en sa qualité de plus ancien
évêque de la province, c'était à lui à sacrer le métropolitain, cette prière s'adressait particulièrement à lui. Il y
déféra, sans objection ; et il revint avec ses collègues, laissant Egilbert élu non sacré. Tout ceci dénote une irritation croissante des esprits, depuis l'élection de Liége, deux
années auparavant. Dans la relation de ces incidents,
il est dit que notre évêque était communément surnommé
« Thierry le Grand. » Cette relation est celle du *Gesta*
de Trèves, qui laisse percer quelque mauvaise humeur, soit
de l'échec des candidats locaux, soit de la conduite schismatique d'Egilbert et de Thierry, quelque temps après :
de sorte que, pour contrôler cet exposé, nous rapporterons
la lettre suivante de notre prélat, conservée d'ailleurs par le
Gesta lui-même. Elle est du mois d'octobre 1079, la vacance
du siége métropolitain ayant déjà duré deux ans, depuis la
mort d'Eudon en novembre 1077 :

Lettre de Thierry pour Egilbert. « Thierry, évêque, quel qu'il soit, de Verdun, toujours dévoué
cependant, offre à son souverain pontife Grégoire, son très-cher
seigneur et vénéré père, dilection filiale, subordination sacerdotale,
obéissance de serviteur. Très-cher seigneur, mon bonheur est de
trouver occasion de vous obéir, comme j'obéirais à saint Pierre lui-
même. Sur votre avis, j'ai reçu mon frère de Metz (*suivent les paroles déjà rapportées au sujet d'Herman.*) Permettez-moi maintenant

passage du *Gesta*, la mention formelle de l'intervention du peuple à l'élection.
Du côté de Thierry était *pars aliqua populi Treverensis* : de l'autre, *residuus
clerus et populus.*

(1) Il n'y a pas lieu de traduire cette date par 1079 avant Pâque : car, à
Trèves, l'année commençait à l'Avent. L'année tréviroise 1078 s'ouvrit à
notre mois de décembre 1077.

d'introduire, prosternée à vos pieds, la malheureuse église de Trêves, et de vous supplier, pour un mot de consolation envers elle.
Dans son veuvage, qui dure depuis bientôt deux ans, chaque jour lui
apporte de nouvelles infortunes, guerres au dehors, troubles à l'intérieur. Elle s'est choisi, dans notre nation, un digne prêtre, un
excellent père; elle l'a élu d'accord commun : je prends Dieu et ma
conscience à témoins, et j'atteste, devant vous, qu'aucune simonie,
aucune infraction aux lois ecclésiastiques n'ont été commises. Il n'y
a pas même eu demande détournée de la part de l'élu. Cependant
nous avons le pénible étonnement de voir qu'on est parvenu à vous
extorquer et à vous faire maintenir, depuis si longtemps, un ordre de
sursis. Il en retombe sur moi un bien lourd fardeau : car mon père
le métropolitain n'étant pas sacré, et mon frère de Metz étant exilé,
je demeure seul, en ces jours de perversité et de rébellion. Au nom
de l'église et du peuple chrétien, je vous conjure, et l'évêque de
Metz joint sa prière à la mienne, de ne pas écouter les détracteurs
d'Egilbert : c'est un homme de vie irréprochable; et il vous promet
obéissance filiale. — Dans votre réponse, je vous prie de me dire en
quels termes vous êtes maintenant avec l'empereur (1). »

Sur cette dernière qestion, l'incertitude ne fut pas longue;
et la réponse arriva plus vite, et tout autrement que
Thierry ne s'y attendait. La rupture entre le pape et l'empereur était déjà consommée : elle éclata alors, avec un
fracas qui retentit dans toute l'Europe. Le jour des nones
de mars, 7 de ce mois 1080, Grégoire, en plein concile
romain, lança son manifeste, dans une longue et véhémente
allocution. Il rappela d'abord tout ce qui s'était passé
depuis Canossa, la mauvaise volonté de Henri et son infidé-
lité dans ses promesses, son arrogance depuis le retour
momentané de sa prospérité, les guerres civiles, les batailles meurtrières, les schismes et divisions dont il était la
cause : puis, ayant dit comment les princes, justement

Rupture
définitive
du pape
et de l'empereur.

(1) *Gesta*, ch. 62. Après l'exil d'Herman, Thierry demeura seul en fonctions dans la province, parce que Pibon, comme on le voit par une lettre
de Grégoire VII, datée du 22 octobre 1079 (Registre, liv. VI, lettre 5) ne s'était
point encore justifié des graves accusations portées contre lui. Ce sont celles
dont nous avons parlé ci-dessus, p. 99, note 1. La lettre de Thierry prouve
encore qu'Herman avait fini par admettre l'élection d'Egilbert, de sorte qu'il
y avait, comme il le dit, accord commun.

irrités, avaient élu Rodolfe : « C'est lui, s'écria-t-il, qui est le
véritable roi : que Dieu et saint Pierre lui donnent la victoire, et maudissent les armes de ses adversaires! J'annulle
les serments de fidélité prêtés à Henri, soit en Allemagne,
soit en Italie ; et j'adjure tous les conciles et tous les évêques de nous venir en aide, à moi et à Rodolfe, dans ce
combat (1). » A ce terrible décret, Henri répliqua, sur le
champ, par une convocation précipitée de ses évêques et
de ses princes, au 25 juin suivant, à Brixen en Tyrol, lieu
à portée de ses partisans d'Allemagne et d'Italie, pour y déposer Hildebrand, appelé Grégoire VII. Dès lors le schisme
devint inévitable ; et les combattants ne songèrent plus qu'à
préparer leurs armes. Le pape choisit, dans notre province,
son dévoué Herman de Metz pour défendre sa cause : ce fut
alors qu'il lui envoya la seconde des deux lettres dont nous
avons déjà parlé, pleine d'arguments pour montrer qu'il
n'outre-passait pas ses droits en détrônant un tyran qui se
jouait de la foi chrétienne, se faisait le fléau de l'église et
de l'empire, le fauteur, et même le chef des simoniaques (2).
Herman, sans aucun doute, communiqua cette lettre à son
ami Thierry ; mais celui-ci, loin de se convertir, alla, au
contraire à la cour, avec l'élu de Trèves Egilbert, pour
concerter des circulaires contre Hildebrand, afin d'échauf-
fer les esprits contre lui, et de préparer sa déposition à
l'assemblée de Brixen. Celle des deux circulaires qui parut
sous le nom de notre évêque forme un étrange contraste
avec son humble et obséquieuse lettre à Grégoire, que nous
venons de mettre, il n'y a qu'un instant, sous les yeux du
lecteur :

(1) Dans toutes les éditions des conciles. V. Hardouin, tom. vi. part. i. p.
1589.

(2) *Gregorius dilecto fratri Herimanno Metensi... Quoniàm inter strenuos alius
alium fortiùs agit... te, quem in acie christianæ religionis stare delectat inter
primos... postulasti nostris juvari scriptis ac præmuniri contrà illorum insaniam
qui nefando ore garriunt auctoritatem sanctæ et apostolicæ sedis non potuisse
regem Henricum. hominem christianæ legis contemptorem, ecclesiarum et imperii
destructorem, hæreticorum auctorem et consentaneum excommunicare, nec quem-
quam à sacramento fidelitatis ejus absolvere, etc.* Grég. VII, liv. viii. epist. 21.

« A ses frères et seigneurs les archevêques, évêques, ducs, marchis, comtes, et autres princes du saint empire romain ; à tout le clergé et au peuple de la sainte église, l'évêque de Verdun offre son salut fraternel. Vous pleurez, comme moi, sur les malheurs de notre patrie : sa ruine est imminente, si Dieu ne lui vient en aide. Hildebrand, naguère l'honneur et le premier de l'église, en est aujourd'hui la honte et le dernier : pierre angulaire du temple, il s'en est fait la pierre de scandale ; pasteur, il s'est transformé en loup. Cet homme arrogant prétend se mettre au-dessus de la royauté : il ne fait que dépasser les plus hautes bornes de la perversité. Il s'acharne contre un roi et un royaume catholiques ; il donne la main à l'usurpateur ; il veut effacer jusqu'aux derniers vestiges de royauté légitime. O hérésie incroyable, et dont le spectacle était réservé à nos malheureux jours ! c'est un sacrilége maintenant que d'être fidèle à son roi : nous, qui gardons notre serment, nous sommes les traîtres, et ceux qui le violent sont les fidèles ! O langage digne de celui qui, dès les premiers jours du monde, a été le père du mensonge, et qui, dans chaque siècle, a inventé des mensonges toujours nouveaux pour la perversion des hommes ! Que Dieu voie et qu'il juge : mais nous-mêmes, voyons et jugeons. Appellerons-nous plus longtemps chef de l'église celui qui en dévore les membres ? saluerons-nous du nom de père celui qui traite ainsi ses enfants ? Non : élisons un autre pape : aidons le à guérir nos plaies ; il y va du salut de l'église et de celui de l'empire. J'irai travailler avec vous à cette œuvre réparatrice : comptez d'avance sur mes conseils, mes secours, ma coopération, ma pleine et entière approbation (1). »

Thierry se plaignit, peu après, qu'on lui eût arraché

(1) Cette pièce, que l'on trouve dans Hontheim, tom. I. p. 425, a été découverte par Goldast, dans un vieux manuscrit schismatique, qui avait échappé à la destruction. Roussel en conteste l'authenticité, sur le motif qu'elle ne s'accorde pas avec les sentiments manifestés par Thierry dans ses autres écrits : mais, ainsi que nous allons le voir, Thierry lui-même s'en est reconnu auteur, en cherchant à l'excuser ; et la différence de ses sentiments n'est pas étonnante, puisque ce fut alors qu'il changea de parti. Les Bénédictins, Hist. littér. tom. VIII. p. 252, rapportent ce document aux préparatifs de l'assemblée de Worms, en 1076 : il se rattache beaucoup mieux aux événements de 1080. La circulaire d'Egilbert est dans Hontheim, tom. I. p. 430, et dans le *Gallia christ.* XIII. *Instrum.* p. 355. Elle n'est pas moins outrageante que celle de Thierry ; et elle donne la date de ces publications, car Egilbert y dit que *ferè per biennium consecrationem habere non potui.*

malgré lui cette violente et outrageuse épître, lors d'un voyage qu'il fit à la cour, à la fin de mai 1080 (1) ; mais, sans lui laisser le temps de réfléchir, on se hâta de lancer sa circulaire comme un brandon : et il dut lui-même se rendre à l'assemblée de Brixen, conformément à l'engagement public qu'il en avait pris. Ce conciliabule déposa Grégoire, mit à sa place Wibert de Ravenne qui, pour se donner l'air d'un vrai pape, se fit appeler Clément III, au scandale des orthodoxes, qui l'anathématisèrent comme anti-pape, et antechrist siégeant sur la chaire de pestilence (2). Alors tout l'empire se divisa : il y eut en chaque ville le parti du pape et celui de l'empereur ; on se renvoya, de part et d'autre, les épithètes de traîtres et de parjures, les anathèmes et les mauvais traitements. Chez nous, les impérialistes imaginèrent d'affubler les soutenants de Grégoire du sobriquet « d'ecclésiasticaux, » qu'ils donnaient, avec des insultes particulières, à tout homme d'église portant la barbe longue : en outre, ils firent venir, comme témoignages contre Hildebrand, de mordants pamphlets, qu'on disait composés par des clercs et même des cardinaux romains (3).

(1) *In Pentecosten veni ad curiam, terribiliter adstrictus. Multipliciter ibi coactus sum agere contrà ordinem, contrà salutem meam, imò contrà dignitatem ecclesiasticam. Abrenuntiavi sedenti in sede apostolicà, et hoc sine ratione : abrenuntiavi illi cui in examine ordinationis meæ professus fueram obedientiam,* etc. Lettre de Thierry à Egilbert, dans Hontheim, tom. i. p. 426. Ces paroles sont une allusion manifeste à sa déplorable circulaire ; et, comme il s'agit de nouvelles instances d'Egilbert pour son sacre, auquel Grégoire avait mis obstacle jusqu'à la fin de 1079, la Pentecôte dont parle notre lettre doit être celle de 1080, qui tomba le 31 mai.

(2) *Suscepit itaque Wibertus sedem Satanæ, et in cathedrà pestilentiæ sublimatus est..., qui idcircò, credimus, Antichristi negotium suscepit... Aderat is conventu illo malignantium multus numerus damnatorum,* etc. Hug. Flav. p. 226.

(3) *Et regnum in se divisum est, et omnis civitas in duas partes, Cæsarianæ curiæ, et sanctæ sedis apostolicæ : sedes siquidem apostolica hostes suos anathemate percutiens, imperialis autem curia sibi infensos captivans et exulans.* Laurent de Liège. *Et eò usquè dissensionis fomes invaluit ut, si cui Cæsarianorum occurrisset quispiam ecclesiasticorum qui forsitàn, ut tunc moris erat, barbam quasi in signum religionis enutrisset, ut regii honoris proditores contumeliis afficiebant, eos insultanter Ecclesianos appellantes.* Gesta de Trèves, ch. 59. *Multi autem ex cardinalibus regi adhæserunt, et de clero Romanorum, quorum contrà Hildebrandum plurima exstant scripta mordacia.* Ibid. ch. 79.

Déjà l'empereur, au sortir de Canossa, avait été frappé des dispositions anti-papales du clergé et du peuple en Lombardie (1). Dans ce grand tumulte, Thierry regrettait amèrement d'avoir perdu son ancien équilibre canonique, si soigneusement maintenu et concerté par lui avec le défunt archevêque Eudon, pour reconnaître Grégoire comme pape, et Henri comme empereur, en désapprouvant, au moins par le silence, leurs attaques réciproques : mais il n'était plus possible de garder un tel juste milieu, depuis que chacun des deux grands adversaires avait exclu de son parti quiconque ne renonçait pas formellement à l'autre. Dès que notre prélat fut sorti de Brixen, il se trouva hors de l'entraînement, et commença à sentir des remords de la part qu'il avait prise à la malheureuse exaltation de Wibert, sur la chaire de pestilence; enfin il s'épouvanta d'être devenu si déterminé schismatique. Un déboire qu'il eut à subir, à son retour à Verdun, acheva de le déconcerter. On ne vint point au-devant de lui en procession, et on ne lui offrit pas le baiser de paix : ce qui semblait vouloir dire qu'on le tenait pour excommunié. Hugues de Flavigny assure qu'il se reconnut tel le premier, et contremanda, de son propre mouvement, la procession; mais Thierry lui-même, racontant le fait, dans la lettre que nous venons de citer, ne dit rien de semblable (2). Peut-être avait-il simplement fait savoir que ceux qui craindraient d'encourir l'anathème, en le saluant comme pasteur, pouvaient se dispenser de venir : mot dont les zélateurs purent profiter pour lui donner, dans une scène de mécontentement public, une salutaire leçon. Hugues ajoute qu'ôtant alors son an-

Nouvelle
rétractation
de Thierry.

___

(1) *Fremere omnes Itali*, dit Lambert, *Apostolicæ legationi irrisoriis exclamationibus obstrepentes, se Gregorii excommunicationem nihili æstimare, cùm ipsum omnes Italiæ episcopi, justis ex causis, jampridem excommunicassent, etc.* Struve, tom. I. p. 422. — Lambert d'Aschaffenbourg, le meilleur des chroniqueurs de son temps, est attaché aux principes de Grégoire VII, mais impartial et bien informé. Son travail s'arrête à l'an 1080.

(2) *Reversum ecclesia, solito gravius suscepit me, usitatum processionis ordinem non exhibuit, et, quod miserabilius, osculum pacis non obtulit. Et, quód*

neau et son étole, il remit ces insignes à Rodolfe, abbé de
Saint-Vanne, pour qu'il les portât au pape, avec une lettre
implorant pardon : l'évêque lui-même se borne à rapporter
qu'on l'adjura, sur son salut, de cesser ses fonctions, jusqu'à réconciliation avec le pape légitime. Quoi qu'il en soit
de ces variantes, Thierry se soumit, en signe de contrition ;
mais il sut que la leçon salutaire lui venait de Saint-Vanne :
et il en garda aux moines la reconnaissance que nous verrons bientôt. Egilbert eut beau le presser de venir enfin
célébrer la cérémonie de son sacre, il s'en défendit par une
longue et triste épître où, après avoir raconté ce que nous
venons de dire, il exprime, avec franchise, son repentir et
sa résolution de ne faire aucune fonction avant d'avoir été
réintégré par Grégoire. Il est nécessaire, dit-il, que je m'abs-
tienne maintenant : il le faut, et pour votre salut, et pour le
mien : car la bénédiction que je vous donnerais serait une
malédiction, et votre sacre une exécration.

Victoires
de l'empereur
Henri.

Sur les champs de bataille, la fortune revint alors à
l'empereur Henri. Rodolfe, malgré les solennelles adjura-
tions que le pape et son concile avaient adressées à saint
Pierre en sa faveur, le jour des nones de mars 1080, périt,
dès le 15 octobre suivant, dans un combat où Godefroy
de Bouillon le tua avec la lance même de l'étendard impérial. Cette soudaine catastrophe ébranla la foi des simples ;
ils ne se tinrent plus aussi sûrs que Grégoire fût, comme il
le disait, le véritable organe de saint Pierre, puisque l'apôtre l'exauçait si mal ; et, de leur côté, les impérialistes

---

*infelicius est, propter auditam tàm temerè abrenuntiationem, et inauditam priùs
tantam temeritatem, non modò ab episcopali, sed à sacerdotali officio, sub ostentatione meæ salutis, usquè ad dignam beato Petro et vicario ejus satisfactionem,
me submovit.* Lettre citée de Thierry à Egilbert. Cette expression : *me submovit, sub ostentatione meæ salutis* indique clairement que l'initiative de la
suspense ne vint pas de Thierry lui-même ; mais la version de Hugues de
Flavigny peut servir de document sur la manière dont les choses furent
arrangées et racontées à Saint-Vanne. La satisfaction de l'évêque n'y fut pas
trouvée suffisante, parce qu'il ne voulut pas renoncer à l'empereur Henri :
*Et, cùm se sic ipse damnaret, parebat tamen regi, quia hæc erat hora ejus et
potestas tenebrarum : nec inveteratam ejus malitiam, quæ obduruerat, frange-
bant miracula.* Flav. p. 226.

feignant d'avoir compris son allocution comme annonçant la mort du faux roi dans l'année, le félicitèrent ironiquement d'être si bon prophète (1). On essaya de remplacer Rodolfe par un fils du comte Gilbert de Luxembourg, nommé Herman, comme l'évêque de Metz, dont il s'était déclaré le chevalier et le défenseur, dans les tribulations que celui-ci eut à subir, ainsi que nous l'avons raconté (2). Il est probable que la grande influence catholique de Herman l'évêque, fut pour beaucoup dans l'élection royale de son protecteur homonyme; mais ce roi Herman eut peu de succès: il passa péniblement un an à tâcher de réunir autour de lui les Saxons; puis il lui fallut, en 1082, revenir en Lorraine, où il mourut, presque inaperçu, en 1088, et fut inhumé à Metz (3). L'empereur, méprisant ce faible adversaire, résolut d'aller en Italie, introniser, comme il l'avait promis, son pape Wibert dans l'église de Saint-Pierre à Rome. Il passa les Monts dès le printemps de 1081 ; et sa marche fut d'abord triomphale. Aux fêtes de Pâque, il était à Vérone ; à Milan, il reçut la couronne de Lombardie ; à Pavie, les évêques lombards, en concile, reconnurent Wibert pour Clément III, et excommunièrent de nouveau

(1) *Hildebrandus, quasi divinitùs revelatum sibi prædixit hoc anno moriturum esse falsum regem. Et verum quidem prædixit : sed fefellit cum conjectura de falso rege, etc.* Sigebert, à l'an 1080. C'est un chroniqueur impérialiste. Il fut écolâtre à Saint-Vincent de Metz, jusqu'en 1070. On le surnomme de Gembloux ou Gemblours, abbaye bénédictine des environs de Namur.

(2) *Hermannus de Luzilunburg,* dit le chroniqueur de Saint-Gall. *Ipse fuit Lotharingus,* ajoute Marianus Scot, à l'an 1082. Sigebert, qui nous apprend sa qualité de défenseur de l'évêque de Metz, le traite de tyran, c'est-à-dire de roi non légitime : *Anno 1081, Hermannus, miles Hermanni episcopi, post Rodulfum in Saxonià tyrannidem exercet.* C'était le second fils de Gilbert, troisième comte de Luxembourg ; et Berthollet, Hist. de Luxembourg, tom. III, p. 274, le considère comme tige des comtes de Salm en Ardenne, lieu qu'il ne faut pas confondre avec Salm en Vosges. Quelques détails sur ce comté de Salm en Ardenne, dans Berthollet, ibid. notes.

(3) *Hermannus, rex catholicus, in Lotharingiam secessit; et, non multò post, anno 1088, regni ejus septimo, in patrià suá Metis honorificè sepelitur.* Berthold de Constance. C'es t un chroniqueur aussi exalté que Hugues de Flavigny, enfaveur du pape.

Mathilde
protectrice
de la papauté.

Grégoire ; enfin, dès la Pentecôte, il arrivait aux portes de Rome, et dressait son camp dans les prés de Néron. Mais là s'obscurcit l'éclat de sa grandeur, par les inextricables obstacles de tout genre que la marchise de Toscane Mathilde sema sur sa route. Cette célèbre princesse, dont nous avons déjà parlé à diverses reprises, comme fille de Béatrice de Lorraine, et femme de l'un de nos Godefroy, devint alors l'héroïne de la papauté, et persista dans ce grand rôle historique, sous Grégoire et sous ses successeurs, sans jamais hésiter, ni chanceler, et sans épargner aucun sacrifice. Toutes les places des Apennins lui appartenaient ; et elle avait hérissé les montagnes de forteresses inaccessibles ; de sorte que l'empereur, voyant ses ennemis se rassembler derrière lui, fut obligé de revenir sur ses pas, non seulement sans avoir pris Rome, mais même sans avoir pu y tenter aucune attaque sérieuse. Il y revint l'année suivante ; mais Grégoire n'avait pas perdu de temps pour augmenter ses moyens de défense ; et Mathilde lui fournissant des hommes et de l'argent, pour satisfaire la vénalité des Romains, la prise de la ville fut encore jugée impossible : d'autant plus que l'empereur, en se montrant dans l'Italie méridionale, s'attira d'autres difficultés avec les Normands de Robert Guiscard. Ce ne fut qu'après un long siége, qui dura presque toute l'année 1083, toujours traversé par Mathilde, et moyennant des arrangements avec les Romains, que Henri réussit enfin à prendre une possession précaire de la cité papale, dans les fêtes de Pâque de 1084.

Pendant cette longue absence de l'empereur, les partis continuaient à se déchirer ; et les mots d'ordre leur venant de chefs ennemis, toute unité disparut, pour un moment, de la vie civile aussi bien que de l'ordre ecclésiastique. Les fidèles du pape se rattachaient, en notre province, à Herman de Metz, qui recevait les lettres de Rome, et celles du légat Guebhard de Salzbourg : les moines de Saint-Vanne se chargeaient, à l'occasion, de ces correspondances ; et leur abbé Rodolfe eut délégation pour réconcilier à l'église ceux qui abjureraient sincèrement l'hérésie henricienne (1). Thierry, de son côté, échangeait des lettres avec l'empereur; nous avons encore celle qui lui fut écrite, après l'occupation de Rome, en 1084 : elle en suppose d'autres antérieures, et sur des affaires importantes. Il devint notoire, non seulement chez nous, mais dans tout l'Empire, que cet évêque était un ami, un confident et un agent du monarque absent (2). Il se croyait orthodoxe, parce qu'il avait rétracté son insolente circulaire, et demandé publiquement pardon de sa participation à l'élection de Clément III : à la vérité, c'était reconnaitre que l'empereur n'était pas en droit de déposer le pape ; mais les zélateurs exigeaient encore, et comme preuve décisive, qu'il renonçât au roi Henri lui-même : ce qui eût été reconnaître le droit du pape de déposer l'empereur. Or, sur cet article, notre prélat se montrait tout-à-fait intraitable. Même dans la scène d'humiliation qu'on lui avait faite, à son retour de Brixen, et bien qu'il se fût alors soumis à ôter son étole, et à suspendre ses fonctions, on n'avait pas laissé d'apercevoir très-clairement qu'il entendait persister dans ses erreurs politiques; de sorte que les moines avaient dit qu'il n'était pas encore hors de l'empire des ténèbres (3) : toutefois on espérait qu'il en sortirait, quand il verrait la lumière que Rodolfe allait lui rapporter de Rome, avec sa lettre d'absolu-

(1) *Præerat tunc temporis Mediomatricum urbi vir egregius, et inter præcipuos catholicæ fidei propugnatores, domnus Herimannus... Hanc ei mitissimus doctor (Gregorius) misit ab Urbe epistolam, per Rodulfum, Virdunensis monasterii abbatem.* Hug. Flav. p. 224,25. — *Potestatem absolvendi eos qui ab excommunicatis redibant, ab Apostolicâ Sede obtinuerat Rodulfus.* Ibid. p. 239.

(2) *Directis Henricus epistolis ad supradictum Virdunensem, qui ei summâ familiaritate adhærebat.* Gesta de Trèves ch. 60. — *Qui validus in amicitiâ Cæsaris, penè summam in Germaniâ, rege absente, tenebat.* Chronique citée par Voigt, Hist. de Grég. VII, t. II. p. 429, traduct. fr. — *Propter episcopum Virdunensem, quem apud imperatorem sibi et prodesse et nocere posse sciebat.* Chron. d'Affligen, parlant d'un évêque de Cambrai, Spicil. x. p. 592.

(3) V. le passage de Hugues de Flavigny, ci-dessus, p. 130, note, à la fin. Par la formule rapportée ci-dessus, p. 98, note 2, on voit que, pour être tenu comme bien repentant, on devait abjurer la royauté de Henri.

tion. Cet espoir fut vain. Thierry sut que l'abbé apportait aussi des lettres pour Herman, lequel avait, contre la royauté de Henri, des instructions publiques, connues par les deux grandes épîtres de Grégoire que nous avons citées. Alors il soupçonna qu'on mettrait peut-être dans les conditions de son propre pardon quelque clause abjuratoire de la majesté impériale : et cette pensée l'ayant fait reculer, il ne voulut plus attendre ni Rodolfe, ni les lettres papales. Il déclara qu'il tenait sa pénitence pour faite, et qu'il allait reprendre ses fonctions (1). On eut beau dire à Saint-Vanne qu'un pécheur vraiment pénitent, et qui, comme lui, s'était humblement avoué coupable, ne pouvait ainsi s'absoudre tout seul, de sa pure et propre autorité : notre prélat revint à son caractère fier et indocile; et il fit, en dépit des murmurateurs, une grande cérémonie pontificale, pour la dédicace de sa cathédrale, dont la dernière pierre venait d'être posée. Quantité de gens, y compris les clercs, écoutèrent alors la messe de Thierry, et reçurent ses bénédictions, au risque d'être complices de son schisme. La leçon qu'on lui avait donnée, le jour de son retour, fut ainsi perdue; et tel fut le nombre de ses adhérents, qu'on put dire à Rodolfe, avec exagération sans doute, que lui et ses moines étaient seuls de leur parti (2). Ils prévi-

(1) Telle est l'explication qui nous paraît la plus probable du brusque revirement de Thierry. Il résulte, en effet, du passage, hostile d'ailleurs et malveillant, de Hugues de Flavigny, que l'évêque recula dès qu'on lui eût insinué que l'absolution lui serait donnée par Herman, après satisfaction accomplie au jugement de celui-ci : *Reversus inter hæc ab urbe Româ Rodulfus abbas, episcopo communionis gratiam à papâ reportans, insinuavit absolutionem ejus domno Metensi impositam, satisfactione præmissâ. Verùm, quia regem obstinato animo, Romam tendere jàm fama vulgaverat, intumuit animus hominis, et ad vomitum rediit. Et se gravioribus vinculis peccati innodare non pertimuit : nàm subitò, per semetipsum absolutus, pontifex in vestitu sacerdotali apparuit, missas celebravit in monasterio novo Sanctæ-Mariæ, quod ipse summo studio et curâ erexerat, relliquias introducens, aquam benedicens et aspergens, etc.* Flav. p. 227.

(2) *Quasi dolentium quòd solus ab eis dissentiret, qui unus illorum, et inter primos, esse deberet.* Flav. p. 234. Cette grande majorité numérique des impérialistes est aussi attestée par une lettre de l'abbé Odalric de Saint-Mihiel au pape Urbain II, en 1098 : *Undè et pravitatem erroris hujus tyranni Henrici*

rent qu'un orage éclaterait bientôt : de sorte que Rodolfe, sous prétexte de visiter son prieuré de Flavigny-sur-Moselle, alla conférer sur les périls de la situation avec un autre grand dignitaire de l'Ordre, Jarenton, abbé de Saint-Bénigne de Dijon. Il fut convenu qu'on trouverait asile chez lui, dans le cas où l'évêque de Verdun, avec ses schismatiques, se porterait à quelque persécution contre les fidèles. Cet abbé Rodolfe était celui-là même que Thierry avait installé à Saint-Vanne, en 1077 ; et, jusqu'à cette malheureuse affaire du schisme, la plus grande amitié avait régné entre lui et l'évêque.

Thierry, marchant vers le schisme, publia, comme manifeste, sa « Lettre au pape Hildebrand (1) : » insidieux libelle qui nuisit beaucoup à la cause papale, non seulement chez nous, mais dans tout l'Empire ; car cette pièce y fut répandue : et des copies s'en sont retrouvées dans les manuscrits de divers pays. C'était un pamphlet artificieux, dont l'auteur, loin d'afficher l'hostilité, donnant même à Grégoire de justes éloges, pour son caractère pur et ses louables intentions, ne laissait pas, sous couleur de lui dire la franche vérité, de faire entrevoir qu'il n'y aurait jamais de paix sous un tel chef. Tout ce qu'il avait fait était, soit blâmable dans le fond, soit vicieux par la forme. Il avait voulu, dans l'église, rétablir la discipline du célibat des clercs ; mais, au lieu d'opérer pacifiquement et canoniquement cette réforme, ses décrets, interdisant aux fidèles d'ouïr les offices et de recevoir les sacrements des clercs prétendus mariés, avaient soulevé des émeutes scandaleuses, et rendu le peuple juge de ses pasteurs (2). Dans

Pamphlet de Thierry.

---

el ejus sequacium respuimus : sed, proh dolor! in nostrâ patriâ valdè raros respuentes socios reperimus. Omnes enim ferè qui vestris hactenùs præceptis obedire videbantur, tyranni communionem retrò abeuntes suscipiunt, etc. Dans Baluze, Miscellanea, tom. IV. p. 452.

(1) Theodericus, Virdunensis episcopus, Hildebrando papæ. Omni tempore diligit qui amicus est, etc. Très-longue. Dans Martène, Thesaurus novus, tom. I. p. 214.

(2) De clericorum incontinentiâ, per laïcorum insanias cohibendâ... Honestam

l'Empire, régnait la guerre civile, depuis qu'il opposait au roi légitime les usurpateurs Rodolfe et Herman. Thierry récriminait amèrement contre Rodolfe. « Ce saint et sacré roi, s'écriait-il, votre élu, malgré ses déportements, malgré ses trois femmes à la fois (et, si vous feignez de ne pas les connaître, je vous les nommerai par leurs noms) était néanmoins le béni de saint Pierre ; et tous les évêques qu'il présentait, ou qui se glissaient sous son couvert, recevaient la gracieuse bienvenue de Rome ; et il en est encore de même de ceux que présente le roi Herman : tandis que l'élu, même le plus canonique, est excommunié, dès qu'il parle d'une investiture du roi Henri (1). » Ceci n'est qu'une phrase de polémique ; car le censeur savait bien que, si on rejetait sans examen les investis, c'est qu'ils prétendaient s'imposer, d'autorité impériale. Thierry posait ensuite un principe qui dut particulièrement choquer Grégoire, savoir que ce n'était pas au pape à imposer son jugement, comme il avait fait en exigeant qu'on renonçât à Henri ; il devait, au contraire, prendre d'abord et suivre le jugement de l'église (2) : enfin il y avait, au milieu de quantité de citations bibliques et historiques, des allusions malsonnantes au grand prêtre Abiathar, déposé par Salomon, et à Ebbon de Reims, condamné pour attentats contre Louis le Débonnaire. Toutes ces choses étaient dites d'un ton de douleur indignée ; car l'évêque ne soutenait pas

---

conversationem in desiderio habemus, sed non itâ. Comme éclaircissement de ce que dit ici Thierry, voir la lettre des clercs mariés de Cambray à ceux de Reims, dans Mabillon, Annal. bénéd. tom. v. p. 634.

(1) *Tres uxores Rodulfi, quas apertè solemni nuptiarum apparatu duxit, eodem simul tempore viventes, et novimus et nominamus. Hæc sunt præclara illius facinora. Iste beati Petri vocatur filius; iste amicus papæ...; Henricus, quia paternum et avitum regnum retinere præsumit, scelestus vocatur... Personis per sacram Rodulfi, vel Herimanni dextram, non dico introductis, sed subintroduc; tis, benedictiones non negantur, pallia domum transmittuntur : nostris autem episcopis, legitimè electis, communi assensu receptis, laïca etiam communio interdicitur, Henrico solùm quia fidem tenent. etc.*

(2) *Eum ego anathematisavi, inquit dominus papa : vos anathematisate! Consequentiam non intelligimus. Si, è converso, proferretur: Quem vos anathematisastis, ego anathematiso, res esset tolerabilior, et ordo verborum efficacior.*

longtemps son personnage de simple rapporteur d'objections schismatiques : et on voyait aisément qu'il exprimait sa propre manière de voir. Tel fut le pamphlet de Thierry, fort en récriminations, mais faible en principes. Cet écrit parut sous son nom seul, bien qu'il l'eût concerté avec son ami Egilbert, et que le rédacteur en fût un certain Wenric, successivement chanoine de Verdun, écolâtre de Trèves, enfin évêque de Verceil en Piémont : mais Thierry y avait mis la main ; car on y retrouve le style et les expressions des préambules de ses chartes (1).

Des nouvelles, de haute et triomphante apparence, arrivèrent alors de l'empereur et de son pape Clément. Ils étaient enfin entrés à Rome, appelés par les Romains eux-mêmes : aucun acte de violence ne souillait leur victoire ; Hildebrand se barricadait dans le château Saint-Ange ; mais on l'y laissait, et on acclamait Clément, qui, le jour de Pâque (31 mars 1084), en pleine basilique de Saint-Pierre, avait inauguré sa prise de possession en posant la couronne impériale sur la tête de Henri. Ces grands événements furent annoncés au fidèle Thierry par un courrier extraordinaire, qui, vers le milieu d'avril, lui remit la lettre suivante, écrite de la main impériale :

Lettre de l'empereur à Thierry, après la prise de Rome.

«L'empereur Henri, à l'un de ses meilleurs amis, l'évêque Thierry.. Par votre dernière lettre, où vous me demandez des nouvelles de l'affaire de Rome, je vois que vous n'aviez pas encore reçu ce que je vous ai déjà écrit à ce sujet. En vérité, je m'en félicite presque ; car il m'est arrivé un tel succès, et d'une manière si inespérée, que j'aime mieux que d'autres que moi vous en aient donné la première information. Ce que mes prédécesseurs, avec dix mille soldats, eussent considéré comme une réussite merveilleuse, la Providence m'a per-

---

(1) A la fin de la lettre, on lit, dans plusieurs manuscrits : *Explicit epistola Theoderici episcopi, edita, ex personâ ipsius, à Wenrico, scholastico Trevirensi.* Sigebert, dans son livre des écrivains ecclésiastiques, dit : *Guenricus, ex scholastico Trevirensi episcopus Vercellensis, scripsit librum, sub personâ Theoderici Virdunensis.* Notre nécrologe porte : *Pridiè kalendas octobris, obiit Wenricus, præsul illustris, qui fuit clericus canonicus Sanctæ-Mariæ.* — Roussel trouve dans cette lettre une preuve de la fidélité de Thierry à Grégoire VII. Il n'en avait sans doute lu que le préambule.

mis d'en venir à bout avec dix hommes, pour ainsi dire. Vous savez
que je commençais à désespérer, et que j'allais donner ordre de
repartir pour l'Allemagne : tout à coup on m'annonce une députation
des Romains, apportant les clefs de la ville. J'entrai le 21 mars ;
j'occupai la cité entière, à l'exception du château Crescentin, où
s'est enfermé Hildebrand : puis, sans m'inquiéter de ce que faisait
là ce bon seigneur, j'assemblai les cardinaux et le peuple ; je leur
fis reconnaître sa déchéance ; tous acclamèrent Clément ; et on le
porta en triomphe sur la chaire apostolique. Le jour de Pâque, nouvelles acclamations à mon couronnement. Je pars, heureux et
remerciant Dieu et saint Pierre de leur protection. Vous pouvez
annoncer, aux amis et aux ennemis, mon prochain retour en Allemagne : donnez-moi la joie de vous y rencontrer à Augsbourg, où j'irai
de Ratisbonne, après la saint Pierre (29 juin). Quant aux affaires, je
ne puis, faute de temps, répondre, article par article, à tout ce que
vous me mandez ; nous nous entretiendrons de bouche. En chemin,
j'ai rencontré votre exprès : je me tiens en garde du côté que vous
m'indiquez. Je n'ai pas besoin de vous dire qu'en vous adjoignant
l'évêque d'Utrecht, mon seul but a été de vous donner un aide ;
soyez sûr que je me fie à vous plus qu'à personne. Répondez aux
Saxons, à l'archevêque de Salzbourg, au comte Adalbert, et aux
autres qui demandent réconciliation par votre entremise, que je ne
veux que la paix, et que je les reçois, à la seule condition d'être
fidèles à l'avenir. Clément, votre pape, et Henri, votre empereur,
vous prient de faire enfin le sacre de l'archevêque de Trèves (Egilbert) ;
plus vous y mettrez de diligence, plus vous nous ferez plaisir (1). »

Cette lettre est intéressante en ce qu'on y voit que, pendant la longue expédition de l'empereur en Italie, Thierry
fut l'un de ses principaux ministres en Allemagne. Quant
aux belles cérémonies de Rome, elles ne furent, en réalité,
que des scènes de théâtre, que Henri joua, pour ne pas
revenir avec la honte de n'avoir pu, comme il s'en était
vanté, faire asseoir son élu sur la chaire de saint Pierre.
Mathilde le harcela, pendant tout son chemin de retour ; et,

(1) Cette lettre s'est conservée, comme par hasard, dans le *Gesta* de Trèves, ch. 61, comme pièce relative au sacre d'Egilbert. Elle fait regretter la
perte de la correspondance qu'elle indique entre l'empereur Henri IV et
Thierry.

à peine eût-il quitté la ville éternelle, que les bandits normands de Robert Guiscard la saccagèrent affreusement, sous prétexte de punir ceux qui avaient fait défection au pape. Grégoire. effrayé de leurs excès, s'enfuit, puis mourut, peu après, de vieillesse et de chagrin, à Salerne, le 25 mai 1085, n'osant revenir à Rome, de crainte qu'on n'y fît retomber sur lui les crimes des Normands. Mathilde occupa alors le château Saint-Ange, et continua, sous les papes Urbain II et Pascal II, son rôle de grande protectrice du pontificat.

A ce temps remonte la paroisse Saint-Sauveur, que notre évêque érigea, après avoir terminé Saint-Airy, en 1082 ; et ce fut encore alors qu'il établit la foire Saint-Martin : de sorte qu'on vit que, malgré ses grandes affaires politiques, il n'oubliait pas son diocèse. Nous avons déjà parlé de Saint-Airy, commencé, vers 1040, par l'évêque Raimbert. Thierry l'acheva, et lui donna sa charte définitive, où, dans un court exposé historique, se trouve incidemment la mention de la reconnaissance qu'il avait précédemment faite de Mathilde comme comtesse de Verdun (1). L'érection de la paroisse fut le complément de la fondation du monastère. La population de la ville-basse s'accroissant, le service paroissial devint gênant dans l'ancienne église Saint-Martin, devenue abbaye. Thierry fit, en conséquence, construire à ses frais une nouvelle église, près de l'hôpital dit aujourd'hui Sainte-Catherine : et, bien que la construction n'en fût pas entièrement achevée, à sa mort en 1089, il voulut, pour être sûr de l'exécution de sa bonne intention, que son ami Henri de Verdun, évêque de Liége, qui était venu l'assister dans sa dernière maladie, fît, dans le nouveau bâtiment, une cérémonie de dédicace, en l'honneur de la Trinité, et particulièrement du Christ sauveur (2). On

Paroisse St-Sauveur.

_____

(1) V. ci-dessus, p. 48 et 107.

(2) *Quarto nonas aprilis* (2 avril), *Viroduni, dedicatio ecclesiæ in honore Domini nostri Salvatoris, ab episcopo Henrico Leodiensi, qui fuit canonicus Virdunensis, sub episcopo Theoderico, et abbate Bosone.* Nécrologe de Saint-Airy. —

satisfit au désir du mourant; mais la paroisse ne put prendre possession de son édifice que quelques années plus tard; et son organisation définitive fut réglée par l'évêque Richer, dans une charte de 1093, expédiée à la demande des notables, soit du clergé, soit du palais, c'est-à-dire de la corporation municipale (1). Dans les désignations de lieux que donne cette charte, il est noté que l'hôpital est une maison bâtie en pierre; ce qui indique qu'au xie siècle, un grand nombre de maisons n'étaient qu'en bois. Cette cure, ou, comme on disait au moyen-âge, cet autel de St-Sauveur appartenait à Saint-Airy, qui en nommait le prêtre, et le défrayait sur ses dîmes, par portion congrue : de là vient que tout le territoire du dîmage Saint-Airy, y compris Bellerey et les faubourgs actuels, était de cette circonscription paroissiale, sur laquelle l'abbaye gardait les droits dits de curé primitif, où elle fut plusieurs fois maintenue par sentence, au moyen-âge (2), mais qui, dans les temps modernes, n'étaient plus qu'honorifiques. Ainsi relevaient de Saint-Paul la paroisse Saint-Victor, qui est d'ancienneté immémoriale et inconnue, de Saint-Vanne, celles de Saint-Pierre et de Saint-Amant, dont le territoire, avec celui de Saint-Médard dépendant de Saint-Maur, et avec les chapellenies Saint-Jean et Saint-Oury, des deux cloîtres, forme la circonscription de la paroisse actuelle Notre-Dame, établie à la cathédrale, après la Révolution. Saint-Sauveur, la plus

Et ipsa ecclesia benedicta ab Henrico, episcopo Leodiensi, jàm decumbente Theoderico, prædecessore meo, in lectulo ægritudinis undè non descendit. Charte de Richer, en 1093. Thierry mourut le 28 avril 1089.

(1) *Ædificatâ honestæ compositionis ecclesiâ, inter duos lapideos pontes Mosani cursûs, juxtà viam publicam mediæ civitatis, propè januam ecclesiæ ubi domus infirmorum œdificata est lapidea..., intercedentibus primoribus qui circà me esse videbantur, tàm in ecclesiâ quàm in palatio.* Même charte, dont une traduction, assez fautive, dans D. Cajot, 1777, p. 130. Le texte est dans le cartulaire de Saint-Airy.

(2) *R. Dei gratiâ Virdunensis electus* (Raoul de Torote)... *Totum jus in solidum, quod in ecclesiâ Sancti-Salvatoris venerabilis quondàm prædecessor noster Richerus Sancto-Agerico contulit, prout in instrumento diligenter inspeximus, quod jus fratres dicti monasterii per suam negligentiam perdiderunt, eidem de novo reddidimus et donamus.* Juillet 1227.

importante de nos anciennes paroisses, eut, depuis le XIIIe siècle, deux prêtres, dont un seul portait d'abord le titre de « pléban, » l'autre n'étant que son vicaire associé : mais, comme cet associé était lui-même nommé par Saint-Airy, et à titre perpétuel, il se mit peu à peu sur le même rang que le *plebanus* : de sorte qu'il y eut, en cette paroisse, deux curés, dits partiaires ou portionnaires ; ce qui subsista jusqu'à la fin du XVIe siècle où, l'un des deux portionnaires étant mort, l'autre obtint de l'abbé dom Didier Sarion qu'il le présenterait pour succéder à son confrère, de manière à réunir les deux portions. L'official de la Princerie, à laquelle appartenait l'institution, agréa l'arrangement, par sentence du 19 août 1575, à charge que le curé unique entretiendrait, à ses frais, un vicaire, ou chapelain auxiliaire, faute de quoi, la portion réunie serait considérée comme vacante (1). Dans l'organisation de 1790, Saint-Sauveur fut conservé, comme paroissiale de la ville-basse, ayant pour chapelle succursale l'église des Minimes, où la paroisse fut transférée après la Révolution, Saint-Victor étant rétabli, et augmenté de la rue Saint-Sauveur, qui tire son nom de l'église démolie (2).

La foire Saint-Martin fut établie par Thierry, en 1082, pendant les fêtes de l'achèvement de Saint-Airy. On profitait, au moyen-âge, des meilleures solennités patronales pour tenir, au milieu de l'affluence du peuple, de grands marchés, dits publiés ou extraordinaires, *forum indictum* : le seigneur féodal, auquel appartenait le cri de la fête, assurait protection et immunités diverses ; et les évêques, quand

Foire St-Martin.

(1) *Jacobus de Grey, curiæ Primiceriatûs pro Capitulo Virdunensi officialis. Cùm, sicut accepimus, altera portio parochialis ecclesiæ Sancti-Salvatoris, quæ per duos curatos rectores, portionarios nuncupatos, regi et gubernari solita sit* (suit l'exposé de l'affaire). *Nos igitur dictas portiones, ut per unum tantùm obtineantur, in perpetuum univimus... ità quòd animarum cura in illis, ac de Bellèrei, nullatenùs negligatur... et rector, pro tempore, sibi presbyterum idoneum, per nos et successores nostros officiales, seu loci ordinarium approbandum, qui sibi continuò auxilietur et subveniat, conducere omninò teneatur, alioquin altera portio prædicta vacare censeatur. Datum et actum Virduni,* 19 août 1575.

(2) Sur cette ancienne église Saint-Sauveur, v. ci-dessus, tom. 1. p. 470.

le rassemblement se faisait sur leur territoire, ajoutaient
des peines spirituelles contre les violateurs des franchises. Suivant cet usage, Thierry, après avoir, à la
demande du peuple, décrété la foire, n'oublia pas de me-
nacer de la malédiction de Dieu et des saints quiconque,
soit pendant sa tenue, soit à l'aller, soit au retour, commettrait des voies de fait; mais il n'entre dans aucun autre
détail. On lit, dans la chronique de Metz, que la foire de
cette ville, fixée alors « à la feste Notre-Dame Sainte-Marie,
mi-aoust, ait teil droit que cils qui viennent ont bonne
paix et trième, huit jours devant, les huit jours de la foire,
et huit jours après, sans mortelle guerre. » Des immunités
analogues protégeaient les fêtes des grandes églises « monsignor saint Etienne (cathédrale), monsignor saint Clément,
et monsignor saint Arnoul, où il y ait bonne paix et triève
un jour devant, le jour de la feste, et l'endemain.»Ces coutumes, ou de semblables, s'observaient probablement aussi
à Verdun. Notre charte de 1082 assigne, pour époque
annuelle, la veille et le jour de saint Airy, c'est-à-dire le 30
novembre et le 1er décembre (1); mais saint Martin étant
le patron primitif, et demeurant toujours le premier en
titre de l'église des moines, on préféra bientôt sa fête, qui
tombe le 11 novembre, en un moment où la saison est
d'ordinaire assez belle. Les deux autres anciennes foires de
notre ville avaient pour jours les fêtes patronales des deux
Chapitres : celle de la Madeleine subsiste encore ; mais
celle de la cathédrale, à la Notre-Dame de septembre, a été,
il n'y a pas très-longtemps encore, transférée au mois de
mai.

De ces petits détails, nous revenons aux grands événements. Jusque alors, Thierry n'avait guère commis le péché
de schisme que par paroles et par écrits; mais, après la

---

(1) *Nundinas etiàm, annuentibus nobis et populo, hoc eodem tempore, scilicet
sancti Andreæ et sancti Agerici festivitate, constituimus fieri, interdicentes ex
Deo et sanctis omnibus ne quis, sine lege, noceat aut vim faciat venientibus,
sive reverlentibus.* Charte de 1082.

lettre de l'empereur, qu'il reçut en avril 1084, il lui fallut passer à l'action. Cette lettre, comme nous l'avons vu, le mettait en demeure de sacrer, pour Trèves, l'élu Egilbert, malgré la défense formelle de Grégoire VII : en conséquence, il se rendit sur le champ à Mayence, où les impérialistes s'assemblaient pour aller au-devant de l'empereur revenant d'Italie; et il fit le sacre, à l'assistance des prélats réunis en cette ville (1). L'année suivante 1085, peu après Pâque, l'intrus Clément III envoya des légats, avec lesquels son parti tint, à Mayence encore, un concile, où se trouva Henri de Liége, et où Pibon de Toul envoya son adhésion (2). Il ne resta plus alors que Herman de Metz fidèle à la papauté légitime : on le déposa; il s'enfuit en Italie, chez Mathilde; et l'empereur nomma, à sa place, l'abbé de Saint-Arnoul Walon, que Thierry, en qualité d'ancien, sacra encore (3); de sorte que les trois évêques et le métropolitain se trouvèrent tous schismatiques, c'est-à-dire du parti de Clément III. On juge de l'abomination où tomba notre prélat devant les orthodoxes, pour s'être fait l'instrument d'une pareille défection. Comme il n'était pas endurant, il commença à s'offenser de leurs murmures; et il donna ordre d'expulser des monastères de Verdun quelques zélateurs, qui s'y étaient enfuis de Liége et d'autres endroits (4). Ceci prouve qu'il ne passait pas encore en ce moment pour très-farouche, puisqu'on s'était réfugié des autres diocèses dans le sien; mais enfin, perdant toute patience, il se mit à persécuter ses adversaires. S'il y a,

(1) *Gesta* de Trèves, ch. 63.

(2) Dans les *Concilia Germaniæ*, tom. III. p. 202.

(3) Hugues de Flavigny, p. 257, raconte qu'à ce sacre, qu'il appelle exécration, Thierry refusa d'employer le chrême béni par Herman, et se fit apporter le sien propre, *quod ipse contrà jus et fas sacraverat*. Cette petitesse n'entre guère dans le caractère de Thierry. C'est peut-être quelque incident interprété avec malveillance.

(4) *Viris religiosis qui tunc à Leodio confluxerant, et ab aliis undiquè partibus... nàm de papatu Clementis erant reliqui episcopi Lotharingiæ, exceptis perpaucis.* Flav. p. 228. Le mot *Lotharingia* s'entend ici de l'ancien royaume.

Il persécute
les moines.

pour sa conduite, quelque excuse, elle se trouve dans les
outrageants propos que tinrent sur lui les exaltés, en le
traitant de sacrilége, d'impie et de bête féroce (1). C'est de
ce ton qu'est écrite son histoire dans Hugues de Flavigny : et
rien, en ces temps de furieuses dissensions, ne fut plus commun, de part et d'autre, que cet indécent et indigne langage.
Thierry s'attaqua à la communauté de Saint-Vanne, sanctuaire et boulevard de l'orthodoxie ; et il blessa au cœur
tous les vrais fidèles, par la guerre acharnée qu'il lui déclara. Son plan fut d'en disperser les chefs, puis d'intimider
et de séduire les membres : mais il rencontra de telles
résistances que, pour ne point avoir le dessous, il se vit
obligé de pousser les choses jusqu'à la violence et au scandale. Il annonça qu'il tiendrait à l'évêché une assemblée
publique, où chacun aurait à déclarer quel empereur et
quel pape il reconnaissait. A l'approche de ce péril, l'abbé
Rodolfe, et le zélé Flavigny partirent, pour aller voir si
Jarenton de Dijon était toujours prêt à recevoir, comme il
l'avait promis, les frères de Verdun dans son monastère
de Saint-Bénigne. Il répondit qu'il les accueillerait tous,
et non-seulement les plus compromis, comme on le lui
proposait d'abord, parce que, dit-il, ceux qui resteraient,
les plus jeunes surtout, se trouveraient exposés sans gui-
des, aux plus dangereuses tentations (2). C'était le projet
absolument opposé à celui de Thierry, qui voulait garder
la corporation, en l'épurant de ceux qu'il appelait les meneurs. Pendant ce colloque de Dijon, il tint à Verdun sa
grande assemblée, à laquelle ne se trouvèrent ni Rodolfe,

(1) *Inter hæc, Virdunensis fera, totâ humanitatis facie eversâ, hâc illàcque
debacchatur.—Ut impleretur quod scriptum est : « Cùm videritis idolum abomi-
nationis in loco sancto », nomen illius hæresiarchæ nefandi (Clementis) publicè
in ecclesiâ in canone recitari præcipiebat : quod etiàm faciebant reliqui episcopi
Lotharingiæ. Totus illi sermo de imperio Henrici, de papatu Clementis : et versus
est in arma furoris, etc.* Flav. p. 228.

(2) *Tractaverat autem de his nuper cum abbate Divionensi Geruntione.* Laurent de L. — *Anno 1085, venerunt monachi Virdunei in ecclesiam nostram.*
Chronique de Saint-Bénigne. — Il n'y avait pas alors d'évêché à Dijon : ce
diocèse fut démembré, en 1731, de celui de Langres.

ni Hugues; mais les autres leur en firent le récit, à peu près en ces termes : « Tout le sénat de la ville était réuni; et le persécuteur y siégeait d'un air farouche, en lançant des regards de bête sauvage irritée. Ses gens vinrent, avec insultes et outrages, nous prendre, pour nous conduire à cette audience. Dès que nous fûmes arrivés, il dit, du ton solennel d'un juge en matière de foi : « Déclarez quel est votre pape. Nous ne répondîmes rien. — Déclarez quel est votre empereur. Nous gardâmes le même silence. Alors il fit apporter un livre d'évangiles, et dit : Ceux qui ne voudront pas reconnaître sur ce livre, Clément comme pape catholique, et Henri empereur, élu et couronné par la grâce de Dieu, seront ignominieusement dépouillés de leurs habits, et chassés de la ville. On exécuta sur le champ la sentence : on nous arracha nos vêtements; et nous fûmes obligés de traverser les rues en simple étamine, au milieu de huées. Frère Leroux, ayant donné l'exemple de refuser le serment, fut fustigé, et pourchassé jusqu'à huit milles de Verdun, où il trouva enfin des gens charitables qui le recueillirent, et lui donnèrent des habits (1). » Tout ceci est entremêlé, chez Hugues, d'exclamations et d'oraisons pathétiques; mais Thierry maintint sa sentence : et les exilés n'osèrent revenir qu'en 1092, sous son successeur Richer, leur bannissement ayant duré sept ans. Après cette scène, il manda Fulcrade, abbé de Saint-Paul, et lui dit qu'il pouvait prendre possession de Saint-Vanne; ce que cet abbé fit en effet. Pour les fugitifs, ceux qui s'étaient sauvés en Bourgogne échappèrent à l'évêque; mais il fit sentir la longueur de son bras à d'autres, jusqu'à Afffigen en Brabant; car les réfugiés de ce lieu ne tardèrent à en être expulsés, pour propos injurieux tenus contre notre évêque (2). On

Exil de
la communauté
de St-Vanne.

(1) *Capti cum exprobratione et improperio, conspectui Virdunensis illius bestiæ præsentati sunt, quò totus senatus urbis convenerat, et, quasi de fide agendo, inquisitum est quem papam haberent, quem regem, etc.* Flav. p. 235.

(2) Chronique d'Afffigen, ch. 6 et 7, dans le Spicilége, tom. x. p. 590-92. Le chroniqueur confond en ce passage Saint-Vanne avec Saint-Airy. La mense d'Afffigen fut prise pour fonder l'archevêché de Malines, au xvi° siècle.

profita, à la Ville, du désastre de Saint-Vanne, en s'affranchissant de ses droits de tonneu : et, quand les moines revinrent, ils trouvèrent que Fulcrade avait transporté à Saint-Paul trois beaux tapis d'église, deux magnifiques chapes et deux chandeliers d'argent; ce qui lui valut, de la part du déclamateur Hugues, les épithètes de voleur, de loup, et d'homme sans crainte de Dieu (1).

Reprise
de la guerre
entre Thierry
et Godefroy
de Bouillon.

Jusqu'à sa dernière heure, Thierry fut dans les combats; et une malencontreuse fatalité voulut que le retour même de son grand protecteur l'empereur Henri lui ramenât le plus dangereux de ses anciens adversaires. On se rappelle comment, en 1076, prenant le parti de Mathilde, il s'était brouillé avec Godefroy de Bouillon, qu'il ne voulut pas reconnaître comte de Verdun (2). L'empereur alors sépara les deux combattants, en les appelant l'un et l'autre à son service, chacun de son côté; mais ils se retrouvèrent aux prises, dès que Godefroy fût revenu d'Italie, en 1084 (3). Il commença par chasser de Stenay les gens de Mathilde; puis il fortifia cette place, et y mit une garnison qui dévasta les terres de l'évêché. Il fallut que Thierry, tout vieux et fatigué qu'il était, remît sur pied son ost épiscopal. Albert de Namur, le voué de Mathilde, et d'autres chevaliers lui vinrent en aide : c'étaient Frédéric comte de Toul, et ses deux fils Renauld et Pierre qui, quelques années plus tard, suivirent Godefroy à la croisade; mais alors ils marchèrent contre lui avec l'évêque. Cette petite armée assiégea Stenay; et Godefroy vint au secours de sa place: ce qui amena une rencontre sérieuse, où plusieurs seigneurs périrent de part et d'autre. La victoire fut indécise; le duc ne

(1) *Et amisit ista ecclesia foraticum vini civitatis, et pugillum, et tria pretiosa pallia, etc.* Laurent de L. — *Lupi rapaces, nec Deum, nec hominem reverentes, à quibus confusa et destructa sunt omnia, etc.* Flav. p. 259.

(2) Ci-dessus, p. 106-108.

(3) Godefroy accompagna l'empereur pendant toute l'expédition d'Italie. On lit même dans la chronique du Mont-Cassin, qu'en 1083, il entra le premier, par une brèche, à Rome. V. Voigt, Histoire de Grégoire VII, en cette année.

put faire lever le siége ; et les assiégeants ne purent l'empêcher de renforcer sa garnison de défense (1). Ce fut aux armes de Thierry beaucoup d'honneur que d'avoir ainsi disputé la victoire à un héros tel que Godefroy de Bouillon ; et il était bien décidé à pousser son entreprise jusqu'au bout, lorsqu'il vit arriver dans son camp son ami et collègue Henri de Liége, qui lui dit que les deux frères de Godefroy, Eustache et Baudoin de Boulogne s'avançaient avec des forces tout à fait supérieures ; puis il offrit sa médiation, étant ami des deux parties, et devant même, comme nous l'avons vu, son évêché au duc. Il venait, en réalité, de la part de l'empereur, peiné de voir ses fidèles Godefroy et Thierry se battre entre eux. On fit trève ; puis, peu après, les belligérants furent accommodés aux dépens de Mathilde, contre laquelle, à cause de ses hostilités en Italie, fut prononcée une condamnation de lèse-majesté impériale. Cette sentence emportait confiscation de ses biens, même patrimoniaux, et déchéance de son voué Albert de Namur : de sorte que Thierry se vit obligé de reconnaître Godefroy ; mais on le dédommagea de cet échec, en lui donnant à lui-même, pour son église, Stenay et Mousay, pris sur les patrimoniaux de Mathilde ; et on ajouta, dans la charte, que la confiscation ne porterait aucun préjudice aux cessions déjà faites de Juvigny, de Mureau et de la forêt de Woëvre à l'évêché par la grande comtesse (2). Ce diplôme fut expédié, sous sceau d'or, à Metz, le 1er juin

Stenay et Mousay confisqués sur Mathilde.

(1) L'histoire de cette guerre dans Laurent de Liége. Elle arriva, dit-il, la quarantième année de l'épiscopat de Thierry.

(2) *Dilecto patri nostro Virdunensi episcopo Theoderico, ob fidele servitium ipsius.., ad usum suum, et in proprietatem Sanctœ-Mariœ Virdunensis, ea prœdia dedimus quœ comitissœ Mathildis fuerant, et in potestatem nostram lege et judiciario jure pervenerant, videlicet Musacum majus et minus, et Sathiniacum. Confirmamus etiàm illi abbatiam Juviniaci, castellum Mireuvaldi, cum foreste quœ dicitur Wauria* (la forêt de Woëvre, près Stenay)..., *traditum et investitum antequàm comitissa Mathildis rea fuisset majestatis imperialis... Actum Metis, feliciter, calendis Junii 1086. etc.* Plusieurs fautes dans D. Calmet, qui met *Gerimacum* pour *Gemmacum*, etc. — Sur le sceau d'or de cette charte, v. ci-dessus, tom. I. p. 388.

1086 ; et on le voyait encore dans nos archives, au moment de la Révolution ; mais il ne termina pas les querelles. Mathilde ne reconnut pas la confiscation : de son côté, Godefroy de Bouillon prétendit que ces domaines, étant du patrimoine d'Ardenne, étaient acquis à lui dès 1076, en vertu des dispositions de Godefroy le Bossu, qui l'avait institué son héritier ; et ces nouvelles difficultés ne prirent fin que sous l'épiscopat suivant.

Derniers moments et mort de Thierry.

Ce célèbre évêque mourut le 28 avril 1089, fatigué, mais non brisé par les quarante-deux années de son orageux pontificat (1). Il ne faiblit jamais : Godefroy de Bouillon le retrouva, en 1085, intrépide, comme l'avait vu le Breux, quand il incendia la cathédrale et l'évêché, en 1048. A sa dernière maladie, s'éleva encore un débat : les orthodoxes tenaient, avec raison, à recevoir sa profession finale de foi ; et les schismatiques voulaient, au contraire, qu'il mourût avec leurs sacrements. En ce moment, vint son ancien archidiacre, l'évêque Henri de Liége, impérialiste modéré, qui fut bien accueilli ; car le malade le chargea de faire, pour lui, la dédicace de l'église Saint-Sauveur. De l'autre côté, se présenta Herman de Metz, rétabli sur son siége en 1088 : c'était également un ancien ami, qui lui rappela les temps heureux de leur union ; mais sa mission fut traversée par l'archidiacre, depuis princier Thierry, neveu de notre évêque, qui empêcha alors son oncle de se rétracter (2). Cependant approchait l'instant suprême ; et le mourant avait déjà perdu la parole, quand on réussit enfin à le convertir. Deux des exilés de Saint-Vanne, envoyés de Dijon par l'abbé Rodolfe, pénétrèrent jusqu'à lui ; il les reconnut, les salua de la tête, et se frappa la poitrine, quand

(1) *Quarto kalendas maii, obiit Theodericus episcopus, qui hanc novam condidit ecclesiam.* Nécrol. Cette neuve église est la cathédrale rebâtie par Thierry. — *Sedit in episcopatu annis* XLIII. Laurent de Liége.

(2) *Theodericus primicerius, de quo memoratur... quomodò avunculo suo episcopo Theoderico in extremis agenti, ne catholicæ unitati reconciliaretur, coràm Herimanno Metensium episcopo, interdixerit, qualia Cæsari indè scripserit, etc.* Laurent de L., dans la Vie de Richard de Grand-Pré.

ils lui parlèrent de ses offenses envers le siége apostolique : on remarqua même qu'il se la frappa des deux mains, au souvenir de sa conduite envers la communauté bannie. C'était déclarer qu'il souhaitait qu'on la rappelât ; mais les schismatiques de Verdun ne tinrent compte de sa dernière volonté ; et ils contredirent, le plus qu'ils purent, le témoignage des moines. Ceux-ci dressèrent un rapport authentique, sur lequel un synode, présidé par le légat Hugues de Lyon, déclara la rétractation de Thierry constante, et sa mémoire réhabilitée dans les honneurs ecclésiastiques (1). Comme il avait rebâti la cathédrale, on l'inhuma devant le grand autel, où on retrouva, en 1752, sous le pavé du chœur, son tombeau, sa crosse, son calice d'argent, et son anneau d'or, dont la pierre diaphane permit de lire, à la loupe, les lettres TRIC (2). Pour éloge funèbre, nous dirons de cet évêque que, sauf son schisme, il fut irréprochable ; car ses ennemis, et il n'en manqua pas, ne trouvèrent pas même prétexte à le noircir d'accusations du genre de celles que l'on éleva contre Pibon de Toul. C'était l'un des hommes les plus généreux de son temps (3) : il s'occupait du bien public, faisait la guerre aux châtelains pillards (4) ;

(1) Dans Laurent de Liége, à la fin de la vie de Thierry. Avec moins de détails, dans Hugues Flav. p. 239.

(2) Procès verbal du 16 août 1752. Les rédacteurs de cette pièce, croyant Thierry inhumé à la Madeleine, expliquèrent les lettres RIC, soit de l'évêque Richard Ier, soit du cardinal Albéric ; mais le T., surmonté d'un point, en signe d'abréviation, prouve que c'était l'anneau de Thierry. On montrait, dans les cryptes de la Madeleine, une tombe que l'on supposait être celle de cet évêque, d'après la charte citée ci-dessus, p. 77, note 2. Il n'en était pas ainsi ; car une lettre de l'archidiacre Sauvage, datée du 10 décembre 1765, dit qu'on venait de reconnaître que cette dalle ne recouvrait qu'un chanoine, mort vers 1300, et dont l'épitaphe était incrustée sur un pilier voisin.

(3) *Theodericus episcopus, vir dexterœ liberalioris suprà multos mortales hujus temporis.* Charte de 1094, dans le cartul. de Saint-Airy, tom. I. p. 19. — *Theodericus Virdunensis, qui cognomento Magnus vocabatur.* Gesta de Trèves, ch. 60.

(4) A ces seigneurs pillards, il faut, malgré les belles légendes d'Orval, joindre le comte Arnoul II de Chiny, qui détroussa l'évêque Henri de Liége, absolument comme Adalbert de Kalw fit à Thierry. Il est parlé de cette affaire dans le Registre de Grégoire VII, liv. VII. lettres 13 et 14. Il paraît

le commerce lui dut l'établissement d'une grande foire; et ses chartes parlent de terres défrichées, de vignes plantées, et de moulins construits par ses ordres (1). Ses écrits ne manquent ni de style, ni même de quelque éloquence (2) : on voit, sur ses monnaies, le portail, assez élégant, de sa cathédrale; et les têtes gravées sur ses types monétaires sont de meilleure exécution que celles de la plupart des pièces de son temps; mais il est rare d'en trouver des empreintes bien conservées. Enfin, à Saint-Vanne même, on ne tarda pas à désavouer les furieuses invectives de Hugues de Flavigny : Laurent de Liége, le véritable chroniqueur de la communauté, rendit pleine justice à Thierry; et, pour toute plainte au sujet du schisme, se borna à dire que ce fut un temps périlleux, dont le digne évêque ne se tira pas sans quelque atteinte à sa gloire (3).

qu'Arnoul était coutumier du fait; car, vers 1084, il essaya encore de voler, sur la grande route, Richilde, comtesse de Hainaut. Art. de vérif. les dates, tom. III. p. 136. — Après l'assassinat de l'archevêque Conon, le jour où il devait entrer à Trèves, Thierry le fit inhumer à Tholey. *Cujus corpus à Theoderico, Virdunensium episcopo, ad Theologium monasterium transportatum est*, dit Albéric, à l'an 1067. On trouve, dans les Bollandistes, juin, tom. I, p. 127, une Vie de ce prélat Conon, dédiée à notre évêque par les moines de Tholey.

(1) *Dedi vineas duas, meo labore factas... Molendinum castello Deulewart vicinum, et aliud in villá quæ Tilleis* (Tilly) *vocatur, utrumque à me factum.* Charte de 1062, déjà citée, etc.

(2) Bénédictins, Hist. littéraire, tom. VIII. p. 252.

(3) *Periculosa tempora plurimùm laudibus digni episcopi detraxerunt... Vir in multis idoneus et laudabilis, nisi hæc macula esset in extremis ejus.*

CHAPITRE IV.

SUITE ET FIN DES INVESTITURES. DÉPART DE GODEFROY DE BOUILLON POUR LA CROISADE.—COMMENCEMENT DES VOUÉS DE LA MAISON DE BAR.—LES ÉVÊQUES RICHER, RICHARD DE GRAND-PRÉ, HENRI DE WINCHESTER.

De 1090 à 1120 environ.

Dans l'histoire de ces années, on voit en action, souvent trop dramatique, les embarras et les revirements de nos évêques entre l'empereur, qui ne leur permettait pas de prendre possession de leur temporel sans son investiture, et le pape qui défendait de les sacrer, et même les excommuniait, s'ils étaient allés la recevoir.

A la mort de Thierry, ce débat étant dans sa plus grande ardeur, et la rétractation du défunt évêque accroissant à Verdun l'influence orthodoxe, les suffrages se portèrent de ce côté. On élut Richer, doyen de Metz, l'un des dignitaires du catholique évêque Herman, mais homme de caractère très-modéré, et incapable de rien pousser à l'extrême. Il était de grande famille, et avait pour frères des chevaliers, qui rassurèrent les impérialistes. Son aîné Albert, dit de Briey, était seigneur voué de Mathilde en ce lieu; de là vient qu'on appelle aussi notre évêque Richer de Briey (1): et on lui connaît encore deux autres frères, Beuzelin et Jean, celui-ci dit de Thionville; enfin notre nécrologe en mentionne un quatrième, Anselme, qui demeura chez nous, avec l'évêque, et auquel on attribue l'origine ou l'accrois-

(1) V. ci-dessus, tom. I. p. 331-32. — *Johannes de Theodonisvillâ, frater Alberti de Briey*, mentionné, comme témoin, dans la charte de Mathilde pour Saint-Pierre-Mont, citée ibid. Laurent de Liége appelle ces frères *viros nobilissimos.* — *Pridiè idus aprilis, obiit dominus Anselmus miles, frater domini Richeri episcopi.* Nécrol. — Il n'y avait pas de seigneurie, ou comté de Thionville : cette ville relevait du comte de Luxembourg, sans inféodation intermédiaire. V. Teissier, Hist. de Thionville, p. 39-42.

sement de notre bourg Anselme, appelé ensuite Ancel-
Rue.

Investiture et fausse position de Richer.

Cette élection faite, se présenta la question de l'investiture. Richer eût bien souhaité qu'on le reçût sans bruit au
temporel, et que les choses traînassent ainsi en longueur,
jusqu'à la paix future ; mais les impérialistes ne le souffri-
rent pas : et ce trait décèle qu'ils avaient la prépondérance
dans la ville. L'évêque essaya tous les biais ; enfin, voyant
qu'il lui fallait absolument passer par la cour impériale, il
se décida, malgré les défenses du pape, à y aller demander
sa crosse (1). On y savait son peu de zèle, et la mauvaise
grâce qu'il avait mise à cette démarche ; de sorte que l'empereur ne consentit à lui remettre les insignes épiscopaux
qu'après que ses trois frères, et la députation verdunoise,
qui l'accompagnaient, se furent rendus cautions de sa
fidélité. Il revint ainsi ; et la Ville le reçut aux honneurs ; toutefois les vrais orthodoxes le suspectèrent d'être
excommunié ; et sa situation, au spirituel, fut d'autant plus
embarrassante qu'il n'avait que l'ordre de diacre. En temps
régulier, le métropolitain l'eût immédiatement ordonné
et sacré ; mais alors, ceux qui recouraient à Egilbert de
Trèves entraient par là même dans l'obédience de son
pape Wibert, Clément III ; ce qui eût constitué notre prélat en flagrant état de schisme. Il préféra rester tel qu'il
était, simple diacre, avec titre d'évêque désigné (2), gouvernant au temporel, en vertu de l'investiture. Les fidèles prirent patience, apaisés vers 1092, par le rappel de la communauté de Saint-Vanne. Sept années s'écoulèrent ainsi :
cependant la paix ne venait pas ; et la nécessité des affaires

(1) *Et, quoniàm alia via non patebat, ductus est ad curiam, contrà vetitum
Apostolicæ Sedis, et à Cœsare pontificalem baculum suscepit; et fratres suos ob-
sides dedit : et sic rediens, honorificè suscipi meruit. Sed, quia Romanæ ecclesiæ
offensam incurrerat, septem annis sine episcopali benedictione permansit, etc. etc.*
Laurent de L.

(2) *Ego Richerus, designatus pontifex ecclesiæ Virdunensis... post quintum
annum ingressûs mei in hâc eâdem civitate,* dit-il lui-même, dans la charte de
Saint-Sauveur, déjà citée.

spirituelles finit par arriver à l'extrême. Alors, écoutant les bons conseils, il alla à Lyon, avec l'abbé Rodolfe, fit amende honorable devant l'archevêque légat Hugues, abjura l'hérésie « henricienne, » puis reçut l'absolution, les ordres, enfin le sacre : et on lui fit, en grande pompe, à son retour à Verdun, une réception catholique, où les orthodoxes invitèrent Pibon de Toul, et Poppon, successeur d'Herman à Metz. Il officia, pour la première fois, dans sa cathédrale, le dimanche *Misericordia Domini*, second après Pâque 1096.

Il renonce à l'investiture.

On ne le laissa pas longtemps en paix ; et, ainsi qu'il devait s'y attendre, la cour trouva qu'il avait, en abjurant l'hérésie « henricienne, » fort mal tenu ses promesses de fidélité. L'empereur s'en prit à ses cautions ; et Jean de Thionville fut arrêté : alors les chevaliers firent honte à l'évêque d'avoir ainsi faussé sa parole, et lui dirent qu'il était tenu, en honneur, de délivrer son frère, captif pour lui (1). Richer se trouva alors fort perplexe. Etant lui-même bon clerc, et ayant lu l'histoire, il se rappela très à propos ce qu'elle dit de saint Martin qui, pour arracher quelques victimes à la fureur des hétérodoxes, avait cru pouvoir communiquer momentanément avec eux : en conséquence, et fort de ce beau trait d'antiquité, il se rendit à la cour, rétracta sa rétractation, et fit promesse nouvelle de fidélité à l'empereur Henri. Par cette conduite, il devenait relaps, au sens rigoureux du droit pontifical : et on se détourna de lui à Saint-Vanne, pendant trois nouvelles années ; mais il le souffrit sans se plaindre : bien plus, agissant en douceur et patience, il cessa de lui-même ses fonctions épiscopales, de peur de causer quelque scrupule à ses ouailles, en leur donnant malgré elles ses bénédictions schismati-

Il la reprend.

(1) *Ut Joannem à vinculis liberaret, jure gentium. Ille undiquè constrictus, similisque beato Martino, etc. Et rediens, tanquàm reus apostolicæ sedis, se per triennium suspendit : in quo spatio, hæc nostra ecclesia ei non communicavit. Quod, cùm à quibusdam ei invidiosè suggereretur, ille dicebat : Sinite servos Dei, sinite; meliores enim sunt me : tantæ humilitatis et patientiæ fuit.* Laurent de Liége.

Il y renonce
définitivement.

ques. Les choses restèrent ainsi jusque vers 1100, où l'intrépide Mathilde étant enfin parvenue à abattre les impérialistes d'Italie, et à soulever en Allemagne le propre fils de l'empereur, la fortune de celui-ci commença à chanceler. Richer, le craignant alors beaucoup moins, manifesta ses véritables sentiments. Il envoya à Rome l'abbé Laurent, successeur de Rodolfe, et l'archidiacre Guy, lesquels, pour préliminaire, durent, en entrant à l'audience de Pascal II, se faire absoudre eux-mêmes de leur communication avec l'évêque : puis il leur fut accordé qu'on lèverait successivement, et par ordre, toutes les censures encourues dans le diocèse de Verdun. L'évêque, qui avait entraîné les autres, dut aller, le premier, chercher son absolution à Lyon, près du légat : ensuite il rapporta de là la paix apostolique, et, avant de rentrer en ville, il la donna en cérémonie, à Saint-Vanne, aux corps ecclésiastiques, et à tous ceux qui s'étaient compromis avec lui.

Continuation
de la guerre
pour Stenay.

Pendant ces scènes, assez bizarres, d'autres événements étaient survenus. Godefroy de Bouillon revendiquait toujours Stenay et Mousay, contre la charte impériale obtenue par Thierry, en 1086 ; et, comme il s'absentait souvent, son mandataire, le comte Henri Ier de Grand-Pré poursuivait les hostilités. Ce n'étaient guère que des courses de brigandage : et un des barons de l'évêché, Pierre, fils du comte Frédéric de Toul, le lui reprocha publiquement à Châlons ; de sorte que le comte Henri, défié de paraître en bataille rangée devant Verdun, ne put refuser de prendre jour. Comme ce devait être un grand combat, on épiait de part et d'autre les forces et les préparatifs des ennemis. Des avis vinrent à Henri que tous les chevaliers du Verdunois se trouveraient à la bataille ; alors il rusa, et, au lieu de paraître au rendez-vous, s'avança sans bruit, pour tomber sur la ville, quand les défenseurs se seraient retirés, fatigués de l'avoir attendu. Ceux-ci, mieux informés encore que lui, feignirent de donner dans son piége, et se retirèrent en effet ; mais, au lieu de retourner chez eux, ils allèrent, en marche secrète, sur ses derrières, de manière à lui couper la retraite, quand il serait passé, se croyant maître du pays. Il résulta de cette tactique une grande défaite du comte Henri, poussé par derrière jusqu'à Verdun, et rencontrant en avant, dans la plaine de Thierville, dit-on, la milice de la cité. Il s'échappa par la fuite, mais perdit cent vingt hommes, avec beaucoup de chevaux et d'armures. Cet échec, considérable pour une armée de petit prince féodal, ne l'empêcha pas de continuer ses dévastations, qui ne finirent qu'au moment où il vint prendre la croix à Verdun, pour rejoindre Godefroy en Palestine. Il mourut alors presque subitement, dans la ville même; et le peuple dit que ses brigandages l'avaient rendu indigne de prendre part à la guerre sainte. Vers le même temps, un autre seigneur pillard, Dudon de Clermont, se jouant de la bénignité de Richer, qui endurait les offenses bien plus patiemment que Thierry, osa, tout ennemi qu'il était, se loger publiquement à Verdun. Son insolence irrita les clercs, qui l'arrêtèrent dans les rues, et le firent prisonnier; mais les barons trouvèrent mauvais que de telles gens eussent mis la main sur un chevalier; et il fallut que les délinquants, après avoir relâché leur captif, lui fissent amende honorable, en portant derrière lui, jusqu'à un quart de lieue de la ville, des livres de leur école (1).

La paix sur le démêlé de Stenay ne se fit que vers 1095, quand Godefroy, décidé à la Croisade, commença à vendre son patrimoine. Il ne garda pas même Bouillon, dont il portait le titre : ce célèbre château fut acquis, pour la cathédrale Saint-Lambert de Liége, par l'évêque Obert, moyennant 1300 marcs d'argent et quatre livres d'or, que l'on compléta aux dépens des moines, notamment de ceux de Saint-Hubert, qui se plaignirent amèrement

Godefroy vend Bouillon et Stenay.

(1) *Mansuetudinem episcopi non curans, hospitatus est Virduni, et à clericis captus, et ergastulo inclusus. Quod à tali hominum genere commissum cùm primates et barones indignarentur, clerici, pro satisfactione, ei, post unum stadium, scholarem librum detulerunt.* Laurent de L.

dans leur chronique. On voit, à leurs murmures, qu'ils
n'étaient pas, comme beaucoup de gens alors, enthousias-
tes de la Croisade; elle leur semblait, au contraire, une
folle entreprise, qui leur coûta, à leur vif regret, trois
grandes croix d'or, une table d'autel couverte en même
métal, et d'autres joyaux encore, que les exacteurs de l'évêque leur prirent, pour payer Bouillon (1). Quand Richer sut,
à Verdun, cet encan des biens de la maison ducale, il acheta
Stenay et Mousay, en recueillant tout ce qu'il put d'objets
précieux dans les églises : puis, l'acquisition faite, il tint
un synode où tous les prêtres, debout avec lui en étoles,
dirent anathème à quiconque priverait jamais la mense de
ces biens, si chèrement conquis (2). Mais il n'était pas au
terme de ses difficultés et de ses dépenses. Mathilde réclama
Stenay, en qualité d'unique héritière de Béatrice, n'y reconnaissant ni les prétendus droits de Godefroy de Bouillon
comme héritier du Bossu, ni la confiscation impériale de
1086, au profit de Thierry. Il fallut la désintéresser, ainsi que
le Saint Siège, son héritier désigné : en conséquence, on se
remit à négocier et à payer fort cher, cette fois en Italie.
Le consentement du pape fut obtenu en 1106, au synode
lombard de Guastalla : enfin, en 1107, Richer, peu de jours

---

(1) *Hortante papâ Urbano, armatos Jerosolymam adire consenserunt..., sponte
posthabitis uxoribus et filiis, et patrimoniis aut omninò relictis, aut pretio
distractis, festinabant captare incerta pro certis. Cum his Godefridus dux,
etc... Otbertus verò, gloriæ suæ studens, prædictum castrum oblatum sibi con-
cupivit, et mille quingentas argenti libras pro eo duci condixit. Et præscripsit
expoliandas congregationes episcopii : et adversùs ecclesiam beati Huberti
maximas inimicitias exercuit : nàm, exactoribus missis, tabulam altaris auro
tectam, tres cruces aureas, dispersis lapidibus, effregit... Ex hujus rapinæ
reliquiis, etc. Cantatorium,* §§ 103. 104. — Laurent de Liége ne porte le prix
d'acquisition de Bouillon qu'à 300 marcs d'argent : mais il résulte de la
relation donnée par les autres chroniqueurs que le mot *mille* doit avoir été
omis dans son texte par les copistes. — Sur cette cession, v. Ozeray, Hist.
de Bouillon, p. 292, 2ᵉ édit. — Pour anecdote, le *Cantatorium* ajoute que
Godefroy, à son départ, fit cadeau à Saint-Hubert d'un *ludum unum cristal-
linarum alearum,* sans doute un jeu de dames ou d'échecs en cristal.

(2) *Auri et argenti plurima, quæ de episcopii ecclesiis collegerat... Stantibus
in stolâ de toto episcopio presbyteris, anathematisavit, si quis ea deinceps aufer-
ret, etc.* Laurent de L.

avant sa mort, put recevoir l'acte de cession définitive de la comtesse, daté du 2 février à Turricella, près de Mantoue. Mathilde réserva, sur les domaines cédés, un cens de douze deniers de Verdun à l'église romaine; nous avons déjà vu une clause analogue dans sa cession de Juvigny à Thierry : ce sont, dans notre histoire, des vestiges de sa fameuse donation au temporel du pape (1). A l'arrivée de la charte, notre clergé renouvela ses anathèmes comminatoires; fort inutilement, car le successeur de Richer engagea Stenay et Mousay au comte de Luxembourg, des mains duquel ils passèrent au Barrois, puis à la Lorraine, enfin, dans les temps modernes, à la maison de Condé; de sorte que l'évêché jouit à peine quelques années de ces seigneuries.

On lit dans les vieux auteurs, Gaguin, Nicole Gille, et Bernard du Haillan, que Godefroy, à son départ, vendit la cité, c'est-à-dire la franchise municipale aux trois villes de Metz, Toul et Verdun. La même chose est racontée de Liége, qui paya, dit-on, sa franchise 150 mille écus « ondit Gondeffroy de Bouyllon, » Metz cent mille, Verdun et Toul, chacun 50 mille : moyennant quoi, ajoute-t-on, ces quatre cités ont joui, depuis l'an 1096, de pleines libertés, franchises, et immunités de république. Cette histoire sembla étrange à Wassebourg lui-même, qui ne put la trouver « ez livres authentiques et anciens (2); » et, en effet, elle ne

Prétendue vente de franchises municipales par Godefroy.

(1) De sa charte de Stenay, nous avons déjà cité le passage relatif aux divers modes d'investiture, ci-dessus, p. 94, note. La charte entière est dans les Preuves de D. Calmet : *Septiniacum et Mosagium... sicut Beatrix, genitrix mea tenuit, confero et offero ecclesiæ Sanctæ-Mariæ quæ est ædificata in loco et fundo qui dicitur Virdunum... ut unoquoque anno persolvatur sanctæ Romanæ ecclesiæ census duodecim denariorum Virdunensium, quarto nonas februarii. Actum villâ quæ vocatur Turicella feliciter,* (2 février 1107). — *Paschalis episcopus, Virdunensis ecclesiæ dilectis fratribus. Quod comitissa Mathildis, dilecta filia beati Petri, Virdunensi ecclesiæ sponté dedit, nos in illud, hoc nostro scripto, assensum præbuimus, ac proprio sigillo designari jussimus.*—Il semblerait, aux termes de ces actes, que Mathilde fit donation pure et simple; mais Laurent de Liége dit formellement : *Ab ipsâ matronâ multo pretio, primò à Lestanensi synodo per legatos, redemit Richerus, etc.*

(2) Wassebourg, p. 257, verso.

remonte pas plus haut que le vieux compilateur Gaguin, l'un des premiers qui aient entrepris une histoire de France, qu'il poussa jusqu'en 1490. Il croyait les Trois-Evêchés du ressort ducal de Basse-Lorraine, et, comme tels, soumis à Godefroy : mais, en réalité, ils ne dépendaient ni de la Basse, ni de la Haute-Lorraine; c'étaient des fiefs immédiats de l'Empire. Verdun seul, à cause du patrimoine, réel ou prétendu, de la maison d'Ardenne, se rattachait aux princes de cette famille. Vraisemblablement Gaguin lut, dans quelque extrait de Laurent de Liége, que Godefroy, avant de partir, se démit de notre comté, et reçut de l'argent (pour Stenay et Mousay) : il aura d'abord mal compris le fait pour Verdun; puis, les autres villes épiscopales lui paraissant de même condition, il se sera cru permis de le généraliser, comme trait commun de leur histoire.

Départ
de la Croisade. Godefroy de Bouillon fut le dernier héritier des anciens comtes de Verdun, issus de Ricuin d'Ardenne, dans la première moitié du Xe siècle (1). Cette maison qui, après l'an mil, s'éleva au duché de Basse-Lorraine, et à celui de Toscane, eut, parmi toutes les races princières, la fortune d'être constamment représentée par des guerriers illustres. Nous avons raconté leur histoire, depuis notre siége de 984 jusqu'au départ de la Croisade : mais l'antiquité des temps, et le manque d'historiens ont obscurci les souvenirs de ces vieux preux; le dernier seul a sa gloire immortalisée dans le célèbre poëme du Tasse. Sa croisade partit le 15 août 1096, au milieu de cris d'enthousiasme, dans lesquels se perdit le vain murmure de quelques improbateurs, disant, comme les moines de Saint-Hubert, que Jérusalem était bien loin, et que les conquêtes sur « les Mèdes et les Perses » ne vaudraient jamais les biens qu'on laissait chez soi (2). Cette armée, forte d'environ quatre-vingt mille

(1) Ci-dessus, tom. 1. p. 500. — Titre de Bouillon, tom. II. p. 79.

(2) *Armatos Jerosolymam adire, et Medos ac Persas debellare, et terram repromissionis subjugare. Et consenserunt, non solùm diversæ ætatis populares,*

hommes, dont dix mille chevaliers, de toutes les provinces, prit sa route par l'Allemagne et la Hongrie, marchant en bonne discipline, sans aucun de ces odieux excès, dont se souillèrent, contre les Juifs, les bandes de Pierre l'Ermite, ou de Gauthier Sans-Avoir (1). Parmi nos premiers croisés, on cite Louis de Mousson, aîné de la maison de Bar, qui périt en Terre-Sainte, Renauld et Pierre, barons de l'évêché, et, peu auparavant, chefs de sa milice contre Henri de Grand-Pré, ce comte Henri lui-même, qui mourut après avoir pris la croix à Verdun, Dudon de Clermont, un autre Dudon de Cons, mentionné dans la Jérusalem délivrée, les chanoines Walter et Thierry, celui-ci chancelier de la cathédrale, qui espéraient peut-être des évêchés en Palestine, comme en eut Guillaume de Malines, patriarche latin de Jérusalem, de 1130 à 1145; mais ils ne trouvèrent qu'une mort lointaine (2). Quant à la foule, elle fut nombreuse, soit dans cette croisade, soit dans les autres : car le surnom de « creusiés, » ou, en latin, *cruce signatus*, n'est pas rare dans nos chartes du XIIe siècle et du XIIIe. Au commencement du XIVe, le livre des Droits de Verdun, de Melinon, prend encore des précautions contre des gens de mauvaise foi, qui se couvraient du privilége de la croisade pour ajourner le paiement de leurs dettes (3).

sed et ipsi provinciarum principes..., captantes incerta pro certis, etc. Cantatorium, passage déjà cité, § 103.

(1) Les Bénédictins, Hist. de Metz, II. 205, mettent Verdun sur la liste des villes où de pareils exces furent commis; mais nous n'en trouvons aucune mention dans nos documents. Le *Gesta* de Tréves, ch. 66, ne parle pas de Verdun.

(2) Sur Dudon de Cons, v. Jérusalem délivrée, chant Ier, stance 53; chant III, stances 43, et suiv. — *Quarto nonas augusti, obiit Walterus, diaconus et canonicus, viâ Hierosolymorum defunctus, et in civitate Antiochiâ, apud Sanctum Petrum, honorificè sepultus. — Quarto nonas septembris, obiit Theodericus cancellarius et canonicus, qui ultrà mare profectus, et in reditu mortuus, misit centum solidos, et duas marcas auri, videlicet* CCVIII *obolorum aureorum. Nécrol.—* Liste des principaux croisés, à la fin du tom. I. de Michaud. Au lieu de Guillaume de Metz, patriarche, lisez Guillaume de Malines. On remarque encore Gérard de Chérizy, les deux d'Hache, etc.

(3) « De l'homme qui prent la croix. Les vingt jureis, et les échevins ont esgardé par jugement que, si on fait semonre (citer) aucuns hommes, ou on

De grands fiefs se trouvèrent vacants par le départ de Godefroy. Le principal était le duché de Basse-Lorraine, avec le marchisat d'Anvers : l'empereur Henri IV le donna, en 1101, à Henri, comte de Limbourg ; puis, en 1107, Henri V le transféra à Godefroy, comte de Louvain : nous n'aurons plus à parler de ce pays dans notre histoire. Quant au comté-avouerie de Verdun, l'évêque Richer en disposa seul, comme suzerain : et son droit supérieur fut alors reconnu, non-seulement sans opposition, mais à la demande de Godefroy de Bouillon lui-même. L'illustre émigrant souhaitait que cet antique apanage de la maison d'Ardenne ne passât point à des étrangers : en conséquence, il le remit à l'évêque, avec prière d'en investir Baudouin de Boulogne, son frère, fils, comme lui, d'une sœur de Godefroy le Bossu (1). Richer y consentit, et Godefroy reconnaissant démantela la forteresse qu'il avait fait construire à Montfaucon, pour les courses de Henri de Grand-Pré, au temps de la guerre de Stenay. Peu après, Baudouin lui-même partit ; et le comté se trouva de nouveau vacant. Alors, dit Laurent de Liége, Richer, influencé par les conseils des siens, et gagné par les cadeaux et les manières obséquieuses des intéressés, y nomma le comte de Bar Thierry, disant que ce prince, en

Le comté de Verdun remis par Godefroy à l'évêque.

fait estaul (saisie) sur lui, se il se croise parmi la aemonce, la croix ne le défend mie, ne que il ne soit mie croisié. Et, se aulcun homme est croizié, et il vient nient d'alleir au pérodons (voyage), la croix ne lui-vault. » Manuscr. p. 47 et 126. — Les croisés ne pouvaient être poursuivis pour dettes pendant leur voyage ; et leurs biens étaient sous la sauve-garde de l'église.

(1) Ci-dessus, t. i. p. 585. — Wassebourg fait descendre la maison de Lorraine d'un autre frère de Godefroy de Bouillon, Guillaume de Boulogne, duquel on remonterait jusqu'à Charlemagne, par les femmes. Les anciens auteurs lorrains suivent ce système, et en tirent l'explication des trois merlettes des armoiries de Lorraine, et du titre de rois de Jérusalem pris par les ducs. En réalité, ce titre ne remontait qu'à René d'Anjou, au commencement du xve siècle : et, dans les planches de D. Calmet, sceaux de Lorraine, en tête du t. ii. 2e édit., on voit, pour la première fois, les merlettes sur le bouclier de Ferry Ier ou II, vers 1200 : ce sceau est à la pl. 2, n° 8. — Les merlettes, ou alérions, oiseaux qui passent la mer, étaient l'emblème des croisés : on les représentait sans pattes et sans bec, pour marquer les blessures des chevaliers. — M. Noël admettait la généalogie par Guillaume de Boulogne, sans la faire remonter jusqu'à Charlemagne. V. sa brochure *Examen critique*, etc. Nancy, 1855.

qualité de plus proche voisin, pouvait nous faire beaucoup de bien, ou beaucoup de mal; ce qui rendait nécessaire une étroite alliance avec lui. La manière dont notre historien parle de cette politique semble indiquer qu'il ne la trouvait pas bonne; mais Richer ne pouvait prévoir les futures tyrannies du comte Renauld. La maison de Bar, qui succéda ainsi dans notre comté à celle d'Ardenne, vers l'an 1100, avait alors pour chef le comte Thierry, fils de Sophie et de Louis de Montbéliard, et père lui-même d'une nombreuse famille. Son premier né, Louis de Mousson, mourut à la croisade (1). Le second, appelé Thierry, comme son père, continua la famille de Montbéliard; le troisième est notre fameux voué Renauld le Borgne; enfin, il eut un quatrième fils, Etienne, évêque de Metz, de 1120 à 1160 environ. Renauld, qui prit le titre de Mousson dès la mort de son aîné, succéda dans le Barrois à son père, en 1105, et garda notre avouerie jusque vers l'an 1140, où l'évêque Albéron de Chiny l'en expulsa. Alors l'avouerie fut éteinte; et il n'y eut ainsi que deux comtes de Bar qui portèrent le titre de comtes voués de Verdun.

Richer prend les comtes de Bar pour voués.

L'année séculaire 1100 commença par une grande manifestation de foi catholique, qui se fit vers Pâque, aux obsèques de l'abbé Rodolfe de Saint-Vanne. Cet inébranlable champion de l'orthodoxie, mourut le 28 mars, au prieuré de Flavigny-sur-Moselle (2), non en exil, comme il y avait été du temps de Thierry, mais parce qu'il voulut passer ses der-

Mort et obsèques de l'abbé Rodolfe.

(1) D. Calmet, dans sa liste généalogique de Bar, admet que le comte Louis de Mousson, mentionné dans la liste des croisés, est le même que le *comes Lodoïcus, filius Theodorici comitis de Montbeliard* de la charte de Mathilde pour Saint-Pierre-Mont, en 1096. V. ci-dessus, tom. I. p. 331, 32. — Nous ne répéterons point ce que nous avons dit, en cet endroit, de ce qui arriva à Briey, après le départ de Godefroy de Bouillon.

(2) *Quinto kalendas aprilis*, dit le nécrologe de Saint-Vanne. Ce que dit Hugues de Flavigny, p. 264, que Rodolfe mourut dans le carême de 1099, doit s'entendre de 1100, avant Pâque; car, en 1099, cet abbé est encore mentionné dans la charte de Richer pour la monnaie de Saint-Mihiel : *mediantibus domno abbate Sancti-Vitoni Rodulfo, etc.* D. de l'Isle se trompe en disant que le corps de Rodolfe fut reçu à Saint-Mihiel par l'abbé Ornatus,

nier sjours dans la retraite. On résolut de transporter son
corps à Verdun, avec de pompeuses cérémonies, qui appe-
lassent, sur tout ce long trajet, les populations à témoigner
leur sympathie pour cet intrépide défenseur de la papauté.
Deux grandes stations furent indiquées sur la route : la
première à Saint-Mansuy-lez-Toul, la seconde à Saint-
Michel de Saint-Mihiel : on chanta de très-solennels services dans ces deux abbayes ; et, partout où l'on passa, les
cloches des villages sonnèrent, et les prêtres paroissiaux
sortirent, avec croix, encens, et luminaire, exhortant la foule
à suivre le convoi, et s'y joignant eux-mêmes. A Saint-
Mihiel, on mit le cercueil en barque, le cortége marchant
sur les deux rives de la Meuse, et chantant des psaumes.
La nacelle funéraire entra à Verdun par le canal Saint-Airy,
alors grand bras de la rivière : toutes les communautés,
averties par celle de Saint-Vanne, attendaient à l'église
Saint-Victor, hors des murs ; puis une immense procession
traversa la ville, dans toute sa longueur, jusqu'à la cathédrale, où le Chapitre, qui n'était point encore schismatique,
célébra un nouveau service, après lequel il escorta le corps
au monastère, où fut faite l'inhumation dans l'endroit le plus
honorable. Cette pompe fut vraiment triomphale, malgré
quelques contradicteurs qui mêlèrent, en divers lieux, leurs
voix aigres et discordantes aux chants des pieux fidèles.
Tels furent les prêtres de Genicourt (1), où était alors une
mère-paroisse, à trois églises : ils firent scandale, en refusant de saluer la barque au passage, et en disant, pour
oraison funèbre du défunt, que c'était un rebelle à l'empe-

qui était mort dès 1094, comme le prouve son épitaphe. L'abbé O., dont
parle Hugues de Flavigny, dans sa relation de la cérémonie, est Odalric, et
non Ornatus. — En 1100, Pâque était le 1er avril.

(1) *Villam Gunscort* (lisez Goniscort) *populosam, tribus leugis ab urbe....
trium scilicet ecclesiarum... Maligna quœdam et indigna objicientes sacerdotes....
malignum asseverantes eum esse qui ergà episcopos rebellione, ipsos sacerdotio, imperatorem regno quasi detrudere moliretur, conclamabant beatam esse
horam funeris ejus, in quo omnis rebellionis et dissensionis occasio deperisset.
His, ità garrulitate rusticanà perstrepentibus, corpus pertransiit, etc.* Flav.
p. 266.

reur et aux évêques de Verdun, un vrai boute-feu, dont il était heureux que le pays fût délivré. A Saint-Vanne même, il y eut un vieil opposant, d'un certain mérite (*aliquantæ utilitatis*), qui prétexta qu'il était malade, pour ne point paraître à l'enterrement; mais, dit Hugues de Flavigny, qui raconte toutes ces choses avec grands détails, Dieu le punit, quelque temps après, en permettant qu'il mourût de mort subite, sans sacrements : et le châtiment des rustres de Genicourt fut un incendie qui s'alluma dans leur village. — A l'élection abbatiale, le 4 avril suivant, l'évêque Richer ouvrit la séance par un discours; puis se retira, pour ne pas gêner la liberté des suffrages (1). Alors un religieux, qui avait accompagné Rodolfe à Flavigny, se leva, et, au nom du défunt, dont il se déclara mandataire de dernière volonté, enjoignit, qu'on eût à élire le prieur Laurent, «sans contestation et sans retard, dit-il; car le vénérable Rodolfe tenait cette élection pour tellement urgente qu'il m'a ordonné de la faire faire, s'il était possible, le jour même de son enterrement». On s'étonna d'abord que l'abbé voulût encore donner des ordres du fond de sa tombe; et on objecta qu'il ne lui était pas permis de désigner ainsi son successeur; mais, à la réflexion, on comprit bientôt que les périls extraordinaires des temps où l'on vivait exigeaient cette mesure exceptionnelle, à cause des schismatiques, tournant tous autour du bercail de Saint-Vanne, comme des loups déguisés en brebis : en conséquence l'élection fut unanime, par obédience; et les votants en informèrent les laïques, qui l'acceptèrent. On pria l'évêque de rentrer; et on lui exposa les choses et les motifs. Il se les fit bien attester, et répéter; il demanda si tout le couvent et tout le peuple s'accordaient à recevoir l'obédience; enfin il donna la crosse à l'élu qui, par modestie, se fit traîner, malgré lui, au siége abbatial. Cette relation est curieuse, en ce qu'elle semble indiquer, qu'alors le peuple du bourg

Election
de
l'abbé Laurent.

(1) *Egressus est episcopus, ut de patre sibi præponendo licentiùs ab eis tractaretur.* Ibid. p. 268.

St-Vanne était appelé à faire acte d'acquiescement à l'élection de son seigneur (1). Hugues de Flavigny termine ici sa chronique, qu'il ne jugea sans doute pas à propos de pousser plus loin, de crainte d'être obligé de laisser entrevoir à ses lecteurs, dans les années suivantes, qu'il n'avait point été aussi bon catholique en action que par écrit.

Etrange pièce de vers. De ce temps, et de cette abbaye même, il reste une étrange pièce de vers contre le jeune empereur Henri V. C'est une déclamation démagogique, de mauvais style, et de doctrine pire encore, qui témoigne de l'affaiblissement du principe d'autorité, et des hétérodoxies monstrueuses qui, par la malheureuse querelle des Investitures, se propageaient dans les esprits : et, si nous n'avions trouvé ces choses écrites sur parchemin du XIIᵉ siècle, nous les eussions prises pour l'œuvre de quelque médiocre écolier composant, en vers latins, sur la prose du fameux Discours de l'inégalité des conditions. « Pourquoi, s'écrie notre vieux et irrévérencieux déclamateur, pourquoi, monarque, cette immense différence entre toi et moi? Tu as, je le sais, la force de ton côté et le nombre ; mais, pour nous est la nature : peux-tu faire que nous ne soyons sortis des mains du Créateur tous égaux, tous formés de la même substance? Ce qui nous distingue est artifice humain, jeu du sort, contre cette loi de nature : et celui-là la viole, qui se met au-dessus des autres: »

> ... Si quid distamus, soli numero referamus.
> Formans (le créateur) æquavit, eadem substantia junxit;
> Ars sed prævaluit ; fors naturam superavit,
> Te mihi præfecit, jus naturæ violavit (2).

Ce jeune Henri, qu'on se permettait de haranguer ainsi,

---

(1) *Electio facta ad laïcos relata est..., quam illis suscipientibus... Cùm resedisset episcopus..., inquirit utrùm in hâc consentiret conventus et populus.* Flav. p. 268. Cette expression *populus* ne peut être restreinte aux frères dits lais, ou convers, qui ne formaient point un peuple, et qui d'ailleurs étaient déjà compris dans le terme *conventus*.

(2) Cette pièce, intitulée *Versus cujusdam ad Henricum juniorem imperatorem*, se trouve sur les feuilles de garde d'un manuscrit de Saint-Vanne, du commencement du XIIᵉ siècle, à la bibliothèque de la Ville.

par prosopopée, et en vers destinés à ne lui être jamais montrés, méritait cet outrage, et de plus grands encore, par son odieuse conduite envers son père. Il dépassa en indignités les fils de Louis-le-Débonnaire ; il trahit et se parjura pour détrôner Henri IV, sous prétexte qu'il était excommunié ; et, quand le vieil empereur fut mort dans le malheur, le 7 août 1106, chez son fidèle évêque Obert de Liége, Henri V reprit les idées et la conduite qu'il lui avait si cruellement reprochées. Tandis que le parti du pape Pascal II, et de Mathilde, se croyait par lui maître de l'Allemagne, il annula le nouveau décret pontifical, rendu à Guastalla, contre les investitures : et la lutte recommença.

Richer, étant au château de Veldens, au commencement de 1108, tomba malade et se fit transporter, par la Moselle, à Trèves, où il mourut le 9 mars (1). L'archevêque Brunon revêtit son corps de ses propres ornements pontificaux, et l'accompagna jusqu'à Verdun, avec le cardinal légat Richard d'Albane, qui célébra les obsèques. Ce cardinal est aussi un personnage de notre histoire : ancien chanoine de Metz, au temps d'Herman, la cour de Rome avait récompensé, par la pourpre, ses grands services à la bonne cause en ces moments périlleux. Parmi les moines de Saint-Vanne était son frère, précédemment appelé chevalier Arnoul de Bouconville (2), vrai chevalier orthodoxe, qui s'était signalé par la capture de l'intrus de Saint-Vincent de Metz, qu'il conduisit prisonnier à Dijon, pensant consoler ainsi nos fidèles moines de leur exil en cette ville, où ils étaient

Mort de Richer.

---

(1) Sur Veldens, ci-dessus, tom. I. p. 415. — *Septimo idus martii, obiit domnus Richerus episcopus, qui nobis tradidit bannum Marculficortis* (Maucourt?), *et ea quæ habemus apud Pauli-Crucem.* Nécrol. de Saint-Vanne. *Anno* 1107, dit Laurent de Liége, c'est-à-dire 1108, avant Pâque, qui tombait, cette année, le 5 avril.

(2) Laurent de Liége, *Iste Arnulfus*, ajoute-t-il, *cellam apud Bucconis villam, alodium sui juris, ædificavit, et Sancto-Vitono, cum omnibus tradidit.* Les Bénédictins parlent de ce prieuré, Hist. de Metz, II. p. 212. Autrefois du diocèse de Metz, à trois lieues de Saint-Mihiel. Pierre de Bar, l'allié de l'évêque Neuville, en 1311, y avait un château.

alors. Le désir de revoir ce zélé frère ne fut sans doute
pas étranger au voyage du cardinal à Verdun. Richer fut
inhumé à St-Vanne, conformément à ses intentions. Dans
son épitaphe, composée par lui-même, il avoua humblement, en vers, ses torts de faiblesse et de négligence (1); et
ils sont réels: mais le ligueur Boucher, son successeur, après
plusieurs siècles, outra les choses et dépassa toute mesure,
en l'appelant tronc de bois, et fantôme d'évêque (2). Son
meilleur acte de vigueur fut d'empêcher, en 1099, le sous-
voué de Saint-Mihiel, fils du comte Thierry, de transformer notre petite paroisse Saint-Pierre-le-Chevril en bénéfice pour ses hommes d'armes, auxquels il en avait déjà
inféodé les dîmes (3). Il montra moins de zèle contre son
frère Albert de Briey, qu'il laissa usurper Rouvres, à titre
viager, en apparence, mais en réalité pour toujours; car
ce domaine passa aux Apremont, et ne revint jamais à
l'évêché. On frappa beaucoup de monnaie sous cet évêque,
non-seulement à Verdun, mais encore dans les forteresses
épiscopales d'Hatton-Châtel, de Dun, de Sampigny, de
Dieulouard; et l'usage des coins de Verdun fut, comme
nous l'avons vu, accordé par lui à l'abbé de Saint-
Mihiel (4).

A la mort de Richer, on s'empressa d'élire l'archidiacre

(1)   *Nempè levi curâ neglexi publica jura.*
           Præsulis indigni, Jesu, miserere Richeri.
           Qui legis hoc carmen, dic, rogo, lector : Amen !

(2) *Velut truncus, et in horto ecclesiæ Virdunensis spectrum, per triennium
sine consecratione et pontificalium administratione permansit.* Virdunensis episcopatus, de Boucher, p. 129.

(3) *Capellam in hoc Virdunensi suburbio, in honore beati Petri, cœnobio Sancti
Michaelis restitui, quam, tempore longo Ludovicus comes, ejusdem cœnobii advocatus, fratribus diripuerat, et propriam licentiam exercens, suis quibus sibi placuit militibus feudum distraxerat... Actum publicè Virduni, in majori ecclesiâ,
anno ab Inc. millesimo* xcviiii, *sub die* xiii *kalendas novembris, anno episcopatûs
domini Richeri* x, *ordinationis verò ejus* vii. Cartul. de Saint-Airy, tom. i.
p. 25. — Sur Saint - Pierre - le - Chevril, et sa sujétion à Saint-Mihiel, v.
ci-dessus, tom. i. p. 468, 69.

(4) Sur les monnaies de Richer, v. Mém. de la Société philom. tom. iv.
p. 237. On ne les connaît bien que depuis 1832, où on en fit une grande
trouvaille près de Marslatour.

Richard de Grand-Pré, noble personnage qui, en ce mo- L'évêque Richard de Grand-Pré.
ment, était, de fait, le comte régnant de cette principauté,
comme tuteur des enfants de son frère, l'une des victimes
de la croisade. Cette élection terminait d'une manière heureuse les anciens démêlés, du temps du comte Henri et de
Godefroy de Bouillon; mais l'archidiacre, à cause de sa
haute position féodale, était un homme que l'on se dispu-
tait : et l'archevêque de Reims Manassé II de Châtillon,
étant mort quelque temps avant notre évêque, il se trouva
que Richard avait déjà été demandé par les Rémois, et que
les deux églises le voulaient également, pour s'assurer du
pays de Grand-Pré, contigu à leurs territoires. Ce débat,
surgissant au moment le plus critique de la renaissante
querelle des Investitures, prit de la gravité. Le pape
Pascal II était venu en France, en 1107, pour agir contre
l'empereur Henri V, auprès du roi Philippe Ier et de Louis
le Gros, son fils, associé à la royauté : un important concile
avait été tenu à Troyes ; le cardinal Richard parcourait le
pays, pour la cause du Saint Siége ; et l'empereur surveillait, de ses frontières, le pape, les rois et leur concile. Il
fut décidé, dans la politique française, qu'on rattacherait à
Reims, terre de France, l'archidiacre avec son comté : et
on se hâta, afin de prévenir les impérialistes, qui avaient le
même projet dans leur évêché de Verdun, où la mort de
l'évêque était prochaine. Laurent de Liége raconte que le
pape en personne écrivit à Richard, non-seulement l'in-
vitant, mais lui ordonnant d'accepter l'élection de Reims :
le cardinal d'Albane fut même délégué, avec mission de lui
conférer les ordres de diaconat et de prêtrise, qu'il n'avait
pas (ce qui prouve que notre Chapitre l'avait fait archidiacre
pour sa noblesse), puis de l'amener à sa métropole, afin
qu'il y fût sacré. Il est très-probable que nous ne savons pas
tout, et qu'il survint, à la traverse, quelque incident dont
Laurent n'eut pas connaissance : car la conduite immédiatement subséquente de Richard fut celle d'un ennemi
courroucé de Rome ; on ne comprendrait pas d'ailleurs qu'il

eût refusé une magnifique prélature, offerte par un pape de la manière la plus gracieuse, et avec l'immense avantage d'être hors de l'Allemagne, à l'abri de la tempête des Investitures. En fait, et de quelque manière que la chose se soit passée, il arriva que l'évêque Richer étant mort, on s'empressa, à Verdun, d'élire et d'acclamer le prince de Grand-Pré; puis le métropolitain le conduisit à Metz, où se trouvait l'empereur, duquel il reçut la crosse et l'anneau. C'était, pour un prélat, tomber, dès le premier pas, en un cas d'excommunication; mais Henri V lui sut si bon gré de sa démarche, qu'il revint avec lui l'introniser à Verdun, où la cour impériale fut fêtée pendant trois jours; puis, au départ, tous les seigneurs allèrent, on eût dit en partie de plaisir, chasser de Clermont un châtelain Guy, qu'on leur signala comme un brigand dévastateur (1).

Il est excommunié. Ce début était heureux et splendide: néanmoins le bruit se répandit peu à peu que le pape se tenait très-offensé, et qu'il avait excommunié nommément l'évêque. On assura même qu'en plein synode, il avait dit : «Richard de Verdun s'est voué à la cour impériale; moi je le voue à la cour infernale (2)! » Ces paroles, que ne manquèrent pas de colporter les ennemis de Richard, furent sans doute exagérées; mais le fait de l'excommunication était réel: on en informa officiellement le métropolitain Brunon, personnage prudent, et déjà humilié plusieurs fois dans des affaires de

---

(1) Boucher, dans le factum déjà cité, p. 129, représente cette installation de Richard comme faite de pure et simple autorité impériale; mais Laurent de Liége mentionne formellement une élection préalable : *Richero præsule mortuo, clerus Virdunensis Richardum in pontificem elegit..., et rediens susceptus est, cum laudibus.*

(2) *Pascalis papa, Trecas Franciæ, fertur in synodo dixisse : Richardum Virdunensem, qui se tradidit regiæ curiæ, et nos tradimus eum Satanæ! Indeque archiepiscopo Trevirensi denuntiavit eum esse excommunicatum.* Laurent de L. — On n'a pas les actes du concile de Troyes, où Laurent rapporte, comme un bruit *(fertur)*, que cette parole fut prononcée. Si, comme le dit ce chroniqueur lui-même, Richer ne mourut qu'en 1107, le 9 mars, c'est-à-dire 1108 avant Pâque, le pape ne put parler ainsi au synode Troyes, qui se tint vers le mois de juillet 1107.

cette espèce; de sorte qu'il n'osa sacrer son nouveau suffragant (1). Saint-Vanne, avec le parti religieux, s'éloigna de l'évêché; et le schisme menaça de se ranimer non moins violent qu'au temps de Thierry. Pour prévenir cet éclat, l'évêque se décida au voyage de Rome. Il dit, en partant, qu'il rapporterait bientôt les bonnes grâces de Pascal II; mais qu'en attendant, les consciences scrupuleuses pouvaient se rassurer avec l'absolution du métropolitain. Arrivé devant le pape, il entra en explications et longs pourparlers, auxquels le pontife mit un terme en lui déclarant péremptoirement que jamais on ne le réhabiliterait, à moins, qu'avant tout, il ne renonçât à son investiture, et ne promit de ne s'ingérer dans l'administration de son diocèse qu'après décision nouvelle et formelle du siége apostolique. A cet ultimatum, il demanda du temps pour réfléchir: ceci par politesse, à ce qu'il parut; car, au lieu de revenir à l'audience papale, il repartit pour Verdun, où, à son arrivée, on annonça qu'on poursuivrait, comme rebelles, les gens qui le traiteraient désormais en excommunié. Alors la plupart de ceux du clergé qui, pour lui plaire, avaient demandé l'absolution de Trèves, y renoncèrent, et revinrent au schisme, montrant ainsi le peu de cas qu'ils faisaient de la censure. Le princier Thierry, schismatique de cœur et d'âme, crut revoir les beaux temps de son oncle; et il se chargea de décider les incertains par les arguments que la princerie, pouvoir exécutif du Chapitre, lui mettait en mains. Il vexa, persécuta, et même chassa des opposants, en faisant enfoncer les portes de leurs demeures: deux fois les ortho-

Le schisme recommence.

(1) A Rome, on l'avait obligé lui-même de renoncer à son investiture, avec pénitence de trois jours de suspense, et ordre de paraître aux offices sans dalmatique, pendant trois ans. En 1107, l'empereur le députa au pape, auquel il prononça, à Saint-Menge de Châlons, un discours que trouva fort beau l'abbé Suger, l'un de ses auditeurs, qui en prit note, pour l'insérer dans ses histoires : *Trevirensis archiepiscopus, vir elegans et jocundus, eloquentiæ et sapientiæ copiosus, gallicano cothurno exercitatus, facetè peroravit domno papæ, dicens, etc.* (Du Chesne, tom. IV. p. 289). Néanmoins la cour de Rome ne lui céda rien.

doxes le dénoncèrent excommunié ; mais les impérialistes lui prêtèrent main-forte (1).

Dès son avénement, Richard de Grand-Pré se défia du voué Renauld, personnage dont nous verrons bientôt les nombreux méfaits. Il entreprit de lui ôter le comté-avoue-rie : et il fut toujours en guerre pour ce sujet; mais les troubles ecclésiastiques le renversèrent lui-même. La que-relle commença à propos d'une attaque des Messins contre Dieulouard : les gens de l'évêché y détenaient un citain de Metz, que ses compatriotes vinrent rechercher, en grande troupe : et ces assaillants, ayant trouvé le château sans dé-fense, profitèrent de l'occasion pour le ruiner. L'évêque le fit reconstruire; puis s'en prit du désastre à Renauld qui, négligeant sa charge d'avouerie, avait laissé cette forteresse à l'abandon. Il le cita aux Grands-Jours : le voué ne com-parut pas, et fut déclaré déchu. Alors Renauld menaça de toutes les forces de son comté de Bar; et il fallut chercher des alliés. Richard nomma à l'avouerie Guillaume, sixième comte de Luxembourg, lequel hésita devant la guerre longue et incertaine où on voulait l'engager; enfin on le décida, moyennant promesse de deux cents livres pour les frais de l'expédition. Malheureusement cette somme ne se trouvait pas au trésor épiscopal : et on fut obligé d'engager Stenay et Mousay, en assurance de la promesse. Il y avait à peine quelque temps que ces beaux domaines appartenaient à l'évêché, à grand prix de deniers payés soit à Godefroy de Bouillon, soit à Mathilde : et tout le monde se souvenait du grand synode de Richer, où tous les prêtres, en étoles, avaient dit anathème à ceux qui aliéneraient cès acquisi-tions; aussi s'éleva-t-il un grand murmure. Les contradic-

teurs dirent, ce qui fut par malheur la vérité, que Stenay et Mousay ne feraient jamais retour, de sorte que les anathèmes

---

(1) De ce princier Thierry, on lit, au nécrologe : *Quinto kalendas julii, obiit Theodericus primicerius, qui dedit nobis quinque jugera* (jours) *vinearum, in monte suprà Bellam Villam.* — Il y a, au cartulaire, p. 156, une charte sans date de Ricuin de Toul (de 1108 à 1126) adressée au vénérable princier Thierry et au Chapitre de Verdun.

retomberaient sur l'évêque qui, non content de s'être attiré une première excommunication, en cherchait une seconde, pour complément. En dépit de ces malveillants, la guerre fut heureuse. Richard et Guillaume réunis étaient plus forts que Renauld : ils lui prirent Saint-Mihiel, brûlèrent le château de Sophie, qui ne fut plus bon qu'à être vendu aux moines, à démolir; puis s'emparèrent tellement du Barrois qu'il y resta à peine quelques fortes positions à leur adversaire. Alors celui-ci, dans sa détresse, appela les gens pieux à son aide : il s'offrit au pape Pascal pour la protection des catholiques de Verdun, opprimés par l'intrus Richard (1); et il protégea également ceux de Metz, de concert avec le princier messin Adalbéron, qu'il reçut dans sa forteresse de Mousson (2). Ceci irrita tellement l'empereur, qu'il résolut de venir en personne, châtier Renauld. Bar fut pris, et le comte fait prisonnier : enfin, après une captivité assez longue, l'empereur, sollicité par la haute noblesse, le relâcha comme étant son parent; mais il exigea hommage, et reconnaissance que le Barrois, territoire limitrophe et indécis entre l'Empire et la Champagne, était de mou-

Renauld, prisonnier de l'empereur.

(1) *Paschalis, etc. Rainaldo de Monzione comiti, Rainaldo Tullensi, etc. Pro catholicæ unitatis dilectione, Guidonem archidiaconum vestrum, à Richardo, Virdunensis ecclesiæ invasore, bonis spoliatum, caritati vestræ, nostris præsentibus litteris commendamus... Vos autem, filii, quibus Deus sæcularem potestatem dedit, et qui armis justitiam intuemini, pro beati Petri reverentiâ, ejus adjutores existite, et ejus adversarios viriliter cohibete. Idipsum de venerabili viro abbate Sancti-Vitoni, tàm vobis quàm reliquis Virdunensium partium præcipimus.* Sans date, dans Laurent de Liége, duquel tout ce récit est extrait. Le Renauld de Mousson de ce bref est le même que Renauld de Bar : *Episcopus Metensis Stephanus* (Etienne de Bar), *frater Rainaldi, comitis de Moussons*, dit le *Gesta* de Trèves, ch. 80. A cette époque, le titre de Mousson était assez ordinairement celui de l'aîné de la maison de Bar. Renauld, qui l'avait pris à la mort de son frère Louis, le gardait, en attendant qu'il eût lui-même un fils en état de le porter.

(2) *Ipsi duo (Albero et Rainaldus) unum par amicitiæ esse videbantur : undè etiàm, tempore prædictæ discordiæ, castrum suum Monzons ei commodaverat, ut guerram Metensibus indè inferret... Contigit verò posteà comitem Rainaldum Metensibus confœderari, acceptis muneribus, etc. Gesta*, ibid. ch. 80. — En s'alliant ainsi, tantôt avec le princier, tantôt avec les Messins, Renauld parvint à faire arriver son frère Etienne à l'évêché de Metz.

vance impériale (1). On n'a pas les dates précises de ces différents événements : on sait seulement que la guerre commença presque avec l'épiscopat de Richard, et qu'elle dura à peu près jusqu'à sa fin : car ce fut la mise en liberté de Renauld qui acheva d'ébranler notre prélat, déjà miné par sept ans de discordes religieuses (2). Pour la sincérité du zèle catholique du comte, on ne peut la garantir ; car, après avoir combattu les impérialistes messins, avec le princier Adalbéron, il s'allia avec eux, dès qu'ils lui offrirent de l'argent.

L'évêque étant revenu de Rome, sans avoir obtenu sa réconciliation, la guerre intestine se ralluma, plus vive que jamais, dans notre église : et l'irritation des esprits éclata bientôt en scènes violentes et étranges. Pendant que le prélat, aidé du princier Thierry et des impérialistes, menaçait les orthodoxes, ceux-ci reçurent du pape, par l'intermédiaire de Saint-Vanne, l'avis suivant, qui circula avec mystère, dans les rangs fidèles :

Lettre papale contre Richard.

« Pascal, etc. à son cher fils Laurent, abbé de Saint-Vanne de Verdun. Vous saurez que Richard s'est présenté à nous, sans faire aucune satisfaction : en conséquence, nous ne l'avons ni absous, ni admis à notre communion. Evitez tout rapport avec lui ; et dénoncez-le excommunié, lui, ses fauteurs, et tous ceux qui lui adhèrent sciemment (3). »

Cet ordre laconique fut bientôt commenté par un témoin de ce qui s'était passé à l'audience papale, l'archidiacre

(1) *Intervenientibus pro eo de toto regno nobilissimis consanguineis, custodiâ solvit, ut sibi cognatum : tantummodò hominium sibi ab eo suscepit.* Laurent de L.

(2) Ainsi le rapporte Laurent de Liége, après avoir dit, un peu plus haut, que la guerre durait *ab initio principatûs Richardi.* Albéric place l'affaire de Dieulouard en 1111, la prise de Renauld par l'empereur, et sa mise en liberté en 1113. La chronique de Metz, dans les Preuves de D. Calmet, tom. I. p. LXXVIII, 2ᵉ édit., parle de la ruine de Dieulouard à l'an 1122. C'est probablement une confusion de dates, à moins que les Messins n'aient attaqué deux fois ce château.

(3) Sans date, dans Laurent de Liége, et dans la lettre de l'abbé Laurent, au tom. V. p. 686, des Annales bénéd. de Mabillon.

Guy qui, pris des fièvres, s'était arrêté, au retour, et avait failli mourir à Bologne. Là le clergé lui refusa les sacrements, avec menace qu'on l'enterrerait d'une manière ignominieuse, s'il mourait schismatique (1). Il se convertit dans cette frayeur : et sa conversion fut sincère; car il la ratifia, en santé, devant le légat Pie de Parme : il promit même de travailler pour le Saint-Siége, dans le pays verdunois; mais cette mission n'était pas facile. N'osant tout d'abord la déclarer, il se tint quelque temps en observateur à Metz, et chargea de là ses amis de présenter, pour lui, la demande d'être autorisé à revenir à Verdun, comme simple particulier, hors du clergé. Ceci parut signifier, et signifiait en effet qu'il craignait de se souiller de schisme, en reprenant ses relations avec ses anciens confrères. L'évêque et le Chapitre, regardant cette pétition comme une insulte à leur adresse, y répondirent hautainement, que si, dans le délai de quarante jours, on ne revoyait l'absent en fonctions à la cathédrale, son archidiaconat serait donné à un autre, et lui-même puni, comme rebelle, par la confiscation de ses biens. Ses parents et ses gens de connaissance intercédèrent; des évêques du voisinage, et le métropolitain lui-même parlèrent pour lui : ils n'obtinrent rien ; et l'exilé fut réduit à leur demander certificat du refus obstiné de ses adversaires. C'était une pièce justificative pour de nouvelles plaintes à Rome : le cardinal d'Albane donna une lettre attestant l'inutilité de ses propres efforts; et le tout fut porté au pape par Guy lui-même. Le pontife l'accueillit bien, le garda trois mois près de lui, pour se renseigner de l'état du pays, enfin le renvoya porteur de deux brefs très-graves et très-impératifs. Le premier, dont nous avons déjà parlé, faisait appel au bras séculier du

Plaintes de l'archidiacre Guy.

Nouvelle bulle du pape.

(1) *Bononiæ æger, invenit neminem qui sibi viaticum et necessaria animæ ministraret : et, nisi de communione Richardi et cleri Virdunensis culpam fateretur, eum post mortem in sterquilinio sepeliendum. Tandem, ut reconciliaretur, vovit Deo, sub periculo mortis, quia Richardo et fautoribus ejus nunquàm communicaret.* Laurent de L.

comte Renauld ; le second, adressé à l'église, et écrit à l'intention spéciale de l'évêque, était conçu en ces termes :

« Pascal, etc. aux frères catholiques de Verdun. Nous savons
qu'on ne vous donne pas lecture de nos lettres : néanmoins nous
croyons que vous n'ignorez pas l'excommunication dont la sainte
église romaine a frappé Richard, l'usurpateur de votre siége. Il la
mérite de toutes manières : et nous vous la dénonçons de nouveau,
et en tant que besoin, par ce présent écrit. Vous aurez donc à vous
éloigner très-strictement de cet intrus, marqué d'anathème. Nous
sommes informé que l'abbé de Saint-Vanne, et l'archidiacre Guy
ont été, à cause de leur attachement à l'unité catholique, dépouillés
de leurs dignités et de leurs biens : au nom de saint Pierre, et par
l'obéissance due au Saint Siége, nous ordonnons qu'on les rétablisse :
autrement l'office divin sera interdit dans votre église. Enfin nous
admonétons ceux qui sont tombés dans l'égarement, d'en sortir et de
laver leur tache : ils recourront à notre vénérable frère l'archevêque
de Trèves, ou à l'abbé de Saint-Vanne, que nous commettons pour
les conseiller et les absoudre. Vous saurez que nous avons conféré
à Guy l'ordre de diacre. Donné à Latran, le 15 des calendes
d'avril (1).

Scéne
de la publication
de la bulle.

Cette bulle expédiée, l'embarras fut de la transmettre à
destination, et de la promulguer. Guy l'apporta lui-même,
en secret et de nuit ; et il se cacha à St-Vanne, n'osant aller
plus loin, de crainte de la milice de l'évêque. De là il tâcha
d'agir sur le clergé : on attira à l'abbaye quelques personnages, des moins mal disposés ; et on les raisonna pour qu'ils
se chargeassent, avec prudence et discrétion, de divulguer
la lettre du pape aux fidèles ; mais ils refusèrent la commission (2) ; et l'archidiacre fut obligé de s'armer de courage personnel. Il déclara qu'il ferait la promulgation lui-
même, en pleine cathédrale, devant tout le Chapitre. Ceci
parut d'abord une bravade : néanmoins il en vint à bout,
quoique à son grand péril. Il savait qu'à l'office de matines,

(1) 18 mars. Sans autre date, ni dans Laurent de Liége, ni dans la lettre
de l'abbé Laurent.
(2) *Apud Sanctum-Vitonum, aliquot diebus occultè : ratione nitens animos
cleri sibi conciliare : sed id frustrà.* Laurent de L.

la cathédrale n'était guère éclairée que par la lampe du lutrin, parce que les chanoines, pour épargner leur luminaire, chantaient les psaumes par cœur : en conséquence, se glissant au cloître, en habit d'église, avec chaperon bien baissé sur la tête, il entra avec les autres dans la basilique, alla vers l'autel, comme pour le saluer avant de prendre place; puis, montant les marches, il dit, en français, à voix haute : « S'il y a ici des catholiques, qu'ils reçoivent ces lettres du seigneur apostolique; qu'ils les lisent avec respect, et qu'ils s'y conforment avec obéissance! » puis il posa le parchemin sur l'autel (1). A cette surprenante allocution, tous, irrités et comme hors d'eux-mêmes, se précipitèrent de leurs places pour courir sus à l'insolent proclamateur : ils reconnurent Guy, l'arrachèrent de l'autel, qu'il tenait embrassé, le mirent à la porte en le tirant aux cheveux; on le poursuivit même par les rues, jusqu'au parvis de la Madeleine, où il se cacha dans l'asile du saint pape Léon IX (2) : mais les furieux, perdant tout respect, l'y saisirent, et le conduisirent à l'évêque. Celui-ci, craignant quelque émeute populaire, ordonna de mener sur le champ le coupable dans la prison du château de Grand-Pré, en de si noirs cachots, avec de si terribles menaces, et en séquestration si absolue que la constance finit par manquer au héros de l'orthodoxie. Ainsi du moins expliqua-t-il sa chute. Il envoya des excuses, promit satisfaction, et reçut la paix du clergé épiscopal, fort à contre-cœur : car, à peine fut-il en liberté, qu'il alla à Cluny, se confesser au cardinal d'Albane, et demander absolution de son retour forcé au schisme. On n'en fut que plus irrité contre lui à Verdun : on lui adressa, par messagers exprès

---

(1) *Matutinis horis, (de die enim militiam Richardi timebat) altari adstans, epistolam papæ superposuit, et voce patriâ dixit : « Si quis catholicus est, ecce litteras domini apostolici: accipiat, legat, et obediat. » Mox clerici tumultuariè in eum irruunt, etc.* Ibid.—Laurent dit que cette scène arriva aux matines de saint Jacques, 25 juillet. Le bref était du 17 mars précédent, toujours sans date d'année.

(2) V. ci-dessus, p. 65, note 2.

et par lettres, deux sommations péremptoires : il offrit de comparaître, à condition qu'on lui donnerait un sauf-conduit, sous la responsabilité et caution de personnes qu'il indiqua, mais que ses adversaires n'acceptèrent pas; enfin il fut jugé par contumace, et déclaré déchu pour toujours. Laurent de Liége avait sous les yeux l'accusation du clergé contre cet archidiacre, et la réponse apologétique où celui-ci racontait au long tous les actes de ce que notre chroniqueur appelle « cette tragédie. » Elle eut pour dénouement que Guy, pour ses bons mérites envers l'église, fut placé près du cardinal d'Albane, auquel il devait succéder; mais il mourut en même temps que lui (1).

A la suite de la scène que nous venons de raconter, la guerre s'alluma entre le clergé de la cathédrale et Saint-Vanne. Elle débuta par de petits et mesquins affronts; elle amena ensuite un nouvel exil des moines, et se termina par la chute de l'évêché schismatique, qu'elle acheva d'ébranler. Le Chapitre, déjà mécontent de l'appui que tous ses adversaires trouvaient dans la communauté, s'irrita de ce que, le jour d'une station à l'abbaye, les moines, obligés de lui laisser leur église, l'avaient désertée, sans répondre aux collectes de son officiant; puis, aussitôt son départ, avaient fait des aspersions d'eau bénite dans leur lieu saint, pour le purifier (2). Les seigneurs de la cathédrale affectèrent d'abord de rire de ces simagrées du « petit Laurentiole » (ainsi nommaient-ils, par dérision, l'abbé Laurent), et de prendre en pitié ses pauvres rustres de frères, gens ramassés derrière la charrue, et portant le froc, pour ne pas mourir de faim (3); mais bientôt l'aigreur

---

(1) *Romana ecclesia Guidonem sibi emeritum suscepit et coluit, Albanensemque episcopatum, post mortem venerabilis Richardi (cardinalis) ei delegavit : sed antè consecrationem ipse, ut dicitur, obiit.* Laurent de L.

(2) *Et quandò clerus, de more, stationem faciebat, collectis clericorum non intererant, sed, post discessum eorum, aquâ lustrationis expiabant.* Laurent de Liége.

(3) *Ego ipse, non abbas, non frater, non saltem Laurentius, sed Laurentiolus nominabar..., fratres nostros, non monachos, sed rusticos, gardones, pantonarios*

s'en mêla, et les propos outrageants des dignitaires semblèrent aux subalternes une permission de scandale et d'insolence. Des écervelés se divertirent à troubler les psaumes des moines, à murmurer dans leur église, aux oreilles des dévotes, des prières schismatiques, à éteindre les chandelles, et à souffleter les frères dans l'obscurité (1). Ces vexations misérables et petites firent passer le clergé épiscopal pour persécuteur : et, de son côté, il commença à éprouver de l'embarras, parce que son évêque élu Richard n'étant point sacré, ne pouvait donner ni les ordres, ni la confirmation, ni faire le saint chrême, ni absoudre les pénitents, au Jeudi-Saint : de sorte que, quoi qu'on fît, et malgré toutes les menaces, il y avait des défections, même dans le corps capitulaire (2); et la situation allait, en se prolongeant, devenir intolérable. On se berçait de l'espoir que les choses politiques, qui produisaient ces complications, s'amélioreraient bientôt, et qu'enfin le pape et l'empereur s'accorderaient. En l'année 1111, cette espérance se réalisa pour un moment : et on publia, avec la signature du pape Pascal, un traité favorable aux Investitures, que l'empereur Henri V avait obtenu dans une grande expédition en Italie : alors l'évêque Richard triompha, et son clergé prêcha et « dialectica, » dit Laurent de Liége, des hérésies effroyables

et advenas penuriâ congregatos. Lettre de l'abbé Laurent, dans Mabillon, Annal. t. v. p. 684.

(1) _Quandò quosdam conversorum et monachorum colaphisabatis, juxtà eos accubantes, orationes eorum præpediebatis, ancillis Dei, cum accensis luminaribus psalmos cantantibus, quidam vestrûm, cum risibus et cachinnis, eas infestabant, et exsufflantes earum luminaria extinguebant._ Même lettre.

(2) La lettre de l'abbé Laurent renferme des particularités assez curieuses; mais les répliques du Chapitre n'existent plus : _Joanni de Arcubus, Luzoni et Hayrico canonicis, postquàm à nobis fuerant communicati, communionem vestram supposuistis,_ c'est-à-dire qu'on les obligea de recommencer leur communion à la cathédrale. On fustigea Ludon et Walter, pour être allés à Saint-Vanne; et il leur fut défendu de plus fréquenter les hérétiques de cette église. Un fait plus grave arriva à la mort d'Ascelin : _Ascelinus præcentor vester, qui cùm in ipso mortis articulo animam suam electo vestro_ (à Richard) _committere vellet, et ille eam suscipere noluisset, Torpinum pictorem misit ad accersendum me. Ad quem cùm venissem, ex præcepto vestro Herbertus filius Gundaldi ità mihi ostium observavit,_ etc.

sur la suprématie impériale. Saint-Vanne gardait un triste
et honteux silence sur ce subit écroulement de son boulevard romain (1); mais sa confusion fut de courte durée;
car, l'année suivante, de grands prélats obligèrent le pape
à rétracter son traité, qu'on lui avait d'ailleurs extorqué
par violence. Nos partis se retrouvèrent ainsi en présence, avec un grief de plus: et l'évêché songea aux moyens
de se débarrasser, comme avait fait Thierry, de cette intraitable communauté de Saint-Vanne.

Tumulte
à Saint-Vanne.
Un scandale qui survint à la station de sa fête patronale,
le 9 novembre, fournit contre elle l'occasion attendue. Ce
désordre fut, suivant les moines, méchamment prémédité
et provoqué. Le clergé schismatique arriva avant l'heure,
et sans son de cloches, voulant surprendre la communauté
au milieu de ses psaumes, et la forcer à subir son assistance
odieuse. Il entra en renversant presque la porte du chœur :
les religieux s'enfuirent; et leurs frères convers, s'étant
opposés à l'irruption des profanes, furent renversés et
maltraités. Dans la mêlée, on blessa jusqu'au sang un écolier de la cathédrale. Le Chapitre, criant vengeance, ameu-
ta toute la ville : puis l'évêque Richard vint sur les lieux,
fit enquête de ce grief et des autres, pendant deux jours,
interdit l'église, comme souillée par une effusion de sang:
enfin jugea que l'abbé Laurent, convaincu de rébellion à
son empereur et à son évêque, perdrait sa dignité, et
garderait prison, lui et les siens, dans le couvent. Ceci
s'exprimait par la formule que les chemins publics et les
marchés de tout l'évêché leur étaient défendus. Pour surveiller la maison, et empêcher qu'on n'y complotât, on
nomma des gardiens clercs, pour le cloître et les choses
spirituelles, laïques pour le temporel : ceux-ci eurent les
clefs de l'armoire, du trésor et de la bibliothèque, et,

(1) *Fratrum conventus erubuit, ingemuit, quia turris Romanæ fidei cesserat :
et nullus eorum fuit qui aperiret os, et ganniret... Interea principes in exercitu
Domini, et columnæ ecclesiæ transalpinæ conclamaverunt ad erigendam Romanæ
ecclesiæ turrim, ipsumque papam, qui violentiam passus dederat, in suam sententiam cogentes, damnare et anathematisare compulerunt.* Laurent de Liège.

comme ils mirent peu de complaisance dans leur mission, les captifs les traitèrent de rustres. Il ne paraît pas cependant qu'ils se soient montrés, au moins bien longtemps, geôliers sévères : car l'abbé s'enfuit, avec quelques zélés, que peut-être ne fut-on pas fâché de voir s'en aller; et on espéra gagner les autres, au moyen d'une lettre qu'envoya l'archevêque de Trèves, pour les exhorter à rentrer dans la concorde du clergé : lettre qu'apporta et commenta, par de pacifiques conseils, l'abbé de Saint-Hubert (1). Mais Laurent, apprenant ce péril de séduction, envoya de son côté ordre à tous de venir le rejoindre. Quelques-uns s'échappèrent de nuit, et furent ramenés : enfin on laissa libres ceux qui voulurent partir; et ils traversèrent la ville en procession, escortés d'une foule d'amis qui se lamentaient, avec grands murmures, contre Richard, et plus encore contre le princier Thierry, regardé par eux comme le pire des persécuteurs. Cette procession alla ainsi jusqu'à Paul-Croix, où Saint-Vanne avait une sorte de prieuré champêtre (2) : les anciens furent ensuite disséminés en différentes maisons; quant aux jeunes, que l'on aurait pu égarer, Laurent, suivant l'exemple de Rodolfe, au temps de Thierry, demanda pour eux asile à l'abbé Jarenton de Dijon (3) : et ce nouvel exil dura trois ans, jusqu'à la chute de Richard, en 1114. Les notables de la communauté se tinrent à portée de la ville, pour y rentrer dès cette chute,

---

(1) *Quia tantùm juvenes remanserant, ut sibi communicarent omnimodis agebant : et oblatâ Treverorum archiepiscopi (Brunon) epistolâ clericalis communionis commonitoriâ, et abbate Sancti-Huberti Roberto, multisque aliis ad hanc pacem impellentibus, eos in suam communionem transire fecerunt. Laurentius factum audivit, doluit, litteris missis ut, spretâ communione, omnes sibi obedientes egrederentur.* Laurent de L. — *De archiepiscopi Trevirensis epistolâ ad communionem vestram commonitoriâ, cui, consultu abbatis Roberti, fratres assenserunt... fratres qui se tali osculo tunc contaminaverunt ad pœnitentiam provocavi.* Lettre de l'abbé Laurent.

(2) *Ad Pauli-Crucem, suam cellam.* Laurent de L.

(3) Cette abbaye Saint-Bénigne de Dijon servait d'asile aux moines de nos pays, quand ils étaient persécutés en Empire. Ceux de Saint-Hubert s'y réfugièrent également, lors d'un démêlé qu'ils eurent avec l'évêque Liége. V. *Cantatorium*, § 85.

Hugues de Flavigny intrus à Saint-Vanne.

qu'ils prévoyaient, attendaient, et préparaient (1). Pendant cette seconde persécution, reparut chez nous un fugitif de la première, Hugues de Flavigny qui, dans l'intervalle, avait été abbé du monastère de ce nom en Bourgogne, s'y était brouillé avec l'évêque, et avait ensuite voyagé en Angleterre. Il revint, non pour quelque belle action d'orthodoxie, comme on aurait pu s'y attendre d'après ses écrits, mais pour usurper la crosse de l'abbé Laurent, lequel, indigné d'une telle apostasie, lui écrivit qu'un jour Satan lui casserait cette crosse sur le corps (2). D'autres demandèrent à Hugues s'il avait une plume bien taillée et affilée des deux côtés, comme les bons couteaux de guerre, et si l'on verrait bientôt quelque nouveau livre de sa façon, pour détruire l'effet du premier. Le Chapitre dressa de tout ce qui s'était passé une relation apologétique, en forme de circulaire aux églises voisines : peine inutile de sa part, dit Laurent, avec une joie maligne; car on ne daigna lui répondre ni de Reims, ni de Châlons, ni d'ailleurs (3). Ceci est exagéré : et l'amer censeur lui-même se vit, peu après, obligé de prémunir ses fidèles contre la réponse, trop conciliante à son gré, du métropolitain; mais il résulte de son renseignement que, dans les églises françaises de Reims et de Châlons, on ne voulut se mêler en rien aux querelles des Investitures d'Allemagne. Cette circulaire du clergé

(1) *Non, sicut vos impropriè dixistis, per lucos sine jugo vagantur : sed ideò ad alia differunt migrare ut, si Deus cor vestrum ad pœnitentiam emolliret, eò citiùs ecclesiam suam reintroïrent.* Lettre de l'abbé L.

(2) *Qui ab abbatiâ Flaviniacensi repudiatus, ab ecclesiâ Divionensi fugitivus, ab abbate Divionensi excommunicatus, virgam pastoralem (quâ in æternum verberandus) suscipere præsumpsit. Cujus præsumptionis se participes effecerunt qui tàm infami personæ curam pastoralem commiserunt. Qui ipse quoque contrà eos qui Romanæ ecclesiæ resistunt librum auctoritatibus munitum confecit : et credimus quia modò, juxtà quod rustici dicunt, cultrum duas lances habere, alium librum complicabit, etc.* Même lettre.

(3) *Litteras non ad nos, sed de nobis et contrà nos, vos comperimus edidisse, editas emisisse, et emissis nihil quidpiam respondisse : undè potestis conjicere quomodò receptæ sunt... Remensi et Cathalaunensi ecclesiæ vestras litteras destinastis, quidquid vobis in buccam ascendit in nos eructantes, ad excusandas excusationes in peccatis, cor vestrum in verba malitiæ declinantes, etc.*

Polémique
entre les moines
et le Chapitre.

n'existe plus : en doctrine, ce devait être une pièce de catholicité très-médiocre; mais, sur les points de fait, elle eût pu servir à contrôler le récit des moines : elle fut peut-être détruite par le Chapitre lui-même, lorsqu'il effaça les traces de ses erreurs. Quant à la réplique de l'abbé Laurent, elle est longue et fort aigre. Il commence par souhaiter, d'un ton discourtois, aux «clericati» de Verdun, le bien et le salut qu'ils méritent (1) : puis il leur reproche de laisser, depuis cinq ans, leur église sans fonctions épis-copales, ni ordinations, ni autres. Cette pièce date par conséquent de l'an 1114, à peu près, cinquième depuis la mort de Richer (2). « Cependant, ajoute le contradicteur, votre élu, bien qu'il n'ait d'autre titre que la crosse qu'il a reçue de la main royale pour le temporel, ne laisse pas de disposer, à sa fantaisie, des archidiaconats, prévôtés, doyen-nés, et même abbayes, comme il a fait en faveur du misé-rable chassé de Flavigny. Au mépris des canons, vos doyens n'ont pas l'ordre de prêtrise : et ils n'osent le demander à aucun évêque, les ayant sans doute pour suspects, ou se rendant justice à eux-mêmes, en se reconnaissant indignes (3). » Il résulte de ces paroles que, sauf les doyennés, les charges ecclésiastiques mentionnées en ce passage, pouvaient être exercées sans l'ordre de prêtrise : et nous avons vu que Richard, avant son élection, ainsi que l'orthodoxe Guy lui-même, auquel le pape Pascal conféra l'ordre de diacre, étaient archidiacres, sans avoir

---

(1) *Frater L. catholicus, domino miserante, abbas Deo disponente, abbatiâ pulsus homine persequente, clericatis Virdunensibus quod merentur.* — Cette lettre est tout entière dans Wassebourg, p. 276, qui l'appelle *mirabilis epis-tola.* Mabillon en a donné un texte plus correct dans le tom. v. des Annales bénédictines.

(2) *Jàm quinto anno sine episcopalibus officiis... Quis apud vos criminosus pœnitentiæ submissus, quis pœnitens reconciliatus, quod oleum consecratum, quod chrisma confectum, qui sacri ordines distributi?*

(3) *Vos ipsi decani dicimini, contrà canones, cùm et officium decanorum tene-tis, et officii gradum, id est presbyteratum, suscipere recusastis. Undè prudentes quique conveniunt, aut vos episcopos habere suspectos, à quibus ordinari refugi-tis, aut tale quid admisisse propter quod ad gradum officii vestri accedere non audetis.*

même le diaconat. Telle fut la lutte que Saint-Vanne soutint pour l'obédience romaine. Il parut seul sur la brèche, tandis que nos autres communautés cherchaient à passer ces mauvais jours le moins durement possible, et, comme au temps de Thierry, ne se signalaient par aucun trait d'héroïsme (1).

Chute de Richard de Grand-Pré. Le coup funeste qui brisa l'évêque Richard de Grand-Pré lui fut porté par la mise en liberté du voué Renauld. Lorsque le prélat vit ce redoutable adversaire réintégré dans le comté de Bar, il comprit que l'empereur l'abandonnait lui-même, et que Renauld allait, en invoquant son bref du pape Pascal, se poser en défenseur des catholiques : alors il chercha quelque sauvegardè, à l'abri de laquelle il pût prolonger la résistance, en attendant qu'on vît venir la paix si désirée du sacerdoce avec l'Empire (2). Il ne trouva rien de mieux que de prendre la croix de la Terre-Sainte : car c'était un privilége des croisés que personne ne devait, en leur absence, faire quoi que ce fût à leur préjudice : en conséquence, il prononça solennellement son vœu de croisade devant toute la noblesse de l'évêché ; et il ajouta que son intention étant de passer d'abord à Rome, il y citait son adversaire l'abbé Laurent, à comparaître contradictoirement avec lui au tribunal du Saint Siége. Comme il ne pouvait guère se flatter d'y gagner son procès, cette citation avait probablement pour but d'établir, contre Saint-Vanne, l'état juridique de litispendance, pendant lequel les parties doivent laisser les choses en leur état, jusqu'à la décision du juge ; mais l'abbé n'eut garde de s'absenter en un pareil moment. « Je ne puis, dit-il, faire le voyage de Rome, à moins qu'on ne me défraie, car je suis dans le dénûment, depuis qu'on

(1) *Soli inter eos, audebant Romanæ ecclesiæ obedire, et Richardo et clero Virdunensi non communicare.* Laurent de L.

(2) *Videns omnia sibi contraria, Romanam ecclesiam infensam, Cæsarem infidum, quippè qui gravissimum sibi hostem Rainaldum carcere solvisset, ipsum Rainaldum contrà se nova moliri, se jàm per septem annos sine benedictione episcopali, et sub anathemate sedis apostolicæ, animo excidit, etc.* Laurent de L.

m'a ôté mon abbaye; mais j'ai un religieux qui veut bien y aller à ma place : je le charge de ma cause, et je vous somme, à mon tour, de lui répondre devant le pape. » Sur ces défis réciproques, chacun se mit en route. L'évêque, en grand appareil, alla joindre les croisés de Hugues, comte de Troyes (1), dont la compagnie le retarda, de sorte que le délégué de Saint-Vanne, auquel, malgré la pénurie du monastère, on avait trouvé moyen d'associer l'ancien archidiacre Guy, arriva le premier (2). Ils annoncèrent la prochaine venue de leur adversaire, auquel sa mauvaise renommée, et leurs bons soins, n'eurent pas de peine à procurer un accueil des moins flatteurs; mais, ici encore, la scène ne nous est connue que par la relation des moines (3). Le pape Pascal, racontèrent-ils à leur retour, était à Tibur, quand arrivèrent les croisés : tous furent reçus, à l'exception de Richard, qu'on laissa à la porte, en un carrefour boueux (4). Le pontife se montra à la fenêtre : alors Richard, se prosternant à terre, lui demanda lamentablement pardon et merci. « J'ai pitié de vous, lui dit Pascal; venez avec moi à Rome : dans la prochaine assemblée des cardinaux, je prendrai leur avis, et nous couvrirons vos fautes des miséricordes du Seigneur. — Voici ma crosse, répondit Richard : je vous la remets; mais veuillez m'absoudre ici; car, si je laisse partir mes compagnons, je

Il se croise, et cite Laurent à Rome.

Humiliation qu'il y subit.

(1) Ce comte Hugues de Troyes, qui se fit ensuite templier, et que saint Bernard félicita de cette démarche, alla trois fois en Terre-Sainte, en 1115, 1121 et 1125, si la chronologie de Mabillon, d'après Albéric, est exacte. Il est probable qu'il faut reculer un peu la date de sa première croisade : car, d'après Laurent de Liége, Richard de Grand-Pré, mourut dans la septième année de son épiscopat, c'est-à-dire en 1114 ou 1115. — Hugues, le 8ᵉ comte de Champagne, n'eut d'abord que le titre de comte de Troyes, V. Art de vérif. les dates, II. 615.

(2) *Paschalis jàm de vià ejus, per Guidonem archidiaconum, et Rodulfum monachum Laurentii abbatis, nuntium certum acceperat.* Laurent de L.

(3) Dans Laurent de Liége, qu'Albéric de Trois-Fontaines reproduit en l'abrégeant.

(4) *Ipse solus, in medio lutulentæ plateæ, antè conspectum Apostolici per fenestras palatii adspicientis, stratus in terram pronus corruit, flebiliter exclamavit : Miserere mei, pie pater, etc.* Laurent de L.

manquerai la caravane de Jérusalem. » Le pape persista à ne vouloir accorder de pardon qu'à Rome, en présence des cardinaux; et l'évêque, ne croyant pas pouvoir s'arrêter, partit, non absous, avec les pèlerins. Sur la route, il fut fort triste, et tomba malade : on le mit en litière; le cardinal d'Albane, qui le rencontra, eut peine à le reconnaître, tant la maladie l'avait changé. « Consolez-vous, lui dit-il: je cours à Rome; j'intercéderai; j'obtiendrai votre absolution, et je vous l'apporterai ici. » Il tint parole : mais, quelque diligence qu'il eût pu faire, il ne revit plus Richard, qui expira avant son retour, et fut inhumé au Mont-Cassin. Ainsi finit malheureusement ce prélat, en 1114 ou 1115, dans la septième année de son gouvernement, comme évêque élu et prince investi au temporel.

Il meurt au Mont-Cassin.

L'évêché vaqua ensuite trois ans et demi (1) : et telle était alors la déplorable situation des choses, qu'on souhaitait qu'il pût rester ainsi jusqu'au dénouement, toujours attendu, de l'interminable tragédie des Investitures. Pendant cet interrègne, les passions se calmèrent un peu chez nous : l'abbé Laurent revint à Saint-Vanne; le clergé se fit absoudre par le métropolitain : mais il s'éleva, du côté de la Ville, une autre querelle, mémorable en ce que, pour la première fois, on vit notre bourgeoisie intervenir dans les affaires publiques. Les deux voués, Guillaume de Luxembourg et Renauld de Bar, le premier nommé, le second destitué par l'évêque qui venait de mourir, firent aussi leur paix, mais aux dépens de l'évêché vacant, et de

---

(1) Roussel, p. 229, cite une charte de Saint-Maximin de Trèves, de l'an 1116, où il est parlé de Mason, évêque de Verdun. Il aurait dû dire de Verden (en Westphalie) : voir la liste des évêques de cette ville dans la *Germania* de Bucelin, tom. I. pars 2, p. 22. Le *Gallia christiana*, tom. XIII. p. 1196, reproduit l'erreur de Roussel. — Voigt qui, dans son Hist. de Grégoire VII, (tom. II. p. 445, de la traduct. française), mentionne l'évêque de Verdun parmi les ennemis les plus acharnés de l'empereur Henri IV, a commis la même faute, en prenant l'*Hartwig Viridunensis* des *Concilia Germaniæ*, tom. III. p. 197 et 202, pour notre évêque Thierry, qui, lui, était loin d'être ennemi d'Henri IV. Il s'agit de Hartwick de Verden : v. le même catalogue de Bucelin. — L'évêché de Verden a été sécularisé à la Réforme.

Guerre
de la Ville contre
Renauld.

la ville qu'ils étaient chargés de défendre. Guillaume s'adjugea Stenay et Mousay, en paiement, prétendit-il, des frais de la guerre qu'il avait soutenue pour l'évêque : et Renauld, s'étant engagé à lui laisser ces domaines en possession paisible, obtint de lui, en retour, renonciation formelle à tout droit résultant de sa nomination par Richard au comté-avouerie de Verdun. Renauld croyait que, par cette renonciation de son compétiteur, il y rentrait de plein droit: mais la Ville ne l'aimait pas; et elle refusa de le reconnaître, disant, avec raison, que Guillaume de Luxembourg pouvait, s'il le voulait, renoncer à l'avouerie de Verdun, mais non y rétablir, de sa seule autorité, un prince qui en avait été légalement déchu. Cette opposition irrita tellement les deux comtes qu'ils se coalisèrent pour l'accomplissement de leur traité. Ils étaient les plus forts : et les Verdunois ne purent leur échapper qu'en opposant à leur violence des stratagèmes assez peu loyaux, au moyen de trèves simulées, qu'ils rompirent sous quelque prétexte, puis tombèrent sur Renauld, le battirent, le blessèrent, et le forcèrent à la retraite (1). Il ne trouva que trop tôt occasion de se venger.

Henri de Winchester, évêque.

En 1118, l'empereur voyant la vacance de l'évêché se prolonger outre mesure, sans que l'on fît d'élection, ni qu'on songeât à lui reporter la crosse, considéra sa cité de Verdun comme tombée, par retard, en déchéance du droit de présenter son élu ; et il permit à sa jeune femme Mathilde, fille du roi d'Angleterre, de gratifier de cette prélature son chapelain et courtisan Henri, archidiacre de Winchester (2). Cette nomination fut fort mal accueillie chez nous : néanmoins le nouvel évêque s'étant fait précéder de gens de belles manières et faisant largesses, les

(1) *Ipsi duo ad expugnandum Virdunum conduxere validas copias pugnatorum : sed Virdunenses primò inducias petierunt, eisque datis, cùm hostes recederent, etc.* Laurent de Liége.

(2) *Quidam Henricus, et mundaná sapientiá præditus, et Wintoniensis Angliæ archidiaconus, qui indè venerat cum filiá regis Anglorum Mathilde, quam duxerat rex Romanorum, in obsequiis ejus positus, per eam ab ipso rege donum epis-*

citains se laissèrent gagner à le recevoir, avec applaudissement. Le clergé persista dans son opposition, craignant, disait-il, de voir sous un prélat nommé d'une telle manière revenir les scènes du temps de l'évêque Richard. Tous les prêtres, ceux de la cathédrale, unis cette fois aux moines de Saint-Vanne, firent solliciter le métropolitain Brunon, et le légat Guy de Vienne en France, de ne point reconnaître Henri. Pour le légat, la chose fut facile; car son rôle était tracé d'avance : il y avait eu investiture impériale, par conséquent, cas d'excommunication contre le candidat. Quant au métropolitain, il ne parla pas d'investiture, mais déclara qu'il y avait défaut d'élection canonique. Henri réfléchit alors aux malheurs de son prédécesseur, et résolut de ne pas marcher plus avant dans cette voie. C'était un homme de politique mondaine, et de peu de dignité morale, auquel les changements de parti ne coûtaient rien. Il se laissa donc, sans difficulté, convertir par l'abbé Laurent; et, sur son avis, partit pour Rome, afin d'y renoncer à son investiture entre les mains du pape. C'était au commencement de 1119, sa seconde année d'épiscopat. Les impérialistes de la ville ne manquèrent pas d'informer la cour de son départ et de son projet : on courut après lui; on l'arrêta : mais il s'échappa, et parvint à gagner Milan, où le cardinal Jean de Crémone, légat d'Italie, considérant les périls qu'il courait en route, le dispensa d'aller plus loin, lui accorda l'absolution, le sacre, et des lettres d'injonction à ses ouailles de le recevoir comme évêque catholique. Malgré ces lettres, il trouva, pour toute réception, à son retour à Verdun, les portes closes, en exécution d'un ordre de l'empereur qui, voulant le punir de sa défection, l'avait déclaré déchu des droits régaliens. Il se retira à Hatton-Châtel, et s'allia au comte Renauld, le défenseur des catho-

Il change de parti, et s'allie à Renauld.

---

copatûs Virdunensis accepit. Laurent de L. — Quelques auteurs appellent cet évêque Henri de Blois; mais ils le confondent avec l'évêque de Winchester même, Henri, fils d'Etienne comte de Blois, et petit-fils de Guillaume le Conquérant.

liques, d'après le bref du pape Pascal : puis il menaça d'une guerre ouverte, et finit par se rendre tellement odieux que la Ville, qui l'avait accueilli à sa première venue, se joignit au clergé, pour demander sa déposition au légat et au pape lui-même, auxquels on le représenta comme un intrigant, qui les dupait, et qui n'était au fond qu'un méchant intrus (1). En ce moment, il était reconnu par le pape et rejeté par l'empereur : situation inverse de celle de Richard de Grand-Pré; mais, du moins, celui-ci gouvernait au temporel, tandis que Henri, déchu des Regalia, ne pouvait même administrer au spirituel, à cause de l'opposition du clergé.

Cependant les forces et la patience commençaient à manquer aux combattants des Investitures : et ils essayèrent alors les premiers pas vers la réconciliation. En octobre 1119, le pape Callixte II, ancien légat Guy de Vienne, vint à Reims, pour y écouter des propositions d'Allemagne. Henri de Winchester trouva l'occasion bonne d'aller plaider sa cause devant lui : et, comme il était beau parleur, protégé par divers cardinaux, il obtint une sentence qui le maintint dans son évêché de Verdun. Le pape envoya même pour lui, à Saint-Vanne, des lettres de recommandation, auxquelles l'abbé Laurent, qui professait soumission absolue envers Rome, ne put qu'obéir; mais il le fit à contre-cœur : et on s'en aperçut, car personne ne suivit son exemple (2). Alors Henri se décida à employer la force. Il appela Renauld, et donna avec lui l'assaut à la ville-basse, au rempart voisin de Saint-Airy : le feu fut mis; et cette église, avec la Petite-Saint-Pierre, Saint-Sauveur, et les maisons voisines devinrent la proie des flammes. Le jour suivant, la ville-haute se rendit; et l'évêque victorieux fut intronisé dans sa cathédrale, le clergé mécontent lui

Il est maintenu par le pape.

(1) *Quamobrem urbs et clerus ad deponendum eum consurrexit, ad Legatos, ad ipsum quoque papam, accusans eum malæ intrusionis.* Laurent de L.

(2) *Non est receptus à suis, nisi ab abbate Laurentio, qui et ipse ei non favens, commendatorias pro eo litteras papæ susceperat.* Laurent de L.

Il est intronisé par violence.

chantant des psaumes entrecoupés, à voix basse, de versets de Jérémie. Ces mauvaises dispositions parurent dangereuses; et, dès le lendemain, des gens s'étant amassés à la cathédrale, sous prétexte d'asile, Renauld se défia, cerna l'église, fit des arrestations; puis on punit par des confiscations les auteurs du rassemblement suspect. Henri de Winchester, ajoute, en racontant ces choses, la chronique de St-Vanne, s'assit ainsi sur sa chaire, les mains teintes du sang de ses ouailles (1). Notre chroniqueur eût pu ajouter qu'on vit alors une persécution laissant bien loin derrière elle toutes celles des schismatiques Thierry et Richard de Grand-Pré, contre lesquels les moines, ses confrères, avaient tant crié.

Ces choses n'étaient que des voies de fait : car ni l'évêque, déchu de ses droits régaliens, ni Renauld, déchu lui-même de son avouerie, n'avaient aucune autorité légale. L'empereur, informé de leurs attentats, nomma voué Henri II, comte de Grand-Pré, neveu de l'évêque Richard, avec

Il est expulsé avec Renauld.

mission d'expulser de la ville les deux tyrans. Il fut facile de trouver à Verdun des gens pour aider à cette tâche : on procura au comte de Grand-Pré de fausses clefs d'une porte, par laquelle il entra de nuit, avec ses chevaliers. Peu s'en fallut qu'ils ne surprissent l'évêque dans le sommeil; mais il se réveilla à temps, s'enfuit à demi vêtu, et passa la rivière à la nage (2). Il se réfugia vers Renauld, qui craignait lui-même d'être attaqué en Barrois : et, rassemblant à la hâte tout ce qu'ils purent trouver d'hommes, soit dans ce pays, soit dans l'évêché, ils furent victorieux dans une première rencontre, sans toutefois pouvoir rentrer à Verdun.

(1) *Et Henricus in cathedrâ episcopii sedit, à clero coacto, non canente sed lamentante : « Sustinuimus pacem, et non venit; quæsivimus bona, et ecce turbatio! » receptus. Et ad missarum solemnia accedit adhúc fumante holocausto, et sub tàm recenti vulnere urbis, et suarum ovium ruinis, ductu suo et suî causâ perpetratis.* Ibid.

(2) *Et episcopus somno excutitur, et se turpi fugâ, penè nudus, proripiens, Mosam enatat, et ad Rainaldum cursitat, qui ad sua conservanda recesserat.* Ibid.

Ils en pressaient le siége, tirant toujours des renforts de leurs seigneuries, tellement que le comte de Grand-Pré se vit obligé, à son tour, de faire venir, à prix d'argent, de bons soldats de Flandre. Ces auxiliaires arrivèrent à temps, lorsque les assiégeants préparaient déjà l'assaut en deux endroits à la fois : ils le repoussèrent ; puis le comte Henri, se sentant en force, porta la guerre et le ravage dans la partie supérieure du Barrois, et fut victorieux dans une bataille près du village d'Osches (1). Renauld alors paya les gens du château de Clermont, coutumiers de brigandages, pour qu'avec une garnison de ses propres troupes, ils fissent des courses sur les terres de Verdun et de Grand-Pré ; mais le comte son adversaire, ayant attiré cette garnison dans une sorte d'embuscade, prit Clermont, mit le feu au château, et traitant honteusement les hommes qu'il y trouva, les emmena, non en prisonniers de guerre, mais en maraudeurs et voleurs saisis en flagrant délit (2). Les choses tournaient ainsi contre l'évêque et son voué : mais il survint dans les hautes régions politiques un changement qui leur donna l'avantage.

Ce grand événement fut le rétablissement de la paix entre l'église et l'état. Après quarante ans de combats acharnés, où les meilleures forces s'étaient perdues de part et d'autre, l'accord fut enfin publié en Allemagne, le 23 septembre 1122, en diète au bord du Rhin, près Worms, et à Rome, dans le premier des conciles généraux de Latran, au mois de mars de l'année suivante. On appelle ce traité Concordat Callixtin, parce qu'il fut conclu sous le pontificat de Callixte II. Il reconnaissait à l'empereur, dans le royaume germanique, droit de faire faire les élections épiscopales en sa présence, avec voix prépondérante en cas de partage, et en prenant avis des évêques de la province assemblés : puis l'élu devait faire hommage temporel au chef de l'Empire, en recevant de lui, (on évitait le mot

Concordat
Callixtin. Fin des
Investitures.

(1) Secùs Oscaram villam.

(2) Turpissimè, ut latrones, per gulam captos, abducit.

investiture), les Regalia par le sceptre. Moyennant cette transaction, le seigneur empereur Henri, mû par l'amour de Dieu et de sa sainte église, restituait au seigneur pape Callixte, et, en sa personne, à saint Pierre et à la sainte église catholique, toute investiture par la crosse et l'anneau. Il y avait des pays d'Empire qui, comme l'Italie, et sans doute l'ancienne Lorraine, ne faisaient point partie du royaume germanique : pour ces territoires, le concordat ne parlait pas de la présence de l'empereur aux élections, l'éloignement des lieux s'opposant à ce qu'il y assistât; mais les Régales devaient aussi être données par le sceptre, et dans les six mois, aux évêques sacrés. Les cas légaux de refus n'étaient pas spécifiés : ce qui laissait des occasions de discorde; mais il en reste toujours, et en dépit de toutes les ordonnances : et on préféra s'en remettre à l'intérêt qu'avait chaque partie d'éviter les querelles. Comme tout le monde aspirait au repos, on n'entra point dans ces détails : et la paix fut applaudie avec une allégresse générale.

Henri et Renauld
rétablis. Personne n'en fut plus satisfait chez nous que l'évêque et son voué. Il n'y avait plus de délit d'investiture : en conséquence la déchéance temporelle du premier se trouvait annulée, et l'autorité du second redevenait légitime, en même temps que celle de son suzerain. Le comte de Grand-Pré ne pouvait plus être autorisé à expulser un évêque reconnu par le pape : et la guerre, s'il la continuait au nom de l'empereur, allait passer pour une infraction à la paix générale. Cependant les hostilités de nos belligérants se trouvaient trop vives pour que tout rentrât sur le champ dans le calme. Il fallut du temps à Henri de Winchester et à Renauld pour obtenir leur pardon de l'empereur; et il leur en fallut encore pour s'arranger avec Henri de Grand-Pré sur ses prétentions, et sur les dommages faits ou subis pendant la guerre. Le comte Frédéric de Toul se rendit médiateur : et le traité fut conclu à l'abbaye de La Chalade, fondation alors toute récente, et dont nous

reparlerons bientôt. D'abord, nos deux nobles princes
Henri et Renauld firent bon marché, chacun de ses sujets:
il n'y eut pas d'indemnité pour les Verdunois dont les
maisons avaient été brûlées lors de l'assaut du rempart de
Saint-Airy : seulement on accorda amnistie, plus ou moins
sincère, à tous ceux qui avaient pris parti contre l'évêque
durant les troubles. Renauld, imitant ce bel exemple,
amnistia aussi pour sa part, et renonça, avec pareil désin-
téressement, à toute réclamation pour ses sujets du Barrois
pillés et ravagés par le comte de Grand-Pré, au temps de
la bataille d'Osches. Ensuite l'évêque s'occupa de récom-
penser les bons services du voué. Comme il n'avait pas
droit d'aliéner ouvertement les fonds de l'église, il déguisa,
sous le nom d'engagement, un traité où, moyennant une
somme de trente livres, il lui laissa la jouissance perpétuelle de plusieurs belles terres, notamment de la châtellenie de Dun. Un autre de ses chevaliers, Pierre de Mureau,
obtint de la même manière une augmentation de fief : ce
fut par cet accroissement que cette terre, acquise de
Mathilde par Thierry, devint l'une des pairies de l'évêché.
Le Chapitre, spectateur de ces dilapidations, en prit bonne
note, pour les faire figurer en grief dans le procès qu'il se
réservait, à part lui, d'intenter, en temps opportun, à Henri
de Winchester. Ainsi se perdaient les biens de l'église : et
des choses semblables arrivèrent dans presque tous les
évêchés, au temps de la querelle des Investitures, qui
obligeait les prélats à se créer des appuis contre le parti
opposé au leur. On lit dans l'histoire de Metz que, quand
Étienne de Bar, frère de Renauld, arriva à l'évêché, il ne
trouva dans tout le temporel, que le seul fief de Rumilly
qui fût parfaitement libre d'engagement.

Il y eut aussi une querelle des Investitures à Saint-
Mihiel, moins variée toutefois, et surtout moins tragique
que celle de notre évêché, qui avait des droits régaliens à
recevoir de l'empereur. C'était aux ducs de Haute-Lorraine,
et, après eux, ce fut aux comtes de Bar, comme princes, et

Les Investitures à St-Mihiel. non comme voués de l'abbaye, que les abbés de Saint-Mihiel devaient demander l'investiture de leurs seigneuries temporelles. Nous avons déjà vu l'asservissement de ce monastère, et comment, après la séparation du Barrois et de la Lorraine, la comtesse Sophie avait persuadé à l'abbé Sigefroy de la reconnaître pour souveraine, en recevant d'elle la crosse et l'anneau (1). Grégoire VII ayant blâmé la forme de cet hommage, il y eut, sous Thierry, fils de Sophie, une transaction en vertu de laquelle la cérémonie consista, de la part du comte, à mettre une crosse sur l'autel, et à y conduire l'abbé élu, pour qu'il la prît lui-même de sa propre main. Par cet expédient, la crosse n'était pas reçue de « la main » laïque; et la lettre du décret papal était gardée. Les abbés Ornatus et Odalric, tout dévoués qu'ils fussent l'un et l'autre au pape (2), tranquillisèrent ainsi leurs consciences; mais, ainsi que l'observe le document qui nous fournit ces détails, c'était éviter le mot et faire la chose (3). En conséquence, après la mort d'Udalric, en 1117, le couvent se résolut à un acte de courage. Sans aucun avis transmis au comte Renauld, ils élurent Lanzon, le conduisirent à l'autel, où il prit la crosse, puis l'installèrent. Renauld accourut, fort irrité, cria à l'usurpation, et menaça de chasser les moines : toutefois, réfléchissant que sa position politique de défenseur du catholicisme lui imposait de la réserve, il jugea à propos de s'adoucir, et de consentir à avoir tort, au jugement d'une assemblée où Laurent de Saint-Vanne, Girbert de Beaulieu, Thiemer de Saint-Mansuy-lez-Toul, et Lanzon lui-même parlèrent si bien, et citèrent tellement à propos les

---

(1) Ci-dessus, p. 90. — *De manu feminæ, videlicet venerabilis comitissæ Sophiæ suscepit : qui tamen, ad se reversus, Romam, pœnitentiâ ductus petiit, etc... Sed et ipsa, hoc exemplo se peccasse cognoscens, Romam perrexit, etc.* Acte de 1117, dans D. Calmet, 2ᵉ édit. tom. v. Preuves, p. cxxxiv.

(2) Ornatus est qualifié dans son épitaphe de *vir valdè ecclesiasticus.* Quant à Odalric, voir sa lettre citée ci-dessus, p. 154, note 2.

(3) *Cùm sacri canones « manum » rariùs nominent..., sed sæcularem potestatem in conductu dignitatum.* Acte de 1117.

canons que tout le monde se rangea à leur avis. On écrivit, dans un acte daté de 1117, qu'à l'avenir l'élection se ferait de la même manière que celle qui venait d'être accomplie, c'est-à-dire par les moines seuls, en leur chapitre, sans assistance ni laïque, ni cléricale, sans pompe séculière, en un mot, sans autre intervention que la crainte de Dieu; qu'ensuite l'abbé installé recevrait immédiatement l'hommage des vassaux; enfin que, pour toute formalité envers le comte, on lui députerait, non à Bar, ni ailleurs, mais à Saint-Mihiel même, s'il y était, ou quand il y viendrait, trois frères qui lui parleraient en ces termes, ni plus, ni moins : « Nous avons choisi telle personne pour abbé : nous vous prions, en votre qualité d'avoué de notre église, de lui donner aide, assistance, conseil et bonne amitié (1). » Malédiction et anathème, ajoute l'acte, à ceux qui tenteraient de nous remettre sous l'ancien et exécrable joug : honneur éternel, au contraire, à ceux qui combattront pour la liberté de l'église. — Renauld laissa écrire ces choses; mais, loin de s'amender et de délivrer l'abbaye, il lui fit subir plus d'exactions tyranniques que tous ses prédécesseurs ensemble (2).

Cet oppressif et envahissant personnage était le soutien, à peu près unique à Verdun, de Henri de Winchester qui, malgré les murmures de la ville et du clergé, le maintenait dans l'avouerie, dont il avait été déchu par Richard. Ce mauvais gouvernement sentait que sa domination ne reposait que sur la force : et ce fut vraisemblablement alors que les deux oppresseurs commencèrent à bâtir, près de l'évêché, la fameuse tour le Voué, dont le rapide achèvement, sous l'épiscopat suivant, suppose des travaux antérieurs;

(1) *Omninò nihil aliud dicentes : « Illum dominum nobis abbatem constituimus : precamur, sicut advocatum ecclesiæ, ut eum diligatis, et consilium ei detis, et in necessitatibus suis subveniatis. »* Ibid.

(2) *Nostri quoque temporis comes Rainaldus, quod majores sui nunquàm fecerant, pecuniarum rapinas, quas vulgus talliatas vocat, vi et suppliciis sua eis extorquere; et terrâ nostrâ, plus quàm suâ, omnibus modis abuti.* Plainte de 1154, environ, dans Baluze, *Miscellanea*, tom. IV. p. 464.

Rumeurs
et séditions
contre
Henri de Win-
chester.

mais, tandis qu'ils se remparaient ainsi, l'opposition augmentait et s'aigrissait. On persista dans les plaintes déjà
portées au pape Callixte ; on ajouta que l'évêque, depuis
qu'il croyait n'avoir plus rien à craindre, mettait de côté
tout décorum, et ne songeait plus qu'à se divertir, aux dépens et au scandale de l'église, avec ses chevaliers, ceux
de Renauld et les moines de Saint-Paul, leurs amis, qui ne
valaient pas mieux qu'eux (1) : enfin on assura que saint
Bernard, alors le guide et l'oracle de la chrétienté, s'indi-
gnait de la conduite de Henri, et s'exprimait sur son compte
en termes de blâme très-amer. Cette rumeur inquiéta notre
pontife, au point qu'il en écrivit lui-même au saint, qui
répondit que le bruit était faux, et qu'il ne parlait jamais
en mal des absents, surtout des prélats : ensuite il ajoutait
ces mots, de politesse individuelle : « Puisque l'évêque de
Verdun désire me connaître, je serai, de mon côté, charmé
de faire connaissance avec lui : en attendant, je lui recommande la nouvelle abbaye de La Chalade, que les religieux
de ma réforme établissent dans son diocèse (2). » Henri
montra cette lettre à ses amis et à ses ennemis, ainsi qu'une
autre où le même saint réclamait ses bons offices dans une
affaire particulière de discipline : il s'empressa de faire
honneur aux recommandations de son illustre correspon-
dant, ainsi qu'à des demandes des moines de Saint-Mihiel,
pour des paroisses dépendantes de leur monastère (3) : et,
sur l'invitation du nouveau métropolitain Geoffroy de

(1) *Securum se existimans, voluptate resolvitur, contrà decus episcopi..., clero
eum accusante de incontinentiâ, de simoniâ, de dilapidatione rerum ecclesiæ.
vulgi seditionibus multis ei incurrentis.* Laurent de L.—*Sustinet violentiam beatus Paulus apud Virdunum,* etc. Lettre 178 de saint Bernard.

(2) *A nobis vestræ excellentiæ placuit sciscitari,* etc. *Aut nos fallimur, aut
qui ea vobis retulit fallit... Certissimè me scire confido, et vos indubitanter cre-
dere volo, nemini me super nomine vestro reprehensionis vel accusationis verba
fecisse. Absit hæc à nostrâ pusillitate temeritas,* etc. *Quòd nostri notitiam dig-
nanter expetitis, gratanter accipimus, abundantiùs nos et innotescere vobis, et
vos noscere cupientes,* etc. *Ad Henricum Virdunensem episcopum,* lettre 63 de
saint Bernard. La lettre précédente est aussi adressée à cet évêque.

(3) D. de l'Isle, p. 102.

Trèves, il alla faire, en grande pompe, la dédicace de
l'église, enfin achevée, d'Orval, où on mit une inscription
commémorative de son nom et du jour de la cérémonie, le
30 septembre 1124. De toutes ces choses, ses partisans
tiraient gloire, concluant de là qu'il était vraiment estimé
au dehors, et que la malveillance qui le vilipendait n'était
qu'une cabale verdunoise ; mais il commit la faute de se
brouiller avec Saint-Vanne, au sujet des droits seigneuriaux
du ban, confisqués, pendant l'exil des moines, par l'évêque
Richard, et que Henri persistait à maintenir acquis au domaine épiscopal (1). Alors l'opposition devint tellement
unanime et formidable que Laurent de Liége, qui probablement n'y était pas étranger en sa qualité de moine de
Saint-Vanne, écrivit que c'était Dieu lui-même qui l'ani-
mait et la poussait (2). Cette idée bizarre suppose un
déchaînement général, et quelque fanatisme religieux
contre l'évêque. Il y eut des séditions populaires : et le
clergé résolut de reprendre, devant le pape Honoré II, les
poursuites interrompues par la mort de Callixte, à la fin de
1124.

Dans ce procès, l'évêque voulut d'abord se retrancher   Son procès.
derrière l'exception de la chose jugée. « Tout ce qu'on
m'objecte, dit-il, n'est que reproduction et redite d'allégations déjà reconnues fausses en 1119, par le pape Callixte,
au concile de Reims, où j'ai été entendu contradictoirement

(1) Laurent de Liége dit seulement : *quòd quædam, tempore discordiæ su-
blata, multoties conventus, venerabili Laurentio non restitueret*. Le bref d'Honoré II à l'évêque (qui paraît n'en avoir tenu compte) entre dans plus de
détails. « *Honorius, etc., venerabili fratri Henrico Virdunensi. Veniens ad nos
filius noster Laurentius abbas, conquestus est mercatum de monte Sancti-Vitoni,
et teloneum, cum pugillo frumenti, placitum et correctionem mensurarum, decimas foratici vini civitatis, quæ amisit, tempore discordiæ, à prædecessore tuo, sibi
fuisse ablata. Undè fraternitati tuæ mandamus ut ei ablata restituas : et de Richerio du Bu, qui allodium suum in Baroniscurte invasit, debitam justitiam facias... Datum Laterani, XIII kalendas aprilis.* » Ce bref, du cartulaire de Saint-
Vanne, est dans Wassebourg, p. 284, verso, avec un ordre conforme de l'empereur Lothaire II, successeur de Henri V.

(2) *Proindè suscitavit contrà eum Deus animos vulgi seditionibus multis, cleri
quoque, missis legatis usquè ad aures papæ, etc.*

avec les députés du clergé et de la ville : en conséquence je n'ai point à produire de nouvelle réponse. » Sur ce raisonnement, il dédaigna l'assignation de comparaître à Rome, espérant sans doute que les cardinaux qui avaient précédemment appuyé sa cause feraient, cette fois encore, forclore ses adversaires ; mais il se trompa dans son attente. Les plaignants, trop irrités pour lâcher prise, articulèrent de nouveaux griefs de simonie, de dilapidation, et de mauvaises mœurs : ils allèrent jusqu'à rechercher dans le passé un fait, que nous connaissons mal, et qu'on aurait dû croire couvert par la paix des Investitures : c'était que Henri, pendant cette querelle, avait sacré un intrus à Toul (1). Sur ces accusations nouvelles, ou remises à neuf, le pape jugea que l'inculpé devait répondre, et qu'il y avait contumace en ses refus : en conséquence, il lui adressa un bref de citation à délai péremptoire, avec ordre de garder suspense dans l'intervalle (2). Ceci dut être un grand sujet de triomphe pour l'opposition de Verdun. Henri partit donc,

(1) Il y avait alors, dans le diocèse de Toul, deux évêques, élus en concurrence, après la mort de Pibon, en 1108. Le premier, mentionné seul au catalogue, était Ricuin de Commercy, catholique, puis schismatique, puis redevenu catholique, et mort en 1126. Le second, nommé Conrad, était l'intrus qu'on reprocha à Henri de Winchester d'avoir sacré, et qui par conséquent ne se maintint, jusqu'à l'avénement de celui-ci, qu'à titre d'élu. Suivant le P. Benoit, p. 402, la cour de Rome lui permit de garder le titre de Toul, sans en faire les fonctions. Il est certain qu'elle finit par le reconnaître d'une manière quelconque : car, en septembre 1124, le sacre du métropolitain Geoffroy de Trèves se fit par le cardinal légat *cooperantibus episcopis Henrico Virdunensi et Conrado Tullensi*, dit le *Gesta*, ch. 75. La donation qu'on attribue à Ricuin d'une partie de Commercy à l'évêché de Toul, n'a pas laissé de traces dans l'histoire : on n'en parle que d'après le P. Benoit, p. 405, qui aurait dû citer son document. V. Dumont, Commercy, t. I. p. 16.

(2) *Honorius, etc., venerabili fratri Henrico Virdunensi. Prædecessor noster piæ memoriæ papa Callixtus suis te litteris evocavit, ut ad eum, mediante quadragesimâ præteritâ, venires* (1124), *et de ordinatione illius Conradi Tullensis intrusi rationabiliter responderes. Nos quoque, post ejus obitum, pro eâdem causâ veniendi ad nos tibi terminum dedimus. Tu verò, tumore elationis inflatus, venire penitus contempsisti, et abbati Sancti-Vitoni ablata restitueres, etc. Pro tantis igitur excessibus, per præsentia tibi scripta mandamus ut, proximâ Epiphaniorum festivitate, ad nostram præsentiam venias responsurus : interim verò ab episcopali officio prorsùs abstineas. Datum Beneventi, quinto nonas octobris.* Dans Wassebourg, p. 285, d'après le cartulaire de Saint-Vanne.

étant, dit Laurent de Liége, bien fourni d'excuses pour ses péchés, et d'argent pour les cardinaux, ses protecteurs (1). A l'audience apostolique, après que les accusateurs eurent proposé et mis par écrit leurs faits et articles, les avocats de l'évêque leur opposèrent, en nouvelle exception, qu'ils étaient gens indignes de créance, s'étant rendus coupables envers le prélat d'excès qui rendaient leur témoignage tout à fait suspect. Il s'éleva une grande dispute, avec injures, récriminations et démentis réciproques. L'abbé Laurent, interrogé à part par le pape, répondit : « Je n'ai rien vu de ce qu'on impute à l'évêque; mais il y a contre lui clameur publique (2). » A la fin, le pontife, indécis au milieu de tant d'allégations contradictoires, et soupçonnant plusieurs cardinaux de favoriser l'accusé, jugea qu'une enquête sur les lieux était nécessaire : et il la commit au cardinal Mathieu d'Albane, légat en France.

Cette nouvelle audience fut indiquée, fort solennellement, à Châlons, où le légat convoqua l'archevêque de Reims et tous les prélats du voisinage, afin qu'ils l'aidassent de leur autorité et de leurs lumières dans une cause de cette importance. Saint Bernard vint; et notre évêque, intimidé de ce grand appareil, alla lui demander conseil, avant la séance. Mon avis, lui dit le saint, est que vous vous démettiez de bon gré : car, quoi que vous fassiez, il rejaillira toujours sur vous quelque déshonneur de ce que déposeront vos

Sa démission au concile de Châlons.

(1) *Fultus muneribus et excusationibus, Romam venit, cardinales sibi concilians.* Laurent de L. — Déjà, au concile de Reims, Henri, *per cardinales sibi conciliatos, contrà suorum accusationem prævaluerat.* Ainsi, du moins, parlait-on à Verdun, dont Laurent de Liége, hostile à l'évêque, rapporte les rumeurs.

(2) *Honorius à venerabili Laurentio requisivit : Tu, pater, quid dicis de criminibus episcopo illatis? Et ille : « Domine, ait, ego non vidi, sed populus clamat. »* Et quia, faventibus episcopo cardinalibus, et lite nil certi sinente, causam Mattheo Albanensi episcopo, legato suo in Galliis mandavit. Laurent de L. — *Et quia,* dit le pape lui-même, dans le bref de commission, *in contumeliosa verba nimis irrationabiliter prorumpebant, ne propter tot replicationes accusationum lis extenderetur in infinitum, causam fraternitati tuæ commisimus terminandam. Tu verò, ad præsentiam tuam evocans, Cathalaunum adeas, ibique adscito tibi Treverensi archiepiscopo* (il ne vint pas, étant prisonnier en Italie), *aliisque sapientibus episcopis, etc.*

ques auteurs, qui le confondent avec Henri de Blois, neveu du roi d'Angleterre. Les numismates possèdent, du coin de cet évêque, quelques deniers et oboles, de fin argent, où son buste, malgré la grossièreté du dessin barbare de cette époque, est posé en attitude assez fière (1).

(1) Monnier, Note sur la trouvaille faite à Dieulouard, en 1861, p. 10. Les deniers pèsent 0,81 ; les oboles 0,40. Ce n'est que sur celles-ci qu'on voit le buste, en profil, de l'évêque. Les deniers portent la tête voilée MARIA VIRGO : de l'autre côté : HENRICVS EPS. — M. Monnier trouve l'obole d'un bon travail, et remarquable par son type de la colombe au revers ; malheureusement l'exemplaire est un peu fruste.

ADELAÏDE ABBESSE DE St MAUR.

CHAPITRE V.

LES ÉVÊQUES URSION ET ALBÉRON DE CHINY.
— PRISE DE LA TOUR LE VOUÉ; EXPULSION DE RENAULD LE BORGNE;
SUPPRESSION DE L'AVOUERIE.

De 1130 à 1155 environ.

Après l'abdication de Henri de Winchester, le légat Mathieu d'Albane, et l'assemblée de Châlons, adressèrent aux députés verdunois de graves et pieuses remontrances. Vous voyez, leur dirent-ils, en quels abîmes de discorde votre évêché, et malheureusement aussi la plupart de ceux de l'empire germanique, se sont précipités en ces derniers et déplorables temps. Elus par vous, ou nommés malgré vous, vos évêques étaient entraînés par leurs investitures dans toutes les agitations de la politique impériale : il est temps de faire des élections vraiment religieuses : ne prenez plus conseil que de la crainte de Dieu, de l'honneur de votre église et du bien de votre ville ! Sur ces excellentes exhortations, nos délégués résolurent de chercher un saint, qui fût, autant que possible, étranger aux derniers troubles, afin qu'aucun de ses antécédents ne le rendît d'avance désagréable à aucun parti. Ils découvrirent cet homme de bien, probablement sur les indications du concile lui-même, à Saint-Denys de Reims, dans la personne de l'abbé Ursion, ou Ursin de Watronville, d'une famille féodale de notre évêché (1), mais qui, devenu français depuis fort

(1) On sait, par une charte d'Euphémie, sœur d'Ursion, qu'il était de cette famille : *Ego Euphemia, domina de Vaudronisvillá, consilio et consensu fratris mei Ursionis, Dei gratiá Virdunensis episcopi... ipsum montem Justimontis, item villam meam de Beuvanges, in pede dicti montis, etc.* Dans Hugo, *Annal. Præmonstrat.* tom. 1. Preuves, p. 753. Cette charte est suspecte, à cause de sa date de 1124, Ursion n'étant point alors évêque de Verdun. Comme cette date est en toutes lettres, il n'y a guère moyen de proposer une correction numérale : peut-être le copiste du cartulaire de Justemont (on n'a pas l'ori-

longtemps, avait à peine entendu, dans sa cellule rémoise, le bruit de la tempête qui régnait de l'autre côté de la frontière. C'était un excellent moine; mais ce n'était qu'un moine, qui malheureusement se trouva, dès les premiers jours, au-dessous de sa tâche. Pour premier empêchement, il trouva chez nous le comte Renauld, étrange personnage, dont il n'avait jamais vu le pareil en France; il en eut peur; et, préférant les moines, il se réfugia à Saint-Vanne, croyant qu'il pourrait gouverner de là par de bons exemples de piété et de vertu. Il sortait si peu qu'on ne s'apercevait pas même qu'il y eût un évêque à Verdun. Bientôt personne ne tint compte de lui : les moines, les premiers, dirent qu'il ne savait ni ne pouvait, ne saurait jamais ni ne pourrait, quand même il le voudrait, gouverner, ni au spirituel, ni au temporel (1). A grand effort cependant, on le décida à aller à l'audience de l'empereur : il redoutait cette terrible cour impériale, d'où étaient sortis tant de schismes : à peine savait-il qu'il y avait eu concordat en 1122, et que l'investiture, en sa nouvelle forme, était non-seulement licite, mais obligatoire. Renauld acheva de le déconcerter en postant sur sa route, quand il revint, une embuscade, qui mit son escorte en déroute, et l'effraya tellement lui-même que ce pauvre frère, qui n'avait jamais vu d'épées tirées, s'enfuit tout d'une traite jusqu'à Reims, où il se cacha dans son couvent. Personne n'alla l'y rechercher, tant on était confus de sa poltronnerie : au contraire, on lui fit entendre qu'il vaudrait peut-être mieux qu'au lieu de se préparer à son sacre, il examinât, dans sa cellule, s'il ne serait pas plus tranquille en donnant sa démission. Il se laissa aller à cet excellent avis. Au mois de mars 1131, le

ginal de la charte) a-t-il, pour éviter toute confusion, qualifié Ursion du titre qu'il n'eut que quelques années plus tard. — Justemont, abbaye de l'ordre de Prémontré, à deux lieues de Thionville, et quatre de Metz.

(1) *Qui Virdunum ductus, pontificalia negotia et terræ juridica, et si maximè vellet, curare nec poterat, nec noverat : sed apud Sanctum-Vitonum se continens, secretam, ut consueverat, vitam agebat. Et facta est lenitudo ejus tyrannis despectui, etc.* Laurent de L.

donjon qui, de la hauteur de Châtel, domina bientôt tous
les édifices. C'était, dit Laurent de Liége, qui le vit à son
effroi, une terrible et inexpugnable tour, au milieu de remparts, d'où ces brigands tendaient leurs chaînes et tenaient
toute la ville captive, comme dans un filet. Il n'était oppression, tyrannie, ruse et guet-apens diaboliques dont ils ne
s'avisassent journellement : ils rançonnaient les passants,
confisquaient les marchandises, s'approvisionnaient des
unes, et forçaient de racheter les autres, arrêtaient les voitures, de telle sorte que les convois, n'osant plus passer
par Verdun, la route marchande s'en détourna, et le commerce y fut anéanti. (1) Personne, ajoute l'historien, n'osait
ni se révolter, ni même murmurer haut, tant la terreur
régnait. Renauld était alors d'une puissance formidable :
non seulement il avait entre les mains toute la force de
l'évêché, par son titre d'avouerie, et grâce, soit à la connivence de Henri de Winchester, soit à l'ineptie d'Ursion ;
mais il était encore comte de Bar et de Mousson, seigneur
de la grande châtellenie de Briey, ami et allié de l'évêque
Etienne de Metz, son frère, qui lui devait en partie le recouvrement des terres de son évêché (2). Le nôtre, au contraire,
tombait en ruine et servitude, comme celui de Trèves, où
le voué burgrave Louis trônait au palais, et tenait cour de
prince, tandis que le vieux métropolitain Geoffroy, confiné
en un réduit, recevait chaque jour une pitance de domestique : et cet effronté burgrave avait, en 1432, menacé le
nouvel archevêque Adalbéron de Montreuil de le saluer à

*Sa tyrannie
et celle du
burgrave Louis,
à Trèves.*

(1) *Turrim sumptuosissimam, firmissimam et amplissimam in pomerio pontificalis domûs : et in eâ fidelissimos sibi milites præsidio... Et erat in laqueum
magnum et diabolicum toti urbi... prætereuntia vehicula, rhedas, et omnia onera
victualium et mercimoniorum quoties illi disturbaverint, turri intraxerint, pro
libitu sibi vindicaverint, alia redimi fecerint : adeò ut publicus patriæ commea-
tus, qui per mediam urbem tendebat, tunc sit distortus, et emporio nostro, anteà
celebri, hodièque perseveret indè inflictum malum.* Ibid.

(2) *Ope fratris sui comitis Barrensis, celeritate mirâ recuperavit. Gesta episc.
Metens.* dans les Preuves de D. Calmet. Il n'aidait pas sans doute Renauld
dans ses vexations ; mais il fit ce qu'il put pour qu'on lui rendît l'avouerie,
après la prise de la tour.

coups d'épée, s'il osait passer la porte de la ville, pour venir changer la situation des choses (1).

En ces jours de détresse, Notre-Dame intervint, et prouva, par de grands miracles qu'elle était toujours dans sa cathédrale de Verdun, et qu'elle ne fuirait pas, comme Ursion, devant les satellites de Renauld. Des lumières célestes brillèrent, pendant la nuit, dans l'édifice en ruines : on assura même qu'on y entendait les morts des tombeaux chanter matines, à la place du clergé expulsé. Au milieu de la sourde colère qui grondait, et s'augmentait chaque jour, ces prodiges causèrent une émotion profonde : la renommée en transporta au loin le bruit ; et les fidèles en furent consolés dans leur affliction. Le doyen Guillaume, du Chapitre, recueillit tout ce qu'il put en entendre dire, et en composa un livre dont Laurent de Liége le félicita, en y renvoyant ses propres lecteurs. « Pour moi, dit-il, je ne pourrais aussi bien dire ; et je me garderai d'affaiblir, en l'abrégeant, un écrit infiniment supérieur au mien : mais, si je ne célèbre pas moi-même Notre-Dame, qu'il me soit du moins permis de louer celui qui l'a célébrée. Telle est sa charité que, quand j'entre dans sa maison, il me semble être dans un hôpital ; et sa magnifique bibliothèque me fait penser à celles qu'on voyait, dans la savante antiquité, chez Ptolémée Philadelphe, ou chez Eusèbe Pamphile. Ce n'est pas lui qu'on verra plaindre le prix d'un beau manuscrit, ou lésiner pour une bonne transcription ; et ceci soit dit à la honte des clercs avares de notre temps (2). » On voit, à cette sortie impré-

(1) *Dominum Godefridum in tantum sibi subegerat quòd dicebat se in beneficio tenere palatium atque omnes reditus episcopales, et sui juris esse terram regere, omnia in episcopatu disponere, et militiam tenere. Undè, per singulos dies, ad prandium episcopi, sextarium vini et duos sextarios cerevisiæ amministrabat : ipse verò, cum multitudine hominum, quasi magnus princeps, epulabatur splendidè, stipatus catervá militum ubiquè incedebat, et omnibus modis toti terræ principabatur... Et prædictus Lodoycus burgravius conjurationem fecit quòd si unquàm dominus Albero civitatem Trevirorum intraret, morti eum traderet : et ipse Lodoycus juramento addidit quòd ipse futurus esset primus qui in illum irrueret. Gesta, ch.* 82.

(2) *Optimos quosque libros exquirendo, etc. jàm illam nominabilem bibliothe-*

vue, que Laurent était, comme le doyen, amateur de livres :
mais il aurait dû donner un extrait de celui dont il parle ;
car ce livre s'est perdu : et il est résulté de la modestie intempestive et des longs compliments de notre chroniqueur
qu'il ne nous a pas raconté les miracles de Notre-Dame : de
sorte que nous n'en connaissons aucun trait, pas même
celui de la lumière céleste ; car la phrase où il la mentionne
semble métaphorique (1). En mémoire de ces prodiges, on
institua une fête, que notre ancien calendrier liturgique
marque au 20 octobre (2) : et il est certain qu'ils firent une
très-grande impression ; mais ils ne convertirent pas les
mécréants de la tour du Voué. Renauld, n'ayant plus alors
à jouer son rôle de défenseur des catholiques, montra son
impiété, en prétendant que c'étaient des artifices des clercs,
pour ameuter le peuple contre lui ; et il ordonna à ses soldats de tirer des flèches et de jeter des pierres aux gens
qui viendraient au pèlerinage : mais ces insultes lui furent
imputées à sacrilége, et le rendirent encore plus odieux.

Personne n'aida notre évêché dans cette tribulation : et
l'empereur Lothaire n'intervint pas, comme avait fait
Henri V, au temps de Richard de Grand-Pré. Il voulut bien
toutefois, à la diète de Liége, où Ursion vint se démettre,
s'engager à donner d'urgence et sur le champ, en cette
diète même, l'investiture régalienne au candidat que les
députés de la ville et du clergé lui présenteraient : ici, leur
dit-il, il ne manque pas de bons clercs, gens de noblesse et
de courage : choisissez ; vous ne pouvez être embarrassés
que de la préférence. Sur ces bonnes paroles, nos députés

cam *Ptolemæi Philadelphi, vel Eusebii Pamphili sibi congerere videtur : dam-
nans avaritiam quæ clerum nostri temporis occupavit.* Laurent de L.

(1) *Cujus oratorium incultum et luminaria extincta splendore cœlestium mi-
raculorum irradiavit, serenavit, clarificavit, et in cunctis celebrem reddidit. Ipsa
miracula quanta inclaruerint, ordo quidem hic inserere postulat : sed parvum
nostri ingenium non sustinet has grandes laudum materias, præsertim cùm venerabilis decanus Guillermus, etc.* Ibid.

(2) *Decimo tertio kalendas novembris, Memoria et veneratio signorum beatæ
Mariæ virginis, quæ facta sunt in ecclesiâ Virdunensi, tempore Ursionis episcopi.*
Martyrol. de la cathédrale.

vivait en ce pays, les mœurs des peuples, les ordonnances des princes, et s'il y avait des tyrans oppresseurs (1) : puis l'évêque découvrit que le chef de ce pèlerinage n'était rien moins que Henri de Bavière, gendre de l'empereur. Alors il se mit lui-même à la suite; et, sans trahir le secret de ses compagnons, il résolut d'aller avec eux jusqu'à Trèves, où ils devaient retrouver la cour. On passa quelques jours à Verdun, où les étrangers purent voir, à la bonne réception qu'on fit à Albéron, qu'il était vraiment l'élu de sa cité; et il n'omit pas sans doute de leur dire que, puisqu'ils observaient aussi les tyrans, il y en avait un, dans la tour du Voué, dont ils feraient bien de prendre note : mais ce furent insinuations perdues. A Trèves, l'incognito étant levé, le duc, en témoignage de satisfaction, voulut que ses chevaliers échangeassent leurs épées avec celles des hommes de l'évêque : de sorte que ceux-ci revinrent à Verdun avec des armes magnifiques et vraiment princières : mais là se borna tout le secours de l'Empire. Comme le concordat de 1122 avait fort restreint la puissance impériale sur les évêchés, les empereurs ne leur donnèrent plus dès lors que des paroles et des diplômes, les laissant se défendre eux-mêmes, comme ils pourraient, se servant toutefois d'eux pour contre-poids à la féodalité laïque.

Albéron, ainsi laissé à lui-même et à son voué, commença par faire à celui-ci des remontrances, des propositions, et même des supplications, qui n'eurent d'autre effet que de lui persuader que, si on lui adressait tant de prières, c'était qu'on n'avait plus autre chose à lui opposer. Le clergé entretenait l'agitation par des cérémonies très-pathétiques : on porta en procession les châsses des saints à la cathédrale; et tout le peuple se prosternant devant elles, supplia, comme dans les calamités publiques (2) : puis l'évêque eut avec le

Rencontre qu'il fait de Henri de Bavière.

_____

(1) *Se sub specie peregrini, loca sanctorum, et ritus tyrannorum et populorum invisisse, etc.*

(2) *Intrà ecclesiam sanctæ Dei genitricis, eum adjuravit, omnibus sanctorum feretris de totâ urbe allatis, et omnibus monachis, et clericis, et populis antè eum prostratis.* Ceci semble prouver que la cathédrale n'était point encore

Refus
de Renauld.
Sa guerre
de Bouillon.

tyran une entrevue à Dieulouard, où vint le cardinal Mathieu d'Albane, qui rappela à Renauld le temps, non encore fort éloigné, où il était défenseur de la foi : enfin on tenta des accommodements, qu'il rejeta ; et ceci fut heureux pour la ville : car il eût peut-être, en acceptant, conservé sa tour, ou du moins son avouerie. Il demeura fermement convaincu que ses adversaires désespéraient, et qu'il était leur maître (1) : et il se prépara à de nouvelles conquêtes. Nos anciens voués de la maison d'Ardenne ayant été princes de Bouillon, il s'avisa que cette seigneurie pourrait bien lui appartenir, soit comme héritier de Mathilde (de laquelle, en réalité, elle ne venait pas), soit parce qu'il était parent, au cinquième degré, d'Eustache de Boulogne, frère de Godefroy de Bouillon (2) : en conséquence il réclama contre la vente que celui-ci avait faite, plus de trente ans auparavant, à Obert, évêque de Liége : et, comme ses moyens de droit n'étaient point d'évidence très-claire, il les appuya de la force, en s'emparant d'abord du château, par trahison, dit Albéric. On prétendit qu'il s'y était introduit pendant la nuit, au moyen de cordes jetées par des traîtres. Cet événement arriva en 1134 ; et il s'en suivit, entre lui et

dévastée, et par conséquent que Laurent de Liége a anticipé, en racontant cette dévastation auparavant. Une charte de 1133, dont nous reparlerons au sujet de Bolval, porte à croire que les relations féodales entre Albéron et le voué n'avaient point été interrompues avant cette date. Les trois années de la tyrannie de Renauld que compte Laurent de Liége tomberaient donc de 1133 à 1136, et non de 1131 à 1134, où les met Albéric, qui n'écrivait qu'un siècle après, et qui a calculé cette chronologie d'après l'anticipation que semble avoir commise Laurent.—Un autre indice chronologique se tire de la proposition que fit Renauld expulsé qu'on rendît la tour, non à lui-même, mais à son gendre Albert de Chiny, qui était en même temps neveu de l'évêque. Or Agnès, fille de Renauld, n'épousa Albert de Chiny qu'en 1153, suivant Maillet, Essai sur le Barrois, p. 54.

(1) *Et cor ejus clausum..., securus et nihil ausuros burgenses, quia reverâ desperaverant, existimans, custodiam turris commiserat paucis, quorum etiàm aliqui erant extranei, ac ideò minimè fidi.*

(2) V. Ozeray, Hist. de Bouillon, p. 69, 2ᵉ édit. Art de vérifier les dates, tom. III. p. 43 et 159, aux articles des évêques de Liége Alexandre Iᵉʳ et Albéron II. Ce fut celui-ci qui reprit Bouillon, le 22 septembre 1141. Sa victoire fut appelée Triomphe de saint Lambert, parce qu'on porta au siége la châsse de ce saint.

l'évêque de Liége, une guerre dans laquelle le besoin qu'il eut de ses forces l'obligea de dégarnir un peu la tour de Verdun, où il ne laissa qu'une garnison assez faible de nombre, mais forte, croyait-il, de courage et de fidélité. Néanmoins, il s'y trouvait quelques étrangers, qui ne se piquaient pas envers lui d'une foi à toute épreuve : on le sut à Verdun ; et on résolut d'essayer s'il ne serait pas possible d'avoir par eux quelque intelligence dans cette terrible tour. Le princier Albert de Mercy (qui fut le successeur d'Albéron) gagna un soldat ; et des mots d'ordre furent donnés, sur ses avis, aux premiers de la bourgeoisie. Il dut transpirer quelque chose de ces menées ; car des enfants chantèrent alors dans les rues que la tour de Babel mena-çait ruine (1) : de sorte qu'on pressa l'exécution de l'entre-prise, de peur que le secret ne se découvrît. Le moment choisi fut l'après-midi de la Pentecôte, tous les bourgeois étant en ce jour dans la ville, sous la main de leurs chefs, et personne ne travaillant aux champs. Les gens du complot se précipitèrent et firent sonner le tocsin, en apercevant à une fenêtre de la tour un soldat qui agitait son bonnet (2). C'était le traître, donnant le signal, pendant que ses com-pagnons jouaient aux dés, sur leurs retranchements exté-rieurs. Il les y avait attirés, sous prétexte de se divertir, le jour de la fête, et s'était mêlé quelque temps à leur jeu : puis, perdant son argent, il feignit un vif dépit, remonta dans la tour en tirant, comme de colère, la forte porte qui la fermait : il barricada cette porte à l'intérieur, et alla en hâte faire le signe convenu. Les autres soldats riaient encore de ses brus-queries, quand ils entendirent le bruit de l'émeute des as-saillants, qui escaladèrent leur rempart sans grande diffi-culté, personne ne leur ripostant du donjon. La garnison, n'ayant pas eu le temps d'y rentrer, fut faite prisonnière ; et

Prise de la Tour le Voué.

(1) *Et, ipsis diebus, cœlestium signorum splendor solito crebrior, turris ruinam, etiàm vulgo interprete, pueris vaticinantibus, præsagiens.*

(2) *Signum proditionis designatum protulit, id est lineum amictum capitis cir-cumtulit.* Laurent de L.

on arbora, au sommet, l'étendard victorieux de Notre-Dame.

Renauld n'était pas loin : car, dès la seconde fête de la Pentecôte, on le vit, avec sa bonne troupe, aux portes de la ville. Il offrit la bataille ; mais on ne l'accepta pas ; et on se borna à bien défendre les remparts, en attendant les auxiliaires qu'Albéron manda sur le champ. Dans la campagne, le comte s'empara des châteaux d'Ambly, de Watronville, et de Rosat, près Rouvres ; et il établit, en ces trois points, une sorte de blocus : lui-même commandait à Ambly ; son fils aîné Hugues occupait Watronville ; et Hélie, son premier capitaine, le fort de Rosat (1). Hélie fut le premier pris, à l'arrivée des auxiliaires : c'était lui qui avait fait les plans et dirigé les constructions de la tour ; aussi le peuple demanda qu'il y fût enfermé prisonnier de guerre. Renauld, cherchant à son tour du renfort, s'adressa à Simon, duc de Lorraine, qui vint en effet le joindre à Ambly, avec plusieurs barons : mais la vue des miracles de Notre-Dame leur fit rebrousser chemin ; et ils s'en allèrent tous, en déclarant qu'ils se garderaient bien de lui faire la guerre (2). Ceci indique peut-être qu'ils jugèrent la situation militaire du comte mauvaise ; et celui-ci se promit de tirer un jour vengeance de leur défection : mais, en ce moment, force lui fut d'essayer un accommodement avec Albéron. Il demanda d'abord de garder la tour, aux conditions qu'on

---

(1) *Amblivium ipse, filius ejus Hugo Guentonisvillam, Helias, primarius ejus, apud Rosetum.* On a mal à propos traduit ce dernier nom Ransières : c'était un lieu voisin de Rouvre. « *Ego Gocelo, dominus de Aspremonte, dominus de Rouvre... recognovi et reddidi ecclesiæ Sancti-Pauli Virdunensis stagnum suum super molendinum de Roseto... Actum* 1250, *mense septembri.* » — « Connue chose soit que comme l'abbé et li couvent de Saint-Paul eussent d'ancienneté un étang dessous lor maison de Rosoi deleis Rouvre... 1242, décembre. » Aujourd'hui, il y a encore là un petit hameau dit Rosa.

(2) *Cùm ecce procul visa est eis summitas templi, divino aspectu animus eis excidit et inhorruit. etc.* Ce duc Simon Ier établit sa résidence à Nancy, qui n'était alors qu'un château fort. Renauld se vengea de lui, quelques années après, en s'emparant, avec son frère l'évêque de Metz, de tout ce qu'ils purent de terres lorraines, pendant qu'un comte de Faulquemont tenait Simon assiégé dans le fort de Nancy.

lui avait offertes, quand il en était maître ; puis il proposa que, du moins, on la remît à Albert de Chiny, qui était à la fois son gendre et le neveu de l'évêque ; enfin il fit intervenir Etienne de Bar son frère, évêque de Metz qui, par de bonnes paroles, gagna en ville un certain nombre d'adhérents, parmi les timides surtout, qui craignaient que Renauld, poussé à bout, ne recommençât la guerre. A ces trembleurs, Albéron répondit, avec fermeté, qu'on avait eu assez de peine à chasser le loup de la bergerie, et qu'ils étaient des dupes de vouloir l'y faire rentrer, maintenant qu'il se déguisait en brebis : puis, pour couper court à ces sollicitations, il fit abattre sur le champ la tour (1), afin   Sa démolition. que, quoi qu'il pût arriver, ni Renauld, ni aucun autre oppresseur ne s'y cantonnassent à l'avenir. Ainsi fut détruite, après quelques années d'existence, la fameuse tour le Voué : elle était près de la porte Châtel, en un endroit dit Courlouve (cour lou voué) ; et la Motte, ou tertre, qui avait servi de base au donjon s'élevait encore, en 1627, assez haut pour que les ingénieurs de la nouvelle citadelle en aient fait ordonner l'abaissement (2).

Il fallut cependant terminer la querelle avec Renauld, et reprendre, quoi qu'il fût survenu, la vieille politique de l'évêque Richer qui, en donnant l'avouerie à Thierry de Bar, avait dit que, si les comtes de cette maison n'étaient

(1) *Refugientibus hoc clero et populo, pro terrore gravissimi hostis..., et, malo timore, volebant suscipere lupum, etc.* Ceci indique la terreur qu'inspirait Renauld.

(2) Ci-dessus, tom. I. p. 492. Le nom latin *curia advocati* indique que là, avant l'érection de la tour, s'était tenue la cour de la grande avouerie. — M. le président (royal de Metz, Michel Charpentier, venu à Verdun, le 8 février 1627) a fait voir aux Négociateurs lettres patentes du Roi, portant que Sa Majesté lui donne mandement de faire aplanir la motte qui est derrière la maison épiscopale, qui commande les fortifications de la citadelle : avec pouvoir d'y faire procéder par les habitants du pays. En vertu desquelles lettres, ledit sieur président ordonne d'être envoyé cinquante hommes de la bourgeoisie par jour, avec pelles et hoyaux, et cinquante autres personnes, pour travailler. On requiert, pour cet objet, les gens des villages de l'évêché : ils seront logés à la Vieille-Saint-Paul, et autres lieux, hors de la ville. Registre de la Ville, 30 mars 1627.

Traité
avec Renauld.
Suppression
de l'avouerie.

nos alliés, ils seraient notre fléau et notre ruine. Pour le
rétablissement de cette alliance, intervinrent en médiateurs
l'évêque de Metz, le comte Frédéric de Toul, et probablement aussi Albert de Chiny. Ils cédèrent pour l'avouerie,
qui fut supprimée, avec tous ses droits ; mais l'évêque accorda, outre un dédommagement pécuniaire, l'inféodation
de Clermont et de Vienne, près Ste-Ménehould, deux châtellenies dont les comtes de Bar jouirent depuis ce temps,
aux conditions féodales, et à charge de foi et hommage à
nos évêques (1). Ceux-ci leur cédèrent encore, dans la suite
et de la même manière, plusieurs autres domaines mentionnés en ces actes de foi et hommage, à titre d'accroissement de fief : Albéron lui-même y ajouta Ham-lez-Juvi-
gny, que Renauld désira avoir, pour en augmenter sa
châtellenie de Stenay, qu'il tenait, par inféodation, de Guillaume de Luxembourg, duquel l'évêque Richard de Grand-
Pré n'avait pu la racheter. Il est assez probable que ces
arrangements impliquèrent, de la part de l'évêché, abandon de toute réclamation ultérieure pour Stenay, qui appartint dès lors aux comtes de Bar, à charge d'hommage à
ceux de Luxembourg ; quant à Clermont, ancienne conquête de Thierry, Albéron dut consentir à son inféodation sans beaucoup de difficulté : car il régnait, dans ce
pays, un brigandage anarchique, qui ne fut réprimé qu'au
commencement du xiiie siècle. Moyennant ces concessions, Renauld déclara la ville « quitte » de lui : *civitatem
quittavit*, dit Albéric : terme dont ce chroniqueur s'était

(1) *Mediantibus episcopo Metensi Stephano, fratre comitis ejusdem (Rainaldi),
et Frederico, comite Tullensi, fecit pacem episcopus Albero cum comite Barri,
pro quâdam pecuniæ summâ : et dedit ei feudum Clari-Montis, et feudum de
Hans et de Viennâ : et itâ comes civitatem quittavit.* Alberic de Trois Font. —
Wassebourg, p. 297, donne ce passage comme extrait des registres d'Or-
vaulx (Orval), où sans doute on l'avait transcrit des manuscrits d'Albéric,
qui ne fut imprimé qu'en 1698.—Roussel, expliquant à sa manière, dit, p. 246,
que Renauld, renonçant à toutes ses prétentions sur la ville et le comté de
Verdun, n'y conserva que la seule qualité de voué. » Le texte ne porte
rien de tel : mais Roussel s'imaginait que l'évêque était comte, et que l'usurpation de Renauld consistait à vouloir prendre ce titre. V. ci-dessus, tom. I.
p. 382.

déjà servi pour exprimer l'abandon complet et entier du
comté par Godefroy de Bouillon, à son départ pour la
Croisade. La grande avouerie fut donc éteinte : il n'y eut
plus de comtes voués héréditaires de Verdun ; et l'évêché,
demeuré seul pouvoir dominant dans la ville, y établit
l'ordre de choses qui fut sanctionné, en 1156, par le diplôme impérial au sceau d'or, que nous avons expliqué
ailleurs. — Quant à Renauld, il est à dire, à son honneur,
qu'il fut, le reste de sa vie, fidèle aux conditions stipulées;
il aida Albéron dans la guerre que celui-ci fit, peu après, à
Henri de Grand-Pré : puis il devint vieux et fit de bonnes
œuvres, notamment, vers 1140, la fondation de Riéval,
petite abbaye de l'ordre de Prémontré, entre Void et Commercy; on croit qu'il accompagna son frère l'évêque de
Metz à la croisade de Louis VII en 1147, et qu'il mourut au
château de Mousson, en 1149. Son fils Hugues mourut lui-
même vers 1155, sans postérité, et eut pour successeur Renauld II, dit le Jeune, second fils de notre voué Renauld Ier,
qui est surnommé le Borgne. Le trait le plus mémorable
du comte Hugues est le serment qui lui fut prêté dans
son berceau, le jour même de sa naissance, en 1113, par les
défenseurs du château de Mousson, qu'assiégeait Henri V,
au temps de la guerre de Richard de Grand-Pré. Bar avait
été pris, et Renauld fait prisonnier ; l'empereur menaça les
assiégés de Mousson de le faire pendre, s'ils ne se rendaient ; mais ils répondirent qu'il venait de leur naître un
nouveau comte, et qu'ils ne le trahiraient pas, pour sauver la vie à son père (1).

Il y eut, au temps d'Albéron, d'autres guerres, de moindre importance, et dont il suffira de dire un mot en pas-

(1) Ainsi rapporté par Othon de Frisingue, qui fut abbé de Morimont en
Bassigny, diocèse de Langres, puis évêque de Frisingue, en Bavière. Sa
chronique, qui se termine à l'an 1146, a une continuation jusqu'en 1209. —
D. Calmet, Généal. de Bar, déclare avoir une charte de 1149 où Hugues est
qualifié de comte de Bar : en conséquence l'auteur du Triomphe de saint
Lambert, bien que contemporain, doit avoir fait quelque confusion en disant
que Hugues périt en 1141, en défendant le château de Bouillon, envahi par
Renauld.

sant. Après que Renauld se fût retiré du château d'Ambly,
quelques ennemis trouvèrent commode d'y rester, et d'y
continuer leurs courses de pillage : on rasa cette forteresse; et l'expédition fut très prompte; car les soldats de
l'évêque, ayant pris les devants, lui apportèrent les clefs du
fort, avant qu'il arrivât en personne. On chassa ensuite de
Conflans, sans beaucoup plus de difficulté, un certain
Robert, qui faisait la guerre au bien d'autrui, surtout à
celui de l'église. Un troisième ravageur, Albert Pichot, de
Ste-Ménehould, fut surpris et fait prisonnier, au moment
où il revenait paisiblement chez lui, chargé du butin d'une
course : il est encore en prison, dit Laurent de Liége, (en
1145); et il attend à quelles conditions l'évêque voudra
bien le relâcher. Il en coûta davantage pour vaincre Rainier
de Baulny, que soutenait Henri comte de Grand-Pré. Le

château de Baulny (1) était tout récemment construit, sur
une hauteur voisine de la rivière d'Aire, en un lieu où
confinent aujourd'hui nos départements de la Meuse, de la
Marne et des Ardennes; et Rainier, son fondateur, avait
promis fidélité à l'évêque; mais, au contraire, il tenait là un
repaire d'où lui, et son seigneur le comte Henri, tyranni-
saient au loin l'Argonne. Ils détroussèrent, au passage, des
marchands de Huy, près Liége (2), qui avaient un sauf-
conduit du comte Renauld; et, pour ce méfait, on les cita
deux fois aux Grands-Jours, de la part de l'évêque et de celle
de Renauld. A chacune des citations, Henri répondit par
une course très-hostile, jusqu'aux approches de Verdun.
Albéron fit d'abord fortifier Bethincourt, comme barrière
sur ce chemin; puis il alla assiéger Baulny : mais là se
rencontrèrent des obstacles; car le comte de Grand-Pré savait la guerre, et tirait, pour la défense, bon parti, soit de la

(1) Baleicourt, selon D. Calmet, Balieu, près Longwy, selon Wassebourg.
Mais il est évident que *Balneium* veut dire Baulny. C'est aujourd'hui un
village du canton de Varennes.

(2) *Negotiatores Hoyenses*. Le Spicilége propose de lire *forenses*; et Roussel
traduit : des marchands étrangers. Il s'agit de Huy, en latin *Hoium*, sur la
Meuse, à six lieues sud-ouest de Liége.

hauteur, soit de la rivière; néanmoins, dans une des rencontres qui eurent lieu, il tomba de cheval, et se cassa l'épaule. Hugues, fils du comte Renauld, alla avec deux cents hommes, faire une diversion du côté de Vienne: en route, il surprit un détachement de Grand-Pré, auquel il fit quatre-vingts prisonniers; et les fuyards répandirent un tel effroi à Vienne qu'on ne douta point que Hugues, s'il eût su profiter de sa victoire, ne se fût facilement emparé de ce château et du comte Henri lui-même, qui s'y faisait traiter de sa chute de cheval. Ce comte échappa alors; mais bientôt ses revers et sa blessure le découragèrent: il se soumit à la sentence des Grands-Jours; et on lui accorda la paix, à condition que le fort de Baulny serait détruit, sans qu'on pût jamais le reconstruire (1). Laurent de Liége termine l'histoire de ces exploits en félicitant Albéron d'avoir délivré son pays de quatre tyrans qui le bloquaient des quatre points cardinaux, Renauld, le pire de tous, tyrannisant au centre et dans la ville même, par sa tour du Voué. Les quatre des points cardinaux étaient les brigands d'Ambly, au sud, Rainier, avec Henri de Grand-Pré, au nord, Robert de Conflans, à l'est; enfin Pichot de Sainte-Ménehould, à l'ouest. Ces hommes malfaisants furent cause que l'évêque, craignant qu'ils ne recommençassent leurs déprédations, ne put aller en Terre-Sainte: il se contenta du voyage de Rome, où le pape Célestin II l'exhorta à ne pas pousser plus loin. Ce trait donne la date du voyage;

---

(1) On ne sait comment Vienne se trouvait alors entre les mains du comte Henri de Grand-Pré. La guerre de Baulny est postérieure de sept ans à la prise de la tour du Voué : *requieverat episcopium à prœliis septem annis*, dit Laurent de Liége : et, par le traité fait alors, Vienne avait été inféodé à Renauld. Il est bien probable qu'il le sous-inféoda à Henri de Grand-Pré : ce qui expliquerait la phrase de Laurent de Liége : *Prœtercà idem comes Henricus, in conductu domini sui comitis Rainaldi viantes negotiatores Hoyenses, etc.*; car on ne voit pas à quel titre Renauld aurait pu être seigneur du comte de Grand-Pré, sinon pour cette terre inféodée. -- Le comte Henri II de Grand-Pré, que l'empereur avait établi voué de Verdun contre Henri de Winchester et son voué Renauld, mourut vers 1150, et eut pour successeur son fils, de même nom que lui, Henri III, dans la liste des comtes de Grand-Pré.

car Célestin ne fut pape que du mois de septembre 1143 à celui de mars 1144.

Comme bon administrateur, Albéron entreprit, dès sa seconde année d'épiscopat, 1132 ou 33, de réformer la monnaie. On en avait frappé de fort bas aloi, sous quelques-uns de ses prédécesseurs : il cessa cette mauvaise pratique; et, en remplacement des espèces décriées, il donna cours à celles de Châlons (1). Ce renseignement, qui nous vient de Laurent de Liége, comme presque tout ce que nous savons de ce temps, a besoin d'explication. Jamais la monnaie épiscopale officielle, celle que l'on avouait, et qui portait le nom et l'effigie de l'évêque, ne fut altérée; car les pièces de Thierry, de Richer, de Henri de Winchester sont des meilleures de leur époque : et Albéron lui-même en fit faire de pareilles à son coin (2); mais il y avait à Verdun, depuis l'empereur Henri l'Oiseleur, une autre monnaie, qui devint de plus en plus médiocre, en gardant le type immobilisé de cet empereur, dont on avait, peut-être à dessein, rendu l'empreinte indéchiffrable (3). Ce fut cette fabrication qu'Albéron supprima, en renonçant aux profits peu honorables qu'on en tirait, depuis Richard de Grand-Pré surtout; car l'abondance des pièces de Thierry et de Richer indique qu'ils ne recoururent que peu, ou point, à cet expédient financier : et, comme ces basses espèces remplissaient le

(1) *Plebiculæ suæ itâ pepercit ut percussuram proprii numismatis depravatam, mox post primum annum deposuerit, et Catalaunensem monetam inducens, nunquàm deinceps nummi percussuram, ne pauperes indè gravarentur, mutari fecit.* Ce passage ne dit pas, comme on l'a cru, qu'on ait cessé de frapper, mais seulement qu'on cessa la *percussura depravata.* Wassebourg et Roussel, glosant et faisant des contre-sens, prétendent que le cours de la monnaie châlonnaise à Verdun fut limité à 15 ans. Laurent de Liége dit seulement : « Il y a quinze ans (en 1145 ou 46) que siége Albéron, et qu'il maintient cet ordre. »

(2) *ALBERO.* Croix pattée. *SCA MARIA.* Vierge voilée : argent fin : poids 0,85. — Obole : poids 0,57. *ALBERO. EPC.* Tête du prélat, grosse, à grand nez, avec calotte perlée. *SCA MARIA.* Croix formée de quatre feuilles pointues au sommet. Publiées par Monnier, trouvaille de Dieulouard, en 1861.

(3) Ci-dessus, tom. I. p. 301.

pays, il fallut, pour en tenir lieu, recourir à une monnaie étrangère. On adopta celle de Champagne, à cause des grandes foires de ce pays. Ce furent d'abord les livres, sols, deniers, et mailles « Chaalon, » au type royal de France (1), vulgairement dites, chez nous, Chalonges (2) : et leur usage se maintenait encore un siècle après Albéron (3); mais, dès 1220, nous rencontrons des Provins, qui supplantèrent les Châlonnais, parce qu'ils étaient de même valeur que les Tournois de France (4). Les Provins furent répandus dans toute l'Europe, tandis qu'il n'est guère parlé de Châlonnais que dans les documents de Châlons même, et dans ceux de Verdun. Après le mariage de Philippe le Bel et de

(1) On ne connaît que deux pièces châlonnaises à empreinte épiscopale. V. Barthélemy, Hist. de Châlons, p. 118. Il y a peu de renseignements sur la monnaie de Châlons. D'après des titres de la Madeleine, Roussel, p. 246, dit que la livre châlonnaise valait 16 sols.

(2) Amende de 15 sols de chalonge, ci-dessus, tom. I. p. 472. « Par le conseil des eschevins, vingt-cinq sols de deniers fins, Chalonges, au cours la Ville. » Melinon, en vers, p. 21.

(3) En 1194, Edwige, voueresse de Rupt, engage à Saint-Paul sa vouerie dotale et héréditaire *sub certá œstimatione tredecim librarum Cathalaunensium :* en 1203, Habran de Briey engage au Chapitre son aleu de Sancey et Dombras *pro summá trecentarum librarum cathalaunensis monetæ ;* en 1228, Henri, comte de Bar, fait don à la Madeleine de *octo solidos cathalaunenses, quos homines de Fouameix tenebantur solvere villico meo d'Estain annuatim ;* en 1234, Girars li lormiers vend au signour Nicole Pixot, chanoine de Montfaucon, « dix-sept souls de cens de chaulonnois, tant comme ils courent en la cité de Verdun ; » en 1252. « Thiebaus, cuens de Bar, cède au Chapitre la vouerie de Foameix, le Mesnil, Fromesey, Morgemoulin, pour M et Vᶜ livres de fors de Champaigne, dont j'ai eu boin paiement. » Les Champagne de ce dernier acte sont probablement des Provins.

(4) En 1220, le testament de Garin Rufin, où il est parlé des pauvres lépreux étrangers qui mendient devant Saint-Airy, déclare que ses legs sont en monnaie de Provins : *Et hi præfati nummi sunt pruvinienses.* En 1219, Henri Pucelate, et sa sœur, vendent *decem solidos censús pruviniensium super duas domos nostras juxtà atrium Sancti-Amantii, in monte Sancti-Vitoni.* Jean d'Apremont, dans la fondation de Saint-Nicolas du Pré, vers 1220, dit que le terrain sur lequel il a érigé ce monastère rapportait à peine à l'évêché vingt sols provins, année commune.—Dans les temps suivants, les exemples abondent. — Garin Rufin, dans le testament cité, dit que les *nummi pruvinienses* qu'il lègue sont de 50 sols par marc d'argent, et qu'on les paiera toujours sur ce pied, que la monnaie de Provins vienne à être affaiblie, ou, au contraire, rendue plus forte. Les héritiers pourront racheter ces cens, en payant aux légataires vingt sols pour douze deniers (ou un sol) de cens. Ainsi dès lors l'argent était au denier vingt, c'est-à-dire à cinq pour cent.

Jeanne de Navarre, la Champagne étant réunie à la France, le monnayage de Provins fut lui-même supprimé : dès 1270, nous trouvons, dans nos chartes, des stipulations en tournois (1), puis en parisis. La mention de Messins est assez rare chez nous (2) : ce qui indique que notre commerce de ces temps se dirigeait principalement du côté de la France. Nous reprendrons ces notes sur notre histoire monétaire au commencement du XIVᵉ siècle. Après le règlement d'Albéron, le monnayage verdunois perdit son activité; beaucoup d'évêques ne frappèrent pas, et d'autres ne firent que quelques pièces, pour constater leur droit : cependant, vers 1230, les chartes recommencent à parler de deniers de la monnaie de Verdun (3).

Nouveaux ordres Prémontrés. Bernardins. Temple. Hôpital.

Dans la première moitié du XIIᵉ siècle, on créa de nouveaux ordres religieux, soit que les anciens moines, qui tous étaient bénédictins, parussent dégénérés, soit que leur ordre noir manquât de variété, et ne se prêtât point suffisamment aux diversités des caractères des hommes. En 1120, saint Norbert institua, à Prémontré, près Laon, dans la forêt de Coucy, l'ordre blanc, qui prit cette couleur de la robe cléricale, dite surplis, en signe que ses membres étaient clercs, et non simples laïques, comme avaient été primitivement les moines, et comme beaucoup l'étaient encore : de là vint aussi que les nouveaux religieux, qui ne tardèrent pas à se partager eux-mêmes en plusieurs sous-ordres, s'appelèrent chanoines réguliers. Dans le même temps, saint Bernard qui, dès sa jeunesse, en 1113,

(1) En 1270, le Chapitre achète de Girardins, fils monsignour Richart de Euville, chevaliers, tout ce que ledit Girardins a à Morgemoulin, en la mairie de la Foraine-Fin, pour cinquante livres de tournois. — En 1297, cens annuel de deux sols de parisis sor une maison qui siet en mont Saint-Venne. Les *octo libræ pariens* d'une charte de 1225, au cartulaire, p. 50, sont probablement une faute de copiste, pour *pruviniens*.

(2) En 1208, Simon, chevalier de Bras, voué de Lemmes, engage, pour trois ans, cette vouerie au Chapitre *pro sexaginta libris Metensium*.

(3) En 1258, acte portant cens de *duos denarios monetæ Virdunensis*. Cartul. cathédr. p. 55, verso.— *Distribuentur... duo denarii monetæ Virdunensis*, dit l'élu Jean, dans une charte de 1247. Cartul. de l'évêché, nᵒ 155.

s'était fait moine à Citeaux, vers Dijon, sous le sévère
réformateur Robert de Molesme, ayant fondé, en 1115, la
grande abbaye de Clairvaux, près de Bar-sur-Aube, l'ordre
des Cisterciens, plus communément nommés Bernardins,
prit une très-grande extension. Ceux-ci étaient vraiment
moines ; néanmoins ils voulurent aussi porter le blanc, en
gardant toutefois le scapulaire noir : ce qui fit dire à leurs
anciens confrères qu'ils avaient l'air de pies-grièches fisca-
les, noires par-dessus, blanches par-dessous : et le monde
monastique demeura en cet état jusqu'à l'établissement des
religieux gris, ou Cordeliers mendiants, par saint François
d'Assise, au commencement du siècle suivant. Ni l'ordre
blanc, ni l'ordre gris n'ont laissé, dans la république des
lettres, d'aussi bons souvenirs que les vieux bénédictins.
Saint Bernard prit aussi sous sa protection, à cause des
croisades, le nouvel ordre militaire des chevaliers du
Temple, approuvé au concile de Troyes, en 1128 : enfin,
quelque temps auparavant, avaient pris naissance les chevaliers de l'Hôpital-Saint-Jean de Jérusalem, dits ensuite
de Rhodes, puis de Malte, qui héritèrent des dépouilles
des Templiers, au commencement du xive siècle. Ces
diverses religions ne tardèrent pas à s'introduire dans
notre pays : et Laurent de Liége raconte le bon accueil
qu'elles reçurent d'Albéron; mais, de peur d'interrompre
trop longuement notre récit, nous renverrons ces notices
à un article à part, et nous nous bornerons à dire ici comment cet évêque expulsa les bénédictins de Saint-Paul,
au profit des nouveaux chanoines réguliers de Prémontré.

Cette affaire fut épineuse : et les deux oracles de l'église
gallicane d'alors y intervinrent, saint Bernard pour l'ordre
blanc, et Pierre le Vénérable, abbé de Cluny, pour le noir.
Albéron lui-même expose ainsi les faits, dans une lettre
sans date au pape Innocent II, qui mourut au mois de septembre 1143. Il affirme d'abord, et ceci paraît constant, au
moins pour le fond, que des désordres scandaleux régnèrent à Saint-Paul, surtout depuis le gouvernement du

dernier abbé bénédictin Manassé. On admonéta ce dignitaire, en assemblée du clergé; et il accepta une obédience,
pour aller faire pénitence à Saint-Vanne; mais il se dédit
presque sur le champ; et, quand on vint le chercher de la
part de l'évêque, il répondit que, s'il quittait jamais son
couvent, ce serait par jugement légal, et non en vertu
d'obédience. On tint, sur ce refus, une nouvelle assemblée,
où Laurent de Saint-Vanne apporta un Pastoral de saint
Grégoire, sur la lecture duquel il conclut à la réclusion du
récalcitrant dans son propre monastère, à la dissolution de
sa communauté, et à l'établissement, dans l'abbaye en
désordre, de bons moines, qu'on ferait venir d'ailleurs, et
sous lesquels les anciens auraient à désapprendre leurs
précédents déportements. De la suite des faits il semble
résulter que Laurent entendait que les bons moines nouveaux seraient tirés de Saint-Vanne, ou du moins d'un
monastère bénédictin; mais ici l'évêque cessa d'être de
l'avis de l'opinant. « Pour les moines, dit-il, il faut y renoncer : j'en ai demandé partout, même à Cluny; le métropolitain de Trèves, et l'empereur lui-même ont écrit pour
appuyer mes démarches : nous n'avons pu réussir. Je
m'adresserai donc aux chanoines réguliers de Prémontré :
d'autant plus que l'abbé de St-Paul est vicaire de l'évêque,
office qui demande un clerc plutôt qu'un moine (1). » Cette
parole fut dure aux bénédictins : ils en informèrent sur le
champ le chef de leur ordre, Pierre de Cluny, surnommé
le Vénérable; et celui-ci s'empressa de réclamer au légat
Mathieu d'Albane, en termes des plus véhéments, qui
semblent presque un démenti aux allégations d'Albéron.
« Je me plains, dit-il, et tout l'Ordre se plaint avec moi, de
ce qu'on fait contre nous à Verdun. On y a chassé les
moines d'un monastère; et, par voie de fait, sans aucun

---

(1) *Monachos, non tantùm à nostris, vel vicinis, verùm etiàm à Cluniacensi,
per nostras, per domini Trevirensis, etiàm per domini regis litteras requisivi
studiosè. Quos, cùm habere non possem, pauperes ecclesiæ Præmonstratæ, in eâ
posui.* Lettre d'Albéron à Innocent II, dans Laurent de L.

jugement, on a intrus des clercs à leur place. Sommes-nous donc des voleurs, pour qu'on nous traite ainsi? et, le fussions-nous, on devrait encore nous entendre, avant de nous condamner. Mais, me dit-on, ces moines étaient mauvais : ils méritaient l'expulsion; ils l'ont eue; qu'avez-vous à dire? J'ai à dire qu'ils ne sont pas notre saint Ordre : a-t-il, lui aussi, mérité l'expulsion : est-ce lui qui péchait dans les fautes personnelles des coupables, dont on fait tant de bruit? Nous vous en conjurons tous, et l'évêque de Châlons joint ses instantes prières aux nôtres, ne laissez pas tacher notre robe de cet ignominieux affront (1). » Sur cette plainte, qui semble prouver que les Prémontrés se vantaient un peu, en disant qu'ils ne prenaient Saint-Paul qu'au refus des autres, le légat jugea qu'il y avait lieu à révision, et reçut un appel suspensif, l'affaire étant déjà au métropolitain. Ce fut alors qu'intervint saint Bernard, comme un torrent d'éloquence pathétique. « Saint Gengulf à Toul, écrivit-il au pape Innocent II, pleure jour et nuit, dans son église, des larmes amères; saint Paul à Verdun souffre dans la sienne outrage et violence, de la part de moines forcenés; devant ces indignités, l'archevêque de Trèves est forcé de se croiser les bras, liés qu'ils sont par des appels de chicane au Siége apostolique! Ainsi sont entravées toutes les réformes; ainsi échouent-elles, à la joie des méchants, à la confusion des bons, et à la honte du Saint Siége lui-même (2). » Cette énergique adjuration

(1) *Queror ego, queruntur fratres nostri omnes, queritur totus monasticus ordo... Expulsos monachos Virdunenses, clericos pro eis intrusos. Aliena occupant, solâ vi, nullo judicio... quodque nec de furibus fit, antequàm audiamur, condemnamur. Sed, propter mala sua, monachi expulsi, expellendi...? Quid, etiàm personis peccantibus, sanctius ordo peccavit! Rogamus, et nobiscum dominus Catalaunensis, ut abstergatur ab ordine nostro tantæ dedecus ignominiæ!* Pierre le Vénérable, liv. II. epist. XI. Bibliotheca PP. tom. XXII. p. 870.

(2) *Plorans plorat desolationem suam apud Tullum ecclesia Sancti-Gengulfi... Eamdem se sustinere violentiam beatus Paulus apud Virdunum conqueritur, archiepiscopo jàm non valente eum defendere ab insaniâ monachorum, quippè apostolicis sustentationibus* (l'appel admis par le légat) *amplius confortatâ, quasi non satis per se insanirent! etc.* Lettre 178 de saint Bernard. On voit, au contexte, qu'il était poussé à écrire par l'archevêque Adalbéron de Mon-

connaît cette union pour un privilége déjà ancien de quatre siècles : ce qui en reporterait l'origine au temps de Thierry : peut-être celui-ci l'accorda-t-il lorsque, après avoir exilé la communauté de Saint-Vanne, il mit Fulcrade de Saint-Paul à la tête des deux monastères (1). Le même Louis de Haraucourt ajoute que les fonctions de ce vicariat consistaient à mettre les pénitents publics hors de la cathédrale, le jour des Cendres, et à les y faire rentrer le Jeudi-Saint, et qu'en outre, l'abbé de Saint-Paul pouvait absoudre des cas réservés. Ces explications font voir que l'ancien office dont il s'agit était le même que la pénitencerie moderne (2).

Ici nous abandonne Laurent de Liége, qui cessa d'écrire en l'année 1144-45; et nous ne le quitterons pas sans éloge de son soin à recueillir, non moins que de son impartialité à raconter les événements du siècle mémorable qui s'était écoulé depuis le commencement de l'épiscopat de Thierry. Il dédia son livre à Albéron; et il le termina par de beaux compliments à tous les dignitaires du Chapitre, sans leur garder aucune rancune des querelles du schisme (3). Nous lui emprunterons, pour dernier renseignement, ce qu'il dit du vaste bâtiment de la cathédrale, que faisait alors construire Albéron, pour remplacer l'édifice mis

(1) Ci-dessus, p. 145.

(2) *Per quadringentos annos citrà continuè, fecisse consueverunt, anno quolibet, officium vicariatùs episcopi Virdunensis, videlicet die sancto Cinerum pœnitentes publicos ab ecclesià Virdunensi, in quà consuetum est hoc fieri, expellendo, et, die Jovis sancto, illos in ecclesiam ipsam intromittendo, illorumque, et aliorum omnium diœcesis Virdunensis, per se aut per suum substitutum, à casibus episcopo Virdunensi reservatis absolvendo.* Dans Hugo, Annal. Præmonstrat. tom. 1. Preuves, p. 529.

(3) C'étaient le princier Albert (de Mercy), le doyen Guillaume, dont la belle bibliothèque émerveillait Laurent, l'archidiacre Richard de Grand-Pré, neveu *alterius Richardi, Virdunensium electi,* un autre archidiacre André, fils de Pierre de Mureau, *qui, præ cunctis nobilibus, Virdunensi ecclesiæ fidelis extitit;* un troisième archidiacre Jean, aussi homme de bonne noblesse, dont les frères avaient donné des aleux à l'église; enfin Pierre, grand chantre, Hugues trésorier, Emelin écolâtre, *omnes tres insignia sapientiæ et magnanimitatis. —* Au Nécrologe : *Commemoratio beati Andreæ de Virduno, quondàm ecclesiæ Virdunensis archidiaconi.*

en ruines par Renauld. Cette cathédrale est celle qui sub-siste encore, mais que son fondateur lui-même aurait peine à reconnaître, sous les transformations multiples qu'elle a subies, depuis son temps. Au moment où Laurent posa la plume, toute l'abside (non celle d'aujourd'hui, qui est du XIV⁰ siècle), tout le chœur oriental, avec ses deux tours, et une grande partie de la nef, sans voûtes, étaient terminés; et l'évêque, qui mettait sa gloire monumentale à l'œuvre de cette basilique, n'épargnait rien pour en presser l'achèvement. Tous les Verdunois, aussi bien que tous les pèlerins étrangers des miracles de Notre-Dame, aidaient à l'envi, les uns de leur argent, les autres du travail de leurs mains; et l'ouvrage avançait, sous la direction de l'architecte Garin, maître comparable, dit notre auteur, à Hiram de Tyr, qu'envoya le roi Hiram à Salomon (1), lors de la construction du temple de Jérusalem. Cette comparaison est à la fois biblique et maçonnique; car, encore de nos jours, quand un maître est reçu en loge, on lui parle de Salomon, de Hiram, et du temple de Jérusalem. — Nous donnerons une notice à part sur la cathédrale et les antiquités qu'on y voyait autrefois.

Cette église fut dédiée le 11 novembre 1147, par le pape Eugène III, quelques mois après le passage, par Verdun, du roi Louis le Jeune, avec son armée de croisés : deux incidents mémorables qui rattachent cette année de notre histoire aux affaires générales du temps. La croisade de Louis VII, comptée pour la seconde de ces chevaleresques expéditions, fut prêchée, pendant toute l'année 1146, par saint Bernard, soit en France, soit dans les provinces du Rhin; et l'empereur Conrad III de Hohenstaufen, malgré son âge déjà avancé, prit la croix, avec son neveu Frédéric Barberousse, qui bientôt allait être son successeur.

---

(1) *Presbyterium, et omnem penè statum, duabus turribus, et ingenti ædificio. Quod opus, cæteris hujus temporis incomparabile, adhuc crescit inter manus artificum, quibus præsidet Garinus, cæteris doctior, ut, sub Salomone, ille Hiram de Tyro.*

Il fut convenu qu'au printemps de l'année suivante, les croisés allemands iraient au-devant des Français, jusqu'à Metz, et partiraient ensuite avec eux. Dans l'intervalle, au mois de mars 1447, arriva en France le pape Eugène III, fuyant l'Italie, où Arnauld de Bresce, le premier et l'un des plus dangereux des hérétiques politiques, soulevait les peuples contre l'église, à cause de sa richesse et de son pouvoir temporel. Le pontife étant à Saint-Denys, le 11 juin, y bénit la croisade, au départ : et le roi reçut là de lui la panetière et le bourdon de pèlerin, puis, sur le champ, se mit en route pour Metz. Son armée campa, au passage, près de notre ville; et il existe, dans les documents de cette année, une charte assez curieuse, par laquelle le roi, en son camp devant Verdun, renonce, pour lui et ses successeurs, au droit de dépouille des évêques de Châlons, après leur mort (1). Les croisés de notre pays se joignirent alors à l'expédition française : c'étaient l'évêque de Metz Etienne de Bar, celui de Toul Henri de Lorraine, Renauld de Mousson, fils de notre ancien voué, et, peu après, comte Renauld II de Bar, Hugues de Vaudémont, et plusieurs autres (2) : quant à l'archevêque de Trèves Adalbéron de Montreuil, et à notre évêque Albéron de Chiny, ils se contentèrent de se signaler par de splendides réceptions à leurs nobles hôtes. Celle de l'archevêque, au bourg Saint-Arnoal, près Sarre-

Passage à Verdun de Louis VII et de ses Croisés.

(1) *Ludovicus, Dei gratiâ rex Francorum, dux Aquitanorum* (à cause d'Eléonore).. *Dilectissimi nostri Bartholomæi, Catalaunensis episcopi, precibus annuentes, sibi et successoribus ejus in perpetuum condonamus ne, post decessum Catalaunensium episcoporum, sicut antiquæ consuetudinis hucusquè tenor habuerat, in domibus episcopalibus quidquam ligneum aut ferreum* (meubles), *sive per nos, sive per ministeriales nostros, de cætero capiamus..., præter annonam, vinum, aurum et argentum quæ, juxtà vetustam consuetudinem, in manu et potestate regiâ retinemus..., nisi episcopus, antè obitum suum, sub legitimo testamento disposuerit... Actum in castris, apud Virdunum, anno Domini* MCXLVII, *regni nostri* XI, *per manum Barth. cancellarii.* Dans Martène, *Amplissima collectio,* t. I. p. 803.

(2) *Francorum rex Ludovicus... ducens secum ex Lotharingis principes, quorum primores Stephanus Metensis, Henricus Tullensis episcopi, Reginaldus Munzunensis, Hugo Vademontensis comites.* Othon Frising. — On suppose, sans fondement peut-être, que le vieux comte Renauld le Borgne accompagna son fils et son frère l'évêque de Metz.

brück, étonna le roi, par sa magnificence (1). En cette entrevue, le prélat apprit que le pape, profitant de son voyage
pour visiter la France, s'était avancé jusqu'à Provins en
Champagne: il alla aussitôt l'inviter à passer l'hiver à Trèves; et le pontife ayant accepté l'invitation, l'évêque de
Verdun le pria, de son côté, de s'arrêter quelques jours, en
traversant notre cité, pour que la nouvelle cathédrale eût
l'honneur insigne d'une dédicace papale, en présence de
tous les cardinaux.

Eugène III
à Verdun.
Dédicace de la
cathédrale.
Châsse de Saint-
Vanne.

L'auguste cortége entra à Verdun, le 5 novembre 1147,
le pape suivi de dix-sept cardinaux, dont le premier était
Albéric d'Ostie qui, à quatre années de là, devait être inhumé dans la basilique même à la dédicace de laquelle il
venait assister (2). Cette entrée dut être imposante, et la cérémonie de la cathédrale tout à fait magnifique ; mais, dans
son sec récit, le continuateur de Laurent de Liége ne reproduit, ni ne montre en aucune manière à ses lecteurs
l'émouvant spectacle de ces pompes sacrées. Il raconte
que, le 9 novembre, fête patronale de Saint-Vanne, le pape
étant à l'abbaye, on lui présenta une élégante châsse d'argent doré, en forme de petite église, sur l'extérieur de
laquelle étaient sculptées, de la main d'un habile orfèvre
verdunois, les figures des prophètes et des apôtres, dans
de jolies niches, avec émaux et pierreries (3) : on avait

(1) *Tàm grande et tàm magnificum servitium dominus archiepiscopus in villâ
Sancti-Arnualis transmisit, quòd ipsi (rex et principes) valdè sunt admirati.*
Gesta, ch. 86. — *Domino papæ, cùm ipse archiepiscopus Albero Proviniaco oc-
currisset, etc.* Ibid.

(2) *Nonis novembris, tripudiante totâ civitate ingreditur... cum suis cardinalibus.* Continuat. de Laurent de L. Liste de ces cardinaux, dans le *Gesta* de
Trèves, ch. 86.

(3) Cet orfèvre, que le chroniqueur aurait dû nommer, était mort avant
d'avoir terminé son ouvrage.—Il y avait alors chez nous de bons émailleurs,
tant pour chàsses que pour rétables d'autels : on cite Nicolas de Verdun,
dont on a retrouvé des émaux à Tournay, et jusque dans l'abbaye autri-
chienne de Kloster-Neubourg. V. Didron. Annal. archéol. tom. xxii. p. 200,
Bulletin monumental, 3e série, tom. ix. p. 227, et les documents auxquels ce
Bulletin renvoie. L'abbé Suger, qui fut régent de France pendant la croisade
de Louis le Jeune, avait sept émailleurs lorrains au service de son abbaye
Saint-Denys.

travaillé à ce chef-d'œuvre plus de trois ans (1) : mais, lorsqu'il s'agit d'y déposer les reliques du saint, celui-ci avait,
au grand étonnement et presque au scandale de tous, paru
dire, en signes surnaturels, qu'il ne voulait point de ce
gracieux tabernacle (2). Son motif, et on le vit alors, était
qu'il attendait l'arrivée du pontife : car, dès que le pape
s'avança, une odeur suave, sortie de la châsse, embauma
toute l'église; et les reliques furent transférées sur le
champ, au bruit des acclamations joyeuses de l'assistance. Eugène III monta ensuite au jubé, et y prêcha,
ayant à ses côtés les cardinaux, et le diocésain Albéron.
Le surlendemain, 11 novembre, jour de saint Martin, fut
consacrée la cathédrale, sous son ancien titre de la Nativité
Notre-Dame : le chroniqueur n'entre ici dans aucun détail;
et peut-être n'assista-t-il pas à la cérémonie; mais nos anciens croyaient savoir, dans leurs traditions, qu'alors saint
Bernard avait prêché l'un des beaux sermons de Dédicace
qu'on trouve, au nombre de six, dans ses œuvres. Cette
croyance n'a rien que de vraisemblable; car Eugène, qui
se glorifiait d'avoir été disciple de ce grand orateur, le
retint à sa suite, pendant presque tout son séjour en France,
pour qu'il adressât la parole, dans les occasions. On remarqua, dans les jours suivants, Guy de Watronville, qui
crut à propos de faire bénir, de la propre main papale, sa
fille, et la dot qu'il lui donnait, pour qu'elle fût converse à
St-Paul (3). De Verdun, la cour romaine alla à Metz où, en

(1) Cette châsse subsista jusqu'à la Révolution ; mais elle avait été endom-
magée, soit par la vétusté, soit par des chocs, dans les longues processions
d'autrefois; et on l'avait mesquinement réparée avec du cuivre.

(2) *Verùm nec cooperatio divina affuit, nec ipsius sancti voluntas tunc votis
eorum intercessit*, dit le continuat. de Laurent de L. On trouve la suite de
ce passage traduite dans Wassebourg, p. 305, verso : on l'a retranchée du
Spicilége, comme tendant à faire soupçonner des fraudes pieuses. La vérité
simple était que l'abbé Conon, apprenant, en 1146, que le roi de France
invitait le pape à venir prêcher la seconde croisade, comme Urbain II avait
prêché la première, en 1095, mit quelque temps les reliques de côté, et
contremanda sa cérémonie, pour la réserver au pape. De là vient que la
châsse portait la date de 1146, restée de l'inscription première.

(3) Cet incident est indiqué dans la charte qu'Albéron donna, en 1156,

il y avait un débat, encore plus raffiné, sur la théologie métaphysique de Gilbert de la Porée, qui fut jugée hétérodoxe. Alors commençait à renaître, en France, la manie de philosopher : saint Bernard s'opposait énergiquement à cette innovation ; et, chez nous, où l'affaire des investitures avait pendant si longtemps absorbé toute l'attention, on soupçonnait, aux noms étranges de ces systèmes, qu'ils devaient être d'étranges erreurs : *ne, sicut sunt monstruosi nominis, ità etiàm sint monstruosi dogmatis : sed oderunt lucem, et etiàm quæsita non inveniuntur*. En matière plus pratique, le concile blâma les tournois des nobles, où, sous prétexte de chevalerie, on se portait des défis suivis de blessures, quelquefois mortelles. On croit que ce fut après cette session qu'eut lieu la dédicace de la cathédrale de Châlons, rebâtie en même temps que la nôtre, et consacrée aussi par Eugène III, soit avant son arrivée à Verdun, soit au sortir du concile de Reims : le manque de documents contemporains laisse hésiter entre ces deux dates (1). Enfin le pape, ayant, pour terminer son voyage, visité la grande abbaye de Clairvaux, où il avait passé sa jeunesse, fut de retour en Italie avant le 16 juin 1148, suivant les chartes d'après lesquelles les Bénédictins ont dressé leur chronologie, dans l'Art de vérifier les dates. (1. 286).

La reconstruction de la cathédrale, et les réparations qu'Albéron fit faire aux remparts, avec les matériaux de la tour du Voué (2) ayant attiré à Verdun beaucoup d'ouvriers, un riche et généreux citoyen nommé Constance résolut de profiter de leurs bras, ainsi que du talent

on lit, à l'an 1150 : *Combustum est monasterium Sanctæ-Mariæ-Magdalenæ, et magna pars urbis.* Sans détails de l'incendie.

(1) Marlot est pour la seconde. Le *Gallia christiana*, IX, 881, admet la première, avec incertitude : *septimo kalendas novembris..., ut fertur.* — Suivant le P. Benoit et D. Calmet, l'ancienne cathédrale de Toul aurait aussi été dédiée par Eugène III ; mais il n'existe de ce fait aucun document : et la *chronologia Bernardina*, que cite Calmet, est un ouvrage moderne, dont l'auteur a probablement confondu Toul avec Verdun.

(2) *Indè urbem muro cingere cœpit*, dit Laurent de Liège, après son récit de la prise de la tour.

de l'habile architecte Garin, pour doter la ville d'un monument d'utilité publique. A ce dessein il associa sa femme
Effice : et, comme ils n'avaient point d'enfants, ils consa-
crèrent à ce noble usage leur fortune, entièrement gagnée
par le travail. C'est à l'exécution de ce projet que nous devons le grand pont de la Meuse, qu'ils firent d'abord, et à
deux reprises différentes, établir en bois; mais ces premiers travaux ne réussirent pas, faute de bons constructeurs; la charpente en était frêle : et les eaux ne tardèrent
pas à l'emporter, ainsi qu'elles avaient déjà fait, longtemps
auparavant, le pont de Saint-Paul, vis-à-vis l'ancienne abbaye : enfin, à la troisième fois, et grâce à l'architecte Garin, on vit s'élever un solide pont de pierre, qui subsistait
encore au XVIe siècle (1). L'emplacement choisi fut l'ancien « gué près de la colline, » d'où était venu le nom cel-
tique de Verdun : là, sur un lit de gravier, la rivière cou-
lait large et peu profonde, de sorte que le pont fut communément appelé à Gravière, bien qu'on le désignât aussi
sous le nom, qu'il a gardé, de pont à la Chaulcie, à cause
d'une belle chaussée que nos deux bienfaiteurs publics
firent construire, ou réparer, à ses abords, non-seulement
comme route, mais aussi pour digue contre les déborde-
ments de l'eau dans les champs voisins. Constance avait
également fourni sa grande part de largesses au bâtiment
de la cathédrale : ce fut même lui qui le commença, et il en
demeura l'inspecteur et le surveillant : enfin, en souvenir
de sa pauvreté première, il donna aux pauvres un nouvel
hôpital, celui du Pont à Gravière, dont nous reparlerons,
et où Effice soignait de ses mains les malades, même hideux et repoussants. Tous ces détails sont tirés de Laurent

(1) V. ci-dessus, tom. I. p. 461. — *Pontem in loco arenari*, dit Laurent de
Liége, parlant de Constance, *iter inundantibus aquis destructum, bis ligno, et
semel saxo super Mosam extendit. Viam publicam ipsius pontis multo aggere
construxit.* Wassebourg se trompe évidemment en traduisant ces mots *pontem in loco arenari* par le pont des Raines. *Arena* veut dire gravier; et Laurent de Liége parle d'un pont sur toute la largeur de la Meuse : *super
Mosam extendit.*

de Liége, auquel nous savons gré de nous avoir, dans les dernières pages de son ouvrage, conservé le souvenir de ces personnes bienfaisantes. Constance et Effice étaient enterrés sous le lion de pierre qui gardait la porte de l'ancienne cathédrale; et on lisait, à cette entrée, l'inscription suivante, en leur honneur :

Constantis fidei Constantius, hospes, eunti
Forma boni, curæ pauperis, hic situs est.
Ecclesiam, fluvium, concives, tegmine, ponte,
Exemplis decorans, urbis erat speculum.
Præclarus famá, meritis præclarior : illi
Hoc uxor tumulo jungitur Officia (1).

Les chroniques de ce temps parlent vaguement d'un grand désastre de guerre, que subirent, en 1153, les Messins, auxquels Renauld II, comte de Bar, tua, dit-on, jusqu'à deux mille hommes, dans une bataille près de Pont-à-Mousson (2). Ce terrible événement, dont on ne nous fait connaître ni les causes, ni les circonstances, mit toute la province en émoi : et l'évêque de Metz, Etienne de Bar, en fut extrêmement perplexe, parce qu'il ne pouvait ni délaisser son peuple, ni marcher contre son neveu. Il réclama la médiation d'Hillin de Trèves, nouveau métropolitain, successeur d'Adalbéron de Montreuil, en 1152 : ce pacificateur échoua, et se vit réduit, pour dernière ressource, à aller conjurer saint Bernard à Clairvaux, de vouloir ajouter à tous ses miracles celui de venir remettre la paix

Défaite des Messins par Renauld II de Bar.

(1) La construction des premiers vers est : *Hospes,* (au vocatif), *hic situs est Constantius, qui fuit eunti* (à quiconque vient ici) *forma constantis fidei, boni, et curæ pauperis.* — Constance avait commencé dans une grande pauvreté : *de nudo paupere magnas opes consecutus,* dit Laurent de L.

(2) *Anno 1153, bellum antè Moson, ubi Metenses interierunt.* Briève chron. de Saint-Vanne, dans Labbe, p. 402. — *Anno 1153, interficiuntur cives Metenses ab exercitu Regnaldi, comitis Barrensis, apud Tyreium, tempore Stephani, episcopi ejusdem civitatis.* Richer de Senones, (chroniqueur de la 1re moitié du XIIIe siècle), dans le Spicil. III. p. 326. Tirey, village ruiné, près de Pont-à-Mousson. — « Et y eust si grant desconfiture que en y eust plus de deux mille de ceulx de Metz qui furent morts. » Chron. messines, dans Huguenin, p. 5. — Roussel, citant les Annales de Trèves, prétend mal à propos, p. 256, que cette guerre était entre les Messins et les Verdunois : les Annales qu'il cite sont celles de Brower, auteur moderne.

dans notre pays. Alors le saint souffrait déjà de la langueur dont il mourut peu après : néanmoins il se mit en route, sur la foi d'une révélation qu'il avait eue, à ces mots de la messe : *pax hominibus bonœ voluntatis :* mais il lui fallut créer, et à grande peine, cette bonne volonté : car, dit la chronique messine, la partie adverse « encouragiée et plus cruelle pour la victoire que ils avoient eue, ne se vouloit consentir : et se départit toute forcenée, sans saluer saint Bernaird. Et fut icelle dilation, ajoute-t-elle, espéciaulment profitable à tous malades : car ils recevoient garison dudit saint. » A la vue de ces guérisons, une grande indignation s'éleva contre les mauvais et durs chrétiens, qui n'avaient pas honte de rebuter un intercesseur auquel le ciel lui-même semblait ne rien refuser : enfin « on quist (chercha) une place emmi la rivière de Muselle, en une petite isle où les grands s'assemblèrent : et saint Bernaird définit la sentence de la paix, tellement qu'ils donnèrent tantost leurs mains les uns aux autres. » Ce récit de la vieille chronique est le dernier trait mémorable que l'on connaisse de saint Bernard : il passa alors à Verdun ; et, faute de date plus précise, nous rapporterons à cette venue

l'histoire fameuse de la messe pendant laquelle il eut, en notre cathédrale, révélation de la sainteté de son ami le cardinal Albéric d'Ostie, inhumé depuis peu en ce temple. On s'aperçut de cette révélation à ce qu'il substitua, dans le cours de cette messe même, l'office des saints à celui des morts (1) : et de là vint que la tombe d'Albéric, qui était à côté de celle de Thierry, dans l'ancien chœur, jouit, jusqu'en 1755, de certaines marques de respect, bien qu'on eût alors oublié le nom du personnage qu'elle recouvrait (2). Ce

(1) *Virduni, cùm ad tumulum reverendissimi Alberti (Alberici), episcopi Ostiensis, noviter anteà defuncti, pro commendatione ejus, sacrificium laudis offerret, collectam pro mortuo dimisit, et pro uno sancto confessore dixit. De quo quid vidisset nec interrogatus est, nec confessus, cùm, sine certâ revelatione, id fecisse minimè videatur.* Geoffroi de Clairvaux, secrétaire et biographe de saint Bernard, dans l'édit. Mabillon, 1690, tom. II. p. 1158. Même chose dans Albéric de Trois-Fontaines, qui rapporte le fait à l'an 1151.

(2) « Par une tradition constante, on respectoit cette tombe, ne permettant

cardinal Albéric, l'un des grands dignitaires de la cour de Rome, l'avait représentée, comme légat, successivement en Angleterre, en Sicile, en Palestine, enfin en Languedoc, où il fit, avec saint Bernard, une pénible et peu fructueuse prédication aux Albigeois, dont l'hérésie commença alors à éclater, avec grand scandale : mais telle est la négligence du continuateur de Laurent de Liége qu'il n'a noté ni la date, ni même le fait de la mort à Verdun d'un prélat aussi remarquable (1).

Le cardinal légat Albéric, inhumé à Verdun.

Ce comte Renauld II, qui infligea aux Messins le cruel échec que nous venons de raconter, fut très-mal noté par les moines de Saint-Mihiel, auxquels il ne tint pas que le pape et le métropolitain ne l'excommuniassent, pour des vexations, exposées, au nom de l'abbaye, dans une supplique lamentable, intitulée *lacrymabilis querimonia calamitatis nostræ*. Cette pièce est curieuse, parce qu'on y voit comment beaucoup de voués traitaient alors les églises, et combien l'évêque Albéron fit sagement de supprimer l'avouerie de Verdun. La doléance de Saint-Mihiel, après quelques anachronismes sur les premiers temps, établit d'abord, en point de droit, que le titre de défenseurs, à l'ombre duquel les comtes de Bar commettaient tant d'usurpations, ne venait lui-même que d'une première usurpation, au mépris des chartes carlovingiennes qui plaçaient le monastère sous la protection immédiate du roi (2); puis les plaignants entament le récit de leur triste

Vexations de Renauld II à Saint-Mihiel.

à personne de passer dessus : ce que plusieurs à présent ont oublié. » Epitaphes de l'ancienne cathédrale, p. 5. 6. du manusc. Le procès-verbal, du 16 août 1752 (ci-dessus, p. 149, note 2), porte que le squelette d'Albéric était couvert du *pallium* : anneau au doigt, brodequins brodés d'or; on ne trouva ni crosse, ni mitre.

(1) *Duodecimo kalendas decembris* (20 novembre), *Albericus. Ostiensis episcopus, tempore Eugenii papæ, apud nos defunctus, et in ecclesiá nostrá honestè sepultus.* Nécrologe de la cathédrale. — Ce 20 novembre n'est pas celui qui suivit la dédicace du 11 du même mois 1147 : car le *Gesta*, ch. 86, nomme le cardinal Albéric d'Ostie au nombre de ceux qui entrèrent, le 27, à Trèves, avec Eugène III.

(2) *Et ecclesia nostra regum, vel imperatorum permansit, quorum largitionibus et privilegiis augmentata, roborata, protecta... Quidam verò dux Lotharin-*

Doléances
des moines,
en 1154.

sort, depuis deux siècles, où « un certain duc Frédéric de
Lorraine » envahit le tiers de leurs biens, sous prétexte
d'une forteresse qu'il faisait construire à Bar, à l'oppression de tout le voisinage. Après ce Frédéric, vinrent cinq
générations de ducs, ou comtes, tous de plus en plus
insupportables, qui, non contents de l'énorme part du
tiers que s'était faite leur ancêtre, prirent, dans le reste,
ce qui leur convint pour bénéfices à leurs hommes d'armes. On tomba ensuite dans les mains du premier Renauld,
qui commit des violences jusque alors inouïes, en exactions, tailles, corvées pour ses châteaux, passages et sé-
jours continuels sur nos terres, à la ruine de nos pauvres
sujets, qu'il emprisonnait, et même torturait quand on ne
le défrayait pas à sa merci ; et il rejetait sur notre peuple
les charges du sien. Lorsqu'il fut à sa dernière heure, il
sentit de grands remords de conscience, et confessa publiquement ses torts, en exhortant son fils à ne pas suivre ses
exemples ; mais ce fils, qui est le second Renauld, aujour-
d'hui régnant, est encore pire que son père. Nos villages se
dépeuplent ; et, quand nous demandons nos redevances, les
uns disent que tout est épuisé, d'autres se moquent ouvertement de nous, assurés qu'ils sont de l'appui du comte,
le seul homme qu'ils craignent et qu'ils servent. L'an dernier (1), notre persécuteur, apprenant que nous implorions
la justice du Saint-Siége, a, de colère, redoublé ses outrages ; notre situation empire, et peut-être nous faudra-t-il
bientôt quitter notre retraite : « c'est pourquoi, conclut la
requête, nous vous supplions, très-révérend seigneur, puis-

_giæ Fridericus tutelam ipsius, quæ eatenus regum et imperatorum fuerat, in
dominium sibi usurpavit..., à tutelà regiâ longè remotam._ Cette pièce est dans
Wassebourg, p. 302, verso, et, plus correctement, dans Baluze, _Miscellanea,_
tom. IV, p. 464, _Gallia christ._ XIII, _Instrum._ p. 571.

(1) Cet « an dernier » était encore du pontificat d'Eugéne III ; car la
réponse de ce pape est dans Wassebourg, p. 303. Or Eugéne III mourut le 6
juillet 1153 : et, comme la présente supplique à l'archevêque de Tréves est
au moins d'un an postérieure, et qu'il y est parlé de Renauld le Jeune, gouvernant déjà pendant les dernières années de son frére Hugues, ces circonstances indiquent approximativement l'an 1154.

que vous représentez le siége apostolique en cette province, de frapper de la verge de sa puissance l'auteur de ces excès. » On croit que Renauld, admonété par les prélats, et trouvant d'ailleurs d'autres occupations, adoucit sa tyrannie; mais l'abbaye ne recouvra jamais son indépendance. Il résulte d'autres documents du même temps que Saint-Denys réclamait encore les droits que Pépin le Bref lui avait accordés sur Saint-Mihiel, après la condamnation de Wolfang: l'évêque de Verdun Albert de Mercy, fit, au sujet de ces droits, et du consentement des parties, une transaction que nous ne connaissons pas (1) : et l'abbé Manegaude, sous lequel ces événements arrivèrent, ordonna, en chapitre de moines, qu'afin de perpétuer le souvenir de Wolfang et d'Adalsinde, on leur servirait chaque jour, au réfectoire, leur prébende, comme s'ils eussent été présents. Sans doute cette prébende était pour les pauvres, afin qu'ils priassent Dieu pour les âmes des nobles et antiques fondateurs (2).

Albéron de Chiny abdiqua au commencement de 1156, pour se retirer à Saint-Paul, au milieu de la nouvelle communauté qu'il y avait établie. Il vécut encore deux ans, et mourut le 2 novembre 1158, léguant à son Chapitre, à

Retraite et mort d'Albéron de Chiny, à Saint-Paul.

(1) ... *Venerabili fratri Alberto, episcopo Virdunensi... Pro absolutione ecclesiæ Sancti-Michaëlis, ab apostolicæ sedis clementiâ postulasti..., quam, ex præcepto prædecessoris nostri Adriani clausisti... ità tamen ut transactio illa quæ inter monasterium Sancti-Michaëlis et ecclesiam Sancti-Dionysii, pro bono pacis, præsente utrâque parte, assistente etiàm venerabili fratre nostro Cathalaunensi episcopo, per te rationabiliter facta est, firma et illibata permaneat... Datum Papiæ, XIV kal. martii.* Baluze, Miscell. IV. 465. — Il résulte de cette bulle que Saint-Denys avait obtenu du pape Adrien IV (de 1155 à 1159) sentence d'interdit, à exécuter par l'évêque de Verdun, contre l'église Saint-Michel; et qu'après la transaction, ce même évêque demanda permission de lever la censure.

(2) *Ego frater Manegaudus, per Dei gratiam provisor ecclesiæ Sancti-Michaëlis. Reminiscens tàm amplissimorum beneficiorum quæ nobis contulit piæ memoriæ dux Wolfaudus, fundator noster, aliquam specialiter recompensationem animæ ipsius et Alsindis conjugis ejus retribuere dignum duxi. Communi itaque totius capituli mei consilio et consensu, omni die, et in perpetuum, unam præbendam eis dare disposui in cibo et potu, quemadmodùm uni de ecclesiæ fratribus. Et, ut hoc firmiter teneatur, sub vinculo obedientiæ, etc.* Dans Baluze, Miscell. IV. 465.

charge de distributions annuelles de blé aux pauvres, l'un
des deux moulins qu'il avait fait construire sous l'évêché,
et que l'on appela, à cause de lui, les moulins l'évêque (1).
Sa tombe, à la cathédrale, n'est pas marquée dans les anciens plans; et il est étrange que, dans l'édifice même
qu'il avait fait reconstruire, on n'ait conservé ni monument, ni inscription en son honneur. Son épiscopat dura
vingt-cinq années, dont les quinze premières seules nous
sont bien connues par la chronique de Laurent de Liége.
Ce fut un noble et courageux prélat, que ne firent reculer
ni Renauld de Bar, ni Henri de Grand-Pré, ni les autres
tyrans subalternes : il délivra la ville, asservie et ruinée par
la bastille du voué ; et il eut l'honneur de commencer et de
terminer seul sa basilique cathédrale, l'un des grands
monuments de son temps, très-vaste, et tellement solide
que, depuis lui, on n'eut à y faire d'autres travaux que
ceux d'embellissements, réels ou prétendus. C'était, en outre, un homme lettré, écrivant bien ses chartes, et y insé-
rant, à propos, des vers, non point de l'école, mais de la
meilleure latinité, et d'Horace lui-même (2) ; et nous avons
remarqué ailleurs que Laurent de Liége, qui lui dédia son
livre, connaissait, tout en les entendant mal, les Commen-

(1) *Tertio nonas novembris, obiit Albero præsul, vir pius et humilis, qui dedit
nobis domum in Macello, solventem solidos quindecim. Dedit etiàm unum de
duobus molendinis quæ nova fecerat in prato Sanctæ-Mariæ, alterum dedit successoribus episcopis : statutum est autèm à fratribus ut pauperes, in die anniversarii sui, habeant indè rasarium frumenti, quod debet recipi in communi
præbendarum.* Nécrologe. Le continuateur de Laurent de L. donne l'année :
*anno 1158, ætate fractus et senio; et in majore ecclesiâ Beatæ Mariæ mandatur
sepulturæ.* — Il y avait, dans l'ancienne cathédrale, beaucoup de tombes
désignées dans le plan comme inconnues, parce qu'on ne pouvait plus en
lire les inscriptions : celle d'Albéron était probablement de ce nombre. —
Sur les moulins l'évêque, ci-dessus, tom. I. p. 512.

(2) Dans la lettre à Innocent II, rapportée par Laurent de Liége : *Sed,
quia quo semel est imbuta recens servabit odorem testa diù, infamiam suam
quotidiè augmentabant.* — Dans le préambule de la charte pour l'établissement des Prémontrés à Saint-Paul : *Ecce vita brevis spem inchoare longam
genus humanum vetat.* C'est une phrase de l'ode 4, liv. 1 : *Vitæ summa brevis
spem nos vetat inchoare longam.* Cette charte est datée de 1135, *anno quinto
ordinationis domini Alberonis.*

taires de César. Il ne se trouve, à notre connaissance, d'autre reproche contre Albéron, qu'un mot de saint Bernard, ou plutôt du hautain archevêque Adalbéron de Montreuil, dont l'arrogance parut, à la scène qu'il fit à Reims (1), pour la préséance, au concile de 1148. Il se plaignit que ses suffragants étaient tous trois des jeunes gens, fiers de leur haute naissance, et portant mal le joug de son obéissance canonique. Peut-être, en quelque rencontre, ces trois évêques, qui étaient, le nôtre, de la maison de Chiny, Etienne de Metz de celle de Bar, et Henri de Toul des princes de Lorraine, firent-ils sentir à ce métropolitain que leur noblesse comtale et ducale valait mieux que la sienne: quoi qu'il en soit, ce reproche, juste ou non, n'empêche pas que, pour l'ensemble de son gouvernement, Albéron ne soit comparable à Thierry, avec cet avantage qu'il vécut en un temps où les luttes des papes et des empereurs ne troublaient plus la paix des consciences religieuses.

(1) *Duram provinciam nactus sum... Suffraganeos accepi juvenes et nobiles : adjutores esse deberent; et utinàm non adversarentur! Sed supersedeo : per alium malo ut innotescant vobis mores eorum et studia. Dico tamen : jus, fas, honestas, religio, in nostris episcopatibus perierunt... Quid in illis episcopatibus faciatis, Metensi scilicet atque Tullensi? Ut verum fatear, videntur absque episcopis, et utinàm absque tyrannis!* Saint Bernard, epist. 177. 178. La dernière phrase fait voir que les plaintes concernaient surtout Metz et Toul. — L'archevêque Adalbéron est le même qui, étant princier de Metz, avait fait la guerre aux impérialistes messins, avec Renauld le Borgne : ci-dessus, p. 171. Ses travestissements pour porter, pendant le schisme, la correspondance de Rome, ch. 80 du *Gesta.* Sa scène au concile de Reims, ibid. ch. 86.

Alberon de Chiny.

CHAPITRE VI.

FONDATIONS DIVERSES. — LA CHALADE. — CHATILLON L'ABBAYE.
SAINT BENOIT EN WŒVRE. — L'ÉTANCHE ET BENOITE-VAUX. — LES TEMPLIERS.
LES HOSPITALIERS. — LES LÉPROSERIES. — LES HÔPITAUX.

Ces divers établissements remontent aux temps que nous venons de parcourir; et nous en placerons ici les notices, qui ailleurs eussent trop interrompu le cours du récit historique.

La Chalade.

La Chalade, dans la vallée et sur le ruisseau de Biesme, aux confins de la Champagne et du Clermontois, commença, vers 1120, par des défrichements qu'entreprirent, dans la forêt d'Argonne, deux frères, Robert et Ricuin, tous deux moines de Saint-Vanne. Ils se firent autoriser par tous les seigneurs locaux, à tous les degrés de la hiérarchie féodale, en remontant depuis Mathilde de Vienne jusqu'à l'évêque Henri de Winchester, suivant une charte que nous avons expliquée ailleurs (1); mais il arriva, peu après, que Robert devint abbé de Beaulieu; de sorte que le projet faillit être abandonné. On le reprit, à l'aide des Bernardins de Trois-Fontaines, diocèse de Châlons (2). Une colonie de cette maison, ou, comme on disait chez les moines, une de ses filles, vint à La Chalade : saint Bernard écrivit pour elle à Henri de Winchester; et ce prélat, pour gagner les bonnes grâces du saint, s'empressa, en 1127, d'augmen-

(1) Ci-dessus, tom. 1. p. 406.
(2) Première et très-opulente fille de Clairvaux, entre Sermaize et Saint-Dizier, dans un bois, où on en voit encore les ruines. Trois-Fontaines possédait là, dit-on, jusqu'à 17 mille arpens de terre et de bois. On estime, et nous citons assez souvent, son chroniqueur Albéric, mort en 1241. — Dans la généalogie bernardine, Clairvaux était fille de Citeaux, Trois-Fontaines de Clairvaux, La Chalade de Trois-Fontaines, et Chéhéry de la Chalade.

ter la dotation (1) ; enfin Albéron de Chiny dédia l'église,
sous le titre de Saint-Sulpice. Le jour de cette dédicace, on
vit un chevalier Hervé se présenter, la corde au cou, tiré
par un serf, et suppliant qu'on l'admît au dernier rang du
cloître. Les premiers Bernardins étaient gens laborieux :
et le défrichement de La Chalade occupa plusieurs cen-
taines de leurs religieux, ou convers (2), qui mirent en
culture tout le territoire appelé, dans les titres de l'abbaye,
Mairie Henrielle (3), où étaient La Chalade elle-même,
Habancourt (4), les Hautes et Basses Ecomportes (5), la
Neuve-Grange et le Claon : on reconnaissait ce territoire à
ce qu'il était exempt des justices du Clermontois, parce
que, sans doute, ses premiers habitants avaient été les
frères défricheurs : et un autre vestige de ces travailleurs
monastiques se conservait dans le nom de la mairie des
Convers, à Boureulles (6). Dans les siècles suivants, les

(1) *Augmentando... à corylo quœ est in summitate viarum usquè ad aquam
quæ Bima* (la Biesme) *vocatur.* Charte citée, tom. I. p. 406. — V. ci-dessus,
p. 194.

(2) *Ubi nunc,* dit Laurent de Liége, *sub abbate sanctæ memoriæ Gunthero,
militant ferè trecenti servorum Dei. — Per duo milliaria, à domo sua usquè ad
locum beati Sulpitii, Herveus, cum laqueo, etc.* Ibid.

(3) « La mairie Henrielle, dit le manuscrit de dom Demeaux, art. de la
Neuve-Grange, est une juridiction si ancienne qu'on n'en connaît pas l'origine. Elle fut établie pour diverses terres non sujettes aux prévôtés du
bailliage de Clermont, et n'ayant cependant pas droit de haute, moyenne ou
basse justice. Ceux qui sont de cette mairie ne doivent à M. le prince (de
Condé), pour toutes charges, qu'une livre de cire par an. »

(4) *Alodium Sancti-Calocerii, apud Villerium, Molencurt et Habencurt,* dit un
titre à peu près contemporain de la fondation. Cet aleu provenait de Moiremont, *Sancti-Calocerii de Morimonte,* petite abbaye, à une lieue au nord de
Sainte-Ménehould. *Villerium,* le mont de Villers, près Habancourt.

(5) *Ingonis portæ,* dans un titre d'Albéron de Chiny, de 1143. Le vrai nom
est par conséquent Ingon, ou Hugon-portes. Au territoire de Montblainville :
les Hautes sont la ferme de Bel-Air, construite, vers 1730, par le prieur
dom Théodore Baillet.

(6) « La Chalade, dit dom Demeaux, possédait autrefois à Boureulles,
(Borolium, Brolium, breuil) de fort beaux droits seigneuriaux, sous le titre
de Mairie des Convers : et d'icelle mairie dépendaient environ cent arpents,
tant terres que prés. En 1460, Bertrand de Malberg, seigneur de Boureulles,
donna acte qu'il reconnaissait la Mairie des Convers, et en laisserait la
jouissance aux religieux : mais on a laissé perdre ces droits. »

défrichements continuèrent, au moyen de baux emphytéo-
tiques, ou même perpétuels ; et l'abbaye accueillit bien les
gentils-hommes verriers qui augmentèrent le débit de ses
bois. Les verreries d'Argonne doivent remonter au moins
au xve siècle ; car, au commencement du xvie, Volcyr, secrétaire du duc Antoine de Lorraine, dit, dans un ouvrage
imprimé en 1530, que « ès bois d'Argonne, au bailliage de
Clermont, on fait de plusieurs sortes de voirres fins, en la
semblance de cristallins, et d'autres voirres communs, autant que l'on sauroit en souhaiter ; » et il ajoute que le
maître verrier fit hommage au duc Antoine, passant au
Pont à Mousson, « d'un crucifix mis sur une grande croix
de voirre, en grosseur de la cuisse d'un homme, accoustré
si richement de couleur que l'on estoit aveuglé de la beauté
et lueur (1). » Ces verres fins et cristallins, et ce crucifix
en verre fondu diversement colorié ne pouvaient être des
coups d'essai : de pareilles œuvres supposent une fabrication déjà ancienne ; mais on n'a pas de renseignements sur
son origine. Le plus ancien des baux pour verreries que
mentionnent les archives de La Chalade, porte la date
de 1542 (2) : il y a également, dans ces archives, mention

(1) Volcyr, cité dans l'opuscule de M. Beaupré, Recherches sur les verriers de l'ancienne Lorraine, p. 26. Il est probable que les verreries d'Argonne sont à peu près du même temps que celles des Vosges, dont
M. Beaupré donne la charte de 1448, renouvelée en 1469.

(2) « A Jehan de Condé, demeurant à notre fonds, aux verreries du Claon. »
En 1570, le Four-les-Moines, admodié à Jehan et Sébastien de Condé, Claude
d'Ondez, et Toussaint Brossard. En cette même année, les gentilshommes
verriers du Claon rendaient à l'abbaye 160 francs barrois (de 12 sols) pour
leurs maisons, jardins, prés ; et, pour la verrerie, un bœuf, apprécié 20
francs. En 1706, le prieur Boulanger, pour trouver le débit du bois taillis,
passa bail emphytéotique à trois familles de gentilshommes, s'obligeant à
leur fournir le bois à 12 livres par arpent, à leur donner gratis la charpente
pour leurs maisons d'habitation, ainsi que pour la verrerie à construire,
moyennant un cens annuel de six livres, d'une livre de cire, et de 12 cara-
fons pour chacun d'eux, lesdites maisons et verrerie devant revenir au domaine de l'abbaye à l'expiration de l'emphytéose. Treize verreries dans la
Vallée, en 1783, suivant D. Lelong, Hist. de Laon, p. 244.—En 1262, Henri,
comte de Grand-Pré, vend à La Chalade le bois Bouzon, alors de 300 arpents,
moyennant sept-vingt-dix livres (150 livres). Ce bois fut en grande partie
défriché à la fin du xvie siècle. — La verrerie de Courupt, sur le territoire

de plusieurs anciennes forges (1) : et un document de 1783 compte treize verreries existant alors dans la Vallée. Les comtes de Bar Henri Ier, en 1183, et Thibauld II, en 1247, prirent sous leur garde, en leur châtellenie de Clermont, l'abbaye, ses granges et dépendances : et « ne les puet ôteir de sa warde, ou de son hoir, cil qui tenra Clermont, » dit la charte de Thibauld. L'abbé possédait, à Varennes, au moyen âge, un hôtel au château, et plusieurs maisons, l'une dite « de la Teinture, devant le moutier » (l'église), l'autre « devant le moulin aux draps » : dénominations indiquant l'existence d'une ancienne fabrique de draps à Varennes. Un vieil usage, aboli par l'intendant de Champagne, en 1672, autorisait les habitans de plusieurs villages à venir se faire distribuer, à La Chalade, des « michettes, » et autres comestibles, le dernier jour du carnaval (2) : enfin on remarquait encore, comme singularité topographique de cet endroit, que les diocèses de Verdun, de Reims et de Châlons confinaient, à dix pas de l'abbaye, à l'un de ces petits ponts que l'on appelait autrefois Planchettes. L'inventaire des titres de La Chalade a été dressé en 1755, par l'archiviste dom Demeaux. Il y a mention d'une réforme établie le 30 mars 1637, par ordre des deux cardinaux de Richelieu. L'église, du xive siècle, subsiste : c'est un bel édifice ; mais elle a perdu, en 1827, une de ses nefs, qu'on ne

de Beaulieu, remonte à 1555.—Les gentilshommes verriers, dits hasis (desséchés), n'étaient point nobles à cause de leur profession : seulement ils ne dérogeaient pas en l'exerçant.

(1) D. Demeaux signale comme fort ancienne celle de Cheppy, *Capeium*. Une autre, également ancienne, fut démolie à Habancourt, en 1680.

(2) Près de la maison de La Chalade était un champ, dit des Michettes, à cause duquel les habitants de Florent, La Neuville-au-Pont, Maffrécourt et Moiremont se prétendaient en droit de venir par bandes à l'abbaye, le jour du mardi-gras. Il y avait les bandes à pied et celles à cheval. Aux premières on donnait un chapon et une poule, et, à chacun de leurs hommes, une michette de pain et un verre de vin : quant aux bandes à cheval, chacune recevait une oie vive, et chaque homme un émichette de pain blanc, et deux verres de vin. Procès, en 1655 ; sentence du bailli de Vitry, en 1657 : enfin, en 1672, commutation par Caumartin, inten lant de Champagne, du droit des michettes en une redevance de six livres, à payer annuellement par l'abbaye à la fabrique de chacune desdites paroisses.

put réparer. On y voit, depuis peu, un beau débris de Saint-Vanne, la rosace, destinée, lors de la démolition, à la cathédrale, transportée alors, en fragments numérotés, au cloître; enfin abandonnée à La Chalade, après être demeu-rée très-longtemps à terre, sans qu'on sût en tirer parti.— La Chalade s'appelle en latin *Caladia* : il y avait, à la sup-pression, dix religieux.

Châtillon-l'Abbaye. Châtillon-l'Abbaye, autre monastère de Bernardins, commencé vers 1140, dans les bois voisins de Mangiennes, puis transféré, en 1162, au village de Châtillon. On trouvera, dans nos anciens auteurs, l'histoire, assez peu intéressante, des commencements de cette abbaye : sa charte, d'Albéron de Chiny, est de 1153 : la bulle de confir-mation, du 5 des ides d'avril 1163, fut expédiée de Paris, lorsque le pape Alexandre III y posa la première pierre de la fameuse cathédrale Notre-Dame (1). Du cartulaire de Châtillon, nous citerons une charte de 1165, où sont men-tionnés Rainald, ou Rainard, et Albert, voués de Verdun : c'est un document faisant preuve qu'il y eut, en notre ville, des voués non héréditaires, après l'expulsion de Renauld : et, en comparant cette charte avec celle de la fondation du monastère par Albéron, en 1153, on voit que Rainald et Albert étaient fils du voué de Mangiennes : ce qui pourrait indiquer qu'à cette époque, l'évêché choisissait parmi ses voués ruraux ceux auxquels il confiait la même charge en ville (2). Dans un acte de 1464, l'abbaye s'avoue de la pré-vôté de Mangiennes, sous le seigneur évêque de Verdun, son fondateur et protecteur : et, en 1658, on trouve un dé-cret de l'évêque François de Lorraine, ordonnant la démo-lition d'une ancienne tour, où les habitants de Pilon avaient

---

(1) Il y avait une bulle d'Adrien IV, en 1158. Celle d'Alexandre III est *data Parisiis, quinto idus aprilis, indictione decimâ, pontificatûs nostri anno quarto.*

(2) *Advocatiam (curiæ Maginiensis), quantium terræ infrà leugam continet, Heibertus advocatus, qui eam beneficio hæreditario possidebat, concessit, lau-dantibus filiis suis Alberto et Rainardo.* Charte de 1153. — *Rainaldus et Al-bertus, Virdunenses advocati,* 1165, environ. *Gallia christ, XIII. Instrum.* p. 572-574.

autrefois établi un moulin à vent, mais qui, depuis les guerres, servait de repaire à des voleurs. Peut-être était-elle un reste du château qui a laissé son nom à Châtillon, et dont le souvenir se conservait encore par les armoiries de l'abbaye, d'azur à une tour d'or, maçonnée de sable : le sceau était empreint d'une image Notre-Dame, *beatæ Mariæ Castellionis*. Eglise reconstruite à la fin du XIIIe siècle, aux frais de nos deux évêques Gérard et Henri de Granson, de la même famille qu'Albéron de Chiny, le premier fondateur (1) : ils étaient inhumés, l'un à droite, l'autre à gauche du maître-autel; autour du chœur, têtes de morts sculptées en pierre; la plus grosse, couverte d'une mitre, marquait la place de l'abbé; mais, sous cette funèbre bordure, régnaient d'anciennes stalles, où des figures nues choquaient les pudiques regards des vertueuses gens du XVIIIe siècle. Gœthe vit démolir cette église, lorsqu'il traversa le pays, avec l'armée d'invasion, à la fin d'août 1792. — L'abbaye de Châtillon, sur la limite des Evêchés et de la Lorraine, obtint, le 5 mars 1705, du conseil financier du duc Léopold, cession d'un terrain, sur la rivière de Longuyon, pour y construire une forge, qu'elle exploita elle-même jusqu'au 23 juillet 1736 (2), où elle la laissa à cens annuel et perpétuel de 24 milliers pesant (12 mille kilogr.) de fer bon, loyal et marchand : le censitaire lui rachetait alors ce fer pour 2400 livres de France : somme qui fut successivement portée à 2800, puis à 3600, par traités des 7

Forge
de Longuyon.

(1) V. ci-dessus, tom. 1. p. 335.
(2) Du temps de l'exploitation par l'abbaye, il fut coulé, du 19 octobre 1731 au 10 janvier 1733, 1140 mille 726 livres de fer, en fontes ou gueuses, diminuant d'un tiers environ à la forge. Un état des fers envoyés pendant neuf mois, aux salines de Château - Salins, se montait à un prix de 27,713 liv. Il y avait une forge de Loppigneux, voisine de celle de Longuyon, et lui faisant concurrence : le censitaire l'acheta 74 mille livres, vers 1745. Pour une gueuse de 1500 livres poids, qui rendait un mille à la forge, il fallait deux voitures de mine, neuf queues de charbon, à 3 liv., pour couler chaque gueuse au fourneau, et autant à la forge, où la gueuse se convertit en barres, ou fer marchand. De 1750 à 1775, le prix des fers avait augmenté de cen à 150 liv. le mille.

mars 1767 et 28 du même mois 1774. Cette progression montre l'avantage des revenus en nature.

Saint-Benoit-
en-Woëvre.

Saint-Benoit-en-Woëvre, de l'ancien diocèse de Metz, presque sur la ligne séparative du nôtre, ligne qui passait au-delà d'Hatton-Châtel. On ne trouve rien de bien mémorable dans l'histoire de cette abbaye bernardine, de la filiation de Morimond, diocèse de Langres. Fondée vers 1130, et aidée alors des largesses d'Albéron de Chiny [1], elle possédait beaucoup de bois, de terres et d'étangs. Une charte, assez singulière, de Henri II, comte de Bar, lui donna, en 1239, la dîme de Noviant-en-Hey, ou aux Prés (canton de Domèvre, Meurthe), à condition qu'elle fournirait d'hosties de bon froment toutes les églises des diocèses de Metz, Toul et Verdun, qui lui en demanderaient. Dans la première moitié du siècle dernier, l'abbé Jean de la Ruelle la fit reconstruire à neuf, en un lieu mieux situé : mais, soit dettes résultant de ces constructions, soit dissipations et négligence, ce monastère finit avec peu de gloire, endetté, et diffamé pour sa mauvaise tenue, ses dissensions et sa malpropreté. A la mort de l'abbé Collenel, en 1754, il y avait 39 mille livres de dettes; elles s'accrurent de 56 mille pendant les sept années d'études de l'abbé Alliot, nommé par le roi, à condition qu'il ferait profession dans l'Ordre; plus 35 mille livres de dettes criardes, pour fournitures, arrérages de don gratuit, pensions et rentes exigibles : enfin les charges et rentes courantes de l'année, évaluées à 16 mille livres. Le visiteur de Citeaux dressa sa carte de visite, qu'on ne put lire, au Chapitre général, qu'avec scandale, tant elle signalait de malversations : pour réparation desquelles, et pour avoir pris l'argent et les effets trouvés chez dom Collenel, à sa mort, ainsi que

(1) *Ad hoc cœnobium, in confinio episcopii construendum, de suis tradidit.* Laurent de Liège. — Sur Saint-Benoit, Bénédictins, Hist. de Metz, II. 251. Calmet, Notice, *Gallia christ.* XIII. 944. Chartes de Gobert d'Apremont, mentionnant la fondation en 1129, et d'Etienne de Bar, évêque de Metz en 1154, dans Calmet, tom. V. Preuves, p. 169 et 187, 2e édit. — Une notice, rédigée en 1849, par M. Clesse, de Commercy.

pour coups donnés, en cette rencontre, au prieur, le Chapitre condamna les coupables à l'excommunication monastique, et à la pénitence en d'autres maisons, après amende honorable faite par eux, au milieu du chœur, à genoux, un cierge à la main, les autres religieux leur chantant *Domine non secundùm peccata nostra*. Déjà, en 1738, Collenel lui-même, avec l'abbé de Morimond, avaient été obligés de demander pardon, à genoux, et tête nue, à frère François Trouvé, abbé de Cîteaux, et supérieur général de l'Ordre, premier conseiller-né au parlement de Bourgogne, etc., pour refus de la visite de frère Bégin, prieur de Droiteval, à eux envoyé comme visiteur et redresseur. Telles étaient les choses singulières qui se passaient quelquefois chez les moines. La négligence de l'abbé Alliot laissa Saint-Benoit dans le dépérissement; il y eut saisie, en 1775, et, en 1790, il ne se trouvait que quatre religieux dans ce monastère.

A l'ordre de Prémontré, déjà pourvu de la dépouille opime des bénédictins de Saint-Paul, Albéron donna encore deux petites abbayes, Belval en Argonne, et l'Etanche, à deux lieues environ au nord-ouest de Saint-Mihiel. Belval, au petit pays de Dieulet (1), diocèse de Reims, à la limite, fut bâti en 1133, sur un terrain inféodé par notre évêché au voué Renauld, puis sous-inféodé par celui-ci à Henri de Grand-Pré : de sorte que, pour rentrer en libre disposition de ce fief, Albéron dut le faire remonter, de main en main jusqu'à lui, par une cérémonie semblable à celle que nous avons vue pour La Chalade : alors il en investit les moines blancs, à condition que la nouvelle maison qu'ils auraient là, bien que du diocèse de Reims, se reconnaîtrait de fondation verdunoise, en envoyant,

Belval-en-
Dieulet.

(1) *In saltu duellii*, dit Laurent de Liége. Ainsi les noms de Dieulet, Vaudieulet dérivent de *duellium*, et doivent indiquer quelque ancienne bataille, non racontée dans l'histoire. *Aurea Vallis*, dans la charte d'Albéron : nom que l'on changea, pour éviter la confusion avec Orval. Belval est aujourd'hui de l'arrondissement de Sainte-Ménehould, aux confins du département de la Meuse.

trois fois l'an, son abbé aux assemblées ecclésiastiques de Verdun, pourvu toutefois, ajoute la charte, que l'évêque soit catholique (1). Pareille exception et précaution avait déjà été insérée dans la bulle d'Urbain II, en 1096, pour Juvigny : et Albéron, en reproduisant cette phrase étrange, sembla dire qu il ne se tenait pas très-sûr que la querelle des Investitures ne se réveillerait plus en Allemagne.

L'Etanche.   L'Etanche, au milieu des bois, était une abbaye fort solitaire, et peu connue, avant les miracles de Benoite-Vaux. Elle devait son origine à un pieux personnage, du nom de Bertauld, qui, vers 1147, donna son aleu de Faveroles à l'évêque, pour qu'il y érigeât un monastère : le neveu de ce Bertauld augmenta la dotation, à condition qu'on recevrait sa fille pour converse : puis on fit venir des Prémontrés de Belval; et le nouveau couvent fut dédié sous le titre de l'Etanche, ou des Etangs de l'Annonciation Notre-Dame (2). Albert de Mercy donna, en 1157, la première charte, qui fut un acte de notoriété et de reconnaissance de ce qui s'était fait sous son prédécesseur (3) : la bulle con-

(1) *Terram quæ vulgò Aurea Vallis vocabatur, nunc autem Vallis Sanctæ Mariæ, quam comes Rainaldus de Barro à me (Alberone) in feodum tenebat, à quo comes Henricus de Grand-Pré eamdem terram eodem modo habebat, ab utroque comite in manu nostrâ redditam, supradicto abbati integrè et liberè concessimus.. Ad indicium tamen quòd terra illa fundus fuerit ecclesiæ Virdunensis, statuimus quòd abbas si, exigente ecclesiasticâ necessitate, ab episcopo vocatus fuerit, et episcopus catholicus fuerit, ter in anno Virdunum veniet, et negotiis ecclesiæ Virdunensis fideliter intererit... et defunctorum fratrum ecclesiæ Virdunensis apud eos, et suorum apud nos, memoria plenariè habebitur.* Dans Hugo, Annal. Præmonstrat. tom. i. Preuves, p. 205.

(2) *Stanchia* veut dire un lieu à étangs. *Secùs Hadonis Castrum, loco qui latinè Piscina, sed vulgò vocatur Stanchia,* dit Laurent de Liége.

(3) *Albertus, Dei gratiâ sanctæ Virdunensis ecclesiæ episcopus... De loco qui nunc vocatur Stagnum Sanctæ Mariæ, sed anteà vocabatur Faveroles... Bertaldus filius noster, laudante Mathilde uxore suâ, et filiis et filiabus, alodium prædictum, per manus domini Alberonis, prædecessoris nostri, et nobilium testium Alardi de Rinel, Gerardi de Turre, Hurrici de Cruyâ, Walteri de Maseri, Deo obtulit... Albertus Lupus, ejusdem Bertaldi nepos, quidquid habebat infrà supradictos terminos, cum filiâ suâ, quandò in supradictâ ecclesiâ conversa facta est... Porrò Alloydis, Theoderici sacerdotis nostri de Daunouls (Deux nouds), renuntians sæculo, laudantibus filiis et filiabus suis quidquid habebat in allodio de Burrivillâ. Dauvinus etiàm, filius ejusdem Alloydis, partem suam allodii, etc. etc... Auctoritatis nostræ vigore confirmamus, et imaginis nostræ impressione*

firmative est d'Alexandre III, en 1180. L'Etanche jouissait, à charge d'hommage à l'évêque, en son château d'Hatton-Châtel, des droits seigneuriaux sur l'ancien aleu de Faveroles : en 1484, Guillaume de Haraucourt fit saisir ce temporel, faute d'hommage rendu par l'abbé Jean de Molley ; et, en 1786, dans le procès-verbal de réformation de la Coutume d'Hatton-Châtel, on mentionne encore « les abbé, prieur, religieux et couvent de l'abbaye de l'Etanche, seigneurs hauts, moyens et bas justiciers dudit lieu.» D. Calmet dit, dans sa Notice de Lorraine, que ce monastère, ayant perdu plus de la moitié des biens de sa fondation, était l'un des moins riches de l'Ordre, et que, par motifs d'économie, il lui avait fallu vendre la belle bibliothèque et le cabinet de médailles formés par l'abbé Boucart, mort vers 1749. Les bâtiments, reconstruits dans le cours du siècle dernier, étaient occupés, au moment de la Révolution, par sept religieux, sous l'abbé Joseph Prélat.

Benoîte-Vaux, chapelle miraculeuse, qui dépendit de l'Etanche, jusqu'à la Révolution. Sur l'origine de ce fameux pèlerinage, on trouve, pour tout document, trois mots de la bulle de 1180 qui, énumérant les possessions de l'Etanche, nomme, entre autres choses, « la Vallée bénie, dite jadis Martin-Ham (1). » Comme pareille mention ne se trouve pas dans la charte de 1157, on induit de là qu'entre ces deux dates, Martin-Ham dut être donné à l'Etanche, peut-être à la suite de l'événement extraordinaire qui fit changer le nom du lieu. La paresse à écrire des moines de ce couvent nous prive d'autres informations : ils laissèrent même à la tradition le soin de nous apprendre

Benoîte-Vaux.

signamus, adjicientes, etc. Testes, etc. Actum Virduni, anno Inc. dom. 1157, indictione quintâ, episcopatûs verò nostri anno secundo. — La bulle de 1180, dans Hugo. Præmonstrat. t. II. Preuves, p. 528.

(1) Locum Benedictæ Vallis, qui antiquitùs Martin-Ham vocabatur, quem dedit vobis præfatus episcopus, cum assensu capituli sui. D'après la phrase précédente, ce præfatus episcopus serait Albéron : mais alors la donation aurait été mentionnée dans la charte de 1157. Il est probable que les copistes de la bulle ont, par erreur, confondu les noms d'Albero et d'Albertus.

la découverte de la statue miraculeuse par des bûcherons
dans la forêt, et comment ces bonnes et pauvres gens érigèrent, en feuillage, la première chapelle, qui plut tellement
aux anges qu'on les ouït chanter dans les airs, à la dédicace
de ce temple rustique. Ainsi, ou d'autres manières semblables, furent trouvées, en divers temps et en divers lieux,
plusieurs images merveilleuses : et ces Notre-Dames des bois
sont plus populaires que celles des autels dorés des cathédrales. La Vierge de Benoîte-Vaux se distingue à la pomme
qu'elle a, en sa main droite ; et l'inscription le dit : *Læva
gerit natum, gestat tua dextera malum.* Toujours par suite
de la négligence à écrire, nous ne savons presque rien des
siècles suivants. On a voulu faire remonter nos légendes
jusqu'à saint Bernard qui, passant à Benoîte-Vaux, y aurait
guéri un jeune homme perclus : mais ce prodige arriva au
diocèse de Toul, en un lieu de même nom ; et il ne semble
pas non plus qu'on puisse appliquer à Benoîte-Vaux ce que
dit Wassebourg de l'ermitage de Bonneval, au temps de
l'abbé Richard ; car alors l'endroit devait être connu sous
son ancien nom de Martin-Ham. Ce silence fait présumer
que la célébrité de notre pèlerinage ne fut pas grande
au moyen-âge : le premier souvenir notable qu'on en
ait gardé, et encore d'une manière assez vague, se rattachait au sérénissime René, duc de Lorraine, et à son
fils le cardinal Jean, dont on voyait les armoiries au
portail de la chapelle, en souvenir, disait-on, de leur
visite. Dans les déplorables temps qui suivirent 1630, des
hordes de profanateurs, bandits et affamés dévastant toute
la campagne, l'héroïne Alberte-Barbe d'Ernecourt, dame
de Saint-Balmon, retira et conserva religieusement la sainte
image, au château de Neuville en Verdunois, du 29 juin
1638 au 25 mars 1641 (1). Ce fut au retour de la statue en
son sanctuaire que commença la grande renommée de
Benoîte-Vaux, par d'éclatants miracles de guérison, dont

(1) Relation de Mme de Saint-Balmon, dans sa Vie, par le P. Desbillons,
p. 143.

on a des certificats détaillés, authentiques, et bien en règle. Il en fut parlé dans toute la Lorraine, tellement que de très-solennelles processions vinrent en pèlerinage, non-seulement de Verdun, de Bar et de Saint-Mihiel, mais aussi de Metz, de Nancy, de Pont-à-Mousson, de Vic, de Neuf-Château, et d'autres lieux encore, avec emblèmes et personnages allégoriques, suivant le goût du temps. Alors fut imprimée, à Verdun, en 1644, la première histoire de de ce saint lieu, dans laquelle on ne put réparer les lacunes des temps précédents qu'en faisant attester par les anciens, qu'il était en vénération et dévotion immémoriales (1). Quelques années plus tard, en 1670, M. d'Hocquincourt, évêque de Verdun, voyant cette chapelle ainsi devenue illustre, l'érigea en cure régulière, c'est-à-dire à desservir par des réguliers, qui furent naturellement les Prémontrés de l'Étanche : on la rebâtit vers 1700 ; et des personnes pieuses firent des legs pour y entretenir, en permanence, trois, puis quatre religieux : mais il survint une contestation qui faillit avoir des suites fâcheuses. L'Étanche était en pays lorrain, depuis la cession faite par Psaulme de la prévôté d'Hatton-Châtel au duc Charles III, tandis que Benoîte-Vaux, de l'évêché de Verdun, en sa prévôté de Tilly, appartenait à la France par le traité de Münster : or il pouvait arriver tels cas et circonstances où, par suite de la dépendance du prieuré, la souveraineté du roi n'eût pas été franche en ce coin de terre, préjudiciablement à l'axiome des vieux légistes, que la couronne de France est parfaitement ronde. Il semble qu'on aurait pu, sans inconvénient, fermer les yeux sur une si imperceptible échancrure ; mais c'était un moyen, non à dédaigner,

---

(1) « Beaucoup de personnes sages, vertueuses et bien qualifiées, anciennes des bourgs, villages, châteaux et villes circonvoisines, nous assurent et déposent par serment qu'elles ont toujours veu practiquer ces dévotions et pélerinages, et ont appris de leurs pères et ayeuls que, de leur temps et de celui de leurs ancestres, mesme de tout temps, cela se pratiquoit, non-seulement par simples gens et idiots, mais par personnes graves et sages, par les nobles, mesme par les princes. » Hist. de Benoîte-Vaux, 1644, pag. 17.

de vexer la Lorraine : en conséquence, on fit, en 1714 et 1717, décider et redécider, par les Chapitres généraux de Prémontré, qu'à l'avenir Benoîte-Vaux serait communauté distincte et indépendante de l'Etanche. Celle-ci se trouva lésée, réclama, et appela soit à Rome, soit au conseil du duc Léopold : et un grand procès allait surgir, quand intervint la sagesse de vénérable frère Honoré Luc de Muin, abbé général de Prémontré, par lequel fut étouffée l'affaire, sans frais et sans bruit. Usant de son droit d'interpréter les décisions des Chapitres, il trouva, en examinant, que celle dont on se plaignait n'avait pas été précédée et accompagnée de toutes les formes rigoureusement canoniques; et il en suspendit l'exécution, jusqu'à plus ample informé (1). Les choses restèrent ainsi jusqu'à la réunion de la Lorraine à la France, qui ôta tout objet à la querelle; enfin vint la Révolution, où disparurent à la fois la maison mère et sa fille. La statue miraculeuse fut brisée vers la fin de 1793 : mais la chapelle subsista; le pèlerinage rentra dans les coutumes des générations nouvelles; et la piété de nos évêques modernes a travaillé, depuis 1842 environ, à ériger à Benoîte-Vaux la maison de clercs réguliers qu'on y voit aujourd'hui, à la place de l'ancien prieuré.

La suite des fondations du XIIe siècle nous amène aux Templiers et aux Hospitaliers. C'étaient des Ordres militaires, qui se battaient bien, mais écrivaient mal : de sorte

(1) Arrêt de la cour souveraine de Lorraine, assignant les parties à être ouïes, au sujet de la séparation entre Benoîte-Vaux et l'Etanche, ordonnée au Chapitre de Prémontré, tenu à Bucilly, diocèse de Laon, au mois d'avril de cette présente année 1714. Dans Hugo, Annal. Præmonstrat. tom. II. Preuves, p. 516. Hugo, qui était contemporain, dit : *Membrum illud* (Benoîte-Vaux, membre de l'Etanche) *in ecclesiam filialem et separatam subvectum est, decreto Capituli generalis anni 1717, instigante regni Franciæ cancellario, domino d'Aguesseau. Sed obstiterunt, nomine regii Lotharingiæ ducis, abbates Lotharingiæ : et, ipso abbate Stagni* (l'Etanche) *agente, ad Romanam curiam conquesti sunt : quibus à Clemente XI directum est rescriptum quo rei totius examen et judicium Apostolica Sedes sibi reservabat. Re adhuc intactâ, reverendissimus generalis Honoratus Lucas, visitationem obiens in partibus Lotharingiæ, colloquium habuit cum duce regio, cui inducias spopondit, et sancti executionem suâ suspendit auctoritate, uti decretorum Capituli interpres.*

qu'il reste de grandes lacunes dans leur histoire, surtout pour les établissements du Temple, anéanti dès 1310, par une catastrophe tragique. Les Templiers de notre pays relevaient du grand prieuré de Champagne, dont la maison prieurale était Voulaines-le-Temple, au diocèse de Langres, aujourd'hui du département de la Côte-d'Or. Ces maisons prieurales étaient les chefs-lieux de l'Ordre, dont les prieurs étaient les grands dignitaires, celui de Champagne, trésorier et garde des sceaux : ils n'avaient au-dessus d'eux que le maître général, appelé en latin *magister militiæ Templi;* et l'Ordre se divisait en langues, c'est-à-dire en pays parlant le même langage, chaque langue ayant son grand prieur, quelques-unes même, comme celle de France, partagées en deux prieurés, dont l'un était celui de Champagne. Après les prieurs venaient hiérarchiquement les précepteurs, ou maîtres particuliers, dont les résidences s'appelaient préceptoreries, ou maisons préceptoriales : on trouve quelquefois le grand maître qualifié de *summus præceptor;* enfin, au dernier rang, les commenderies, ou administrations confiées, *commendatæ,* dont les dépendances étaient dites membres. Dans les commenderies ne résidaient que quelques chevaliers et frères servants, pour l'administration du domaine; leurs églises n'étaient que chapelles, indépendantes toutefois, et desservies par des aumôniers de l'Ordre : mais les maisons prieurales et les préceptoreries avaient un nombreux personnel de chevaliers, de chapelains et de servants. Là se retiraient les vieillards, et les estropiés des combats du Grand-Orient : on y recevait des novices; on y faisait l'office du jour et de la nuit, les clercs, soumis à un ancien prêtre, appelé quelquefois prieur, et tous à un chevalier, qui était le maître, ou précepteur. Les Templiers portaient la croix rouge sur manteau blanc; leur célèbre étendard, Beaucéan, était mi-partie blanc et noir, avec ces mots : *Non nobis, Domine, sed nomini tuo* : tous, sauf les prêtres et les servants, devaient jurer, à leur réception, qu'ils étaient chevaliers;

et l'Ordre entier servait le Grand-Orient, c'est-à-dire les pays des croisades, formant lui-même une croisade perpétuelle. Cette fameuse chevalerie subsista un peu moins de deux siècles, depuis sa fondation en Palestine, l'an 1118, par un gentilhomme du sang des comtes de Champagne, Hugues de Pains, en latin *de Paganis,* ainsi nommé de sa terre, entre Méry-sur-Seine et Troyes : les huit chevaliers avec lesquels il créa l'ordre étaient d'anciens compagnons de Godefroy de Bouillon : et il y eut 22 grands-maîtres, depuis Hugues, mort en 1136, jusqu'à Jacques de Molay, que fit brûler Philippe le Bel, en 1314. Le Temple se rattachait aux Bernardins, en ce que sa règle, composée de 72 articles, avait été écrite sous les yeux, et avec l'approbation de saint Bernard : de là les mots de la formule de profession : *secundùm statuta sancti patris nostri Bernardi, dante Deo et sanctis ejus.* La lettre suivante, du précepteur de Lorraine, donnera quelque idée des conditions d'une réception :

« Nos freires Martins, maistres des maisons dou Temple en la baillie de Lorreine, faisons savoir que nos avons regardei l'aumône-que Warniers de Bruncincourt a fait à nostre maison de Marbotte de son héritaige, ainsi comme il est contenu en la lettre l'official de Toul. Et nos, par lou conseil de nos freires, avons donnei et ottroiei audit Warnier, clerc, lou pain et l'iaue (l'eau) et la table des freires, et vesture, et chaussure soffesant, en teil manière que lidit Garnier servira comme clerc au Temple. Et, se il avenoit que lidit Garnier clerc feist aucuns forfait, li freires esgarderoient sa faille, et lou jugeroient ainsi comme ils feroient d'un freire dou Temple. En tesmongnaige des choses dessusdites, nos devant dit freires Martins avons donnei au devant dit Garnier clerc ceste lettre, qui fut faite quant li miliares nostre Seignor couroit par MCC sexante et quatorze ans (1274), on mois de décembre. — Fragment de sceau, à croix pattée. »

L'établissement des Templiers en l'évêché de Verdun, devait être un de leurs plus anciens : car il remontait au temps d'Albéron de Chiny, vers 1140, les premières maisons d'Occident n'ayant été fondées que vers 1130, au diocèse de Troyes, par Hugues de Pains lui-même. Pour première difficulté sur notre Temple, il se rencontre que Laurent de Liége n'a pas même nommé le lieu où il fut érigé : il se borne à dire que c'était aux environs d'Hatton-Châtel ; et il ajoute qu'au moment où il terminait sa chronique, en 1144, on fondait encore d'autres maisons (1). Nous croyons que ce premier Temple, voisin d'Hatton-Châtel, était à Avillers, et que, si Laurent n'en a pas dit le nom, c'est que ce lieu, fort petit d'ailleurs, n'en avait pas de propre : car Villers est un nom commun, signifiant ferme champêtre ; et de là vient encore qu'aujourd'hui nous ne disons jamais Villers, sans ajouter quelque autre dénomination qui particularise le mot, comme Villers-aux-Vents, Villers-le-Sec, Villers-les-Moines, Villers-lez-Mangiennes, aux Corneilles, aux Bois, Villers-Cernay, etc. Les autres maisons, en construction du temps de Laurent, furent Doncourt-aux-Templiers, et Marbotte, près Saint-Mihiel (2), qui finirent par être toutes réunies, comme membres d'une seule commenderie, appelée tantôt Marbotte et Doncourt, tantôt Doncourt et Marbotte (3). Pour

Commenderie d'Avilers, Marbotte, Doncourt.

(1) *A militibus quoque Hierosolymitani Templi, xenodochium quoddam, juxtà Hattonis-Castrum constructum est : et adhuc quædam alia fiunt.* Laurent de L. —On voit par ce mot *xenodochium* qu'au temps de Laurent de Liége, le nom d'Hôpital n'était point encore propre aux maisons des chevaliers de Saint-Jean, les deux Ordres se chargeant également d'héberger les pèlerins de Terre-Sainte, et de pourvoir à leur sûreté par les chemins. -- D. Calmet croit que le *xenodochium quoddam* est Doncourt : mais, outre que cet endroit est déjà à une certaine distance d'Hatton-Châtel, Laurent de Liége l'eût appelé par son nom, qui est *Dodonis curtis*, et non *Domini curtis*, comme le suppose D. Calmet. De même Boncourt *Bodonis curtis*, non *Bona curtis*.

(2) Marbotte, le *Marbodi fons* de notre charte des limites, entre Saint-Mihiel et Commercy. Une charte de 1223, de Gobert d'Apremont, porte concession *novellæ domui Templi de Marbottes duas partes decimæ de Huville* (Enville). Il faut entendre ceci d'une concession de dîmes novales : car, en 1223, le Temple de Marbotte ne pouvait être appelé *novella domus :* v. D. de l'Isle, p. 120. Le copiste a sans doute écrit *domui* pour *domûs.* La Chapelle Notre-Dame du Temple de Marbotte, dans un titre de 1290. Ce lieu était de la seigneurie d'Apremont.

(3) Connue chose soit... que le sires Waces d'Avilers, et sa femme, ont acquetei as freires dou Temple la moitiei dou luminaire, qui est de la maison dou Temple d'Avilers, qui muet de Notre-Dame de Verdun... 1243, on mois d'ottembre, jor de feste saint Saintin.

Avillers, le lieu primitif, qui appartenait auparavant à la cathédrale, et que celle-ci abandonna à charge d'un cens pour son luminaire, il arriva, en 1212, que Thibauld Ier, comte de Bar, ayant besoin de cette maison, la demanda et l'obtint en usufruit (1), qui fut continué à ses enfants, après sa mort en 1214 : dès lors Avillers ne fut plus qu'un membre subordonné à Doncourt (2) : les frères du Temple y revinrent cependant, dans la seconde moitié du XIIIᵉ siècle; et ils y gardèrent des droits seigneuriaux ; car l'affranchissement de ce village fut accordé, en 1512, par un commendeur de Doncourt. Rien de bien mémorable n'est connu sur les Templiers de notre pays; et ils ne figurent dans aucun événement de notre histoire. De l'inventaire de leurs archives, transmises avec leurs biens aux Hospitaliers, il résulte que leur commenderie du Verdunois ne se composait que des trois membres que nous venons de nommer, Marbotte, Doncourt et Avillers : la prétendue commenderie de Verdun, dont parlent quelques auteurs, n'était qu'une maison de ville, assez petite, qui fut donnée aux Augustins, après la suppression du Temple, vers 1310.

Les Hospitaliers L'autre ordre militaire était celui de l'Hôpital Saint-Jean de Jérusalem, dont les chevaliers prirent ensuite les noms de Rhodes, puis de Malte. Ils étaient les aînés des Templiers, qui les éclipsèrent longtemps : ils leur survécurent et furent leurs héritiers. Au lieu de l'habit blanc et de la croix rouge du Temple, l'Hospitalier portait croix blanche sur

(1) *Ego Theobaldus, comes Barrensis et Lucelborg... quòd cùm magister et fratres militiæ Templi domum suam de Aviler mihi contulissent, omni tempore vitæ meæ possidendam, ego benignitatem eorum considerans..., bannum etiam de Bureio, quod acquisivi, prædictis fratribus contuli in eleemosynam...* 1212, *mense novembri, in festo beati Martini.*—D. Calmet parle de ce ban de Burey, ou Bury, écart d'Avillers ; mais il ne semble pas savoir qu'il y ait eu des Templiers en ce village.

(2) Il y eut peut-être deux commenderies distinctes à l'époque des Templiers.—En 1382 et 1393, les sujets de Doncourt s'adressent au commendeur de Marbotte pour les cas de formariage et de forfuyance.—En 1429, le seigneur d'Orne reconnaît deux rez froment sur un moulin au commendeur de Doncourt et Marbotte. — En 1680, papier terrier de la commenderie de Marbotte et du membre de Doncourt.

manteau noir : de ces croix, soit du Temple, soit de l'Hôpital, qui ne différaient que par la couleur, et n'étaient elles-mêmes que la croix des croisés, viennent toutes celles que l'on a portées, et que l'on porte encore en décorations. La date d'établissement des deux Ordres en notre pays est à peu près la même : et notre ancienne commenderie Hospitalière, qui était près d'Etain, s'appelle toujours Saint-Jean de Rhodes; mais ce n'est plus qu'une ferme, écart du village de Warcq. On n'a pas l'acte de sa fondation : seulement on sait, par des chartes de 1179 et de 1241, mentionnant formellement le maître et les frères de l'Hôpital Saint-Jean, au territoire de Warcq (1), que l'Ordre la possédait dès le XIIe siècle, et qu'ainsi elle ne lui vint pas des dépouilles de ses rivaux. Plusieurs terres de cette maison sont encore reconnaissables à la dénomination de « lieudit l'Hôpitaul; » et, chez nous comme ailleurs, « les Rhodiens, » au sujet desquels quelques antiquaires ont été induits en conjectures d'érudition bizarre, ne sont autres que les sujets de Saint-Jean de Rhodes. Quand les Hospitaliers eurent recueilli les épaves des Templiers de Marbotte et de Doncourt, ils ne les réunirent pas à leur ancienne commenderie, dont la position était sans doute déjà fixée dans l'Ordre, comme membre de Gelucourt, en Lorraine, près Dieuze, du grand prieuré de Champagne, langue de France (2). A cause de Saint-Urbain du Pavé, qui dépendait

Saint-Jean-de-
Rhodes, lez Etain

(1) Dans la charte de 1179, l'évêque Arnoul de Chiny authentique une donation faite *domino et fratribus ecclesiæ Sancti-Johannis de Hospitali, in territorio de Warc*. L'acte de 1241 contient accord au sujet des dîmes, entre « les freires l'opitaul de Warc, lou Chapitle de la grant église de Verdun (seigneur de Warcq), et lou propatre » (propre prêtre, c'est-à-dire le curé). Sceaux du princier Girard de Sarnay, et de « freire Esteule, mâtre des maisons de l'opitaul qui sont en Loherainne. »

(2) Ascensement du 28 novembre 1466, par devant l'official de Verdun, « fait par religieuse personne, frère Didier Grognet, religieux de la sainte maison de Saint-Jean de Jérusalem, commandeur de Gelaucourt et de Saint-Urbain de Verdun, pour lui et ses successeurs commandeurs en icelle commanderie de Verdun..., d'une maison séante en la cité de Verdun, en la rue du Tournant, près la porte de ladite rue..., lesdites lettres, confirmées et approuvées par noble, puissante et religieuse personne, frère Gérard du Heus, prieur de Champagne. »

de Saint-Jean de Rhodes-lez-Etain, on trouve, en quelques actes, le commendeur de Gelucourt qualifié commendeur de Verdun : et ce fut à ce titre qu'il intervint dans la cession, dont nous avons parlé ailleurs (1), du trescent Saint-Urbain au Chapitre, vers le milieu du XVIᵉ siècle; mais ni Malte, ni le Temple, n'eurent jamais à Verdun d'autres demeures que de simples maisons de ville, dont parlent encore les documents du siècle dernier (2). Un papier terrier de Gelucourt, en 1751, mentionne, comme appartenant à la commenderie, la justice haute, moyenne et basse de Saint-Jean-lez-Etain, où il y a, dit-il, chapelle seigneuriale, avec maison et dépendances, pour l'admodiateur. Ce commendeur nommait à la cure de Heippes, qui était de l'Ordre de Malte, en vertu d'un titre de 1183, portant donation par Raoul de Clermont *alodii sui de Hepies fratribus Hospitalis Jherosolimitani* : et il y avait, près de Heippes, un petit prieuré de Flabas, au sujet duquel soutint procès, en 1712 et années suivantes, contre l'abbé de Saint-Bénigne de Dijon, tout le grand prieuré de Champagne (3). Comme renseignement assez curieux, nous citerons de ces procédures la déposition « du sieur l'Escamoussier, maître en la chambre des comptes de Bar, déclarant et attestant avoir entendu dire par son père et prédécesseur que ledit prieuré de Flabas, ainsi que ceux de Silmont, Rupt-aux-Nonains, et Auzécourt en Barrois, avaient été mis à la collation de

(marginal note:) Heippes, et prieuré de Flabas.

(1) Ci-dessus, tom. I. p. 518.

(2) Litige, en 1712, entre le curé de Saint-Sauveur Etienne Jeannot et le commandeur de Doncourt, au sujet de la maison de ladite commanderie, près le presbytère Saint-Sauveur. — Au Registre de la Ville, 10 mars 1736, mention d'un sieur Louis Dordelu, procureur fiscal de la commanderie de Malte, demeurant dans l'Hôtel de Malte de Verdun.

(3) En appel, à la seconde chambre des enquêtes du parlement de Paris, en 1715, entre frère Jean Guillaume, religieux chapelain de l'Ordre de Malte, curé de Heippes, frère Edme Jurain, commandeur de Gilaucourt, intervenant, et vénérable frère messire Ferdinand de Ricard, receveur et procureur général du commun trésor dudit Ordre, au grand prieuré de Champagne, intervenant et appelant comme d'abus, d'une part, et maître Antoine Morison, chanoine de Saint-Pierre de Bar, nommé audit prieuré par l'abbé de Saint-Bénigne de Dijon, d'autre part.

Philippe, duc de Bourgogne, par le duc d'Anjou, duc de Bar, lorsqu'il était arrêté prisonnier au château de Dijon ; et que le duc Philippe avait cédé ces collations à l'abbé de Saint-Bénigne. » — On voit encore près de Gelucourt, Gilocourt, ou Geloncourt, canton de Dieuze (Meurthe), la petite chapelle, en ruines, de la commenderie dont furent membres, ou granges, nos maisons de l'Hôpital (1) : mais nos anciens Temples, bien que devenus aussi propriétés de l'Ordre de Malte, eurent, jusqu'à la Révolution, leur commendeur particulier de Marbotte et Doncourt (2). — Comme curiosité d'artillerie ancienne, on voit, au musée de Paris, un vieux canon de gros calibre, en fer forgé, provenant, dit le livret, de la commenderie de Harville, près Verdun. Il n'y eut jamais de commenderie de ce nom ; et la pièce, bien que peut-être trouvée à Harville, devait provenir de Doncourt, au temps des Hospitaliers ; car jamais les Templiers ne tirèrent le canon. C'est un des plus anciens échantillons qui restent de l'artillerie de notre pays (3).

(1) La Notice manuscrite du diocèse de Verdun, rédigée vers 1665, mentionne, sans distinction d'origine, cinq commenderies, ou membres, à la provision du grand maître de Saint-Jean de Jérusalem : 1° Doncourt-aux-Templiers, qui a pour membre 2° Marbotte, 3° La Warge, 4° Saint-Jean-lez-Etain, 5° Saint-Urbain, au faubourg du Pavé de Verdun. M. Digot, dans sa Notice sur les établissements du Temple en Lorraine (Congrès de Metz, 1846, p. 239), compte 1° Verdun. 2° Saint-Jean de Rhodes-lez-Etain. 3° La Warge. 4° Doncourt. 5° Hatton-Châtel. 6° Marbotte. De cette liste, il faut retrancher d'abord Verdun, où il n'y avait, comme nous l'avons dit, qu'une maison de ville, ensuite Hatton-Châtel, en place duquel il faudrait mettre Avillers, (Laurent de Liége a dit seulement *juxtà Hattonis Castrum)* ; enfin Saint-Jean, près Etain, et la Warge, simple grange, qui appartinrent toujours aux Hospitaliers. — Le P. Benoit, Hist. de Toul, p. 94, et D. de l'Isle, Hist. de St-Mihiel, p. 156, parlent, d'après une charte de 1284, d'une maison de Templiers, sous le titre de Saint-Evre, à Dagonville en Barrois. Elle ne se rattachait pas à notre commenderie de Doncourt et Marbotte.

(2) En 1786, le procès-verbal de la réformation de la Coutume d'Hatton-Châtel mentionne frère J. B. de Circourt, de l'Ordre de Malte, nommé à la commenderie de Marbotte et Doncourt, comparant par M⁰ Sirjean, procureur.

(3) Livret du musée d'artillerie de Paris, n° 2609, pag. 134, édit. 1835. Longueur environ 4 mètres, épaisseur considérable : en fer battu, formée de quatre morceaux solidement attachés, et allant d'un bout à l'autre, sur

Les premiers
hôpitaux.

Cette dénomination d'Hospitaliers, titre primitif, et nom officiel des célèbres chevaliers de Rhodes et de Malte, leur venait de leurs humbles commencements, comme frères servants de Saint-Jean de Jérusalem et des autres hôpitaux de la Terre-Sainte : et ils ne s'étaient armés que successivement, et par occasion, pour la défense des pèlerins sur les routes de ce pays dangereux. Comme il est presque impossible, dans les hospitalités, de se passer de la main douce et de l'œil attentif des femmes, l'Ordre eut, dès l'origine, ses sœurs converses : et son organisation était, sauf la chevalerie, celle à peu près de tous les hôpitaux d'Europe au moyen-âge (1). Il n'existait alors aucune grande congrégation, ni de religieux, ni de religieuses, spécialement vouée au service des pauvres malades : chaque hôpital avait, sous l'inspection de l'évêque, son maître et ses frères particuliers, ordinairement aidés de quelques sœurs. Cette administration par un maître et des frères, et cette indépendance des établissements les uns des autres, venaient sans doute de ce qu'à l'origine, la plupart des hôpitaux avaient été les Hospitalités des moines, que

toute la longueur. Poids, 2338 kilo. Ouverte par les deux bouts : la culasse mobile est perdue. On chargeait sans doute par le fond : puis on plaçait la culasse mobile, percée d'un petit trou, pour mettre le feu.

(1) Mention de converses de Saint-Paul et de l'Etanche, ci-dessus, p. 227. et 246. — *Et, si prædictus Radulfus, et uxor ejus, præbendam dictæ domûs de Marbottes habere voluerint, prædicti fratres ipsos in fratrem et sororem recipere tenebuntur... Actum anno Domini* 1216. Charte du Temple de Marbotte. — Le Chapitre, lorsqu'il vivait en commun au cloître, dut avoir aussi son aumônerie, dont la maison subsistait encore en 1480 ; car le Registre porte, au 7 avril de cette année, ordre de visiter la maison de l'aumônerie, près la porte à Châtel ; mais, depuis longtemps déjà, le revenu n'en servait plus qu'au Mandat des pauvres, en carême ; et on s'était déchargé du reste sur les hôpitaux. C'est probablement à cette ancienne aumônerie que se rattachaient les sœurs, dites quelquefois au Nécrologe, chanoinesses de la cathédrale. *IX kal. maii, obiit Geila, soror nostri collegii, quæ dedit nobis alodium apud Arcus. — Pridiè nonas maii, obiit Helena, soror nostra, quæ dedit nobis domum juxtà Braciolum. — XVII kal. novembris, obiit Alaïdis, canonica Sanctæ Mariæ, quæ dedit nobis, cum viro suo Sigardo, alodium de Grimineis, cum servis et ancillis.* Ces sœurs remplaçaient les anciennes diaconesses, dont une des dernières fut Ermegonde, sœur d'Adalgise, au VIIᵉ siècle. Ci-dessus, tom. I. p. 159.

chaque abbaye faisait administrer par ses religieux ou ses convers : et c'est probablement pour la même raison qu'il se trouve quelques mentions de sœurs converses dans les chartes de nos monastères. On ignore la date précise de la première de nos maisons de charité, remontant, dit-on, à saint Airy, au VIᵉ siècle : les vers de Fortunat, que nous avons rapportés dans l'histoire de ce saint évêque, et la tradition d'après laquelle le terrain de notre hospice Sainte-Catherine aurait été une dépendance de sa maison paternelle, favorisent cette conjecture; mais il n'existe aucun document positif à ce sujet. Dans ces anciens temps, la ville étant petite, et tous les citoyens se connaissant, personne ne pouvait être entièrement abandonné. Les premiers hôpitaux dont il soit fait mention formelle sont ceux que durent créer, et que créèrent en effet, Saint-Vanne et Saint-Paul, conformément à leurs chartes de fondation, dans la seconde moitié du Xᵉ siècle. A la fin du XIᵉ paraît, en mention incidente, « la maison des infirmes, près Saint-Sauveur »; c'est notre Sainte-Catherine actuelle : et la charte de 1093, qui en parle ainsi, la suppose déjà existante, et bien connue. Cinquante ans plus tard, Constance et Effice, ces bienfaiteurs publics dont nous avons déjà parlé, fondèrent Saint-Nicolas de Gravière; mais, vers le même temps, disparut l'Hospitalité de Saint-Paul; puis on retrouve, peu après, en un autre quartier, le petit hôpital Saint-Jacques de Rue. Cette maison, avec l'aumônerie de Saint-Vanne, et les deux grands hôpitaux de Gravière et de Saint-Sauveur, sont les quatre aumôneries de Verdun, si fréquemment mentionnées dans les testaments des gens du moyen-âge, «pour aidier, disent-ils, au gouvernement et substentation des pauvres, qui communément se hébergent ès hospitalz dessusdicts (1349). » Nous allons dire un mot de chacun de ces établissements.

L'aumônerie Saint-Vanne fut fondée avec le monastère, en 952, rebâtie à neuf, une première fois par l'abbé Louis, au commencement du XIIIᵉ siècle, une seconde fois par

Aumônerie
Saint-Vanne.

l'abbé Etienne Bourgeois, vers 1430, enfin transformée en bâtiment militaire, par Marillac. Nous en avons parlé, tom. I. p. 320 et 501. C'était l'hôpital du bourg Saint-Vanne : et elle exista aussi longtemps que lui.

Hospitalité Saint-Paul. L'Hospitalité Saint-Paul, fondée également avec ce monastère, vers 975 (tom. I. p. 347). Une lettre aigre-douce du métropolitain Adalbéron de Montreuil à notre évêque Albéron de Chiny nous apprend que les Prémontrés, dès leur entrée à Saint-Paul, et peut-être à cause des dettes qu'ils y trouvèrent, engagèrent le moulin de cette aumônerie (1) : on tâcha de le récupérer ; on parla de cette affaire à Eugène III, quand il passa à Verdun ; on obtint contre les usurpateurs de ce bien et des autres plusieurs sentences ecclésiastiques et civiles, qui n'empêchèrent pas l'aumônerie d'être ruinée au point qu'une bulle de Clément III, en 1190, la représente comme à peu près anéantie (2). Il n'en est plus guère parlé depuis cette date, bien qu'on trouve toujours dans l'abbaye un religieux en titre d'aumônier. Il est vraisemblable que le « champ à la porte de la ville, » attribué à cet hôpital par les chartes de fondation, fut

(1) *Albero, Dei gratiâ Trevirensis humilis minister et servus, Alberoni Virdunensi, recta sapere, et novissima providere. Miramur super prudentiâ vestrâ, quomodò molendinum Sancti-Pauli, quod ad eleemosynam pauperum pertinet, Lamberto infeodari passus fueritis, et à sustentatione pauperum tanto tempore alienatum esse tuleritis. Rogamus itaque dilectionem vestram, et fraternè commonemus, quatenùs fratri Theoderico, abbati ejusdem ecclesiæ et fratribus ejus, prædictum molendinum amodò infeodare omninò prohibeatis, et quod ad usus pauperum ordinavit ecclesia, necessitatibus pauperum removeri nullatenùs sustineatis.* Sans date, au cartul. de Saint-Paul, p. 81. Cette lettre fit effet ; car on trouve, au même cartulaire, p. 89, une longue sentence d'Albéron, dans le préambule de laquelle il est dit que le pape Eugène III, après avoir excommunié en général les usurpateurs, renvoya l'affaire au métropolitain, dont le jugement, prononcé à Metz, fut que le moulin serait rendu à Saint-Paul, moyennant paiement de 30 livres châlonnaises aux détenteurs. C'était sans doute le prix de l'engagement.

(2) *Clemens, etc. dilectis filiis W. abbati, et conventui Sancti-Pauli Virdunensis. Ad audientiam Apostolatûs nostri pervenit quòd, cùm in monasterio vestro pauperes et hospites charitatis consucverint solatium invenire, adeò detestanda perversitas guerrarum et raptorum violentia vos oppressit quòd, cum multis sitis creditoribus obligati, pauperibus et hospitibus non potestis consueta charitatis subsidia elargiri.... Datum Laterani, tertio kalendas martii, pontificatûs nostri anno secundo.* Cartul. Saint-Paul, p. 51.

donné à Constance, lorsque celui-ci construisit Saint-Nicolas de Gravière, à cet endroit même; et Saint-Paul se déchargea ainsi de son Hospitalité.

Sainte-Catherine est « la maison des infirmes, près Ste-Catherine. Saint-Sauveur, » dont parle la charte d'érection de la paroisse en 1093, sans nous dire depuis combien de temps existait là cette maison, qui, à cause du voisinage de l'église paroissiale, s'appela longtemps Maison-Dieu Saint-Sauveur. Nous avons cité, p. 140, la charte de 1093, et expliqué, tom. I. p. 471, comment s'introduisit, dans le cours du XIVe siècle, la dénomination de Sainte-Catherine. Cet hôpital, s'accroissant avec la population de la ville basse, obtint, en 1238, de l'évêque Raoul de Torote, un chapelain, à droits curiaux (1); et nous lisons, dans une information de 1307, par l'évêque Nicole de Neuville, qu'il fut alors prouvé, par témoins, que les chapelles avaient été bénites par Jean II d'Apremont (2). L'architecture de

(1) *R. Dei gratiâ Virdunensis episcopus... Pauperibus et fratribus hospitalis Sancti-Salvatoris in Virduno, de consensu venerabilis viri J. primicerii Virdunensis* (archidiacre de la Ville), *N. et J. ejusdem parochiæ plebanorum* (les deux curés portionnaires de Saint-Sauveur : v. ci-dessus, p. 141), *proprium concessimus habere sacerdotem, qui ibidem divinum celebret officium, et ipsis pauperibus et conversis* (les frères hospitaliers étaient simples convers) *ecclesiastica ministret sacramenta, et eorumdem habeat curam animarum. Idem autem sacerdos à fratribus eligetur, ab episcopo Virdunensi curam animarum recepturus. Missæ verò ipsius hospitalis manè, antequàm parochiales missæ Sancti-Salvatoris celebrentur, vel post ipsas, in ipso celebrentur. Nullam autem campanam in ipso hospitali licebit habere, nisi solam campanulam intrà domum, ad ipsius fratres convocandos. Statuimus etiàm mortuos hospitalis, à sacerdote hospitalis in prædictæ parochiæ cimiterio tumulandos. Adjicimus etiàm quòd in obventionibus altaris nichil percipiet sacerdos hospitalis, sed totum in usum sive pitantiam pauperum hospitalis convertetur. Datum Virduni, anno Domini* M. CC. XXX. VIII. *mense novembri.*

(2) *Nicolaus, Dei gratiâ Virdunensis episcopus... Ortâ nuper discordiâ inter dominos Jacobum et Johannem, sacerdotes et curam gerentes ecclesiæ Sancti-Salvatoris ex unâ parte, ac viros religiosos magistrum et fratres domûs Dei Sancti-Salvatoris, ex alterâ, super eo quòd dicti sacerdotes contendebant capellas dictæ domûs non esse consecratas seu benedictas, adeò quòd non poterant dicti fratres nec debebant ibidem defunctorum cadavera sepelire... Nos informavimus de benedictione capellarum prædictarum, et reperimus, fide dignorum attestationibus, eas, per bonæ memoriæ dominum Johannem, Virdunensem episcopum, prædecessorem nostrum, more solito fuisse benedictas... Actum et datum anno Domini* MCCC *septimo, feriâ quintâ post festum beati Martini, mensis novembris.*

l'église se rapporte en effet à ce temps; elle est de la fin du XIIIᵉ siècle, ou du commencement du XIVᵉ : mais l'édifice demeura inachevé, et l'est encore aujourd'hui. L'hôpital général fut établi à Sainte-Catherine en 1570, où nous reparlerons de cette maison.

Saint-Nicolas de Gravière.

Saint-Nicolas du Pont à Gravière dut son origine, vers 1150, à Constance et à Effice, après qu'ils eurent terminé leur grand pont de la Meuse (pag. 230), que nous appelons aujourd'hui de la Chaussée, et que le voisinage de l'hôpital fit d'abord nommer Dame-Deie, ou de la Maison-Dieu, *domûs Dei*. Le titre de cette fondation doit être postérieur à 1145 : car Laurent de Liége ne parle que d'une manière générale des dotations d'hôpitaux par Constance et Effice (1). Saint-Nicolas était le principal de nos anciens établissements de bienfaisance; la maison de Saint-Sauveur s'y affilia, par acte du 11 mai 1213; son église était terminée dès 1231 (tom. I. p. 490); et, vers la même époque, une loi canonique étant intervenue pour obliger les communautés qui se prétendaient sous des règles particulières, à faire choix d'une de celles déjà reconnues et approuvées par l'église, ce fut Saint-Nicolas qui reçut, en 1248, le bref d'Innocent IV, constituant nos frères hospitaliers sous la règle de saint Augustin, la même qu'avaient choisie les chevaliers de l'Hôpital (2). Cette maison avait un sceau (3); et ses documents parlent de nobles seigneurs qui s'engagèrent parmi les frères : ainsi, en 1211, Conon de Regné-

(1) *Xenodochia pauperum, addictis redditibus, ædificavit.* Laurent de L.

(2) *Innocentius, etc., dilecto filio electo Virdunensi, etc... Cùm itaque dilecti filii magister et fratres hospitalis de Ponte Gravariæ Virdunensis, Conditori, perennis obtentu præmii, sub beati Augustini regulâ elegerint famulari, nos eorum supplicationibus annuentes, discretioni tuæ per apostolica scripta mandamus quatenus eisdem regulam ipsam observandam ab eis, perpetuis futuris temporibus, concedas, si videris expedire. Datum Lugduni, decimo kal. julii, pontificatûs nostri anno quinto.* Cartul. cathéd. p. 168.

(3) Nous li mastre et li freire de la maison Deu dou Pont à Gravière de Verdun, faisons savoir, etc... Et, pour que cen soit ferme chose et estauble, avons nous mis notre propre seeil de ladite maison Deu en ces présentes lettres, et si avons priei à l'officiau de la cour de Verdun qu'il mette lou seeil de la cour avec le nostre en ces lettres. Formule ordinaire.

ville, et sa femme Alice, qui devint servante des malades, et, en 1213, Liétard de Watronville, qui choisit, dit la charte, de vivre humble et pauvre, en la maison Dieu du Pont à Gravière, et y aumôna, à perpétuité, deux rez froment de rente annuelle. En 1570 prit fin cet hôpital, dans les bâtiments duquel on installa le collége, avec attribution aux Pères Jésuites de tous les biens de l'ancienne maison hospitalière, tant à la ville qu'à la campagne : et on indemnisa les pauvres par des arrangements qui ouvrent la période moderne de nos établissements de charité.

L'Aumônerie Saint-Jacques, pour les quartiers de Rue et de l'ancien Mesnil, était la plus pauvre de toutes en revenus, et aussi en documents : de sorte qu'on n'en connaît guère que le nom. On lit, au Registre de la Ville, 4 septembre 1590, que l'abbé et les religieux de Châtillon, « étant forcés par la misère des guerres de se réfugier en la cité, monseigneur les a accommodés d'une petite église et chapelle de l'hôpital Saint-Jacques, avec quelques vieilles maisons joignantes : pour lesquelles rebâtir, et afin que la chose soit plus sûre, ils demandent le consentement de la cité, » qui le leur accorda volontiers, les biens de Saint-Jacques ayant précédemment été réunis à l'hôpital général, que l'on créa après la fondation du Collége. Il est probable que, depuis ce temps, les bâtiments de la petite aumônerie étaient négligés et considérés comme d'entretien inutile (1).

Aumônerie Saint-Jacques.

Pour terminer l'histoire de nos anciens hôpitaux, nous remarquerons que, dans le cours du siècle quinzième, la décadence se mit chez les frères hospitaliers, comme en la plupart des maisons religieuses. Voici un trait propre à

(1) L'acte du conseil de l'évêché, du 25 mai 1590, porte donation à l'abbé et aux religieux de Châtillon, réfugiés en ville, à cause des guerres « de l'hospital ou chapelle Saint-Jacques, pour eux y continuer le saint service divin : ladite donation à charge d'une redevance annuelle de douze gros barrois envers notre abbaye Saint-Vanne, et dix blancs envers nos chers et amés les Trésorier et chanoines de Sainte Croix. » Ces cens indiquent peut-être Saint-Vanne et Saint-Maur comme fondateurs ou bienfaiteurs de l'établissement supprimé.

Décadence
des anciens
hôpitaux.

donner une idée des pertes que causa la mauvaise gestion de ces temps. Environ l'an 1496, le maître du Pont à Gravière manda deux ou trois frères, en résidence au domaine de Thil, (acquis vers 1216), pour rendre compte de certaines malversations dont on les accusait. Ils s'en sentaient probablement coupables : car, au lieu d'obéir, ils se mirent sous la protection de Robert de la Marck, seigneur de Sedan et de Jametz, leur voisin, homme si violent et si redouté de tout le pays qu'on l'appelait ordinairement Robert le Diable. Ils lui engagèrent la cense de Thil pour la somme de 700 petits florins, pouvant valoir, dit le mémoire où nous lisons ces choses, environ vingt sols pièce : et, bien qu'un tel engagement fût de toute nullité, comme fait par des religieux particuliers, réfractaires à leurs supérieurs, et sans aucune procuration d'eux, Robert de la Marck ne laissa pas de s'emparer de ce bien, et de l'annexer à sa terre et seigneurie de Jametz, qui n'en était éloignée que de trois lieues. En vain les évêques Psaulme et Bousmard réclamèrent dans la suite; en vain les Pères Jésuites du Collége, successeurs des Hospitaliers, entamèrent et recommencèrent des procès, qui duraient encore en 1657, les ducs de Lorraine, maîtres de Jametz, depuis le siége de 1589, n'accordèrent que des dédommagements insignifiants, et seulement par égard pour les Jésuites : de sorte que cette terre entra dans les possessions du prince de Condé, lorsqu'on lui érigea un apanage sur les territoires pris par la France aux Lorrains (1).

Nos communautés de frères hospitaliers, affaiblies par de telles malversations et d'autres abus, s'éteignirent dans

(1) Plus de détails dans l'Eclaircissement du droit que les Pères Jésuites du Collége de Verdun ont en la cense de Thil, usurpée autrefois par un seigneur de Jametz sur l'hospital de ladite ville de Verdun. Contre messire Charles de Saint-Quentin Manimont, gouverneur de Jametz, lequel s'est emparé du revenu de ladite cense, au préjudice des arrêts du conseil privé du roi et du parlement de Metz. En laquelle instance sont intervenus messieurs les officiers du bailliage royal de Verdun, pour la conservation de leur jurisdiction, pareillement usurpée par les seigneurs dudit Jametz. 1657. » — Cette cense de Thil avait des droits seigneuriaux.

la première moité du xvie siècle. Quand il n'y eut plus en chacune d'elles que peu de membres, gens sans ordre ni régularité, elles se transformèrent en sociétés de gouverneurs et procureurs à gages, administrant aux frais des pauvres, et vivant du plus clair de leurs biens. Dans un document dont nous reparlerons à l'an 1558, on trouve l'état annuel des sommes, alors payées, soit en blé, soit en argent, au maître de chaque hôpital : à Saint-Jacques, la moitié du revenu passait ainsi au gouverneur; ce qui n'empêchait pas qu'il ne fût moins bien renté que ses confrères des maisons plus riches de Gravière et de Sainte-Catherine. L'évêché, encore plus mal géré au bénéfice des cardinaux et princes de Lorraine, qui ne résidaient pas, laissait ce désordre, et beaucoup d'autres. Dans un pareil état de choses, il n'est pas étonnant que Psaulme, lorsqu'il entreprit sa réforme, ait eu à déplorer « le refroidissement de charité de plusieurs à faire biens et aulmosnes aux hospitaulx, à cause, par adventure, qu'ils estimoient les biens et revenus d'iceulx n'estre employés aux usages pieux. »

Outre les hôpitaux, il y avait des maladreries, ou léproseries, indépendantes d'eux et administrées autrement. Dès l'an 634, il est fait mention, au testament d'Adalgise (1), des lépreux de Verdun, de Metz et de Maestricht : en conséquence, on se trompe, quand on impute aux Croisades l'importation de cette horrible maladie; mais elles la ranimèrent; et la lèpre devint alors un vrai fléau épidémique. La recrudescence est visible dès la première moitié du xiie siècle. Laurent de Liége parle des « lazares, » nombreux, dit-il, et hideux à voir, *(quantos lazaros cæteris abhorrendos)*, qui trouvaient dans la charitable maison de Constance et d'Effice, secours, vêtements et bains : et le doyen Guillaume, dont la belle bibliothèque faisait l'admiration de notre chroniqueur, est cité au Nécrologe, pour

Léproseries.

(1) Ci-dessus, tom. i. p. 159.

Les
Grands-Malades.

un legs qu'il fit aux lépreux (1). Entre 1150 et 1185, furent fondés les Grands-Malades, à l'endroit à peu près où est notre cimetière : leur enclos, avec chapelle du titre de Saint-Jean, cloitre entouré de cellules, et vaste jardin, n'était point un triste séjour : et, grâce aux prébendes constituées par les familles, ou par les malades eux-mêmes, à leur entrée, cette maison devint, sinon riche, du moins aisée et supportable (2) ; mais elle ne s'ouvrait qu'à l'aristocratie des ladres : et les pauvres Petits-Malades, abandonnés à la charité publique, n'avaient que des abris chétifs, d'abord dans des cabanes aux Woaies, puis à la maison de Saint-Privat, entre Verdun et Haudainville. Quant aux lépreux étrangers, on les tolérait encore, en 1220, comme mendiants publics, à la porte de la ville, devant St-Airy (3).

Séquestration
des lépreux.

Vers la fin de ce siècle, la hideuse maladie atteignant son paroxysme, les lépreux, qu'on appelait alors mézels, devinrent des objets d'horreur, et furent accusés de crimes épouvantables. On prétendit, en France, qu'ils empoisonnaient les fontaines, pour que tout le monde devînt ladre, comme eux : on raconta qu'ils égorgeaient des enfants, pour se procurer des bains du plus pur sang humain ; enfin on les inculpa de débauches infâmes et dégoûtantes,

(1) *Octavo kalendas julii, obiit venerandæ memoriæ Willelmus decanus, qui dedit nobis decem solidos de furno in Macello, et novem de allodio de Billei, et leprosis duodecim denarios.* — Ce doyen Guillaume était mort dès 1145 ; car Laurent de Liége, à la dernière page de sa chronique, l'appelle aussi *venerandæ memoriæ.*

(2) Voir Ch. Buvignier, Les Maladreries de la cité de Verdun, p. 9. et suiv. En 1198, Saint-Maur constitue aux Grands-Malades une rente de deux rez froment, à condition qu'on recevra les religieuses et les converses de l'abbaye « se aucunes sont entachiées de la maladerie. » Pareilles fondations par le Chapitre, par Saint-Vanne, etc. Différents postulants donnent, pour obtenir « provende et demorance », des maisons, des vignes, des prés, de l'argent ; un certain Jacob achète, en 1359, une prébende au prix de 80 florins à l'écu, etc.

(3) *Pauperibus leprosis alienis, qui mendicant antè januam Sancti-Agerici, tres solidos annuatim... Confero in eleemosynam leprosis de Wei, etc.* Testament de Warin Rufin, en 1220, dans le cartul. de Saint-Airy.— *Tertio nonas martii, obiit Theodericus presbyter, qui dedit nobis domum suam, de quá habent, in anniversario suo, leprosi duodecim solidos, et illi de Woes.*

auxquelles, disait-on, ils se livraient entre eux. Ces rumeurs furent peut-être cause de la tragique exécution, rapportée, en l'an 1321, dans la chronique du doyen de Saint-Thiébauld de Metz, en ces termes, sans autre détail : « adonc furent ars (brûlés) les musels (1). » Rien de pareil ne se lit dans notre histoire; mais ce fut alors que l'horreur et la crainte de la contagion redoublèrent; et, au lieu que, dans les premiers temps, on traitait les malades en pitié, et même avec dévotion, parce qu'on croyait qu'ils avaient gagné le mal à la Croisade, on commença alors à les séquestrer et à les confiner si durement qu'ils semblèrent ne plus faire partie de l'espèce humaine. Le Droit de Verdun, recueilli par Melinon, en 1322, les frappa de mort civile, et appliqua ce principe à la rigueur, en matière de succession. Si un homme devenait lépreux avant la mort de son père, il n'héritait pas; car alors l'héritage fût advenu aux maladreries, qui représentaient les mézels séquestrés; « et c'en seroient, dit Melinon, déshéritiés moult de bonnes gens de lors héritaiges; pour quoi lesdites mézelleries ne doivent estre fondées que d'aulmosnes, et non recevoir héritaiges. » Une telle glose suppose que le cas de lèpre n'était pas rare; et notre jurisconsulte ajoute que le fils du mézel, même sain, et né avant la maladie de son père, ne peut représenter celui-ci au partage de la succession d'un aïeul, parce que le père a perdu tous ses droits, du jour où il a été mis hors la ville (2). L'homme suspect de mézellerie comparaissait devant l'Official, ou le magistrat, lesquels, à l'aide de physiciens (médecins), cherchaient en lui les vingt-un signes diagnostiques ou pronostiques du mal; puis jugeaient en l'espèce. S'il était déclaré ladre, le clergé allait le prendre pour le conduire, en procession, de sa maison à l'église; là on l'asseyait près d'un cercueil couvert du drap des morts, et on lui chantait la messe *Cir-*

---

(1) Bénédictins, Hist. de Metz, ii. 514.—En 1390 « fut justice faite des meseaulx, qui vollaient empoisonner les yawes. » *Chron. Huguenin.*

(2) Manuscrit de Melinon, p. 58. 114. 115.

cumdederunt me gemitus mortis, avec l'évangile *Erat quidam languens Lazarus;* puis on sortait en convoi funèbre ; et, à la porte de la ville, il se couchait sur un drap, où on lui jetait quelques poignées de terre, comme à un mort. En cette posture, il écoutait l'exhortation du prêtre à la patience, et les admonitions sur les précautions à prendre pour ne pas communiquer le mal ; enfin il se dirigeait en paix vers la cabane, ou le réduit que la ville lui avait fait préparer. Si quelque affaire l'obligeait de sortir, il lui était défendu, de par les autorités ecclésiastiques et civiles, d'entrer en église, moutier, foire, moulin, ou taverne, d'aller sans son habit de ladre et ses cliquettes, pour avertir de son approche, de s'engager dans des ruelles étroites, où les passants pussent se frotter à lui, de répondre à aucune parole sans s'être d'abord placé sous le vent, de rien toucher qu'avec ses gants, de se laver ès fontaines ou eaux publiques, enfin de rien manger ni boire en autres vaisseaux que les siens. Ainsi est réglé ce lugubre cérémonial dans le rituel de Verdun, imprimé en 1554, avec figure où l'on voit, entre autres personnages, des lépreux la bouche enveloppée, se tenant à la porte de la ville pour recevoir leur nouveau confrère (1).

Les ladreries, établissements municipaux. Nos léproseries n'étaient point des établissements religieux : elles dépendaient de la Ville, s'administraient sous son inspection ; et, bien que Saint-Jean des Grands-Malades eût son sceau particulier, le consentement de la cité était nécessaire pour la validité de ses actes. C'est que c'étaient des maisons, non de moines, mais d'utilité commune, dotées par les citoyens successivement admis. Tous les prébendés de Saint-Jean, lépreux, aussi bien que frères lais servants, avaient voix, avec les maîtres, dans les délibérations ; et, outre les deux maîtres hospitaliers qui résidaient dans la maison, la Ville se faisait représenter,

(1) Cette figure est à la pag. 159 de l'*Institutio catholica, quam vulgus Manuale vocat, secundùm usum diœcesis Virdunensis... Authoritate, operâ et sumptibus reverendi in Christo patris domini Nicolai Psaulme.*

en sa haute direction, par deux autres maîtres qu'elle désignait parmi ses échevins ou jurés. Ces détails se trouvent par induction dans une charte de 1226 (1), date ancienne par rapport à cet établissement, et constatant que, dès cette époque, il était en tutelle municipale. Telle fut sans doute la cause pour laquelle, après l'extinction de la lèpre, la Ville, comme de plein droit, occupa ce domaine, aussi bien que Saint-Privat ; et elle jouissait depuis plus d'un siècle quand, en 1673, Louis XIV ayant jugé à propos, à l'instigation de Louvois, de rétablir les chevaliers de Saint-Lazare et du Mont-Carmel, les dota, par édit, de toutes les anciennes maladreries du royaume. Ceci troubla grandement la Ville en sa paisible possession séculaire ; elle eut, avec l'Ordre de Saint-Lazare, un procès, qu'elle perdit en 1685, mais que gagnèrent, sinon elle, du moins nos hôpitaux, quand l'Ordre lui-même ayant été supprimé, en 1693, les biens en litige furent réunis à la dotation de Sainte-Catherine, qui les possède encore aujourd'hui, en nature ou en valeur. L'arrêt de cette réunion est du 15 avril 1695.

Il reste peu de renseignements sur les Petits-Malades de Saint-Privat. C'étaient de pauvres ladres qui, ne pouvant, comme les riches, se payer des prébendes à Saint-Jean (2), vivaient à peu près de la charité publique, dans

Les
Petits - Malades.

---

(1) *Nicolaus et Dudo, laïci magistri domûs leprosorum Virdunensium, cœterique fratres, tàm leprosi quam alii domûs ejusdem. Noveritis quòd nos unam peciam terræ* (pièce de terre) *de cuminis* (cultures communes) *Bellæ-Villæ, continentem, ut dicitur, circà duodecim jornalia terræ insimul, jacentem secùs latam viam quæ ducit à campo juxtà torcular domûs eleemosynæ de ponte Gravariæ usquè ad domum nostram, ducentem etiàm retrò pomerium nostrum, recepimus à majori Capitulo Virdunensi, sub annuo trecensu bladi, in perpetuum, videlicet pro quatuordecim franchariis frumenti, singulis annis sine contradictione aliquâ, in festo beati Martini solvendis, et in vecturis nostris in ejusdem Capituli grenario deferendis, sive dicta terra exculta fuerit, vel inculta remaneat. Hoc autem de consensu et laude magistrorum nostrorum, scilicet Simonis de monte Sancti-Vitoni, et Richeri Cruce-signati* (croisé), *et civium Virdunensium facere curavimus. In cujus rei testimonium, nos præsentes litteras communi sigillo domûs nostræ fecimus communiri. Actum anno gratiæ* MCCXXVI *mense augusto.* Cartulaire de la cathédrale, p. 158, verso.

(2) M. Ch. Buvignier, calculant la moyenne des donations, d'après le système Leber sur la valeur des terres, du blé et de l'argent, au XIVe siècle,

des cabanes autour de leur chapelle, entre Verdun et Haudainville. En 1419, inventaire ayant été fait des titres de
nos deux maladreries, il se trouva que sur 546 chartes,
Saint-Privat, en particulier, n'en avait que 37 ; et pareille
proportion se rencontrait dans les legs et dons : de sorte
que, bien que les Petits-Malades eussent part aux aumônes
faites aux lépreux en général, leurs ressources spéciales
étaient insuffisantes. Il fallut en conséquence, et malgré
l'horreur qu'inspirait la lèpre, leur permettre de mendier,
non-seulement aux portes de la ville, mais même par les
rues, du moins en hiver : car, en été, il leur était défendu
d'approcher au-delà d'une distance que les derniers documents évaluent à une portée d'arquebuse ; et ils criaient
ainsi misère de loin aux passants. Comme la maladie se
propageait surtout chez les pauvres, à cause de leurs pri-
vations et de leur malpropreté, Saint-Privat garda plus
longtemps que Saint-Jean sa triste population. En 1558,
lors du premier projet de réforme des hôpitaux, l'évêque
Psaulme « fut d'advis que tous les pauvres ladres et lépreux
de ceste cité fussent norris du bien des Grands-Malades, »
chez lesquels la plupart des cellules étaient dès-lors inoc-
cupées, ou louées à des gens sains. Cet « advis » était, ce
semble, raisonnable ; néanmoins les Etats préférèrent laisser les lépreux à l'aumône publique, que l'on institua alors.
Peut-être la Ville, qui s'était mise en possession de la lépro-

---

estime une prébende de Saint-Jean à neuf mille francs, au moins, de notre
monnaie. Cette maison était par conséquent une noble léproserie, où allaient
les chevaliers, les riches et les bons bourgeois. En voici quelques-uns, mentionnés dans les chartes. « *N. decanus christianitatis, universitasque civium in*
Virduno... Noveritis quòd domina Hawidis de Fremeiville, relicta (veuve) *Ras-*
dulfi militis, in præsentiâ nostrâ constituta..., unum rasum frumenti (16 franchards) *annuatim in perpetuum assignavit magistro et fratribus domûs leprosorum*
Virdunensium, super decimam quam habet apud Brabant subtùs Claromontem...
cùm in eâdem domo habeat duos filios, qui ad præbendas liberè sunt admissi.
1231. D'un acte de 1318, cité par M. Buvignier, p. 10, il résulte que les
comtes de Bar, en récompense de leur protection à la maison, avaient droit
d'y faire admettre un chevalier lépreux. En 1322, Etienne, chevalier de
Récicourt, donne « pour la prouvende de damizelle Ide, sa femme, laquelle
étoit bonne malade, » cinq fauchées de pré, et trente livres de petits tournois, etc.

serie, fît-elle échouer l'article du projet épiscopal qui la lui
eût fait perdre.

L'histoire de la lèpre à Verdun ne se termine qu'au com- Fin de la lèpre,
à Verdun.
mencement du xvııᵉ siècle. Les derniers renseignements
à ce sujet se trouvent, soit dans les Registres de la Ville,
soit dans l'enquête où furent interrogés les vieillards, en
1685, lors du procès avec Saint-Lazare. A la date du 7 juin
1594, le Registre contient ordre « au portier de la porte à
la Chaussée, de faire retirer les personnes ladres qui sont
au-devant d'icelle. » Le 24 février 1596, défense aux lépreux des Petits-Malades d'entrer en la cité, depuis la fin
de février jusqu'à celle d'octobre; et seront mis à l'aumône
publique pendant le temps qu'ils ne mendieront pas. »
Enfin, au 30 janvier 1627, dernière trace, dans un ordre
aux trois médecins gagés de la Ville de visiter un nommé
Jean Génin, boulanger, suspect de lèpre; mais il paraît
que le soupçon était mal fondé; car cet homme fut autorisé,
le 6 février suivant, à publier le résultat de la visite. L'enquête du 11 juillet 1685, par les commissaires de l'Ordre
de Saint-Lazare, pour constater que Saint-Jean et Saint-
Privat étaient d'anciennes maladreries, fournit sur ces
maisons quelques renseignements assez curieux. Beaucoup
de personnes se rappelaient encore alors Saint-Jean, son
cloître à cellules, sa chapelle, et le logement du fermier de
ses terres : « Je me souviens, dit un témoin, d'une femme
que je vis assise à l'entrée de la porte, les épaules couvertes d'un manteau de drap gris, la tête et le dessus du
menton enveloppés de linges; elle portoit en mains des
clicquettes, qu'elle agitoit de temps en temps. » Tous les
déposants avaient également vu « les Bons Malades, que on
disoit lépreux, qui venoient mendier en ville, avec clicquettes et manteaux gris, la teste enveloppée d'un linge qui leur
passoit par-devant la bouche et soubs le menton; et se reti-
roient aux petites maisonnettes derrière Saint-Privé. » Un
de ces témoins, bien qu'il n'eût encore que 62 ans, avait
assisté à la conduite d'un ladre de Haudainville à cette ma-

ladrerie, qui est aujourd'hui une petite maison rurale, au pied d'une colline, sur la route de Saint-Mihiel, au sortir de Verdun. Nous avons parlé ailleurs de son ermitage, supprimé en 1781 (1); le mobilier de sa chapelle fut alors donné à l'église de Haudainville, à charge d'une messe annuelle du patron, le 16 septembre. Quant à Saint-Jean, ce bâtiment, dévasté en 1636 par des troupes ennemies, fut dès lors laissé en ruines : il est dit, au Registre de la Ville, 13 avril et 4 mai 1637, que les soldats de la garnison en emportent des bois, tuiles, et autres matériaux, qu'ils vendent aux gens du faubourg : la cloche fut mise à la porte Saint-Victor, « pour servir de guet et signal, aux occurrences (8 mai 1638); enfin, le 22 septembre 1640, « M. le gouverneur exigea la démolition de la muraille desdits Grands-Malades, à cause du péril qu'apporte cet enclos à la sûreté de la place. » Les pierres de cette démolition furent, en grande partie, données aux Pères Jésuites, pour leur Coulmier. Les Augustins, chapelains de la Ville, desservaient la petite église, depuis 1608; on leur permit, en 1638, d'en transférer le service en leur couvent, « vu le mauvais état et profanation du local, par la malice des temps; » mais, en 1664, 20 septembre, ordre de réparer cette chapelle, de telle sorte qu'on puisse y faire les services prescrits par les fondateurs. Peut-être l'Hôtel-de-Ville commençait-il à voir venir les contestations qui s'engagèrent peu après, en 1673, avec Saint-Lazare, lequel n'eût pas manqué d'arguer de l'inexécution des fondations. Les derniers vestiges de cet oratoire ne disparurent qu'en 1715; il avait, pour titre patronal, la Décollation-Saint-Jean-Baptiste, au 29 août.

Aux environs de Verdun, nous trouvons mention, dans nos chartes, des lépreux de Warinval, en l'an 1200 ; cette léproserie est aujourd'hui la ferme de Warinvaux, propriété de l'hospice de Mouson, sur le territoire de Liny-devant-Dun. On mentionne encore, au XIIIᵉ siècle, des lépreux de

(1) Ci-dessus, tom. i. p. 526.

Genicourt, une maladrerie « en sous Samognues (1) ; enfin
un règlement du Chapitre de Montfaucon, en 1295, prouve
que la chapelle dite des Malades, près de ce bourg, fut
l'oratoire d'une ancienne léproserie. — Beaucoup d'établissements de ce genre ne consistaient qu'en quelques
cabanes, dites bordes ; et il est probable qu'on a également
exagéré le nombre des lépreux, sous l'habit desquels se
cachaient quantité de vagabonds et de gueux, pour avoir
part aux aumônes.

(1) R. *primicerius*, G. *decanus, totumque Virdunensis ecclesiæ Capitulum...
Noverit universitas vestra quòd nos concessimus leprosis domûs de Warivallibus
viginti jornales territorii nostri, etc.* 1200. Cartul. p. 116, bis, verso. — « Les
terres sont teilles : A la maladerie ensous Samognues. 1269. Ibid. p. 145. —
Hæc est divisio terragiorum, furnorum et reddituum Corrobrii (Courouvres)...
Leprosi de Genecourt, unum modium frumenti et avenæ... Càrtul. Saint-Paul,
sur la fcuille de garde.
L'évêque Albéron prit part à la fondation de Lisle-en-Barrois, abbaye
médiocre, de l'ancien diocèse de Toul. V. la charte au tom. XIII du *Gallia
christ. Instrum*, p. 569.

D'après le Papel PSAUME de 1554

+ CIVITAS + VIRDVNANO:

PÉRIODE

DE

TRANSITION A LA COMMUNE

DE 1150 A 1200, ENVIRON.

~~~~~~~~~~~~~~~

CHAPITRE Ier.

GOUVERNEMENT DANS CETTE PÉRIODE. — DU CORPS POLITIQUE APPELÉ DANS
LES CHARTES UNIVERSITÉ ET COMMUNAUTÉ DES CITAINS. —
ORIGINE DES LIGNAGES.

Cette période, dite des Quatre-Notables, est ainsi nommée sur l'autorité de Wassebourg qui raconte, ce que répètent tous nos auteurs, que « quand l'évesque Albero eût chassé Rainaldus l'Ancien, il ne voulut donner la comté à Rainaldus le Jeune, de crainte qu'il n'y fît telles fàcheries et molestes comme avoit fait son père ; ains élut, pour un an seulement, quatre preud'hommes, notables bourgeois, qui faisoient serment, et rendoient, en fin l'année, bon et loyal compte. » Les choses ne se passèrent point aussi simplement : et Rainaldus le Jeune, c'est-à-dire le comte Renauld II de Bar, qui était gendre du comte de Champagne, et qui devint, en 1160, beau-frère du roi Louis VII, n'était point un personnage dont on pût se débarrasser sans forme. Quant à l'histoire des Quatre-Notables, elle est copiée, à peu près textuellement, dans les accords de 1254, entre la Ville et l'évêché, lors de l'établissement définitif de la

Commune; et il n'existe aucun document qui permette d'antidater ainsi ces choses.

En nous en tenant aux chartes, qui ne sont ici ni nombreuses, ni fort apparentes, nous dirons que, dans cette seconde moitié du XIIᵉ siècle, le gouvernement demeura ce qu'il était auparavant, sauf la suppression du fief de la grande avouerie héréditaire. Le Palais et la Vicomté continuèrent à fonctionner, sous l'autorité de l'évêque, devenue dès lors immédiate sur la ville, aux termes du diplôme de 1156; mais ce qui caractérise notre période, et la fait servir de transition à la suivante, c'est que les assemblées générales devinrent alors plus fréquentes, et qu'on en tint pour toute affaire importante de la Ville et du comté.

Une assemblée officielle, en 1148.

Sur la forme de ces assemblées, nous avons une charte instructive, moins peut-être par l'importance de son objet, que parce qu'on y voit la manière dont on gouvernait vers 1150. Il s'agissait de rétablir l'aumônerie-hôpital de Saint-Paul, aux dépens de laquelle les moines, pressés de dettes, avaient créé un fief à un certain chevalier Thierry d'Ormont : on s'en était plaint au métropolitain Adalbéron de Montreuil; et une lettre fort désagréable était arrivée de lui à notre évêque Albéron de Chiny (1). Celui-ci, pour apaiser l'archevêque, ne trouva rien de mieux que d'engager les parties à se soumettre à son arbitrage (2); et elles allèrent en effet le trouver à l'évêché de Metz, où il passait en voyage, le 5 des calendes de décembre, ou 27 novembre 1148. On envoya avec elles Albert, chevalier de Verdun, Isembard et Herman du Palais; l'évêque lui-même y alla, parce qu'il s'intéressait, aussi bien que la municipalité, à cette affaire (2) : et, quand ils revinrent, une assemblée fut

----

(1) Ci-dessus, p. 260.

(2) *Ego Albero... Quoniàm pastoralis officii instantia, etc... qualiter inter ecclesiam Beati Pauli et Theodericum, militem de Aureo-Monte, pro quodam molendino lis exorta sit... Post multos deniquè dierum et verborum circuitus, Metim dies constituta est... quinto kalendas decembris, in præsentiâ ipsius archiepiscopi et nostrâ, et multorum, Hellini scilicet decani Trevirensis, Phi-*

convoquée, au portique de la cathédrale, pour promulguer la sentence. Là elle fut lue par un chevalier Vivien : présents : Pour le clergé, l'évêque, le princier, le doyen, les archidiacres, l'écolâtre, les abbés de Saint-Vanne et de Saint-Airy. Pour la noblesse, ou, comme on disait alors, pour les chevaliers, Walter de Clermont, Wiard de Mont, Savary de Ville, Thierry de Hennemont : puis Garsire, Simon, Hugues, et autres, titrés aussi de chevaliers, mais sans indication de leurs fiefs; nous verrons tout à l'heure que beaucoup de chevaliers résidaient en ville, et étaient considérés comme citains. Enfin, pour la Ville, Durand doyen de la cité, Ermard sous-doyen, Rainard échevin; plus sept bourgeois, Pierre, Morel, Guillaume, Payen, Domenge, Garnier, Weimer. Le chancelier, ou secrétaire de l'évêché, écrivit la charte, et y mit un sceau portant l'effigie du seigneur évêque, enfin la date de Verdun, nones de février 1148, c'est-à-dire, en nouveau style, 5 février 1149 (avant Pâque) (1). Il y a mention d'assemblées, tenues probablement de la même manière, soit au portique de la cathédrale : *in porticu Sanctæ-Mariæ Virduni, idus septembris,* où l'évêque Albert reçut l'hommage de Hugues, che-

---

lippi *decani Metensis, Hugonis magistri scholarum, etc., etc., Alberti, militis Virdunensis, Isembardi ac Hermanni de Palatio, et aliorum quàm plurimorum, in camerâ Metensis episcopi.*. Cartul. Saint-Paul. p. 89.

(1) *Nonas februarii, in præsentiâ nostrâ, cleri et populi, in porticu ecclesiæ Beatæ-Mariæ, idem Theodericus recognovit, et uxorem suam laudare, et molendinum werpire fecit, etc..., Viviano milite judicante, clero et populo judicium collaudante... Nos igitur, ne aliqua quod factum est deleat oblivio, scripto huic impressionis nostræ imaginem apponimus, et perturbatores hujus factæ pacis anathematis vinculo innodamus. Testes Albertus primicerius, Willermus decanus, Richardus, Andreas, Johannes, archidiaconi, Emelinus magister scholarum, Cono abbas Sancti-Vitoni, Richardus abbas Sancti-Agerici, Rothardus, sacerdos, Widricus, Johannes, Theodericus, diaconi, Petrus, Richerus, Walterus, Henricus, Christianus, subdiaconi, — Vivianus, Balduinus, Rodulfus et Milo, frater ejus, Walterus de Claromonte, Wiardus de Mons, Savaricus de Villâ, Theodericus Heimonismontis, Garsirius, Simon, Hugo, milites.—Durandus, decanus civitatis, Ermardus, subdecanus, Reinardus, scabinus, Petrus, Morellus, Willermus, Paganus, Dominicus, Warnerus, Weimerus, burgenses. Petrus, villicus Sancti-Pauli. — Ego Herbertus, cancellarius, recognovi. Actum Virduni, anno Incarnationis dominicæ M°C°XL°VIII, epactâ VIIII, indictione XII, concurrente V.* Même charte.

valier de Mussey, soit au Palais de Ville, la troisième année du même évêque Albert, 1159 ou 60 (t. i. p. 397).

Ainsi était la municipalité au milieu du xiiᵉ siècle, représentation légale et publique des citoyens, tellement reconnue que, quand on voulait promulguer et authentiquer pour eux des actes, le doyen, les échevins, et même des gens simplement qualifiés de bourgeois, *burgenses*, siégeaient à l'assemblée, avec les seigneurs de clergé et de noblesse. C'était là le « droit et coutume de cité, » dont avait parlé la charte de l'empereur Conrad, en 1142; et ce droit immémorial remontait jusqu'aux temps antiques de la *Civitas Verodunensium*, mentionnée dans la Notice des provinces d'Occident. (1)

Démocratie de l'université des citains.

Il se fit, pendant la période où nous entrons, une révolution républicaine, d'abord sourde et à petit bruit, puis éclatant à grand tumulte après l'an 1200. On n'était pas à Verdun serf de corps, comme dans les campagnes; et il ne s'agissait pas de conquérir l'affranchissement : la lutte fut d'ordre politique, pour savoir si on serait gouverné purement et simplement de par l'évêché, comme l'entendait celui-ci, avec son diplôme de 1156, ou bien de par l'évêché et la communauté « université » des citains, ainsi que l'accorda enfin, le moins largement possible, la Charte de Paix du xiiiᵉ siècle.

Les meneurs et les premiers progrès de cette révolution sont inconnus. On a profité de ce manque de documents pour mettre ici les fables lignagères dans l'histoire; mais un seul fait résulte clairement du cours des choses : c'est que, de 1150 à 1200, il s'organisa, sous le nom de communauté et université des citains, une petite république, avec assemblées générales, d'où sortit ensuite la Commune, et qui demeurèrent le grand ressort de son antique mécanisme.

Suivant la version ordinaire, les fondateurs de cette

(1) Contre les exagérations en sens germanique, v. Littré, *Etudes sur les Barbares.*

Commune furent de grands riches et des aristocrates, qui achetèrent « la cité, » pour eux et leurs descendants, on dit d'abord de Godefroy de Bouillon partant pour la Terre-Sainte, puis on se rabattit à l'acquisition de la vicomté sur l'évêque Raoul de Torote, en 1236. On savait même les noms des trois hauts personnages qui firent ces marchés : c'étaient les sires de La Porte, d'Asanne et d'Estouf, tiges des trois fameux lignages, auxquels appartenaient, de droit héréditaire, toutes les charges de la cité de Verdun. Wasse-bourg, n'ayant jamais vu d'autre Commune que l'aristocra-tique, déjà immémoriale de son temps, prit pour bonnes toutes les histoires qu'elle débitait sur l'origine de ses pré-rogatives lignagères; et tous nos auteurs les ont répétées. En réalité, ce sont des chimères : car on ne voit absolu-ment aucune trace de lignages avant le dernier tiers du XIIIe siècle. Auparavant, il n'est jamais parlé que de l'uni-versité des citains : ce fut avec elle, directement, et non avec aucun La Porte, Asanne ou Estouf, que traita, en 1236, Raoul de Torote : l'élu Jean, son successeur, renouvela l'acte en mêmes et propres termes; et la Charte de Paix, vers 1265, ne connaît encore ni lignages ni priviléges. Chez elle, comme dans les autres documents, c'est l'université qui consent et accorde l'institution annuelle du Nombre, magistrature qui faisait chez nous les fonctions des Treize à Metz; et le choix de l'évêque peut se porter sur tous les « prod'hommes », sans distinction de familles. Nous con-cluons de là que la Commune primitive comprit tous les bourgeois, et ne laissa en dehors que les gens dits ma-nants, habitants transitoires ou tolérés, sans bourgeoisie. Jusqu'au milieu du XIVe siècle, nos chartes mentionnent des assemblées « à son de cloche et à crière publique : » et le nom même d'université, qui signifie universalité, est une preuve que personne, dans le bon peuple, n'était hors du droit politique communal.

Cet état populaire de la première Commune n'empêchait pas qu'elle ne comptât parmi ses citains des nobles et des

Fables
lignagères.

chevaliers. C'étaient peut-être les descendants des anciens notables que les Capitulaires avaient mis, sous le nom de *boni homines*, aux échevinats, lors de la rénovation carlovingienne des comtés et des municipes : et il y eut aussi chez nous, comme ailleurs, des seigneurs reçus bourgeois, en contractant alliance avec la ville. Nous mettrons ici les noms de quelques-uns de ces nobles et antiques concitoyens du XIIᵉ siècle et du XIIIᵉ. En 1093, la charte de fondation de Saint-Sauveur mentionne *Rothardus miles*, propriétaire du terrain contigu à cette église. Il y eut au Puty un sire Brocard, chevalier de Crespy, qui fit construire le moulin vendu à Saint-Paul vers l'an 1200, et passé ensuite à la Ville, sous le nom, qu'il garda longtemps, de son premier possesseur (1). En 1206, au même quartier, Bertrand, chevalier Le Bawier. C'était encore d'un chevalier, le sire Païen, que provenait le moulin Saint-Airy, acquis par l'abbaye vers 1240 (2). En 1211, à Mazel, le marchand Randulfe avait pour voisin Wary, chevalier de Labrie; en 1229, les gens d'Ancel-Rue connaissaient leur blanc chevalier Richard : *Richardus de Anselmi-Vico, cognominatus albus miles ;* et ils en eurent encore d'autres : car on voyait, à l'ancienne cathédrale, une splendide tombe gothique, avec statue couchée, du chevalier Roland d'Ancel-Rue, mort en 1388. Non loin de Roland, était, dans les tombes, le sire Saincte, dont les Saintignon firent (fort mal) graver le mausolée : il était, suivant des chartes de Thibauld II, comte de Bar, fils de sire Erard La-Porte, fils lui-même de sire Jehan Le Preste (3), tous qualifiés chevaliers citains de Verdun. Cette généalogie prouve qu'alors les noms n'étaient point encore héréditaires; et nous le voyons aussi par le testament où, en 1220, Warin Rufin, présent son frère Nicole de La-Porte, légua aux pauvres lépreux mendiant devant Saint-Airy les aumônes dont nous avons par-

(1) Ci-dessus, tom. I. p. 514.
(2) Ibid. p. 515.
(3) Ces chartes sont dans Lionnois, Maison Saintignon.

lé. De cette mutabilité des noms vint le peu de succès des recherches de nos lignagers pour retrouver leurs trois illustres ancêtres, La-Porte, Asanne et Estouf, dans la chevalerie contemporaine des origines de la Commune. En mettant de côté les épitaphes apocryphes et pleines d'anachronismes qu'ils envoyèrent, avec prétendues dates de 1122 et de 1162, à leur historiographe Lionnois, nous trouvons mention certaine, dès les environs de l'an 1200, d'une grande famille La-Porte, qui se maintint en splendeur jusqu'aux approches de 1400. Autour d'elle se groupa une petite tribu de parents, d'alliés, d'amis et clients, qui fut le premier lignage, et qui se grossit de tous les citoyens qui prenaient son mot d'ordre dans les affaires communales. Entre 1260 et 1270 commença à s'organiser une tribu rivale, celle des Asanne, dont le nom ne paraît pas dans des chartes plus anciennes; et la guerre civile ayant longtemps couvé, éclata enfin avec furie en 1282. Dans l'intervalle, les neutres et les gens de paix se rallièrent au nom d'Estouf, qui est peut-être celui d'un citain Richard La Tousfe, mentionné dans une charte de 1265 (1). Ces lignages n'ayant été à l'origine que des partis, il est fort probable que leurs chefs ne regardèrent de très-près ni aux degrés de parenté, ni aux quartiers de noblesse des citoyens qui vinrent les premiers grossir leurs rangs : aussi, bien que les rôles lignagers qui subsistent ne remontent pas plus haut que le milieu du XV⁰ siècle, où déjà avaient disparu les plus chétives familles du XIIIᵉ, on y lit encore quantité de noms fort roturiers : enfin, quand le rôle eût été dressé, les gens qui y étaient inscrits firent croire aux nouveaux bourgeois qu'on n'était citain que quand on avait des ancêtres ayant eu part aux origines communales. C'est là ce que nous entrevoyons de moins incertain dans les ténèbres de la formation des lignages : nous reparlerons d'eux dans l'histoire de la Commune

Origine probable
des lignages.

(1) Saint-Airy, Cartul. I. 165.

aristocratique : et il est à dire que, toute fausse couleur ôtée de leurs blasons, il en reste aux familles qui en ont gardé quelques vestiges, preuve de bonne et honorable bourgeoisie, depuis au moins le xve siècle, ou le xvie.

Ainsi que nous l'avons déjà dit, les Quatre-Notables de Wassebourg n'existent que dans ses histoires apocryphes; et on ne trouve pas aux documents la moindre trace que l'abrogation de la grande avouerie ait en rien modifié l'administration de la Ville. C'étaient toujours, et avec les mêmes attributions, le Palais et la Vicomté qui fonctionnaient : on voit même dans les chartes les noms de plusieurs des titulaires de celle-ci, portant toujours l'ancien titre de voués : et la vouerie de Verdun étant importante, l'évêché y mettait quelquefois deux titulaires en même temps (1). Il y eut aussi, à cette même époque, des voués dans les châtellenies, notamment à Hatton-Châtel : c'étaient les anciens sous-voués, qui, n'étant plus héréditaires, ni même inamovibles, ne furent bientôt plus connus que sous le nom de prévôts des campagnes; et le territoire rural se divisa en prévôtés : mais, à Verdun, on eut toujours des vicomtes et une vicomté : *septem de Palatio, et septem de Vice-comitatu,* dit une charte fameuse, de 1227, que nous ne tarderons pas à rencontrer dans l'histoire. En signe de son domaine régalien, l'évêché entendait que tout notable statut fût censé émaner de lui : et son style officiel ne considérait les magistrats que comme témoins authentiques des choses qu'il écrivait, à leur demande, en ses chartes. Ainsi fut rédigé, en 1126, sous Henri de Winchester, un arrêté

Identité de la sous-vouerie et de la vicomté.

(1) *Testes juramenti, Garnerus, advocatus Hattonis-Castri, et Renardus, advocatus Virdunensis.* Charte vers 1160, ci-dessus, tom. 1. p. 397. *Rainaldus et Albertus, Virdunenses advocati.* Charte de Richard l'Enfant, vers 1165, dans *Gall. christ.* xiii. *Instrum.* p. 574. — *Gobertus de Asperomonte, Heyberlus advocatus, cum filiis suis Alberto et Reinardo.* Charte d'Albéron de Chiny, en 1155, *Gall. christ.* ibid. col. 575. Ainsi le voué Heibert de 1155 (mentionné dès 1126, dans une charte dont nous allons parler) avait pour fils Albert et Rainard, ou Rainald, qui furent ses successeurs à l'avouerie, de fait toutefois, et sous le bon plaisir de l'évêque. C'étaient les *comites absque hæreditario jure* du diplôme de 1156.

de toutes les autorités de la ville sur le cours de l'eau d'Escance, que se disputaient Saint-Vanne et Saint-Paul, pour leurs moulins (1). Il était d'usage alors de commencer les chartes épiscopales par quelque pieuse et solennelle phrase de préambule, qui servait, non seulement à édifier les auditeurs, mais à leur faire voir en quel bon style latin savait écrire le seigneur évêque, tant par lui-même que par son chancelier (2).

CHAPITRE II.

ÉVÉNEMENTS DE LA SECONDE MOITIÉ DU XII° SIÈCLE.
— LES ÉVÊQUES ALBERT DE MERCY, RICHARD DE CRISSE, ARNOUL DE CHINY,
HENRI DE CASTRES, ALBERT DE HIRGIS.

Albert de Mercy, successeur d'Albéron de Chiny, après la retraite de celui-ci à Saint-Paul, en 1156, a laissé pour souvenir mémorable dans notre histoire, le fameux diplôme au sceau d'or, qu'il obtint, l'année même de son

(1) *Acjum Virduni, anno* MCXXVI, *indictione* v. *Testes : Albertus primicerius,* etc. Laïci : *Gocelo, judex, Gocelo junior, Haybertus advocatus, cum filiis suis Milone et Alberto, Erlebaudus, Gundaudus.* (C'étaient les gens de la vicomté, dans les attributions spéciales de laquelle étaient les cours d'eau). Suivent le doyen et les échevins du Palais : *Bernacer decanus, Reinaudus scabinus, Ricardus, Godefridus, Dudo.* Cartul. Saint-Paul, p. 82. 83. — On voit dans cette charte que la banlieue avait dès lors les limites que nous avons indiquées, tom. I. p. 522 : car le « soverien molin l'abbei Saint-Venne » (moulin de Regret) y est appelé *superius molendinum Sancti-Vitoni, post pomerium.*

(2) Voici quelques échantillons : *Cùm me divinæ providentiæ ordinatio pastorem atque provisorem posuerit ovibus suis, omni mihi satagendum est studio ne super me negligentem veniat infidelis mercenarii condemnatio. Quia igitur sum positus integra custodire et confracta solidare, omnibus vobis notum facio,* etc. Thierry, en 1082. — *Quia iniquitatis abundantia fervorem caritatis infrigidare non cessat, et pravis hominibus deteriores succedere videmus, ego Henricus, Virdunensis episcopus, ne vetus iterùm valeat refricari dissensio, decisionem litis scripto mandare curavi,* Henri de Winchester, 1126. — *Ecce vita brevis spem inchoare longam genus humanum vetat, et casus innumeri, finisque timendus animam periculis expositam ad hoc erudiendo conducunt ut fluctuationem suam in Creatore stabilire studeat.* Albéron de Chiny, en 1135, etc.

avénement. Nous commencerons ce chapitre par l'exposé
des circonstances où cette grande charte fut accordée, en
renvoyant, pour son explication, au commentaire que nous
en avons fait ailleurs.

Obtention du
diplôme de 1156.

Cet évêque était le princier Albert, mentionné dans
beaucoup d'actes des temps précédents, et fort ancien dans
le clergé ; car on le trouve princier dès l'année 1126,
Albéron n'étant encore qu'archidiacre (1). Il s'était, plus
que personne, signalé et compromis à l'expulsion de
Renauld le Borgne, ayant ourdi le complot contre lui et
gagné le soldat qui livra sa tour. Pour cette action, il devait
être très peu ami de la maison de Bar ; et il n'est guère douteux que son élection n'ait été, de la part des Verdunois,
une protestation qu'ils ne rendraient pas l'avouerie au comte
Renauld II, et qu'ils entendaient maintenir les actes d'Albéron ; mais il y avait grand péril du côté de ce nouveau
Renauld, gendre de Thibauld II de Champagne, lequel lui-
même était allié au roi de France ; et le comte de Bar pouvait d'autant mieux réclamer l'avouerie, à titre d'inféodation héréditaire à sa famille, que tout ce qui avait été fait
pour l'extinction de cette grande charge n'était jusque
alors qu'acte pur et simple d'autorité épiscopale, sans ratification des empereurs. La première pensée et la première
démarche d'Albert de Mercy furent pour obtenir cette ratification. L'empereur Frédéric Ier Barberousse, qui régnait
depuis 1152, ayant, en 1156, annoncé le projet de tenir, à
Besançon, les états du royaume de Bourgogne et d'Arles,
notre évêque profita de ce voyage pour se trouver à la
cour, lorsqu'elle passa à Colmar : là il représenta à la majesté impériale combien il était dangereux de laisser, par
l'avouerie, prétexte légal aux Barisiens et à leurs alliés les
Champenois et les Français, d'envahir la cité de Verdun.
Sur ces représentations fut expédié le diplôme reconnais-

(1) Les témoins ecclésiastiques du jugement de 1126, cité dans le chapitre précédent, sont *Albertus primicerius, Lambertus, Albero, Johannes archidiaconi, Martinus decanus, Stephanus cantor, Hugo thesaurarius.*

sant, confirmant et renouvelant, en tant que besoin, les
prérogatives régaliennes de l'évêché, y compris le droit
d'instituer le comte, sans hérédité. Ce dernier droit était,
en réalité, nouveau ; mais la chancellerie impériale le mit
sur la même ligne que les anciens : et, pour motiver la
reconnaissance de tant de belles prééminences, elle rappela la constante fidélité des évêques de Verdun au Saint-
Empire, en tous temps et en toutes circonstances (1). Cet
éloge était mérité ; car depuis Heimon, tous nos évêques
avaient été impérialistes, surtout en rivalité des comtes ;
plusieurs même s'étaient montrés dévoués aux empereurs
jusqu'au schisme inclusivement. L'acte est daté de Colmar, le 16 des calendes de septembre, ou 17 août 1156 : à la
séance de concession assistèrent les évêques de Strasbourg,
de Bâle, de Metz et de Toul, Mathieu Ier, duc de Lorraine,
Othon, comte palatin, et d'autres princes dont l'acte renferme les noms ; puis l'empereur signa la charte, et y fit
mettre la bulle d'or dont nous avons donné le dessin.

Rien n'indique que le comte Renauld II ait fait aucune
tentative sérieuse pour rentrer dans l'avouerie héréditaire :
il semble au contraire, à la mention de son oncle l'évêque
Etienne de Metz, parmi les témoins approbateurs de notre
diplôme de 1156, que la maison de Bar ne prétendait alors
rien de plus que ce qui lui avait été accordé par le traité
d'Albéron de Chiny. Dans une charte dont nous parlerons
bientôt se trouve un indice que l'évêque Albert, voyant ces
bonnes dispositions, laissa à Renauld le titre et les attributions de comte de l'évêché, en la teneur du nouveau diplôme impérial : et ainsi probablement se maintint la paix.
On est, au reste, fort mal instruit de l'histoire, et même de
la chronologie des comtes de cette époque. Renauld II n'é-
tait que le second fils de Renauld Ier ; et, entre les deux, avait

Le comte
Renauld II.

(1) *Recolentes igitur ex anteactis Virdunensium episcoporum ad antecessores
nostros, in diversis rerum et temporum varietatibus, memoranda obsequia :
tuam quoque personam constanter in nostrâ fidelitate perseverare cognoscentes,
etc.* Diplôme de 1156.

régné, de 1149 à 1155 environ, le comte Hugues, qui, mort sans enfants, laissa le Barrois à son frère puîné. Celui-ci s'était déjà illustré au siége de Damas, en 1148, dans la croisade de Louis VII ; il revint avec ce roi, et s'indemnisa des frais et dépenses de la sainte expédition en épousant Agnès, l'une des filles de Thibauld II de Champagne. Cette princesse lui donna pour dot la belle châtellenie de Ligny, qui entra alors dans le Barrois, où elle resta environ un siècle, jusqu'en 1231 : alors une nouvelle attribution de dot la transféra, par Marguerite de Bar, dans la maison de Luxembourg ; et de là vinrent les Luxembourg-Ligny, desquels le duc Léopold racheta ce domaine en 1719. Dans les derniers temps du comte Hugues, Renauld, qui peut-être gouvernait déjà, fit subir aux Messins leur cruel échec de 1153, à la suite duquel on implora la médiation de saint Bernard ; enfin, en 1160, ce comte devint, par sa femme, beau-frère du roi de France Louis VII, qui épousa, en troisièmes noces, Alice ou Adèle, sœur d'Agnès. On voit que Renauld II était fort puissant ; et il eût certainement mis l'évêché en grand péril, s'il lui eût fait la guerre au sujet de l'avouerie ; mais l'alliance de nos deux principautés, un moment interrompue par la tyrannie de Renauld Ier, se rétablit, et subsista, sans notables perturbations, pendant deux siècles. La date précise de la mort de Renauld II n'est pas connue ; son fils Henri Ier régnait déjà en 1163 (1).

Famille de Mercy   Le nom de Mercy, que portait notre évêque, devint illustre dans l'histoire moderne par le fameux général qui périt, à Nordlingue, en 1645, presque aussi renommé chez les gens de guerre que ses antagonistes Turenne et Condé. Cette famille avait pour titre seigneurial le village de Mercy,

(1) Ainsi, du moins, le dit D. Calmet, dans sa liste généalogique de Bar : et ce chiffre n'est pas une faute d'impression, puisqu'il cite, un peu plus loin, une charte du comte Henri Ier, en 1168. Néanmoins Maillet, et D. Calmet, se contredisant lui-même, dans l'Hist. de Lorraine, liv. xxii, n° 115, donnent l'an 1173 pour date de la mort de Renauld II.

villa Marciaco, du testament d'Adalgise, dans la châtellenie de Longwy. Le château, sur la Crusne, non loin d'Audun-le-Roman, dans l'arrondissement de Briey, fut démantelé, à coups de canon, par le maréchal de Créquy, en 1681. Il résulte de nos documents que l'évêque Albert attira à Verdun, et y mit dans les dignités ecclésiastiques, plusieurs gens de sa parenté ; ces anciens Mercy, mentionnés dans nos lignages, firent construire la maison de la Princerie : et ce fut l'un d'eux, le princier Roger, qui, élu évêque de Toul, en 1230, prit, en quittant Verdun, les dispositions par lesquelles cet hôtel passa au domaine capitulaire (1).

Albert de Mercy montra à ses feudataires que l'évêché n'était plus en tutelle de voué, et que le diplôme de l'empereur Frédéric ne serait pas une simple pièce d'ornement pour ses archives. Tout d'abord, et dès sa première année d'épiscopat, il entreprit les Apremont, gens de la plus puissante chevalerie ; et il les obligea de reconnaître, en assemblée de Grands-Jours, qu'ils étaient ses hommes liges, sans préjudice de l'évêché de Metz ; puis il fit condamner Arard de Rinel à la garde continue d'Hatton-Châtel (2) ; et il ne recula pas devant le métropolitain lui-même, qui

Gouvernement féodal d'Albert.

---

(1) *Ego Rogerus, Dei gratiâ Tullensis electus, Virdunensis quondàm primicerius... domum meam in quâ manebam, quæ fuit avunculi mei Alberti, cum omnibus appenditiis, videlicet curtibus antè et retrò positis, et toto horto, et coquinâ, et marescaleâ* (écurie) *en Ripe, et grangiâ contiguâ, duobus nepotibus meis, acolytis et canonicis Virdunensibus, Girardo scilicet, filio sororis meæ de Renscei, et Rembaldo, filio fratris mei Johannis, militis de Ottenge... et, post decessum eorum, prædicta domus integra, ad Capitulum Virdunense pleno jure, liberè et absolutè, revertetur... 1230. Cartul.* p. 157, verso. En marge : *Domus vulgò dicta turris primiceriatûs ad Ripam.* — Il y avait des chapelles dans les maisons des dignitaires du Chapitre : *Item do altari quod ædificavi in domo meâ Breviare meum, in duobus voluminibus, et Collectarium de altari, cum epistolis et evangeliis, in uno volumine : et, post decessum dicti Jacobi, isti libri reddantur ecclesiæ.* Testament du doyen Walter, en 1257.

(2) Chartes ci-dessus, tom. I. p. 397-98. Absolument parlant, ces chartes pourraient être d'Albert de Hirgis ; mais elles se rapportent mieux à Albert de Mercy, soit parce qu'elles rentrent dans le mouvement qui dut se faire après la suppression de l'avouerie, soit parce qu'elles sont, dans le manuscrit, à côté de l'hommage de Hugues de Mussey, mentionnant Hillin, contemporain d'Albert de Mercy.

dut « pour indemnité et paix » (ce qui suppose qu'il y avait eu entre eux quelque guerre) accorder à l'église de Verdun l'inféodation perpétuelle de Mussey (1). C'était une terre seigneuriale, avec château fort, près de Longuyon ; le feudataire trévirois en était alors un chevalier Payen, qui envoya son fils Hugues en faire foi et hommage devant le porche de notre cathédrale, l'évêque s'étant engagé lui-même à pareil hommage envers l'archevêque Hillin, comme au seigneur dominant. On voit, en ces actes, plusieurs antiquités assez curieuses de coutumes féodales. La charte de Hillin, par les garanties qu'elle stipule pour le cas où Payen refuserait de passer à la féodalité verdunoise, prouve que les dominants ne pouvaient, sans le consentement de leurs vassaux, les mettre sous un autre seigneur ; l'hommage de Hugues indique les degrés et les devoirs des feudataires, dans la hiérarchie des fiefs ; enfin, comme nous n'aurons plus à reparler de Mussey avant le commencement du XIVᵉ siècle, où l'évêque Nicole de Neuville le perdit, nous ajouterons un extrait d'acte de 1265, où l'évêque Robert de Milan, recevant l'hommage des châtelains de ce lieu, se réserve le droit d'affranchir les serfs à la loi de Beaumont :

Mussey, près Longuyon.

« Ego Hugo puer, filius Pagani de Muceio, recepi de manu domini mei Alberti, Virdunensis episcopi, Muceium castrum, cum omnibus casamentis et feodis, quod pater meus Paganus à Treverensi archiepiscopo hæreditario jure tenuerat in feodum, eodem archiepiscopo in Virdunensem episcopum jus dominii, quod in me habere debebat, conferente ; videlicet ut hominium ligium domino A. Virdunensi episcopo faciam, et Virdunensis episcopus domino Treverensi similiter, et fidem servabit contrà omnem hominem, excepto domino imperatore. Et ego Hugo domino Virdunensi fidelitatem ligiam juravi

(1) *Hillinus, Dei gratiâ humilis Trevirorum minister et servus... Indempnitati et paci Virdunensis ecclesiæ providere cupientes..., feodum Pagani de Musceio et custodiam ejusdem castri... venerabili fratri nostro Alberto Virdunensi episcopo, et per eum successoribus suis qui illud à nobis et successoribus nostris requirere et recipere voluerint, perpetuò habendum nos daturos in feudum, communi consilio, firmiter promisimus... Actum Treviris, 1160. Dans Hontheim, tom. I. p. 590.*

de conservando castro Muceio, salvâ semper fidelitate beati Petri (cathédrale de Trèves), et archiepiscoporum Treverensis ecclesiæ, quibus apertum et paratum erit castrum, quotiens opus habuerint et requisierint, cum indempnitate Virdunensis ecclesiæ. Actum in porticu Sanctæ-Mariæ Virduni, idus septembris (1). »

« Je Aelis, femme monsignor Hue de Muscei, chevaliers, qui fut, (défunt), Oulry et Husson, ses fils... à nostre signor lige Robert, par la grâce de Dieu évesque de Verdun... Et tous li vassauls del signoraige del chastel de Muscci feront homaige et feauté à devant dit évesque, et warde, et toutes aultres choses qui affeirent à ce. Et ottroions et volons que li évesque devant nomeie, et cils qui après lui venront, fassent de Muscei, et de Noviers desor Muscei, que de l'éveschie de Verdun movent ligcment, nueves villes à la loi de Biaulmont..... Avril 1265 (2). »

Il y avait alors des avoueries, grandes ou petites, dans tous les domaines ecclésiastiques; et leur suppression changea notablement le régime de nos campagnes. On substitua peu à peu aux voués les intendants des seigneurs et les officiers que les chartes très-anciennes appellent le villicus et les ministeriales : on forma ainsi de petites administrations de justice et de milice, sous chacune desquelles furent groupés plusieurs villages; et de cette manière s'établit dans les territoires la division par prévôtés, qui subsistait encore chez nous en 1789 (3). Entre l'avouerie et la prévôté, il y avait cette différence que la première était un fief, ayant terres, droits et revenus transmissibles par hérédité, suivant la loi des fiefs, tandis que la juridiction prévôtale s'exerçait par de simples mandataires du seigneur, nommés, révoqués et payés par lui. Les avoueries, à leur origine, au temps des Capitulaires carlovingiens, n'étaient non plus que des offices; mais la féodalité du siècle Xe et du XIe ayant transformé cette institution, comme toutes les autres, les voués devinrent feudataires; et leur

Suppression des avoueries. Les prévôtés.

(1) Cette charte se trouve à la p. 115, verso, du plus petit des deux manuscrits de Bertaire, à la Bibliothèque de la Ville.

(2) Cartulaire de l'évèché, n° 161.

(3) Ci-dessus, tom. i. p. 436-440.

bras séculier, lorsqu'il se trouva puissant, s'employa peu à la défense, et beaucoup à l'oppression de l'église. Tels furent, à Verdun, Renauld le Borgne, à Saint-Mihiel la plupart des comtes de Bar, à Trèves le burgrave Louis, et ailleurs quantité d'autres dont il est parlé dans les chroniques. Vers le milieu du XIIe siècle, l'église commença à battre en ruine cette tyrannie devenue insupportable; mais, faute de centralisation, on ne fit point pour cet objet de loi générale et uniforme (1): chaque avouerie dut être attaquée à part, et supprimée comme on le put, tantôt par traité de rachat avec la famille qui la possédait, tantôt par déchéance du titulaire, pour cause de forfaiture; et il y en eut qu'on ne put éteindre, et qu'il fallut laisser sur le domaine de l'église, en fiefs de sinécure; car on avait eu soin d'en transférer tous les pouvoirs aux prévôtés. Ce fut ainsi qu'il se trouvait encore, en 1789, quelques seigneuries vouées.

L'avouerie du Mont St-Vanne. Dans notre pays, la chute de la grande avouerie héréditaire de Verdun fut le signal d'ébranlement des autres. Celle du ban Saint-Vanne, le principal bourg de la ville d'alors, fut la première que l'évêque Albert tâcha de miner, avec d'autant plus de zèle qu'elle appartenait aux Apremont; mais il échoua dans cette entreprise. Aucun abus grave n'étant signalé à la charge du titulaire, il chercha dans la jurisprudence des fiefs quelque moyen de droit ou de chicane; et il trouva contre ce voué cas de commise, pour devoirs non faits par lui à son seigneur dominant. Ce dominant était, suivant Albert, un comte Frédéric de Merchore, qui avait inféodé son avouerie de Saint-Vanne aux Apremont, l'ayant reçue lui-même en fief de l'évêché, sans doute au temps où Richard de Grand-Pré avait confisqué le ban de l'abbaye; et, depuis sept ans que ce comte Frédéric était mort, aucune foi ni hommage n'avaient été rendus à son fils Thierry, peut-être pour faire croire que l'avoue-

(1) La première mesure générale fut la décrétale d'Honoré III, en 1220, défendant de conférer à de nouveaux titulaires les avoueries vacantes. V. ce texte ci-dessus, tom. I. p. 386, note 2.

rie était le bien propre du possesseur. En conséquence, notre prélat alla trouver le comte Thierry à Saint-Avold, dans l'évêché de Metz, et lui offrit quatre-vingts livres messines pour lui, six livres pour ses conseillers, et trois armures complètes de chevalier, s'il voulait, en cour féodale, déclarer Gobert d'Apremont déchu, et rendre l'avouerie à l'évêque de Verdun. Ces conclusions furent adjugées ; et la cour inséra même dans sa sentence mention et quittance des cadeaux qu'elle avait reçus, sans doute pour prix du rachat de ce fief (1) ; mais l'évêque perdit l'argent qu'il dépensa en ce procès ; et le jugement ne fut pas exécuté, à cause de l'opposition de Gobert et des moines de Saint-Vanne eux-mêmes, qui voulaient que l'avouerie fût réunie à leur abbaye, et non acquise par l'évêché, lequel se fût ainsi mis sur leur ban en possession des droits du voué. Ce ne fut qu'en 1227 qu'un autre Gobert d'Apremont vendit à l'abbé Louis, pour 500 livres de Provins, la moitié de l'avouerie du mont Saint-Vanne, l'autre moitié appartenant à Garnier, seigneur de Cumnières qui, en 1233, se contenta de 120 livres, en raison des torts que sa conscience lui reprochait, au préjudice du bien de l'église (2).

(1) *Ego Theodericus, comes de Merchore, reddo et resigno domino meo Alberto, Virdunensi episcopo, advocatiam ecclesiæ in monte Sancti-Vitoni, item advocatiam de castro Logardo, et villis..... Quæ omnia Gobertus de Asperomonte à patre meo comite Frederico quondàm in feodum tenuit, et post mortem patris mei, antè ultimum septennium, expectatus nec requisivit, nec recepit : ideò, per judicium hominum meorum nobilium, lege curiæ meæ, tùm ratione dominii mei, tùm desidià et tarditate Goberti, in proprietatem redierunt. Et in curiâ meâ, in præsentiâ domini mei episcopi, hanc terram Goberto abjudicavit Wicherus, et sequaces judicii Rainerus, et Walterus, et Herimannus, et alii homines mei liberi. Et, in manu Widonis de Wentonisvillâ* (Watronville), *domino episcopo promisi quòd si Gobertus, vel alius, eum super hoc lite pulsaverit, ego ei me auctorem hujus facti, judicio parium meorum, in justitiâ exhibebo, sumptibus tamen domini episcopi... Recepi autem, de manu domini mei episcopi, octoginta libras Metensis monetæ, et sex libras consiliariis meis, et tres armaturas militum. Actum apud Sanctum-Naborem, sexto idus maii, episcopatûs domini mei Alberti anno quarto.* — Cette charte, d'une écriture du temps, se trouve sur la dernière page d'un manuscrit de divers opuscules de saint Ambroise, à la Bibliothèque de la Ville.

(2) *Advocatiam montis Sancti-Vitoni, à viro nobili Goberto de Asperomonte, quingentis libris emit abbas Ludovicus.* Continuat. de Laurent de L. Cet acte

Le rachat des avoueries fut une opération longue, et fort coûteuse à l'église. Beaucoup d'actes s'en trouvent dans nos cartulaires du XIIIe siècle. En 1252, le Chapitre paya 1500 livres fortes à Thibauld II, comte de Bar, pour affranchir de cette sujétion, ainsi que de ses droits de gîte, quatre villages de la prévôté capitulaire de Foameix (1). En 1213, le comte Thibauld Ier s'était montré plus généreux : il vint en personne à la cathédrale, avec son fils Henri II, portant un gazon de la terre de Lemme ; et ils posèrent cette motte sur l'autel, en signe qu'ils remettaient leur droit de voué du lieu où on l'avait levée. Pour cette bonne action, et aussi parce qu'ils avaient toujours été excellents princes, il fut dit que leur anniversaire serait célébré à perpétuité, et que deux cierges brûleraient toujours en leur honneur (2). Quelques seigneurs pieux et de bonne composition suivirent leur exemple, en transigeant à l'amiable, pour le salut de leurs âmes, et à condition qu'on prierait Dieu pour eux après leur mort ; mais la plupart se firent payer le mieux qu'ils purent ; et il y en eut de tellement tenaces,

de 1227, et celui de 1233, avec Garnier de Cumnières, sont dans l'hist. manuscrite de Saint-Vanne. Comme c'était l'abbé qui avait racheté l'avouerie, il la garda dans la mense abbatiale, sous son ancien titre, de peur que les droits qui en dépendaient ne passassent, par confusion, à la mense conventuelle.

(1) Ci-dessus, p. 217, note 3. Les avoueries passaient aux femmes par succession : car, dans la charte de 1194 citée ibid., il est dit qu'Edwige, voueresse de Rupt en Woëvre, possédait cette charge comme héritage de son père Guillaume, chevalier de ce lieu, lequel la lui avait donnée en dot, pour son mariage avec Bertrand, chevalier de Mons. C'était une vouerie de Saint-Paul, que l'évêché racheta, et garda pour lui, jusqu'à la mise en commun, lors de l'affranchissement de ce village. V. t. 1. p. 440.

(2) Charte citée ci-dessus, p. 94, note. La suite porte : *Ità etiàm quòd amodò in posterum, duo cerei semper ardeant ad majus altare in memoriam mei, et anniversarii meum, et uxoris meæ, et parentum meorum, singulis annis in posterum celebrentur ab ecclesià Virdunensi.* — On usait quelquefois de petites ruses, pour parvenir au rachat des avoueries : *quam venditionem, aliquibus de causis, nomine obligationis palliamus,* dit, en 1189, le Chapitre, traitant avec Pierre de Dun pour celle de Sivry-sur-Meuse. Ces causes étaient qu'on n'avait pas obtenu l'agrément des seigneurs dominants de Pierre, *à viro illustri domino Goberto de Asperomonte, et filiis ejus Ludovico et Joffrido ;* et il fut dit que, dès qu'on pourrait obtenir ce consentement, la vente serait déclarée, pour le prix de 340 livres. Cartul. p. 15, verso.

récalcitrants et pillards, qu'il fallut les excommunier, à grand appareil. Tels furent les trois frères Hugues, Heimon et Pierre, chevaliers de Dombras, dont nous savons l'histoire par une charte de l'évêque Albert de Mercy, datée de 1158. Ils étaient voués de Saint-Paul à Villers-lez-Mangiennes : et, par leurs déportements, ainsi que par la rapacité des habitants pervers de ce pays, cette terre se trouvait presque entièrement ruinée. En conséquence, Hugues, l'aîné des trois, reçut du métropolitain Hillin, comme légat, une excommunication, dont il ne tint compte; puis il mourut sans sacrements, et fut privé de la sépulture chrétienne. Heimon lui succéda, et l'imita; cependant, à la fin, se sentant malade, il craignit, et demanda à être absous; mais il fut prévenu par la mort. Enfin Pierre, épouvanté de tant de malheurs, implora miséricorde, et rendit la funeste avouerie qui menaçait d'être le tombeau et la damnation de toute sa famille. Il reçut alors l'absolution de Hillin; et il lui fut permis d'exhumer celui de ses frères qui, n'étant point mort dans l'impénitence finale, pouvait encore obtenir le bienfait des prières de l'église. On porta ce corps à Saint-Paul, où les moines l'enterrèrent devant la porte de l'abbaye, au milieu d'un grand concours de peuple, qui apprit, en cette triste cérémonie, les châtiments de Dieu contre les voués prévaricateurs: puis l'évêque, jugeant avec raison que ces catastrophes pouvaient servir d'enseignement salutaire à d'autres, en fit écrire le récit en charte.

La manière dont cette charte fut expédiée indique que Renauld II faisait toujours fonction de comte; et c'est sur ce document que nous appuyons notre conjecture, déjà énoncée, que l'évêque Albert lui reconnut ce titre, dans les limites du diplôme de 1156, c'est-à-dire sans droit héréditaire. La charte épiscopale fut écrite à Briey, en sa présence, et avec mention de lui comme comte et témoin approbateur; puis, quelques jours après, étant à Mousson, il accepta, avec la comtesse Agnès, et en cour de chevaliers, la garde du village dont il s'agissait, moyennant convenable rede-

Renauld II,
comte
non héréditaire.

vance, et en déclarant qu'il ne l'inféoderait jamais; ce qui eût été rétablir l'avouerie, sous un autre nom. On voit, à ces traits, combien l'évêque Albert avait de zèle pour l'affranchissement de l'église : ce fut lui qui donna impulsion énergique au mouvement qui la délivra chez nous des voués. Les chartes dont nous venons de parler sont datées de 1158 ; et, comme elles ont un certain intérêt historique, nous en citerons quelques mots :

« Ego Albertus, Dei patientiâ Virdunensium humilis minister et servus... Quod sub præsentiâ nostrâ de advocatiâ de Villers factum est, ad posteros transmittere curavimus... Hugo de Dumbrax, et fratres ejus Heimo et Petrus (suivent les faits rapportés ci-dessus)... Et factum fuit, et in præsentiâ nostrâ, apud Briacum, recognitum ; et scripto huic imaginis nostræ sigillum apponimus. Testes : Reinaldus comes, Willermus decanus et archidiaconus, Richardus archid. et camerarius..., Acardus magister scholarum. Ego Hugo cancellarius recognovi. Actum anno m. c. lviii, indictione vi, concurrente iii, epactâ nullâ.

« Ego Rainaldus, comes Montionis... Dilectus noster Bartholomæus abbas Sancti-Pauli, laude Capituli sui, villam quæ Villers dicitur juxtà Magienes, ob rapinam gentis pravæ et perversæ cui contigua est ferè adnichilatam, sub meâ et hæredis mei custodiâ posuit..., singulis annis viginti solidos, ob istam custodiam, michi et hæredi meo, infrà octavas sancti Remigii persolventes...Et prædicta custodia nulli unquam, per me, vel hæredem meum, in feodum dabitur... Scripto huic sigillum meum apponi, et testes idoneos subscribi feci. Testes : Agnes, comitissa de Monssuns, Warinus, Rainaldus, Lambertus, milites de Monssuns. Item Hugo, Herbrandus, Rogerus, milites de Briaco. Gerardus, castellanus, Wiardus, Guido, Philippus, Robertus, Hugo, milites de Braz (Bar?). Actum est hoc apud Monssuns, anno dominicæ Incarnationis mclviii, indictione vi, concurrente iii, epactâ nullâ (1). »

La paix qui régnait entre l'église et l'empire depuis le concordat de 1122 fut troublée à la mort du pape Adrien IV,

___

(1) Cartul. de Saint-Paul, p. 141-42. — On ne sait pourquoi Renauld et Agnès, dans cette charte, et leur fils Henri Ier, dans une autre de Beaulieu, que nous rapporterons plus loin, ne prennent d'autre titre que celui de Mousson. L'histoire des comtes de Bar est très mal connue à cette époque.

en septembre 1159. Alors Frédéric Barberousse, au comble de sa puissance, était maître de l'Italie; et les cardinaux, partagés en majorité apostolique et minorité impérialiste, choisirent les uns Alexandre III, les autres Victor IV. Il y eut des scènes de violence : l'empereur affecta de considérer les deux élections comme également incertaines, et prétendit appliquer à Rome l'article du concordat d'Allemagne qui lui donnait voix prépondérante en élections disputées. Sa décision, que chacun prévoyait, fut en faveur de son partisan Victor : puis celui-ci étant mort en 1164, on lui donna des successeurs; de sorte qu'il y eut schisme jusqu'en 1177, où la fortune étant revenue aux armes italiennes, Frédéric fut obligé de se réconcilier avec Alexandre III.

Dans ces circonstances, nos évêques, revenant aux errements du temps des Investitures, se laissèrent d'abord entraîner au mauvais parti. Hillin le métropolitain, qui était, ou se disait malade, fit, sous ce prétexte, attendre un peu son adhésion; mais enfin elle arriva, avec celle de ses trois suffragants, à l'assemblée de Pavie, du mois de février 1160, c'est-à-dire 1161 avant Pâque (1). Le duc de Lorraine Mathieu, qui, par sa duchesse Berthe de Souabe, était beau-frère de l'empereur, suivit cet exemple; et peut-être le montra-t-il. On lit, en diverses histoires, qu'Herman de Verdun et Daniel de Prague, délégués impériaux pour la convocation de cette assemblée de Pavie, allèrent porter aux deux papes Alexandre et Victor des lettres de citation scellées de la bulle d'or; mais Herman était évêque de Verden en Westphalie, non de Verdun; et nous avons déjà noté des méprises analogues, occasionnées par la ressem-

(1) *Ut autem omnis actio plenius legentibus elucescat,* disent les présidents de cette assemblée, dans leur circulaire, *dignum duximus ut omnium nostrûm consensus et nomina subscribantur... Ego Hellinus, Treverensis archiepiscopus, cum meis suffraganeis, consensi.* Hardouin, Concil. tom. VI. part. 2, p. 1572.— A la page précédente se trouve une lettre de l'évêque de Bamberg, écrite avant la circulaire : *Solus Treverensis de regno nostro superest de numero archiepiscoporum qui non consenserit : ejus tamen suffraganei omnes consenserunt.*

blance des noms des deux villes (1). De la conduite personnelle de notre évêque en cette affaire', nous ne pouvons
rien dire; car le continuateur de Laurent de Liége, tant est
grande sa discrétion, juge à propos de garder ici un silence
complet. Ce silence prouve du moins qu'Albert, s'il fut
schismatique, mit beaucoup de tiédeur en son schisme,
puisqu'on ne trouve pas même trace de murmures orthodoxes contre lui. Il est à présumer qu'on fut longtemps
chez nous mal renseigné de ce qui se passait en Italie; et
que ceux qui le surent tinrent compte à notre pontife du
risque qu'il courait de perdre son beau diplôme de 1156,
s'il se tournait contre l'empereur qui le lui avait donné.

Albert de Mercy
se retire
à Saint-Vanne.
Cet évêque, imitant jusqu'au bout son illustre prédécesseur Albéron, dont il avait été l'ami et le conseil pendant
près de trente ans, résolut de finir, comme lui, ses jours
dans la solitude monastique; et, comme il craignait que les
embarras des grandes affaires auxquelles il avait été si
longtemps mêlé ne le suivissent dans nos cloitres, il fit
choix, pour sa retraite, de l'abbaye de Clairvaux, pleine
encore des souvenirs de saint Bernard. Malgré tout ce
qu'on put lui dire, il voulut partir; mais une pieuse ruse
de ses amis fit verser sa voiture devant Saint-Vanne;
et, comme en fait, il s'en allait au regret de son cœur, on
lui persuada, sans grande peine, que le ciel, par cet accident, blâmait son projet. Les moines, qui savaient toutes les
légendes, lui racontèrent comment, au temps des apôtres,
l'évangéliste saint Marc, averti par de pareils signes, avait
cru devoir rester à Alexandrie. Il les écouta, resta chez
eux pendant l'année qui s'écoula encore jusqu'à sa mort, le
14 avril 1162, devint moine lui-même, et fut inhumé dans
leur église, estimé et regretté comme homme de grand
esprit politique, qui prévoyait de loin les choses. Les pauvres l'aimaient, parce qu'il n'avait ni faste, ni jactance ; et
les lettrés l'estimaient pour son esprit orné des connais-

(1) Ci-dessus, p. 184, note. — Michaud, Biblioth. des Croisades, 3e part.
p. 289, se trompe de la même manière.

sances de la bonne littérature (1). Dès avant d'arriver à l'évêché, il sut en dégager les finances des embarras laissés soit par les guerres des temps précédents, soit par la reconstruction de la cathédrale : nous apprenons ce fait d'une lettre où l'archevêque Hillin félicite le princier A... (Albert), le doyen W. (Guillaume) et les autres dignitaires du Chapitre, d'avoir libéré leur évêque Albéron de toutes ses dettes, en reconnaissance du don que leur avait fait ce prélat de l'un de ses deux moulins sous l'évêché (2).

Il existe de ce même métropolitain Hillin un jugement daté des nones, ou 7 de juillet 1159, par lequel on voit que, dès lors, le princier et le Chapitre entamaient les longs débats qui aboutirent à la suppression de la princerie vers la fin du XIVᵉ siècle. Les griefs du Chapitre contre le princier Thierry, successeur d'Albert, furent qu'il levait des tailles sur les domaines et les serfs de l'église, faisait cultiver, à son profit, les terres *indominicatœ*, imposait aux campagnes ses gens pour prévôts, enfin, avait affecté à son service spécial plusieurs villages : le tout, disent les plaignants, contre la teneur de nos droits et coutumes antiques (3). Le dernier grief indique que le princier, premier archidiacre et pouvoir exécutif du Chapitre, travaillait dès lors à se faire une mense séparée ; et il y parvint en effet dans la suite. Sur ce chef d'accusation, l'archevêque, ayant condamné Thierry pour les trois premiers, se déclara insuf-

Demêlé
du princier
et du Chapitre.

---

(1) XVIII *Kalendas maii, obiit domnus Albertus, episcopus Virdunensis, qui, inter cætera bona quæ fecit, Muceium castrum à Trevirensi ecclesiâ, ecclesiæ nostræ acquisivit.* Nécrologe. — *Anno* 1162, *ac coràm altari beati Laurentii, in nostro monasterio sepelitur : vir excellentis ingenii, litteraturæ vernans studio, jactantiæ nescius, et pauperum adjutor indefessus,* ajoute le continuat. de Laurent de Liége.

(2) Cette lettre, sans date, fut écrite postérieurement à l'avénement de Hillin, en 1152, et avant celui d'Albert, comme évêque, en 1156. Il paraît qu'Albéron s'était aussi endetté envers ses officiers, car Hillin dit : *Et ministeriales non ministeriis priventur, donec eis sua debita persolvantur.*

(3) *In villis eorum et hominibus exactiones faciebat, terras indominicatas colebat, præpositos de familiâ suâ in villis ponebat, villas etiàm quasdam ad subserviendum sibi subjiciebat : omnia contrà jus eorum et tenorem antiquum.*

fisamment informé, et renvoya la cause à l'évêque Albert, assisté des anciens du Chapitre. — En ce même temps, l'abbé Conon, continuant la tradition des grands abbés de Saint-Vanne, fit fortifier le monastère d'un mur flanqué de tours, construisit un bâtiment pour la bibliothèque, acquit, pour elle, de nouveaux manuscrits, et des joyaux pour l'église, enfin un aleu pour le service paroissial de Saint-Amant (1). Il mourut en 1178, ayant occupé le siége abbatial pendant trente-quatre ans : dès sa jeunesse, on l'estimait tellement qu'au concile de Reims, de 1148, le pape Eugène III l'ayant aperçu dans la foule, l'appela pour lui donner un siége d'honneur.

Entre Albert de Mercy et Arnoul de Chiny, de 1161 à 1171, s'écoulèrent dix années entièrement vides, sous Richard de Crisse, surnommé l'Enfant, à cause de sa simplicité (2). Il était de la famille de Grand-Pré; et, suivant nos auteurs, ce fut à son insignifiance même qu'il dut son élévation, à la princerie d'abord, où il remplaça l'envahissant Thierry, ensuite à l'évêché, où on ne voulait point en ce moment d'homme énergique qui, en se prononçant soit pour, soit contre le schisme, eût troublé la précieuse tranquillité dont on voulait jouir. Si telle fut l'intention des électeurs de Richard l'Enfant, ils durent s'applaudir de leur choix; car leur élu ne compromit rien, ayant pris soin de ne rien faire. Au nombre des actions compromettantes, il paraît qu'il mit la cérémonie de son sacre, pour laquelle il lui eût fallu recourir à des évêques ou catholiques, ou schismatiques : en conséquence, il demeura élu non sacré, attendant la fin du débat; puis, comme elle ne venait pas,

Conon fortifie Saint-Vanne.

L'élu Richard l'Enfant.

---

(1) *Turres lapideas, post opus librarii à fundamento crexit, et usquè ad consummationem perduxit, ecclesiam istam admodùm melioravit operibus auri et argenti, librorum, aliorumque ornamentorum : alodiumque ad usus ecclesiæ in vico Sancti-Amantii acquisivit.* Continuat. de Laurent de L.

(2) Roussel dit qu'il était archidiacre de Laon, au moment de son élection à Verdun. Alors il aurait cumulé : car on trouve, au cartulaire, p. 116, bis, verso, une charte de 1163, donnée *cum consilio, laude et assensu domini Richardi, electi et primicerii.*

il partit pour la Terre-Sainte, et succomba, comme tant d'autres, aux fatigues de ce périlleux voyage.

A ce personnage peu mémorable succéda, vers 1172, Arnoul, des comtes de Chiny, par Albert son père, et de la maison de Bar, par sa mère Agnès, fille de Renauld le Borgne. Albert, père d'Arnoul, était ce neveu de l'évêque Albéron et ce gendre de Renauld, auquel celui-ci voulait, comme nous l'avons vu, qu'on remît la tour du Voué, lorsqu'il en eut été expulsé lui-même : ainsi notre nouveau prélat se trouvait à la fois petit-neveu d'Albéron et petit-fils de Renauld. Du côté de l'église, il suivit la politique de son prédécesseur, et ne se fit point non plus sacrer : telle était la déplorable situation créée par le schisme que ce misérable expédient d'éluder la difficulté, en ne s'adressant à aucun parti, fut également adopté par l'évêque de Metz Thierry, neveu d'Etienne de Bar, et son successeur, en 1164 (1). Quant au temporel, il y surgit, peu après l'avénement d'Arnoul, une très-sérieuse complication, contre laquelle il ne suffisait pas, comme pour la dissension ecclésiastique, de prendre patience et de trainer les choses en longueur. Pendant le règne fainéant de Richard de Crisse était mort le comte Renauld II, laissant mineur son fils Henri Ier, au nom duquel gouverna la comtesse veuve, Agnès de Champagne. Cette princesse réclama pour Henri notre comté-avouerie, comme héritage paternel. Nos auteurs, n'ayant pas remarqué les chartes qui indiquent qu'Albert de Mercy avait accepté Renauld II pour comte, s'étonnent de cette revendication d'un titre qu'ils supposent éteint depuis Albéron de Chiny; et ils traitent Agnès d'ambitieuse et de femme altière, qui renouvela des querelles réglées depuis longtemps : en réalité, elle réclamait

L'élu
Arnoul de Chiny.

Réclamation
du
comté-avouerie
pour le
comte Henri Ier.

(1) Roussel dit, p. 264, que ces évêques non sacrés administraient par délégation du clergé : en signe de quoi, ajoute-t-il, ils se servaient, non de leur propre sceau, mais de celui de leur église. Nous trouvons cependant mention du sceau de Richard de Crisse dans une charte de 1163, (Gallia christ. XIII. Instrum. p. 574 : benignè concedimus, et sigilli nostri impressione roboramus); et nous avons encore l'empreinte de celui d'Arnoul de Chiny.

pour le fils ce qu'avait possédé le père. Quant à Arnoul, comme une telle demande tendait à rétablir l'hérédité de l'avouerie, et à annuler de fait le diplôme de 1156, il répondit par un refus, sans craindre la guerre, qui ne manqua pas d'éclater, et qui fut longue, à cause de l'importance du litige. On était encore aux prises en 1178 : car, cette année, les moines de Saint-Vanne conduisant en cérémonie leur nouvel élu Pierre de Bricy au siége abbatial du défunt abbé Conon, trouvèrent, sur la route de leur procession, l'évêque Arnoul et ses hommes d'armes, qui les obligèrent de rebrousser chemin, parce que l'évêché ne voulait point qu'ils donnassent leur crosse à un sujet et partisan du comte de Bar, avec lequel on était en guerre (1) ; et force fut aux moines de rentrer chez eux pour élire Alestan le jeune. La paix avec Bar se fit par des traités dont il nous reste, pour tout document, les excuses et réparations faites au Chapitre, dans le cloître de la cathédrale, par Agnès et Henri, en présence de la noblesse et du seigneur élu Arnoul, lequel probablement avait exigé ces satisfactions, comme article de l'accord. Au langage pacifique et pénitent que tinrent alors le comte et sa mère, demandant pardon, avec absolution des censures qu'ils reconnaissaient avoir méritées, on peut soupçonner que la guerre n'avait pas tourné à leur avantage, bien qu'ils l'eussent poussée sans ménagement : car la charte parle, non-seulement de terres ravagées, mais d'incendies d'églises ; ce qui était alors crime de sacrilége réservé :

« Ego Agnes comitissa Barrensis, et Henricus comes, filius meus, de perpetratis damnis et ecclesiarum incendiis quæ nos et homines nostri ecclesiæ Virdunensi et præbendæ fratrum intulimus pœnitentes, et corde contrito et spiritu humiliato super his absolutionem petentes, pro restauratione fratribus quadraginta solidos super alo-

_____

(1) *Qui Petrus de Briei, cùm more electi duceretur in ecclesiam, in sede pastorali intronisandus, Arnulfus episcopus, timens ne si idem abbatisaret, sibi scandalorum spinas suscitaret, ipsi Petro violentâ manu occurrit, dicens eum esse de dominio comitis Barrensis : et ob hoc honore prælaturæ privatus est.* Continuat. de Laurent de Liége.

dium Barri, singulis annis, constituimus, ut villicus banni, vel alius qui justitias vel redditus ejusdem banni sub trecensu tenuerit, in Purificatione, sine dilatione, fratribus persolvat; et sic absoluti à sententiâ excommunicationis fuimus... Actum in claustro Virdunensi, in præsentiâ domini Arnulfi electi, præsentibus testibus... (Parmi ces témoins, Gobert d'Apremont, Savary de Belrain, Renauld de Bar, Thierry de Mousson, Oulry d'Hatton-Châtel, Garnier de Sampigny, Walter de Mureau, Evrard d'Orne, Albert de Clermont.) — Datum mense junio, xv die ejusdem mensis. — Sans indication d'année : ce qui laisse ignorer la durée des hostilités (1).

Il n'y eut plus, après ces événements, de réclamation d'avouerie héréditaire; et ainsi fut terminé par Arnoul de Chiny ce long débat, commencé sous son grand-oncle Albéron. C'était aussi le grand-oncle du comte Henri, Etienne de Bar, évêque de Metz, qui avait représenté sa famille lors de l'abolition légale de cette hérédité par le diplôme de 1156: la mention d'Etienne parmi les témoins approbateurs de cet acte est d'autant plus significative que le prélat s'était fait auparavant négociateur et intermédiaire de réconciliation entre son frère Renauld et Albéron de Chiny. — Nous remarquons, dans la charte qui vient d'être transcrite la mention du *villicus* (intendant) de l'*alodium Barri*, auquel l'acte assimile celui qui prend à trescens les justices et revenus de cet aleu. Il y avait sans aucun doute pareille administration à Verdun : de sorte que le sous-voué, ou vicomte de cette époque était réputé, pour la partie financière de sa charge, c'est-à-dire pour les amendes et autres taxes de sa justice, censier ou fermier de la seigneurie épiscopale. De là vinrent, quand cette charge eût été engagée à la Commune, les interminables débats, que nous raconterons dans les périodes suivantes, entre la Ville et l'évêché, sur leurs parts respectives dans ce qu'ils appelaient les « issues de la vicomté. »

Fin du débat.

(1) Cet acte est dans le cartulaire, p. 143, et dans Wassebourg, p. 325. Celui-ci ajoute que, de son temps, les 40 sols de cens se percevaient encore sur les recettes de Souilly, ou de Revigny-aux-Vaches.

Beaulieu en la garde du comte Henri.

Pour sceller la paix, et peut-être en vertu de quelque engagement pris à cette occasion, le prélat Arnoul détermina les religieux de Beaulieu à se mettre sous la défense et protection du comte Henri (1). Il fut dit expressément dans l'acte que l'abbaye n'avait point de voué; et, bien certainement, elle n'en voulait pas : car les moines savaient trop bien de quelles misérables tribulations leurs confrères de Saint-Mihiel, et beaucoup d'autres, avaient été accablés par les voués : mais ce titre de défenseur ne laissait pas d'être très-important par l'influence qu'il donnait sur le territoire seigneurial de Beaulieu; et ce fut un service dont Henri dut savoir gré à notre évêque. Ceci prouve que ce n'était point sa personne, mais sa prétention héréditaire que repoussait Arnoul, et qu'ils ne se gardèrent point rancune de leur lutte. Le régime inauguré par ces arrangements subsista à Beaulieu jusqu'aux catastrophes de la fin du XIIIe siècle: on ignore, à cause de la perte des archives de l'abbaye, quel sort elle subit pendant cette période; néanmoins elle ne fut pas, comme Saint-Mihiel, absorbée dans le Barrois, non sans doute que les comtes ne le souhaitassent; mais ils trouvèrent sur cette frontière la dangereuse et jalouse surveillance de la Champagne, puis de la France.

Ses vexations a St-Mihiel.

Pour Saint-Mihiel, le comte Henri, persistant dans le système oppressif de ses ancêtres, ajouta à leurs vexations celle de créer et constituer douze nouveaux fiefs à ses hommes d'armes, non, disent les plaintes des moines, sur son

---

(1) *Ego Henricus, comes de Monsione, interventu domini Arnoldi, Virdunensis episcopi et aliorum bonorum virorum, et amore domini Alberti, Belliloci abbatis..., recepi sub tutelà meà montem Belliloci, et omnes dominicaturas ejus...; qui sine advocato sunt..., et appositione sigilli Sancti-Mauritii confirmare curavi. Testes : Lanzo, abbas Sancti-Michaëlis, Gunterus abbas de Insulà, etc.* Sans aucune date. Roussel met 1172, et D. Baillet 1175, dans son Hist. ms. de Beaulieu; mais la mention de Lanzon II, abbé de Saint-Mihiel, qui ne succéda à Manegaude qu'à la fin de 1178, prouve qu'ils se trompent. V. le catalogue rectifié de Saint-Mihiel, dans le tom. XIII du *Gallia christiana*. Les successeurs de Manegaude n'y sont pas les mêmes que ceux qu'indique D. de l'Isle, qui a omis Lanzon II, bien que Roussel, 2e part. p. LXXXVII, cite de cet abbé un acte de 1179.—La Chalade, en 1183, prit également une simple garde: ci-dessus, p. 241.

tiers de territoire qu'il avait comme voué, mais sur le nôtre, au domaine propre de Saint-Michel (1). A leur réclamation, le métropolitain Arnould, successeur d'Hillin, en 1170, chargea les évêques de Toul et de Verdun de faire, s'ils le pouvaient, redresser ce grief, même par menace de censures : puis on n'en parla plus ; et la nouvelle vexation alla se confondre avec celles des deux Renauld, et de leurs prédécesseurs, de temps immémorial.—Suivant quelques traditions, la douairière comtesse régente Agnès de Champagne se serait, sur ses vieux jours, retirée, avec d'autres femmes pieuses, à l'endroit où fut fondée, en 1230, à deux lieues de Bar, par le comte Henri II, l'abbaye Sainte-Hould ; et telle aurait été la première origine de ce monastère, dont les religieuses adoptèrent, lors de leur fondation définitive, la règle de saint Bernard (2).

Les chroniques de Lorraine parlent, au temps du duc Simon II, qui régna après Mathieu Ier, de 1176 à 1205, d'une troupe de détestables bandits qui, dit Louis de Haraucourt, avaient nom « cotterex, » et que les lorrains dispersèrent, en 1177, dans une bataille à Remich, non loin de Thionville, sur la rive gauche de la Moselle. Ces brigands étaient les trop fameux cotereaux (3), dont parle aussi l'histoire de France ; larrons sans foi ni loi, sans patrie ni religion qui, outre leurs scélératesses de meurtre et de pillage, scandalisaient les populations par des impiétés qu'ils

Les cotereaux.

---

(1) A. *Dei gratiâ Trevirorum humilis minister, venerabilibus fratribus et amicis carissimis P. Leucorum, A. Virdunensium episcopis. Conquestus est nobis dilectus filius noster abbas Sancti-Michaëlis quòd, cùm comiti de Barro, de jure advocatiæ, tertiam partem terræ dimiscrit, et adhuc dimittat, ipse tamen comes Barri, suâ portione minimè contentus, in tantùm de duabus aliis partibus, sub specie feodi, alienaverit et monasterio abstulerit quòd duodecim virorum hominium suscepit. Quoniàm igitur hoc omninò justitiæ contrarium esse dignoscitur, etc.* Sans date aucune, dans *Gallia christ.* XIII. *Instrum.* p. 573.—La mauvaise habitude de ne pas mettre de date aux actes est commune dans cette seconde moitié du XIIe siècle : pour toute indication, on n'a souvent que les noms des personnes mentionnées.

(2) Sainte Hoïlde, vulgairement sainte Hould, était l'une des sœurs de sainte Ménehould. V. ci-dessus, tom. I. p. 77.

(3) Coterel, grand couteau.

avaient apprises des Albigeois du midi. Dans ces temps
périlleux, l'évêque de Toul, Pierre de Brixei, s'étant décidé
à faire reconstruire Liverdun, sa principale forteresse, voulut la transférer dans une position plus avantageuse sur la
montagne ; mais le duc Simon et notre évêque Arnoul s'y
opposèrent, le premier à cause de Nancy, le second pour
Dieulouard, leurs châteaux, qui se trouvaient à distances à
peu près égales du nouveau fort toulois, et qu'ils crurent
menacés par lui. Ce différend n'eut pas de suites, notre
évêque s'étant contenté, par la médiation de Simon de
Broyes, seigneur de Commercy, de la promesse qu'on lui
fit qu'il n'y aurait jamais asile à Liverdun pour les bannis
et proscrits de son évêché. Ce seigneur Simon, que notre
cartulaire appelle *nobilis vir de Commarceio* (1), tirait son
nom de famille du château de Broyes, sur une montagne
voisine de Sezanne en Champagne : son père Hugues, l'un
des croisés de Louis VII, avait épousé Etiennette, fille de
Renauld le Borgne. On ne sait comment cette maison de
Broyes arriva au fief de Commercy : peut-être l'évêque
Etienne de Metz, duquel il dépendait, l'accorda-t-il à Hugues, lorsque celui-ci devint son neveu, en épousant la
fille de son frère. Quoi qu'il en soit, Simon de Broyes est
le premier des seigneurs de Commercy dont l'histoire ne
soit pas inconnue. C'était un homme de paix et de religion,
qui, outre la bonne œuvre de médiation que nous venons
de rapporter de lui, fonda, à Commercy, la collégiale
Saint-Nicolas, de douze prébendes, qui subsista jusqu'à la
Révolution. La charte, datée de 1186, commet le doyen au
soin spirituel des lépreux de la ville (2).

Les Broyes
de Commercy.

(1) *Albertus* (de Hirgis), *D. G. Virdunensis episcopus, et Simon, nobilis vir de
Comarceio, notum facimus quòd Herbinus de Asperomonte, cum omnium fratrum
suorum assensu, contulit ecclesiæ Virdunensi, in potestate liberi vicedominii,
Hedwi matrem et Jacobum filium, Hawi et Odilam filias...*1196. Cartul. p. 129,ᵛᵒ.

(2) *Decernimus etiàm ut ecclesiæ præfatæ decanus, quantùm ad spiritualia
pertinet, leprosorum de Commarceio et familiarum suarum curam gerat, nec sine
eis et fratrum suorum assensu, in capellâ dictorum leprosorum capellanum cui-
quam instituere liceat.* Longue charte, dans les Preuves de Calmet, 1ʳᵉ édit.
n. 394-97.

L'élu Arnoul de Chiny périt d'une manière funeste, le 14 août 1181, devant Sainte-Ménehould, qu'il assiégeait, pour en chasser Albert Pichot. Nous avons déjà rencontré un tyran pillard ainsi nommé qui, environ trente ans auparavant, avait été fait prisonnier par Albéron : ce second Pichot était le bâtard et le digne héritier du premier (1); et tous ceux qui, soit de Châlons, soit de Verdun, avaient été volés par ces bandits se joignirent à la petite armée épiscopale. Elle réussit dans les premiers combats, et poussa le siége avec vigueur : mais, lorsqu'on se croyait déjà sur le point d'entrer dans la place, Arnoul s'étant avancé imprudemment, reçut à la tempe un trait d'arbalète qui l'étendit mort sur place (2). Ce tragique événement déconcerta toute l'expédition : et il fallut revenir à Verdun, avec le corps du brave et infortuné chef, qui fut inhumé, en signe d'honneur, au milieu de la cathédrale, sous un mausolée, que l'on voyait encore vers l'an 1500, en état de vétusté qui obligea de le remplacer par une grande tombe en marbre noir, avec inscription refaite en beau style moderne, c'est-à-dire avec emphase (3). Il ne paraît pas que ce prélat ait jamais été sacré : son sceau porte *Arnoldus, Virdunensis electus :* on l'y voit sans mitre, un livre à la main droite, à la gauche, une sorte de palme, tenant lieu de crosse, et le corps couvert d'un long surplis (4).

L'élu Arnoul, tué au siége de Ste-Ménehould.

(1) Il n'est pas probable que ce soit le même : un intervalle de plus de trente ans séparant les deux faits, et le continuateur de Laurent de Liége ne faisant aucune allusion au prisonnier d'Albéron. *Albertus nomine, cognomento Pichot,* dit-il, *dominus de Sanctâ-Manechilde, vir spurius et furcifer, cœpit Virdunensem et Catalaunensem episcopatum infestare, etc.*

(2) *Capite sagittâ percussus,* dit le continuat. de Laurent de L. Ainsi c'est une légende que de dire que la côte de Crévecœur, près Sainte-Ménehould, tire ce nom de ce que là l'évêque Arnoul reçut un coup de flèche qui lui perça le cœur.

(3) Wassebourg, p. 326. L'inscription moderne, dans Roussel, p. 270. L'ancienne n'est pas connue. Au Nécrologe : XIX *Kalendas septembris, obiit Arnulphus, Virdunensis episcopus, qui usquè ad castrum Sanctœ-Maneholdis prœdones hujus ecclesiœ prosecutus, ibidem lapide percussus interiit. Pro cujus animâ debentur nobis tres solidi, de domo contiguâ Sancto-Laurentio.*

(4) Il y a quelques chartes où on lui donne le titre d'*episcopus :* exemple

L'évêque Henry
de Castres.

A l'élection de son successeur, le Chapitre, voyant le schisme terminé par la réconciliation du pape et de l'empereur, à Venise, en 1177, crut pouvoir sans inconvénient renoncer à sa prudente politique de ne prendre son élu parmi les zélateurs d'aucun des deux partis : et, comme, depuis Thierry, il avait toujours été, aussi bien que l'évêché lui-même, impérialiste de cœur, ses sympathies l'entraînèrent à dévier un peu de ce côté. Il choisit, peut-être à la recommandation de Frédéric Barberousse lui-même, un archidiacre de Liége, Henri, de la noble famille des comtes de Castres (1) : nous noterons, en passant, que l'évêché de Liége avait, dans l'affaire des Investitures, suivi la même politique que le nôtre. Cette élection, ainsi qu'on devait s'y attendre, et comme le prouve le style de malveillante aigreur que prend ici le continuateur de Laurent de Liége, déplut à Saint-Vanne, où était toujours le foyer de l'orthodoxie; mais on parvint à affaiblir cette communauté en y semant des dissensions : et l'évêque eût probablement pu régner longtemps, s'il ne fût survenu dans la province une grande querelle où les partis trouvèrent champ libre pour exploiter leurs vieilles rancunes. A la mort du métropolitain Arnold, en mai 1183, notre évêque Henri étant encore dans sa première année d'épiscopat (2), il y eut à Trèves une élection contestée entre Rodolfe de Wède,

celle de Beaulieu rapportée ci-dessus, p. 302, et celle de Louis de Chiny pour Orval, en 1173 : *Testes : dominus Arnulfus Virdunensis episcopus, prædictæ ecclesiæ Aureæ-Vallis fidelissimus.* Mais, ce qui prouve qu'il ne faut pas prendre ce mot *episcopus* à la rigueur, c'est qu'en 1178, l'union de l'abbaye du Münster de Luxembourg à Saint-Vanne est faite *assensu carissimi fratris nostri Arnoldi, Virdunensis electi.* Ces deux chartes sont dans les Preuves du tome IV de Berthollet.

(1) Castres est Blisscastel, sur la Bliss, entre Deux-Ponts et Sarrebrück. V. Calmet, Remarques sur le comté de Castres et les seigneurs qui l'ont possédé, en tête du tom. I. p. XXIII, 2ᵉ édit. C'était un fief de l'évêché de Metz ; les titres en sont indiqués dans l'arrêt de la Chambre Royale, du 28 juin 1680.

(2) C'est ce qui résulte de la charte de la trésorerie, dont nous parlerons tout à l'heure : *Actum publicè, in Capitulo Virdunensi, anno 1184, episcopatûs nostri secundo.*

appuyé des impérialistes, et Folmar qui, pour ses cabales pendant les nuits qui suivirent la mort de l'archevêque, fut bizarrement comparé par le *Gesta* à l'objet que les psaumes des vêpres appellent *negotium perambulans in tenebris* (1). Sur le procès des deux compétiteurs, le pape Luce III hésita, à cause des renseignements contradictoires qu'il recevait de Trèves, et parce qu'en 1184, étant à Vérone, l'empereur et l'évêque de Verdun lui dirent du mal de Folmar (2) : il ordonna des informations, qui n'étaient point encore terminées à sa mort, en novembre 1185. Pendant ce temps, l'évêque Henri, par mesure politique sans doute, introduisit la discorde à Saint-Vanne, en appuyant et faisant appuyer par les notables de la ville le prieur Hugues contre l'abbé Thomas, lequel fut obligé de céder la place à ce rival : la chronique note, en passant, de cet abbé Hugues, qu'on lui doit la plantation d'une grande vigne sur les coteaux voisins d'Escance (3). Cependant Urbain III, successeur de Luce, tenant Folmar pour bon serviteur du Saint-Siége, prononça en sa faveur, la veille de l'Ascension 1186, puis le sacra, et l'envoya en possession, au mépris de l'empereur, par crainte duquel le nouveau prélat fut obligé

(1) *Gesta*, ch. 93. — Wassebourg et, d'après lui, Marlot exposent l'histoire de cette querelle d'une manière entièrement favorable à Folmar, et opposée à l'empereur Frédéric Barberousse ; mais ils ne paraissent pas avoir connu la relation du *Gesta*, les premières éditions de cette chronique s'arrêtant à l'an 1122. Wyttenbach et Müller attribuent notre passage à Lambert de Liége, *testis cœvus*, disent-ils, *magno veritatis amore, et laudabili styli claritate litteris consignavit*. Cet auteur, en racontant l'élection, dit : *ut cui major pars cleri vel populi faveret, ipse in episcopum succederet* : ce qui prouve qu'on prenait toujours le suffrage du peuple dans les élections.

(2) Le *Gesta* parlant, ch. 93, de cette entrevue du pape et de l'empereur à Vérone, ne mentionne pas la présence de l'évêque de Verdun ; mais elle est indubitable par la charte de Lyon que cite Roussel, p. 271, et par la bulle de Luce III, que notre évêque rapporta d'Italie, pour la sanction des arrangements faits au sujet de la trésorerie : *Datum Veronœ*, xvi *kal. octobris*, Cartul. p. 93.

(3) *Hugo cœpit Thomam abbatem lacessere, et contrà ipsum simultates conciliare, personas Virdunenses donis et adulationibus allicere quatenùs ipsum valeret ab officii prælaturâ amovere... Vineam verò majorem quæ dicitur nova juxtà Scantiam, plantari et excoli fecit.* Continuat. de Laurent de L.

de se déguiser en paysan pour passer les Alpes, où il y avait
ordre de l'arrêter. Arrivé à Toul, il ne fut pas reçu par
l'évêque Pierre de Brixei ; mais il fut plus heureux à Metz,
où Bertram le logea au palais épiscopal : puis Thibauld,
frère et, peu après, successeur du comte Henri de Bar,
le recueillit dans le pays de Briey, et lui donna asile et
protection en l'abbaye de Saint-Pierremont (1). De là Folmar, ne pouvant aller plus loin, informa de ses embarras et
de sa détresse le pape qui, persistant à le soutenir, ajouta
à son titre de métropolitain celui de légat, afin qu'il pût
fulminer des censures, au nom de Rome : néanmoins les
trévirois ne cédèrent pas ; et Bertram lui-même hésita
devant les conséquences, commençant à devenir graves, du
parti qu'il avait pris : de sorte que Folmar se vit réduit à
aller demander à l'archevêque de Reims Guillaume-aux-
Blanches-Mains, territoire à Mouson, pour tenir synode
provincial en France, sur la frontière de la province tréviroise. Des trois évêques, celui de Metz seul parut à cette
assemblée ; les deux autres interjetèrent appel de leur convocation : ce qui n'empêcha pas Folmar, excité par les
Français, dont se composait en grande partie son synode,
d'excommunier Pierre de Toul et Henri de Verdun ; celui-
ci fut même déposé, sur une démission qu'on prétendit
qu'il avait offerte, et qui révéla au métropolitain combien
Henri se sentait peu solide sur son siége (2). Quant à l'abbé
Hugues, également cité à Mouson, il ne vint pas, sous pré-

(1) *Ad montem Sancti-Petri, in terrâ Thebaldi comitis de Brici, ipso conduc-
tum præstante. Gesta, ch. 95.* Ainsi Thibauld, avant la mort de son frère,
portait le titre de Briey, et non celui de Mousson, comme le dit Maillet : et
ce fut ce titre de Briey qu'il transmit à Ermesinde en l'épousant. Ci-dessus,
tom. I. p. 332, note 2.

(2) *Apud Mosomum, castrum archiepiscopi Remensis, Dominicâ quâ cantatur
Invocavit* (1er de carême), *antecedente episcopo Metense. Petrus verò Tullensis
et Henricus Virdunensis, appellatione interpositâ, non venerunt. Venerunt etiàm
et multi clerici de Franciâ, etiàm quidam episcopi, animantes Folmarum... Horum animatus suffragiis... Petrum Tullensem excommunicavit, Henricum Virdunensem, ultrò se offerentem, ab episcopatu deposuit : et sic in absentes grassatus,
non convictos neque confessos damnavit. Gesta, ch. 97.*

texte qu'il s'était arrangé et avait fait paix avec ses moines; mais Folmar, se défiant de cette excuse contredite par les adversaires, qui n'avaient pas manqué de se présenter contre l'évêque et l'abbé, écrivit sur le champ à Verdun pour qu'on fît information sur ce point. Il résulte du récit du continuateur de Laurent de Liége que la déposition de Henri fut donnée pour un jugement rendu en convocation du clergé verdunois (à Mouson), et qu'on motiva l'acte sur la désobéissance de notre prélat aux ordres du siége apostolique, c'est-à-dire sans doute du légat (1).

De ces mesures, prises sans ménagements et avec scan- Henri de Castres
dale, résulta une grande commotion dont furent ébranlées se retire
les chaires pontificales de nos trois évêques. Celui de Ver- à Liége.
dun ne trouva rien de mieux que de laisser sa mitre aux disputes de ses ennemis : il se retira à Liége, reprit ses anciennes fonctions d'archidiacre : et la cour romaine, quand elle cessa d'être égarée par Folmar, lui sut gré de ce sacrifice à la paix (2). L'abbé Hugues, entraîné dans la chute de l'évêque, fut suspendu de sa charge, par ordre du légat, qui fit établir une administration provisoire à Saint-Vanne (3). A Metz, on vit la contre-partie de ces scènes : ce

---

(1) Sicque, convocato clero Virdunensi, Henricus, qui sacerdotio resistebat, judicio cleri compellitur episcopatui resignare.

(2) Roussel, citant l'histoire manuscrite de Trèves, c'est-à-dire sans doute le Gesta (qu'il paraît n'avoir pas lu), dit que Folmar notifia, dans l'assemblée de Mouson, un bref de Luce III déclarant Henri de Castres intrus. Non seulement il n'y a rien de tel au Gesta, mais le pape Luce lui-même, dans sa bulle au Chapitre, pour l'affaire de la trésorerie, en 1184, qualifie Henri de venerabilis frater noster Henricus, episcopus vester. Cartul. p. 93. Après le retour de Henri à Liége, un bref de Célestin III, cité par Roussel lui-même, porte : venerabili fratri Henrico, quondàm Virdunensi episcopo. La date de ce dernier bref prouve que cet évêque vivait encore en 1196.

(3) F. Dei gratiâ Trevirorum archiepiscopus, apostolicæ sedis legatus, dilectis filiis A. primicerio, P. decano, etc. Virdunensis ecclesiæ. Cùm, ad cognoscendum statum abbatiæ Sancti-Vitoni, tàm abbatem quàm monachos, quintâ feriâ post dominicam Invocavit convocassemus, abbas antè diem licentiam a nobis impetravit dicens se cum monachis composuisse : at monachi venientes, falsam abbatis assertionem esse dicentes, graves et acerrimas de ipso deposuére querelas... Nos autem, quia opinione et famâ multorum nobis constitit quòd bona ecclesiæ dilacerentur, abbatem ab administratione temporalium suspendimus... districtè vobis.

fut à l'empereur que Bertram eut à répondre de l'adhésion que, seul des suffragants, il avait donnée au turbulent métropolitain. Il protesta qu'il n'avait pas prévu à quelles extrémités les choses seraient poussées, ni quelle indignation il encourrait par là de la majesté impériale : malgré ces excuses, il lui fallut aller en exil à Cologne, pendant trois ans; et Werner de Boland, délégué concussionnaire, ayant pillé les biens de l'évêché, l'évêque ne put revenir qu'à l'avénement de Henri VI, en 1190. Seul, Pierre de Brixei à Toul sortit à peu près intact de ce grand orage : il appela à Rome, attendit la fin de la vie chancelante d'Urbain III, et trouva, en 1187, Grégoire VIII tellement mécontent de tout ce qui s'était passé dans la province de Trèves que ce pape l'invita à son sacre, sans lever, même pour la forme, les censures dont le légat l'avait frappé (1). Il est bien probable que Henri de Castres eût reçu aussi bon accueil, s'il eût montré la même persévérance. Grégoire VIII n'ayant régné que deux mois, Clément III, son successeur, termina enfin cette pénible affaire en cassant toutes les procédures de Folmar, et en faisant élire à Trèves, à la place des deux prétendants, également déchus, l'archevêque Jean Ier, dont la prise de possession, en 1190, mit fin aux dissensions, qui duraient depuis sept ans. — Dans l'histoire de ces événements se trouve incidemment rapportée une entrevue de l'empereur et du roi de France Philippe-Auguste, sur leurs frontières, entre Ivois et Mouson, quelque temps après le synode d'où sortirent tous ces troubles. Il s'agissait d'une alliance, pour la conclusion de laquelle

Fin de Folmar. (marginal note)

---

injungentes quatenùs ad prædictam accedatis abbatiam, et ibi provisores idoneos, consilio monachorum, de ipsis ordinare curetis.— Cette lettre est adressée au Chapitre, parce que Folmar considérait le siége comme vacant par la déposition de Henri de Castres.

(1) *Audiens Gregorius de adventu Tullensis, mandavit ei ut suœ festinaret interesse consecrationi : quod quidam cardinales indignè ferebant, dicentes cum esse excommunicatum à suo archiepiscopo... Ille autem è contrario dicebat episcopum non convictum non posse excommunicari, et excommunicationem illam nullius esse vigoris.* Gesta, ch. 98.

le roi, sur les plaintes de l'empereur, ordonna à l'archevêque de Reims de faire sortir Folmar de Mouson, afin
qu'il cessât de troubler de là le pays, de l'empire : on
expulsa ensuite ce brouillon de toute la France; et il se vit
réduit à aller offrir ses services au roi Henri II d'Angleterre, qui lui accorda un bénéfice ecclésiastique en Tou-
raine (1). — L'épiscopat de Henri de Castres dura de la
mort d'Arnoul de Chiny, en août 1181, jusqu'au synode
tenu par Folmar, au carême de 1186, c'est-à-dire 1187
avant Pâque. De cet évêque, il existait, aux archives municipales, du moins selon l'inventaire qu'on en dressa vers
1700, une importante lettre sur parchemin, « scellée d'un
sceau pendant de cire rouge de Henri, évesque de Verdun,
portant cassation de quelques abus qui se commettoient en
l'exercice de la justice, et règlement d'icelle, à l'avenir.
De l'an 1186. » Ce serait un acte mémorable pour la Commune ; mais, comme il n'en subsiste trace ni dans l'histoire, ni dans les cartulaires, nous croyons que le copiste
de l'inventaire a écrit, par erreur, 1186 pour 1286, et que
l'évêque Henri dont il parle est Henri, non de Castres, mais
de Granson.

A la fin de 1187, une funeste nouvelle se répandit que
Saladin avait pris Jérusalem, et que le roi Guy de Lusignan
venait de perdre le royaume conquis à travers tant de périls par Godefroy de Bouillon, moins d'un siècle auparavant. Le pape Urbain III, celui-là même qui s'était laissé
tromper par Folmar, mourut de chagrin, ou du moins le
bruit en courut, dès qu'il eut appris ce grand malheur.
Son successeur Grégoire VIII ne s'occupa, dans les six semaines de son règne, qu'à rédiger des bulles pathétiques
aux princes et aux fidèles : on fit, sur l'air des proses
d'église, une complainte qui courut toute la chrétienté (2);

---

(1) *Gesta, ch.* 98. Il appelle Philippe Auguste *rex Franciæ Philippus, illustris et magnificus juvenis.*

(2) *Juxtà threnos Jeremiæ*
  Verè lugent Sion viæ, etc. — Attribuée à un certain Bertier, d'Orléans.

**Troisième
Croisade.**

et la troisième croisade fut prêchée par mille voix, avec
enthousiasme, pendant toute l'année 1188. Sur les terres
de ceux qui ne purent ou ne voulurent prendre la croix, on
imposa un dixième, qui fut appelé dîme saladine. Le vieil
empereur Frédéric Barberousse, ardent encore comme un
jeune homme, et consommé par l'expérience de cent batailles, voulut avoir la gloire de partir le premier : il laissa
le gouvernement à son fils, le roi des Romains Henri VI, et
se mit en route le 23 avril 1189, jour de saint Georges, patron des chevaliers. On sait comment il périt, le 10 juin
1190, pour avoir voulu, à l'exemple d'Alexandre le Grand,
et malgré cet exemple, se baigner dans l'eau froide du
Cydnus. Philippe Auguste, et le premier Richard d'Angleterre, second roi Plantagenet, dit Cœur de Lion, s'embar-
quèrent l'année suivante; et alors on vit, ce que nul ne revit ensuite, les rois de France et d'Angleterre ensemble,
sous les mêmes drapeaux : mais pour peu de temps malheureusement; car ils se divisèrent dès leur arrivée en Palestine, chacun appuyant des factions ennemies : de sorte

**Henri Ier de Bar;
Louis III
de Chiny.**

que l'expédition échoua, comme les précédentes. Henri Ier
de Bar fut alors, chez nous, le plus illustre des croisés : il
partit avec Philippe Auguste, demeura, après le retour des
Français, à l'armée de Richard Cœur de Lion, fut tué dans
une bataille, et inhumé au monastère de Saint-Jérôme, près
Bethléem (1), laissant le comté à son frère Thibault Ier. On
cite encore dans cette croisade, parmi la haute noblesse de
notre province, Louis III de Chiny, surnommé le Jérosolymitain : il périt, d'après Albéric, au siége de Saint-Jean
d'Acre, ou, suivant une inscription de l'église d'Orval, à
Belgrade, de fièvre et de fatigue (2). Beaucoup de chevaliers
les suivirent : et la foule, anonyme comme toujours, dut
être nombreuse; car on lit, dans l'Histoire de Metz, que

(1) Suivant Maillet, p. 45.

(2) Cette inscription, de style moderne, est dans Berthollet, tom. IV.
p. 192. — Henri IV de Grand-Pré fut, non de cette croisade, mais de celle
contre les Albigeois.

l'évêque Bertram, peu après son retour d'exil, donna en cérémonie le camail (pèlerine), le bourdon et la mallette (petite malle) à quinze ecclésiastiques, dont deux archidiacres, ceignit l'épée à douze écuyers, et mit le bourdon en mains à trente-deux bourgeois. (1) Il est encore parlé, dans les années suivantes, d'une femme Paquette de Metz qui, partie sans doute comme vivandière avec quelque caravane, fut retrouvée fort longtemps après en Tartarie, par des cordeliers flamands auxquels elle raconta ses longues aventures, et comment elle avait été prise par les Barbares, en traversant la Hongrie (2).

Il y eut, pendant plusieurs siècles, dans notre voisinage, un foyer actif, bien que caché, de la fameuse secte qu'on appela en France les Albigeois, ailleurs les Bulgares (3), et qui se qualifiait elle-même de Cathare, vulgairement Patarins, d'un mot grec qui signifie pur. C'étaient de monstrueux hérétiques, qui effrayèrent l'Eglise au point qu'elle déchaîna contre eux le flot de ses croisades. Sans incidenter, comme les autres mécréants, sur des points particuliers de dogme ou de discipline, ils sapaient la base même de la religion, en prétendant que le monde, tel qu'il existe, ne peut être l'œuvre d'un seul Dieu bon, et qu'il y a par conséquent un autre principe, producteur du mal : de cette erreur énorme et vraiment païenne, ils avaient déduit un système anéantissant toute la hiérarchie et tous les sacrements, et laissant à peine quelques formes illusoires de christianisme. Leur repaire, en notre pays, et peut-être leur plus ancien établissement de France, était à Mont-Wimer, ou Mont-Aimé, près de Vertus, en Champagne,

Les Cathares en Champagne et en Lorraine.

(1) Bénédictins, Hist. de Metz, tom. II. p. 308, d'après l'hist. ms. du P. Benoit.

(2) Abel Rémusat, dans Guizot, Civilisat. en Europe, leçon 8ᵉ

(3) Trivialement, et, par mépris, Bougres. — Consulter Schmidt, Hist. et doctrines de la secte des Cathares, ou Albigeois : ouvrage savant, imprimé en 1849. Ce qui concerne Reims, la Champagne et le nord de la France, tom. I. p. 88.

dans un château où ces impies furent enfin découverts et arrêtés, en 1239. Ce lieu avait sa légende dans leurs traditions fabuleuses : ils se vantaient d'y avoir célébré les mystères de l'hérésie depuis le IVe siècle, où un prince Widomar, disciple du manichéen Fortunatus, l'un des antagonistes de saint Augustin, avait fondé le château. Ces chimères étaient de leur invention : mais il faut reconnaître historiquement que, bien longtemps avant la guerre des Albigeois, Mont-Wimer était diffamé comme la forteresse et le centre d'impiétés qui s'étaient répandues sur les pays environnants, même à une grande distance. Ainsi le dit formellement une lettre du clergé de Liége en 1144 (1) ; et il y a trace de sourdes disséminations de ces erreurs dès le Xe siècle. En 991, on exigea de Gerbert, avant de l'élire archevêque de Reims, qu'il jurât et fît sincère profession de foi qu'il réputait le diable, non un principe mauvais de nature, mais un esprit créé bon par Dieu, et devenu ensuite méchant par sa propre et libre perversité (2). Vers l'an mil, un certain Leutard, de Vertus, se prétendit inspiré de prêcher publiquement des doctrines où l'on reconnut des traits de catharisme : l'évêque Gibuin de Châlons lui demanda qui lui avait fait ces révélations : « ce sont, répondit-il, des abeilles qui sont venues faire leur miel dans ma bouche. » A cette réponse, l'évêque le renvoya comme fou. Il n'avait pas compris que les

<hr/>

(1) *A Monte-Guimari, quo nomine quidam vicus in Franciá dicitur, quædam hæresis, per diversas terrarum partes defluxisse cognoscitur : quæ adeò varia est et multiplex, etc.* (suivent des traits indiquant le catharisme). *Cujus apud nos sectatores quidam detecti, convicti et confessi sunt. Quos turba turbulenta raptos, incendio deputavit : sed nos, meliora de ipsis sperantes, eripuimus, etc.* Du clergé de Liége au pape Luce II, en 1144, dans l'*Amplissima* de Martène, t. I. p. 776. Martène, qui ne connaissait pas Mont-Wimer, met, en note, sur le mot Monte-Guimari : *Forté Monte-Limarii, in Delphinatu.* Mais Montélimar en Dauphiné n'était point alors un *vicus Franciæ* ; et d'ailleurs l'exécution de 1239 ne laisse aucun doute sur le lieu.

(2) *Ego Gerbertus, gratiá Dei præveniente mox futurus Remorum archiepiscopus, fidei documenta, etc... Et credo diabolum, non per conditionem, sed per arbitrium factum esse malum..., nuptias non prohibeo, carnium perceptionem non culpo, etc.* Hardouin, Concil. tom. VI. pars 1, p. 725.

abeilles étaient les ministres initiateurs, dont Leutard ne voulait pas trahir les noms; mais le peuple ne s'y trompa pas : car on appela puits d'enfer un puits dans lequel cet homme se noya, peu après. Un autre évêque de Châlons, Roger, en 1043, ne pouvant plus se dissimuler qu'il y avait de grands hérétiques en son diocèse, consulta sur ce sujet Wason de Liége, prélat sage et charitable, qui lui répondit par la parabole de l'évangile, sur l'ivraie semée par la main ennemie dans le champ du père de famille (1). La secte continua à ramper dans les ténèbres; mais elle dut faire de notables progrès durant le siècle qui suivit, à en juger du moins par les très-véhémentes doléances de Hugues Métel, vers 1140, contre ses abominations dans le diocèse de Toul (2) : enfin on lit, dans l'Histoire de Metz que, vers 1195, l'évêque Bertram prêchant dans sa cathédrale, y aperçut deux cathares, de grade élevé, qu'il reconnut pour les avoir autrefois vus à Montpellier : il les signala aux fidèles; mais ces impudents hérétiques l'insultèrent, et voulurent ameuter la populace contre lui (3). Telles sont les anciennes traces d'Albigeois en notre pays, antérieurement à la croisade du comte Thibauld, et aux bûchers de

(1) Cette réponse est fort honorable pour l'évêque Wason. Après avoir cité la parabole, il ajoute : *Quid, his verbis, nisi patientiam suam Dominus ostendit, quam prædicatores suos desiderat exhibere, maximè cùm hos qui hodiè zizania sunt possibile sit converti, et cràs esse triticum. Non ergò queramus, per sæcularis potentiæ gladium, vitæ subtrahere quibus vult idem creator et redemptor Deus parcere, ut resipiscant à diaboli laqueis. Nos qui episcopi dicimur, gladium in ordinatione non accepimus : ideòque non ad mortificandum, sed ad vivificandum, auctore Deo, inungimur.* Dans les *Gesta episcoporum Leodiensium.* — On avait sans doute oublié cette lettre, quand on fit l'exécution de Mont-Wimer.

(2) Dans une lettre adressée à Henri de Lorraine, évêque de Toul. Elle se trouve dans Hugo, *Sacræ antiquitatis monumenta,* tom. II. p. 347. *Exercitus iniquitatis ascendit. Filii Mempheos, filii Ægyptiorum, filii tenebrarum, filios tuos, parochianos tuos constupraverunt usquè ad verticem, violantes in eis catholicam fidem. Latent in episcopatu tuo, imò jàm apparent, pestilentes homines qui veriori nomine bestiæ appellari possunt, quia bestialiter vivunt. Conjugium detestantur* (c'était donc des cathares), *baptismum abominantur, sacramenta ecclesiæ derident, nomen christianum abhorrent. Jàm tempora instant Antichristi : isti sunt ejus præambuli, etc.*

(3) Bénédictins, Hist. de Metz, tom. II. p. 312.

Mont-Wimer, dont nous parlerons dans les chapitres suivants.

Nos auteurs, peu connaisseurs en ces hétérodoxies, confondent avec les affreux Cathares les Vaudois, qui parurent
aussi chez nous vers la fin du XIIᵉ siècle (1). C'étaient de
pauvres et entêtés mécréants, qui voulaient faire rentrer
l'église dans son berceau, et traitaient d'inventions du
clergé tout ce qui était, ou leur semblait être contraire à
la simplicité évangélique. Pour savoir comment on se gouvernait du temps des apôtres, ils se firent traduire les
Saintes-Ecritures; et, sur ce modèle, organisèrent une
petite église, bien supérieure, disaient-ils, à la grande, où
règnent toutes sortes de corruptions. Une de ces versions
de l'Ecriture en langue vulgaire se répandit à Metz : elle
contenait, outre le Nouveau-Testament, quelques livres de
l'Ancien : ce qui prouve qu'elle n'était point à l'usage des
Cathares; car ceux-ci, parmi leurs extravagances, ensei-
gnaient que le Dieu des Juifs, inspirateur de la vieille
Bible, était l'être créateur du mal (2). Sur ces innovations,
l'évêque de Metz Bertram, entrant en défiance, consulta le
pape Innocent III, lequel répondit, en 1199, par deux
lettres, l'une au clergé, l'autre au peuple de Metz. Au

---

(1) Dits aussi Pauvres de Lyon, de leur fondateur Pierre Valdo, bourgeois de Lyon qui, vers 1160, distribua ses biens aux pauvres, et se mit à
prêcher, à l'imitation des apôtres. — Pour les besoins de la controverse,
on a fait aux Vaudois une généalogie fabuleuse, d'après laquelle ils seraient
vraiment apostoliques, par l'intermédiaire de petites chrétientés des vallées
de Piémont, qui, oubliées dans ces déserts, y conservèrent, dit-on, le christianisme primitif : mais Schmidt, dans sa note sur l'origine des Vaudois
(Hist. des Cathares, tom. II. p. 287), montre combien peu ces hypothèses
sont historiques. La sagacité de ce savant auteur paraît aux soupçons qu'il
émet contre l'authenticité des dates de 1100, 1120, 1126, etc., insérées en
quelques passages de la *Nobla Leyczon* (poème vaudois, en langue proven-
çale). Raynouard ne manqua pas d'admettre ces dates, favorables à son
système sur la langue romane. La découverte du manuscrit de Cambridge,
en 1862, a prouvé que ce manuscrit remontait non à 1100, mais à 1400. V.
la Bibliothèque de l'école des chartes, en un article que, faute d'avoir ce
recueil sous la main, nous ne pouvons citer avec précision.

(2) Quelques fragments de cette version des Vaudois de Metz, dans l'ancienne Acad. des Inscr. tom. XVII. p. 725.

peuple il disait que c'était chose louable que de désirer l'intelligence des Ecritures, pour tirer d'elles des sujets d'édification; mais qu'il ne fallait pas aller les prêcher sans mission, ni former des conventicules de gens se prétendant meilleurs et plus instruits que les autres : orgueil semblable à celui du pharisien de la parabole de l'évangile. Dans la lettre particulière à l'évêque et au clergé, le pape leur recommandait de tâcher de découvrir quel était l'auteur de cette version, dans quel but elle avait été faite, et si ceux qui la lisaient continuaient à respecter le Saint-Siége : vous ferez, ajoutait-il, ces recherches avec prudence; car, s'il faut être soigneux à rechercher les hérétiques, on doit se garder de porter, par un zèle indiscret, les fidèles à la révolte (1). On trouva quelque difficulté à faire ces recherches; et il y eut des lecteurs de Bible qui protestèrent qu'ils ne se laisseraient ôter leur livre ni par évêque, ni par métropolitain, ni même par pape : sur quoi Innocent leur délégua l'abbé de Citeaux, avec deux autres bernardins qui, à ce qu'il parait, terminèrent pacifiquement la querelle, en brûlant seulement les livres : et il ne fut plus parlé de cette affaire. Des mesures de plus grande rigueur furent jugées nécessaires dans le Toulois, où sans doute la Vauderie, comme on disait alors, marchait tête levée : l'évêque Eudes de Vaudémont, en synode du 8 des ides de mai 1192, ordonna de conduire aux prisons de l'évêché les sectaires que l'on pourrait découvrir : et cette commission n'était pas partout sans péril; car il promit indemnité, en cas de dommages, aux gens prêtant main forte :

(1) Lettres 141, 142 d'Innocent III, traduites dans l'Hist. de Metz des Bénédictins, tom. II. p. 309-311 : *Significavit nobis venerabilis frater noster Metensis episcopus quòd, tàm in diœcesi quàm in urbe Metensi, laïcorum et mulierum multitudo non modica, tracta quodammodò desiderio Scripturarum, evangelia, epistolas Pauli, psalterium, moralia Jobi, et plures alios libros sibi fecerit in gallico sermone transferri.* Albéric dit, à l'an 1200 : *In urbe Metensi, pullulante sectá quæ dicitur Valdensium, directi sunt quidam abbates ad prædicandum. Qui quosdam libros de latino in romanum versos combusserunt, et prædictam sectam exstirpaverunt.* — Il y eut des Vaudois en beaucoup d'autres villes : « J'ai vu grant vauderie, En Arras pulluler, Gens pleins de réderie, Par jugement brûler, » dit un vieux poète, cité par Du Cange, au mot *Valdenses*. Cette vauderie est de 1460 : v. les Mém. de du Clercq.

«..... De hæreticis qui vocantur Wadois, omnibus fidelibus, in remissionem peccatorum, præcipimus ut quicumque eos invenerint vinculis adstrictos teneant, et ad sedem Tullensem puniendos adducant..... Si qui (fideles), pro executione hujus justitiæ, à propriis sedibus, quod absit!, expulsi fuerint, apud nos victûs et vestitûs amministrationem, prout dignum fuerit, indubitanter invenient. Omnibus hujus chartæ tenorem servantibus sit pax et gaudium! Actum legitimè, publicè recitatum, canonicè confirmatum, in sanctâ Tullensi synodo, indictione x, octavo idus maii, anno Dominicæ Incarnationis mcxcii (1). »

A ces renseignements nos modernes ajoutent qu'en 1211, on découvrit des Albigeois à Verdun : et ils citent Albéric pour garant du fait. En réalité, ils copient Roussel; car Albéric ne dit autre chose, sinon que, cette année, on recommença à prêcher fort énergiquement, soit à Metz, soit à Verdun la croisade contre les hérétiques du midi (2). Nous ne tirerons non plus aucune induction des vers satiriques de Melinon, se plaignant qu'à force de vexer les bons bourgeois, on ait fini par les rendre « aubigeois. » Ce mot n'est là que pour la rime; car la secte n'existait plus au xive siècle : et on ne se souvenait plus que de son nom, devenu synonyme de conspirateur ou cabaleur séditieux, à peu près comme, dans la suite, on traita tout perturbateur de Huguenot. Ces anciennes hérésies ne paraissent pas avoir pris vogue dans notre ville : et nous en féliciterions sincèrement nos ancêtres, si nous étions sûrs qu'une si belle apparence d'orthodoxie ne vient pas purement du manque de renseignements où nous laisse en ces années le continuateur de Laurent de Liége.

(1) Extrait des statuts du synode de 1192, dans Calmet, Preuves, 1re édit. ii. p. 404, 405.

(2) Anno 1211, valida iterùm prædicatio de cruce signandis contrà Albigenses : ità quòd, ex parte summi pontificis, dominus abbas Cisterciencis publicam prædicationem commisit. Quorum unus Virduni et Metis prædicavit, et quasdam guerras mortales pacificavit. Comitem Barri, cum filio Henrico, et alios innumerabiles cruce signavit. In itinere, mortuus est comes Henricus de Grandi-Prato, cruce signatus.

PÉRIODE COMMUNALE

~~~~~~~~~~~~~~~~~~~~

Dans la première moitié de ce siècle, la Commune verdunoise naquit, et lutta pour son existence ; dans la seconde, elle s'affermit et se constitua, sous le régime de la Charte de Paix : et son histoire nous conduira ainsi jusque aux premiers agrandissements de la France sur nos frontières, par Philippe le Bel.

La révolution communale signale, dans l'histoire des villes, le milieu du moyen-âge, et commence le mouvement vers l'ère moderne. Jusqu'alors les princes, ecclésiastiques ou séculiers, avaient seuls dominé : et les cités, qu'ils considéraient comme les plus beaux fleurons de leurs couronnes, s'étaient généralement accrues sous leur seigneurie. Ils y avaient laissé tout ce qui pouvait y rester de l'antique organisation municipale ; ils ne s'étaient pas refusés à y ouvrir, à l'occasion, de nouvelles sources d'activité ; mais leur propre intérêt était le mobile premier de leurs faveurs : ils gardaient en mains les rênes, et pouvaient toujours les raccourcir, s'ils les trouvaient trop flottantes. Enfin arriva le moment où la bourgeoisie, forte de lents progrès en richesse, civilisation, et population, parut sur la scène : alors, et dès l'entrée de ce nouvel acteur, l'histoire cessa d'appartenir exclusivement à l'église et aux princes.

Une Commune, au sens du moyen-âge, était une ville en

droit de se gouverner elle-même. Par ce gouvernement
communal, on n'entendait en aucune manière se séparer
de l'Empereur et de l'Empire : au contraire, tous, cités non
moins que princes, se réclamaient de ce grand corps, et
voulaient toujours en être membres ; mais les bourgeoisies
souhaitaient se rattacher à lui directement, sans domination intermédiaire d'aucun prince féodal. Peu de villes réa-
lisèrent complètement ce dessein : ce furent celles qu'on
appela impériales et libres ; et, parmi elles, la plupart ne
durent leur pleine liberté qu'à ce que, dès auparavant et
toujours, elles avaient été villes royales, c'est-à-dire de
l'empereur, qui les avait gardées sans les soumettre à
aucun prince. Quant aux autres, de beaucoup les plus
nombreuses, il leur fallut, de gré ou de force, par armes ou
par argent, obtenir de leur prince accord plus ou moins
large, où toujours, et pour premier article, sa suzeraineté
était maintenue et reconnue aux droits dont on ne pouvait
le faire se départir. Ces accords sont les Chartes de Paix ;
et de là vient que les Communes sont souvent appelées
Paix : *Communia, quam Pacem appellant*, disent les chroniqueurs (1). Avec une telle charte, une ville n'était pas pleinement libre ; mais elle ne laissait pas de pouvoir être impériale, si l'Empire reconnaissait son privilége, de telle sorte
que le prince féodal ne pût désormais ni l'abroger, ni le res-
treindre à son gré. Telle fut la constitution des cités qu'on
appelait simplement impériales, sans ajouter l'épithète de
libres : et c'est ainsi que s'organisa la Commune à Verdun.
Quant aux moyens par lesquels on arriva aux franchises,
ils varièrent considérablement. En général, on profita de
toutes les occasions : on se révolta, quand on se crut le plus
fort ; autrement on usa de transactions, qui furent assez souvent des prêts, que le prince ne pouvait rembourser, ou

**Villes impériales
et libres.**

(1) Plus d'explications ci-dessous, au chapitre où nous donnerons la
Charte de Paix. Il y eut à Metz et à Verdun, probablement dès avant la
Commune, une Institution de Paix, de laquelle restèrent, dans les deux
villes, les wardours, ou gardiens de la Paix.

dont on stipulait le remboursement à des délais si longs que, dans l'intervalle, le nouvel ordre de choses pût s'affermir : nous verrons cet expédient employé chez nous quand on traita avec les évêques de l'engagement de leur vicomté. Enfin, tôt ou tard, et de manière ou d'autre, on obtenait charte : ou bien, à défaut d'authentique, le temps, qui consacre les faits, suppléait au diplôme et au sceau d'or. Il n'est pas besoin d'ajouter que la Charte de Paix, bien qu'elle fût le régime légal, n'impliquait nullement, en fait, que les bourgeois ne luttassent plus, sourdement, pour l'ordinaire, mais non toujours sans succès, afin de se rapprocher le plus possible du régime de pleine Commune. On voit, par cet ensemble, quelle fut la marche de la révolution communale : nous allons en raconter les détails, selon le cours que la disposition particulière des circonstances leur imprima dans notre ville.

CHAPITRE Iᵉʳ.

EPISCOPAT ET MORT TRAGIQUE D'ALBERT DE HIRGIS.
PREMIÈRE GUERRE COMMUNALE.

De 1187 à 1208.

A la fin du xııᵉ siècle, l'esprit communal soufflant déjà dans la plupart des villes, et n'attendant que l'occasion d'agiter aussi celle de Verdun, l'imprudence du Chapitre lui ouvrit une large porte par laquelle il entra violemment, avec son cortége ordinaire de dissensions et de troubles. Cette porte ouverte fut la discorde des capitulants à l'élection du successeur de Henri de Castres : et la fatalité, qui se montre toujours aux moments critiques, fit surgir leur débat d'un grand arrangement de paix, conclu naguère

pour le bien et le repos de la vénérable corporation, où
l'esprit du siècle s'agitait aussi à sa manière. Il vaut la
peine de dire un mot de cet arrangement, qui fut lui-même
une révolution dans le Chapitre. Jusqu'alors, ce clergé avait vécu en communauté au cloitre, le princier seul
s'attribuant mense à part, et les autres archidiacres l'imitant de leur mieux, sous prétexte des nombreuses et continuelles affaires de leurs charges ; mais, pour le corps,
il y avait mense commune, défrayée par une trésorerie,
qui fournissait à chacun nourriture au réfectoire, vêtement, et aussi quelque argent de prébende, plus ou moins,
suivant l'économie du grand trésorier. Les clercs de l'ancien temps, pauvres gens, pour la plupart, et élevés à la
dure dans l'école de l'église, se contentaient de cette situation ; mais, quand le Chapitre commença à se recruter de
nobles et de fils de chevaliers, elle parut tout à fait misé-
rable et mesquine : d'autant plus qu'en ce moment, le
même personnage, Albert de Hirgis, homme d'austérité et
de mœurs antiques, cumulait la princerie et la trésorerie (1), ayant cette dernière dignité depuis 1172, où son
oncle Arnoul de Chiny, devenu évêque, la lui avait transmise. En cet état des choses, Henri de Castres, cherchant
à adoucir ce qui s'y rencontrait d'excessif, fit régler par
médiation et concorde, en 1184, que Hirgis serait le dernier trésorier, qu'après lui, le bénéfice du Trésor reviendrait à la mense, et qu'en attendant, dix prébendes vacantes
pour le moment seraient réparties en augmentation des
autres ; mais, prévoyant et craignant ce qui finit par arriver
en effet, que si la trésorerie disparaissait, la mense commune s'en irait avec elle, il statua expressément qu'après
l'extinction de ce bénéfice comme dignité, sa recette ne
laisserait pas de subsister comme mense, et pour le réfectoire commun (2) : il fit confirmer ces dispositions par le

La trésorerie
et la mense
capitulaires.

Débat.

(1) *Domini Alberti, tunc primicerii et thesaurarii,* dit la charte de 1184, que
nous allons citer.

(2) *Thesaurariam, cum omni integritate, ecclesiis videlicet, villis, bannis,*

pape Luce III, (1) dans l'entrevue de Vérone, dont nous avons
parlé ; il engagea le Chapitre , par traités avec St-Mihiel,
pour la cure de la Petite-St-Pierre (2), et avec St-Maur,
pour celle de Sampigny (3), en stipulations impliquant le
maintien de l'ancienne discipline : enfin, pour donner à
ses actes l'autorité solennelle de sa dernière volonté, il
déclara qu'après sa mort, on serait tenu de fonder pour lui

*decimis, molendinis, hominibus, redditibus et questibus, ad quotidianam fratrum
in refectorio refectionem, et non ad alios usus, quantùmcumque facultas prædictorum reddituum suppetat. Quod, quia thesaurariâ non vacante factum est,
stipendia decem præbendarum, etc., et singulis annis deinceps, in octavis Paschæ, in communi vivere inchoabunt : et, domino Alberto defuncto, vel ad majora
provecto, vel quocumque modo abrenuntiante, ipsum beneficium ad prædictos
fratres devolvetur... Actum publicè in Capitulo Virdunensi, anno 1184, episcopatûs nostri secundo.* Cartul. p. 91, verso. Le bénéfice de la Trésorerie était
considérable, à en juger par le grand nombre de titres transcrits au cartulaire sous la rubrique *Thesaurus*, de la page 87 à la 108e.

(1) *Lucius, etc... Donum igitur thesaurariæ quod venerabilis frater noster
Henricus, episcopus vester, ad usum communis refectorii, providâ vobis largi-
tione concessit, ratum esse decernimus, et apostolicâ auctoritate confirmamus..
Datum Veronæ, xvi kalendas octobris.* Cartul. p. 93.

(2) *Ego L. Sancti-Michaëlis abbas..., contuli majori ecclesiæ in Virduno jus
repræsentandi personam in ecclesiâ Sancti-Petri in suburbio Virdunensi..., itâ
quòd, singulis annis, viginti solidos de manu Virdunensis cellerarii percipiam,
decem in eorum synodo Pentecostes, decem in synodo autumnali : et, quotiens
Virduni venero, in refectorio fratrum, cum capellano meo, tanquàm unus recipiar
ab eis : idemque meis fiat successoribus...; Actum 1185, indictione 3, anno conse-
crationis Henrici, venerabilis Virdunensis episcopi, tertio.* Cartul. p. 157.— On
voit, par cette charte, qu'il y avait alors deux synodes annuels, l'un à la
Pentecôte, l'autre à l'automne.

(3) *Ego Elisabeth, abbatissa ecclesiæ Sancti-Mauri... fratribus majoris ecclesiæ quidquid jure fundatoris habebamus in repræsentatione personæ in ecclesiâ
Sanctæ-Luciæ..., ut, si eis placuerit, quidquid ad jus proprii pastoris spectat, ad
habendum in communi victum convertant. Fratres verò refectionem quamdam,
quæ eis in Pascha annuatim in ecclesiâ nostrâ debebatur omninò remiserunt,
itâ tamen quòd, more solito, ad ecclesiam nostram, singulis annis, die statutâ,
descendent, ut ibi missarum debita, cum reverentiâ celebrent... Actum 1184,
septimo kalendas maii.* Cartul. p. 159, verso. — Deux ans après, Joffroi,
l'ancien titulaire de Sainte-Lucie, *in manus Renieri archidiaconi resignavit
qui, unà cum venerabili Henrico episcopo, ad petitionem fratrum, magistrum
Godefridum canonicum, nomine totius Capituli, investivit. Fratres verò, prædicti
Joffridi, ejus non ingrati bonæ voluntatis, dimidiæ præbendæ fructum, in omni
proventu, tàm annonâ quàm vino et denariis, quoad viveret, contulerunt.* Cartul.
p. 98. — Ce sont des exemples de la menue administration ecclésiastique
de ce temps.

un anniversaire sur le revenu dont il avait mis la communauté en possession (1).

Election d'Albert de Hirgis.

Ces choses ainsi réglées, il arriva que Henri succomba aux persécutions de Folmar, et qu'au commencement de 1187, on tint Chapitre, pour lui élire un successeur. Alors beaucoup de votants trouvèrent qu'un excellent moyen de faire vaquer la trésorerie, et d'entrer ainsi en jouissance immédiate du bénéfice, serait de choisir pour évêque le princier-trésorier lui-même, Albert de Hirgis. On n'avait rien à dire, au moins ouvertement, contre ce choix; car Albert était homme d'expérience et de mérite, irréprochable en sa personne, et d'excellente noblesse, fils d'une sœur d'Arnoul de Chiny, Chrétienne, qui avait épousé le seigneur de Hierges, *de Hirgis*, l'un des pairs du duché de Bouillon (2); mais, contre lui, s'élevait, en objection, qu'il était d'un caractère peu traitable : et notre chroniqueur, tout partisan qu'il est de lui, en convient implicitement, par l'épithète qu'il lui donne d'homme d'énergie extrême. Pour ce motif, beaucoup de capitulants souhaitaient que la trésorerie vaquât de toute autre manière que par l'intronisation pontificale d'un tel seigneur; en conséquence ils donnèrent leurs voix à Robert de Grand-Pré, aussi de puissante maison princière : et de là vint la grande discorde qui s'établit en permanence pendant environ trente ans (3). Dans la confusion des années suivantes, on entre-

---

(1) *Pridiè kalendas octobris, obiit Henricus, venerabilis Virdunensis episcopus, qui, pro remedio animæ suæ et parentum suorum, dedit fratribus thesaurariam, ad negotia ecclesiæ peragenda, residuum ad communem fratrum refectionem. In cujus anniversario debemus habere viginti solidos de thesauro.* Nécrologe.

(2) Généalogie de Chiny, dans Berthollet, tom. III, en tête. *Laude et assensu prædecessoris et avunculi nostri Arnulfi episcopi,* dit Albert lui-même, dans une charte de 1201, au cartulaire, p. 94. — Hierges, aux environs de Givet, conserve encore des vestiges de son ancien château. Les pairies du duché de Bouillon étaient Saint-Hubert, Mirwart, Hierges. Roussel dit que le père d'Albert de Hirgis était Thibauld de Marles, nom que nous ne trouvons pas dans la généalogie de cette maison très-noble. Sur Marles, v. dom Lelong, Hist. de Laon, p. 518, et les histoires de Coucy.

(3) *Altercatione ortâ in majore Capitulo super electione pontificis, eò quòd una pars Albertum thesaurarium, altera verò Robertum de Grandi-Prato sibi vellet*

Opposition.

voit, sans dates précises, des traits de lutte acharnée. On accusa Albert d'avoir, sinon fait, du moins laissé arrêter, contre tout droit, dans l'évêché, un jeune comte Arnold, depuis Arnold II de Guines, qui, cherchant sa fiancée, qu'on lui avait enlevée, fut pris lui-même en trahison, et enfermé au château de Fains (1) : circonstance locale qui semble indiquer que le comte de Bar et notre prélat élu s'entendaient entre eux. On se récria contre une pareille perfidie : l'archevêque de Reims Guillaume aux Blanches Mains en écrivit très-énergiquement à son collègue Jean de Trèves; et celui-ci déclara à Hirgis qu'il n'y aurait pas de sacre pour lui tant que ce grief ne serait pas pleinement redressé par la mise en liberté complète du comte Arnold et de sa suite. Par ces clameurs, et d'autres manœuvres, on vint à bout d'empêcher le sacre de l'élu jusque vers 1190; mais enfin Albert l'emporta : l'empereur jugea le procès d'élection en sa faveur, lui accorda l'investiture; et l'opposition eut momentanément le dessous; puis, en 1197, l'évêque fit élire abbé de Saint-Vanne son frère Louis : mesure excellente qui, d'un côté fortifia l'évêché, et de l'autre mit fin à la triste décadence et aux dissensions qui ravageaient l'abbaye, depuis la mort de Conon, en 1178.

Cependant la Commune, qui n'existait encore que dans les vœux et les projets de la bourgeoisie, trouva une circonstance opportune pour se glisser, et faire doucement et pacifiquement son apparition sur la scène. L'empereur Henri VI, de retour de ses expéditions d'Italie et de Sicile, avait conçu le grand dessein de faire reconnaître l'hérédité du trône dans sa maison de Souabe, ainsi que les Français la reconnaissaient dans la famille de leurs rois : et, pour commencer, il résolut d'obtenir des princes de l'Empire qu'ils lui donnassent promesse de future succession pour

episcopari. Albertus in curiâ imperatoris obtinuit. Vir admodùm strenuus. Continuat. de Laurent de L.

(1) Cette histoire dans Roussel, et dans l'Art de vérif. les dates, tom. II. p. 787, d'après le chroniqueur original Lambert d'Ardres.

son fils, qui fut, dans la suite, Frédéric II, mais qui alors n'était qu'un enfant de deux ans. Une grande diète ayant été convoquée, dans ce dessein, à Strasbourg, au mois d'août 1195, tout le monde prévit que les grâces et les faveurs de la majesté impériale seraient largement répandues sur tous les fidèles qui se presseraient autour de la dynastie. De ce nombre fut la Ville, dont le dévouement eut pour récompense la charte suivante, la première de celles qu'on voyait autrefois dans nos archives municipales :

Diplôme communal de 1195.

Henri VI, par la clémence divine empereur auguste des Romains, roi de Sicile, faisons savoir à tous les fidèles, présents et futurs du Saint-Empire que nous, pour reconnaître les nombreux et affectionnés services de nos loyaux citoyens de Verdun, les prenons, eux et leurs biens, sous la protection spéciale de notre majesté. Déclarons que tous attentats et troubles commis à leur préjudice seront réputés faits et perpétrés contre nous–même, et, comme tels, réprimés strictement. De notre grâce impériale, nous ajoutons permission et liberté à toute personne de se domicilier en leur ville et de prendre bourgeoisie chez eux. En témoignage et certitude de ces priviléges, nous en faisons la présente lettre, scellée de notre sceau. Donné à Strasbourg, l'an du Seigneur 1195, indiction 15, le 15 des calendes de septembre (18 août) (1).

On ne mit à cette charte ni la bulle d'or, ni les longs et solennels préambules des diplômes de princes ou d'églises; mais ce style bref et simple ne laissait pas de dire des choses fort importantes : et on le verra en comparant les

(1) *Henricus sextus, divinâ favente clementiâ Romanorum imperator semper augustus et Siciliæ rex... Attendentes devota servitia quæ fideles nostri cives Virdunenses serenitati nostræ frequenter exhibuerunt, ipsos, cum personis et rebus, in specialem majestatis nostræ protectionem accepimus... Quòd si quis lædere præsumat, vel aliquatenùs molestare, ad injurias nostras pro facto reputabimus, emendationem exindè requirere volentes tanquàm id nobis factum existat. Ad hæc, ex imperiali clementiâ nostrâ concedimus et indulgemus ut quæcumque persona ad prædictos burgenses nostros Virdunenses ad commanendum transire voluerit, id licitè faciat et liberè, et à nullo unquàm in hoc facto impediatur... Datum apud Argentinam, anno. Inc. dom. 1195, indictione 13, decimo quinto kalendas septembris.*—On ne trouve pas, à cette époque, de priviléges plus étendus : v. celui de Trèves, de l'an 1212, dans Hontheim, I. 650. Les villes, comme telles, ne furent appelées aux diètes que vers la fin du XIIIᵉ siècle : ainsi, en 1195, nos députés ne purent paraître que comme solliciteurs.

clauses précédentes avec l'ancien article de 1142, où l'empereur Conrad, aussi à propos des bourgeoisies qu'il autorisait ses sujets à prendre à Verdun, avait reconnu à notre ville droits et coutumes de cité (1). En parlant ainsi, il s'était adressé, non aux citoyens eux-mêmes, mais à l'évèque Albéron et au princier Albert de Mercy qui, venant de renverser le grand voué, désiraient faire prospérer la ville comme seigneurie épiscopale; de sorte que le privilége de Conrad était, en réalité, à leur intention, et favorisait leur peuple, parce qu'ils en étaient les princes. Au contraire l'empereur Henri donnait sa charte à la ville directement, et plaçait la bourgeoisie, non sous la garde et protection du seigneur évêque, mais sous la sienne propre : ce qui impliquait d'abord qu'elle formait corporation légalement existante; ensuite qu'elle était immédiatement protégée par l'empereur, c'est-à-dire en privilége de cité impériale. Ce seul fait, qu'un empereur adressait directement une lettre à la ville, était nouveau et inouï chez nous, où jusqu'alors l'évêché et les grands corps ecclésiastiques seuls avaient été ainsi reconnus par le souverain. Il n'est pas besoin de dire que notre bourgeoisie s'en trouva fort rehaussée et encouragée dans son projet d'ériger une Commune; et Albert de Hirgis, continuant à se montrer inflexible sur cet article, on entama, à l'aide de son rival Grand-Pré, la lutte dans laquelle le malheureux prélat devait trouver sa mort funeste.

Wassebourg a donné de cette lutte le récit qui, depuis lui, figure dans notre histoire, sans observations ni rectifications de personne, bien qu'il en méritât plus d'une. Comme ce vieil auteur racontait, en son langage gaulois, beaucoup mieux que nos modernes, qui lui prennent tout, sauf ce qu'il y avait d'agréable en son style, nous le laisserons parler lui-même; et nous mettrons les corrections en notes :

Guerre civile. Récit de Wassebourg.

« Faut, dit-il, réduire en mémoire que lors estoient en Verdun

(1) Charte citée ci-dessus, tom. I. p. 99 et 438.

trois grands lignaiges, des plus riches citoyens et bourgeois, l'un desquels portoit le surnom de La Porte, l'autre d'Azenne, le tiers d'Estouf : et soutenoient Robert de Grand-Pré contre notre évesque Albert. En dédain duquel firent grandes mutineries, factions, ports d'armes, et forces illicites : et ne voulurent obéir à la justice establie par icelui Albert, mais entreprinrent nommer aulcuns d'entre eux pour exercer ladite justice; et tirèrent le peuple de leur costé. De quoi sortit la première rébellion de ceulx de la cité contre la puissance épiscopale : car oncques par avant ne s'étoit apparue contention ne controverse ; mais, depuis que ces trois lignaiges eurent fait l'ouverture, leurs successeurs suivirent, et se rébellèrent comme eux, ainsi que j'écrirai, selon l'ordre des temps. Cette première sédition fut faite l'an mil deux cent huit, par l'induction et suggestion desdits trois lignaiges, à la commotion de tout le peuple, qui soudain se mit en armes (1).

« Quoi voyant l'évesque Albert, homme magnanime et bien délibéré à réprimer ladite folle entreprinse, se retira en son chasteau de Charney, assembla ses parens, amis, ensemble les fiefvés (feudataires) de son éveschié, avec grand nombre de souldoiers, lesquels faisoient journellement courses et saillies sur ceulx de la cité : en sorte que, pour la crainte d'eulx, ne se voyoit, ne se trouvoit laboureur ès terres et vignes circonvoisines, et n'apparoissoient marchands forains qui eussent osé porter vivres. Voire, n'osoient les citains sortir, sans incontinent estre prins, et menés prisonniers audit chasteau de Charney.

« Lors advisèrent les facteurs et auteurs de ladite sédition de trouver secours en leurs alliés et autres gentilshommes. Aulcuns d'eux, voire des principaux, sortirent secrètement et de belle nuit, et vinrent demander secours au comte de Braine, lors nouvellement retourné du voyage de Constantinople, où il avoit esté avec Bauldoin comte de Flandre, lequel leur promint secours, sous quelque pacte et convention : et prinrent encore l'alliance de deux nobles, voisins de la cité, Conon, seigneur de Raulan, et Alain, seigneur de Creue, lesquels, combien qu'ils fussent vassaulx et fiefvés de l'éveschié, ne demandoient toutefois sinon occasion et moyen d'eulx soustraire de

_____

(1) Il n'est pas parlé des trois lignages dans les documents : et c'est Wassebourg qui, soit conjecture de sa part, soit traditions lignagères acceptées de confiance, se permet d'intercaler ici les noms de La Porte, Azenne et Estouf. — L'an 1208 est celui où périt l'évêque : il est bien probable que les troubles commencèrent assez longtemps auparavant.

l'obéissance de l'évesque : et convinrent secrètement d'un jour pour sortir en armes, et surprendre l'évesque en son chasteau. Mais en advint aultrement : car, après qu'ils furent tous assemblés, sans grand bruit, devant Charney, trouvèrent l'évesque veillant sur ses gardes, et bien peu esbahi : qui, mettant ses gens en armes, sortit; tellement que y eut grosse batterie et plusieurs tués de costé et d'autre, entre autres deux chevaliers Théoderic et Robert, neveux dudit Alain de Creue. Finalement l'évesque Albert obtint victoire (1) : et lesdits ennemis, presque tous désespérés et forcenés, commencèrent à machiner trahison. Dissimulant et feignant vouloir faire paix, demandèrent journée pour parlementer ensemble (2).

« Cependant le commun peuple, réduit en nécessité, ne se pouvant contenter longtemps de telles paroles, et poursuivoit de plus en plus ses gouverneurs lignagiers par clameurs publiques : dont iceulx eurent si grand paour qu'ils se partirent secrètement de belle nuit, et se tirèrent vers leurs alliés. Et le jour suivant, le commun, adverti de ceste fuite et département des gouverneurs, envoyèrent rendre la cité à l'évesque, et se mirent à sa miséricorde, qu'il leur octroya, promettant et jurant ledit peuple demeurer soubz son obéissance, comme bons sujets : de quoi les gouverneurs en cuidèrent quasi désespérer, et issir hors de sens (3).

(1) Tous ces détails sont véritables. Wassebourg les a pris dans l'*Excerptum* de Jean de Sarrebrück : Anno 1208, *civitas Virdunensis, per episcopum Albertum nimis oppressa, vocavit ad se adjutores comitem Brenensem, et Cononem de Raulant, et Alaneium de Cruce. Qui, in dolo ad eos venientes, cum eis apud Carneium transierunt, et ibi inventis hostibus suis, asperrimè pugnaverunt : et occisi succubuerunt Theodericus et Robertus, armiger et nepos domini Alanei de Cruce. Et, illo anno, occisus est episcopus Albertus, et successit Robertus.*

(2) C'est ainsi que Wassebourg traduit les paroles de Jean de Sarrebrück, citées plus haut : *Qui (Alanus et Cono) in dolo ad eos venientes, cum eis apud Carneium transierunt.* Cette phrase signifie seulement qu'Alain et Conon, étant feudataires de l'évéché, furent obligés d'user de ruse et de se cacher pour aller attaquer Charny avec les bourgeois.

(3) Les documents ne parlent pas de cette reddition de la ville à l'évêque par le peuple. On lit au contraire, dans une lettre d'Innocent III, écrite en 1209, ou 1210, qu'à la mort d'Albert, le clergé se trouvait expulsé : *Cæterùm dilectus filius R., procurator partis adversæ proposuit è contrario quòd, cùm decanus et canonici Virdunenses à civibus suis essent de civitate propriâ, pro ecclesiæ libertate depulsi, omnisque ipsorum substantia devorata, mortuo demùm episcopo, tutum convenerunt in locum, et non solùm seditiones civiles, verùm etiàm hostilia bella pensantes, inducias à civibus petierunt, quatenùs ad eligendum pontificem, in suum possent Capitulum convenire : cùmque breves eis induciæ concessæ fuissent, difficulter ab eis diem electionis faciendæ unanimiter*

« A la journée préfixée et accordée, ledit évesque comparut, avec aucuns de son clergé, et aussi firent les ennemis, qui avoient prémédité la manière de leur trahison. L'effet de laquelle fut tel. Pendant qu'ils traitoient ensemble de l'appointement qu'ils feignoient demander, l'un d'eux, ami et allié dudit défunt Robert de Creue, perça d'une lance, par derrière, le corps de notredit évesque, qui mourut là en la place, et tout soudain, ledit an mil deux cent huit, qui estoit le xxıı^e de son pontificat.

« Sur l'heure de ce piteux fait, les ennemis se retirèrent, laissant bien dolents le clergé et le populaire de la cité, auxquels déplaisoit d'avoir ainsi perdu leur bon et magnanime protecteur et défenseur de leur chose publique. Le corps duquel ils remportèrent en la cité, et l'inhumèrent au Vieil-Chœur de l'église, que lui-même avoit fait paver en ouvrage mosaïcque, où estoient empreintes et insculptées belles figures et écriture contenant ces quatre vers :

> Distincti flores dictant distinguere mores.
> Vivos vita fides vivificent lapides.
> Ista quidem placeat, mentem trahat : altera salvet
> Queis dedit esse Deus palmitibus fidei (1).

« En ce lieu mesme avoit ledit Albert esleu sa sépulture. Son tombeau et image, en habit épiscopal, furent semblablement faits à la mosaïcque, comme on voit encore de présent : puis fut insculptée, en pierre blanche, autour de sadite effigie, son épitaphe contenant :

> Ecce pater populi, patriæ decus, ancora cleri,
> Ecclesiæ lampas, vitæ speculum, scola veri.
> Pro patriâ cecidit, supremum passus agonem,
> Luce minus nonâ, te Phœbe tenente leonem (2).

---

præfixerunt..., et de personâ eligendâ in choro et Capitulo deliberárunt. Innocent III, tom. ıı. p. 270, col. 2. édit. Baluze, 1682. — Ceci pourrait faire soupçonner Wassebourg d'avoir arrangé son récit de manière à insinuer que le mouvement communal venait seulement de quelques meneurs, étant, ou se disant l'aristocratie bourgeoise.

(1) Le poëte suppose qu'on a sous les yeux la grande mosaïque formant pavé, au Vieux-Chœur : « Ces fleurs, dit-il, sont l'emblème de celles qui doivent orner vos mœurs. Soyez toujours les pierres vivantes du sanctuaire : que votre vie vous gagne les cœurs; que votre foi vous unisse au cep mystique hors duquel nul fruit ne croit pour la vie céleste. » Allusion à l'évangile de saint Jean, ch. xv.

(2) Nous reviendrons sur cette mosaïque, dans la description de l'ancienne cathédrale. Albert de Hirgis fut tué le 26 juillet 1208. Son article, remarquablement court dans le Nécrologe, porte seulement : Septimo kalendas augusti, obiit Albertus, Virdunensis episcopus. — Luce minus nonâ, etc., c'est-

Cette histoire de guerre, d'abord intestine, puis ouverte, avec émeutes, félonies, coup de poignard et assassinat, forme une petite tragédie; mais, pour la vérité historique, nous sommes obligé de dire que Wassebourg en a trop noirci le dénouement. Personne ne savait avant lui que le malheureux évêque Hirgis eût été égorgé en trahison. Ni à Rome, où toute cette affaire retentit immédiatement par le grand procès que fit naître l'élection de Robert de Grand-Pré, ni de la part du métropolitain de Trèves, ni d'ailleurs, on ne voit trace d'informations ou de censures contre cet énorme crime, qui eût, à bon droit, attiré sur ses auteurs toutes les foudres de l'église. Cependant le pape était alors Innocent III, grand justicier et inflexible pontife; il n'ignora pas la mort de l'évêque de Verdun : car il en parle à plusieurs reprises dans ses lettres, mais toujours d'une manière très-froide, et sans en dire autre chose, sinon que ce prélat avait été « tué à la guerre (1). » Aucun contemporain, ni le continuateur de Laurent de Liége (2), ni Albéric de Trois-Fontaines (3), ni même le nécrologe de la cathédrale et les inscriptions du Vieux-Chœur, ne prononcent le mot trahison; et on y chercherait vainement la moindre allusion aux odieuses circonstances racontées par Wassebourg. Encore au commencement du xvᵉ siècle, Jean de Sarrebrück, dans l'article déjà cité de son *Excerptum*, ne parait rien soupçonner du prétendu assassinat. Il est en consé-

Du prétendu assassinat d'Albert de Hirgis.

à-dire sans doute neuf jours avant les nones du mois où le soleil est dans le Lion (août).

(1) *Necato in armis Virdunensi episcopo.* Lettre aux commissaires chargés, à la fin de 1209, d'informer sur l'élection de Robert de Grand-Pré. tom. II. p. 269.— *Mortuo demum episcopo memorato*, dit-il, dans le passage déjà cité.

(2) *Lanceâ, à quodam milite pro defensione civitatis perforatus.*

(3) *Anno 1208, apud Virdunum, inter clericos ac laïcos grave vertitur discordiæ scandalum : pro quo et episcopus eorum Albertus de Herges, lethaliter vulneratus occubuit. Cui Robertus primicerius, patruus comitis de Grandi-Prato, post multas altercationes, sive justè, sive injustè succedit.* Albéric. — Le récit de Wassebourg, après avoir été reproduit par les auteurs de grand format, Roussel, Calmet, le *Gallia christiana*, etc., est passé dans les petits ouvrages populaires : on le trouve jusque dans le Guide pittoresque du voyageur en France, tom. III. dép. de la Meuse, p. 14.

quence probable que ce récit est de l'invention dramatique de Wassebourg, qui peut-être se plut à illustrer ainsi les lignagers et la naissance de leur Commune : et, comme la lettre d'Innocent III prouve que la ville était au pouvoir de l'insurrection quand l'évêque succomba, nous admettrons qu'il périt en assiégeant, ainsi qu'Arnoul de Chiny devant Sainte-Ménehould, et non en assiégé, traîtreusement attiré au dehors par les rebelles.

Ste-Ménehould au comte de Champagne. Outre les troubles communaux, il survint, au temps d'Albert de Hirgis, différents événements importants pour la suite de l'histoire. En 1197, Thibauld III, comte de Champagne, transforma sa suzeraineté sur Sainte-Méne-hould en domaine direct, au moyen d'un échange avec son feudataire Hugues II, comte de Rethel, dans la maison duquel cette seigneurie était entrée, au xe siècle, par le mariage et héritage de la fille unique de Marc, comte de Dormois (1). Ce comte Thibauld étant mort en 1201, sa veuve Blanche, fille et héritière du roi de Navarre Sanche le Sage, devint régente de Champagne; alors, en 1204, elle répara et augmenta la fortification de Sainte-Ménehould, qu'Albéric appelle ici château célèbre pour sa force : *castrum nobile atque fortissimum;* en outre, le territoire en fut accru d'échanges avec le châtelain de Vitry, autorisé par Clermont au comte de Bar. le roi de France. L'exemple de Blanche porta le comte Thibauld Ier de Bar à se mettre, de son côté, en possession de Clermont qui, par le traité de paix d'Albéron de Chiny avec le voué Renauld, avait été inféodé à la maison de Bar; et ces changements, poursuit Albéric, se firent à la grande joie du pays, où les deux châteaux ne semblaient aupara-

(1) Ci-dessus, tom. I. p. 356, 337. Autre version, dans l'Art de vérif. les dates, II. 630. Il est certain que Sainte-Ménehould appartint aux comtes de Rethel, jusqu'à la fin du xIIe siècle : v. ci-dessus, p. 73, dans l'hist. de l'évêque Thierry. Buirette, p. 77, considère les Pichot, contre lesquels guerroyèrent nos évêques Albéron et Arnoul de Chiny, comme des gouverneurs ou lieutenants délégués par le comte de Rethel. — Le Rethelois, l'un des sept comtés-pairies de Champagne, fut, le 15 décembre 1663, érigé en duché, sous le titre de Rethel-Mazarin.

vant que des repaires de voleurs (1) ; mauvaise renommée qui n'est que trop justifiée par les nombreuses expéditions de nos évêques, depuis Thierry, contre les brigandages des châtelains d'Argonne. Le comte Thibauld II, dans sa charte de mise à assise de Clermont, en 1246, nous apprend que son père Henri II, continuant l'œuvre de Thibauld Ier, avait rétabli à neuf la forteresse de Clermont (2).

Ce comte Thibauld Ier, sous lequel la maison de Bar prit possession définitive du Clermontois, est connu dans l'histoire par son mariage avec Ermesinde de Luxembourg, et par sa guerre heureuse contre Ferry II, duc de Lorraine. Il régnait depuis 1192, environ, comme frère de Henri Ier, dont nous avons raconté la mort, à la croisade de Philippe Auguste et de Richard Cœur de Lion. Il se maria trois fois; et ses mariages compliquent beaucoup nos événements de ce temps. Pour première femme, il eut une princesse de Los, de laquelle naquit Agnès, qu'épousa Ferry II; de sorte qu'en guerroyant contre ce duc, Thibauld se battait contre son gendre. De son second mariage, avec Isabelle de Bar-sur-Seine, il eut Henri II, qui lui succéda dans le Barrois; enfin, à sa troisième femme Ermesinde, fiancée par lui vers 1190, comme elle n'avait encore que sept

(marginalia: Thibauld Ier, comte de Bar et de Luxembourg.)

(marginalia: Ses trois mariages.)

---

(1) *Anno 1204, comitissa Campaniæ Blancha castrum nobile atque fortissimum quod dicitur Sanctæ-Manechildis firmabat, super Axonam fluvium, ad tutelam gentis, factâ tamen pro loco eodem commutatione quâdam apud castellanum Vitriaci, de voluntate regis Franciæ. Similiter comes Barri castrum obtinuit Clarimontis, Virdunensis diœcesis, hæredibus tàm vi quàm muneribus alienatis. Per ista duo refugia spoliabantur prætereuntes : undè gaudium fuit vicinis quòd prædones alienati sunt ab eis.* — Ces paroles d'Albéric *hæredibus tàm vi quàm muneribus alienatis* trouvent leur explication dans une charte de 1212, où il est dit que *Radulfus de Claromonte, et fratres sui, quidquid habebant apud Claromontem in castello et burgo, in hominibus, pratis, terris, etc. domino comiti Barri Theobaldo, et hæredibus suis, in perpetuum penitùs adjudicaverunt et concesserunt.* En échange Thibauld céda à Radulfe, son homme lige, tout ce qu'il avait lui-même au ban de Chaumont-sur-Aire. Plus au long dans les Preuves de Roussel, p. 13.

(2) *Castrum meum de Claromonte, quod de novo pater meus Henricus, bonæ memoriæ, construxit et firmavit, ad assisiam posui, in hunc modum, etc.* Charte de 1246, dans les Preuves de Roussel, p. 14. — Résumé de l'histoire d'Argonne antérieure au XIIIe siècle, ci-dessus tom. I. p. 402.

ans (1), il dut de pouvoir joindre la couronne comtale de Luxembourg à celle de Bar ; mais il paya cet insigne honneur, d'abord par une guerre avec le comte de Namur, puis par de graves difficultés qui survinrent en 1196, à la mort de son beau-père de Luxembourg, dont l'empereur Henri VI voulut partager la succession entre son propre frère Othon de Bourgogne et le comte de Namur, sous prétexte que les fiefs du défunt étant masculins, ne pouvaient revenir à Ermesinde. Thibauld racheta les droits d'Othon, puis fit, en 1199, avec le comte de Namur, un traité où celui-ci reconnut la Meuse pour limite de sa souveraineté ; de sorte que personne ne contesta plus Luxembourg au mari d'Ermesinde : mais celle-ci ne fut point. comtesse de Bar, où se trouvait déjà un héritier, né du second mariage de son époux ; et réciproquement Thibauld ne transmit pas son titre de Luxembourg à son héritier du Barrois, qui fut le comte Henri II. Ermesinde, dont il n'eut qu'une fille, et qui, veuve de lui, en 1214, n'était alors âgée que de vingt-neuf ans, se remaria à Waleran de Limbourg, par lequel fut continuée la lignée des comtes luxembourgeois. Henri, fils de ce Waleran, fut la tige de leur seconde maison, qui fut élevée au titre ducal en 1354, donna à l'Allemagne plusieurs empereurs, et s'éteignit en descendance masculine dans les commencements du xve siècle.

Sa guerre heureuse contre Ferry, duc de Lorraine. De la guerre de Lorraine, Thibauld, outre la gloire de battre le duc et de l'enfermer prisonnier avec ses frères et chevaliers dans le château de Bar, tira encore cet avantage et ce profit qu'il se trouva avoir marié sa fille Agnès, sans payer de dot à Ferry ; car, par le traité de paix du 3 novem-

(1) Encore du vivant d'Henri Ier : car, dans la charte déjà citée, ci-dessus, tom. I. p. 332, où Thibauld ne prend que le titre de Briey, il ajoute : *Et, si comes Barri Henricus fortè viam universæ carnis introierit, simili vice dedit Ermesindi Sanctum-Michaelem castrum, et honorem castri. Testes : Agnes, comitissa Barri*, etc. 1189. En 1186, Folmar, après sa bonne réception à Metz, trouva asile à Saint-Pierremont, *in terrâ comitis Thebaldi de Briei*, dit le *Gesta*, ch. 95. Cependant, suivant Maillet, p. 45, Thibauld, avant la mort de son frère, portait le titre de Mousson.

bre 1208, il reprit cette dot, qui consistait dans les châtel- Il garde Stenay
et Longwy.
lenies de Longwy, de Stenay, et d'Amance, disant qu'il les
tiendrait toute sa vie pour sûreté de la paix, et qu'après
lui seulement le duc y rentrerait, du chef de sa femme,
pourvu toutefois que, dans l'intervalle, ni lui ni les siens
n'eussent donné atteinte à la paix; auquel cas (qui ne
manqua pas d'arriver), la Lorraine perdrait tout droit sur
les trois châteaux de la dot d'Agnès (1). Ce fut ainsi que
Stenay et Longwy demeurèrent au Barrois, en dépit du
contrat de mariage du duc Ferry, à charge d'hommage toutefois à Luxembourg pour Stenay; car c'était à Guillaume,
sixième comte de Luxembourg, que notre évêque Richard
de Grand-Pré avait aliéné cette châtellenie, si péniblement acquise par Thierry et Richer; et la possession de
Bar n'y venait que d'une inféodation faite par Guillaume
au voué Renauld (2). — Parmi les articles de ce traité de
1208, nous en remarquons encore un où le duc Ferry s'engage à demander ratification à celui des deux compétiteurs
à l'empire d'Allemagne qu'il plaira à Thibauld de désigner (3) : ceci mettait la Lorraine au rang subordonné
pour le choix du parti politique; et comme il lui arriva,

(1) *Exceptis tribus castris Longwic, Sethenac et Amantiam, quæ comes (Theobaldus) tenet et tenebit quamdiù vixerit : sed, post obitum ejus, erunt ducis
(Frederici), ex parte uxoris suæ, filiæ comitis... Et, ad hanc pacem firmiter
tenendam et observandam, dux comiti in ostagium assignavit ista castra Longwic, Sathenai et Amantiam, in hunc modum quòd si contigerit ducem, vel fratres,
vel homines suos dictam pacem infringere, dicta castra filio comitis, et aliis
hæredibus suis, sine ducissâ uxore ducis et suis hæredibus, in perpetuum hære-
ditarium remanebunt..., et, tactis sacro-sanctis evangeliis juraverunt. Ego Fridericus, Lotharingiæ dux et marchio, sigillo meo confirmavi. Actum 1208, quarto
nonas novembris.* Dans les Preuves de D. Calmet, 1ʳᵉ édit. ıı. 375-78. — Sur
les causes et les événements de cette guerre, Calmet, t. ıı. p. 540, 2ᵉ édit.
— Amance était un château fort, à deux lieues de Nancy. — Le duc
Ferry Iᵉʳ de Lorraine, avait beaucoup d'enfants, parmi lesquels, outre
Ferry II, était Thierry d'Enfer, ou du Diable, dont le fils Simon, également
surnommé du Diable, est considéré comme tige de la maison Du Châtelet.
Le scandaleux Mathieu de Toul, « grand paillard et violenteur de garces, »
dit la chronique, était également fils de Ferry Iᵉʳ.

(2) V. ci-dessus, p. 170 et 185.

(3) *Daturus est etiàm dux comiti in ostagium hujus pacis regem Alemanniæ
quem comes voluerit, cum litteris suis apertis.*

ainsi que nous le verrons bientôt, de se tromper et de mal choisir, la maison de Bar, qui ne commit pas pareille erreur, s'accrut à ses dépens. — Nous trouvons dans nos documents verdunois que le Chapitre, en reconnaissance de la protection de Thibauld, lui accorda, comme honoraire, une prébende de la cathédrale, que ce bon prince laissa aux lépreux des Grands-Malades (1); enfin nous savons par Albéric, et par le testament du comte lui-même, qu'en 1214, après la grande prédication qu'on fit à Metz et à Verdun contre les Albigeois, le comte se mit à la tête de nos croisés (2). Comme il était déjà vieux, et qu'en route il vit périr son compagnon Henri IV de Grand-Pré, il fut croisé, brave mais le moins de temps possible, et seulement pour l'acquit d'une promesse que la crainte des censures lui avait fait faire à l'évêque Bertram de Metz, dont il avait ravagé les terres pendant la guerre contre Ferry. Simon de Montfort n'ayant pas suivi son avis de donner l'assaut à Toulouse, il craignit que la guerre ne traînât en longueur, et il revint avec sa troupe de barisiens, de lorrains et d'évêchois, que les Provençaux prenaient tous pour des Allemands, et qui se ralliaient au cri de *Bar*, ainsi que le dit un vieux poëme, en langue méridionale :

> Adonc viretz les Alamans cridar :
> Tuit en avant : A Bar, à Bar, à Bar !

(1) *Item*, une lettre, en latin, de l'an mil deux cent trois, au mois de mai, contenant comment Thibauld, comte de Bar et de Luxembourg, donna, pour l'amour de Dieu, en perpétuité, aux Malades de Verdun, les fruits de sa prébende, qu'il avoit en l'église de Verdun, de huit rez de Notre-Dame (128 franchards, mesure de Chapitre, plus forte que celle de la Ville). Inventaire de 1419 des titres des Maladreries. — Cette charte était perdue dès la fin du XVIIe siècle : car, dans le procès avec Saint-Lazare, on ne put produire que cet Extrait de l'Inventaire. — Autre bonne œuvre du comte Thibauld Ier : *usurium mortui nemoris, ad ignem pro Christi pauperibus recalefaciendis, in nemore nostro de Dewe* (Dieue), *hospitali de Graveriis in Virduno, in perpetuam eleemosynam concessimus.* 1215, mense novembris.

(2) *Ego Theobaldus, comes Barrensis et Luceburg..., quòd, cùm crucis signum contrà hæreticos Albigenses assumpsissem, in procinctu itineris mei existens, terram meam filiis et filiabus meis disposui, etc.* Testament, dans Berthollet, tom. IV. Preuves, p. 44. — Passage d'Albéric, ci-dessus, p. 318.

Ce même poëme parle encore de nos croisés, lors du siége du château de Pennes en Agenois :

> Tantas pieras i gieten aicels crozats de Bar
> Am los grans manganels qu'en pau nel faut crebar.

Nous ne garantissons pas l'exactitude de notre orthographe de cette langue d'oc. Cela paraît signifier que « iceux croisés du comte de Bar jetaient tant de pierres que peu s'en fallut que leurs grands mangonnaux ne crevassent.

Les complications des mariages et des enfants du comte **Marville.** Thibauld, ainsi que celles de la parenté d'Ermesinde, nous feraient presque renoncer à parler de Marville, s'il n'était nécessaire de dire un mot de cet endroit ancien, qui joua un rôle dans plusieurs de nos événements. C'était un chef-lieu de prévôté mi-partie Luxembourg et Bar, à six lieues environ de Verdun, sur la petite rivière d'Othain, qui tombe dans la Chiers, près de Montmédy; il fut cédé à la France par le traité des Pyrénées; et on y voit encore les restes des fortifications que fit détruire Louis XIV, comme celles de Jametz et autres châteaux, peu après 1670. Il y a d'abord sur Marville des traditions à demi fabuleuses, parlant d'un temple de Mars et d'une statue érigée à ce dieu au haut d'une colonne, sur la hauteur dite maintenant Saint-Hilaire, où est, depuis une époque reculée du moyen-âge, une chapelle avec ancien et très-curieux cimetière, dont on a publié des descriptions avec gravures (1). Le premier souvenir marvillois un peu positif remonte au seigneur Louis de Montjoie et de Fauquemont (2), qui périt à Nicée, dans la croisade de Godefroy de Bouillon, mais dont

___

(1) Dans les Mémoires de la société philomath. de Verdun, tom. IV. p. 83. Il y a, en ce cimetière, un grand et très-ancien ossuaire, qu'on appelle, dans le pays, les Orangers (os rangés) de Marville.

(2) Et non de Montfaucon, comme le disent plusieurs livres modernes. Ce lieu de Falkenbourg était une terre de la maison des Waleran en Limbourg : car celui qui épousa Ermesinde, après Thibauld, déclara, dans le contrat, qu'il apportait le château d'Arlon (qui fut alors réuni au Luxembourg), *laude et assensu prædicti patris mei Henrici, ducis de Lemborch, et fratrum meorum Henrici de Valkenborch, etc.* Preuves de Berthollet, tom. IV. p. 45.

le fils puîné Jean, s'étant fait moine à Rebais en Brie, donna
à cette abbaye tout ce qu'il possédait d'héritage paternel :
de là le prieuré Saint-Nicolas, le patronage de la cure, et les
autres possessions de Rebais à Marville. Il doit y avoir de
la vérité dans cette tradition ; car la première charte historique, celle de 1198, a précisément pour objet un arrangement entre le comte Thibauld et Rebais, dont les titres
dataient de temps déjà ancien à cette époque (1). Par cet
arrangement, puis par d'autres acquisitions, Thibauld, en
bon père de famille, se créa à Marville un domaine pour
quelqu'un de ses enfants ; et, par le testament qu'il fit avant
d'aller en Albigeois, il déclara quel en serait l'héritier;
mais, à son retour, il trouva cet héritier mort : de sorte que
sa dernière volonté fut, en 1213, que la châtellenie de
Marville, Arrancy et Louppy restât à Ermesinde et à leur
fille unique Isabelle ou Elisabeth, toutes autres terres pâtri-
moniales du testateur, et tous ses autres acquêts demeurant au comte Henri, héritier du Barrois (2). Alors Ermesinde se remaria à Waleran de Limbourg, qui avait déjà,
d'un premier mariage, deux fils, dont l'un épousa Isabelle,
pour ravoir Marville : tellement qu'il y eut, en cette seigneurie, une lignée de Waleran, issus du même père que
les comtes de Luxembourg, et d'une sœur de père du comte
Henri II de Bar. Mais ces Waleran ne tardèrent pas à
s'apercevoir qu'ils étaient, de part et d'autre, mal appa-
rentés, et qu'on saisirait avec plaisir dans leurs familles toute
occasion de se partager leurs dépouilles. Ces mauvais

(1) *Omnes decimas Martis-villæ ecclesiæ Sancti-Petri Resbacensis perpetuò
concessi, cum ecclesiá, et terram laboris unius carrucæ.... et abbates Resbacenses
mihi perpetuò reliquerunt quidquid, exceptis decimis et tractu ecclesiæ, in suprà
dictá villá habebant... Data Montis-Falconis,* 1198. Ibid. p. 39.

(2) *Et contigit, Deo permittente, quòd filius meus Renaldus, et filiarum mea-
rum altera defuncti sunt : et ego, in lecto ægritudinis jacens, inspexi primam
dispositionem in apparatu meo Albigensium factam, sicque permutavi quòd uxori
meæ Ermesindi, et hæredibus meis de ipsá, castrum et villam de Marvillá, et
villam quæ Vicund (sic) dicitur, et quæ circà Marvillam in castellaniá adquisivi,
et feudum de Lopeio adsignavi : omnem autem aliam terram, ex parte patris
mei, et omnes questus meos infrà terram illam constitutos, filio meo Henrico...*
1213, *mense februario.* (1214, avant Pâque).

projets percèrent dès 1231, quand Henri II de Bar maria
sa fille Marguerite à Henri II de Luxembourg : il lui donna
pour dot Ligny en Barrois, avec stipulation, dans le contrat que, si sa chère sœur Isabelle, fille d'Ermesinde, venait
à mourir sans héritier, le beau gendre de Luxembourg
prendrait Marville, et rendrait Ligny à Bar (1); mais, cette
éventualité ne se réalisant pas, Henri et Marguerite trouvèrent commode de prendre Marville, sans rendre Ligny.
Leur entreprise déplut néanmoins aux Marvillois qui, peu
après 1250, se révoltèrent, à cause d'atteintes données aux
franchises qu'ils avaient selon la loi de Beaumont; il y eut
des bourgeois emprisonnés, ou mis en otages par les gens
de Luxembourg; enfin, Thibauld II de Bar intervenant en
médiateur, on rendit à Marville d'abord sa loi de Beaumont,
qui fut confirmée à perpétuité, par charte de 1252 (2);
puis, quelque temps après, on rétablit Waleran II, à condition nouvelle qu'il ferait hommage lige à « noble homme
son chier oncle, Henri comte de Luxembourg, des chastel-
leries de Marville et Arancy, » qui étaient auparavant
« allues, » c'est-à-dire de franc-aleu : et les deux châteaux
furent déclarés « rendaubles à Luxembourg, à tous ses
besoins, pour lui aidier (3). » Cet acte, dans lequel on ne

(1) *Et, si Elisabeth, sororem meam, uxorem domini Waleranni, sine hærede
corporis sui, vel suos hæredes sine hærede mori contingeret, Martis-villa et Arre-
vein (Arrecein, Arrancy) rediret ad Margaretam filiam meam et Henricum maritum ejus et hæredes eorum in dictâ terrâ de Lincio ; et terra de Lineio supradicta
ad me, et hæredes alios reverteretur.* Contrat de H. de Luxemb. et de Marguerite de Bar, dans Calmet, 1re édit. Preuves, II. 445,46, avec des fautes.

(2) Je Henris, cuens de Lucemborc, et je Marguerite, femme ledit comte,
... sommes apaisiés à tos les borjeois de Marville dou jugement que fut
rendu par le droit de Biaumont : li devant dits borjeois en sont finis, quittes
et delivreis ; et acquittons tos les borjeois qui prins furent et ostagiés. Et
avons jurei Marville à tenir à la franchise de Biaumont (ici mention que
cette franchise a été donnée par Thibauld Ier, ci-dessous, note)... et, qui
que soit prévos de Marville, il la jurera à tenir par le droit de Biaumont...
1252, au mois de mars... Et je Thibauld (II), cuens de Bar, ai convent que
je tenrai Henri, mon freire le comte de Lucembourg, loialment, en bonne
foi, qu'il tienne aus borjeois de Marville teille convenance comme il lor a
fait par ces lettres. ... Quinzaine de Pasques, quand li miliaires couroit par
1252, on mois d'avril. Berthollet, tom. v. Preuves, p. 39,40.

(3) Le texte entier de cette charte dans Berthollet, tom. v. Preuves, p. 56.

trouve aucune mention de Bar, est daté du 1er août 1262.
Celui de 1252, pour le rétablissement de la loi de Beaumont, renferme un passage remarquable où il est dit que
cette loi avait été donnée à Marville par Thibauld 1er;
par conséquent avant 1213, et probablement lorsque Thibauld voulut faire neuve-ville après ses acquisitions sur
Rebais (1). C'est un des plus anciens affranchissements au
droit de Beaumont que l'on connaisse en notre pays; et
Marville dut sans doute cette priorité au voisinage de
ce lieu de Beaumont en Argonne (canton de Mouson), pour
lequel l'archevêque Guillaume aux Blanches Mains avait
rédigé sa fameuse loi, en 1182. L'histoire des anciens
Waleran de Marville se termine à leur troisième descendant qui, en 1269, étant jeune héritier de son père, et
voyant qu'on faisait retomber sur son héritage de vieilles
et écrasantes dettes du comte Thibauld 1er, enfin sentant le
danger que couraient les deux châtellenies, par la convoi-
tise d'un voisin tel que Luxembourg, les vendit trente mille
livres tournois à son grand et très-redouté oncle, le même
Henri II, à charge, ajouta-t-il timidement, de pouvoir y
rentrer en remboursant le prix de vente : ce qui, comme
on le pense bien, n'arriva jamais (2). Dès lors Marville et
Arrancy furent réunis au Luxembourg, qui cependant dut
reconnaître les droits anciens du comte Thibauld, en
s'associant Bar comme coseigneur, au second rang néanmoins, et à charge d'hommage; car nous voyons, à la date
du 21 novembre 1345, Yolande, veuve du comte Henri IV,

(1) « Et avons jurei Marville à tenir à la franchise de Biaumont, ainsi
comme nostres ancessours li tinrent, li cuens Thibauld, et li cuens de Limbourg qui fut cuens de Lucembourg (le second mari d'Ermesinde), et li
comtesse Ermesons (Ermesinde), qui fut lor femme, que nos ancessours
furent. » Charte citée dans la note 2, page précéd.

(2) *Walramus, dominus de Valkenbourg et Montjoie... Cùm hæredilas mea
miserabili sarcinâ debitorum à piæ memoriæ Theobaldo, patre meo, contractorum,
et per usuras ascendentium premeretur, quarum voragine totalis ipsa hæreditas
absorberi timebatur..., dilecto avunculo meo magno, Henrico comite Lucembur-
gensi totum feodum quod ab ipso tenebam apud Marville et Arrancy integraliter
vendidi, pro triginta mille libris turonensibus... Datum 1269, mense maio, feriâ
tertiâ post Pentecosten.* Berthollet, tom. v. Preuves, p. 62.

reprendre de Jean, roi de Bohême, et comte de Luxembourg, la moitié de Marville et d'Arrancy, avec Stenay (1).
— A l'aide de ces explications, on comprendra ce que
nous aurons à dire de Marville dans la suite de l'histoire;
et il est à regretter que l'on ne trouve pas plus de documents sur les origines et les époques anciennes de ce lieu,
que la tradition fait remonter aux temps gallo-romains.
L'église paroissiale est un édifice gothique, de structure
non vulgaire.

Damvillers, autre forteresse du Luxembourg, la plus   Damvillers.
rapprochée de nous, et qui devint la plus gênante, au
temps des Bourguignons et des Espagnols, n'a pas d'histoire connue pendant le haut moyen-âge. On sait seulement que c'était alors un domaine de l'abbaye de Methloc,
du pays de Trèves; et, comme cette abbaye était de la fondation de ce même saint Ludwin qui, vers le commencement
du VIIIe siècle, donna Etain à Saint-Euchaire, nous indui-
rons par conjecture que Ludwin qui, comme notre diacre
Adalgise, et le comte Wolfang à Saint-Mihiel, descen-
dait des grands leudes Francs, dota ses abbayes tréviroises des domaines de sa famille en notre pays; mais sa
charte de Damvillers ne s'est pas conservée, comme celle
d'Etain, à laquelle elle devait être analogue (2). Methloc,
en latin *Mediolacum*, ou *in medio lacu*, tirait son nom de sa
situation primitive dans une sorte d'île de la Sarre, entre
Sarrebourg et Sarrelouis; on voit encore, pour reste de ce
monastère, une chapelle octogone, de très-ancienne
architecture, dite byzantine. Quant à Damvillers, ce nom
paraît pour la première fois dans nos cartulaires en 1204,
à l'occasion de prétentions des trois voués de cette seigneurie sur les villages de Flabas, Moirey et Crépion, que
le Chapitre prouva être de son ban de Peuvillers (3). Ces

(1) Calmet, Généal. de Florenge, en tête du tom. II. 2e édit. p. XXXVI, avant
les sceaux.
(2) Ci-dessus, tom. I. p. 205.
(3) *A. Dei gratiâ Virdunensis episcopus.* (Albert de Hirgis). *Cùm quæstio ver-*

trois voués, ou vidames, qui étaient Richer de Dun, Simon d'Apremont et Gervais de Vienne, devaient avoir de belles parts d'avouerie dans la terre de Methloc; et de là vint peut-être qu'on appela Damvillers (*domini villare,*) la portion propre du seigneur abbé. En 1230, mention de la justice seigneuriale « de l'abbei de Mathela, » par l'octroi duquel fut authentiquée, en présence de ses voués Gobert d'Apremont et Richard de Prenoville, une cession de droits de taille et d'usage dans la forêt de Merles (1). Cette période de seigneurie monastique prit fin en 1324, par la vente de Damvillers et d'Estreis, que fit l'abbé Conrad au roi Jean de Bohême, comte de Luxembourg, pour 5500 livres en petits tournois (2), c'est-à-dire en sols petits de 12 deniers, et non en gros de 15; se réservant toutefois le patronage de la cure, laquelle demeura à la nomination de l'abbé de Methloc jusqu'en 1786; ce qui a fait commettre à quelques auteurs modernes l'inexactitude de dire que Damvillers était du diocèse de Trèves, bien qu'il ait toujours fait partie du doyenné de Chaumont, dans celui de Verdun (3). A la vente

teretur inter duos bannos de Peuviler et de Danviler, de hominibus scilicet de Flabasio, de Moreio et de Crupion... Comparentibus coràm nobis dominis et con-canonicis nostris, et Richero de Duno, Simone de Asperomonte, et Gervasio de Viennâ, advocatis de Danviler, fuit recognitum quòd jurejurando probavissent homines ecclesiæ Virdunensis villas de quibus quæstio vertebatur plenè essent de jurisdictione ecclesiæ Virdunensis... Actum anno MCC. *quarto.* Cartul. p. 48.

(1) Et ceste quittance fut faite en la justice l'abbei de Mathela, lor signour, et par devant monsignour Gobert d'Apremont et monsignour Richard de Prenonville, lor voueiz... et si mist son seel l'abbei de Mathela, par cui otroi ceste quittance fust faite... 1230. Cartul. p. 51. — C'est une des premières chartes écrites en français.

(2) L'acte est dans Berthollet. tom. VI. Preuves, p. XIV. *Nihil nobis penitùs reservato, præter jus patronatûs ecclesiarum de Damvillers et de Estrey prædictarum,*

(3) V. tous nos anciens Pouillés. *Villarum de Damvillers et de Estrey, Virdunensis diœcesis,* porte l'acte de 1324, que nous venons de citer. — L'abbé de Methloc nommait non-seulement à la cure de Damvillers, mais encore à celles de Réville et de Wavrille. D'un autre côté, l'évêque de Verdun, en qualité d'abbé de Saint-Vanne, nommait, dans le diocèse de Trèves, aux cures de Longwy, Villers-la-Montagne et Rehon. Par acte du 10 avril 1786, Clément-Wenceslas de Saxe, le dernier archevêque de Trèves, se fit céder les cures verdunoises de Methloc; puis, le 10 juillet suivant, il les échangea avec l'évêque Desnos contre les cures tréviroises de celui-ci.

de 1324, les Apremont conservaient encore leur part d'avouerie, dont ils firent hommage au roi comte Jean (1); mais, après la ruine de leur maison, tout passa à Luxembourg, sans part d'autrui. On voit, à ces détails divers sur les seigneuries de notre pays, combien de variétés et de nuances se rencontraient chez nous dans le régime du moyen-âge. — Nous reprendrons cette notice de Damvillers vers le milieu du XIVᵉ siècle, où elle commence à présenter des faits qui se mêlent au cours de nos histoires.

La châtellenie de Dun avait droit de forêt : *Dunum castrum, cum foreste*, porte le diplôme de 1156, qui répète la même indication pour Hatton-Châtel; et pareils termes se trouvent encore dans l'acquisition de Mureau sur Mathilde par Thierry : *Mireuwald castrum, cum foreste*. Comme on n'a pas beaucoup de renseignements sur les foresteries féodales, bien qu'on sache qu'elles existèrent en France jusque aux premiers temps de la troisième race, et que le comte de Flandre en garda le titre de grand forestier de son comté, nous donnerons sur cette matière quelques éclaircissements, tirés d'une charte de notre cartulaire, datée de 1198. Il résulte de cette pièce que la foresterie était une féodalité distincte de l'autre, la dominant pour les bois, et pouvant en être séparée; car l'évêché, auquel son diplôme de 1156 reconnaissait Dun « château et forêt, » avait inféodé la châtellenie aux Apremont, et la foresterie aux seigneurs de Cons, desquels les Apremont l'avaient reprise par sous-inféodation, pour en jouir, ainsi que de la châtellenie. En cet état des choses, l'an 1198, Joffroy d'Apremont, voyant son fils puîné Jean reçu au Chapitre, avec espoir pour la famille qu'il serait un jour évêque, fit gracieuseté de sa foresterie, telle qu'il l'exerçait dans les bois de l'église, en cette circonscription; et, spécifiant les droits qu'il abandonnait, il déclara, devant l'autel de la cathédrale,

Foresterie de Dun.

_____

(1) V. une charte de 1318, dans Berthollet, tom. VI. Preuves, p. VI. Elle a pour objet des arrangements entre les Apremont et Luxembourg, au sujet de la vente de Damvillers, déjà consentie par l'abbé de Methloc.

en présence de l'évêque, seigneur dominant, qu'il levait désormais tout empêchement aux essartements, incinérations, même aux défrichements à la charrue, ainsi qu'aux chasses, à la réserve de celle des quatre bêtes bannales, dans la grande forêt Notre-Dame, aux territoires de Merle, Bréhéville, Peuvillers, Witarville, et environs (1). Il résulte de .cette concession que les seigneurs ordinaires, tel qu'était le Chapitre en ces lieux, n'avaient pas la disposition absolue de leurs bois, et qu'il leur fallait, notamment pour défricher et chasser, l'agrément du forestier, à moins qu'on ne leur eût inféodé ou sous-inféodé à la fois la seigneurie et la foresterie, par ces mots *cum foreste*, qu'on ne trouve guère que dans les chartes du haut moyen-âge; car ensuite ces inféodations simultanées étant devenues fréquentes, passèrent pour droit commun. Quant aux bêtes bannales, c'étaient celles dont la chasse était prérogative seigneuriale forestière : notre charte désigne comme telles le cerf, la biche, et deux espèces du genre faucon, réservées probablement pour les dames et les clercs scrupuleux, ne chassant qu'à l'oiseau ; mais il y en avait une cinquième, le chevreuil, que le bon sire Joffroy n'abandonna qu'à regret au Chapitre, et pour laquelle celui-ci dut faire enquête des us et coutumes de la foresterie. Quant à la punition des braconniers, il fut dit qu'ils recevraient citation à huitaine, à la porte du château de Dun, où ils se présenteraient assistés de deux justiciers, au moins, de la terre Notre-Dame : là, par devant sire Joffroy

(1) *Jus universum quod in foreste Beatœ-Mariœ Virdunensis apud Merulam, Brehenvillam, Puvillarem, Witarvillam,* (la rénovation de 1225, ajoute *Escureium*) *et universam terram in partibus illis mihi vindicabam, quòd sartare, cinerisare, carrucas mittere, vel venari prohibebam, coràm concanonicis ejusdem ecclesiœ et aliis plurimis commilitonibus meis, super altare, integrè offerendo, resignavi : quatuor tantummodò bannales bestias excipiens, videlicet cervum et cervam, accipitrem et sprenarium. De capriolo autem, utrùm bannalis sit, nondùm plenè cognovimus... In aliis venationibus, sartagiis, excisionibus, et cœteris omnibus, prœfatam forestam homines bannarii Beatœ-Mariœ absolutè et incontradictè exercebunt... Actum publicè, in ecclesiâ Beatœ-Mariœ, anno Verbi Incarnati* MC *nonagesimo octavo.*

lui-même, ou son prévôt, ou, en leur absence, par-devant le curé ou quatre notables de Dun, l'accusé jurera, à sept mains, sa non culpabilité, c'est-à-dire devra produire devant la justice sept hommes de bonne renommée, levant la main avec lui, en caution de son serment; et, si l'évidence du délit, ou la grièveté du soupçon empêchent de trouver ce nombre de jurants, le coupable sera amendé et châtié exemplairement à la porte du château (1). Fait publiquement, ajoute l'acte, en l'église cathédrale, l'an du Seigneur 1198; mais, malgré cette solennité, la charte était nulle, parce qu'elle omettait le consentement du feudataire forestier intermédiaire; de sorte qu'il fallut, en 1225, la faire renouveler par Gobert d'Apremont, avec ratification, cette fois, de Jacques, chevalier de Cons (2).

Pour ne point laisser en arrière notre histoire monasti- **Suite des abbés** que, nous en placerons ici quelques mots, avant d'entamer **de St-Vanne.** un nouveau chapitre. Quand l'abbé Hugues de Saint-Vanne eut été, comme nous l'avons dit, renversé par les vexations de Folmar, on lui donna pour successeur un certain Etienne, prieur de Dammarie (3), et protégé de la vieille comtesse Agnès, qui avait apporté à Renauld II de Bar le domaine de Ligny, où était ce prieuré de Dammarie, dont elle fit passer le titulaire à notre abbaye, à force de recommandations et d'instances : *adrogatu et hortatu generosæ*

---

(1) *Citati usquè ad octavum diem, antè portam Duni castri venire tenebuntur; justicialibus Beatæ-Mariæ non minùs quàm duobus secum adductis : et, super impetitione coràm me, vel præposito meo, manu septimâ, se purgare : quòd si præpositus interesse non possit, coràm presbytero Duni, vel quatuor ex civibus : et si, excessu manifesto, purgari non possent, in portâ Duni castri satisfactione condignâ mihi tenebuntur.*

(2) *Jacobus, miles de Cons... Cùm Gobertus miles, dominus Asperimontis et Duni, jus quod in forestibus Beatæ-Mariæ Virdunensis apud Merulam, etc., etc. Nos, à quo dictus Gobertus prædicta tenebat in feodum, quittationem illam ratam habemus... Actum 1225, mense decembri.* — Cons, autrement La-Grand-Ville, baronnie, sous la châtellenie de Longwy. Maison de très-ancienne noblesse éteinte. Marquisat, érigé par le duc Léopold, en 1719, en faveur des Lambertye.

(3) Prieuré dépendant de Cluny, entre Ligny et Joinville, ancien diocèse de Toul. Tombé, dans les derniers temps, à l'état de bénéfice simple.

Agnetis, comitissæ Barri, dit la chronique. Etienne, une fois élu, parut s'inquiéter fort peu de réduire les lourdes dettes contractées pendant les troubles précédents; de sorte que la comtesse lui demanda un jour sur qui et sur quoi il comptait pour se délivrer d'un tel fardeau. « J'ai, dit-il, un bon répondant, le grand saint Vanne, avec sa belle robe rouge; » et il parait que ceci fut dit d'un ton impertinent; car les moines, qui n'aimaient pas cet abbé et le trouvaient trop dépensier, firent grand scandale, comme s'ils eussent ouï un blasphème épouvantable (1). On raconta qu'Etienne, après avoir proféré cette irrévérence, était tombé en paralysie, puis en épilepsie; puis il devint sourd-muet; enfin il fut dit qu'il ne recouvrerait jamais la parole; et l'émeute l'obligea de retourner à Dammarie. L'abbé Conon, dans ses derniers temps, avait obtenu, vers 1178, qu'on unirait à Saint-Vanne, Notre-Dame au Münster de Luxembourg (2); mais cet avantage fut perdu sous ses successeurs, à cause de leurs troubles et dissensions, dont on ne vit la fin qu'en 1197, par l'élec-

L'abbé Louis.

tion de l'abbé Louis. Celui-ci, qui était frère de l'évêque Albert de Hirgis, fut comparable aux meilleurs des anciens temps, et gouverna quarante années, jusqu'en 1237, avec honneur, prudence, et bonnes œuvres. Tout d'abord, et malgré certains murmures, il se résigna, pour éteindre les dettes, et leurs énormes intérêts (3), à vendre des biens qu'on avait de l'autre côté de Metz, à Thomas, sire de Boulay; puis, l'ordre remis aux finances, il signala presque chacune de ses années par quelque notable amélioration. L'une des

---

(1) *Ore irreverenti et infrunito..., quo dicto, ob contumeliam Sancto irrisorie illatam, in conspectu matronarum et baronum, percussus paralysi cecidit, etc., etc.* Continuat. de Laurent de Liége. — Tout ce qui suit est tiré de cette chronique, sauf la description du grand retable, qui exista jusqu'aux derniers temps, et dont la chronique n'avait parlé que d'une manière générale : *tabulam argenteam antè majus altare.*

(2) Acte de cette union par l'archevêque Arnold de Trèves, dans le *Gallia christ.* tom. XIII. *Instrum.* p. 350.

(3) *Ære alieno, in tantùm ut maxima pars fructuum in solutionem cederet usurarum.* Continuat. de Laurent de L.

plus utiles au domaine fut le rachat de l'avouerie, déjà
tenté par l'évêque Albert de Mercy, mais sans succès, parce
que les moines le soupçonnèrent alors de vouloir rentrer,
sous cette couleur, dans une partie des biens et droits seigneuriaux, jadis donnés par le fondateur Bérenger. De peur
qu'on ne reprît un tel projet, Louis décida ses voués Gobert
d'Apremont, en 1227, et Garnier de Cumnières, en 1233, à
lui vendre leurs droits au mont Saint-Vanne, l'un pour
500, l'autre pour six-vingt livres Provins, qu'il leur paya
de ses propres économies, sur sa mense abbatiale, sans rien
prendre à la conventuelle : de sorte que le seigneur abbé
se trouva, sans part d'autrui, seigneur de tout le ban, sauf
hommage féodal à l'évêché, et au risque d'avoir, en temps
de troubles, des démêlés avec la Commune, qui ne perdait
jamais occasion d'anticiper sur les bourgs, par prétentions
municipales. Ce bon abbé dota de revenus propres l'infir-
merie de ses pauvres, et fit reconstruire à neuf l'Hospitalité, ou Aumônerie, continuant ainsi d'une manière fort
louable les travaux de son prédécesseur Conon, qui déjà
avait refait la bibliothèque, et mis des tours au mur de clôture. Il employa un habile orfèvre de Verdun, nommé
maître Richard, à sculpter en vermeil un superbe retable
qu'on voyait encore, au siècle dernier, mesurant sept pieds
de long sur plus de trois de large, avec figure de deux de
haut, représentant, en relief, le bon pasteur et sa brebis;
un peu en arrière de lui, Moïse et Aaron; à ses côtés Notre-
Dame et saint Jean, en compagnie de saint Pierre et de saint
Paul; enfin saint Saintin et saint Vanne se tenaient humblement à la dernière place. Pour œuvre capitale, l'abbé
Louis entreprit une magnifique église dont le chœur, dédié
l'an 1225, avait les dimensions et l'architecture de ceux des
cathédrales romanes : à sa mort, le portail et une partie des
gros murs étaient bâtis; mais ni lui, ni ses successeurs ne
purent achever le monument, auquel on substitua, dans le
XVe siècle, la jolie basilique gothique que nous avons
décrite ailleurs. On se tenait, en 1225, tellement sûr du

prochain achèvement du grand édifice que, quand on plaça
le retable, un poëte, cette fois mauvais prophète, y inscri-
vit le compliment suivant :

Abbati pateat Lodoïco cœlica sedes,
Qui tantam tabulam, qui tantas condidit ædes !

**Démêlés
de St-Paul
et de St-Airy.**

Les bénédictins, bien qu'ils eussent conservé chez nous,
Saint-Vanne et Saint-Airy, eurent longtemps sur le cœur
l'affront qu'ils croyaient avoir reçu par leur expulsion de
Saint-Paul; mais, comme les moines blancs y avaient
obtenu chartes papales et impériales, force fut à l'Ordre
noir de ne plus les troubler sur cette affaire. Pour toute
consolation, il ne resta que de misérables chicanes soule-
vées par Saint-Airy contre Saint-Paul, au sujet du bourg
Saint-Victor. On se rappelle que Vicfrid, en fondant Saint-
Paul, lui avait donné l'église qui fut ensuite Saint-Airy, à
charge d'y établir, dès que faire se pourrait, une nouvelle
abbaye; clause que la maison mère n'exécuta que tardive-
ment, et en faisant à son profit des réserves, qui ne furent
pas contestées tant que les deux monastères appartinrent
au même Ordre, mais qui devinrent un champ de bataille
dès que le premier fut passé aux Prémontrés. En 1176,
l'élu Arnoul de Chiny, trouvant ces querelles « longues et
injurieuses, » essaya de les terminer par une sentence où
l'on voit que les objets en litige étaient une île des Saules,
un droit de pêche, un moulin Butry, des dégâts causés au
pré par les voitures allant à ce moulin; choses difficiles à
reconnaître, tant ce quartier est changé (1) : mais ce jugement ne rétablit pas la paix; et il se fit, en 1188, un tel
éclat que les moines cultivateurs des deux couvents se
livrèrent bataille sur le terrain contesté, à propos d'une
dîme que Saint-Paul ne voulut pas payer; et un prêtre de
cette maison fut emporté couvert de sang. Plainte de cet
excès alla jusqu'à Rome; et Clément III rendit bulle sur ce

_____

(1) Cette sentence, qui est longue, se trouve au cartulaire de Saint-Airy,
tom. 1. p. 30.

grief (1). Ceci prouve qu'à la fin du xiiᵉ siècle, nos moines travaillaient encore de leurs mains dans les champs. En dépit des malveillants, Saint-Paul prospéra; il reçut dans son cloître les nobles chevaliers Alexandre de Bras et Baudoin d'Apremont (2); l'évêque Albert de Hirgis lui donna, outre la cure Saint-Jacques, du nouveau bourg de Saint-Paul-Rue, détruit avec l'abbaye en 1552, celles de Manheulles et de Hareignes; et, pour comble d'honneur, l'abbé général de Prémontré Vermond échangea, en 1204, sa haute dignité contre la crosse de notre monastère, qu'il gouverna jusqu'à sa mort, le 15 novembre 1208 (3). Tels étaient les moines de Verdun, quand l'institution des Quatre-Mendiants leur donna de nouveaux confrères qui, sans s'inquiéter des menses et des seigneuries de leurs anciens, tirèrent à eux la faveur publique, à l'aide seulement de leur parole et de leur besace.

(1) *Clemens, etc., dilectis filiis decano et archidiacono Cathalaunensi. Conquestione dilectorum filiorum abbatis et fratrum Sancti-Pauli Virdunensis, nostris est auribus intimatum quòd abbas et monachi Sancti-Agerici de terris et agriculturis eorum, quas propriis manibus et sumptibus excolunt, contrà sedis apostolicæ privilegia, violenter ab eis præsumant decimas extorquere, et quemdam fratrem eorum presbyterum, usquè ad effusionem sanguinis vulnerarunt... Datum Laterani,* xiv *kalendas februarii, pontificatûs nostri anno secundo.* Cartul. de Saint-Paul, p. 54. Chronique, p. 117.

(2) *A viro nobili Balduino, milite de Asperomonte, qui et habitum religionis apud eamdem ecclesiam devotè suscepit. — Alexander, miles de Bras, sæculo abrenuntians, atque ad ecclesiam Sancti-Pauli se conferens.* Chartes du même cartul. p. 113.

(3) *Vermundus, undecimus abbas generalis, resignavit tertio idus octobris 1204. Ad Virdunensem deindè Sancti-Pauli abbatiam promotus, ibidem occubuit, 15 novembris 1208.* Hugo, Annal. Præmonstr. t. i. p. 18.

CHAPITRE II.

EPISCOPAT ET PROCÈS DE ROBERT DE GRAND-PRÉ. — AFFERMISSEMENT DE LA
COMMUNE. — JEAN D'APREMONT.

De 1208 à 1225.

La scène de notre histoire, après la tragédie d'Albert de
Hirgis, s'ouvre à un autre combat, non cette fois à coups
d'épée, mais à armes de procédure; sorte de guerre non
moins acharnée que l'autre, mais ayant pour le spectateur
cet avantage que les plaidoyers lui font connaître les causes
et les incidents du litige. Ce mémorable procès roula
sur l'élection de Robert de Grand-Pré, successeur de Hirgis, en 1208; il fut instruit par les commissaires du pape
Innocent III, grand jurisconsulte, dans les lettres duquel
s'en sont conservés les principaux documents; et le jugement ne fut rendu que par son successeur Honoré III; de
sorte que l'affaire dura plus de neuf ans, et dut être une
des causes célèbres du commencement du XIIIe siècle; car
il en est parlé au Droit Canon (1). Robert était neveu du
personnage de même nom que nous avons vu en concurrence avec Albert de Hirgis, en 1187 (2); par cet oncle, et
par l'influence de sa noble maison, il s'était élevé très-
rapidement au rang de princier; et, loin d'être hostile au
mouvement communal, il semble, au contraire, que ses
ennemis, les gens qui finirent par le renverser, formaient

(1) Décrétales, liv. II. tit. 1er, ch. 19. Cette pièce n'est qu'une sentence
sur incident de chicane canonique : on l'a insérée au Droit pour servir à la
forme des procédures d'enquêtes.

(2) La différence de ces deux Robert résulte de ce que celui de 1208 fut
qualifié par ses adversaires de nouveau dans le clergé : *neophytus et illitte-
ratus*. (Continuat. de Laurent de L.). Ceci n'aurait pu s'appliquer au Robert
de 1187, s'il eût encore existé en 1208.

le vieux parti des intraitables, sans concessions; mais il y avait à dire sur son élection qu'elle s'était faite un peu précipitamment, et comme d'urgence, sous la pression de la bourgeoisie, après la catastrophe de Hirgis. Ce fut en effet par cette objection que ses adversaires ouvrirent l'attaque; et le pape Innocent III, dans sa commission d'informer adressée à l'élu de Meaux, à l'abbé de Sainte-Geneviève et à l'un des archidiacres de Paris, résume ainsi ce que lui exposèrent les procureurs des deux parties :

« Maître Herbert, chanoine de Verdun, a porté plainte qu'après la mort de l'évêque de cette ville, tué à la guerre, le doyen et le Chapitre, profitant astucieusement de l'absence des chanoines forains (1) et même de celle de quelques commensaux qui sont aux Études (université de Paris), se hâtèrent de décider qu'on ferait l'élection à huitaine des obsèques de l'évêque. Ils eurent soin de ne pas convoquer maître Herbert, lequel vint néanmoins, comme par hasard. La délibération ouverte, le doyen y coupa court, en disant que tout le monde était d'accord pour le princier (Robert de Grand-Pré); puis il chuchota avec les archidiacres et quelques autres, qui lui vinrent en aide, et parlèrent comme lui, ajoutant que le princier s'engageait à payer les dettes de son prédécesseur. Surpris de voir procéder si sommairement, maître Herbert objecta que l'affaire était de grande conséquence et méritait qu'on y réfléchît mûrement : à quoi le chancelier répliqua que de très-mûres réflexions avaient été faites d'avance. Alors, et attendu que de tels procédés étaient tout à fait irréguliers, maître Herbert s'en déclara appelant au siége apostolique; mais, à cette parole, il s'éleva de violents murmures; on lui cria de se taire, et on le tira par ses habits pour le faire rentrer à sa place, tandis que le princier, se prosternant jusqu'à terre, remerciait le Chapitre, et se faisait conduire en procession à la chaire épiscopale. De quatre chanoines étudiants à Paris, trois adhérèrent à l'appel, dès

Procés. Exposé contradictoire.

(1) *Captantes, ut videbatur, absentiam foraneorum, præpropere statuerunt, etc.* Innocent III, liv. XI. epist. 261. — Ces chanoines forains étaient des gens qui cumulaient avec leur prébende un bénéfice exigeant résidence ailleurs. Tel était maître Herbert lui-même, dont il est dit, dans la suite de cette pièce, que *non erat de residentibus in ecclesiâ, sed foraneus*. Le continuat. de Laurent de L. nous apprend en effet que cet Herbert, qu'on surnommait d'Ivois, était doyen de Reims, où par conséquent il devait résider habituellement : *Decanus Remensis, et canonicus Virdunensis.*

qu'ils le connurent : on prétend qu'ensuite ils se laissèrent gagner ou intimider par les autres; néanmoins maître Herbert assure que, quand on alla à Trèves présenter l'élection au métropolitain, il se. trouva six capitulants qui déposèrent, avec lui, en griefs de nullité, les articles suivants :

« Il n'y a pas eu de convocation en forme des absents.

« On n'a pas fait, avant l'élection, la délibération sérieuse exigée par le droit.

« On n'a pas laissé maître Herbert exposer et développer ses moyens d'appel ; et on l'a interrompu par du bruit.

« On a procédé à l'installation du prétendu élu, sans égard audit appel.

« Enfin le princier est un homme dépourvu d'instruction : *litteraturæ defectum sustinere;* et on le suspecte encore à d'autres égards (1). »

Nonobstant ces raisons, itérativement déduites; nonobstant encore que maître Herbert se fût, à Trèves, formellement porté opposant au sacre, l'archevêque a passé outre : c'est pourquoi lesdits plaignants supplient qu'on annulle toutes ces illégalités, et qu'on inflige à leurs auteurs la peine qu'ils méritent.

Contradictoirement à cet exposé, le procureur adverse a dit qu'à la mort de l'évêque, le doyen et le Chapitre expulsés de la ville, comme soutenants de la liberté ecclésiastique, demandèrent trève pour rentrer en leur salle capitulaire, afin qu'ils pussent paisiblement y élire, à l'avantage public et à la pacification des troubles. Les citoyens accordèrent cette trève, avec quelque défiance et pour peu de jours. On dut accepter leur terme, pendant lequel on s'empressa de faire toutes les convocations possibles; et on employa l'intervalle à délibérer soigneusement, soit au chœur, soit dans la salle; de sorte que, le jour de l'élection venu, le doyen, parfaitement au fait des intentions de chacun, déclara, au nom de tous, que le choix s'arrêtait sur Robert princier, homme de renommée intègre, de bonne noblesse, doué du talent de la parole, très-prudent au tem-

---

(1) Probablement de quelque connivence avec la Commune. — Roussel, amplifiant ces griefs, parle de cabale, d'ambitions, de factions, de violation de toutes les lois divines et humaines par l'impunité du parricide horrible commis, en noire et infâme trahison, sur Albert de Hirgis : puis, faisant un réquisitoire contre le Chapitre, il le représente composé de jeunes gentilshommes livrés à la mollesse, à la chair, au sang, etc., etc. — Il n'y a pas la moindre trace de ce pathos dans les documents.

pôrel, et suffisamment instruit au spirituel (1). Personne ne réclama, sinon maître Herbert ; encore ne put-il donner aucune bonne raison de son opposition, laquelle est d'autant plus étrange qu'il est forain, non résidant. A Trèves, lui et quelques autres qu'il a entraînés, renouvelèrent leurs protestations ; mais l'archevêque (Jean), ayant pris l'avis des évêques et des abbés, ainsi que celui de ses jurisconsultes, déclara les objections frivoles et mal fondées, et sacra l'élu, malgré ces entêtés, qui se retirèrent de la cérémonie (2). Pour ces raisons, et considéré que ledit évêque, bien qu'il ne soit peut-être pas homme de haute science, est cependant convenablement instruit, que d'ailleurs l'église de Verdun lui doit déjà beaucoup pour sa bonne administration de princier (3), le procureur conclut à ce que son élection et son sacre soient déclarés canoniques. (Suit la commission du pape d'informer des faits, par autorité apostolique). Donné à Latran, le 9 des calendes de mars, an ouze de notre pontificat. — 21 février 1209.

Ces enquêtes et contre-enquêtes, avec les lenteurs, les incidents, les chicanes, les contestations accessoires, et le train ordinaire des procès, durèrent jusqu'en 1216, sans décision ; et Robert de Grand-Pré eut ce temps pour remettre en ordre et en calme la ville, pleine, quand il fut élu, d'émeutes et de séditions.

Tout d'abord, la Commune vit qu'il ne pensait point comme son prédécesseur, et qu'on n'aurait pas à tirer l'épée pour lui arracher des libertés municipales. Au fond, Hirgis avait été trop despote ; car, par la lettre de 1195, la Ville était reconnue corporation civique, sous la protection

_____

(1) *Virum integræ famæ, nobilem ac facundum, in temporalibus providum, et in spiritualibus sufficienter instructum.*

(2) *Quibus (rationibus) archiepiscopus pro frivolis reputatis, de consilio episcoporum, abbatum et jurisperitorum, præfatum electum in episcopum consecravit, ipso magistro Herberto, cum suis, contumaciter recedente.* Ce texte dit formellement que Robert de Grand-Pré fut sacré ; et il est singulier que Roussel, tout en renvoyant à cette lettre d'Innocent III, prétende le contraire, parce qu'il y a apparence, dit-il, que Robert était trop jeune. Il est vrai que les ennemis de ce prélat dirent qu'il était *neophytus et illiteratus :* mais *neophytus* veut dire ici nouveau dans le clergé.

(3) *Etsi non eminentis litteraturæ, competentis tamen : et ecclesiam Virdunensem in multis jàm sub ejus regimine profecisse.*

de l'empereur (1); et nul n'était en droit de s'opposer à ce qu'elle s'organisât librement en telle manière qu'elle se gouvernât elle-même, dans sa petite sphère. Robert le sentit; et voici ce que nous indiquent ses propres chartes sur ce que firent, de son aveu, nos citoyens, et sur les limites où il tâcha de les arrêter.

Ils se donnèrent d'abord droit de trésor, avec impôts communaux pour le remplir. Ceci était de première nécessité; et l'évêché n'y contredit pas, sauf à maintenir du mieux qu'il put, et comme nous le verrons ailleurs, ses droits régaliens financiers; mais le Chapitre, seigneur haut, moyen, et bas dans cinquante villages, n'entendait pas être à Verdun taillable des bourgeois : et, plutôt que d'endurer un tel affront, il s'était enfui avec Hirgis. Le débat qui s'éleva sur ce sujet, à la rentrée des chanoines, en 1208, est mémorable, non pour son importance, qui est à peu près nulle, mais parce que c'est la première fois que nous voyons la Commune paraître officiellement dans les actes. Elle avait renoncé à ses prétentions de taxer les seigneurs capitulaires eux-mêmes ; mais elle revendiquait certains bourgeois qui s'étaient mis à leur service, et se tiraient de la masse taillable en s'intitulant officiers de Chapitre. Sur la liste de ces officiers, dressée en 1209, nous ne trouvons que onze noms; cependant le procès n'était pas tout à fait futile, parce qu'on pouvait augmenter ce nombre : et il y avait d'ailleurs question de prérogative. Pour mécontenter le moins possible de si notables plaideurs, l'évêque prit le singulier biais de donner en principe pleine raison au Chapitre, et, en fait, gain de cause à peu près complet à la Ville; ce qu'il fit au moyen de deux chartes successives, dont la première, de 1208, déclara l'église bien fondée à réclamer l'exemption de ses officiers, et la seconde, statuant, l'année suivante, sur la question pratique de savoir quels étaient ces officiers, décida, en

_____

(1) Ci-dessus, p. 526.

1209, que les onze en exercice garderaient leurs charges leur vie durant (peut-être parce qu'ils les avaient acquises à titre onéreux, comme, dans la suite, les quatre vergers honoraires); mais qu'après eux, il n'y aurait plus que trois bourgeois exemptés pour le service des chanoines, savoir leur maître marlier, le cuisinier de leur réfectoire, et leur courrier en voiture (1), le Chapitre pouvant faire remplir les autres fonctions par ses propres clercs. Il ne vaut pas la peine de rapporter les chartes où sont ces petits détails: la seule chose à noter c'est que, dès 1208, à l'avénement même de Robert de Grand-Pré, la Commune fut reconnue comme corporation légale, capable d'ester en jugement, aussi bien que le Chapitre, sa partie adverse; et l'évêque tâcha de maintenir son haut domaine en mettant dans sa sentence que, si de nouveaux débats s'élevaient entre les parties , elles seraient tenues de lui en demander *dictum* dans la quinzaine (2).

Le grand sceau communal *Civitas Virdunum* , dont nous avons donné la gravure dans les pages précédentes, se voit, pour la première fois, à notre connaissance du moins, sur une charte de 1211 : date qui n'est pas celle de sa première ins- titution; car on en parle comme d'une chose déjà d'usage

Sceau
Civitas Virdunum

(1) *Scilicet magister matricularius, coquus qui cibum dominorum parat* (ainsi la vie en commun subsistait encore, au moins pour la table), *et cursor carpentarius*. — Dans un autre texte, il y a *cursor et carpentarius*, le courrier et le charpentier. Telle est l'origine des quatre exempts, qu'on appelait, dans les derniers temps, les quatre vergers. Le Chapitre, malgré différentes chartes, ne parvint jamais à en faire reconnaître davantage. Le traité de 1348 consacra définitivement ce nombre; et la Ville ne voulut pas admettre l'exemption du procureur et du secrétaire, obtenue par les chanoines, en 1550, de l'empereur Ferdinand Ier.

(2) *Robertus, Dei gratiâ Virdunensis episcopus. Cùm intersit odia tollere, rixas compescere , et omne malignandi seminarium radicitùs extirpare, sanè hujus operæ et sollicitudinis circà civitatem nostram, cujus curam et regimen suscepimus* (ainsi ce fut une de ses premières chartes), *nos intelligimus debitores. Undè, quia inter ecclesiam nostram et cives nostros de libertate ministerialium ipsius ecclesiæ exorta est dissensio, etc., etc... Si autem compositionem hanc Civitatis, seu Capituli Communitas violare attentaverit, nisi infrà quindenam , ex dicto episcopi Virdunensis, ad condignam satisfactionem redierit, de proprio consensu excommunicationi subjacebit.* 1208, sans date de mois. 1209, 14 des calendes de janvier.

et de coutume légale. Il est à remarquer que, dès ce temps,
les autres corps, loin de contester le sceau à la Commune,
la priaient d'en user, pour valider leurs actes relatifs
aux citoyens; ce qui impliquait aveu de la juridiction
communale sur les bourgeois. Dans cette charte de 1211,
simple contrat d'ascencement de maisons à un certain
Albert, échevin derrière Sainte-Croix, le Chapitre stipule
que, pour la ratification de l'acte, on y mettra le sceau de
la cité, avec le sien: et, dit le texte, ainsi fut fait publiquement, en Chapitre, l'an dessus dit (1). Jean d'Apremont
donnant, en 1218, charte pour la plantation des vignes de
Charmois, voulut aussi que la Ville y mît son sceau, avec
ceux de la Madeleine, de Saint-Vanne et de Saint-Airy,
principaux propriétaires en cette contrée: nous remarquerons, en passant, qu'il résulte de cette charte que, dans ce
temps, comme aujourd'hui, la récolte des vignes manquait
quelquefois plusieurs années de suite (2). Le grand sceau
de la Ville représente, en réduction, Verdun comme une
enceinte de remparts entourant le haut édifice de la
cathédrale, tel encore alors que l'avait fait construire
Albéron, vers 1150; et on aperçoit, outre les quatre flèches
de l'église, anciennes et connues, une grosse tour carrée,
sans flèche, qui élève son sommet à une hauteur considérable, vers le milieu en longueur de l'édifice. C'est le beffroi

(1) *Th. primicerius, G. decanus, totumque Capitulum... Duas domos nostras
in Macello, etc., sub annuo trecensu decem librarum cathalaunensium concedimus
Alberto scabino de retrò Sanctam-Crucem et Lamberto, cognomine Lato, grenc-
tario nostro... Id, ut ratum sit, placuit cyrographo conscribi, et sigillis Capituli
et Civitatis communiri. Actum publicè, in Capitulo Virdunensi, anno gratiœ
MCCXI, decimo quarto kalendas augusti.* Cartul. p. 122.

(2) *Johannes, D. G. Virdunensis electus... Ecclesia Sancti-Mauri dimisit terram
suam in Charmoi, versùs portam Lo-Jeu, ad œdificandam vineam..., jornale pro
modio vini, et duobus denariis annuatim... Et, in quarto anno, et quinto tenebuntur dimidium modium vini solvere : in sexto verò integrum modium; et sic ab
illo tempore in anteà : et tenebuntur ire ad torcular Sancti-Mauri, situm in
territorio illo. Et, si contingat vineas in tantùm defectum sustinere quòd de fruc-
tibus ipsarum non possit persolvi, quod poterint solvent, residuum autem in anno
sequenti : et, si hoc idem contingat in anno sequenti, solvent in tertio... sigilli
nostri munimine, et beatœ Mariœ-Magdalenœ, et Sancti-Vitoni, et Sancti-Agerici,
et Civitatis nostrœ Virdunensis... 1218, mense augusto.*

communal, qui jamais ne fut là en réalité; mais dont on
ne pouvait se dispenser de mettre l'image très-appa-
rente, au plus beau milieu d'un sceau de Commune; car
c'était un signe tout à fait caractéristique, et tellement
consacré qu'en style de chancellerie, démolir le beffroi
voulait dire supprimer la Commune (1). En cette tour était
la grosse cloche « à meute, » c'est-à-dire au son de laquelle
s'ameutaient, ou s'assemblaient les citoyens (2) : de sorte
qu'une ville sans beffroi était une ville qui n'avait pas
droit d'assemblée; et de là vient que l'on appelle encore
nobles de cloche les anoblis par les charges municipales. Il n'y a pas d'aigle à l'ancien grand sceau de
Verdun, parce que cet emblème impérial ne fut accordé
aux cités que dans la seconde moitié du xive siècle, sous
Charles IV et Wenceslas : alors nos « Jureis de la Citei »
firent faire un sceau à double aigle, que nous verrons dans
le volume suivant.

Ce nom de Jurés ne paraît dans aucun document antérieur à la Commune (3); et il en est de même à Metz, où les
fameux Treize, *tredecim jurati civitatis Metensis*, sont mentionnés, pour la première fois, dans un acte de 1208. On
n'a, ni en cette ville, ni dans la nôtre, charte de leur institution première : ce furent les officiers que les Communes
naissantes se donnèrent pour administrateurs et justiciers;
et les Verdunois prétendirent d'abord que, par cela seul
qu'on leur reconnaissait droit communal, l'évêché n'avait
rien à voir ni au serment de leurs jurés, ni à l'établissement de leurs impôts. Les auteurs de ces prétentions

---

(1) *Definiendo quòd campana, seu campanæ, et campanile quod Bierefrois
dicitur, et Communia quam Pacem appellant, vel quocumque nomine pallietur, in
eâdem civitate tollantur et destruantur.* Charte de Henri, roi des Romains,
contre la Commune de Cambray.

(2) De là le nom de Mutte qui est resté à l'ancienne cloche communale
de Metz. « La bancloche, qui est Mutte. — Mutte, leur bancloche, » disent
les chroniques.

(3) Sinon dans les campagnes. V. loi de Beaumont, art. 9. Nous reviendrons là-dessus.

considéraient sans doute le diplôme de 1156, avec ses clauses de *comitem eligendi*, et de *districtum civitatis in omnibus causis*, etc., comme une charte de l'ancien régime, devant disparaitre avec lui ; mais Robert de Grand-Pré, tout pacifique qu'il était, ne put admettre une telle opinion : et il intenta procès en cour impériale. Cette

Sentence impériale de 1215.

affaire fut loin d'être aussi épineuse pour lui que celle de son procès canonique ; car l'empereur et les princes de l'Empire commençaient à voir de fort mauvais œil toute cette fermentation communale, qui partout mettait l'insurrection dans les bourgeoisies : en conséquence, et sur débats contradictoires entre Robert et les députés de la Ville, on jugea, à Aix-la-Chapelle, le 29 juillet 1215, qu'il était illicite à nos citoyens de faire ni jurés, ni fortifications, ni établissement d'aucun impôt, sans autorité de l'empereur et consentement de l'évêque, auxquels, dit la sentence, appartient tout gouvernement en cette cité (1). Il dut y avoir quelque statut semblable pour Metz ; car on lit, dans les plus anciens textes des chartes messines, que « nul n'a ban, ne destroit *(districtum)* en Metz, se messire li évesque non, ou de lui ne tient ; et messire li évesque le tient de l'emperour (2). » Nous ne tirons ici aucun éclaircissement

---

(1) *Fredericus, Dei gratiâ Romanorum rex et Siciliæ... Cùm inter dilectum et fidelem nostrum R. episcopum Virdunensem et ejus burgenses, in præsentiâ nostrâ, quæstio verteretur super quibusdam juramentis quæ in præjudicium suum et ecclesiæ episcopus facta esse conquerebatur, et quibusdam aliis quæstionibus: tandem, per sententiam principum, coràm nobis, diffinitum est quòd neque juramenta, neque munitiones, neque exactiones aliquas, sine regio mandato, et episcopi voluntate, penès quos totius civitatis ordinatio consistit, licitum est civibus attentare... Litteras præsentes sigilli nostri appensione fecimus roborari. Datum Aquisgrani, anno gratiæ* M°CC° *decimo quinto, quarto kalendas augusti.* Cartul. p. 135.

(2) Cet article, peu satisfaisant au point de vue communal, devait être lu aux plaids annaux ; mais on le laissa tomber peu à peu en omission, de sorte qu'il a disparu de la copie de Philippe de Vigneulles, en tête des Chroniques Huguenin, p. 16. On en trouve un vidimus authentique dans les Bénédictins. Preuves de l'Hist. de Metz, tom. VI. p. 506. Ce texte est ainsi conçu : « Ce sont li droits monseignour l'emperour, cui est est li ban, si sont les cleifs. Nuls n'a ban ne destroit en Metz, se messire li évesque non, etc. Messire li empereire ait teil droit en ceste ville que, se il lui plait à venir, etc. La suite comme dans les chroniques Huguenin.

de Toul, où la Commune ne s'organisa que vers le milieu de ce siècle.

Environ un an après son succès municipal de 1215, Robert de Grand-Pré succomba sous l'acharnement de ses adversaires ecclésiastiques. A l'ouverture des enquêtes prescrites par la lettre d'Innocent III, que nous avons rapportée en 1209, des gens pacifiques intervinrent; et l'affaire fut mise en arbitrage, les juges y consentant, à condition que les arbitres, qui étaient les évêques de Châlons, de Langres et de Troyes, avec l'abbé de Trois-Fontaines, soumettraient, avant tout, le compromis au pape; et il fut dit, en outre, que pendant le cours des délais, Robert prendrait pour aide au spirituel un certain maître I., de Vitry. Ce personnage ne se trouvant pas, l'évêque s'en rapporta à la prudence du tribunal, pour qu'on lui désignât tout autre coadjuteur provisoire (1) : mais il aurait dû protester qu'on ne pourrait induire de là qu'il fût, comme le prétendaient ses antagonistes, incapable, faute de doctrine. L'acte ne mentionne contre lui. que deux opposants, H. (Herbert) et G. chanoines, auxquels se joignit ensuite leur confrère A., qui semble n'être survenu que pour compliquer l'affaire, en prétendant qu'il n'avait pas souscrit le compromis. Cependant les termes en expirèrent avant la ratification de l'arrangement en cour de Rome : et les trois chanoines se déclarèrent tous également libres de leur obligation. On plaida sur cet incident à l'audience du pape, où l'évêque soutint, par son procureur l'abbé de l'Etanche, d'abord que la partie adverse avait virtuellement consenti à proroger les délais, par cela seul

(1) Il y a, dans la liste des abbés de Tholey, *Gall. christ.* XIII. 564, un *Wilhelmus episcopus Virdunensis*, dont la date est telle qu'il précéda à Tholey Henri de Hagen, lequel existait encore en 1258. Ce Wilhelmus est peut-être celui qui vint à Verdun, à la place de maître I.—Roussel, d'après un titre de 1209 (dont il ne donne pas les termes), parle de Gauthier, abbé de Saint-Urbain, près Joinville, mentionné également dans l'Hist. de Toul, après la déposition du scandaleux Mathieu de Lorraine : mais, en 1209, il n'est guère possible que le compromis sur l'affaire de Robert de Grand-Pré fût déjà convenu.

qu'on savait fort bien que la ratification demandée à Rome
ne pouvait guère revenir avant leur terme; ensuite qu'à
tort et mal à propos on alléguait que les procès en déposition d'évêque ne pouvaient être jugés que par le Saint-
Siége directement : je le sais, répliqua Robert; aussi
n'ai-je pas donné aux arbitres pouvoir de me déposer, s'ils
trouvent ma cause mauvaise; j'ai seulement dit qu'en ce
cas, ils pourraient m'obliger, en vertu de mon serment, à
offrir ma démission à notre saint père. Sur ce débat, le
pape, mettant de côté les chicanes juridiques, ordonna
qu'il serait fait enquête uniquement sur les causes pour
lesquelles les arbitres avaient voulu que l'évêque prît un
coadjuteur au spirituel. « Si, dit-il, c'est parce que cet
évêque serait âgé, surchargé d'affaires, ou à cause des
troubles qui règnent en beaucoup de villes, dans nos malheureux temps, vous imposerez silence à ses contradicteurs; mais, si le motif des arbitres a été qu'il est atteint de
quelque incapacité canonique, notamment de celle qu'on
lui reproche, le défaut de science suffisante (competentis
litteraturæ defectum), vous le déposerez, attendu que,
suivant Moïse, il ne doit point y avoir, au service du Seigneur, d'animal aveugle ni boiteux. Donné à Latran, le 15
des calendes de janvier, l'an quinze de notre pontificat (1). »
Les commissaires délégués par Innocent III pour cette
nouvelle enquête furent trois membres du clergé de
Reims : et peut-être eût-on pu souhaiter des personnes
plus en dehors de l'influence d'Herbert, doyen de cette
cathédrale; mais on voulut récuser Trèves, qui avait prononcé pour Robert, lors de son sacre. Nous n'avons pas le
procès verbal de la nouvelle enquête : elle dut être rude;
car notre malheureux pontife, se trouvant chargé (2), alla,
malgré sa vieillesse, demander audience meilleure à
Rome. A son retour, il avoua qu'il avait ordre du pape

(1) 20 décembre 1215 ou 1214. Dans les *Epist. Innocentii III*, éd. Baluze, II. 700.
(2) *In tantum eum vexaverunt ut personaliter ire Romam urgeretur.* Contin.
de Laur. de L.

Innocent de se démettre dans un délai convenable : on ne sut quel était ce délai; et on croyait qu'il courait encore, lors de la mort du prélat, le 24 août 1217 (1). Ainsi le pensait également le continuateur de Laurent de Liége qui, comme le public, ne voyait que les dehors des choses : quant à la réalité, on la trouve dans une bulle d'Honoré III, successeur d'Innocent, le 21 juillet 1216. Robert avait été excommunié par le cardinal légat du défunt pape : et le Chapitre, trouvant la mesure extrême, avait envoyé, en son nom et en celui de l'évêque, humbles supplications au pontife Honoré, à son avénement. Celui-ci répondit, en style miséricordieux, que son vénérable frère l'évêque de Verdun, étant accablé de vieillesse et d'infirmités, et se reconnaissant encore atteint d'autres défauts, on lèverait les censures portées contre lui, et que, sur sa démission donnée entre les mains de l'évêque de Langres, conformément aux ordres du pape Innocent, il lui serait pourvu d'une pension convenable sur les revenus de l'église (2). Le Chapitre

(1) Il existe de lui, au Cartulaire, p. 164 verso, une charte, à la date du 5 des nones de juillet 1217.

(2) *Honorius episcopus, etc., venerabili fratri episcopo Lingonensi. Sentiens venerabilis frater noster episcopus Virdunensis suæ incommoda senectutis, ac defectus suos alios recognoscens, nolensque sic præesse Virdunensi ecclesiæ quòd non possit prodesse, se paratum cedere, juxtà bonæ memoriæ I. papæ, prædecessoris nostri, mandatum, etc., per dilectum filium Hug..., procuratorem suum ad hoc specialiter destinatum, postulavit absolvi, et in vitæ sibi necessariis, de Virdunensis ecclesiæ proventibus, misericorditer provideri : petens insuper suspensionis et excommunicationis sententias, quibus eum dilectus filius noster P., tituli Sanctæ-Pudentianæ presbyter cardinalis, tunc apostolicæ sedis legatus, astrinxerat, relaxari. Pro quo etiàm super hiis Virdunense Capitulum supplicavit. Nos autem senectuti compatientes ipsius, fraternitati tuæ mandamus quatenus prædictis sententiis, juxtà formam ecclesiæ, relaxatis, vice nostrâ ipsius recipias cessionem, et eidem provisione factâ de proventibus Virdunensis ecclesiæ, prout tàm sibi quàm ipsi ecclesiæ videris expedire, auctoritate nostrâ Capitulo injungas ecclesiæ Virdunensis ut de personâ idoneâ, quæ tanto conveniat oneri et honori, per electionem canonicam sibi, de licentiâ nostrâ, provideat in pastorem. Datum Laterani, idibus februarii, pontificatûs nostri anno primo. (13 février 1217).* Collection manuscrite La Porte du Theil et Moreau. — La Porte du Theil, auquel on doit plusieurs des bulles du XIIIe siècle que nous citerons, est le seul mortel non romain auquel, grâce au cardinal de Bernis, il ait été donné de pénétrer dans les sacro-saintes archives du Vatican. Sa collection est à la bibliothèque impériale de Paris.

traîna encore en longueur, sous prétexte des arrangements
à faire pour cette pension; mais la bulle d'Honoré lui avait
été signifiée; et Robert allait descendre de son siége, lorsque la mort lui épargna cet affront. On ne mit aucune
inscription sur sa tombe (1); et le nécrologe ne fit aucune
mention de ses bonnes œuvres (2); mais il existe des
chartes qui nous permettront de suppléer à ce silence. Si
le continuateur de Laurent de Liége a été fidèle écho de
l'opinion, Robert eut jusqu'à la fin l'estime publique pour
la fermeté et la sagesse de son administration : *vir strenuus, qui negotia pontificatûs viriliter et discretè procuravit.*

Première
entrevue
des rois
à Vaucouleurs. Au commencement de 1213, et comme signe précurseur
de la fameuse victoire de Bouvines, on vit, chez nous, les
souverains de France et d'Allemagne venir se concerter à
Vaucouleurs, lieu que plusieurs entrevues semblables ont
rendu notable dans l'histoire du XIIIᵉ siècle. Cet endroit,
limitrophe des deux empires, était du pays, ou comté des
Vaux, *pagus Vallium*, que l'on nommait ainsi à cause des
vallées de la Meuse et de celles de l'Ornain : là étaient
l'abbaye des Vaux, et un château des Quatre-Vaux, *ad
Quatuor Valles*, où l'on dit que les rois tenaient leurs con-
férences (3). A la fin du XIᵉ siècle, la seigneurie de ces
lieux passa, par mariage et héritage, dans la maison de
Joinville, qui les céda à la France, vers le milieu du XIVᵉ.
La tradition est encore que « la Salle, » qui a laissé au village de Rigny le surnom qu'il porte, *Rigniacum ad aulam
regiam*, fut une salle où les potentats tinrent leur cour : et
on ajoute qu'à Saint-Martin, mère église de Rigny, se
voyaient peints sur les murs les portraits des monarques
qui vinrent là ouïr la messe; mais ceci, comme la plupart

(1) Elle était au Vieux-Chœur, au bas des degrés de l'autel : sans vestige
d'inscription ni de figure.

(2) *Nono kalendas septembris, obiit Robertus, venerabilis episcopus Virdunensis.* Rien de plus.

(3) On dit encore maintenant Burey-en-Vaux, Vaux-Grande, Vaux-Petite.
L'abbaye des Vaux appartenait aux Bernardins. Tout ce pays était du diocèse de Toul.

des détails qu'on donne, est tiré du récit de la conférence de 1299, la seule dont les incidents soient connus. A celle de 1213, vinrent Louis, depuis Louis VIII, fils de Philippe Auguste, et Frédéric II, alors prétendant à l'empire; et ils s'entendirent contre leurs ennemis communs, l'empereur Othon IV et les Flamands. Les évêques de Metz et de Toul assistaient, ainsi que Ferry II de Lorraine; mais celui-ci étant mort peu après, son fils Thibault changea de parti, fort malencontreusement pour lui; car il alla, avec Othon, se faire battre à Bouvines. Ainsi ne fit point Henri II de Bar, qui marcha avec les Français, et eut ainsi le bonheur de briller, à son avénement, de l'éclat d'une grande victoire (1). La bataille fut livrée le 27 juillet 1214, au temps de la mort du père de Henri, le comte Thibault Ier, qui fut inhumé en l'abbaye de Saint-Mihiel. Il jouissait, ainsi que nous l'avons vu, d'une prébende de la cathédrale, dont il laissait charitablement le revenu aux lépreux : et Henri pensait que cette prébende était de son héritage, en ce sens que le comte de Bar devait être comme tel, et à perpétuité, chanoine d'honneur de la cathédrale, ainsi que l'étaient le roi de France à Saint-Martin de Tours, et d'autres princes en d'autres lieux; mais ce droit n'était pas clair; du moins le Chapitre considéra la prébende de Thibault comme vacante par sa mort. Henri avait peut-être raison; car les mots « à perpétuité, » se lisent dans l'Inventaire de 1419; mais la charte originale étant perdue, il est impossible de décider la question (2). L'évêque Robert, voyant ce débat, déclara que, quoi qu'il en fût, les Malades n'y perdraient rien, et qu'il prenait au compte de l'évêché

Prébende
du
comte Thibault.

(1) *Quos inter Barrensis erat comes, non ultimus, unus, Multorum supplens defectum viribus.* Guillaume le Breton, Philippide, liv. x. — Dans l'armée allemande, Othon *excitat ex aliâ Lotharenos parte bilingues.*

(2) Ci-dessus, p. 356. Lors du procès avec Saint-Lazare, qui revendiquait la prébende du comte Thibauld, le Chapitre répliqua que rien ne garantissait l'exactitude de cet inventaire de 1419, à la confection duquel il n'avait pas été appelé; et qu'en toute hypothèse, la redevance était éteinte par des compensations et transactions qu'il avait faites, en 1482, avec la Ville, propriétaire des Maladreries.

la redevance contestée par le Chapitre (1). Ce trait lui fait honneur; et il méritait d'être consigné au nécrologe; mais les capitulants craignirent sans doute qu'il n'y fît critique indirecte de leur propre mesquinerie. On voit encore dans une autre charte que, pendant la guerre contre Hirgis, les bourgeois s'étant emparés des fossés de la Madeleine, et refusant de les rendre, sous prétexte qu'ils en avaient besoin pour fortifier les abords de la porte Ancel-Rue, l'évêque eut un moment l'idée de confisquer le terrain en litige; mais, quelques mois après, il reconnut, sans entêtement ni fausse honte, qu'il avait eu tort; et il restitua le terrain à la Madeleine (2), laquelle, en 1268, l'abandonna à la Ville, aux conditions de la charte que nous avons rapportée ailleurs (3).

Incendie de 1217   Dans l'hiver de 1217 à 1218, un immense incendie consuma la ville-basse, d'un mur à l'autre, dit la chronique, et des Degrés Notre-Dame et Ancel-Rue jusqu'au pont du Brachieul (4). On ne dit pas la cause de ce grand désastre;

(1) *Robertus, Dei gratiâ Virdunensis episcopus... Cùm illustris H., comes Barri, quamdam summam bladi, ad interventum suum, leprosis in Virduno dari peteret ab ecclesiâ Virdunensi annuatim, et ipsa ecclesia petitioni suæ contradiceret cum effectu, nos, pro bono pacis, ut ecclesiam nostram conservaremus indempnem, et satisfaceremus comiti, pro recompensatione bladi jàm dicti leprosis prænominatis ab ecclesiâ Virdunensi persolvendi, octo rasa frumenti à nobis annuatim persolvenda, pro animæ nostræ et prædecessorum nostrorum remedio, in molendino nostro Virduni sito, juxtà pratum nostrum quod dicitur episcopi, de laude et assensu Capituli nostri, dedimus et concessimus ecclesiæ Virdunensi in perpetuum possidenda. Quod ut ratum sit, placuit sigillo nostro et sigillo Capituli communiri. Actum anno gratiæ* ᴍ°ᴄᴄ° xᴠ° *in Exaltatione Sanctæ-Crucis.* Cartul. p. 162, verso.—Par charte de la vigile de la Toussaint 1213, Robert donna encore au Chapitre le patronage de la cure de Bethincourt.

(2) *R. Dei gratiâ Virdunensis episcopus. Ad notitiam, etc., quòd, cùm olim, dissensione ortâ inter prædecessorem nostrum bonæ memoriæ A. episcopum, et cives nostros, ipsi cives fossatum beatæ Mariæ-Magdalenæ extrà portam ampliassent, sub prætextu faciendæ munitionis ad urbem, et fossatum ipsum sibi aliquanto tempore usurpârunt...: et nos, ad suggestionem quorumdam malignantium, qui dicebant fossatum suprà dictum ad nos debere pertinere, nobis retinuimus. Sed postmodùm, ad cor reversi, jus suum eidem recognovimus ecclesiæ, innovando quæ beatus Leo papa, dictæ ecclesiæ piissimus dedicator, etc.* 1205, *kalendis aprilis.*

(3) Ci-dessus, tom. ɪ. p. 482.

(4) *A gradibus Sanctæ-Mariæ et ab Anselmi vico usquè ad pontem Brachioli,*

mais une telle destruction porte à croire qu'alors la plupart des maisons étaient en bois; et nous avons vu en effet, dans une charte de 1093, la maison de l'hôpital notée comme bâtiment en pierre. La calamité de 1217 ayant sans doute porté chacun à employer de pareils matériaux, on ne revit plus, dans la suite, les flammes dévorer ainsi des rues entières.

Sous Jean d'Apremont, successeur de Robert de Grand-Pré, les discordes s'arrêtèrent, soit à cause de ce terrible accident, soit parce que la famille de l'évêque tenait la ville en respect par les forteresses qu'elle possédait aux environs. Cet évêque Jean, qui eut successivement Verdun et Metz, mit les Apremont sur un rang presque égal à celui des princes. Son vieux père Joffroy, dont nous avons vu les munificences envers notre Chapitre, à l'occasion de la foresterie et de la chasse des bêtes bannales, était homme de prévoyance, qui sut aussi ouvrir à ses enfants grand accès à Metz, en les agrégeant aux Port-Saillis, le premier des paraiges qui s'organisaient alors en cette cité : de sorte que son puiné Jean fut à la fois chanoine des deux cathédrales. La chose n'était pas irrégulière selon les statuts de ce temps, qui n'exigeaient, et non pas même à la rigueur, sinon la première année, que 27 semaines, ou six mois d'assistance; et c'est ainsi que maître Herbert, l'adversaire intraitable de Robert de Grand-Pré, se trouvait cumuler le doyenné de Reims avec une prébende de Verdun. Le frère aîné de Jean s'appelait Gobert, conformément à l'usage de la famille, où alternaient les noms de Gobert et de Joffroy : ce Gobert fut distingué des autres par le surnom de Bien-Heureux : il y avait un troisième frère, Guy chevalier d'Apremont (1); et, par leur mère commune Elisabeth de Dampierre, les

---

Jean de Sarrebrück. *Generaliter à muro usquè ad murum*, ajoute la briève chronique de Saint-Vanne, dans Labbe, I. 402.

(1) XVII *Kalendas julii, obiit Guido de Asperomonte, qui recognovit nobis eleemosynam de Roure, factam à patre suo Joffrido, de consensu fratrum suorum Joannis episcopi nostri, et Goberti domini de Duno.* Nécrologe.

trois frères étaient proches parents de Raoul de Torote, fils
de Jean de Torote et d'Odette de Dampierre (1). Les chroniques de Metz, complétant ici les nôtres, nous apprennent
que Jean, quand il fut élu à Verdun, « n'avoit mie les
années que un évesque doit avoir : toutefois le prinrent
ceulx de Verdun : et bien firent ; car, qui vouroit parler
d'un homme juste, saige et chaste, piteulx, miséricors,
patient et gracieux à toutes gens, cettui l'estoit (2). » Nous
le trouvons, pour la première fois, qualifié d'élu dans une
charte du mois d'août 1218, et d'évêque, en décembre
1219 (3) : dès son avénement, il dégagea la tour d'Hatton-
Châtel et la châtellenie de Sampigny de revendications
prétendues par Jacques, seigneur de Cons (4) : on travailla à ces forteresses pendant tout son épiscopat (5) ; et il

(1) Dampierre, maison très-noble, dont le château, vers Sainte-Ménehould, eut de très-belles mouvances, entre autres la seigneurie de Saint-
Dizier.

(2) Philippe de Vigneulles, dans Huguenin, p. 28. La chronique latine
dit : *Qui, cùm esset in flore juventutis, citrà annos qui in episcoporum electionibus requiruntur, immaculatâ ejus vitâ defectum ætatis supplente, cleri concor-
diâ et lætitiâ populi, assumptus est in episcopum Virdunensem.*

(3) C'est ici que Boucher, dans son long factum *Virdunensis episcopatus,*
p. 130, fait commencer la série des évêques nommés directement par le
pape, sans élection capitulaire. Pour Jean d'Apremont, il se trompe : car la
bulle d'Honoré III, citée ci-dessus, p. 361, prescrit à l'évêque de Langres
de convoquer l'assemblée électorale du Chapitre, « de notre autorité et
permission, » dit le pape, l'évêque Robert vivant encore. Boucher ajoute :
Undecim sequentes episcopi, usquè ad Bonifacium VIII, ab apostolicâ sede. C'est
une autre erreur : car les actes d'élection capitulaire de plusieurs de ces
évêques existent encore.

(4) *Ego Jacobus, dominus de Cons... quidquid habebam, vel habiturus eram,
aut clamabam, scilicet turrim Hattonis-Castri et castellaniam Sampigney, et
quidquid in prædictis castris et castellaniis clamare poteram, in feodis, allodiis,
decimis et omnibus, venerabili Johanni, electo Virdunensi, vendidi et quittavi, ab
ipso, et suis successoribus, in perpetuum possidendum... Ità quòd, nisi à me et
hæredibus meis nominata portaretur garentia, illustris Henricus, comes Barri,
in fidelitate suâ quam electo Virdunensi debet, et Renaldus, dominus Chaseolii*
(de Choiseul), *promiserunt quòd bonâ fide prædictas conventiones facerent
observari, et, sicut ostagii, prædicto electo et ejus successoribus, tenerentur...
Actum 1218, mense novembri.* Cartul., p. 131, verso. — Il résulte de cette
charte que le comte Henri II avait fait à l'évêché l'hommage ordinaire, dont
nous n'avons pas l'acte.

(5) *J. Dei gratiâ Virdunensis episcopus... Quarragium* (charroi) *quod Capitulum*

ne fut pas moins bon administrateur à Metz où, en s'alliant au comte Henri de Bar, il recouvra le plus possible des fiefs de la grande avouerie, éteinte en cet évêché par la mort du dernier voué Albert de Dasbourg, l'an 1211.

Le souvenir que laissa à son église de Verdun Jean d'Apremont fut le monastère de Saint-Nicolas du Pré, commencé par lui pour des chanoines réguliers de Saint-Victor de Paris. On faisait alors grand cas de l'esprit et de l'enseignement de ces Victorins, dont l'école, fondée au commencement du XIIe siècle, par Guillaume de Champeaux, l'adversaire d'Abailard, citait parmi ses docteurs le fameux maître des Sentences, Pierre Lombard, et les pieux théologiens Hugues et Richard de Saint-Victor. Jean d'Apremont, remarquant sans doute qu'on était fort arriéré chez nous en philosophie et en théologie, espéra que ces études reprendraient sous l'impulsion des disciples de ces grands maîtres; mais, comme l'époque des belles fondations était passée, il ne put leur offrir d'abord qu'un assez modeste prieuré, qu'il dota de la portion de son pré l'Evêque la plus rapprochée de la ville. Ce terrain, dit-il dans sa charte, ne rapporte guère que vingt sous provins par an : j'ajoute les cens des maisons construites ou à construire en ce lieu, ainsi que la paroisse, s'il s'en établit une, et la moitié des droits du four et de la halle du bourg qui pourra se former, réservées toutefois à nous et à nos successeurs la justice et les amendes seigneuriales : enfin je donne encore les cures de Dannevoux et de Mécrin, avec leurs annexes (1). » Telle était la dotation, quand Jean passa à

Saint-Nicolas du Pré.

ecclesiæ nostræ Virdunensis nobis ad firmitatem de Hattonis-Castro faciendam, sive de banno de Harville, sive de aliis bannis suis quibuscumque adcommodavit, recognoscimus et confitemur ad episcopatum nostrum nullatenus pertinere : imò gratiam simpliciter reputamus... 1222, mense junio. Cartul. p. 81.

(1) J. Dei gratiâ Metensis episcopus... Cùm adhuc ecclesiæ Virdunensi præsideremus, quamdam ecclesiam à primis cæpimus ædificare fundamentis, juxtà Virdunum, loco qui Pratum Episcopi solebat appellari, in honore beati Nicolai, et sub ordine Sancti-Victoris... Contulimus totum pratum in quo eadem sita est ecclesia, quod vix viginti solidos pruvinienses aliquandò singulis annis valuerat; omnes census omnium domorum, seu aliarum rerum censualium quæ in eodem

l'évêché de Metz; et Raoul de Torote, au milieu des troubles communaux, ne s'occupa guère du Pré que pour empêcher la Commune de s'y arroger toute juridiction; mais de bonnes personnes aidèrent Saint-Nicolas. Ogier, chevalier de Dannevoux, fit abandon de ses dîmes inféodées; le comte Henri II de Bar aumôna huit rez annuels de froment (1); puis ordre vint de Rome de prélever pour l'église du Pré, jusqu'à complément de sa dotation suffisante, annate, c'est-à-dire une année de revenu de toute prébende vacante à la cathédrale et à la Madeleine (2), la bulle prescrivant en outre, à la cathédrale, d'unir à perpétuité une de ses prébendes à la mense du nouveau couvent (3). Le Chapitre ne tint d'abord compte de cette bulle,

prato sunt, vel de cœtero fient, medietatem hallœ, fori et furni, si ea in eodem prato fieri contingat, et omnium proventuum ex quâcunque occasione; justitiis tamen et emendis in omnibus et per omnia nobis et successoribus nostris retentis... Etiàm ecclesias de Donnevous et de Micrignes, cum earum appenditiis 1226, mense Januarii (1227). Cette charte, tout entière, dans Gallia christ. XIII. Instrum. p. 577.

(1) Charte de Thibauld II, de décembre 1250, par laquelle il transfère sur le terrage de Souillers les huit reises que messires mes peires Henris, cuens de Bar, a donnei en amone à l'église dou Prey en Verdun, on terraige de Somme-Deu.

(2) *Innocentius, etc. dilectis filiis priori et conventui Sancti-Nicolai in prato Virdunensi, ordinis Sancti-Victoris Parisiensis. Cùm, sicut ex parte vestrâ fuit propositum, quòd bonœ memoriœ J. Virdunensis episcopus, vestrum monasterium, etc., quod, morte prœventus, nequivit ducere ad effectum.... quibus non potestis aliquàtenùs sustentari, cùm triginta et duœ personœ sitis residentes, prœter hospites quos ad vos contingit sœpius declinare. Nos, qui religiosi sumus ordinis zelatores..., fructus anni unius prœbendœ cujuslibet canonici decedentis in ecclesiâ Sanctœ-Mariœ Virdunensis..., tamdiù percipiendos conferimus usquè ad pinguiorem fortunam veneritis; quod nostrœ circonspectionis providentiœ reservamus... Datum Laterani idibus aprilis, pontificatûs nostri anno primo.* (13 avril 1244) — Même disposition pour la Magdeleine, datée du 16 des calendes de mai, ou 16 avril, même année.

(3) *Innocentius..., venerabili fratri episcopo Virdunensi et dilectis filiis Capituli... Universitatem vestram rogamus, ac vobis per apostolica scripta mandamus, quatenùs prœbendam, si qua in ecclesiâ Virdunensi vacal ad prœsens, vel quam primùm vacare contigerit, ad relevandam paupertatis eorum sarcinam, eis, pro nostrâ et apostolicœ sedis reverentiâ, integrè, sicut uni ex canonicis residentibus conferatis, itâ tamen quòd pro ratione ipsius prœbendœ, eamdem faciant per unum de canonicis suis in ipsâ ecclesiâ deservire; idem verò canonicus propter hoc nec vocem in Capitulo habeat, nec ad communes tractatus ecclesiœ admittatur... Datum Laterani, quinto kalendas aprilis, pontificatûs nostri anno primo.* (28 mars 1244.)

et fit semblant de l'ignorer : mais on la lui signifia itérativement; et l'évêque de Paris fut chargé de fulminer
contre lui, s'il continuait à désobéir (1). Par ces divers
expédients, et par l'heureuse administration de Joffroi, le
premier prieur (2), la maison put, vers 1254, prendre titre
d'abbaye : ce fut la dernière fondée chez nous à l'ancien
système; mais jamais elle n'atteignit la splendeur de ses
aînées Saint-Vanne, Saint-Paul, Saint-Airy. Nous avons
donné ailleurs quelques détails sur cette église, où l'ancien
corps municipal fêtait son patron saint Hubert : la statue
d'argent de ce patron était l'offrande d'un ancien maître
échevin (3). A la fin du xvie siècle, l'abbaye était encore
reconnue en droit de basse justice au Pré (4) : il est pro-

(1) Innocentius..., venerabili fratri episcopo Parisiensi. Dilecti filii prior et
conventus Sancti-Nicolai in prato Virdunensi, ordinis Sancti-Victoris Parisiensis,
suâ nobis petitione monstrârunt quòd, cùm nos ad relevandam eorum inopiam,
quâ noscuntur nimiùm prægravari, dilectis filiis primicerio, decano et Capitulo
dederimus nostris litteris in mandatis ut eis præbendam, etc. Dicti verò primicerius, decanus et Capitulum, hujusmodi mandato suscepto, temeritati propriæ
innitentes, non absque eorumdem prioris et conventûs præjudicio manifesto, in
ejusdem elusione mandati, duas præbendas post vacantes aliis conferre præsumpserunt... Ne verbum nostrum ad nos revertatur vacuum, fraternitati tuæ per apostolica scripta mandamus quatenùs, si prædicti primicerius, etc., neglexerint, tu
eos, per censuram ecclesiasticam, sublato cujuslibet dilationis, contradictio-
nis, etc., impedimento, compellas... Datum Lugduni, xvi kal. julii, pontificatûs
nostri anno secundo.

(2) Anno Domini 1254, xi kal. junii, anniversarium solemne piæ recordationis
domini Joffridi, primi hujus ecclesiæ pastoris : cujus provisione et industriâ prædicta fundata fuit ecclesia, et ipsius Prati proventibus et libertatibus insignita,
necnon beneficiis ecclesiarum de Dennevous, de Conflans, de Witonville, de Boncourt, et de Mescrignes, cum earum decimationibus ampliata, verùm etiàm fruc-
tibus unius præbendæ, cum anniversariis, in cathedrali ecclesiâ, unà cum annua-
libus cujuslibet canonici in ecclesiâ Sanctæ-Mariæ Magdalenæ decedentis.
Nécrologe de Saint-Nicolas.

(3) Ci-dessus, tom. 1. page 505. — vii kal. aprilis, anniversarium solemne
Colini Ragnon, olim magistri scabini Virdunensis, qui dedit nobis imaginem
beati Humberti argenteam, et decem libras census annui, et plurima bona fecit,
in reparatione refectorii et champannarii nostri. L'abbaye Saint-Hubert en
Ardenne reconnaissait l'authenticité de la relique contre la rage qui était
dans cette statue. V. Roberti, Hist. de St-Hubert, p. 242 et 247.

(4) « Messieurs, ayant vu la production faite par les abbé et religieux du
Pré, au procès qu'ils ont contre la cité pour la juridiction foncière du ban
du Pré, par laquelle production, et par l'enquête faite, il appert ladite juridiction appartenir à ladite abbaye, ont été d'advis d'accorder avec lesdits

bable qu'elle ne perdit ce droit qu'à la construction du nouveau faubourg. Saint-Nicolas reçut la réforme de Pierre Fourier, et s'agrégea à la congrégation lorraine du Sauveur : parmi ses abbés commendataires, on remarque Arnauld cardinal d'Ossat, en 1599; un autre cardinal nommé Séraphin, qui succéda à d'Ossat, en 1605; un troisième, Simon Denys de Marquémont, archevêque de Lyon, qui mit, en 1625, la réforme dans le monastère; enfin, de 1674 à 1709, Pierre Danet, parisien, auteur d'un dictionnaire latin jadis célèbre.

Les Frères Mineurs. Les traditions de Metz et de Verdun disent que les Frères Mineurs, ou Franciscains, s'établirent en nos deux villes avant 1226, saint François vivant encore. Rien ne peut donner une idée de la profonde et soudaine impression que fit, sur tout le monde chrétien, l'apostolat de ce fameux rénovateur : on croyait voir Elie, Jean-Baptiste, ou le Christ lui-même revenu pour prêcher de bouche et d'exemple à son peuple; et il n'était pas de cœur si dur que saint François ne touchât pas ses pieuses effusions pour Dieu, pour tous les hommes et toutes les créatures. Les Frères Mineurs furent accueillis à Verdun par les La Porte, cette puissante famille qui forma notre premier lignage : on leur donna, vers le grand espace rendu vide par l'incendie de 1217, l'emplacement de l'ancienne chapelle de Saint-Lambert, où ils érigèrent une belle église gothique, qui fut dès lors un lieu de prédilection pour nos citains. Elle était pavée de leurs tombes, ainsi que le cloitre, splendidement reconstruit, à la fin du XIVe siècle, par Simon de La Porte, chef du lignage qui tenait là ses assemblées; mais

---

sieurs vénérables, et leur consentir ladite juridiction : et, pour échapper aux dépens, dommages et intérêts, sont commis les sieurs bailli, Dessimons et Boucart, pour traiter. *Registre de la Ville,* 28 *août* 1592. — Sçavoir faisons que révérend père, notre bien amé et féal dom Phelippe Mya, abbé de Saint-Nicolas du Pré, lez notre cité de Verdun, a reprins de nous la temporalité de son église, et nous en a fait les foi et hommaige que nous en appartiennent, et a reconnu nous estre son souverain seigneur. A quoi l'avons reçu, etc. Guillaume de Haraucourt, 25 septembre 1484.

ce cloître n'était pas, comme ceux des moines, un lieu de réclusion ; car les populaires Cordeliers (ainsi nommait-on les enfants de saint François, à cause de la corde qu'ils portaient en ceinture), allaient et venaient partout avec le peuple, prêchant et visitant grands et petits, et aussi quêtant leur pain, saint François leur ayant défendu d'acquérir en propre rien autre chose que la maison de leur demeure : encore se trouvait-il des raffinés, dits observants et observantissimes, qui prétendaient qu'on ne devait pas même posséder cette demeure, attendu que le Christ n'avait pas même eu un lieu où reposer sa tête. Il se glissa parmi ces exaltés un étrange catéchisme, disant que l'Ancien Testament ayant été la religion du Père, et le Nouveau celle du Fils, il y en aurait bientôt une troisième, celle de l'Esprit, qui donnerait pour toute loi la charité et les inspirations de la conscience ; que ce serait là l'évangile éternel, et que saint François avait été un ange envoyé en précurseur. Un foyer de cet illuminisme existait, vers 1248, au couvent de Provins en Champagne, d'où l'on essaya de gagner les Franciscains du voisinage. On pense bien qu'une pareille théologie fut jugée hétérodoxe ; et il y eut contre elle sentence pontificale en 1254. Nous trouvons dans notre histoire, vers 1330, un personnage qu'on appelait l'évêque des Cordeliers : c'était François Chaillot, gardien du couvent de Verdun, sacré évêque de Chalcédoine *in partibus*, pour être suffragant de Henri d'Apremont. Il ne reste absolument rien d'écrit de nos anciens Cordeliers, qui emportèrent sans doute leurs archives, en 1598, quand, sous prétexte, ou par la raison qu'ils avaient beaucoup dégénéré, on les remplaça par des Récollets, lesquels étaient des observants : peu d'années auparavant, étaient venus les Capucins, observantissimes modernes et très orthodoxes. Toutes ces variétés appartenaient au premier ordre de saint François, celui des hommes ; le second était celui des femmes, à la tête duquel il mit sainte Claire : il y eut aussi à Verdun un couvent de Sainte-Claire, dont nous verrons l'origine, à la fin de ce siècle : enfin le Tiers Ordre, auquel s'affilia saint Louis, se composait de laïques, vivant dans le monde. — Le costume des Cordeliers était une robe de serge grise, serrée d'une cordelette blanche faisant ceinture, et pendant sur le devant jusqu'en bas : grande mosette surmontée d'un capuce, et se terminant en pointe par derrière.

Les Frères Prêcheurs. De la fondation des Prêcheurs à Verdun, comme de celle des Mineurs, nous ne savons rien que par tradition. Leurs deux églises, de même style et de même plan, indiquaient absolument la même époque(1); et, comme ces frères furent toujours appelés Jacobins, il est probable que leur colonie vint de la rue Saint-Jacques de Paris, où était la première de leurs maisons françaises, établie en 1218. Ils arrivèrent à Metz dès 1221, comme le dit, en une charte, l'évêque Conrad de Scharfenneck : *ordo Prædicatorum laudabilis; et in civitate Metensi eorum cohabitatio non tantùm laïcis in prædicationibus, sed et clericis in sacris lectionibus plurimùm profutura.* Il y avait un frère Etienne de Metz parmi les seize compagnons de saint Dominique, ou saint Domenge, le fondateur de l'Ordre, qui mourut en cette année même 1221. Chez nous, Jean d'Apremont aida à leurs commencements; et, dans la suite, les gens du lignage de La Porte appuyant les Mineurs, ceux d'Asenne se mirent du côté des Prêcheurs : de sorte que quand, après les batailles de 1282, on fit prêter serment à ces lignagers de s'en remettre à un arbitrage, ils jurèrent entre les mains de « freire Olri, gardian des Menors, et de freire Domenge, leisor (liseur, lecteur) des Preschors (2). » Les vieilles gens, qui n'aimaient point ces nouveaux Ordres, eurent pour écho Richer de Senones, antique bénédictin des Vosges, qui, vers la fin de ce siècle, écrivit qu'à la vérité, et jusqu'à présent, on n'avait que du bien à dire de la sainteté des

(1) Ci-dessus, tom. I. p. 489.

(2) Les Asenne, après leur bannissement, au commencement du XIVᵉ siècle, transférèrent leurs assemblées au cloître de la Madeleine.

frères Mineurs; et que les Prêcheurs, à leur début, ne s'étaient pas montrés moins excellents; mais il prétend qu'ensuite leurs mauvaises manœuvres pour s'attirer des donations les décréditèrent : cependant, ajoute-t-il, ils ont ramené à l'église beaucoup d'égarés; et les hérétiques, dont le monde était rempli, ont reculé devant leurs bûchers(1).» Ces paroles font sans doute allusion à l'exécution de Mont-Wimer, ou aux tragédies de maître Conrad à Trèves, dont nous parlerons dans le chapitre suivant : ce sont des choses dont il n'y a pas d'autre exemple dans notre histoire. Cependant nous eûmes aussi notre Saint Office : car on trouve, en 1307, une lettre de Philippe le Bel à frère Raoul de Ligny, inquisiteur de Metz, Toul et Verdun, pour qu'il fît interroger des Templiers qui s'étaient enfuis de Paris : frère Raoul s'acquitta de cette commission, mais à la décharge des accusés. Dans un acte du 1er mars 1494, il y a mention incidente de frère François Le Sueur, prieur des Jacobins de Verdun, et inquisiteur de la perversité hérétique; et dom Calmet, à l'article Inquisiteurs de sa Bibliothèque lorraine, mentionne d'autres titulaires, tous gens obscurs, et sans renommée, ni inquisitoriale, ni autre : de sorte qu'il est inutile de parler d'eux. On voit, par cet article, qu'il n'y avait ordinairement qu'un seul inquisiteur pour les Trois-Evêchés; et que c'était presque toujours un Jacobin de Metz. Notre couvent avait, pour premier digni-

(1) *In primordio sui, nostri Prædicatores in bono satis claruerunt, multos ab erroribus averterunt, et hæreticos, quibus universa terra jàm propè occupata erat, represserunt, et multos eorum dari igni fecerunt : et etiàm quidam eorum miraculis claruisse referuntur. Sed, quia à proposito aliquantulum declinabant, à populo jàm non tanti haberi cœperunt. Divites quippè, et raptores, et usurarios publicos circumeundo visitabant, et, si quæ ab illis rapto vel fœnore acquisita invenirent, efficiebant ut donarentur ad monasteria sua, quæ permaxima œdificare cœperunt : licet non ignorarent rapinas vel usuras eis à quibus extortæ fuerant reddi debere. Illos verò qui eis talia dona conferebant (quod Papa facere non potest) à peccatis rapinarum absolvebant, et mortuos in cœmeteriis suis solemniter sepeliebant; et ob hoc viliores plurimùm esse cœperunt... Minorum conversatio et vita semper meliùs et sanctiùs quàm Prædicatorum ad tempora nostra usquè perduravit.* Richer, liv. IV. ch. 16 et 17, dans le Spicilége, tom. III. p. 372.

taire, après son prieur, un lecteur, qui faisait des leçons scholastiques, suivant la Somme de saint Thomas d'Aquin : vers la fin du XVIe siècle, ce lecteur voulut tenir cours de philosophie; mais alors l'Ordre dominicain était déjà vieux; et le frère lecteur ne pût empêcher les Jésuites de mettre cet enseignement dans leur collége. C'était chez les Jacobins que notre ancienne milice bourgeoise fêtait, tous les ans, son patron saint Antoine : dans une chapelle de cette église s'assemblait la confrérie du Rosaire, érigée en 1560, renouvelée et confirmée en 1600 (1). En 1491, frère Joachim Turian, maître général et serviteur de tout l'Ordre, étant venu à Verdun, la Ville et le diocèse prirent de lui des lettres d'affiliation, datées du 2 octobre : le Chapitre se fit également affilier, le 13 juillet 1632, par un autre maître général Nicolas Rodulfi, qui passait à Châlons. Au XVIIIe siècle, nos Jacobins se firent jansénistes; il y eut, à ce propos, quelques scènes dont nous pourrons parler dans l'histoire de ce temps : et leur couvent finit par tomber en telle décadence qu'il était presque désert au moment de la Révolution. Ces religieux s'habillaient, à la maison, d'une robe blanche, qu'ils couvraient d'un manteau noir, quand ils sortaient; et ils avaient toujours un chapelet pendu à leur ceinture.

Suite de l'histoire d'Etain. En 1222, reparaît dans notre histoire Etain, dont nous n'avons pas eu occasion de parler depuis le temps de Pépin d'Héristall, en 707, lorsqu'il n'existait encore aucune féoda-

---

(1) Cet acte est dans la chronique manuscrite de Saint-Paul, p. 365.

(2) ... *Ad laudem et gloriam beatissimæ Dei genitricis , dominæ nostræ , et venerationem divi patris nostri Dominici, sacri Rosarii auctoris atque institutoris, etc., vos, dilectissimi atque devotissimi Christi fideles civitatis Virdunensis, confraternitatem psalterii* (à cause des 150 *Avé* correspondants aux 150 Psaumes) *sive Rosarii, in ecclesiá Fratrum Prædicatorum instituistis et ordinastis, ejusque altare et capellam fundastis. Nos igitur, etc., approbamus et confirmamus etc., etc., admonentes, juxtà felicis recordationis Gregorii papæ XIII decretum, in gratiarum actionem præteritæ et memorandæ victoriæ contrà Turcas* (la victoire de Lépante), *festum primá dominicá mensis octobris, etc. Datum Romæ, in conventu nostro Sanctæ Mariæ suprà Minervam , die 23 junii, anno Domini* 1600.

lité, ni de Briey, ni de Bar, ni rien de semblable. Dans les temps reculés des Mérovingiens, ce domaine était, comme nous l'avons dit, tombé en partage à une famille de leudes royaux, dont l'héritier, saint Ludwin, devenu évêque de Trèves, le donna, en 707, à l'abbaye Saint-Euchaire de sa cité tréviroise (1). On sait, par une charte du milieu du XIIᵉ siècle, seul document qui reste de la période de la seigneurie monastique à Etain, qu'en ce temps, il s'y succéda trois mauvais voués Bérard, Hugues et Guy, contre lesquels les malheureux paysans (alors le lieu n'était encore qu'un gros village) se réclamèrent de Trèves, de Verdun, et de toutes les autorités qu'ils purent; enfin le seigneur abbé Bertulfe, fort mécontent, pour sa part, de voir usurper sa seigneurie par des larrons, obtint lettres de l'archevêque Adalbéron de Trèves, pour que notre évêque Albéron de Chiny s'interposât contre leurs méfaits. L'évêché ayant en conséquence entendu Bertulfe, ainsi que le voué Guy et son fils Gérard, leur fit souscrire un arrangement qui fut lu et promulgué en cour de clergé et de noblesse, à la manière accoutumée des assemblées de ce temps (2). Il fut dit que le voué d'Etain n'avait aucun droit d'imposer des tailles, et n'en imposerait plus à l'avenir; que, dans celles du seigneur abbé, il se contenterait de son tiers, sauf à faire dresser, par les échevins, acte de notoriété sur les coutumes relatives aux amendes ordinaires et aux plaids annaux; qu'il ne s'opposerait plus à ce que l'église prît possession des champs à elle donnés par testament, ou par conversion (profession religieuse), ou faisant retour par ouverture de main morte; ne se logerait ni dans la maison abbatiale, ni dans celle du villicus (intendant); enfin ne ferait plus d'abattages dans les bois, pour vendre des coupes à son profit (3). On ne sait ce qui résulta de cette sentence,

(1) Ci-dessus, tom. i. p. 203 et 352.

(2) Ci-dessus, p. 276.

(3) *Ego Albero, minister humilis, etc. Guido, advocatus de Stain, Berhardi et Hugonis prædecessorum suorum malitiam imitando, rusticos in præfatâ villâ*

Cession d'Etain
à la Madeleine.

qui dut faire loi jusqu'en 1222, où St-Euchaire, par actes qui existent encore, céda Etain à la Madeleine de Verdun, en échange du domaine de celle-ci à Makeren, sur la Moselle, au pays de Luxembourg (1) : aux pièces de l'échange est annexé un billet, sur parchemin, de J., abbé de St-Euchaire, enjoignant au villicus d'Etain de faire et garder fidélité à ses nouveaux maîtres (2). Mais il s'éleva immédiatement entre ceux-ci et le comte Henri II de Bar, un débat pour leurs droits respectifs, « à la ville et au ban d'Etain, » porte une autre charte. Ceci suppose que la seigneurie n'appartenait pas exclusivement à l'église; et on trouve en effet, dans le même document, les sujets de celle-ci distingués des autres par le nom de gens de Saint-Euchaire. Sans doute le comte Henri tirait ses droits de son titre de Briey, ou peut-être avait-il acquis ceux de l'ancien voué; peut-être encore venaient-ils de l'accroissement mal connu de fief, que Jean d'Apremont lui accorda, en 1225, pour Briey : les documents nous laissent dans l'ignorance à ce

demorantes variis exactionibus et angariis, violenter et iniquè, multis temporibus oppresserat, quoadusquè pauperes illi intolerabiliter gravati, ad dominum Alberonem, Treverensem archiepiscopum, deindè ad nos, postremò ad quascumque superiores potestates, diù et inefficaciter clamaverunt. Novissimè, Deo nobis viam præparante, domino etiàm archiepiscopo opem nobis et consilium ferente, te quoque Bertulfe abba perseveranter instante, compositionem inter te et Guidonem et filium ejus Gerardum, nobis præsentibus initam, præsenti scripto inserimus (suivent les articles traduits par abrégé ci-dessus, en texte). Actum Virduni, in palatio episcopi, pridiè kalendas septembris. Testes Albertus primicerius, Andreas et Joannes archidiaconi, Amelinus magister scholarum, Johannes cellerarius, Tibaldus abbas S. Agerici, Cono S. Vitoni: laïci Warnerius de Sampiniaco et Ulricus filius ejus, Rudolphus de Ursuncurt (Issoncourt), Vivianus miles, Cuno de Lapusternâ, et alii quamplures.— La mention de l'archevêque Adalbéron de Montreuil place cette charte antérieurement à 1152, date de samort.

(1) Kœnigs-Makeren, ou Makeren-du-roi, parce que ce lieu fut, dans le siècle suivant, fortifié par Jean l'Aveugle, roi de Bohême, comte de Luxembourg. Il y avait aussi Greven Makeren, ou Makeren du comte Henri II de Luxembourg. En latin Maceriæ (Mézières), c'est-à-dire muraille en pierres sèches.

(2) Jacobus, abbas Sancti-Eucharii, totusque conventus... Villam quæ vocatur Stein, cum banno, appenditiis, etc., etc., et omni peculio utriusque sexüs, ecclesiæ Sanctæ-Mariæ-Magdalenæ Virdunensi contulimus, pro villâ quæ dicitur Machra, consideratâ utriusque ecclesiæ utilitate. Et hæc commutatio facta est de

sujet (1). Quoi qu'il en soit, la Madeleine, sentant parfaitement que, dans les contestations, son rôle ne serait jamais celui du plus fort, se résigna, par traité du mois d'août 1224, à abandonner au comte toute la seigneurie ou, comme on disait alors, tout le ban, sauf et réservés le patronage de la cure, toutes les dîmes, avec les cens des gens de Saint-Euchaire; franchise et immunité complètes pour l'ancienne maison seigneuriale, qui fut maintenue dans ses dépendances; enfin droit d'attacher au service de cette maison deux bourgeois d'Etain, qui seraient exempts, comme elle, pendant l'année de leur gestion. En échange, le comte accorda sa protection, et, à perpétuité, celle de ses successeurs; plus une rente annuelle de 40 rez de froment, pour laquelle il assigna, en 1228, les deux tiers des dîmes de Leymont et Longeville en Barrois. Le traité se termine par la promesse du Chapitre de prier toujours dévotement Dieu pour les princes de Bar et de Briey (2). Tels furent les arrangements qui donnèrent origine à la prévôté d'Etain, du Barrois non

consensu Theoderici archiepiscopi, et Capituli majoris ecclesiæ Trevirensis... Actum anno Domini 1222. — L'acte de la Madeleine, sous forme de donation, du mois de mai 1221, dans les Preuves de Berthollet, tom. vii. — J. abbas, totiusque conventus, villico de Stein, et omnibus hominibus ejusdem villæ : Mandamus vobis, et sub fidelitate quâ nobis tenemini præcipimus quatenùs canonicis Beatæ Mariæ-Magd. Virdunensis fidelitatem faciatis, et eos de cætero pro dominis habeatis. Noveritis insuper quòd nos ratum habebimus quidquid factum fuerit per Lud. et Hilwinum, monachos nostros, circà commutationem de Stein et de Machrâ.

(1) On n'en savait pas davantage en 1680, bien que la Chambre royale de Metz eût fait fouiller toutes les archives. L'arrêt sur Etain, du 3 décembre 1680, porte que le traité de 1224, entre le comte Henri et la Magdeleine avait été fait « sur des prétentions générales et non spécifiées dudit comte. »

(2) Ego Henricus, comes Barri-Ducis... Cùm verteretur controversia inter me et Capitulum beatæ Mariæ-Magdalenæ in Virduno super villâ et banno de Estain, de jure quod ego et idem Capitulum dicebamus nos ad invicem habere in eisdem, tandem compositum est in hunc modum (suivant les articles, dont nous donnons l'analyse). Habebit etiàm Capitulum census hominum qui quondàm dicebantur Sancti-Eucharii, et domum quittam et liberam, etc. Et teneor ego comes Capitulo tuitionem et defensionem meam exhibere, et hæres meus qui mihi in supradictis succedet, videlicet dominus Barri aut Brieii ; Capitulum verò piè et devotè me in suas recepit orationes. Actum 1224, mense augusto, dominicâ post Assumptionem beatæ Mariæ... et publicè, Virduni, anno 1228, sabbato post Ascensionem Domini.

mouvant : prévôté qui fut érigée en bailliage par l'édit de
Stanislas, de 1751. La Madeleine garda jusqu'à la fin ses
dîmes d'Etain, de Leymont et de Longeville, qui sont évaluées, dans sa déclaration de 1790, la première trois mille
livres, les deux autres 2350 et 2250, d'après les derniers
baux par-devant notaires : et le Chapitre s'étant réservé
le titre de curé primitif d'Etain, ne considérait le prêtre de
cette paroisse que comme son vicaire perpétuel.

Il nous reste peu à dire de l'évêque Jean d'Apremont.
On lit, dans l'histoire manuscrite de sa famille, qu'il se
croisa contre les Albigeois; mais que, n'ayant pu marcher
en personne, il envoya à sa place dix hommes, que conduisit un Jacobin de Verdun, nommé frère Amé. On continuait aussi à se croiser pour la Terre-Sainte : en 1220, le
Croisés princier de Verdun en prit la croix; mais, ainsi que l'évê-
ecclésiastiques. que, il demanda dispense de la porter, en fournissant deux
remplaçants (1). L'église, pour son honneur chevaleresque,
put montrer de meilleurs champions. « Il y eut, dit Joinville, un moult vaillant homme, monseigneur Jacques de
Castel, évesque de Soissons (celui même qui sacra saint
Louis, à la fin de 1226), qui férit des ésperons, et assaillit
tout seul aux Turs (Turcs) qui, à leurs espées l'occirent, et
le mirent martyr, en la compagnie de Dieu...; et un mien
prestre, qui avoit nom Jehan de Voissei (de Vassy), se partit
de nostre ost, tout seul, ayant vestu veste rembourrée, son
chapel de fer sur la teste, son glaive dessous l'aisselle,
pour que les Sarrasins ne l'avisassent : et lor courut sus; et
tournèrent tous les huit en fuite. » C'étaient là des braves,
qui ne demandaient pas dispense, sous prétexte de clérica-

---

(1) *Honorius, etc., venerabili fratri episcopo Virdunensi. Dilectus filius primicerius Virdunensis, cruce signatus, nobis humiliter supplicavit ut, cùm ipse
propter clericatûs officium, sit inutilis ad pugnandum, ipsum volentem pro se
duos bellatores in Terræ Sanctæ subsidium destinare, à voto crucis absolvere dig-
naremur... Fraternitati tuæ per apostolica scripta mandamus quatenùs, si est
ità, dicto primicerio duos bellatores idoneos in ejusdem Terræ subsidium trans-
mittente, ipsum à voto prædicto et labore peregrinationis absolvas, attentiùs pro-
visurus ne in elusionem voti aliquid attemptetur. Datum Viterbii XVI kalendas
decembris, pontificatûs nostri anno quarto.*

ture. La petite troupe que notre évêque Jean envoya contre les Albigeois dut partir avec celle de son frère Gobert, qui alla dans le Midi avec Louis VIII, en 1226 : le fait semble par conséquent postérieur à la translation de Jean à Metz. Les deux frères inhumèrent, en 1222, leur vieux père Joffroy dans le transept occidental de notre cathédrale : et on adossa là, contre le mur, un autel « pour l'âme mon peire, pour l'âme ma meire, et les âmes mes ancessours, » dit Gobert, dans une charte de 1234. Cet autel était à peu près à l'endroit où s'ouvre notre chapelle du Saint-Sacre-ment, laquelle, non plus que les autres, n'existait pas alors. En cet endroit de l'église, plusieurs Apremont, notamment les évêques Jean II et Henri, eurent leurs sépultures, en mausolées à statues, qui subsistèrent jus-qu'en 1755 ; et on voyait encore, aux Jacobins, l'épitaphe d'Agnès de Coucy, dite de Vervins, morte en 1277, femme d'un autre Gobert, que cette inscription qualifiait de haut prince.— On trouve, dans les chartes, que le Chapitre, ne tenant compte de la sentence de l'évêque Grand-Pré, rédui-sant à quatre le nombre de ses officiers exempts, s'attira avec « l'université des citains » un démêlé, dans lequel les cha-noines récalcitrants furent bannis de la ville. Ils allèrent jusqu'à Francfort, se plaindre à l'empereur Frédéric II, qui leur donna une charte qu'ils ne purent faire exécuter (1). Quelque chose de semblable arriva à Metz, en 1226, où les moines et les chanoines protestèrent, en assemblée, contre un tonneu auquel la Ville les avait soumis. Il y a, dans notre histoire, beaucoup d'exemples de débats de cette espèce, envenimés par l'amour-propre des parties : pour ne pas revenir sur ces querelles fastidieuses, nous dirons qu'on ne se mit d'accord qu'en 1348, par un traité exemp-tant de droits d'entrée les denrées des prébendes des gens

---

(1) *Fridericus, etc., dilecto fideli suo J. episcopo Virdunensi, et universis civi-talis ejusdem civibus... Attamen civium universitas ab ipsis canonicis, metu et violentiâ, eos à propriis domibus expellendo et civitate, extorserunt ut quædam pars dictæ familiæ exactioni et talliæ subjaceret, sicut cæteri cives... Datum apud Frankenfurt,* XVI *kalendas maii.* Cartul. p. 125.—Diète de 1220.

d'église, mais seulement « pour les vivres d'eux et de lors maisnies, sans faire négociation » : c'est-à-dire qu'ils devaient le droit pour tout ce qu'ils vendaient ; et le nombre des bourgeois exempts, comme officiers ou marliers capitulaires, demeura fixé à quatre.

J. d'Apremont transféré à Metz. Jean d'Apremont, après sept années d'épiscopat assez paisible à Verdun, passa à Metz, par élection que firent de lui les chanoines de cette cathédrale, en 1224 (1). Comme il était du paraige de Port-Saillis, alors le plus grand de Metz, il espérait sans doute un règne heureux et prospère en ce second évêché ; et peut-être voyait-il déjà se former dans le nôtre l'orage communal qui éclata sous Raoul de Torote. S'il fit ce calcul, il se trompa ; car lui aussi, à Metz, fut assailli d'une furieuse tempête, qui l'obligea de fuir avec ses partisans, et de guerroyer, pendant trois années, contre sa cité. Ces choses sont racontées au long dans les chroniques messines : et nous allons assister à des scènes pareilles, en reprenant la suite des nôtres.

(1) Les Bénédictins, Hist. de Metz, ii. 426, disent que cette élection fut la première par le Chapitre seul, en vertu du 24e canon de Latran en 1215 ; *in quem omnes, vel major, vel senior pars Capituli consenscrit.* Mais ce décret suppose les Chapitres déjà en possession exclusive des élections, dont il se borne à régler les formes. A Verdun, il n'est déjà parlé que du Chapitre à l'élection d'Albert de Hirgis, en 1186 ; *Ortâ in majore Capitulo altercatione super electione pontificis, etc.,* dit le continuat. de Laurent de Liége.

CHAPITRE III.

TENTATIVES POUR LA PLEINE LIBERTÉ COMMUNALE. —
SURPRISE DE 1227. — GUERRE DE 1246.
— ÉPISCOPATS DE RAOUL DE TOROTE ET DE GUY DE NELLE.

De 1225 à 1247.

Dans ce second quart du XIII° siècle, échouèrent les tentatives de la Commune pour se constituer en cité de liberté pleine; et cet insuccès prépara les transactions de 1254, qui subsistèrent, comme fond de la constitution communale, jusqu'à la date moderne de 1552.

Au début de cette nouvelle période d'agitation, se rencontre, comme dans la précédente, un grand procès d'élection épiscopale. Jean d'Apremont, quittant notre évêché pour celui de Metz, n'entendit point qu'il fût mis hors de sa famille, laquelle tenait fiefs de tous les deux : en conséquence, il usa de toute son influence pour y faire élire son cousin Raoul de Torote (1), fils d'une sœur de sa mère, parent des princes de Bar, et aussi des Grand-Pré, et déjà parvenu aux dignités de l'église de Laon (2). Ce candidat eut la

(1) Torote, aujourd'hui Thourotte, dans les environs de Compiègne. Manoir considérable, duquel dépendaient, au x° siècle, plusieurs seigneuries : l'église paroissiale a, encore aujourd'hui, façade, chœur, et clocher du XII°. — Jean de Torote, père de Raoul, était châtelain de Noyon : Raoul luimême avait deux frères, Jean l'aîné, qui fut bailli de Champagne, et Robert, évêque de Langres, puis de Liège.

(2) Anno 1225, apud Virdunum, in cathedrâ pontificali, de voluntate et consensu Metensis episcopi Joannis, positus fuit consobrinus ejus, cantor Laudunensis Rodulfus, filius domini de Torotâ, appellantibus ad papam archidiacono Henrico Malapetâ, præposito Montisfalconis. Et hujus causæ ventilatio ultrà annum processit, eò quòd pars appellantium innitebatur consilio et auxilio comitis Barrensis. Albéric. — Je Thiebaus, cuens de Bar..., entre moi et mon signor lige et mon cosin Raol, par la grâce de Deu évesque de Verdun. Charte de 1240, dont nous reparlerons. — Je Henris, cuens de Grand-Prei..., entre moi et mon signor et mon cosin Raol, par la grâce de Deu, etc., 1243. — C'est par Albéric que nous savons le nom de Henri de Malapète, désigné seulement par l'initiale H. dans les pièces du procès.

pluralité des suffrages; mais il rencontra une opposition mise en avant, à ce que l'on vit ensuite, par le comte de Bar Henri II. Ces opposants, au nombre de dix, menés par Henri de Malapète, archidiacre d'Argonne et grand prévôt de Montfaucon, donnèrent leurs voix à J., archidiacre de Châlons (1), cherchèrent des moyens de nullité dans l'élection de Rodolfe; enfin la déférèrent, par appel, au Saint-Siége. Il y eut deux enquêtes, présidées l'une par l'évêque de Paris, l'autre par celui de Strasbourg (2) : la première fut annulée pour vice de forme, comme on le voit dans les Décrétales du droit canon, titre *de judiciis*, où cette cassation est insérée, comme règle pour les interlocutoires (3). Il est dit, dans cette pièce, que les adversaires de Raoul n'étaient plus qu'au nombre de trois (4), décidés à pousser l'affaire jusqu'au bout. On voit ailleurs que Malapète se plaignit qu'à force de longueurs, incidents et chicanes, on tâchait d'épuiser les finances de l'opposition, de manière à la réduire à quitter le champ de bataille : pour mettre son adversaire en pareil embarras, il sollicita et obtint défenses itératives « au chantre de Laon, se disant Raoul, élu de Verdun, » de rien emprunter ou hypothéquer sur l'évêché

(1) *Super electionibus de magistro J., Cathalaunensi archidiacono, et prædicto cantore Laudunensi R., celebratis in Virdunensi ecclesiâ*, dit le second bref d'Honoré III. En conséquence, Roussel se trompe en disant que le Chapitre élut Henri de Malapète lui-même, en concurrence avec Raoul de Torote; et Boucher n'est pas moins dans l'erreur, en affirmant, p. 150 de son factum *Virdunensis episcopatus*, que le pape, sans élection capitulaire, nomma Raoul, sur la résignation de Jean d'Apremont.

(2) Suivant Roussel, les seconds commissaires furent l'archevêque de Reims et le doyen de Brême. Il y a dans le texte : *venerabili fratri episcopo Argentinensi, et dilectis filiis archidiacono* (et non *archiepiscopo) Remensi, et decano Bonnensi* (Bonn), *Coloniensis diœcesis*.

(3) Décrétales, liv. II. titre I. ch. 19, avec la date de 1220, par erreur; car le bref porte : *Datum Reatæ, kalendas julii, pontificatûs nostri anno nono*, c'est-à-dire 1225 ou 26, 9e année d'Honoré III, élu le 24 juillet 1216. — Il y a un autre bref d'Honoré III, dont nous avons cité une phrase, note 1, ci-dessus : *Datum Laterani, secundo kalendas martii, pontificatûs anno decimo.*

(4) *Cùmque decem de parte adversâ secundo termino comparuissent, et fuissent, si electo se opponerent, requisiti, septem eorum respondere nolentibus* (peut-être de peur des frais), *ad agendum tres se residui obtulerunt.* Bref dans les Décrétales.

dont il était administrateur, comme élu par la majorité du Chapitre; et on publia ces défenses (1). Elles indiquent que le public préjugeait en faveur de Rodolfe; ce qui dut arriver lorsque le comte Henri, le véritable adversaire, bien que non nommé dans le procès, eut l'infortune de tomber aux mains d'un seigneur allié au duc Mathieu II de Lorraine (2); de sorte qu'il fut rançonné : et telle était peut-être la cause de la pénurie d'argent où tomba le parti Malapète. Enfin Honoré III, fatigué de ces longueurs, ordonna, par bref du 28 février 1226, que l'enquête serait close et envoyée à Rome à la Toussaint prochaine, pour tout délai; mais il mourut : et Grégoire IX, son successeur, le 20 mars 1227, trouva encore l'affaire pendante. Il la renvoya au cardinal Conrad, légat d'Allemagne, lequel délégua Eudes de Sorcy, évêque de Toul, sur le rapport définitif duquel Raoul de Torote gagna sa cause (3). Il sortit de ce procès avec des dettes qui pesèrent sur tout son long épiscopat; mais le comte de Bar, qu'attaquaient alors celui de Champagne, ainsi que le duc de Lorraine, se réconcilia avec lui, et devint son allié, de peur sans doute qu'il ne se joignît aux lorrains et aux champenois. On voit, dans nos chartes, qu'au mois de juillet 1227, Raoul ne prenait encore que le titre d'élu.

Pendant ces débats, la Commune avançait toujours, tellement que, grâce à ses habiles manœuvres, son seigneur et

---

(1) *In non modicum ecclesiæ præjudicium protrahitur et gravamen; et pars sua fatigata laboribus et expensis, à juris sui jàm cogatur prosecutione cessare... Si in civitate Virdunensi discutiatur negotium, ibidem faciliùs poterit ipsius veritas indagari : quam civitatem, tanquàm locum idoneum partibus et communem aliquandò elegistis... Injungentes ut, cùm ecclesia ipsa gravi dicatur premi onere debitorum, eidem cantori inhibeatis expressè ne, vel ipsam debitis onerare, vel bona ejus aliquatenùs obligare præsumat, et inhibitionem hujusmodi faciatis publicè nuntiari, per loca in quibus videritis expedire.* Second bref.

(2) *Captus fuit comes Barrensis, antè Natale Domini* 1225, *in Burgundiâ, à Johanne Cabilonensi...; tandem, post suam redemptionem et reversionem, cum eodem electo Radulfo pacem habuit; et cum ipso Virdunum obsedit.* Albéric. Sur ces événements de l'histoire du comte Henri, v. Maillet, p. 53.

(3) P. Benoit, Hist. de Toul, p. 441. — Le cardinal Conrad vint en 1224, suivant Albéric, à Vaucouleurs, pour une entrevue avec la cour de France.

prince Raoul de Torote faillit trouver, au lieu de joyeux avénement, un diplôme de déchéance. Il est bien probable qu'à cause de son grand procès, la cour impériale avait différé son investiture : autrement ce qui arriva en 1227 serait presque inexplicable, nos Communaux s'étant alors émancipés, non par rébellion ou voie de fait, à leur ordinaire, mais en vertu de chartes, qu'ils avaient obtenues en forme très-régulière d'apparence. Un grand laisser aller régnait dans l'Empire, depuis qu'à la fin de 1220, Frédéric II avait quitté l'Allemagne, qu'il ne devait revoir de quinze ans : tous les actes de souveraineté s'expédiaient au nom de son jeune fils, qu'on appelait Henri VII, roi des Romains, sous la tutelle gouvernementale de Louis de Bavière, palatin du Rhin; mais Frédéric surveillait d'Italie, et cassait quelquefois ce qu'on faisait contre son gré : de sorte que, dans cette marche incertaine des choses, personne n'exerçant ses droits avec certitude, beaucoup de princes et de villes augmentaient, sans bruit, leur indépendance. Ceci durait depuis six ans déjà quand, au mois de mars 1227, Henri, comme pour sortir de minorité, invita ses fidèles à de grandes fêtes à Aix-la-Chapelle, pour le couronnement de sa jeune reine; et les grâces devant couler à flots en cette belle cérémonie, la Ville résolut d'y députer, sans que Raoul, retenu par son procès, qu'on jugeait en ce moment même, se doutât que la députation fût chargée d'autre chose que de compliments. Vraisemblablement, quelque grand personnage que nous ne connaissons pas, ou de l'argent habilement employé, vinrent en aide à nos ambassadeurs : quoi qu'il en soit, leur succès fut complet; et, à la stupéfaction de l'évêché, ils revinrent avec un décret de cité libre, et une lettre de l'administrateur impérial Louis de Bavière, qui le signifiait à l'évêque lui-même, en cette teneur :

Henri, etc. De notre autorité, est accordé aux citoyens de Verdun d'élire sept Jurés pour leur gouvernement. Leur grand doyen laïque nommera, chaque année, son sous-doyen, et le présentera à l'évêque; au refus de celui-ci de l'investir, ou au refus du doyen de le nommer, les citoyens l'éliront; et il exercera, sans autre titre. Il y aura aussi élection par les citoyens de quatorze échevins, sept au Palais, et autant à la Vicomté : on les présentera à l'évêque; s'il les refuse, ils n'en seront pas moins juges, par notre autorité. Pour les fortifications et autres nécessités communes, on priera l'évêque d'accorder une aide : s'il ne le fait, les citoyens sont autorisés à jeter eux-mêmes des tailles sur les habitants de la ville et de ses faubourgs, savoir le bourg Saint-Vanne, Escance, et le Pré-l'Évêque; et en général sur toutes personnes fréquentant les marchés et le territoire de ban de la cité. Donné à Aix-la-Chapelle, au couronnement de notre très chère et sérénissime épouse, au mois de mars 1227.

L., par la grâce de Dieu comte palatin du Rhin, duc de Bavière, à son très cher ami l'évêque de Verdun, service et dilection affectueuse. Nous vous signifions des lettres de notre illustre seigneur le roi des Romains, qui a confirmé à Aix-la-Chapelle les droits de ses bien aimés citoyens de Verdun. En ce qui nous concerne, nous ajoutons notre ratification, défendant à toute personne, haute ou basse, de contrevenir auxdites lettres, à peine d'encourir l'indignation du roi, la nôtre et celle de tout le conseil (1).

(1) Il résulte de cette lettre que le décret de Henri fut donné en confirmation de droits qu'on supposait déjà existants. Pareils termes devaient se trouver également dans le préambule du décret; mais nous ne l'avons plus, parce que, comme nous allons le voir tout à l'heure, les citoyens furent obligés de rendre leur charte. Quant au dispositif, dont nous donnons en texte la traduction, il est connu par l'insertion textuelle qui en fut faite dans les lettres de révocation, en ces termes :

Quòd cives Virdunenses, auctoritate nostrâ, septem Juratos eligere debent, qui civitati dominentur. Quòd subdecanum laïcum, qui vulgò submonitor vocatur, major decanus civitatis laïcus annuatim eliget, et eum episcopo Virdunensi præsentabit investiendum. Si verò vel dictus decanus civitatis laïcus subdecanum laïcum non eligeret, vel episcopus eum electum et præsentatum non reciperet, ipsi nihilominùs cives eum eligerent, et ipse officium suum exerceret. Debent etiàm quatuordecim scabinos eligere, septem de Palatio et septem de Vice-Comitatu; qui electi episcopo præsentabuntur ut, si velit, eos recipiat. Si verò non reciperet, ipsi scabini nihilominùs, auctoritate pariter nostrâ, in civitate judicabunt. Indulgetur etiàm eis quòd, pro munitione civitatis, vel pro aliis negotiis suis exequendis, episcopum suum ut eos adjuvet requirant : quod si episcopus non faceret, ipsi, auctoritate propriâ, collectam facerent, tàm super homines manentes in civitate quàm super homines in suburbiis manentes, videlicet in burgo Sancti-Vitoni, et in Escantiâ, et in Prato Episcopi, et super omnes qui forum et bannum marchisant civitatis. Datum in curiâ solemni Aquisgrani, in

On ne perdit point de temps en ville pour faire fonctionner le nouveau gouvernement civique : car, dès le 20 juin suivant, il y eut lettre du roi Henri « aux sept gardiens de Verdun, » en réponse à ce qu'ils avaient mandé de leur prise de possession. Comme on pouvait s'y attendre, l'évêché avait refusé de les reconnaître; et Raoul avait dit que bientôt il saurait les faire révoquer : c'est pourquoi, il fut écrit en ces termes, à eux, aussi bien qu'à cet évêque opposant :

Henri, etc., aux sept gardiens de Verdun, et aux autres bourgeois. Voulant vous montrer de plus en plus notre bienveillance royale, nous avons fait écrire les lettres de confirmation du droit de votre cité, afin que tous sachent que vosdits droits, que nous avons reconnus et scellés à Aix-la-Chapelle, ne seront révoqués ni par nous, ni par aucun de nos successeurs. Nous tiendrons à offense impardonnable contre notre majesté toute infraction, soit téméraire, soit captieuse, de nos ordres. Donné à Ulm, le 12 des calendes de juillet (20 juin) 1227, indiction quinze.

Henri, etc., à notre cher prince l'évêque de Verdun. Nous vous signifions que nous avons confirmé par nouvelles lettres celles que nous avons accordées à nos bien aimés citoyens de Verdun, sur leur demande, au couronnement de la reine des Romains. Mandons itérativement que nul, grand ou petit, n'enfreigne ou n'élude notre présent ordre, à peine d'offense contre nous. Donné à Ulm, etc... (même date) (1).

---

coronatione serenissimæ et carissimæ conjugis nostræ, anno Domini 1227, mense martio. Cartul. p. 123.

« L., Dei gratiâ comes palatinus Rheni et dux Bauveriæ, amico suo carissimo episcopo de Verduno, servitii et dilectionis affectum. Significamus dilectioni vestræ quemadmodum dominus noster inclytus Romanorum rex dilectis civibus suis de Verduno, litteris suis jura ipsorum confirmavit, apud Aquisgrani : ità et nos, litteris præsentibus confirmamus, mandantes ne aliqua persona humilis vel alta litteras à domino nostro rege confirmatas infringere præsumat : quod qui fecerit domini nostri regis, et nostram, et totius consilii offensam se non dubitet incurrisse. Cartul. de l'évêché, n° 141.

(1) Henricus, Romanorum rex, semper augustus, fidelibus suis septem custodibus cæterisque burgensibus de Verduno, gratiam suam et omne bonum. Ad majorem evidentiam de regià benignitate, litteras confirmationis juris vestræ civitatis conscribi fecimus, notum esse universis cupientes quòd jura vestra, apud Aquisgranum confirmata, tàm litteris quàm sigillo nostræ celsitudinis, nec à

Ces lettres doivent être du moment même où Raoul de Torote, gagnant son procès ecclésiastique, fut reconnu évêque canoniquement élu, et par conséquent prince d'Empire : mais il n'était sorti de son premier embarras que pour tomber dans un autre. Sans se déconcerter, et en homme expert en procès et procédures, il signifia appel, attendu que la charte que les bourgeois faisaient valoir contre lui, et qu'on le sommait d'exécuter, avait été rendue sans qu'il eût été assigné ni ouï. Or il aurait eu, sur le point en débat, des choses importantes à exposer : car il n'était pas probable que le jeune Henri eût eu intention d'abroger, sans en mot dire, le diplôme de 1156; et, l'eût-il voulu, la chose excédait ses pouvoirs, parce qu'un simple vicaire impérial, tel que lui, ne pouvait annuler le sceau d'or de Frédéric Ier, ni la sentence conforme de l'empereur régnant Frédéric II, en 1215, pour Robert de Grand-Pré. Il paraît qu'on n'avait pas regardé de fort près aux chartes accordées dans les fêtes d'Aix-la-Chapelle : car le Chapitre qui, lui aussi, avait député au couronnement de la reine, s'y était fait donner confirmation de son exemption totale, d'après la décision de Frédéric II, à Francfort en 1220, dont la teneur avait été reproduite (1) : ce qui était en contradiction avec une des dispositions de la nouvelle charte de la Ville; de sorte qu'on voyait que la chancellerie, à

nobis, nec ab aliquo successore nostro, volumus in perpetuum revocari... Datum apud Ulmam, 1227, xii kal. julii, indict. xv.

II. etc., dilecto principi suo episcopo de Verduno, gratiam et omne bonum. Significamus dilectioni tuæ quòd nos litteras quas dilectis civibus nostris de Verduno dedimus apud Aquisgranum, in coronatione inclytæ Romanorum reginæ, ad petitionem eorum, confirmavimus litteris aliis: iteratò mandantes, et sub pœnâ gratiæ nostræ præcipientes ne aliqua persona, humilis vel alta, mandato præsumat, vel infringendo, vel ullo aliquo scrupulo erroris interferendo, obviare... Datum apud Ulmam, etc. Cartul. de l'évêché, nᵒˢ 139,140.

(1) _Henricus, etc., dilecto principi suo Radulfo, venerabili Virdunensi electo, necnon universis civitatis ejusdem civibus. Accedentes ad præsentiam nostram, in curiâ solemni apud Aquisgranum, dilecti fideles nostri canonici Virdunenses exhibuerunt nobis privilegium serenissimi imperatoris patris nostri_ (suit la teneur de la décision de Francfort, en 1220, ci-dessus, p. 379). _Auctoritate nostrâ corroboramus..., ab omni prorsùs exactione, præstatione talliæ et precariæ liberi sint, et eorum familiæ. Datum Aquisgrani, 1227, tertio kal. aprilis._

Aix-la-Chapelle, avait tenu ses portes largement ouvertes, en sous-entendant sans doute que les intéressés pourraient toujours réclamer, et que les demandeurs qui n'auraient point dit la vérité, et toute la vérité, s'exposaient à des frais et démarches en pure perte. Comme on savait d'ailleurs que l'empereur Frédéric n'aimait pas les Communes, ainsi qu'on ne tarda pas à le voir par son fameux diplôme de Port-Mahon; et comme la conduite de beaucoup d'entre elles laissait fort à désirer, la cour se montra toute surprise d'avoir accordé à Verdun une charte aussi inouïe; et, revenant brusquement sur ce qu'elle avait fait, elle rendit les deux sentences suivantes, la première adressée aux Verdunois, la seconde à tous les fidèles présents et futurs de l'Empire, où il paraît que l'événement faisait quelque scandale :

Révocation du diplôme subreptice.

Henri, roi des Romains, à ses fidèles de Verdun, toute grâce et tout bien. Nous révoquons le privilége que vous avez obtenu à Aix-la-Chapelle, et vous défendons d'en user à l'avenir, attendu que, de l'avis de nos princes, et sur les représentations des délégués de votre évêque, il a été reconnu que, lui non appelé ni ouï, on n'était pas en droit de vous accorder pareilles choses. Nous vous envoyons notre fidèle et particulier ami l'archevêque de Trêves, qui vous parlera de cette affaire, et d'autres : obéissez-lui comme à nous-même. Donné à Oppenheim, le 8 des ides d'avril, indiction xv (1).

Henri, etc., à tous présents et à venir, notre grâce et tout bien. Les Verdunois, par des importunités et obsessions extrêmes, ont surpris, lors du couronnement de la reine, un privilége en cette teneur : « Les citoyens de Verdun pourront, de notre autorité, élire sept jurés...(Suivent les articles rapportés ci-dessus, p. 584-85). Ces

(1) *H. etc. Ad instantiam et petitionem nuntiorum episcopi Virdunensis, necnon dictante sententiâ principum apud nos existentium, revocavimus in irritum, et denuntiamus non tenere libertatem et constitutiones quas à nobis, cùm essemus Aquisgrani, dignoscimini obtinuisse, quia, secundùm sententiam principum, irrequisito episcopo vestro, de jure facere non poteramus. Quapropter, auctoritate regiâ, vobis inhibemus ne easdem constitutiones novas tenere præsumatis. Mittimus itaque dilectum familiarem principem nostrum ad vos archiepiscopum Treviensem, super eisdem ac aliis agendis : et ei, velut nobis obedientes existatis. Datum apud Oppenheim, viii idus aprilis, indictione xv. Cartul. de l'évêché, nº 142.*

articles étant absolument viciés et infectés d'erreur, nous les avons cassés et révoqués : et nous confirmons notre fidèle prince Rodolfe, élu de Verdun, en tous les droits et anciens usages gardés du temps de ses prédécesseurs et des nôtres. Donné à Worms, le six des calendes de mai 1227, indiction xv (1). — (Cette date de 1227, indiction quinze, doit avoir passé, par erreur de copiste, des pièces précédentes dans celles-ci : car le couronnement de la reine est du 28 mars 1227; il y eut ensuite les lettres confirmatives datées d'Ulm, 12 des calendes de juillet, indiction quinze : par conséquent le mois d'avril, où le privilége fut cassé, doit être avril 1228, indiction 1.)

De toutes les pièces de cette affaire, Wassebourg ne connut que la précédente, qu'il trouva dans le cartulaire de la cathédrale, toutes les autres étant serrées aux archives closes de la Ville et de l'évêché. Il a, en conséquence, peu renseigné ceux qui l'ont suivi : et, d'un autre côté, l'ancien chroniqueur de Saint-Vanne, n'ayant rien dit de ces choses, de peur sans doute de mal parler d'aucun de ses contemporains, il est résulté de là qu'on ne trouve ici dans nos histoires que des récits incomplets, mal digérés, et composés à demi de conjectures, où on n'a pas manqué de faire figurer les chefs des trois lignages. Nous continuons à laisser la parole au roi des Romains, auguste historien qui, sans s'inquiéter de ne pas plaire à nos ancêtres, raconte ainsi l'accueil discourtois qu'ils firent à son délégué l'archevêque de Trèves, Thierry de Wède :

Lettre de réprimande.

Henri, etc., aux citoyens de Verdun, le bien et la grâce qu'ils méritent. Nous apprenons qu'au mépris de nos lettres et de votre devoir, vous avez mal reçu notre cher conseiller l'archevêque de Trèves, que nous avions envoyé pour pacifier vos différends avec votre évêque élu Rodolfe, notre fidèle prince. Vous entêtant dans votre égarement, vous avez répondu, avec irrévérence, que vous

---

(1) *Ad futurorum et præsentium notitiam pervenire volumus quòd nos privilegium à civibus Virdunensibus à nobis in curiá solemni Aquisgrani, in coronatione serenissimæ et carissimæ conjugis nostræ, anno 1227, circà finem mensis martii, per ipsorum importunitatem et occupationem nimiam, contrà jura dilecti principis nostri Radulfi, Virdunensis electi, et in præjudicium regiæ majestatis, per sententiam in perpetuum cassavimus, etc.* Cartul. p. 123. et dans Wassebourg, p. 359, avec des fautes et des omissions.

n'entendiez pas vous départir de votre privilége d'Aix-la-Chapelle. C'est une offense grave, sur laquelle nous ne pouvons fermer les yeux. En outre, vous avez commis d'énormes dévastations contre la grande église, ainsi que contre Saint-Vanne et Saint-Airy, sous prétexte de tailles que vous voulez faire payer à leurs gens de service, qu'ils ont tirés de leurs terres, et qui ne sont pas vos bourgeois. Comme nous ne voulons pas que le pernicieux exemple de votre intolérable rébellion se propage dans nos fidèles cités, nous vous enjoignons itérativement de remettre, avec excuses, votre prétendu privilége, à l'archevêque, quand il se représentera de notre part, pour rétablir chacun en son droit, comme médiateur oubliant le passé, si vous êtes obéissants; et vous réparerez aussi vos dégâts au préjudice des églises : mais, si vous persistez dans votre insolence, nous vous mettrons au ban, et confisquerons vos biens en Empire et dans nos royaumes. Donné à Worms (ici le copiste répète la date de la pièce précédente) (1).

Pour dernier renseignement sur cette affaire du diplôme subreptice de 1227, nous trouvons une bulle de Grégoire IX, datée de novembre 1230, la paix étant alors rétablie, et

---

(1) *Henricus, etc., civibus Virdunensibus gratiam quam meruerunt... Vos, quod grave ferimus, dicto principi nostro Trevirensi, nec debitam reverentiam exhibere, nec in aliquo voluistis obedire..., et malitiæ vestræ obstinationem inculcantes, respondistis quòd ab usu dicti privilegii nullatenus cessaretis. Cùm igitur cuilibet nuntio ab excellentiâ nostrâ subditis destinato honorem et reverentiam velimus exhiberi, conniventibus oculis per lustre non possumus quòd vos dicto archiepiscopo, qui præter specialitatem discretionis et dignitatis excellentiam, quæ prærogativam venerationis ei meruerunt apud extraneos, saltem tanquàm patri vestro spirituali obedire neglexistis : imò, quod deterius est et graviùs ferimus, ipsum qui ex parte nostræ regiæ majestatis ad vos pro pace venerat, in aliquibus graviter offendistis. Nos igitur, communicato principum consilio, vobis mandamus et districtè præcipimus quatenùs dictum privilegium, etc..., et ecclesiarum Virdunensium feodatam familiam ab omni exactione et tallià..., et memorato archiepiscopo de gravi et intolerabili contumaciâ vestrâ condignam emendam..., et ecclesiis Virdunensibus, majori scilicet, et Sancti Vitoni, et Sancti Agerici, quas enormiter destruxistis, integraliter reædificari volumus : alioquin nos insolentiam vestram puniemus graviter, et personas vestras et bona, tàm in Imperio quàm in regnis, exponemus; Nolumus enim quòd exempli vestri labes perniciosa civitates Imperii nobis et episcopis suis fideles ad declinandum excitet. Si verò mandatis nostris, tàm in reddendo privilegio quàm in emendâ dicto archiepiscopo, obediatis, nos eidem dedimus in mandatis quòd iteratò personaliter ad vos accedat, et offensarum vestrarum immemor, domino vestro electo, et ecclesiis Virdunensibus jura, et vestra quæ hactenus habuistis, auctoritate nostrâ, faciat inviolabiliter observari. Datum apud Wormatiam, sexto kalendas maii.*

Raoul de Torote cherchant de l'argent pour payer ses frais
de guerre. Il lui en fallait aussi pour les dépenses qu'il
avait faites dans le procès Malapète; mais il n'osa parler de
cet article, parce qu'Honoré III lui avait défendu de rien
emprunter à cette fin sur l'évêché : de sorte qu'il attribua
toute sa détresse financière aux émeutes de la Ville. Ceci
l'entraîna peut-être à les exagérer un peu : quoi qu'il en
soit, la bulle de Grégoire parle d'une guerre de deux ans
et plus, pendant laquelle des citoyens rebelles avaient vio- Combat de Raoul
et de
la Commune.
lemment expulsé l'évêque, enfoncé et pillé ses maisons,
ainsi que celles des dignitaires de l'église, et bouleversé les
cloîtres des abbayes, en alignant, par malice, de nouveaux
fossés de fortifications au beau milieu de leurs enceintes :
puis le pape dit qu'attendu qu'il ne serait pas juste de laisser succomber son vénérable frère R. évêque de Verdun,
sous le lourd fardeau des dettes contractées par lui pour la
défense commune de son clergé, celui-ci devra lui venir
en aide, en se cotisant à sa décharge, à peine, pour les récalcitrants, d'y être contraints par des censures sans appel,
dont les frappera l'archevêque de Trèves (1). Nous apprenons de ce document que le combat de Raoul et de la Commune dura deux grandes années, qui datent sans doute du
moment où Raoul lui-même et l'archidiacre de Châlons se
portant tous deux pour élus, leur procès fournit prétexte
de ne les reconnaître ni l'un ni l'autre. Les rebelles obtin-

(1) *Gregorius, etc., dilectis filiis prælatis et clero civitatis et diœcesis Virdunensis... Ad nostram pervenit audientiam quod venerabilis frater noster R. Virdunensis episcopus, pro ecclesiasticâ libertate murum se defensionis opponens,
propter guerram quam per biennium et ampliùs sustinuisse dinoscitur, pro eo
quòd cives sui à civitate ipsum, cum maximâ rerum parte, per violentiam expel-
lentes, domos ejusdem et vestras destruere, bona diripere, abbatiarum claustra
confringere, et, destructis earum ædificiis, per medium earum fossata nequiter
facere præsumpserunt... Cùm igitur vos omnes negotium pro quo idem episcopus
debita contraxit tangere dinoscitur, universitatem vestram rogamus, et vobis per
apostolica scripta præcipiendo mandamus quatenùs præfato episcopo competens
auxilium impendatis, liberaliter et benignè contribuentibus singulis juxtâ pro-
prias facultates..., et, cùm nolimus hoc imperfectum relinqui, venerabili fratri
nostro archiepiscopo Trevirensi dedimus in mandatis ut vos, per censuram ecclesiasticam, appellatione remotâ, compellat. Datum Perusii, tertio nonas novembris, pontificatûs nostri anno tertio.* 3 novembre 1250.

rent ensuite les chartes de 1227, pour légaliser et perpétuer leur nouveau gouvernement : et nous savons, par un
mot d'Albéric de Trois-Fontaines, que le comte Henri II,
réconcilié avec notre évêque, vint l'aider à mettre un
siége, ou une sorte de blocus devant Verdun (1). Ce fut sans
doute alors qu'on traça les fossés qui bouleversèrent les
moines : enfin la paix se rétablit dans le courant de 1228,
par les lettres royales que nous avons vues, et par les arrangements que fit en conséquence l'archevêque Thierry de
Wède, à sa seconde venue.

Rébellion
de Metz contre
J. d'Apremont.

Ce que disent les lettres du roi Henri du mauvais exemple de rébellion que se donnaient les unes aux autres les
villes de ce temps n'est malheureusement que trop véritable : car, en 1231, Jean d'Apremont, à Metz, eut avec ses
citains un si terrible démêlé qu'il fut obligé de s'enfuir,
avec son paraige de Port-Saillis, dont on bannit jusqu'au
dernier homme ; on lui brûla son village de Châtel-Saint-
Germain ; et on maltraita ses gens, surtout son clerc, auquel
on eut la barbarie de crever les yeux. La chronique messine
ne dit sur les causes de ce grand tumulte rien autre chose,
sinon qu'il fut l'œuvre « de l'ennemi qui jà ne dort, »
c'est-à-dire du diable. Jean demanda secours au duc de
Lorraine et au comte Henri II de Bar, qui vinrent en effet,
mais se tournèrent, presque sur le champ, du côté de ses
ennemis ; de sorte qu'il se vit réduit à aller chercher au
loin des comtes allemands. On vit alors ce qu'on ne revit
que trop dans la suite, combien peu on pouvait compter
sur les princes féodaux : ils venaient toujours quand on
les appelait, mais se mettaient tantôt d'un côté, tantôt de
l'autre, de manière à se créer, au milieu des discordes, un
grand pouvoir sur les villes et les évêchés. Après l'arrivée
des allemands, Jean d'Apremont et les Messins, se faisant
réciproquement peur, reçurent la médiation de Roger de
Mercy, évêque de Toul, où jusqu'alors on avait échappé

(1) Albéric, cité ci-dessus, p. 385, note 2.—Wassebourg transpose ici plusieurs événements de 1246.

aux troubles; et la réconciliation se fit en 1234, après trois ans d'une guerre qu'on appela, on ne sait pourquoi, guerre des Amis. Il n'est pas étonnant qu'en voyant de telles fermentations dans les cités, les princes de l'Empire aient commencé à s'inquiéter des Communes. On déclara à Worms, en 1231, que c'étaient des nouveautés contraires à l'ancien droit; et, l'année suivante, l'empereur Frédéric II publia son fameux décret *contrà communia civitatum* (1), qui fut publié chez nous, et que l'on mit précieusement aux archives épiscopales, à côté du diplôme de 1156 et de la sentence de 1215, tellement que notre évêque Hugues de Bar, à la diète de Metz en 1357, présenta ces trois pièces comme titres de son évêché, dont il demandait transcription et promulgation nouvelles. Après cette constitution de 1232, il ne fut plus douteux que toute Commune, établie sans concert avec l'évêque, ne fût illégale; et ceci put contribuer à pacifier nos agitations; mais elles recommencèrent pires encore, en 1246, après la mort de Raoul de Torote.

Raoul de Torote fut toute sa vie en embarras d'argent; et son histoire financière est déplorable à raconter. Dès son élection, il fut, comme nous l'avons vu, dénoncé par Malapète au pape Honoré III, pour les emprunts qu'il contractait; et il eut défense d'y mêler l'évêché; mais le mal était déjà grand; et il ne cessa de s'accroître. Rien toutefois n'en fut déclaré officiellement, du vivant d'Honoré III; mais, en 1229, Raoul étant enfin hors de procès, et en paix avec la Commune, ses créanciers le pressèrent de régler leurs

(1) *Hác nostrá edictali sanctione revocamus et cassamus in omni civitate vel oppido Alemanniæ communia consilia, magistros civium, etc., qui ab universitate civium, sine episcoporum beneplacito statuuntur. Irritamus et cassamus cujuslibet artificii confraternitates seu societates... Et, sicut temporibus retroactis ordinatio civitatum et bonorum quæ ab imperiali celsitudine conferuntur ad episcopos pertinebat, sic eamdem ad ipsos et eorum officiales* (oficiers) *ab eis specialiter institutos, perpetuò volumus permanere. Datum apud Portum Naonis, anno Domini 1252, mense maio.* Cartul. p. 170. L'expédition adressée à Trèves portait la date d'Aquilée (dans Hontheim, I. 711); d'autres exemplaires furent datés de Ravenne.

comptes. On vit alors que sa grosse dette était envers un
certain Juvénal Maneti, marchand romain, qu'il avait probablement rencontré aux foires de Champagne, et dont
peut-être il s'était servi comme de banquier à Rome. Le
compte fut arrêté à 1720 marcs esterlins, valant chacun 13
sous 4 deniers de cette monnaie sterling, ou 50 sous en
celle de Provins Champagne, de même valeur que les
tournois de France (1) : les sous de ce temps étaient d'argent; et on les appelait vulgairement des gros blancs. En
élusion des défenses du défunt pape Honoré, on mit, et on
affecta de répéter dans ce règlement, que l'emprunt avait
été contracté pour l'église et l'évêché, pour leurs besoins,
et pressantes et urgentes nécessités : ce qui mettait le paiement à leur charge; et il paraît que ces arrangements
furent, sinon approuvés, du moins connus de Grégoire IX,
qui, dans la suite, autorisa les Maneti, Juvénal et Jean son
fils, à poursuivre notre évêque. Il est bien probable que
ces usuriers vendirent cher leur argent, parce qu'ils couraient un certain risque de le perdre, si Raoul ne gagnait
son procès; et ils lui firent signer l'engagement de ne
jamais demander d'enquête (2). Nous voyons dans une

---

(1) *Radulfus Dei gratiâ Virdunensis episcopus... Cùm Juvenalis Maneti, civis
romanus, nos traxisset in causam coràm venerabili viro abbate Sancti-Martini
Trecensis, auctoritate sanctissimi patris ac domini Gregorii papæ noni, ut nos
compelleret ad satisfactionem de quâdam summâ pecuniæ quam ipse pro ecclesiâ
nostrâ, et utilitate ejusdem, et pro necessitatibus nobis et ecclesiæ nostræ et
episcopatui nostro imminentibus mutuo nobis concesserat, tempore bonæ memoriæ Honorii papæ, nos, attendentes quòd non erat nobis facultas competens ad
satisfaciendum, et diù cessaveramus in solutione, amicabiliter composuimus in
hunc modum...Promisimus solvere, de singulis nundinis in nundinas, anno revo-
luto, Barri, apud Barrum, tribus diebus antequàm clametur Hare! Hare! 344
marcas prædictorum sterlingorum computabilium, ad voluntatem dicti Juvenalis,
vel Provinienses, vel sterlingos, 13 solidis et quatuor denariis sterlingis, vel 50
solidis et sex denariis Pruviniensibus pro marcâ, etc., etc., 1229, mense aprili.*
Cartul. de l'évêché, n° 81, en *transsumptum* de 1267, donné au Chapitre *basi-
licæ principis apostolorum de Urbe.*

(2) *Renuntiavimus et renuntiamus exceptioni non numeratæ et non solutæ
pecuniæ* (les usuriers lui ayant sans doute fait souscrire une somme supérieure à celle qu'il leur prêtaient réellement); *nec dicemus prædictam summam non esse mutuo acceptam pro utilitate et necessitate ecclesiæ nostræ et*

bulle de Grégoire IX, de la fin de 1234, que l'évêque avait encore d'autres créanciers italiens, marchands de Sienne et de Florence ; enfin on lit dans un bref d'Alexandre IV à notre évêque Jacques de Troyes, en 1255, que les dettes de l'évêché s'étaient élevées à plus de vingt mille livres tournois. Tel était le misérable état des choses que tous les biens, soit patrimoniaux, soit ecclésiastiques de Raoul étaient censés en gage aux mains des Maneti, lesquels voulaient bien, jusqu'à parfait paiement, lui en laisser le précaire (1) : de sorte qu'à son protocole d'évêque par la grâce de Dieu, il aurait pu ajouter, du moins pour sa mense, ces mots : et par la patience de mes créanciers. On lui accorda cinq termes annuels de paiement, à la foire de Champagne de Bar-sur-Aube, trois jours avant le cri de *Hare! Hare!* qui annonçait la fin de la foire : et il fut dit qu'en cas de difficultés, on s'en rapporterait à l'abbé de Saint-Martin de Troyes, qui dut plus d'une fois accorder des délais; car la dette n'était pas encore éteinte en 1267. A l'un des premiers termes, le terrible cri de *Hare! Hare!* se faisant déjà entendre, le maire et la communauté de Bar-sur-Aube prêtèrent de l'argent sur la caution du comte Henri de Bar-le-Duc, que notre évêque s'empressa du reste de dégager (2). Une autre fois, il fut obligé de donner à Rome caution juratoire aux Maneti, qui l'avaient fait excommunier (3). L'évêché ne se tira complètement de ce

episcopatùs nostri..., nec impetrabimus quòd inquisitio fiat. Même acte de 1229. — Mercatores itali propter usuras famosi, dit Du Cange, au mot Caorcini.

(1) Præsentia et futura, mobilia et immobilia, ecclesiastica et mundana, habita et habenda ad nos et episcopatum nostrum quoquo modo pertinentia, quæ, utpotè pignora prædictorum creditorum, nobis dictus Juvenal precariò concessit, nomine ipsius et hæredum suorum, tempore istius contractûs, tenenda. Même acte.

(2) Ego Henricus, comes Barri... Dominus meus Radulfus gratum meum fecit, et me penitùs acquittavit de plegeriâ quam feci pro ipso ergà Majorem et communitatem Barrensem, et lombardos..., 1235, mense octobri.

(3) Gregorius, etc. Undè cùm venerabilis frater noster Virdunensis episcopus, ad instantiam quorumdam mercatorum Romanorum, Senensium, Florentinorum, per diversas commissiones impetratas à nobis, fuisset à diversis judicibus vinculo excommunicationis adstrictus, ei, propter hoc, ad nostram præsentiam acce-

gouffre que par l'excellente administration de Robert de Milan, de 1255 à 1270. On voit à ce qui précède combien étaient fréquentées ces célèbres foires de Champagne, dont on parle encore en proverbe. C'est à elles que la monnaie Provins, tant de fois mentionnée dans nos actes de ce temps, dut son cours général en Europe. Elles se tenaient à Troyes, à Provins, et à Bar-sur-Aube, en quartiers pour les différentes nations : les marchands de Verdun y allaient; et il y eut, à la foire Saint-Jean de Troyes, en 1274, règlement entre eux et d'autres commerçants par les gardes de Champagne (1). On lit, sur quelques billets, promesse de s'acquitter « dedans le paiement de Bar-sor-Aube, prochiennement venant. » Toutes sortes de monnaies couraient en ces grandes réunions : on pouvait y compter en « estrelins, » comme le prouve l'engagement de Raoul de Torote. Cette monnaie sterling, dont le sou en valait quatre de Provins, n'est pas souvent mentionnée en nos pays : cependant on l'y connaissait, car les « eschellins » sont au nombre des pièces que l'évêque de Toul Thomas de Bourlémont, permit, en 1345, à son monnayeur de contrefaire. Quant à la monnaie de Verdun, son atelier chômait au XIIIᵉ siècle, ou se bornait à frapper des Provins : du moins on trouve à peine trace de monnayage épiscopal chez nous, en ce temps. On cite une petite pièce d'argent : I. EP. au revers V. CLO. *(Urbs Clavorum)*, qui pourrait bien être un Jean d'Apremont; et on nous a montré un *Rodulfus*, sans indication lisible, ayant au revers une croix cantonnée de deux étoiles et deux croissants. Ajoutons la mention de deniers de la monnaie de Verdun, dans une charte de 1238 (2).

denti..., et cautionem juratoriam exhibenti, fecimus absolutionem impendi..., et dimittet pro se procuratorem idoneum. Datum Laterani, x kal. januarii, pontificatus nostri anno septimo.

(1) Mention dans l'Inventaire de la Ville.

(2) *Et pro dictà terrà persolvent Capitulo annuatim francarium unum frumenti, et duo denarios Virdunensis monetæ.* Cartul. p. 55 verso. — Mory d'Elvange a cité un Albert d'argent, évêque en pied, vu de face : au revers

Il y eut, en ces années, des guerres où les Lorrains, les Barisiens et les Champenois, après s'être dévastés de part et d'autre, et avoir brûlé plus de 70 villages, s'accusèrent réciproquement de perfidie. Suivant Louis de Haraucourt, le comte de Bar entretenait chez ses ennemis un médecin espion, nommé Bechet, qui « à tout l'an une fois, guérissoit ses benoists maistres, et à tout l'an, une fois aussi, vendoit leurs affaires, par déloyauté et traistrerie. » Il ajoute que ce perfide comte Henri, quand il marcha avec le duc Mathieu contre Metz, au secours de Jean d'Apremont, reçut de l'argent des Messins, non-seulement pour se retirer, mais encore pour aller attaquer Neufchâteau en Lorraine : ce qui força le duc à rebrousser lui-même chemin. Ce sont peut-être là des imputations, ou inventées, ou du moins exagérées par rivalités de pays : cependant il existe dans nos chartes quelques traces de manœuvres peu loyales qui se rapportent à ce temps et à ce prince, et qui nous permettent d'entrevoir comment on s'y prit pour enlever Dun à notre évêché. La scène se joua en 1235; les acteurs en furent le comte Henri et Gobert d'Apremont : et on la voit dans les documents de Briey rapprochés de ceux de Verdun de cette année. Au mois d'avril, le comte, en sa châtellenie de Briey, accorda des fiefs à Gobert, à condition qu'il serait son homme lige « avant tous autres (1), » c'est-à-dire même avant l'évêque de Metz, qui avait mis pareille clause d'hommage « avant tous autres » dans son inféodation d'Apremont, après arrangements, que nous avons rapportés ailleurs, avec l'évêque de Verdun, auquel les Gobert

Félonie
de Gobert
d'Apremont
à Dun.

une église, et les lettres restées visibles VNI, qu'il interprète *Virduni*. Cela est douteux.

(1) Cette charte est citée dans la Généalogie de Briey, par Lainé, p. 31. Outre l'hommage lige avant tous autres, elle porte que les Gobert feront, toutes les fois qu'ils en seront requis, garde d'un an et jour au château de Briey. Comme Briey est fort près de Metz, il était bien difficile, au milieu des discordes, que le service « avant tous autres » dû à l'évêque de Metz pour Apremont, subsistât avec celui, également avant tous autres, du comte de Bar pour les fiefs de Briey.

devaient leur plus ancien hommage pour Dun (1). On ne sait si l'évêque Jean de Metz réclama, ou s'il ferma les yeux pour l'agrandissement de son frère et de sa famille; mais, à Verdun, Raoul de Torote se montra surpris et fort mécontent d'apprendre, au mois de juin suivant, que les Apremont avaient fait hommage de Dun au comte Henri, comme s'ils eussent tenu ce fief du Barrois. Gobert fut cité aux Grands-Jours, où il nia avoir jamais rien commis de pareil; et on lui fit donner charte, de son sceau, que, sauf les conventions reconnues avec l'évêché de Metz, il n'était lige de personne avant l'évêque de Verdun (2); mais il ne disait pas toute la vérité : car l'hommage qu'il n'avait pas rendu en personne, il l'avait fait rendre par son fils aîné Joffroy. Raoul le sut; et Joffroy s'excusa sur ce que son père, usant de menaces et même de coups, l'avait contraint à cette félonie : alors l'évêque exigea acte de ces violences, qui annulaient l'hommage; et Gobert fut obligé de confesser encore, à son déshonneur, qu'une certaine charte qu'on faisait valoir n'était qu'un sceau en blanc, qu'il avait extorqué à sa femme, et fait ensuite remplir de tout ce qu'il avait voulu, sans qu'elle sut ce qu'on écrivait (3). Tel était alors

(1) V. ci-dessus, tom. i. p. 598.

(2) *Gobertus, dominus Asperimontis et Duni... Cum venerabilis dominus et consanguineus meus R., Virdunensis episcopus, conquereretur de me, pro eo quòd dictum fuit sibi quòd receperam Dunum castrum meum à comite Barrensi in feudum et homagium legium, et quòd feceram dicto comiti homagium legium, salvâ tantummodò legietate domini Metensis episcopi : super quibus dicebat prædictus Virdunensis episcopus me sibi injuriari. Universis notum facio quòd ego in præsentiâ plurium confessus sum me non fecisse hæc quæ dicebat : imò confiteor, sicut à fidelibus meis intellexi, quòd magis teneor et astringor homagio et servitio, prædicto Virdunensi episcopo quantùm alio, exceptâ legietate domini Metensis. In cujus rei testimonium, sigillum meum præsentibus litteris est appensum. Datum anno Domini* m°cc° *tricesimo quinto, mense Junio.* Cart. de l'évêché, n° 98.

(3) *G. dominus Asperimontis et Duni... Cum ego Joffridum filium meum, pro metu, minis et verberibus ad hoc compulerim quòd receperit Dunum castrum meum à comite Barri in feodum et homagium legium, et quòd sibi fecerit legietatem post dominum Metensem. Universis notum facio quòd idem Joffridus, filius meus, hoc fecit coactus, et ad id faciendum, quamvis se nolente, à me minis et verberibus sit compulsus. Coëgi etiàm matrem suam, uxorem meam ad hoc quòd concessit mihi unum pergamenum (parchemin), sine scripturâ, sigillo suo sigillatum, in quo feci scribi et poni ipse quidquid volui, ipsâ ignorante. In cujus rei*

Gobert, que les moines de Villers en Brabant surnommè-
rent, plus tard, le Bienheureux, parce que, vers 1240, il se
retira en leur monastère, où il vécut saintement jusqu'en
1263. On voit dans les Bollandistes la gravure de son beau
mausolée gothique en marbre blanc (1) : et il est dit, dans
sa Vie, qu'il alla à la croisade de Terre-Sainte, en 1228, avec
l'empereur Frédéric, contre lequel il prit, peu après l'arrivée, parti pour les Templiers et les Hospitaliers, dans les
dissensions qui firent échouer cette croisade, avec imputations réciproques de trahison.

La féodalité de notre pays s'enrichit, en ce temps, d'une   Luxembourg-
Ligny.
nouvelle maison princière, celle des Luxembourg-Ligny,
qui devint, dans les siècles suivants, des plus illustres en
France. Elle fut fondée en 1231, par le mariage de Henri II
de Luxembourg avec Marguerite de Bar, à laquelle on donna en dot Ligny : châtellenie que le Barrois avait acquise,
il y avait à peu près un siècle, par le mariage de Renauld II
avec Agnès de Champagne, et pour laquelle il devait hommage. Le comte de Bar Henri II se crut sans doute dégagé
de cet hommage par les hostilités de 1229 et 1230, de sorte
qu'il mit dans le contrat de sa fille Marguerite qu'il s'engageait à faire tenir Ligny à son gendre de Luxembourg en
franc aleu, sans hommage, ni service à personne (2). Cette

_testimonium, sigillum meum præsentibus litteris est appensum. Datum anno
Domini_ 1235. Cartul. de l'évêché, n° 97. — La Chambre royale de Metz, de
1680, n'ignorait pas ces choses, qu'elle voyait tout au long dans notre cartulaire; mais elle n'en dit rien, parce que Dun avait été donné au prince
de Condé.

(1) Août, tom. IV. p. 377. Ils disent, d'après leur auteur, que ce Gobert
ne fut point marié, et que la famille fut continuée par un de ses cousins;
mais les chartes que nous venons de citer prouvent qu'ils se trompent. La
Vie fut écrite par les moines, qui n'avaient vu Gobert que dans leur abbaye
de Brabant.

(2) _Terram verò supradictam, eidem Henrico (Luccmburgensi) debeo ego Henricus comes Barrensis facere tenere liberè, sicut allodium proprium, et sine servitio propter hoc alicui impendendo._ Dans les Preuves de Calmet, II. 445,
1re édit. — _Sicut allodium proprium, et sine servitio alicui propter hoc impen-
dendo: ipse verò filius meus, vel hæredes sui, illam de aliquo reaccipere in feodum
non possunt,_ dit Ermesinde, dans Berthollet, Preuves, tom. IV. p. LVIII. Les
deux actes disent que la châtellenie de Ligny est d'un revenu de 700 livres,

clause n'avait pour but que d'exclure la Champagne; et il y avait en faveur de Bar un sous-entendu, que nous allons bientôt voir percer. Six ou sept ans après cet acte de 1231, le comte Henri, réconcilié avec tout le monde, partit pour la Terre-Sainte, d'où il ne revint pas : alors, en juin 1240, la comtesse veuve de Bar Philippine de Dreux, qu'on n'avait pas fait paraître au contrat de Marguerite, en 1231, afin peut-être qu'elle eût quelque chose à dire dans la suite, refit la constitution de dot, dans les mêmes termes que son défunt mari, sauf qu'elle parla français : et, traduisant en cette langue la clause : *in alodium proprium, sine servitio, nec feodo,* elle mit que « messire Henri, le comte de Lucembourg, ne peut cette terre repenre d'autre (que de la comté de Bar), ne mettre en autrui main : et, se il avenoit que Marguerite, ma fille, morit sans hoir de son corps, ou li hoir de son corps sans hoir, d'hoir en hoir, Liney et les appendices revenront au signoùr de Bar (1). » Mais Henri de Luxembourg n'entendait plus les choses ainsi; et il se brouilla avec sa famille de Bar, tellement que, dès le mois d'août suivant 1240, le nouveau comte Thibauld II, faisant à son avénement traité de paix et d'amitié avec l'évêque de Verdun, déclara « qu'il ne prendroit pas à occasion (qu'il ne se fâcherait pas) si monsignor et mon cousin Raol, par la grâce de Deu évesque de Verdun, ne veut tenir cette paix à la terre de Liney, que messire Henri de Lucembourg tient de par ma soroùr Marguerite, sa femme; et n'est mie ledit évesque tenu de warder cette paix envers ledit monsignor Henri (2). » Comme Raoul de Torote ne songeait nullement à méfaire ni à Luxembourg ni à Ligny, c'étaient pour lui des paroles superflues; mais il était averti que, s'il méfaisait, le comte Thibault ne lui en saurait pas mauvais gré. Alors

que le comte Bar garantit : c'était donc alors un revenu considéré comme suffisant pour la dot d'une princesse.

(1) Calmet, Preuves, ibid. 457. Plus complétement dans Berthollet, tom. v. Preuves, p. xiv.

(2) Dans les Preuves de Roussel, p. 14.

Henri de Luxembourg, irrité de son côté, alla, en septembre 1242, au mépris et en flagrante violation de l'interprétation française de Philippine sur le contrat de Marguerite, faire reprise de Ligny au roi de Navarre, Thibault IV de Champagne, en hommage lige, jurable et rendable à perpétuité par tous les successeurs. C'était là, pour la maison de Bar, une des pires choses qui pussent arriver : car, pour résultat de toutes les manœuvres tortueuses faites jusqu'à ce jour, elle voyait Luxembourg, appuyé sur la Champagne, s'établir en ennemi dans une de ses plus belles châtellenies, presque aux portes de son chef-lieu. Cette situation étant intolérable, il s'ensuivit une très-longue guerre, dont heureusement les incidents ne sont pas de notre sujet : enfin, pour base d'arrangement, il fut adopté en 1262, et exécuté ensuite, que, Marguerite gardant Ligny sa vie durant, on y établirait après elle pour seigneur, non son fils aîné, héritier de Luxembourg (ce qui eut établi le comte de Luxembourg lui-même au cœur du Barrois), mais son puîné Waléran, lequel ferait hommage à Bar, et Bar lui-même à Luxembourg, sans que jamais ce dernier pays pût posséder directement Ligny, même par réversion, si la lignée de Waleran s'éteignait. En ce cas, et afin que Bar ne pût non plus absorber cette litigieuse châtellenie, il fut dit que Luxembourg y enverrait provisoirement un de ses chevaliers, jusqu'à ce qu'il pût y mettre un puîné, ou une fille à marier, pour recommencer une nouvelle race de Luxembourg-Ligny (1). Cette éventualité ne se réalisa pas;

(1) « Et, se il avenoit, par aventure, que Linei et la comtei de Lucembourg escheit (échéait) sous un seul sire, ainsi que uns (comme un seul pays), par défaut d'hoir mâle, qu'il n'y en eût que un, (s'il n'y avait qu'un héritier mâle pour les deux branches), nous Thibault, cuens de Bar, tenriens dou comte de Lucembourg Linei, comme est dessus dit; et li cuens de Lucembourg nous en livreroit à homme un chevalier gentilhomme, jusques à temps qu'il y auroit plusieurs hoirs mâles, dont li un seroit sire de Linei... : et teilles convenances seroient des filles comme des fils. *Convention de* 1262, dans Berthollet, Preuves, tom. v. p. LIV. — Cette convention ne mit pas fin à la guerre, parce que Luxembourg continua à faire hommage à la Champagne. En 1266, le comte Thibault prit et brûla Ligny, puis fit

car la branche cadette de Luxembourg survécut à son aînée, et aussi à la maison de Bar. Le second Waleran-Ligny devint, par mariage, châtelain de Lille en Flandre; son fils Guy fut, par mariage aussi, comte de Saint-Paul (1); et, en sa faveur, le roi Charles V érigea Ligny en comté, en 1367. Après lui vinrent Waleran-Saint-Paul, connétable de France, gouverneur de Paris pour Bourgogne contre Armagnac, en 1410; puis Louis Saint-Paul, aussi connétable, qui fut décapité en place de Grève, l'an 1475. La maison fut continuée par des puînés, qui se titrèrent Luxembourg-Brienne, et Luxembourg-Piney: ce fut l'un des Brienne qui défendit Ligny contre Charles-Quint, en 1544. En 1628, la descendance masculine étant éteinte, l'héritière porta son nom et ses biens à l'un des Luyne, dits les Trois-Rois, favoris de Louis XIII; et le fils de ce Luyne se démit en faveur de sa sœur utérine, laquelle épousa François-Henri de Montmorency-Bouteville, le fameux maréchal de Luxembourg qui, comme on le voit, n'était pas de l'ancienne famille. De l'un de ses héritiers, le duc Léopold acheta Ligny et la prévôté de Saulx, par devant notaires du Châtelet de Paris, le 6 novembre 1719, moyennant deux millions 400 mille livres. Comme on ne savait pas la Lorraine si près de sa fin, on s'y félicita de voir ainsi réparée, bien qu'à très-haut prix d'argent, la faute du comte Henri en 1231, faute qui avait produit quantité d'embarras et de procès, menaçant, dit un lorrain des derniers temps, de se perpétuer dans les siècles des siècles, sans la réunion de ce domaine faite par Léopold, de glorieuse mémoire.—On n'a pas de renseignements sur Ligny pendant le haut moyen-âge : le *Lineium* de nos cartulaires paraît être Liny devant Dun. Il reste de l'ancien château une fort belle tour (2), où l'on montre la chambre dans laquelle naquit le

prisonnier le comte de Luxembourg; en 1268, arbitrage de saint Louis. V. les histoires de Lorraine.

(1) Comté de la mouvance de Flandre, situé entre l'Artois et la Picardie.

(2) Vue de cette tour, dans le Magasin pittoresque, 1858, p. 20. Il est dit,

saint cardinal Pierre de Luxembourg, qui fut évêque de Metz, à la fin du XIVe siècle. Une collégiale, qui exista jusqu'à la Révolution, avait été fondée dans la chapelle castrale, vers 1190, par Agnès de Champagne; et il y a, dans l'église paroissiale, une fameuse image dite Notre-Dame-des-Vertus, peinte, suivant la légende, par saint Luc l'évangéliste; d'autres disent par Santo-Luca, artiste italien contemporain de Cimabue. On ajoute que cette relique provient du pape Urbain IV, ancien évêque de Verdun, qui la donna à Charles d'Anjou, frère de saint Louis, lors de l'expédition de Sicile; et qu'elle revint de ce pays par des envoyés du roi René, dont l'un étant devenu gouverneur des enfants de Louis Saint-Paul, le connétable décapité, la donna à la collégiale de Ligny, en 1459.

Entre les années 1235 et 1240, fut construit Montmédy, la seule de nos villes qui ait l'histoire de sa fondation et la date précise de sa naissance. Arnoul III de Los et Chiny, gendre du comte Louis IV, et son successeur en 1226, érigea cette forteresse, meilleure que l'ancien Chiny, et mieux placée pour se maintenir entre Luxembourg et Bar, qui devenaient de plus en plus les grandes puissances du pays. Dans les dernières années du XIIe siècle, Thibault Ier de Bar étant mari d'Ermesinde, Chiny, jusqu'alors indépendant, entra dans la féodalité barroise, peut-être par suite de ce mariage, ou par arrangements faits lorsque Thibault retira l'héritage de sa femme des mains d'Othon de Bourgogne (1); et il est possible qu'à ces circonstances se ratta-

Fondation
de Montmédy.

dans l'article explicatif, que le style de l'architecture indique, pour le rez-de-chaussée et le premier étage de la tour, la seconde moitié du XIIIe siècle, et que les étages supérieurs ont été reconstruits, au XVIe. En conséquence, l'auteur de cet article révoque en doute la date de 1191, écrite sur une nervure des voûtes.

(1) Ci-dessus, p. 334.—Le premier hommage que l'on cite de Chiny à Bar est celui du comte Louis IV, daté d'octobre 1204. Louis dit dans cet acte qu'il reprend, en hommage lige, le château de Chiny, « avec les autres fiefs que son père a tenus. » (Arrêt de la Ch. royale de Metz, du 21 avril 1681). Si ces paroles ne furent point mises pour donner à l'hommage une couleur d'ancienneté, il s'ensuivrait que le premier hommage dut être rendu par le

che aussi l'acquisition de Marville. Quoi qu'il en soit, Chiny et Bar tenaient l'un et l'autre à leurs nouvelles relations, le premier de peur d'être absorbé par Luxembourg, le second pour avoir bonne position sur cette frontière : en outre le comte Louis, qui n'avait pas d'enfant mâle, craignait, du côté luxembourgeois, quelque difficulté, à l'ouverture de sa succession. Arnoul III, et sa femme Jeanne, s'empressèrent donc, dès leur avénement, de renouveler, en la meilleure forme possible, l'hommage de leur père Louis au comté de Bar; mais ils ne voulaient pas non plus tomber en complète vassalité barroise; et, comme on leur avait fait dire, dans leur formule d'hommage, que le château de Chiny serait rendable à Bar en tous besoins, à grande et à petite force, par hommage lige, jurable, et dû non-seulement par eux, mais par tous les chevaliers et habitants de la châtellenie (1), ils résolurent de créer dans leur comté un château et un bourg tout à fait neufs, et hors d'un tel assujettissement. On prétend que ce fut un hasard de chasse qui conduisit le comte Arnoul au rocher de Montmédy : mais il n'était pas besoin d'un tel incident pour qu'il remarquât la forte position de ce lieu. Au mois de juin 1239, l'enceinte étant déjà construite, il jura publiquement, et écrivit en charte que la nouvelle ville aurait pour statut perpétuel, fondamental et irrévocable la loi et franchise de Beaumont, qui était la liberté des campagnes, comme les Communes étaient celle des cités. Déjà nous avons vu le comte Thibault Ier se servir de cette loi pour accroître Marville, et les Marvillois se révolter, quand on voulut la leur reprendre : elle changeait tellement la condition des lieux auxquels on

comte Louis III, le Jérosolymitain qui, en 1189, partit avec Frédéric Barberousse pour la croisade, de laquelle il ne revint pas, (v. ci-dessus, p. 312). Cette date de 1189 conduit à l'époque du mariage de Thibauld et d'Ermesinde : v. la charte citée ci-dessus, tom. i. p. 332, note 2.

(1) Termes des actes d'hommage d'octobre et de décembre 1227, et d'avril 1228, dont on trouve l'extrait dans l'arrêt déjà cité de la Chambre royale de Metz. Cette prestation de trois hommages, à si peu d'intervalle, indique qu'on tenait beaucoup à constater cette féodalité.

l'accordait qu'on appelait, en style de charte, ces lieux les
« neuves villes (1). » Aux franchises communes de Beaumont, le comte Arnoul ajouta des concessions de terres à quiconque, dans un délai qu'il fixa, ferait preuve d'intention
sérieuse de vouloir habiter et construire domicile en son
nouveau bourg : au quartier bas, une masure, ou place à
bâtir, avec jardin, et part aux bois et aisances ; aux habitants du quartier haut, c'est-à-dire à ceux qui construi-
raient dans la forte enceinte elle-même, où il tenait surtout
à établir de bons défenseurs, douze jours de terre, et une
fauchée de pré ; et, de peur qu'ils ne s'effrayassent d'être
au *castrum*, comme si cette résidence les eût astreints à
toutes les levées de ban, il leur fut promis qu'ils seraient
uniquement troupe de défense, et n'iraient point, malgré
eux, aux expéditions lointaines. Suivent des articles de
précaution, pour le cas où les franchises de Montmédy atti-
rant les serfs du voisinage, il y aurait plaintes et réclamations de leurs seigneurs. « Je jure, dit le comte, que je ne
retiendrai aucun homme de mes feudataires, à quelque
titre qu'il leur ait appartenu, le jour de son départ : je par-
donne et promets sûreté à mes propres forfuyants si, dans
l'an et jour du serment que je fais aujourd'hui, ils revien-
nent se fixer en mon bourg : quant aux autres émigrants,
de quelque part qu'ils viennent, soit d'une neuve ville (village affranchi), soit d'une ancienne (2), mes bourgeois ne
les garderont pas sans mon consentement. » Par cette
exception, le comte se réservait pouvoir d'annuler les bourgeoisies des hommes que revendiqueraient leurs seigneurs ;

(1) *Ego Arnulfus, comes de Los et de Chinei... Cùm novam villam apud Mont-
medy, de consilio amicorum et fidelium meorum, mihi placuerit construere, de
eâdem villâ ad legem et consuetudinem Bellimontis manutenendâ et conservandâ,
corporaliter præstiti juramentum, salvo in omnibus jure ecclesiastico,* etc.

(2) *De aliis verò, undecumque venissent vel fuissent, sive de novâ villâ, sive
de veteri, etc.* M. Chabaud, dans son Mémoire ms. sur Montmédy, entend par
nova villa, Médy haut, que le comte venait de construire, la *villa vetus* étant,
suivant lui, Médy bas, qui aurait existé plus anciennement. Cela est possible : mais le texte ne peut être ainsi restreint : autrement, que signifie-
raient les mots *undecumque venissent, vel fuissent?*

mais ceux-ci ne réclamaient pas toujours; et souvent ils ignoraient où étaient allés leurs déserteurs : de sorte que, de peur qu'on ne leur soutirât leurs sujets, ils se virent eux-mêmes obligés de leur donner la loi de Beaumont; et ce fut ainsi qu'elle pénétra bientôt partout. Enfin il fut dit, et c'était l'article décisif qui créait, en droit, chef-lieu nouveau, que tous les bourgeois des neuves villes (affranchies) de Chiny iraient désormais prendre jugement, non plus à Beaumont, mais à Montmédy, du villicus et des échevins, sauf à ceux-ci à aller, en cas douteux, consulter à Beaumont même, où était « l'arche, » c'est-à-dire l'archive de la loi. Cette charte est datée du mercredi avant la saint Jean-Baptiste 1239 (1). Dans les années suivantes, beaucoup de nouveaux affranchissements furent accordés aux villages de ce pays (2); et, en 1301, l'antique lieu de Chiny reçut de beaux privilèges, qui retardèrent sa décadence : c'étaient des exemptions de terrage, tailles et corvées, des foires et des marchés francs, et même permission aux bourgeois de chasser dans toute la forêt du prince, à condition de lui porter, en sa salle de Chiny, « la droite épaule » de toute bête qu'ils tueraient (3). La mouvance exclusive du Barrois sur ce petit comté subsista jusqu'à l'époque du XIVe siècle où Luxembourg et Bar se mirent d'accord pour

(1) Elle n'existe plus qu'en copie, vidimée (avec beaucoup de fautes de latin), le 16 juillet 1564. Le dernier article porte fixation des mesures. Pour le vin, on prendra celle de Beaumont; pour le blé, celle de La-Ferté; et l'argent du revenu se comptera en parisis : *et universi redditus villæ sunt ad parisienses.* Il faut probablement lire *pruvinienses*, provins : car on ne trouve point alors mention de parisis en nos chartes.

(2) Avioth, dès 1225, Breux 1258. Thonne-le-Til, avec Belnau (cense) et Thonnelle 1244. Blagny 1244, Gérouville 1258, Virton 1270, Signy, Vaux, Mont-Limbert 1275, Herbeuvaux 1566. Mention de ces chartes, dans l'arrêt cité de la Chambre royale de Metz.

(3) Charte dans les Preuves de Berthollet, tom. v. p. LXXXIV. « Et ordonnons à nos officiers de tenir toutes journées et outrées, (adjudications) de prince en notre ville et chasteau de Chiny. Et ordonnons à tous nos maires, par toute notre prévosté de Chiny, qu'ils apportent toutes oppositions et droits appointés devant la justice de nosdits bourgeois, qui est du siège dudit Chiny. » Ceci prouve que la prévôté, ou châtellenie de l'ancien chef-lieu ne fut pas mise dans le ressort du nouveau.

l'oppression de leurs voisins de Metz, Verdun, et d'ailleurs : en 1343, ils éteignirent leurs litiges de Chiny en s'associant par moitié dans cette suzeraineté (1) ; puis, la famille des comtes s'éteignant, Luxembourg acheta, en 1364, les droits du dernier titulaire : de sorte que, sauf un hommage de pure forme, ce pays fut tout luxembourgeois ; et c'est ainsi que nous le retrouverons quand il reparaîtra dans notre histoire, vers le commencement du xv⁰ siècle. Cet ancien comté s'étendait sur une longueur d'environ huit lieues, de Virton à Beaumont en Argonne.

De l'histoire féodale nous revenons à celle de la ville. La grande affaire était toujours la liberté communale : on se trouvait fort déconcerté du mauvais succès de l'entreprise de 1227 ; et la sentence impériale de 1215 avait repris toute vigueur, surtout depuis le fameux décret général de 1232 *contrà communia civitatum,* qui en avait érigé les principes en règles de droit commun. Dans un pareil état de choses, il était clair que rien de stable, ni de légal, ne pouvait se fonder hors de la reconnaissance du haut domaine de l'évêché ; et ainsi s'organisait à Metz la juridiction des Treize, où les jurés recevaient annuellement une institution épiscopale. Ce modèle semblait fort à portée : cependant, au lieu de le prendre, Raoul de Torote accorda, en 1236, des lettres d'indépendance pour dix ans ; mais ce fut probablement malgré lui, et par le malheur de ses détresses de dettes criardes envers les Maneti, et autres usuriers. En ces urgences, on lui proposa, ou peut-être proposa-t-il lui-même, de laisser purement et simplement à la Commune, pour ce terme de dix années, et moyennant argent comptant, l'exercice et jouissance de la vicomté, c'est-à-dire de la justice et du gouvernement qu'on exerçait en ville au nom de l'évêque, à l'ancienne sous-avouerie. Il accepta, pour mille livres de Champagne, fortes, ou en sous de quinze deniers : ce qui indique, dans l'évaluation, qu'on

Suite des affaires de la Commune.

(1) Charte dans les mêmes Preuves, tom. vi. p. lviii. Acte de vente à Luxembourg, *ibid.* p. lxxxviii.

Premier
engagement
de la
vicomté.

dut faire alors du revenu dit, issue de la vicomté, une somme annuelle de cent livres, au moins; et il laissa, en outre, tout ce qu'il tirait de la sous-doyenné du Palais; mais ceci à condition qu'on le tiendrait quitte de toute demande d'aide pour les fortifications. C'est là le premier des traités que nos auteurs appellent engagements, ou engagières de la vicomté : traités qui constituèrent la Commune, en lui transférant, bien qu'à simple titre de délégation, tous les pouvoirs que l'évêché donnait auparavant à ses vicomtes. Wassebourg ajoute que les mille livres furent payées par les chefs des trois lignages, lesquels auraient acheté ainsi, pour eux et leurs descendants, droit exclusif de tenir les charges municipales : mais ceci n'est qu'un dire, d'autant moins probable qu'un traité limité à dix ans ne pouvait créer en faveur de personne des droits héréditaires à perpétuité (1). La Commune promit, par lettres réversales, qu'au bout des dix ans, elle rapporterait sa nouvelle charte, à annuler et lacérer devant témoins. Ce terme arriva en 1246, où la grande victoire de Guy de Melle força les Communaux à exécuter cette clause à la rigueur : de sorte que nous n'avons plus le texte de l'acte de 1236, dont il ne reste trace que dans les lettres réversales dont nous venons de parler, et dans la mention suivante, à l'Inventaire de l'évêché :

« Lettres, sur parchemin, d'engagement de la vicomté de Verdun, par Raoul évesque, à la communauté dudit Verdun, moyennant mille livres de forts de Champaigne (2) : ledit Raoul donnant à ladite

(1) Wassebourg, p. 362, verso. Il ignorait que le traité de Raoul de Torote avec la Commune ne fût que pour dix ans : car il dit que cet engagement devait durer jusqu'à ce que cet évêque, ou ses successeurs, pussent racheter leur vicomté, c'est-à-dire indéfiniment. Ceci prouve bien qu'il fait là de l'histoire conjecturale. « Et, ajoute-t-il, lesdits lignaiges, qui encore durent en Verdun, prinrent de là premièrement autorité, et commencèrent à porter armes de noblesse et escussons, pour estre connus d'entre les autres, et avoir meilleure occasion d'exercer les actes de noblesse de ladite vicomté. » Ce sont là évidemment des fables lignagères : car alors les vicomtés n'étaient pas titres nobiliaires : v. ci-dessus, tom. i. p. 424.

(2) Wassebourg, *ibid.*, met deux mille livres; et tous nos auteurs le

communauté les profits de la petite doyenné, pour la Fermeté de la ville. De l'an 1236.

« *Litterœ quòd communitas tenetur reddere omnes litteras quas habet ab episcopo Radulfo.* Li universitei des citains de Verdun, à tos cels qui ces lettres verront et oiront, salus. Nos vous faisons à savoir que les lettres l'évesque de Verdun, notre signor, que nos avons de son serment, que nous dovons les apporter à la fin des deix ans qu'en ces lettres l'évesque sont nommeis, devant le doien de la grant église de Verdun; et ce les dovons despeicer (mettre en pièces) : et avec le doien doient adonc estre deu chanones. Ces lettres furent faites quand li miliaires corroit par mil et cc et trente seix ans, le jor de clusc Pasques. » (Pàque close, dimanche de Quasimodo).

Pour cette nouvelle Commune, et afin qu'elle eût à sa tête un dignitaire nouveau, on créa le maître échevin, personnage jusqu'alors inconnu à Verdun, et dont il n'avait été nullement parlé dans le projet communal avorté en 1227. On appelait ainsi à Metz et à Toul l'échevin premier du Palais de la cité : à Verdun, c'était le doyen; ces trois dignitaires tenaient dans les trois villes premier rang civil; et leurs fonctions étaient à vie, comme celles des échevins municipaux qu'ils présidaient. Vers la fin du XIIᵉ siècle, tous les évêchés cherchant à s'affranchir des avoueries, l'évêque Bertram de Metz entreprit de se servir du maître échevin pour annuler, autant que possible, le voué urbain, celui qu'on appelait à Verdun le vicomte; mais, de peur que ce maître échevin ne devînt à son tour une puissance hostile et embarrassante à l'église, Bertram donna, en 1180, une charte fameuse, où il fut dit qu'attendu la triste expérience des abus commis au préjudice de l'église, des pauvres, et de toute la terre de Metz par les maîtres échevins perpétuels; attendu, d'autre part, l'expé-

Création du maître échevin.

---

répétent. Ils ont probablement pris ce chiffre dans l'acte du second engagement, qui répéta le premier, en 1247 : mais ce second engagement ayant été fait pour une durée indéfinie, au minimum de douze ans, on put y mettre une somme plus forte que dans le premier. Les lettres réversales, au Cartul. de l'évêché, nº 37.

rience non moins triste des débats électoraux qu'on soulevait dans les assemblées communes du peuple et du clergé,
l'évêque, de l'avis de gens prudents, clercs, chevaliers, et
citains, décidait qu'à l'avenir, la maitrise échevinale, dite
magisterium scabinatùs, serait rendue annuelle, et mise à
l'élection du princier, de l'abbé de Gorze et des quatre
abbés bénédictins de Metz; enfin que l'élu, dès son élection, se présenterait à l'évêché, pour faire hommage au
seigneur évêque, et recevoir de lui investiture (1). C'était
l'hommage que devait faire un voué; et cet article révèle le
but de Bertram, d'avoir pour voué réel à Metz, non plus
un féodal héréditaire, mais un magistrat communal éligi-
ble par le haut clergé. Ce mode d'élection, interrompu
probablement pendant la sédition des Messins contre Jean
d'Apremont, avait été rétabli, cette année même 1236 (2).
Raoul de Torote, voyant cet ordre satisfaisant de choses
remis en vigueur à Metz, exigea, comme condition de
l'engagement de sa vicomté, qu'on l'adopterait aussi à
Verdun, non en déplaçant, ou transformant le doyen, qui
resta ce qu'il était, viager sur son siége de Sainte-Croix,
mais en créant, au titre de maitre échevin, un nouveau
fonctionnaire, qui se rattacherait à la vicomté, serait le
pouvoir exécutif de la Commune, et dont l'élection, à la
manière de Metz, donnerait moyen, tous les ans, à l'évêché
et au clergé de mettre leur poids dans la balance des
affaires communales. C'était, pour le moment, une bonne
précaution; mais, ainsi que nous le verrons, les choses
prirent une autre tournure; et l'élection canonique du
maître échevin fut abolie à Verdun dès l'an 1254 : néanmoins le dignitaire lui-même resta, et se maintint toujours
en grand pouvoir dans la Commune. Voici la charte de son
institution, datée, comme les pièces précédentes, du jour

---

(1) Cette charte dans Meurisse, p. 429.

(2) « Celle meisme année 1256, fut donné aux abbés de Metz, et des
bourgs d'icelle, le copt (le coup) des maistres eschevins. » Chron. Huguenin, p. 50.

de Pâque close 1236 : ce qui ne laisse aucun doute que l'établissement de la maîtrise échevinale n'ait été l'un des arrangements communaux de cette mémorable année :

« Jc Raols, par la grâce de Deu évesque de Verdun, à tos cels qui ces lettres verront, etc. On doit eslire novel mastre-échevin chacun an, l'endemain de Pasques flories (dimanche des Rameaux). Si le doient eslire en bonne foi, par serment, l'abbei de Saint-Venne, l'abbei de Saint-Paul, et li doiens de la grant église de Verdun : et le doient eslire en mostier Saint-Jehan, deleiz Notre-Dame (1) : et, se li un defalloit, aultres deus l'esliroient. Et li mastre-échevin, tantost qu'il serai esleu, doit venir à l'évesque, et l'évesque li doit donner le mestier (fonction, *ministerium*); et doit jureir tantost (aussitôt) le droit l'évesque et lo Chapitre, et les chieises Deu (2), et la citei à warder; ne que jamais, après celle année, mastre-échevin ne serai. Et, pour ce que c'en soit ferme chose, ai-je mins mon sael en ces lettres, et li Chapitre lo sien, par cui devant c'en est fait, et la citei lo sien, l'an que li miliaires corroit par mil et cc et trente seix ans, le jor de Cluse-Pasque, ou mois d'awri. »

Organisation
communale de
1236.

De ce qui se fit en vertu de ces arrangements, nous ne savons rien en détail. On réalisa sans doute le plan de 1227, des 21 jurés partagés en trois groupes de septeries, se réunissant pour consulter ensemble : de sorte qu'il dut y avoir vingt jurés, sous le nouveau maître échevin, qui faisait le 21e. C'est du moins, et à peu près, ce qu'on peut induire, soit des circonstances, soit d'une délibération du 21 décembre 1245, la première que nous ayons trouvée de notre corps municipal (3), qui s'y intitule les vingt jurés de la

(1) A Saint Jean du Cloitre, l'une des chapelles extérieures de la cathédrale. Ci-dessus, tom. i. p. 495.

(2) C'est-à-dire les églises, *casas Dei*. On trouve ce mot dans le vieux texte des plaids annaux de Metz : « Je prends ban pour la chieise Deu monsignour sainct Estienne (cathédrale), et toutes aultres chieises Deu, en censaulx (revenus) et en alluefs (aleux, fonds). »

(3) Pour ce motif, nous la rapporterons : « Connue chose soit que, comme Raul de la Tour, citain de Verdun, qui fut, vendist, par l'ottroi de ses enfants, à l'église Saint-Ari, la moitiei en tous prous (profits) et tous us, des molins que on dit signor Païen, et en ait roçou boin paiement, et en fust tenu porter léal warentie, et en donner lettres dou séel de la citei, et entredous fust mort et desparti de cest siècle. Sui hoirs et sui enfans

cité : et nous reverrons ces vingt jurés dans l'acte de leur cassation par Guy de Melle, en 1246. Ce nom de jurés n'était ni nouveau, ni, comme on l'a prétendu, caractéristique des Communes séditieuses : car on le trouve, dès 1182, appliqué aux échevins des campagnes, dans la pacifique loi de Beaumont (1); toute la question de sédition était de savoir si on avait prêté serment à l'évêque, ou du moins sauf ses droits, ou bien si, sans cette restriction, et à la manière des *juramenta* annulés chez nous, en 1215, par l'empereur Frédéric, on avait juré à la cité seule. Il dut y avoir des maîtres échevins institués sur élection ecclésiastique, en la forme de Metz et de la charte de Raoul de Torote que nous venons de rapporter; mais on n'en connaît aucun; et il est bien probable que les Jurés n'en avaient point, ou n'en reconnaissaient plus, à la fin de la période décennale, quand les troubles recommencèrent. Rien n'indique qu'en cette période, on ait suivi, pour l'institution des jurés, quelque mode analogue à celui que prescrivit ensuite la Charte de Paix pour la création annuelle de son Nombre : l'évêché ayant cédé ses droits pour dix ans, ne pouvait plus se montrer qu'avec les électeurs ecclésiastiques, à l'élection et installation, qu'ils s'étaient réservée du maître échevin. Enfin, en fiscalité, le trésor épiscopal ne recevait plus rien, parce que le traité était une sorte de forfait, moyennant somme payée d'avance, et une fois pour toutes. Toutes ces dispositions, que les angoisses financières de Raoul de Torote l'avaient forcé d'admettre, ressemblaient

requisent par lors mambours (tuteurs) les vint jurcis de la citei que ils tesmognassent, par lors lettres, teil vendaige; et ne povoient avoir lors lettres de l'égleise, se ils ne délivroient celles de la citei. Sor laqueille chose, li vingt jurcis se conseillont, et donnont à ladite égleise, par commun eswart, ces lettres scelleies dou seel de la citei de Verdun, en tesmognaige. Ce fust fait l'an que li miliaires corroit par mil et dous cens et quarante cinq ans, entour feste saint Thomas l'apostle. » Cartul. Saint-Airy tom. I. p. 93.

(1) *Consensu omnium vestrûm, jurati constituentur, et major similiter.* Loi de Beaumont, art. 9.—A Cambray et à Noyon, des Jurés dès le commencement du xiie siècle. V. Aug. Thierry, lettres 14e et 15e sur l'hist. de France.

fort à une constitution de pleine liberté : et elles étaient de mauvais exemple pour les cités voisines : car, bien que l'arrangement de Verdun fût transitoire en droit, et limité à dix ans, nos Communaux se promettaient, sans aucun doute, de le faire durer toujours; et peut-être y fussent-ils en effet parvenus, s'ils n'eussent rencontré en obstacle l'épée de Guy de Melle.

Aux perturbations de cette année 1236 s'ajouta un grand débordement de rivière, qui emporta les ponts et les moulins, fit crouler des maisons et même des tours, et répandit tant d'eau qu'on allait en barque sur la place du Marché et dans toute la ville-basse. Cette inondation arriva pendant un hiver extraordinairement pluvieux; et nos annales signalent plusieurs exemples de semblables calamités, dans les siècles suivants (1).

Inondation de 1236.

L'année suivante, Raoul de Torote, voyant la Commune revenir à ses errements de 1227, où, sans permission ni autorisation quelconques, elle s'était emparée de la seigneurie de l'évêque sur les habitants du Pré, résolut d'empêcher qu'elle ne commît à l'avenir pareille usurpation. Il se formait et s'accroissait en ce Pré, surtout depuis la fondation de Saint-Nicolas, un nouveau bourg, que l'évêché, propriétaire primitif des lieux, avait donné à ce couvent, en justice censière, basse et foncière, se réservant pour lui-même la seigneurie haute; mais la Commune cherchait à faire passer les nouvelles maisons pour pure et simple extension de la ville, afin de se mettre en droit d'appliquer à ce quartier le traité d'engagement de la vicomté. En fait, le bourg naissant n'avait ni charte, ni fonctionnaires : ce qui l'obligeait de recourir à la cité en toute affaire, et de se

Charte du Pré.

(1) *Anno 1236, hiems tota adeò pluvialis fuit quòd Mosa transcendens alveoli fines, domos, pontes, turres, ac molendina subvertit, et quòd per totum magnum vicum et fori vicum, necesse fuit navigare.* Jean de Sarrebrück. — Au lieu de 1236, Wassebourg, p. 365 verso, lisait 1246. Comme l'*Excerptum* n'existe plus qu'en copies, on ne peut dire quelle est la meilleure leçon : cependant, si l'inondation fût survenue en 1246, les chroniques y auraient probablement fait quelque allusion dans l'histoire de la guerre de Guy de Melle.

laisser gouverner par elle. Ceci tendant à amener prescrip-
tion de seigneurie, notre évêque crut nécessaire de reprendre son sceau et son parchemin à chartes, pour organiser
sa justice sur le territoire envahi : il la composa à la
manière de celle des villages, d'échevins jugeant et administrant sous la direction du villicus seigneurial : toutefois, comme la proximité de la ville pouvait faire naître
des complications, et qu'il se défiait un peu de l'habileté
de ces juges de petite justice qui, la plupart du temps,
jugeaient debout, sans siége d'audience, il leur enjoignit d'aller, dans les cas difficiles, consulter le maître
échevin de Verdun; mais sans reconnaître, ni en tailles, ni
en jugements, la doyenné, ni la vicomté. Tout habitant
présent et à venir du Pré fut, par la charte, déclaré homme
de pleine franchise, une fois payés par lui les cens fonciers
à Saint-Nicolas, et ceux de capitation à l'évêché, entre les
mains, et sous la responsabilité des échevins : et, à cause
de cette franchise, on promulga le décret sous le beau titre
de charte *Pro libertate habitantium in Prato;* ce qui signifiait
que, bien que ce lieu n'eût qu'une justice rurale, les habitants n'étaient cependant pas des serfs; et, en effet, leur
tribunal était constitué à la manière franche de la loi de
Beaumont. Le nom de cette loi ne fut pas mis formellement
dans l'acte; mais elle prenait vogue: on commençait à s'en
référer à elle; et, dès l'année suivante 1238, Raoul la donna, en propres termes, au ban de Romagne et de Chaumont
sous Mureau : premier essai dont il paraît qu'on se trouva
bien; car les évêques suivants firent beaucoup d'affranchissements semblables. Comme, à Verdun, il y avait des
gens qui, pour éluder les charges et impôts de la Ville, se
domiciliaient au Pré de l'évêque, il est probable que la
Commune sut peu de gré à notre prélat de son nouveau
statut (1): cependant elle n'en souffrit pas grand préjudice,

(1) *Super libertate habitantium in Prato. R. Dei gratiâ Virdunensis episcopus,
omnibus, etc... Noverit universitas vestra quòd nos omnes illos qui in Prato nostro Virdunensi manent, vel deinceps manebunt, plenâ et perpetuâ volumus liber-*

parce que la situation marécageuse de ce quartier hors des murs empêcha, pendant tout le moyen-âge, qu'il ne prît son développement.

En 1239, frère Robert, inquisiteur de France et de Champagne, découvrit enfin le mystérieux repaire de Mont-Wimer, d'où, depuis plusieurs siècles, se répandaient les missionnaires de l'hérésie dans nos provinces. C'était, comme nous l'avons dit, un château près de Vertus, où les Cathares, appelés aussi Patarins, Bulgares, et vulgairement Bougres, tenaient leurs assemblées; et il est étrange qu'on ne les ait pas découvertes plus tôt : car, dès 1144, le clergé de Liége savait que de là étaient venus les hérétiques au sujet desquels il consulta le pape Luce II (1). Peut-être alors la rumeur les obligea-t-elle de quitter cette place; mais ils y revinrent, en nombre accru des frères albigeois que la croisade chassait du Midi. Frère Robert, épiant et surveillant, parvint à prendre là, en flagrant délit, un Chapitre entier de Cathares, présidé par un très-haut dignitaire, qu'ils appelaient archevêque Moranis; et, avec ce Moranis, on arrêta 183 assistants, hommes et femmes. Ils ne voulurent ni se convertir, ni même écouter frère Robert, qu'ils traitaient d'apostat, parce qu'il avait été cathare comme eux : et ils furent, en conséquence, condamnés à être « ars et brusles, » le 13 mai 1239, au pied des

tate gaudere, ità tamen quod ipsi investituras suas (mises en possession) *à fratribus ecclesiæ beati Nicolai de Prato suscipiant, et eisdem census statutos cum integritate persolvant, sicut in litteris sibi super hoc à nobis collatis plenius continetur. Et sciendum quòd nos et successores nostri, pro voluntate nostrâ, ministerialem, sive villicum in câdem villâ ponemus et deponemus, coràm quo ibi manentes super omnibus querelis suis jus facient et accipient, et coràm eo scabini loci judicabunt : et, si forté judicium inter se non potuerint invenire, à majore scabino civitatis illud inquirent. — Emendæ verò et justitiæ, cum omni integritate, nostræ erunt; ministeriales verò supradicti fratribus Prati fidelitatem facient, et eis de capitalibus suis* (capitations) *tenebuntur respondere. Sciendum est quòd omnes in eodem Prato manentes ab omnibus justitiis et exactionibus vice-comitis et decani Virdunensis exemptos omninò volumus esse et immunes. Ut autem hoc stabile et firmum, etc., præsentes litteras sigilli nostri, etc. Actum anno gratiæ* M°CC°XXXVII°.

(1) Ci-dessus, p. 314.

tours de leur château. Thibauld IV de Champagne, celui
même qui est en renom de trouvère, à cause de ses vers et
de sa musique pour la reine Blanche, convoqua à la cérémonie les prélats et les barons, non-seulement champenois,
mais des provinces voisines; et notre évêque Raoul de
Torote y fut, avec son frère Robert de Langres (1). En présence d'une foule immense, les Bougres montèrent sur le
bûcher, munis de leurs sacrements de *consolamentum* et
d'*appareillamentum*, que leur administra Moranis, en
regrettant de ne pouvoir lui-même les recevoir de personne. Ce terrible auto-da-fé anéantit la secte chez nous :
du moins n'en fut-il plus parlé ensuite; mais il ne porta
pas bonheur à maître Robert qui, sur les plaintes de hauts
personnages, fut ensuite destitué et emprisonné par le pape
Grégoire IX, pour avoir, dans le cours de ses inquisitions,
mêlé des innocents aux coupables (2). Il y a, dans le *Gesta*
de Trèves, un passage fort violent contre maître Conrad de
Marbourg, l'inquisiteur d'Allemagne (3) : on y articule à sa

(1) *Anno 1239, factum est maximum holocaustum et placabile Domino, in
combustione Bulgrorum : siquidem centum octoginta tres Bulgri, sive Bulgari
combusti sunt, in præsentiâ regis Navarræ et baronum Campaniæ, apud Mont-
Wimer, qui ab antiquo mons Wodemari dicebatur. Adfuerunt episcopi Remensis,
Suessionensis, Tornacensis, Cameracensis, Atrebatensis, Morinensis,* (Térouan-
ne), *Noviomensis, Laudunensis, Silvanectensis, electus Belvacensis, electus Cathalaunensis, episcopi Aurelianensis, Trecensis, Meldensis, Virdunensis Rodulfus
de Torotâ, et frater ejus Lingonensis episcopus Robertus, etc., etc.* Albéric.

(2) *Tandem abutens potestate sibi concessâ, bonos cum malis confundens, auctoritate papali jussus est ne ampliùs in illo officio fulminando desæviret. Qui
posteà, manifestiùs clarescentibus culpis suis, quas melius æstimo reticere, adju-
dicatus est perpetuo carceri.* Mathieu Paris. V. le continuateur de Baronius,
Odoric Rainaldi, à l'an 1238, nº 52.

(3) *Eratque caput et princeps hujus persecutionis magister Conradus de Marburch, qui in multis prædicationibus famosus, auctoritatem magnam sibi compa-
raverat in populis. Cooperabantur autem ei, et ministris ejus, præfati Prædicatores, per singulas civitates : tantusque fuit omnium zelus ut nullius qui tantùm
propalatus esset excusatio vel recusatio, nullius exceptio vel testimonium admit-
teretur, nec defendendi locus, sed nec induciæ deliberationis darentur : sed
incontinenti oportebat, vel se reum confiteri et in pœnitentiam recalvari, vel
crimen negare, et cremari. Insuper oportebat et complices suos prodere, alioquin
item debebat cremari : undè putatur quod aliqui innocentes exusti fuerint, etc.,
etc... Et interemptus est magister Conradus in viâ, et sepultus est in Marburch,
juxtà beatæ Elisabeth tumulum : ex hinc cessavit procellosa illa persecutio, et*

charge le même grief de confondre innocents et coupables; et, comme cette chronique était celle de l'évêché de Trèves, il est probable que la plainte était inspirée par lui, et venait de la haute prélature, aux dépens de laquelle les Jacobins se faisaient valoir, en insinuant qu'elle ne savait ni découvrir, ni punir les hérétiques. L'orthodoxe *Gesta* semble avoir eu lui-même grand'peur quand, en 1231, le terrible maître Conrad trouva jusqu'à trois conventicules d'hérétiques à Trèves, et y fit brûler une vieille folle qui priait Dieu de faire paix avec Lucifer : c'était une Cathare qui souhaitait la réconciliation des deux principes. Maître Conrad fut assassiné sur la grande route, en 1233. La sourde opposition du haut clergé contre lui et ses confrères fut probablement la cause qui empêcha l'inquisition de s'établir chez nous, où elle ne donna jamais d'autres scènes que celles que nous venons de raconter (1) : car les procès de sorciers, qui ne commencèrent que beaucoup plus tard, n'étaient point de justice inquisitoriale. Comme indices de l'opinion au XIIIᵉ siècle, nous remarquerons qu'Albéric de Trois-Fontaines appela l'exécution de Mont-Wimer un holocauste grand et agréable au Seigneur; et Richer de Senones, tout malveillant qu'il était aux Jacobins, reconnut cependant, comme malgré lui, que, tant par leurs prédications que par leurs bûchers, le pays avait été purgé d'hérétiques.— On voyait encore, vers 1700, à une demi-lieue de Vertus, les ruines des tours de Mont-Wimer, desquelles partaient des murs et des chemins souterrains. Ce château s'appelait par corruption Mont-Aimé : comme le comté de Vertus, il fut de l'apanage d'Orléans, au temps des Armagnacs; et les Bourguignons le dévastèrent, en 1407; puis les gens des villes voisines achevèrent de le démolir, parce qu'une bande de voleurs s'était établie dans ces décombres (2).

rabies importuna et impia, noxios æquè et innoxios absorptura. Gesta, ch. 104, 105, édit. Wyttenbach et Müller, tom. I. p. 517.

(1) Sur les inquisiteurs des Trois-Evêchés, v. ci-dessus, p. 573.

(2) Baugier, Mém. de Champagne, tom. I. p. 288.

Toutes ces déplorables affaires d'hérésie, accompagnées de soulèvements communaux et de discordes féodales ayant profondément troublé le bon ordre des esprits et des choses, les trois évêques et le métropolitain crurent bon de tenir un concile, afin que leurs règlements eussent l'autorité d'une session solennelle, et force de lois canoniques dans toute la province. Cette assemblée s'ouvrit le 21 septembre 1238, dans la cathédrale de Trèves; et nous en rapporterons en abrégé quelques décrets, comme documents sur l'époque :

« L'an 1258, le jour de fête saint Mathieu, les révérends pères en Dieu et seigneurs Thierry archevêque, Jean de Metz, Roger de Toul, Rodolfe de Verdun, évêques, assemblés en synode provincial dans l'église Saint-Pierre de Trèves, ont dit et fait publier ce qui suit :

1. Nous déplorons la perversité de ce siècle qui, rendant insuffisants les canons des anciens Pères, nous force de chercher de nouvelles répressions contre de nouveaux excès. En premier lieu, nous excommunions les violateurs, enfonceurs et brûleurs d'églises, ou de lieux saints, et ordonnons que tous les dimanches, à tous les prônes, ils soient dénoncés excommuniés, eux, leurs fauteurs et complices, ainsi que les receleurs d'objets pillés. (Ceci doit concerner, en partie, les violences commises dans les émeutes communales).

2. Pour la discipline du clergé, nous interdisons tout trafic de négoce aux clercs dans les saints ordres; voulons qu'ils portent l'habit long et fermé, sans boucles ni cordons d'argent; leur défendons l'entrée aux tavernes, sauf en voyage, ainsi que les jeux de dés et de boules. Tout clerc de mauvaises mœurs sera refusé aux ordres : il n'aura ni suffrage, ni éligibilité à aucune élection; et les coupables qui ne cesseront pas leurs fonctions seront déférés à l'official par leur Ordinaire (doyen ou archidiacre), avec lettres expositives de leurs délits. Aux clercs qui prennent des charges d'officiers, de justiciers, ou de baillis des seigneurs, l'église n'accorde pas protection; et leurs bénéfices seront déclarés vacants. En toute paroisse de huit marcs de revenu, le prêtre entretiendra un maître d'école, qui lui fera service à l'office divin (*scholarem secum habeat, sibi servientem in divinis*). Il y aura toujours action pour suffisante portion congrue, quand même les décimateurs en auraient fait accepter une trop faible. Nous supprimons, à cause des abus, l'an de grâce des béné-

fices, (jouissance des fruits pendant l'année de la mort du titulaire), sans préjudice des bonnes coutumes relatives à la prébende des clercs décédés. C'est un usage peu louable (*improbamus*) que de payer la dîme au onzième ou au douzième, ou de la prendre sur les récoltes rentrées : l'ordre régulier est qu'on la lève sur le terrain même, pour éviter les fraudes.

3. Nous apprenons avec douleur que la contrefaçon des monnaies, genre nouveau et détestable d'avarice, se pratique en nos diocèses. Tout endroit où l'on saura qu'existe une telle falsification sera sur le champ mis en interdit; on y cessera l'office divin; et partout on dénoncera excommuniés, au prône, les faux monnayeurs, et les gens qui sciemment paient en fausse monnaie.

4. La plante vénéneuse et abominable de l'hérésie se propageant dans cette province de Trèves, nous mandons, en vertu de la sainte obéissance, à tous nos subordonnés, clercs ou laïques, qu'ils informent nos audiences épiscopales de tout ce qu'ils pourront savoir des maîtres et des disciples de ces doctrines de pestilence. On est excommunié non-seulement pour enseigner l'hérésie et écouter les hérétiques, mais aussi pour ne pas les dénoncer. (Cet article ne dit mot de l'inquisition, et laisse toute la procédure aux évêques).

5. Que l'on ne commue pas en amende la pénitence des adultères : ce serait enhardir les coupables à récidiver. Hommes et femmes, ils doivent un carême de pénitence publique, les femmes un bâton à la main et un chiffon sur l'épaule (1). Qu'on maintienne contre les usuriers la peine de privation des sacrements et de sépulture chrétienne; qu'on ne reçoive pas même leur offrande à l'église. Par usurier, nous entendons tout prêteur qui, sa créance bien assurée, s'en fait néanmoins rembourser au-delà du capital (2).

(1) *Cyphum in scapulas.* On a lu *scyphum*; et on est allé chercher l'explication de ce *scyphus* jusque dans l'Apocalypse, xvii. 4. C'est tout simplement un chiffon; et de là vient que le peuple appelle encore trivialement frapouilles les femmes méprisables.

(2) *Sub pignore mutuantes, et ultrà sortem percepta, in sortem minimè computantes.* C'est-à-dire qui prennent des intérêts. Dans ces anciens temps, où les possesseurs de petits trésors n'y trouvaient souvent d'autre placement que quelque cachette dans un trou de vieux mur, on considérait l'argent comme improductif; et il devait suffire aux créanciers qu'on leur donnât bonne hypothèque de remboursement du capital. Raoul de Torote savait, par ses relations avec les Maneti, comment on observait cette loi; mais il y avait exception pour les commerçants; ils pouvaient stipuler indemnité à titre de *lucrum cessans*, c'est-à-dire pour le profit qu'ils auraient fait avec leurs capitaux, s'ils les eussent employés dans leur commerce.

6. Pour l'honneur des mères églises, nous voulons que le peuple y aille à la messe le dimanche. On ne donnera privilége de messe paroissiale qu'aux chapelles des lieux éloignés, et à condition qu'elles seront pourvues, en titre de bénéfice, d'un service ordinaire et obligatoire pour le desservant. Aux offices paroissiaux, doivent être chantées les heures canoniales (1).

Croisade du comte Thibauld de Champagne. Nous avons maintenant à raconter comment Henri II de Bar, étant allé en Palestine, y périt d'une manière funeste, et par sa faute, dans la croisade du comte de Champagne Thibauld IV. Ce comte Thibauld était roi de Navarre, depuis 1234, par héritage de son oncle maternel Sanche le Fort, qui l'avait adopté (2) : on lui déféra, à cause de son titre royal, le commandement d'honneur des croisés; et, comme il était riche des grandes sommes trouvées par lui dans le trésor de Navarre, il fut prêt l'un des premiers, dès 1235. Il fallut plus de temps aux autres, Henri de Bourgogne, Pierre de Bretagne, dit Mauclerc, qu'on appelait chevalier de Braine depuis que son fils avait le duché, Amaury de Montfort, fils du fameux Simon, le comte de Vendôme, et d'autres de la plus grande féodalité. Thibauld, en sa qualité de trouvère, fit des chansons pour blâmer les insouciants, et exciter les retardataires. Henri de Bar alla, en 1237, prendre la croix à Rome, des mains de Grégoire IX, auquel il promit de partir avec cent hommes d'armes, soit pour la Palestine, soit pour Constantinople; car, l'empire français menaçant ruine en cette capitale, Grégoire était d'avis qu'il fallait le rétablir avant tout; mais il ne put faire partager son opinion qu'à un petit nombre de croisés. Il adressa à l'archevêque de Reims une bulle pour que le comte Henri eût première part dans les aumônes et

(1) Ce concile est dans Hontheim, I. 720, et ailleurs. On trouve dans les *Concilia Germaniæ*, III. 526, un autre synode provincial trévirois, daté du 1er mars 1227; mais, comme on y cite un passage du concile de Lyon de 1274, il est probable qu'il faut lire 1277, le copiste ayant passé le chiffre L dans la date MCCLXXVII.

(2) Il était fils de Blanche de Navarre, dont nous avons parlé à l'occasion de la réunion de Sainte-Ménehould à la Champagne. Ci-dessus, p. 352.

les sommes payées pour commutations de vœux de Terre-Sainte (1). On s'embarqua à Marseille, au mois d'août 1239, Thibauld ayant fait encore une chanson, en adieu et remembrance à la dame de ses pensées, la reine Blanche, qui l'encourageait la première à aller au service de la dame du ciel en Palestine, par religion, et aussi pour qu'il ne troublât pas le royaume pendant la jeunesse de saint Louis. Il était bon poëte, et vaillant chevalier, mais mauvais général : du moins ne put-il jamais faire marcher ses croisés de concert; chose, à la vérité, peu facile entre tant et de si grands personnages féodaux. Au lieu d'une armée, ce ne furent que des corps sans lien entre eux, chaque prince suivant son plan particulier de campagne, et faisant paix ou guerre, comme il l'entendait. Tout allant ainsi sans direction, Pierre de Bretagne enleva un riche convoi sur la route de Damas; et les deux Henri de Bourgogne et de Bar, ainsi qu'Amaury de Montfort, jaloux, prétendit-on, de cet exploit (2), se vantèrent qu'ils feraient encore mieux, en course sur la plaine de Gaza, où on disait, qu'était un grand butin. Le roi Thibauld leur défendit de quitter seuls le camp ; mais, pour leur malheur, ils méprisèrent ses ordres, et lui répondirent qu'ils n'étaient tenus par leur vœu à rien autre chose qu'à guerroyer contre les Infidèles. Ils marchèrent toute la nuit dans les sables, et arrivèrent, au point du jour, en vue de la grande plaine où ils s'attendaient à voir des troupeaux à enlever; mais il n'en parut pas ; et le

Mort funeste de Henri de Bar.

---

(1) *Gregorius, etc., venerabili fratri archiepiscopo Remensi... Cùm dilectus filius, nobilis H. comes Barri-Ducis cruce signatus, centum, sicut asserit, milites ducere secum, Domino concedente, proponat in subsidium Terræ-Sanctæ, vel imperii Constantinopolitani, prout de nostrâ fuerit voluntate; idque sine magnis sumptibus nequeat adimplere..., mandamus quatenùs decimam pecuniæ quæ de redemptione votorum cruce signatorum Remensis provinciæ, pauperum scilicet, debilium et infirmorum, quorum vobis absolutio est commissa, ad manus vestras primò devenerit, ei ad prosecutionem voti sui principium persolvatis... Datum Laterani, octavo idus februarii, pontificatûs nostri anno undecimo.*

(2) Ainsi le dit Nangis qui, par erreur, met cet événement en 1237. *Invidiâ moti, sine communi consilio, in locis sabulosis propè Gazam, nimio labore itineris fatigati, capti et interfecti ferè omnes fuerunt. Comes de Barro, mortuus vel captus, nusquàm posteà repertus est.*

bruit des tambours et des cornets des Sarrasins leur apprit
qu'ils étaient découverts. Henri de Bourgogne fut d'avis
de s'en retourner, et s'en retourna en effet, attendu qu'on
avait du sable jusqu'aux genoux, et que les ennemis, qui
s'avançaient, étaient treize contre un ; Henri de Bar et
Amaury s'obstinèrent, disant qu'il y avait à la fois péril et
lâcheté dans la retraite. Thibauld, averti par le duc de
Bourgogne, courut à leur secours ; mais il ne trouva plus
sur le champ de bataille que des cadavres défigurés, muti-
lés et dépouillés par les Infidèles. On ne put reconnaître
Henri de Bar parmi ces morts ; et on n'entendit plus parler
de lui : quant à Montfort, il fut pris vivant, et promené,
avec outrages, dans les rues du Caire et de Damas. Cette
malheureuse déroute arriva le dimanche après la Saint-
Martin 1239 (1).

Thibauld II
de Bar.

A ce comte Henri, mort si tragiquement, succéda
Thibauld II, qui régna un demi-siècle, et que nous retrouverons fréquemment dans les récits qui vont suivre. Il
paraît que, dès le mois d'août 1240, on se tint sûr qu'on ne
reverrait jamais l'infortuné Henri : car Thibauld fit alors,
en qualité de comte de Bar, l'hommage des fiefs qu'il tenait
de l'évêché, Raoul de Torote lui accordant, en accroissement, le château de Tronion (Heudicourt) (2), et le comte
rendant Delut, avec le Mesnil-en-Woëvre, et d'autres lieux,
pour lesquels l'accord demeura en suspens jusqu'en 1242.
Dès lors, et pour toute sa longue carrière, Thibauld fut
bon allié de l'évêché, n'oubliant pas toutefois ses propres
intérêts ; et il ne pouvait faire autrement ; car, outre que son
patrimoine se trouvait amoindri par les apanages de ses
frères et les dots de ses sœurs, il eut lui-même, de sa
seconde femme Jeanne de Tocy, jusqu'à treize enfants,
qui tous, il est vrai, ne vécurent pas, et dont il plaça
plusieurs dans les hautes dignités de l'église (3). Voici la

(1) Relation, par extrait, dans la Bibliothèque de l'Hist. des Croisades,
par Michaud, t. I. p. 379, et dans l'Histoire elle-même, tom. IV. p. 78.
(2) Sur ce lieu, v. ci-dessus, tom. I. p. 413, note.
(3) V. Généalogie de Bar, dans D. Calmet, art. de Thibauld II.

charte de son hommage à notre évêque Raoul, et des arrangements qu'il fit avec lui, au commencement d'août 1240 :

Je Thiebaus, cuens de Bar... Teille paix est faite entre moi et mon signor lige et cosin Raol, par la grâce de Deu évesque de Verdun, que je le ai recogneu, et fait ligie et féauté devant tos hommes, por tos les fiés que mi ancessours tinrent de lui et de ses ancessours. Et, avec ce, ai-je repris de lui ligement le chastel de Trugnon, en cressance, en teille manière que quiconque tenra le chastel de Trugnon, il sera homme l'évesque de Verdun devant tous hommes : et je, et tuit mi hoirs qui seront comtes de Bar après moi, devons faire la féauté devant dite à l'évesque, en Verdun, ou en une dels maisons l'évesque, à la volonté l'évesque. Et je, ne nuls des hoirs le comte Henri, mon peire, de hoir en hoir, ne porrons retenir en nos terres ne en nos povoirs (seigneuries) les hommes l'évesque, où il fait taille et prise, saulf l'entrecors des borgeois des villes franches, qui pueent aller là où ils vuellent, et saulf l'entrecors des mariages de la terre de Deuloward et de la terre de Moussons : et aussi l'évesque ne puet retenir mes hommes, ne des hoirs le comte Henri devant dit. Et je ai rendu et acquittei à l'évesque le fiez de Deluz et le fiez dou Masnil-Woëvre, deleis Saint-Benoist, dessous Hadon-Chastel : et ne porrons recevoir, ne en fiez ne en hommaige, nul allue (alleu) qui soit en ban et en justice l'évesque ; ne l'évesque aussi des nos. Et de nulles choses n'est faite paix ne acquittement, fors de celles qui sont nommeies expressément en ces lettres (1), qui furent faites l'an qui courroit par mil dous cens et quarante, le samedi après feste saint Pierre en aoust. — *Post-scriptum* : Je Thiebaus, etc., ne puis penre à occasion se monsignor et mon cosin Raol, par la grâce de Deu, etc., ne veut tenir la devant dite paix à la terre de Linci, que messire

(1) Ces choses dont la paix n'était pas faite furent réglées en 1242, par la charte suivante : « Je Thiebaus, cuens de Bar-lou-Duc..., ai recogneu et acquetei à monsignor lige Raol, par la grâce de Deu, etc., et aux évesques de Verdun qui après lui venront, la warde de Verrieire la Grange, qui appent (appartient) à la maison Saint-Paul de Verdun, de l'ordre de Preimonstrei, et les appendises de la Grange, en toutes choses et en toutes manieires; Et la warde de Longeawe la Grange, qui appent à la maison de Saint-Benoist-Weivre, et les appendises, en toutes choses, etc. Et la commandise de Ronval en Weivre, et la commandise de Rup. qui est deleis Amblonville, et le bestens (débat) de l'héritaige Simon de Hannonville, qui fut, etc..., 1242, au mois de juillet.

Henri de Lucembourg tient de par ma sorour Marguerite, sa femme, etc. Même date (Sur ce post-scriptum, v. ci-dessus, p. 400) (1).

Nouvelles luttes des papes et de l'empereur. Par ce traité, non moins que par les arrangements de 1236 avec la Commune, Raoul de Torote assura la paix de ses derniers jours. Il était, disent les chroniqueurs, homme de bonté et de modération : et, ce caractère prévalant de plus en plus en lui dans sa vieillesse, il se tint très à l'écart des luttes qu'il vit renaître entre la papauté et l'Empire : nouveau fléau qui devait bientôt aggraver nos troubles civils. Cette grande discorde, qui rappela celle des Investitures du XIe siècle, atteignit, après bien des incidents, son paroxysme en 1239, où le pape Grégoire IX, effrayé des victoires de l'empereur Frédéric II en Lombardie, et de son projet d'attaquer Rome, fit prêcher la croisade contre lui, et déclara son trône impérial vacant. Il voulut entraîner la France, en proposant de faire élire empereur Robert, comte d'Artois, frère de saint Louis : l'offre ne fut point acceptée ; mais Frédéric dut en connaître quelque préliminaire ; car le chroniqueur français Nangis rapporte qu'en 1238, il y eut, de sa part, une demande d'entrevue, au lieu ordinaire de Vaucouleurs, où saint Louis, par défiance, ne voulut aller qu'avec deux mille hommes d'armes, accompagnés de leurs fantassins et sergents : ce qui fit renoncer au projet. Dans les années suivantes, Grégoire ayant résolu de lancer en concile ses décrets et ses foudres, Frédéric prit les vaisseaux gênois qui transportaient les prélats en Italie : et tout ce haut clergé demeura prisonnier, sauf les sujets du roi de France, que l'empereur s'empressa de remettre en liberté. Le pape mourut le 21 août 1241 ; puis le Saint-Siége vaqua longtemps ; enfin, le 24 juin 1243, fut élu Innocent IV, qui en revint au projet de concile ; et, comme on ne pouvait tenir une telle assemblée ni en Italie, ni en Allemagne, à cause de Frédéric, et que, d'un autre côté, les rois de France et d'Arragon se

(1) Ces chartes sont dans les Preuves de Roussel, p. 14.

ténaient hors de la querelle, le pape songea à la ville de
Lyon où, depuis la décadence du royaume d'Arles, les
archevêques étaient seuls maîtres. Il y arriva à la fin de
1244, proclama de nouveau la déchéance de Frédéric, et
fixa le commencement des sessions à la vigile de saint
Pierre, 28 juin 1245. Telle était la grave situation des
choses politiques, quand Raoul de Torote mourut, le 21
avril, deux mois avant l'ouverture du concile, auquel, par
déférence pour la convocation, il avait députe, à sa place,
l'archidiacre de Woëvre, prévôt de la Madeleine, Guy de
Trainel. Raoul mourut, toujours obéré; car il ne put léguer
à son église qu'une assignation sur sa part dans le produit
du tronc (1); mais son frère Robert de Liége, qui vint faire
ses obsèques avec Roger de Toul, notre ancien princier
Roger de Mercy, voulut qu'il restât de lui un souvenir plus
populaire; et il fonda, à l'autel du Vieux-Chœur, une
messe quotidienne de l'aurore, pour que le bon peuple pût
y aller, avant son travail. La fondation imposait au chapelain service à l'église, et résidence personnelle, faute de
laquelle son bénéfice vaquait de plein droit (2). Cette messe
continua, jusqu'à la Révolution, à être dite, la première du
jour, en mémoire de Raoul de Torote, et de son parent et

Mort de Raoul
de Torote.

(1) *Undecimo kalendas maii, obiit bonæ felicisque memoriæ domnus et venera-*
bilis pater Radulfus, Dei gratiâ Virdunensis episcopus, vir utique totius mun-
ditiæ, et honestatis abundantiâ præditus, qui dedit nobis centum solidos fortium
in trunco recipiendos, in tertiâ parte episcopi. Nécrologe. — Raoul de Torote
était inhumé au Vieux-Chœur, sous cette épitaphe : † *anno Dni millesimo*
ducēlesimo quadragesimo quito, ūdecimo kl. maii, obiit Radulphe de Thorota,
felicis memoriæ Virdun. epc. — Vir mitis et mansuetus, qui dedit nobis altare de
Rarecourt; et xxi *annis in pontificatûs regimine peractis, in majore ecclesiâ*
sepelitur. Chronique de St-Vanne.

(2) *Robertus, Dei gratiâ Leodiensis episcopus... Persoluto à reverendo quondàm*
patre ac domino Radulfo, bonæ memoriæ Virdunensi episcopo, fratre nostro,
carnis universæ debito, ipsoque ecclesiasticæ, sicut decuit, tradito sepulturæ,
nos in Virdunensi Capitulo personaliter constituti, præsente venerabili patre
Rogero, Dei gratiâ Tullensi episcopo, atque Sancti-Vitoni, Sancti-Agerici, et
Belliloci abbatibus, aliisque quàmplurimis, ordinavimus, de consensu expresso
ejusdem Capituli, capellaniam ad altare quod est in Choro Veteri Virdunensis
ecclesiæ (suivent les clauses analysées en texte)... *Datum anno Domini* m°cc°
quadragesimo quinto, mense maio.— Cette fondation fut augmentée, en 1381,
par Guillaume Paixel.

prédécesseur Jean d'Apremont, décédé évêque de Metz, le 10 décembre 1238.

On était, lorsque mourut Raoul de Torote, à la dernière année de l'engagement décennal de la vicomté; et la Commune devait, aux termes du traité de 1236, rapporter, le jour de Pâque-Close, ou Quasimodo 1246, les lettres de cet engagement, en signe qu'elle n'en avait joui que par concession du seigneur évêque, et ne pouvait le prolonger sans nouvel accord avec lui. C'était chose claire en point de droit; mais, en fait, surgissait une très-épineuse complication; car, tandis que Raoul avait été incontestablement prince évêque, par bulles papales et investiture impériale, on ne pouvait, dans le nouvel état de choses survenu entre le pape et l'empereur, espérer que son successeur réunirait les deux qualités. En cette délicate conjoncture, le Chapitre sentant, le premier, qu'on lui imputerait toute la faute si, par ses ordinaires discordes électorales, il fournissait aux Communaux prétexte de ne pas reconnaître d'évêque au moment critique de l'expiration du traité,

Election et mort de Guy de Trainel. décida que, sans s'arrêter à peser et comparer plusieurs candidats, tous les suffrages se porteraient sur l'archidiacre Guy de Trainel, que le défunt évêque avait délégué au concile; qu'on ajouterait à son mandat celui de faire valoir lui-même son élection; enfin qu'on prierait Robert de Torote, qui se rendait aussi à Lyon, d'aider Guy à bien informer le pape de l'état urgent des choses, et des risques que l'on courrait à les trainer en longueur. Robert partit accompagné de son archidiacre de Liége, Jacques Pantaléon de Troyes, personnage qui devait devenir fort illustre, et qui fit alors connaissance avec Verdun, où nous ne tarderons pas à le voir reparaître : ce fut au concile même que le pape le distingua et l'attacha au service de sa cour de Rome. Avec de tels protecteurs, tout marcha à souhait pour Trainel (1); et il revint presque aussitôt, en titre d'élu

(1) *Mortuo Guidone, bonæ memoriæ, ipsius ecclesiæ electo, à sede apostolicâ confirmato*, porte l'acte d'élection de Guy de Melle.

confirmé; mais, par malheureux sort, une fièvre perni-
cieuse lui prit en route; et il arriva mourant à Hatton-
Châtel, où il expira le 15 septembre 1245 : de sorte qu'à
Verdun, au lieu de son entrée, on vit sa pompe funèbre,
conduisant son cercueil dans les tombeaux de la cathédrale. Cet élu, qui disparut si brusquement, était des
barons de Trainel, des environs de Nogent-sur-Seine :
après leur extinction, le château, qu'on appelait en latin
Castrum Triangulum, passa aux Jouvenel, dits des Ursins,
de la bourgeoisie de Troyes; et le bourg subsiste, dans le
département actuel de l'Aube.

A cette mort intempestive, et propre à déconcerter tou- Election de Guy
tes ses mesures, le Chapitre, persistant dans sa louable de Melle.
résolution de couper court à toute discorde, arrêta, au sortir même des obsèques, qu'il tiendrait nouvelle assemblée
électorale, le vendredi après la Toussaint. C'était un délai
de six semaines; mais il n'en fallait pas moins pour découvrir un intrépide et convenable candidat, et pour lui préparer toutes choses, de manière à éviter les altercations et
explications, au jour de la séance officielle. On alla chercher Guy de Melle, ou plutôt de Mello (1), de la grande
famille féodale des Dreux de Melle, dont était le connétable
de France mort en 1218; et Guy, neveu de ce connétable,
montra, soit à Verdun, soit, plus tard, dans l'expédition
des Français en Sicile, qu'il avait gardé en héritage, au
moins quelques tronçons de la bonne épée de son oncle (2);
mais alors sa vaillance se cachait sous le pacifique costume
de doyen de la cathédrale d'Auxerre. Comme il désirait succéder, en cette ville, au vieil évêc .e Renauld de Seligny,
il ne consentit à venir à Verdun que sur la promesse qu'il

---

(1) Ce-dernier nom est le véritable; et il empêche la confusion entre
Mello, ou Mellou, près Senlis, et Melle en Poitou.

(2) Roussel, brodant à sa manière, dit qu'il avait été formé à la chevalerie
par cet oncle, et qu'il quitta, lui mort, la carrière militaire pour entrer
dans l'église. Ceci est difficile à admettre : car Guy, qui n'avait que 32 ans
lorsqu'il fut élu à Verdun, ne pouvait être qu'un enfant à la mort du connétable en 1218.

aurait dispense papale pour garder son doyenné auxerrois,
quoi qu'il pût arriver dans notre évêché, alors fort scabreux (1). Il est probable que les négociateurs de ces arrangements furent les Torote et les Traincl, de concert avec le
nouveau prélat romain Jacques de Troyes : cette conjecture a sa vraisemblance, parce que le château de Mello,
au territoire de Senlis, était du voisinage de celui de Thourotte ; et on trouve, dans les généalogies, que le connétable
Dreux avait marié sa fille Agnès à Garnier de Trainel (2).
Quoi qu'il en soit, Guy fut élu par notre Chapitre, à l'unanimité, et au scrutin, en la forme réglée au concile de
Latran de 1215, suivant laquelle il y avait scrutation, c'est-
à-dire recherche réelle de chaque vote par trois scrutateurs qui, désignés au préalable par les votants, parcou-
raient l'assemblée, interrogeant à part et secrètement
chacun des membres, et prenant note écrite de chaque
suffrage (3). On pouvait choisir entre ce mode et un autre
également approuvé par le concile : c'était le compromis,
élection à double degré, où les électeurs, se précaution-
nant eux-mêmes contre leurs dissensions, remettaient

(1) Il ne se contenta pas, sur cet article, d'une simple promesse ; mais il
s'en fit expédier bref authentique, après ses bulles de l'évêché de Verdun.
*Innocentius, etc., venerabili fratri G. episcopo Virdunensi. Cùm tibi retinendi
dignitates, personalus et beneficia ecclesiastica quæ antè promotionem tuam
habueras, et percipiendi proventus ex eis, usquè ad nostrum beneplacitum, liberam concesserimus facultatem, ac etiàm indulserimus ut residere in prædiclis
dignitatibus, personalibus et beneficiis minimè tenearis, juramento quo eras
adstrictus de faciendâ in eorum aliquibus residentiâ non obstante, Nos, tuis
supplicationibus inclinati, ne indulgentia hujusmodi possit à calumniatoribus in
dubium revocari, fraternitati tuæ præsentes litteras in testimonium duximus
concedendas. Datum Lugduni, quinto kalendas maii, pontificatùs nostri anno tertio.*

(2) V. l'article Mello, dans la dernière édition de Moréri, 10 vol. fol.

(3) Il résultait de ce mode que les scrutateurs savaient comment chacun
avait voté : c'est pourquoi le concile de Trente, *sess.* 25, *de Regularibus,*
ch. 6, régla que désormais l'élection par scrutin se ferait *per vota secreta, ità
ut singulorum eligentium nomina nunquàm publicentur.* Ce fut alors qu'on
commença à mettre des bulletins pliés dans l'urne. — Il y avait un troisième mode, appelé acclamation ou inspiration, quand un cri spontané
s'échappait de toutes les bouches, en faveur du plus digne : *communiter ab
omnibus, quasi per inspirationem divinam,* dit le concile de Latran. Mais ceci
était un cas extraordinaire.

leurs pouvoirs à quelques-uns de leurs confrères pour lesquels ils avaient le plus d'estime : et le procès-verbal devait
mentionner auquel des deux modes on s'était arrêté.
Guy, bien qu'élu à Verdun au jour fixé, vendredi après la
Toussaint 1245, ne quitta Auxerre qu'après y avoir mis son
doyenné à l'abri des prétendants, que tenterait ce bénéfice,
comme place vacante par la promotion du titulaire à une
dignité supérieure : de sorte que notre Chapitre ne tint son
élection pour acceptée, et ne mit ses sceaux au procès-
verbal que dans la première semaine de 1246 : puis cet
acte fut envoyé à Trèves, où on l'a retrouvé naguère dans
les archives. C'est un document instructif sur les élections
de ce temps; et nous en donnons le texte en note (1). Notre
élu fut ensuite sacré : enfin arriva avec ses bulles, datées

(1) *Anno Domini 1245, mense septembris, feriâ secundâ antè festum beati*
Matthæi, Virdunensis ecclesia, nuper pastore destituta mortuo Guidone, bonæ
memoriæ, ipsius ecclesiæ electo, à sede apostolicâ confirmato, die præfixâ in
Capitulo, videlicet feriâ sextâ post festum Omnium Sanctorum, ad eligendum,
vocatis omnibus evocandis, præsentibus omnibus qui voluerunt, potuerunt et
debuerunt commodè interesse, in primis invocatâ Spiritûs Sancti gratiâ, post
multos et varios tractatus de electione, tandem placuit omnibus per viam scrutinii
ecclesiæ consulere viduatæ; et sic, de communi consensu, fuerunt electi tres de
ipso collegio, fide digni, videlicet magister Jocelinus, ejusdem ecclesiæ archidia-
conus, magister Jacobus de Maderijs, et Aubertus de Bassonville, ut ipsi secretò
et sigillatim vota cunctorum exquirerent, et in scriptis redigerent, et redacta
publicarent in communi. Publicatione factâ, inventum est quòd omnes unanimiter
consenserant in virum venerabilem Guidonem de Melloto, decanum Antissiodo-
rensem, virum honestum, virum litteratum, in temporalibus et spiritualibus
circumspectum, valentem et scientem ecclesiæ jura tueri. Tunc surrexit magister
Jocelinus archidiaconus, et de mandato Capituli, et vice suâ, et vice omnium de
Capitulo, protulit ista verba : Ego magister Jocelinus, vice meâ et vice omnium
qui electioni nostræ de futuro pontifice eligendo interfuerunt, dominum Guidonem
de Melloto, decanum Antissiodorensem, eligo in episcopum et pastorem ecclesiæ
Virdunensis.— Huic electioni ego Johannes, primicerius Virdunensis, interfui,
consensi, et propriâ manu subscripsi. Ego Ulricus, ejusdem ecclesiæ archidiaconus,
interfui, consensi et subscripsi. Ego J. archidiaconus, i. c. et s. Ego Th. decanus,
i. c. et s. Ego Joannes cantor, i. c. et s. Ego magister Jacobus de Maderijs,
sacerdos et canonicus, i. c. et s. (Et ainsi jusqu'à la fin, les chanoines prêtres,
puis les chanoines diacres, puis les sous-diacres). *Et ut isti decreto nostro*
fides plenior adhibeatur, ipsum fecimus sigillo nostri Capituli, unâ cum sigillis
nostris propriis, insigniri. Actum anno Domini M°CC° *quadragesimo quinto,*
mense Januario, feriâ quartâ post Circumcisionem Domini (1246, avant
Pàque).

de Lyon, 21 mars 1246, et auxquelles étaient joints trois brefs, portant une clause extraordinaire :

Brefs pour sa réception sans investiture.

Innocent, etc., au princier et au Chapitre de Verdun... Nous vous mandons et chargeons strictement de conférer, sans difficulté, ni retard, en vertu de ces présentes lettres apostoliques, les *Regalia* de l'église de Verdun à notre vénérable frère G., votre évêque... Donné à Lyon, le 12 des calendes d'avril, an trois de notre pontificat.

Innocent, etc., aux fidèles vassaux et feudataires de l'évêché de Verdun... Attendu qu'il n'y a présentement en Allemagne ni empereur ni roi des Romains, vous recevrez, sans investiture impériale, notre vénérable frère G. votre évêque ; vous le laisserez prendre possession de son temporel, et lui ferez les foi, hommage et serment que vous lui devez... Même date.—Bref pareil adressé à la Ville (1).

Opposition de la Commune.

A cette injonction, la Commune, autant qu'on peut le présumer par ce qui arriva ensuite, répondit qu'il y avait toujours en Allemagne un empereur, soit Frédéric II, si sa déposition par le pape n'était pas reconnue en Empire, soit, dans le cas contraire, le roi que les électeurs, déjà convoqués, éliraient à sa place : et qu'attendu qu'il était inouï et de trop grave conséquence de faire donner investiture à l'évêque par le Chapitre, le seigneur Guy de Mello ne serait provisoirement reconnu qu'au spirituel, la Commune de 1236, et ses vingt Jurés gardant leurs pouvoirs pendant l'intérim. Sur cette réponse, l'évêque remontra et exhorta, en belle harangue où, suivant Wassebourg, il

(1) *Innocentius..., dilectis filiis primicerio et Capitulo Virdunensi... Universitati vestræ, præsentium auctoritate, firmiter præcipiendo mandamus quatenus Regalia Virdunensis ecclesiæ venerabili fratri nostro G., episcopo Virdunensi, absque quâlibet difficultate ac dilatione, assignare curetis... Datum Lugduni, XII kal. aprilis, pontificatûs nostri anno tertio.*
Innocentius..., dilectis filiis universis vasallis et fidelibus ecclesiæ Virdunensis... Præsentium vobis auctoritate districtè præcipiendo mandamus quatenus venerabili fratri nostro G., episcopo Virdunensi, homagium et fidelitatis debita juramenta, sine dilatione quâlibet, cùm nullum ad præsens Theotonia imperatorem habeat, sive regem, à quo Virdunensis ecclesiæ recipere valeat Regalia, exhibere curetis : alioquin sententiam, sive pœnam quam idem episcopus, spiritualiter et temporaliter, ritè tulerit in rebelles ratam habebimus, et faciemus observari... Datum Lugduni, etc. — In eumdem modum, universis civibus Virdunensibus.

récapitula toute l'histoire de Verdun (1), pour montrer qu'il l'avait apprise avant de venir, et qu'il savait les droits de son siége, en vertu desquels la Ville ne pouvait, sans permission de lui, se maintenir dans le traité expiré de Raoul de Torote : mais il ne tira d'autre succès de ce discours que de faire dire aux bourgeois qu'il parlait bien, et qu'on avait plaisir à voir sa bonne et fière mine, non moins qu'à ouïr sa voix, merveilleusement sonore (2). Ce résultat, tout flatteur qu'il était, ne suffisant pas, malgré les politésses réciproques qu'on s'était faites (3), le prélat annonça qu'il mettrait ce qu'on appelait alors « le cesse, » c'est-à-dire qu'on cesserait l'office divin, et que la ville serait en interdit, les églises fermées et les cloches ne sonnant plus : puis, quelques jours après, il exécuta cette menace, en sortant de Verdun à la tête du clergé, dont plusieurs membres le suivaient à contre-cœur, s'il faut en croire la chronique de Saint-Vanne, qui emploie ici l'expression *compellens exire*. Il ne resta en ville que quelques prêtres, pour les sacrements indispensables; et les bourgeois s'offensèrent de cette démarche, qui leur parut une déclaration de guerre.

Des batailles et des tragédies qui suivirent nous avons deux relations, écrites l'une à Auxerre, à la gloire de Guy de Melle, après son retour, l'autre à Saint-Vanne, sur le théâtre même du combat, et impartiale, par mécontente-

(1) Le discours est certainement de l'invention de Wassebourg, bien que l'évêque ait dû dire quelque chose d'analogue. Roussel ajoute que Guy offrit à la Ville remboursement de la somme qu'elle avait payée à Raoul de Torote, pour l'engagement de la vicomté. Il n'y avait pas lieu de faire une telle offre, la vicomté ayant été engagée à forfait, pour la valeur présumée de son produit décennal.

(2) *Vir staturâ procerus, corpore benè compositus, venerando gestu, et imperioso quodam modo aspectu..., melodicè reboans, velut tuba sonora.* Cette chronique ajoute qu'il avait alors 32 ans.

(3) *Ut erat prudens, eos ad suam præsentiam evocatos, primùm blandis sermonibus, etc... At illi, sicut moris est patriæ, sub fictâ verborum suavitate, excusationes prætendebant in peccatis.* — Ainsi les Auxerrois trouvèrent qu'à Verdun on était, par coutume de pays, *(moris patriæ),* poli et diseur de belles paroles.

ment pareil, et antipathie égale contre tous les combattants (1). Elles disent l'une et l'autre que la Commune mit
sur pied, tant en citoyens qu'en gens soldés, une armée de
treize mille hommes, nombre incroyable pour notre ville
et pour ce temps : néanmoins l'accord des deux chroniqueurs prouve que ce chiffre n'est pas de leur invention;
et il est probable que les Communaux, après avoir rassemblé en hâte le plus de gens qu'ils purent, se vantèrent de
forces bien supérieures à celles qu'ils avaient, par ruse et
pour effrayer leurs adversaires. On leur reprocha de
grandes fanfaronnades, entre autres d'avoir donné à leur
commandant, pour insigne, la mitre de l'évêque Guy, comme s'ils l'eussent déjà prise (2) : en réalité, leur troupe
était mauvaise; et leur déroute ne devait être qu'un jeu
pour les féodaux, s'ils se montraient devant eux en rase
campagne. Thibauld de Bar et Gobert d'Apremont envoyèrent des renforts à l'évêque (3) : de sorte que, avec ses
propres feudataires, il eut aussi une armée, petite en comparaison de celle de la Ville, mais composée de véritables
hommes de guerre, accoutumés à l'épée, et la maniant dès
l'enfance. Les chefs Communaux, ne se faisant point illu-
sion sur le mérite de leurs soldats, les tinrent le plus longtemps possible derrière les murailles, et se bornèrent à
bien soutenir le siége : tactique prudente, qui réussit; car
l'évêque fut obligé de lever ce siége, pour lequel, dit la
chronique de Saint-Vanne, il nous ravagea et brûla tout
notre bourg du Haut-Escance jusqu'à Saint-Amant (4).

(1) La relation auxerroise : *Qualiter cives Virdunenses expugnavit*, dans la
Bibliotheca de Labbe, tom. i. p. 498. Celle de Saint-Vanne, dans le Spicilége,
tom. xii. p. 344-47. C'est le dernier événement raconté par cette chronique,
qui se termine ici.

(2) *Fragore nimio et tumultu pompatico..., inter quos, ut fertur, major eorum,
in vituperium pontificalis honoris, mitram galeæ superpositam deferebat.*
Chroniq. Auxerr. — Rien de semblable dans celle de Saint-Vanne.

(3) *Comes Barrensis hinc; dominus de Asperomonte indè.* Chron. de Saint-
Vanne.

(4) *Urbem obsedit, omnem clerum ex eâ compellens exire...; sed obsidionem
exterritus diù sustinere non valens, demùm tribus locis, Carniaco, Dewiô, Wen-*

D'un autre côté, les bourgeois nous démolirent notre clôture, où ils craignaient de voir l'ennemi se loger : ils en
prirent les pierres, ainsi que celles qu'on taillait pour notre
nouvelle église, et s'en servirent dans leurs fortifications :
on voit encore les traces de leur sape, à la tour de l'abbé
Conon; cependant l'abbé Guillaume parvint à la sauver en
leur promettant et garantissant indemnité, s'ils subissaient
quelque dommage par cet édifice. Enfin notre position
devint tellement dangereuse que nous dûmes fuir les fureurs sauvages des assiégeants et des assiégés ; et les bourgeois rasèrent aussi les clochers de Saint-Paul, toujours
sous prétexte de défense. » Tels furent les événements du
siége, dont il n'est pas parlé dans la chronique auxerroise,
parce qu'il ne réussit pas à l'évêque Guy. Il eut meilleur
succès dans son blocus, qu'il établit par ses trois forteresses de Charny, Dieue et Watronville, à la gêne extrême
des citoyens, en temps de fenaison et de moisson : tous les
jours ses chevaliers faisaient des prisonniers, qu'on gardait
à rançon dans les forteresses. Cette situation devenant
insupportable, force fut à la Commune de risquer l'offensive : et son premier exploit l'encouragea ; car elle prit et
brûla le château de Fleury, à Thiévain l'un des feudataires
de l'évêché ; ce fort était petit, mais très-gênant par sa
proximité de la ville (1). Ce succès rehaussant les courages,
on se décida à aller, au plus grand nombre possible, donner l'assaut à Charny, où était Guy de Melle en personne,
avec plus de 300 hommes d'armes : mais là l'ennemi et la
place étaient autrement difficiles à prendre qu'à Fleury;
et l'effort des Communaux n'aboutit qu'à leur échec le
plus complet. On les laissa d'abord se fatiguer à d'inutiles

trovillâ, vallavit... Episcopus, videns se nihil posse inferre gravaminis civitati et
civibus, omnem Scantiam, et totum suburbium superius, usquè ad Sanctum-
Amantium, ut saltem vel sic furori suo satisfaceret, igne fecit concremari. Chron.
de Saint-Vanne.

(1) Cette prise du château de Fleury est connue par une charte de l'élu
Jean, assignant à Thiévain, en dédommagement, dix livres de rente sur le
terrage de Romagne.

tentatives d'escalade : puis les défenseurs sortirent; et, en gens experts à toutes manœuvres, ils les firent courir et tourner dans la campagne, sous un soleil ardent, en culbutèrent plusieurs dans la rivière; enfin, quand ils les virent harassés, se placèrent eux-mêmes sur une colline, tellement que leurs adversaires avaient le soleil devant les yeux, et ne pouvaient plus diriger leurs traits. Il resta sur le terrain cent morts; et on emmena deux ou trois fois autant de prisonniers. Cette déroute, arrivée le lundi après saint Barthélemy, 25 août 1246, passa pour un désastre si épouvantable que, cent ans après, en 1336, lors de la trahison du pont de Warcq, un des échappés à ce carnage écrivit en ville, que « ne fut oncques si grand meschef, depuis la werre Guy de Marleu. » Tout ceci indique qu'il s'en fallait de beaucoup que la troupe communale fût réellement de treize mille hommes; car une pareille armée n'eût point été écrasée par une perte de cent hommes; et on n'eût point gardé de ce malheur un si long souvenir (1).

Quelques mois après ces événements, Guy de Melle retourna à Auxerre, où venait de mourir l'évêque dont il attendait la succession (2). En partant, il exigea de la Commune, d'abord qu'elle lui fît, pour lui, les siens et aidants, une lettre de paix, au sujet des victimes de la bataille (3);

(1) Ceciderunt centum viri, vel ampliùs : quo facto cives valdè perterriti, etc. Chron. de Saint-Vanne. La chronique auxerroise représente la bataille comme arrivée en rencontre fortuite dans la plaine ; celle de Saint-Vanne mentionne la tentative d'assaut aux forteresses épiscopales : Exeuntes in manu forti..., eos qui interiùs erant in munitionibus supradictis (il semblerait, à ce pluriel, que l'armée des bourgeois soit allée, en se divisant, aux trois forteresses) aggrediuntur, viriliter invadentes, etc. — La saint Barthélemy aujourd'hui 24 août, était au 25, avant la canonisation de saint Louis.

(2) Cet évêque, qui était Renauld de Seligny, mourut le 22 novembre 1246. Nec multò post, ajoute le Gallia christ. XII. 305, Guido de Melloto, inclinatis in se optimatum studiis, et Innocentii IV decreto, ad Antissiodorensem ecclesiam translatus fuit, quam, die sancto Paschæ 1247, magno apparatu adiit. Pâque, en 1247, tomba le 31 mars.

(3) Nous citains de Verdun..., de la guerre et dou bestens, qui ait été entre nous et notre signor Guion, par la grâce de Deu, etc., avons paix faite en teille manière que des morts et des blessiés, que sont pour occasion de ceste guerre, nous et li nôtres, dedans la ville et defuers, ferons tenir paix

ensuite qu'elle se mît parfaitement en règle quant à l'évêché, son haut domaine, et les prérogatives des gens d'église et de noblesse, par un bon traité, spécifiant bien tous les cas, et y appliquant les vrais principes, désormais raffermis, du diplôme de 1156, et de la sentence impériale de 1215. Cet acte important est daté du 29 novembre 1246 : il n'y est pas parlé des dix mille livres que, suivant les chroniqueurs, Guy avait exigées pour ses frais de guerre et la rançon générale des prisonniers : ce qui porte à croire qu'il se relâcha sur cet article, au moins pour les sommes non encore payées :

« A tos cels qui ces présentes lettres, etc. Paix est faite entre nous citains et notre signor Guion, par la grâce de Dieu, etc., en telle manière :

Traité
avec l'évêché.

« Les vingt (jurés) que nos aviens faits à Verdun sont chus et ôtés (1) : et ne ferons jamais Nombre, ni cettui ni autre, qui justice ou seignorie ait en Verdun, se n'est par la volontei l'évesque, comme à signor, et par lui. Nous justicierons en toutes choses par le jugement de sa cour, quant au plaid mondain (vicomté), sauf le plaid de la chrétienté. (Officialité) : et sera toute la justice et seignorie de la ville entièrement l'évesque, saulves les franchises et les droitures de la cité et des citains. Et aiderons en boune foi l'évesque à maintenir la justice et la seignorie de la ville.

« De trestout qui soit en ban et en justice l'évesque, ou le Chapitre, ou autres églises de Verdun (dans les terres de l'église), si aucun faisoit tort à nous, ou nous à autrui, nous en ferons et prendrons droit, quant au plaid mondain, en ban et en justice du lieu, sauf le droit de la chrétienté : et, si aucun de nous tient tréfonds en ban et en justice l'évesque, ou le Chapitre, ou autres églises de Ver-

de nous tous, et de nos amis, à devant dit évesque et à tos les siens... le séel de la citei en ces présentes lettres, qui furent faites l'an que li miliaires corroit par mil dous cens xlvi ans, la vigile saint Andreu apostle. Cartul. de l'évêché, n° 58.

(1) *Et præfati viginti Jurati ceciderunt*, dit le chroniqueur de Saint-Vanne. Wassebourg entend qu'ils furent tués dans la bataille; mais le texte du traité prouve que le mot *ceciderunt* signifie seulement qu'ils furent déchus. — Melinon, dans son chapitre : « C'est le droit des portaiges de Verdun », p. 65 du ms., rapporte les articles relatifs à ce portaige et aux exemptions des privilégiés. Le traité est tout entier dans les Notes de Husson.

dun, il en fera, au ban et en la justice, tel service que le tréfonds
doit (1).

« Quand il y auroit à refaire à Verdun pont ou chaussie, l'évesque
y mettra le portaige (droit d'entrée aux portes), jusque cil pont ou
celle chaussie soit refaite, en bonne foi : et, si l'évesque, ou son
commandement (ses officiers) ne le mettoient dedans les huit jours
que nous lor en auriens requis, nous le pourriens mettre. Et y aura
trois prod'hommes de par l'évesque, et trois de par nous, qui jure-
ront par lor serment, qu'ils feront à l'évesque, et recevront le portaige, et feront faire l'œuvre, et en compteront par lor serment,
par devant l'évesque, ou son commandement. Cils six devant dits
n'auront justice, ne nulle seignorie en la ville pour raison de ceste
chose : et, sitôt comptei que l'œuvre devant dite coustera, ou aura
coustei, seront levés les portaiges, et le portaige fauldra (cessera).

« Et est à savoir que quelconque prebstre, ne clerc, ne chanone,
ne église, ne maison de religions, ne homme ne femme de religion,
ne chevalier, ne dame, ne fils ne fille de chevalier ne de dame, ne
paieront rien du portaige des choses qu'ils ameinent en la ville pour
rendre (pour rendre en leurs maisons, et non pour vendre) : et, se il
estoit de ce doubtance, cil qui ameneroit les chars ou charettes pas-
seroit par sa foi ou son serment. Li abbesse de Saint-Maur joïra de
son tonnicur, si comme elle soult avoir, entièrement. Quanque (quelconque) chose ait été prinse de par l'évesque, ne de par ses aidants,
dedans les bestens (batailles), nous quittons, fors nos debtes.

« Et toutes les choses devant dites avons jureies tous, à tenir, en
bonne foi, à notre seignor évesque, et à tous les évesques, qui après
lui seront en Verdun : et, en tesmoing, avons-nous mins le séel de la
citei de Verdun en ces présentes lettres, qui furent faites l'an que li
miliaires corroit par mil dous cens xlvi ans, la vigile saint Andreu
apostle. »

Quelques jours après ce traité, le comte Thibauld II,
voyant s'en aller Guy de Melle, dont il avait été, en toutes
ces luttes, le tenant et l'aboutissant, ne voulut point rester
lui-même dans l'hostilité de la Commune; et, de peur que,
pour prendre quelque revanche, elle ne se tournât, à la
première occasion, du côté de ses ennemis, il lui fit sceller
l'acte suivant où, entre autres particularités curieuses,

_____

(1) Sur cet article, v. ci-dessus, tom. I. p. 444.

nous lisons que les bourgeois n'étaient tenus de défendre
l'évêque que dans l'intérieur de la ville, jusqu'aux portes,
sans aller en campagne avec ses feudataires.

« *De ce que cilz de Verdun ne puevent estre encontre le comte de
Bar.* Nous citains, etc., avons teilles convenances à Th., comte de
Bar, que nos ne povons estre contre lui por homme qui soit, fors
que por l'emperor, et por l'évesque de Verdun, en teille manière que,
se l'évesque werrioit (guerroyait) au comte, nos sommes tenus à
aidier l'évesque dedans la citei et dedans les bourgs, arreis les portes
de fuers (jusqu'aux portes extérieures) : et, se les gens le comte
venoient dedans la citei por lors affaires, que ils ne venissent por
malfaire ne nos, ne l'évesque, ne les siens, nos les sommes tenus à
sauver, et à les conduire arreis droit, (jusqu'à droit); et lor dovons
soigner (bien fournir) vendaige. Et se aucuns de nous citains voloit
aller en service le comte, ou por marchandie ou sans marchandie, ou
à armes ou sans armes, en queille manière que il voulsist, nos ne les
povons destorner, ne ne devons. Ne povons acheter ses fiés (fiefs),
ne penre en waige (gage), se par lui non, (sans son agrément). Et se
il avenoit que aucuns des hommes le comte venist demorer en notre
citei, qui fust homme le comte taillauble, ou à assise, ils ne puevent
réclamer point de leur demorance; et se il avenoit que aucuns
hommes de ses franches villes nueves (neuves villes, ou villages
affranchis), venist demorer en Verdun, et il voloit joïr de sa demorance, nos deveriens aller avec lui au lieu, ou envoier, et demener
par lou jugement de la nueve ville (1). Et ces convenances de nous et
dou comte Th. doient durer tant seulement à sa vie; et les a jureies
notre Conseul (Conseil), por nos tenir bien léalment, en bonne foi;
et, en tesmoignaige de véritei, avons nos ces présentes lettres
seelleies de notre seel. Ce fut fait quand li miliaires corroit par mil
dous cens quarante et seix, le mardi devant feste saint Nicolais. »

Il résulte de ces textes que, même en l'année néfaste
1246, au plus fort de l'humiliation communale, personne
ne contesta à la Ville droit de traiter et de se gouverner, soit
par elle-même, soit par son Conseil. Ceci prouve clairement que, dans le débat avec l'évêque, il ne s'agissait que
des droits régaliens de la vicomté, dont le prélat n'entendait

_____

(1) Sur le sens de cette clause, v. tom. I. p. 452, et ci-dessous, p. 443.

pas qu'on usât autrement qu'en vertu d'un traité consenti
par lui. Dès l'année suivante, l'élu Jean accorda ce traité,
aux mêmes conditions que Raoul de Torote; et la Commune redevint ce qu'elle avait été sous celui-ci.

Ce fut vers 1250 qu'éclata à Toul la première insurrection
communale. Les Toulois, par leur maître échevin Nemeric
Barat, s'étaient concertés avec les Messins; mais, malgré
cette alliance, ils ne réussirent pas mieux que nos bourgeois de 1246; et leur ville fut prise par leur évêque Roger
de Mercy, aidé de Thibauld de Bar. On a peu de détails;
mais ces échecs prouvent que les milices de nos villes ne
pouvaient résister aux armées féodales; et il fallut, pour
vivre en paix avec les princes, faire avec eux des traités
d'alliance, sauve-garde et protection : système qui prit, peu
à peu, un grand développement, et vers lequel notre traité
de 1246, avec le comte Thibauld, fut le premier pas.

CHAPITRE IV.

LA COMMUNE RÉTABLIE ET CONSTITUÉE. — SUITE DE L'HISTOIRE DES ÉVÊQUES.
— GUERRE CIVILE DES LIGNAGES.

De 1247 à 1285.

Cette seconde moitié du XIIIᵉ siècle vit la France s'avancer jusqu'à nos frontières, par le mariage de Philippe le
Bel avec l'héritière de Champagne, et l'Empire reculer,
affaibli dans ses luttes avec la papauté, puis par l'anarchie
de son grand interrègne. En même temps, notre constitution communale s'acheva, au milieu d'une paix que trou-
blèrent seuls les lignages se disputant la prépondérance.

Le premier personnage de notre histoire, au commencement de ces années, est Jacques de Troyes, futur pape

affaires communales, et surtout de la triste situation financière de l'évêché, pour lequel la guerre de Guy de Melle avait beaucoup creusé et agrandi le gouffre de dettes si largement ouvert par Raoul de Torote : de sorte que, profitant de son excellente position en cour de Rome, il s'y fit donner, avec ses bulles, plusieurs brefs autorisant des mesures très-effectives pour appeler le clergé à combler sa part du déficit; mais ce fut l'élu Jean qui eut la charge de cette désagréable commission : car lui-même ne prit point alors possession de l'évêché, ayant été envoyé par le pape en Allemagne. On l'y vit, en 1248, présider, comme légat, un concile à Breslau : il y retourna après la mort de Frédéric, le 13 octobre 1250, pour empêcher l'élection de Conrad, fils de l'empereur défunt : et sa mission prépara le grand interrègne; mais elle lui fit beaucoup d'ennemis qui, à son retour, arrêtèrent son escorte, et le retinrent lui-même prisonnier dans un château du pays de Trèves (1). Telle est l'histoire de Jacques de Troyes, dans les années qui suivirent son élection de 1247. Quant à l'élu Jean, c'était le princier Jean, dont nous avons vu le nom en tête de ceux des électeurs de Guy de Melle : les Gobert et les Joffroy d'Apremont le saluaient cousin (2); et il était neveu,

traire, en contestant à Jacques son titre archidiaconal de Liége, qui est attesté par une charte de Robert de Torote, en 1243 : *de consensu dilecti filii Jacobi de Trecis, archidiaconi ejusdem loci.* (Dans l'*Amplissima* de Martène, tom. I. p. 1275). Enfin Du Chesne se trompe aussi, en écrivant, dans son Hist. des papes, que Jacques Pantaléon fut d'abord archidiacre de Laon, puis de Liége. C'est le contraire.

(1) V. sa lettre dans Rainaldi, 1264, n° 30. Elle manque au tom. II. du *Thesaurus* de Martène.

(2) Je Gobert, sire d'Apremont, sire de Rovroi..., je ai mis mon cosin Jehan, par la grâce de Deu l'esleu de Verdun, à debtour (débiteur) et à rendour envers signor Bertram de Juerue, et Fakot, citains de Metz, de mille livres de messins, à paier, etc...; et, por ceste dette, lor ai-je mis en waige le ban de Rouvre et de Lanhère..., par le los et le créan mon freire Joffroi, de cui je tiens le ban devant dit; et le tient du devant dit esleu....; 1248, octave saint Jean-Baptiste. — Je Joffrois, cuens de Sarrebruche (par mariage), et sire d'Apremont, et je Gobert, ses freire, sire de Rouvre....; devons délivrer notre signour Jehan, par la grâce de Deu l'esleu de Verdun, notre cosin, de toutes debtes dont il est pleige pour nous, etc..., 1248, jeudi devant la Division des Apôtres.

ou petit neveu de Raoul de Torote : les inscriptions l'appellent *Joannes d'Aze* ou *d'Ax* (1), que l'on traduit en français
Jean d'Aix ou d'Eix; et il fut élu, comme le prouve son
titre habituel d'élu Jean; mais on n'a ni l'acte de cette
élection, ni aucun renseignement sur les dispositions en
vertu desquelles on le substitua à Jacques de Troyes, qui
fut, à la fois, son prédécesseur, son successeur et son conseil : non toutefois son commettant; car Jean, à titre d'élu,
avait juridiction spirituelle, et administration indépendante au temporel : et il se borna à cette administration,
sans se faire sacrer; de sorte que, pour les fonctions
épiscopales, il y eut un suffragant, nommé Pierre, connu
par une charte de St-Mihiel de 1253 (2).

L'élu Jean d'Aix.

Ce gouvernement fut réparateur, et put l'être sans obstacle, ni contradiction de personne, tant on était abattu des
derniers événements, et fatigué des troubles qui régnaient
depuis un demi-siècle. En premier lieu, fut rétablie la
Commune, sur la base du traité accepté par elle, en
novembre 1246, c'est-à-dire à condition qu'elle ne créerait
plus à l'avenir, ni vingt Jurés, ni autre Nombre « ayant
justice et seignorie, sans la volontei l'évesque, comme à
signour. » Cet article essentiel posé, on avait le choix de
deux systèmes : celui de Raoul de Torote, engageant la
vicomté à forfait, à long terme, et moyennant argent
comptant, ou celui qui prévalut ensuite dans la Charte de
Paix, d'une institution annuelle des Jurés, avec règlement,
aussi annuel, de parts réciproques pour la Commune et
l'évêché dans le produit de la vicomté. En faveur du premier mode, existait un précédent : en outre, les dettes
de l'évêché étaient toujours grandes et pressantes; enfin la
Commune préférait les longues durées, pendant lesquelles

Rétablissement de la Commune.

(1) Daze, au Nécrologe; Dax, dans son épitaphe : ce qui est la même
chose, la lettre *x* se prononçant comme *ss* : ex. soixante, Auxerre, etc.—
Wassebourg croit que Aix est Aix-la-Chapelle; mais alors il y aurait *Aquisgranum*. C'est peut-être, tout simplement, Eix près de Verdun.

(2) D. de l'Isle, Hist. de Saint-Mihiel, p. 14.

elle gardait espoir de prescrire peu à peu son indépendance. Pour ces motifs, on se décida à reprendre le traité
de 1236, mais avec d'importantes modifications. D'abord
Jean, craignant les reproches de ses successeurs, stipula
qu'en tout état de choses, et à toute époque de la durée du
traité, les évêques pourraient rentrer dans leurs droits par
le remboursement de la somme qui allait être fixée : alors
cette somme serait considérée par les évêques comme un
prêt de la Ville, hypothéqué sur la vicomté, avec jouissance
de ses produits pour intérêts de l'argent, jusqu'au remboursement. Hors ce cas, le traité à forfait devait durer au
moins douze ans, sans toutefois être rigoureusement limité
à ce terme, après lequel on examinerait si la jouissance
avait suffisamment indemnisé les concessionnaires. Jean
qualifia de cheptel ce qu'il cédait à la Ville, pour indiquer
qu'elle n'aurait droit strict qu'à la moitié des produits, sans
propriété aucune du fonds; mais, ajouta-t-il, je donne,
pour Dieu et en aumône, ce produit tout entier à l'entretien
de la Fermeté. Par ces paroles, qui indiquaient un acte de
libéralité de sa part, il réservait les droits de ses successeurs, et se déchargeait lui-même de sa part contributive
aux fortifications. Tel fut le second engagement de la
vicomté, dont il reste l'acte suivant, daté du carème de
1247, c'est-à-dire 1248 avant Pàque :

« Nous li communitei des citains de Verdun faisons savoir à tous
que nos avons la vicomtei de Verdun, en waige (gage), pour dous
(deux) mil livres de forts de Champaigne, de notre signor Jehan, par
la grâce de Deu l'esleu de Verdun, que nos li avons prestei por la
besoigne de l'éveschié, en teille manicire que cils qui après lui venront, ils la puevent racheteir (1); et, jusques à tant que la summe
devant dite nous soit rendue, il nous ait ottroiei, por Dieu et en
amone, por la Fermetei de Verdun, les chestels qui isseront de la
vicomtei devant dite. Ces lettres furent faites quand li miliaires
corroit par mil et dous cens quarante sept ans, le juedi devant les

(1) Il doit y avoir ici des mots passés dans la copie sur laquelle nous
donnons cette charte : car l'Inventaire de l'évêché, chapitre Cité, met dans
son analyse : « rachapt d'icelle ne se pouvant faire avant douze ans. »

Bures. » — Les Bures, ou Brandons, étaient le premier dimanche de carême.

Ce même jour, l'élu Jean et la Commune se mirent d'accord au sujet des forfuyants de l'évêché qui s'évadaient des campagnes, pour demeurer en ville. Nous avons déjà vu, en racontant la fondation de Montmédy, quelles difficultés ces forfuyants occasionnaient entre les seigneurs limitrophes ; et le comte Thibauld avait déjà pris, en articles de traité, ses précautions contre les déserteurs du Barrois réfugiés à Verdun (1) ; mais l'élu Jean, n'étant point, pour notre ville, un prince étranger, se montra plus accommodant. Il promit de ne faire, ni dans la cité, ni dans la banlieue, aucune recherche de ses manants, à condition que la Commune ne les recevrait bourgeois qu'après deux ans de séjour, pendant lesquels le commandement de l'évêché, c'est-à-dire ses prévôts et officiers, pourrait, s'il les rencontrait hors de la grande banlieue, les appréhender au corps et les ramener à la terre de leur seigneur, où, pendant ce temps, leur tréfonds demeurerait en séquestre, l'évêché, jouissant des récoltes, et l'absent ne pouvant en rien tirer pour s'aider à Verdun. Ce sont ces biens laissés par les forfuyants que les chartes appellent leur demorance, ou leur remenance, en latin *remanentia*. Les deux ans passés, et le manant devenu bourgeois, le séquestre était levé, non que le nouveau citoyen devînt propriétaire allodial, ou libre, de son ancienne tenure; mais il pouvait jouir des fruits, en faisant cultiver le fonds par les habitants du lieu : on lui permettait même de venir en personne, avec sa famille, faire les récoltes, entre la saint Jean et la saint Remy (24 juin — 1er octobre); avec avis que, s'il séjournait hors de ces termes, il redeviendrait, de plein droit, homme du seigneur évêque (2).

(1) Ci-dessus, p. 437, et tom. I. p. 451.

(2) Charte assez longue, dans le cartulaire de l'évêché, n° 40. — Ce même jeudi devant les Bures, et probablement comme stipulation finale des arrangements communaux, la Ville reconnut que les moulins l'Evêque apparte-

Premiers
affranchisse-
ments des
campagnes.

Ces articles du traité nous conduisent à mentionner les affranchissements à la loi de Beaumont, qui commencèrent alors pour nos campagnes, où l'on ne sentait pas moins qu'en ville le besoin d'un régime plus libre. Déjà, à l'occasion de Montmédy, nous avons indiqué les affranchissements qu'obtinrent, vers cette époque, plusieurs villages du comté de Chiny, territoire bien placé pour recevoir par voisinage la première influence de la nouvelle loi. Thibauld de Bar l'accorda en 1243 à Varennes, et, en 1246, à Clermont, avec des restrictions que l'on peut voir dans ses chartes (1). Pour l'évêché, nous trouvons le premier octroi formel de cette loi de Beaumont à Romagne et Chaumont sous Mureau, par Raoul de Torote, en 1238 : puis l'élu Jean fit, en 1248, concession pareille à Rupt et Amblonville (2), ainsi qu'à Villers devant Mangiennes. Il est à remarquer que ces trois premières chartes concernent des villages où l'évêché, seigneur dominant, avait des co-seigneurs feudataires, Pierre de Mureau au ban de Romagne et Chaumont; Saint-Paul à Rupt et Amblonville, aussi bien qu'à Villers. Ces seigneuries partagées amenant de fréquentes complications, les seigneurs, après s'être réservé chacun ce qu'il lui fallait pour l'usage particulier de sa maison, mirent le reste en commun, supprimèrent leurs bornes, et firent du tout « neuve ville, à la loi et franchise

naient à l'évêché, celui-ci reconnaissant, de son côté, qu'elle pourrait retenir l'eau aux vannes, en cas de besoin de défense militaire, et s'engageant, en outre, à ne faire là aucune construction préjudiciable à la Fermeté. Charte ci-dessus, tom. I. p. 512, note 4.

(1) Charte de Varennes, dans D. Calmet, Preuves II. 458, 1re édit. Elle met les bourgeois, aussi bien que le châtel de cette ville, à la franchise de Beaumont, tandis que la charte de Clermont ne prononce pas le nom de cette loi, n'accorde qu'une simple mise à assise *(ad assisiam posui)*, et n'est donnée que pour le châtel seul. Toutes deux renferment les restrictions dont nous avons parlé, t. I. p. 452, au sujet de la remanence des bourgeois qui s'en iront « on royaume, ou en Metz, ou en Verdun, » porte la charte de Varennes : celle de Clermont explique le mot royaume : *in regnum Franciæ, vel in terram regis Navarræ* (Champagne). Dans les Preuves de Roussel, p. 14,15.

(2) M. Digot, Hist. de Lorraine, II. 112, dit mal à propos Rupt-aux-Nonains. La charte porte : Reux (Rupt) et Amblonville.

de Biaulmont, » sauf restrictions et modifications spécifiées dans les actes. Ce fut ainsi que la loi de franchise
entra dans l'évêché. Les chartes d'Orne, en 1251 et 1252,
par l'évêché, de concert avec Jacques, chevalier du lieu,
et le Chapitre de la Madeleine, seigneur pour un tiers, sont
un autre indice que la « neuve ville, à la loi de Beaumont »
servit d'abord, chez nous, d'expédient à arranger les discordes des co-seigneurs; et il est encore à dire que l'élu
Jean alla plus loin, et affranchit aussi Charny, où il était
seul seigneur; mais cette charte n'est connue que par la
rénovation qu'en accorda, avec clauses plus amples, Henri
d'Apremont, en 1337. Les détails de ces choses nous con-
duiraient ici trop loin : nous en reparlerons dans un chapitre particulier.

La Commune fit, en 1251, un pas pour sortir de la nullité où l'avait réduite Guy de Melle, et où menaçait de la
retenir longtemps le bon accord de l'évêché avec le comte
de Bar Thibauld II. Elle n'avait aucun grief contre eux;
mais elle ne voulait point non plus qu'ils la crussent à leur
merci; et, pour leur montrer qu'elle aussi pouvait avoir des
chevaliers, elle fit, sans permission, alliance avec le comte
Henri VI de Grand-Pré. C'était un grand feudataire de
Champagne, allié aussi du comte de Bar : de sorte que
celui-ci ne pouvait s'offenser de la démarche; mais, comme
les accords des féodaux entre eux étaient chose changeante,
les intéressés se trouvaient avertis qu'en cas de rupture
avec eux, notre Commune ne demeurerait pas absolument
sans appui. Ce traité, qui fut scellé le lendemain de Pâque
1251, portait que si « aucun » voulait mettre siége devant
Verdun, le comte Henri marcherait à son secours, avec
vingt chevaliers et autant d'écuyers armés de fer, et soldés
par la Ville, six sous par jour les chevaliers, un sou les
écuyers. A son arrivée, le comte se réservait de désigner
quatre citains, qui jureraient de priser en bonne foi, et
dans les trois mois après la paix ou la trève, l'indemnité à
lui allouer pour harnois perdus, ou endommagés dans les

Traité
de la Commune
avec le comte
de Grand-Pré.

batailles. On devait partager par moitié le butin et les ran-
çons, chacune des parties pouvant néanmoins échanger ses
propres prisonniers contre ceux que l'ennemi aurait fait
sur elle. Les citains demeuraient maîtres de faire paix et
trève quand ils le jugeraient opportun, en y comprenant
toutefois leur allié. Pour les expéditions hors la ville, le
comte promettait pareille quantité d'hommes; mais il ne
devait marcher ni contre la Champagne, sa suzeraine, ni
contre Bar, son allié (1). — Ces stipulations sont les premières de cette sorte dont les articles nous soient connus :
notre Commune des temps suivants, et jusqu'à la fin du
moyen âge, en fit beaucoup d'autres pareilles avec les
princes et seigneurs ses voisins; et on en mentionne également beaucoup dans l'histoire de la Commune de Metz.

Joinville.
Croisade de 1248

Ce comte Henri de Grand-Pré était beau-frère du bon et
célèbre Joinville, l'historien de saint Louis, et l'un de ses
compagnons à la croisade de 1248. Ce qui se passa alors
prouve qu'il y avait à Metz de riches prêteurs d'argent, sur
bonnes hypothèques : car Joinville raconte qu'avant de
partir, il alla laisser en cette cité, « grand foison de sa terre
en gage; » et nous trouvons chez nous, parmi les dettes de
notre évêché, que paya l'évêque Robert de Milan, une
somme de mille livres, empruntées par Guy de Melle à
Garsile le Hungre, de Metz, sous la caution de Thibauld II
de Bar (2). Aux fêtes de Pâque 1248, Joinville, étant sur son
départ, eut l'allégresse de fêter, avec son frère le sire de
Vaucouleurs, la naissance de son premier né, qu'il titra
sire d'Ancerville : puis, prenant congé des chevaliers venus
à la fête, il leur dit : « Sires, je m'en vais outre mer; et ne
sais si reviendrai-je; voyez si vous ai en rien méfait; » et il
répéta ces paroles au commun peuple de sa terre. Il s'em-

(1) Roussel, ne connaissant ce traité que d'une manière vague, suppose
que l'émoi où il mit l'élu Jean le décida à consentir au rétablissement de la
Commune, telle qu'elle avait été sous Raoul de Torote. C'est une conjecture
peu en harmonie avec les dates : car l'alliance de 1251 avec Grand-Pré est
postérieure de trois ans au rétablissement de la Commune en 1248.

(2) V. encore la charte ci-dessus, p. 440, note 2.

barqua avec Joffroy et Gobert d'Apremont, les deux fils de
Gobert le Bienheureux, « en une nef, dit-il, que nous louâ-
mes, pour ce que nous estions cousins; et passâmes la mer
à tout vingt chevaliers. » Joffroy, qui était comte de Sarrebrück par sa femme, ne revint pas : il mourut en Egypte;
et Gobert fut son héritier, par testament fait au camp de la
Massoure en Egypte, en janvier 1249, c'est-à-dire 1250
avant Pâque. Nous remarquons encore dans Joinville le
passage où il dit que la bannière monseigneur d'Apremont
était portée par Gauthier de la Horgne : ce qui pourrait
indiquer que les Sarrebrück possédaient déjà Commercy,
dont l'histoire est fort obscure à cette époque (1). Le comte
Thibauld fut l'un de ceux que saint Louis envoya en Italie,
en 1247, pour y faire préparer les navires nécessaires à
l'expédition (2) : car alors, à la différence des anciennes
croisades, on ne prenait plus que la voie de mer. Joinville
apprit, sans regret probablement, que le soudan avait, dans
un accès de jalousie et de crainte, fait mourir les émirs
qui, en 1239, avaient déconfi les infortunés comtes Henri
de Bar et Montfort l'Amaury : et saint Louis refusa de
conclure une trève avant qu'on lui eût renvoyé, pour être
enterrées par lui, « en terre benoite, » les têtes des chrétiens qui, depuis cette funeste déroute, pendaient, comme
trophées, aux remparts d'Acre et du Caire.

Le jour même de la prise de Damiette par saint Louis,
25 mai, ou saint Urbain 1249 (3), on posa chez nous la première pierre de la magnifique église Saint-Paul, achevée

Eglise St-Paul
commencée.

(1) C'est le moment où Commercy passa de la maison de Broyes dans
celle de Sarrebrück. La généalogie de Briey dit, p. 33, que Laure de Sarrebrück, femme de Joffroy d'Apremont, étant morte sans enfants, le comté
de Sarrebrück échut à sa sœur Mahaut (Mathilde), laquelle épousa Amé de
Montbéliard. On trouve ensuite, dans l'histoire de Commercy, que Simon
de Montbéliard, fils de Mahaut, épousa l'héritière des Broyes, en 1265.

(2) Michaud, Hist. des Croisades, IV. 191. — La terre de Joinville était un
fief de Champagne.

(3) Ainsi marqué dans la Chronique ms. de Saint-Paul, p. 279; mais le
synchronisme n'est pas rigoureux; car Damiette ne fut prise que dans les
premiers jours de juin 1249. V. Michaud, Croisades IV. 251, note.

vers 1320, et détruite en 1552. Le motif de cette grande
entreprise fut que la guerre de Guy de Melle avait fort
endommagé les anciens édifices; mais l'opulence de Saint-
Paul brillait au-dessus de ces désastres; et il résolut, non-
seulement de réparer les dégradations, mais de construire
tout à neuf une basilique, sur le plan et modèle des cathédrales françaises, où l'on travaillait alors selon les règles
d'une nouvelle et merveilleuse architecture, celle de l'art
gothique, qui atteignait sa perfection. L'œuvre fut en effet
exécutée; et Saint-Paul eut la plus superbe église du pays,
aussi grande, et bien plus belle que notre cathédrale: nous
dirons ailleurs ce qu'on sait de ce temple, qui mérite que
l'on recueille tous les souvenirs qu'il a laissés. Il y en avait

**Décadence
à St-Vanne.**

un autre, non moins grandiose, entrepris dès le commencement de ce siècle à Saint-Vanne, par l'abbé Louis (1),
encore à l'ancienne et solide mode que nos archéologues
nomment romane : il avait encore plus souffert de la guerre
que Saint-Paul; et il n'eut pas, comme lui, le bonheur
d'être achevé : néanmoins l'abbé Guillaume, qui en poursuivait la bâtisse, fit d'abord face aux contre-temps; et,
malgré une taxe de mille livres que les collecteurs d'Innocent IV jetèrent sur son abbaye, tout marchait encore à sa
mort, en 1259 : il laissa même des joyaux, entre autres
une jolie statue d'argent de Notre-Dame, et un précieux
évangéliaire, dont on prit ensuite les couvertures pour faire
des portes de tabernacles; mais la décadence vint après
lui (2). Il fallut payer, pour son successeur, les frais d'un

---

(1) Ci-dessus, p. 347. Le nécrologe a conservé le nom de l'architecte :
xv kal. martii, obiit magister Nicolaus, qui sumptuosum opus antiquum primum
incœpit, tempore Lodoïci abbatis. La belle arcade romane du portail, et ce qui
reste encore de l'une des tours, étaient de cette ancienne œuvre.

(2) Kalendis novembris, obiit Guillermus, abbas xxii, et sepultus est, die
sequenti, ab episcopo Roberto, in dextrá parte novi operis. Qui in eodem opere,
et in multis aliis, fidelis inventus est, sicut prœcessor ejus. Autres détails, dans
le ms. moderne de la chronique de Saint-Vanne. — Et vacavit sedes, per
octo annos, durante lite inter duos electos; et, propter hoc, sumptuosum opus
monasterii cessavit, multis impignorationibus et damnis ecclesiœ illatis. Briéve
chronique, dans Labbe, I. 402.

les attaques et les défenses des belligérants s'étaient éten-
dues sur tout le front nord-ouest de la ville, de la colline à
la rivière. C'est la première fois que nous trouvions chez
nous pareil usage des indulgences : dès 1240, l'évêque de
Metz Jacques de Lorraine, successeur de Jean d'Apremont,
avait eu recours à ce moyen (1), qui figura ensuite dans les
ressources ordinaires des grandes constructions religieuses, jusqu'à l'insurrection de Luther contre les quêteurs
de Saint-Pierre de Rome. Les amères doléances des moines
de Saint-Vanne, au sujet des mille livres que leur firent
payer les collecteurs romains, prouvent que, bien qu'ils dé-
clamassent contre l'empereur Frédéric, en style du temps
des Investitures, ils montraient beaucoup moins de zèle,
quand le pape s'adressait à leur bourse (2). Le Chapitre
aussi murmurait contre Rome : il avait déjà vu, avec mauvaise humeur, qu'elle eût disposé d'une de ses prébendes
en faveur de Saint-Nicolas; et il éclata quand on lui signifia
des bulles expectatives, c'est-à-dire des ordres de conférer
ses premières places vacantes aux gens désignés dans ces
bulles. On n'a pas les détails de cette affaire, qui fut poussée au point qu'il y eut des censures fulminées, et que
l'église fut mise en interdit (3).

terium, ratam habentes, idem fossatum dictis fratribus dedimus et concessimus...
1247 (48) *mense februarii.*

(1) Sa lettre, dans les Preuves de l'Hist. de Metz, III. 193.

(2) *Fredericus imperator, in superbiâ et abusione, rabie efferatâ et fraude
hæreticâ, serpentino lapsu, etc. Innocentius verò papa, fidei armatus clypeo...,
pro tuitione ecclesiæ libertatis..., exactionibus inauditis et importunis cœpit
omnem ecclesiam et monasteria enormiter exhaurire, ità quòd vicenariam, deindè denariam partem omnium reddituum, in donativis militiæ sibi dari ab omni
ecclesiâ et monasterio compelleret, eos verò qui negarent excommunicationis
sententiâ percelleret. Cardinales verò hinc, summus pontifex indè, tàm in vice-
nario quàm in denario, tàm in pensionibus quàm in procurationibus et subven-
tionibus, in mille libras ecclesiam nostram gravaverunt.* Fin de la chronique
de Saint-Vanne. Spicil. XII. p. 347,48.

(3) « *Mandatum* du pape Innocent IV, donnant pouvoir à l'abbé de Saint-
Paul d'absoudre le Chapitre de l'excommunication par lui encourue pour
n'avoir pas voulu recevoir à des prébendes vacantes des sujets nommés et
pourvus par le Saint-Siége. De l'an 1251. » Invent. des archives de la cathédrale, layette I. des lettres de Rome, n° 7.

L'élu Jean allégea la dette de l'évêché, par sa bonne administration, et par les ressources de finance extraordinaire qu'il sut se procurer. Il tira d'abord de la Ville deux mille livres fortes, pour la rénovation du traité communal: puis, s'adressant au clergé, il lui fit payer somme pareille, et même plus forte, avec grande bienséance, et en vertu de brefs et de bulles de Rome, comme il convenait entre gens d'église. Ces brefs, ainsi que nous l'avons dit, avaient été apportés par Jacques de Troyes, avec la bulle confirmative de son élection. Ils étaient au nombre de quatre : deux pour arrêter les poursuites importunes des créanciers, et deux autres pour faire trouver les fonds nécessaires au paiement. Les premiers statuaient, contrairement aux promesses extorquées par les Maneti à Raoul de Torote, qu'il serait fait enquête sur l'origine des dettes; que l'évêché ne serait responsable que des sommes réellement reçues par lui et pour lui, et qu'en attendant le résultat de ces recherches, toutes poursuites de créanciers seraient suspendues, même celles qu'on avait autorisées par lettres apostoliques, l'évêque s'engageant à ester à droit sur les difficultés qui pourraient surgir. On ne sait si ce règlement diminua beaucoup le chiffre des créances : ce qui est certain, c'est que l'obligation de Raoul de Torote aux Maneti, faite en avril 1229, fut encore présentée en 1267, avec un visa du Chapitre de Saint-Pierre de Rome, du 25 juin de cette année. Quant aux voies et moyens de paiement, ils furent plus efficaces : le pape assigna, pour fonds d'amortissement, d'abord une annate, c'est-à-dire une année de revenu de tous les bénéfices qui vaqueraient, pendant les six ans suivants, dans la ville et le diocèse de Verdun (1),

---

(1) *Innocentius, etc., dilecto filio J.* (Jacques de Troyes), *electo Virdunensi... Devotioni tuæ retinendi per annum proventus omnium beneficiorum quæ in civitate ac diœcesi Virdunensi usquè ad sex annos vacare contigerit, pro debitorum solutione dictorum..., reservato tamen ex ipsis proventibus undè in eisdem beneficiis facias interim per personas idoneas deserviri... Datum Lugduni,* VII *kal. septembris, pontificatûs nostri anno quarto.* — Il y eut prorogation pour trois ans, en 1256.

ensuite une somme de deux mille livres tournois à répartir
sur le clergé par trois commissaires, qui furent les abbés
de La Chalade et de Châtillon, et le doyen de la chrétienté
de Mangiennes, avec pouvoir de statuer sans appel, et de
l'avis de l'évêque, sur toute opposition ou réclamation.
Dans une phrase de ce bref, le pape manifeste sa surprise
de se voir obligé de prendre pareilles mesures pour l'église
de Verdun qui, dit-il, est renommée par sa noblesse et sa
richesse (1). Tous ces brefs sont datés de Lyon, 25 et 26
août 1247, quatrième année d'Innocent IV. Des autres
pièces de cette affaire il résulte que les remboursements
qu'avait pu faire Raoul de Torote, pendant son long épiscopat, étaient plus que balancés par les emprunts de Guy de
Melle, lors de sa guerre. Parmi les nouveaux créanciers,
figurait le comte Thibauld, pour quatre mille ou, comme
dit sa quittance, de décembre 1259, pour « quarante cents
livres fortes, que messires Robert, par la grâce de Deu
évesque de Verdun, m'a paieies par ses devanteriens, que
ils me dovoient : » ce qui indique qu'en 1246, Thibauld
avait aidé Guy de Melle tant en hommes qu'en argent.

   L'élu Jean, qui n'avait que l'ordre de diacre, ne pontifiait
ni ne disait jamais messe : cependant son administration
au spirituel fut digne d'éloges, et lui valut, dans nos
nécrologes, la mention d'homme vénérable et de pieuse

(1) *Innocentius..., dilectis filiis de Castellione et de Calladid abbatibus, et
decano christianitatis de Magine, Virdunensis diœcesis... Sanè dilectus filius J..
Virdunensis electus, in nostrá proposuit præsentiá constitutus, quòd ecclesiæ
Virdunensis tanto premitur onere debitorum quòd, nisi ei per apostolicæ sedis
providentiam celeriter succurratur, verendum est ne absorbeatur penitus voragine
usurarum..., cui tantò magis compatiendum existit quantò minus novit paupertatis incommoda sustinere, quæ nobilitate præesse, et gaudere consuevit bonorum
temporalium ubertate. Nos igitur, etc., de omnibus proventibus ecclesiarum,
monasteriorum, dignitatum, præbendarum, etc., summam duarum millium libr.
turon. percipiendam, per trium annorum spatium, duximus concedendam....
imponentes proportionaliter, juxtà datam vobis à Deo prudentiam, in prædictorum debitorum solutionem, per manus vestras, de ipsius electi consilio, totaliter
convertendam..., contradictores per censuram, appellatione postpositá, compes-
cendo. Volumus autem ut quidquid super hiis duxeritis faciendum, nobis vestris
litteris rescribatis... Datum Lugduni, VIII kal. septembris, pontificatus nostri
anno quarto.*

dans les ordres, les autres simples clercs prébendés; les premiers seuls ayant voix en Chapitre et séance sur les hautes stalles. Il est remarquable, que ni dans le statut même de 1248, ni dans le bref par lequel Innocent IV l'approuva, à Lyon, le 27 juin de la même année, ni enfin dans la commission exécutoire adressée à l'abbé de Saint-Paul, il ne soit pas dit un mot de l'évêque : ceci indique

Exemption du Chapitre.

que le Chapitre se mettait, par rapport à lui, en possession de l'exemption, ou indépendance qu'il garda jusqu'à la fin du XVIIe siècle, et dont il ne se laissa alors débouter qu'après un procès de vingt ans, et à force d'arrêts du Conseil. Les détails du statut présentent aujourd'hui peu d'intérêt : il distingue les assistances, ou distributions quotidiennes, qui n'appartenaient qu'aux membres présents, et le gros de prébende auquel on n'avait droit que par la résidence de 27 semaines, soit continues, soit par parties; et il y avait des jours et temps d'excuse pour les archidiacres en visite des paroisses, pour les étudiants aux universités, pour les trécensiers faisant valoir, dans le domaine, les anciens manses dominicaux, que l'on appelait alors trescents, parce que le Chapitre en avait tout le cens, ou revenu, comme s'étant réservé ces terres, en propriété et jouissance directe au milieu des bans de main-morte : enfin le doyen pouvait encore accorder des jours d'excuse à ceux des membres du corps qui n'osaient paraître en public, étant impliqués dans des inimitiés dont la paix, ou trève n'était pas faite. Cet étrange article nous révèle l'état de trouble et d'anarchie sanglante qui régnait assez souvent dans les villes du moyen âge : nous en verrons bientôt un échantillon dans la guerre civile de nos lignages. Ce fut sous l'élu Jean, et par lui, que les frères qui desservaient nos hôpitaux se constituèrent en corporation religieuse (2); et il

---

(1) *Item si quis canonicus, incepto stagio suo, incurrerit inimicitias quare non audeat esse in ecclesia, licentiatus à decano vel à Capitulo faciet stagium suum, quamdiu inimicitiæ durabunt.*

(2) Ci-dessus, p. 262.

reste, au sujet de la cure de Rouvre, qu'il donna à Saint-Paul, une charte où l'on voit qu'il tenait pour suffisante à l'entretien d'un curé de campagne une portion congrue de 25 livres fortes (1). Il mourut le 11 août 1253 (2), et fut inhumé au Vieux-Chœur, à côté de son oncle Raoul de Torote (3). Dans la fondation de son anniversaire, il prévit le cas où le Chapitre, « lié par quelque sentence, » ne pourrait officier au jour assigné (4) : ceci concerne les interdits où les pourvus en cour de Rome faisaient mettre l'église, quand elle refusait de les installer; et il paraît, aux termes de cette charte, que ce singulier procédé entrait dans les éventualités à prévoir.

Mort de l'élu Jean.

Cette année 1253, le comte Thibauld étant allé secourir sa belle-mère Marguerite de Flandre, qu'attaquait le comte de Hollande, devenu empereur Guillaume, fut battu avec les Flamands, fait prisonnier, et eut un œil crevé, dans une sanglante bataille, livrée le 4 juillet, près de West-Kappel, ville aujourd'hui engloutie dans la mer. Guillaume était le rival suscité par le pape à Conrad, fils de Frédéric II; et il devint seul empereur après la mort de Conrad, le 21 mai 1254; mais, au commencement de 1256, il se noya dans un marais, dont la glace se rompit sous les pieds de son cheval; de sorte que le grand interrègne continua. En même temps que Thibauld, furent pris ses deux beaux-frères, fils de Marguerite : et saint Louis, peu après son retour de la croisade, vint en personne à Gand, le 1er novembre 1254,

Le comte Thibauld prisonnier.

(1) *Pastoriam de Rourc, cujus jus patronatûs ad vos dinoscitur pertinere, conferimus, post decessum Richardi, ipsius ecclesiæ pastoris.* Ainsi il ne suffisait pas que les moines blancs eussent le patronage d'une cure pour qu'ils pussent la transformer en cure régulière : il fallait que l'évêque leur en eût accordé la *pastoria.*

(2) Et non 1252, comme le disent Wassebourg et Roussel : car, le 21 décembre 1252, il mit son sceau, avec Gobert d'Apremont, à une charte du cartulaire, p. 15.

(3) Son épitaphe, au mur du Vieux-Chœur : † *Tertio idus augusti : o. (obiit) Johs Dax : electus Virdunensis.* Au nécrologe: *venerabilis vir Johannes de Aze, Vird. electus.*

(4) *Et sciendum quòd si fortè contingeret ecclesiam Virdunensem, vel dictum Capitulum aliquà sententià ligari, vel à loco suo recedere, etc.*

demander à Guillaume la liberté de ces prisonniers; mais celui-ci ayant fait des conditions trop dures, les captifs ne furent délivrés que plus tard. Pendant ce temps, Thibauld, qui s'ennuyait dans ce pays « thyois » (allemand) de Hollande, fit une mélancolique et gracieuse chanson, à la manière de son homonyme le roi de Navarre Thibauld de Champagne : c'est un échantillon, bon à connaître, de notre poésie chevaleresque du XIIIe siècle : et nous la donnons, en changeant l'orthographe de quelques mots, pour n'avoir pas à les expliquer :

Sa chanson.

I.

De nos barons, que vos est-il avis,
Compains Erard? Dites votre semblance :
En nos parents, ni en tos nos amis,
Avez-y vos nulle bonne attendance,
Par quoi fussiens hors du thyois pays,
Où nos n'avons joie, solaz, ne ris.
Au comte Othon ai moult grant espérance (1).

II.

Duc de Braibant, je fus jà votre amis,
Tant comme fus en ma libre puissance.
Se vous faisiez de rien nulle entrepris,
En moi peuviez avoir moult grant fiance.
Por Dieu vos prie, ne me soyez eschis!
Fortune fait maint prince et maint marchis
Meillors que moi, venir à meschéance.

III.

Belle meire, ai-je à rions à vos métis,
Par quoi eusse votre male veuillance,
Dès celui jor que votre fille pris?
Vos ai servi loiaument dès m'enfance.
Or suis, por vos, ici liés et pris,
Entre les mains mes morteus ennemis,
S'avez bon cuer, bien en prendrez vengeance.

IV.

Bon cuens d'Alost, se par vos suis hors mis
De la prison où je suis en doutance,
Où, chacun jor, me vient de mal en pis,
Tosjours y suis de la mort en balance,
Sachiez, por voir, se vos m'êtes aidie,
Vôtre serai, de bon cuer, à tos dis (jours, *dies*).
Et mes povoirs, sans nulle retenance.

(1) *Compains*, compagnon. *Semblance*, ce qu'il vous semble. *Solaz*, consolation. — Le comte Othon doit être Othon le Boiteux de Gueldre.

V.

Chanson, va, dis mon freire lou marchis (1),
Et mes hommes ne me fassent faillance.
Et si diras à ceux de mon pais
Que loiauté maints prod'hommes avance.
Or verrai-je qui sera mes amis,
Et connoîtrai trestous mes ennemis.
Encore aurai, se Dieu plaist, recovrance (2).

Cette complainte est belle et touchante; mais l'empereur Guillaume n'était pas homme à relâcher un tel prisonnier pour des vers; et tout ce que purent faire les amis de l'infortuné comte fut de l'aider à chercher de l'argent pour sa rançon. Notre Chapitre prit part à la bonne œuvre, en empruntant pour lui, et en versant à son frère Renauld, sire de Pierre-Pont, une somme de 500 livres, en forte monnaie de Provins (3) : dans la suite, les deux frères se brouillèrent, Renauld n'étant pas content de son apanage de Pierre-Pont, et réclamant mille livres, qu'on lui avait

Prêt
et transactions
entre le Chapitre
et le comte
Thibauld.

(1) Ce doit être son beau-frère Henri de Luxembourg que, dans une charte de 1248, il appelle « marchis de Erlons (Arlon), mon freire. » Ils avaient fait paix et alliance, en cette année 1248, Thibauld s'engageant à aider Henri de tout son pouvoir, « fors que contre l'empereur de Rome, lou comte de Champaigne, roi de Navarre, l'évesque de Verdun et les citains de Verdun. Et si bestens étoit entre lou comte de Lucembourg, mon freire, et les citains de Verdun, li cuens de Lucembourg, mon freire, m'en doit croire ; et, si les citains de Verdun ne m'en voloient croire, je suis tenu à aidier lou comte de Lucembourg, mon freire, contre ous... Septembre 1248. » Ainsi la Ville était avertie que, dans le cas où elle ne se soumettrait pas à l'arbitrage du comte Thibauld, il y aurait contre elle coalition de Luxembourg et de Bar. On ne vit que trop l'effet de cette menace, dans le siécle suivant.

(2) M. Leroux de Lincy, dans son Recueil des chants historiques français, attribue cette chanson au comte Henri Ier, mort au siége de Saint-Jean d'Acre, en 1191; mais le 3e couplet, adressé à la belle-mère pour laquelle Thibauld est « lié et pris, » ne s'accorde pas avec cette supposition. Dans le manuscrit de la bibliothèque impériale, la chanson est ornée d'une belle initiale représentant le comte Thibauld sur un coursier caparaçonné d'un long drap d'azur parsemé de bars et de croisillons.

(3) Je Renauls, chevalier, freire lou comte de Bar, fais savoir que li doïen et li Chapitre de la grant église de Verdun ont paiei et délivrei, par ma volontei, à Jehan de Saint-Mihier, lou clerc mon freire Thibauld, comte de Bar, cinq cens livres de Provenisiens forts de Champaigne, que ils ont empruntei, por la délivrance mon freire devant dit..., lou mardi devant mi-karesme, quand li miliaires corroit par mil dous cens cinquante trois ans. (1254 av. P.) Cartul. p. 136.

promises pour son voyage d'outre mer : saint Louis s'entremit, en 1268, pour pacifier leur différend. Thibauld était de retour à la Toussaint 1255, jour auquel il assista à la dédicace de l'église des dames de Sainte-Hould, près Bar : vers ce même temps, il perdit sa première femme Jeanne de Flandre, à la place de laquelle il épousa Jeanne de Tocy, qui lui donna la nombreuse postérité dont nous avons parlé. — Il y avait déjà longtemps qu'il était en transactions pécuniaires avec le Chapitre, duquel il tira, de 1247 à 1252, quinze cents livres fortes, pour rachat de voueries et autres droits, ou prétentions, dans la prévôté de Foameix (1); et il est probable que les 500 livres du prêt versé

Harville, prévôté mi-partie.

à Renauld furent le prix de pareil rachat pour les villages de la prévôté de Harville (2); mais, en 1315, le comte Edouard força le Chapitre de l'associer pour moitié au domaine de cette prévôté, qui devint ainsi, et demeura jusqu'à la fin, mi-partie Barrois et Chapitre.

(1) Ci-dessus, p. 217, note 3. Les chartes, au cartulaire, p. 33 et 27, verso.

(2) L'acte semble une donation pure et simple; mais la coïncidence du prêt est à noter; et c'était déjà sous forme de donation qu'en 1221, la Madeleine avait offert sa terre de Makeren à Saint-Euchaire, pour obtenir de lui l'échange d'Etain. Ci-dessus, p. 577, et charte, dans Berthollet, t. VII. Preuves, p. 1. Nous avons cité, dans notre tom. I. p. 436, une charte constatant qu'en 1250, le Chapitre avait, au ban d'Harville, les mortemains et la vicomté « qu'on appelle centaine : » par conséquent les droits de Thibauld ne devaient venir que d'avouerie. le fonds appartenant à l'église, depuis la donation de *Hairici villa*, par Childebert. En 1310. Richard de Marchéville, chevalier, rend témoignage que les habitants d'Harville sont sujets de l'église de Verdun, de mortemain et autres servitudes. (Husson, Simple crayon, art. Marchéville). — Voici la charte de Thibauld : « Je Thiebaus, cuens de Bar..., ai donnei, por Deu et en amone, au Chapitre de la grant église de Verdun, à tous jours, toute la vouerie de Harville, de Pareis, de Moulite (Moulotte), de Wareville, et Thimeville (ces deux derniers villages n'existent plus), et tote la seignorie et le fiei, en tos prous et en tos us, sans riens à retenir. Et cest don et ceste amone ai-je fait par lou créans monsignor Joffrois de la Tour en Weivre, et de ses enfans (les sous-voués), et par lou los et lou créans monsignor Renauls, mon freire, et messire Arnous, cuens de Los et de Chiny (à cause de sa femme, Sibylle de Bar), mes fiaubles... Leurs trois sceaux, en ces lettres, qui furent faites le lundi devant feste saint Grégore (12 mars), quand li miliaires corroit par mil dous cens LIII ans. (1254 av. Pàque.) Cartul. p. 84, verso.

Jacques de Troyes, qui fut évêque après l'élu Jean, ne
parvint point par sa noblesse, car il était fils d'un cordonnier; et jamais il ne se donna faux air de gentilhomme.
Quand il fut devenu pape Urbain IV, il envoya à l'église
qu'il fit construire en sa ville natale, une grande tapisserie
où, par allusion au métier de son père, il voulut qu'on bro-
dât çà et là des souliers (1). Ceci prouve qu'il ne reniait pas
sa naissance, et semblait au contraire en faire quelque
parade, croyant, non sans motif, qu'elle prouvait en faveur
du mérite qui l'avait élevé si haut. Il y avait d'ailleurs, en
ce temps, des magnificences de cordonnerie: car les riches
du monde aimaient les belles chaussures, en cuir de Cor-
doue, ou cordouan, (d'où est venu le mot cordonnier, qu'on
écrivit longtemps cordouanier : l'ancien nom était sueur,
sutor) : on en portait de toutes couleurs, en brocart d'argent ou d'or, dans les assemblées; et il y avait encore les
fameux souliers à la poulaine, contre lesquels invectivaient
les prédicateurs ennemis du luxe. Cet évêque se nommait
Jacques Pantaléon de Court-Palais : il était élève de l'Université de Paris, où il avait grade de maître-ès-arts et de
docteur en décrets, c'est-à-dire en droit canon. Nous avons
raconté son histoire, jusqu'au moment où il vint prendre
possession de notre évêché, au commencement de 1254.
Innocent IV, qui vieillissait et ne voulait pas mourir sans
avoir assuré la position de ce fidèle serviteur, lui donna, le
18 décembre 1253, des bulles ne mentionnant, ni son élection de 1247, ni aucune autre (2) : ce qui a fait dire à nos

Episcopat
de Jacques
de Troyes.

(1) Monteils parle de ce tapis, Hist. des Français des diverses conditions,
II. 65.

(2) *Innocentius, etc., dilectis filiis Capituli Virdunensis... Nos, qui ex jugo
apostolicæ servitutis universis sumus ecclesiis obligati..., ne damna gravia ex
longá vacatione, etc., dilectum filium Jacobum de Trecis, archidiaconum Laudu-
nensem, capellanum nostrum, virum utiquè litteratum, morum honestate conspi-
cuum, etc., acceptumque nobis et fratribus nostris, vobis in episcopum et pastorem præfecimus, de fratrum nostrorum consilio, et apostolicæ plenitudine potestatis... Datum Laterani, xv kal. januarii, pontificatûs nostri anno undecimo. —
In cumdem modum, clero civitatis et diœcesis.—Vasallis ecclesiæ Vird.—Populo
civitatis. — Jacobo de Trecis, Virdunensi electo. Discretioni tuæ, per apostolica*

auteurs modernes que, par cet acte, avait commencé la possession où les papes se mirent ensuite de nommer à nos évêchés sans élection capitulaire; mais nous en reverrons pour les évêques suivants; et Jacques lui-même avait été élu par le Chapitre, après le départ de Guy de Melle. Il est probable que, lorsque l'élu Jean mourut, le 11 août 1253, il fut dit que cette élection de 1247 sortirait effet, et qu'on n'en ferait pas d'autre, tant que Jacques n'aurait pas manifesté ses intentions. Nos chartes, jusqu'à la fin de 1254, ne le qualifient que d'élu : ce qui prouve que, bien qu'il eût été deux fois légat, il n'était pas sacré, lorsqu'il vint se faire installer à Verdun. Au reste, il n'avait pas perdu l'évêché de vue : et il eut soin, avant de quitter la cour romaine, de se faire donner un bref de prorogation, pour trois ans, de l'annate des bénéfices, qu'il avait déjà obtenue, puis transmise à l'élu Jean, pour l'extinction des dettes (1). Il était au mieux avec le comte Thibauld qui, dans la suite, ne parlait de lui qu'en l'appelant son compère le pape, parce qu'ils avaient été parrains ensemble, pendant l'épiscopat du pontife à Verdun (2). A cette époque, on donnait aux enfants plusieurs parrains et marraines, qui dès lors se traitaient en parents.

L'épiscopat de Jacques de Troyes à Verdun fut court; mais il en reste un acte mémorable, la sentence arbitrale de 1254, qui fit entrer la Commune dans la voie où bientôt après, elle trouva sa constitution définitive. Il s'agissait des

scripta mandamus, quatenùs humiliter suscipiens impositum tibi à Domino onus, ad prædictam ecclesiam te transferre procures, etc.

(1) Alexander, etc., venerabili fratri episcopo Virdunensi... Felicis recordationis Innocentius papa, prædecessor noster, ecclesiæ Virdunensi quæ, sicut te intimante acceperat, à quondàm prædecessoribus tuis usquè ad summam viginti millium librarum turonensium, et ampliùs, gravata est æris onere alieni...., retinendi, per unum annum, proventus beneficiorum quæ in civitate ac diœcesi vacare contigerit, usquè ad triennium tibi concessit. Nos igitur, etc. Datum Neapoli, VII kal. martii, pont. nostri anno primo, 25 février 1255.

(2) Cui (Urbano papœ) idem comes Theobaldus plurimùm confidebat, eò quòd idem papa episcopus fuisset Virdunensis : quo tempore idem episcopus compater dicti comitis effectus est. Richer de Senones, ch. dernier.

jurés de la vicomté, que l'évêque voulait rendre annuels,
et non plus décennaux, ou à longs termes, comme il les
avait trouvés, en vertu des engagements de ses prédécesseurs. Il lui semblait, avec raison, qu'un tel système finirait
par rendre la Commune indépendante : mais, pour ce
motif précisément, les bourgeois y tenaient; et ils avaient
le droit pour eux : car leur traité de 1248 avec l'élu Jean
devait durer douze ans, au moins, sans que, pour abréger
ce terme, l'évêché eût d'autre moyen que de rembourser
les deux mille livres du prêt : ce qu'il était hors d'état de
faire, dans l'état obéré de ses finances. Jacques, cherchant
le côté faible du traité de 1248, trouva que l'élu Jean y avait
excédé ses pouvoirs, en ce que, pour toute la durée de ce
traité, il s'était dessaisi, sans réserve, de ce que l'acte
appelait « les cheptels qui isseront de la vicomtei, » tandis
que, de droit strict, il ne pouvait abandonner sa moitié
que pour sa vie, sans anticiper sur les droits de ses successeurs : en conséquence il réclama, et demanda arbitrage,
qui fut rendu en ces termes :

« Nous Nicoles doien, et Oulri, provost de la Magdelenne et arcediacre; Et nous Richiers de la Fosse et Richart le jone (le jeune),
citains. Comme discord fust entre notre signor Jakes, par la grâce
de Deu l'eslis de Verdun, d'une part, et l'universitei des citains,
d'autre, sor ce que li devant dit eslis réclamoit les prous et les essues
de la vicomtei de Verdun, qui sienne est, liqueils li devant dite universitei li empeschoit à recevoir : et celle universitei dit que elle
avoit les devant dits prous en gaige de l'eslis Jehan, qui fut devantiers
à devant dit Jakes, pour dous (deux) mille livres de forts de Champaigne, si comme apparoist par les lettres; et li devant dit Jakes
redist encor que icelle gagieire estoit faillie par la mort à icelui
Jehan, son devantier, que ne povoit engagier l'héritaige de l'éveschié, fors que à sa vie. A la fin, les devant dites parties se minrent
sor nos, et prominrent fermement que ils tenroient de cest discord
tout quanque (quelconque) nos diriens et ordeneriens.

« Et nos disons et ordenons que l'universitei des citains présentera
chacun an, à feste saint Jehan-Baptiste à l'évesque de Verdun, ou à

Sentence
arbitrale
de 1254.

son commandement (à ses officiers) un prod'homme (1), à cui l'évesque, ou son commandement, commandera à warder la devant dite
vicomtei par lui : et cil prod'homme jurera devant l'évesque, ou
devant son commandement, que il wardera loiaulment la vicomtei, et
que il requerra et recepvra loiaulment les droits, et les prous et les
issues de la vicomtei, et les rendra loiaulment enticirement à l'universitei des citains de Verdun; et si en comptera chacun an devant
l'évesque, ou devant son commandement, quand il en sera requis de
par l'évesque, ou son commandement.

« Et se disons et ordenons que icelle universitei quittera en paiement des devant dites dous mil livres tous les devant dits prous et
issues qui isseront de la devant dite vicomtei : et, quand la devant
dite universitei aura reçeu d'iceulx prous et issues les devant dites
dous mil livres, ou quand li devant dit eslis Jakes, ou cils qui après
lui venront évesques de Verdun, rendra ou rendront à la devant dite
universitei ce que il défaulroit des devant dites issues jusque à dous
mil livres, la devant dite vicomtei, et quanques y appent, demorra
quitte et délivreie entieirement à l'évesque, à cui temps (dès le temps
que) seront paicies les devant dites dous mil livres, ou des devant
dites issues, ou en deniers, si comme avons nos devant dit.

« Et se disons encor des iawes (eaux) et des chemins de la citei de
Verdun, lesqueils partiennent à la vicomtei..... (Le reste de cette
charte manque au Cartulaire de l'évèché, n° 41 ; mais on sait par
l'Inventaire, art. Cité, n° 148, que la sentence était datée de
1254) (2). »

(1) Wassebourg, dans l'analyse qu'il donne de cette charte, p. 375, met
quatre prod'hommes; et Roussel, suivant son usage, le copie. Ils ont sans
doute cru que la sentence concernait l'institution annuelle des Jurés; mais,
ainsi que nous allons le voir, il ne s'agit que du vicomte, ou maître échevin;
et le texte du cartulaire de l'évêché, n° 41, porte formellement « un pro-
d'homme. » Il n'y a pas erreur de chiffre; car tous les verbes suivants sont
au singulier, et non au pluriel, comme les met Wassebourg.

(2) Wassebourg et Roussel, supposant que Jacques de Troyes ne quitta
Rome qu'à la mort d'Innocent IV, le 7 décembre 1254, racontent que l'arbitrage fut fait en conséquence d'une assignation au tribunal de la Rote
romaine. Nous ne trouvons dans les documents aucun vestige de cette assignation; et il est certain, par les chartes, que Jacques était en personne à
Verdun dès le commencement de 1254 : *Jacobus D. G. Virdunensis electus...
Ogerus de Dennevous, miles, de consensu Elisabeth uxoris suæ, in nostrâ præsentiâ, etc... Actum 1254, mense aprili.* Cartul. Saint-Nicolas. En lui donnant
ses bulles, du 18 décembre 1253, le pape lui avait enjoint d'aller à Verdun :
ut ad prædictam ecclesiam te transferre procures. Ci-dessus, p. 460.

On voit par cette sentence en quel état se trouvaient alors les choses communales. Pour le moment, l'évêque perdait son procès : car, non-seulement les arbitres ne lui adjugèrent pas sa prétention que l'engagement de la vicomté était « failli » par la mort de l'élu Jean, mais même ils ne lui reconnurent aucune part aux produits, tant qu'il n'aurait pas remboursé les deux mille livres, soit en deniers, soit par jouissance suffisamment longue de l'engagement par la Ville. D'un autre côté, tout en reconnaissant que les « prous et issues » devaient être entièrement versés à la Commune, le jugement obligeait celle-ci à les imputer, entièrement aussi, en déduction de la dette de l'évêché envers elle : et, pour prévenir toute fraude, il était dit qu'elle présenterait, chaque année, un prod'homme comptable, chargé de garder la vicomté pour l'évêque, et obligé de rendre comptes en audience épiscopale. Avec un tel système, rigoureusement suivi, l'engagement devait bientôt arriver à son terme; et il était temps d'y aviser, si l'on ne voulait courir la chance de prochaines et périlleuses luttes contre l'évêque et son ami le comte Thibauld.

C'est dans cette situation, et pendant la durée des vingt années environ qui suivirent 1254, que notre Commune passa du régime des engagements à long terme à celui de la Charte de Paix, qui fut sa constitution légale et définitive pour tout le reste du moyen-âge. La vicomté demeura toujours engagée; mais à charge par la Ville d'en renouveler tous les ans l'hommage, en prenant institution épiscopale pour ses jurés, désormais simplement annuels. Ce moment de transformation communale est obscur; et il n'en reste aucun document précis. On peut d'abord conjecturer que l'article de la sentence prescrivant imputation intégrale des produits de la vicomté à l'extinction des deux mille livres de la dette épiscopale ne fut pas exécuté à la rigueur : car, en 1314, lorsque Henri d'Apremont se fit payer deux autres mille livres pour renouveler le traité, il allégua que la Ville, jouissant de la vicomté depuis déjà soixante-sept

Constitution de la Commune.

ans, devait être indemnisée, et bien au-delà, de ce qu'elle avait autrefois prêté à l'élu Jean. D'une charte de ce même Henri d'Apremont, en 1348, nous apprenons que le vicomte allait toujours, et était tenu d'aller prêter serment en l'Hôtel l'évêque, le jour de saint Jean-Baptiste « selon la coutume (1). » Il résulte de ces paroles que le vicomte, dont il est si souvent parlé dans Melinon, est le même personnage que le prod'homme qui, selon la sentence de 1254, devait être présenté à l'évêque, ce même jour de saint Jean, par l'université des citains; et ceci pourrait expliquer le fait remarquable de l'abrogation, en cette année même 1254, de l'élection ecclésiastique du maître échevin, à la manière de Metz. Cette abrogation se fit, dit l'Inventaire de l'évêché, en vertu de lettres de Guillaume empereur, obtenues par Jacques, élu de Verdun, datées de Liége 1254, et portant défense au doyen de la cathédrale, et aux abbés de Saint-Vanne et de Saint-Paul, d'élire le maître échevin (2). » Jacques était ami de l'empereur Guillaume, pour lequel il avait activement travaillé contre Frédéric et Conrad dans ses légations d'Allemagne : cette lettre dut donc venir sur sa demande; et, comme elle est de même date que la sentence arbitrale, il est probable que le décret qu'elle porte était relatif à cette sentence, c'est-à-dire que l'élection ecclésiastique du maître échevin fut supprimée comme incompatible avec la présentation par la Ville d'un « prod'homme, » le jour de la saint Jean. Ce prod'homme devait donc être le maître échevin, ou vicomte lui-même (3) : et

Abrogation de l'élection ecclésiastique du maître échevin.

(1) Inventaire de l'évêché, chapitre Cité, n° 168.

(2) Inventaire de l'évêché, ch. Cité, n° 146. La lettre elle-même ne se trouve plus.

(3) Le nom de maître échevin, bien que se trouvant dans la Charte de Paix (peut-être parce que ce passage fut transcrit de quelque document de Metz), ne paraît avoir prévalu dans l'usage populaire que vers la fin du XIVᵉ siècle. Auparavant on disait communément le vicomte et les échevins de la vicomté: et ainsi parlent habituellement, non-seulement Melinon, dont tous les documents sont antérieurs à 1322, mais la charte de 1348, que nous avons citée, de Henri d'Apremont; et, en 1354, encore l'évêque Hugues de Bar, se plaignant de la Commune des métiers, dit qu'elle avait

le système adopté fut que la Ville, prenant la place des Bases convenues
entre l'évêché
et la Commune. électeurs ecclésiastiques, le présenterait annuellement à l'évêché. On dut convenir du même mode pour les jurés de la vicomté; mais, quant à ceux-ci, force fut d'attendre, les arbitres n'ayant pas voulu juger que l'engagière de l'élu Jean était « faillie »; néanmoins, comme le maître échevin, depuis la création de ce titre par Raoul de Torote, n'avait jamais été qu'annuel, rien n'empêchait de donner, en ce qui le concernait, exécution immédiate au plan : de sorte que l'évêque scella son arrangement avec la Commune en signifiant aux trois électeurs ecclésiastiques, à leur murmure probablement, déchéance de leur droit (1); puis il laissa l'œuvre à terminer à son successeur. Un des points de l'arrangement dut être encore que l'évêché, en instituant les jurés, n'attribuerait à aucun d'eux de fonctions spéciales, afin que la Commune demeurât maîtresse de répartir, comme elle l'entendrait, ses charges entre les gens du Nombre, ou même de n'en donner aucune aux jurés contre lesquels elle se croirait des griefs. De là vient que, dans la Charte de Paix, les jurés, tous indistinctement, sont institués par l'évêque comme « prod'hommes pour justicier et gouverner » : le maître échevin lui-même n'était que le « prod'homme » présenté à part le jour de la saint Jean. C'est sans doute aussi pour ce motif qu'on ne voulut point à Verdun de Nombre fixe, comme il y en avait

« forfait et mesprins en la nomination du vicomte et des eschevins de la vicomtei. » Un autre ancien nom, également fort employé, du maître échevin était maître du Nombre : ainsi on trouve, en 1367, une lettre du duc Robert « à nos chers et bien amés les maistre dou Nombre, la justice, les bourgeois et communaultei de la citei de Verdun, » et, en 1373, une autre du duc Wenceslas « à nos chers et bien amés le maistre eschevin, la justice et l'universitei de la citei de Verdun. »

(1) Ils ne paraissent cependant pas avoir réclamé. On trouve dans l'Inventaire de la cathédrale, mention d'une sentence de la Rote, de 1423, en faveur du doyen du Chapitre contre l'abbé de Saint-Vanne, pour la nomination des échevins de Verdun, réciproquement prétendue. » (p. 160 de l'Invent.) Il s'agit probablement de la nomination des échevins du ban Saint-Vanne que prétendait faire le doyen, comme mandataire du cardinal de Bar.

à Metz et à Toul; et notre Nombre annuel fut presque toujours supérieur à celui des Treize de Metz : non que les
deux autres villes ne fussent aussi libres que la nôtre dans
la répartition de leurs charges; mais le nombre fixe et restreint de leurs jurés leur laissait moins de latitude. Enfin
il résulte encore du chapitre de Melinon : *Comment le
Nombre fait le vicomte*, que souvent nos jurés instituaient
eux-mêmes leur chef, en lui faisant prêter le serment rapporté en ce chapitre (1) : ceci s'explique parce que notre
maître échevin n'était pas, comme ceux de Metz et de Toul,
le chef du Palais : il appartenait à la vicomté, où la règle
générale était que les jurés se distribuassent les charges
entre eux, bien que le maître échevin, à cause de son
importance, dût être présenté et jurer à part à l'évêché.
Ces différentes choses ne paraissent point avoir été écrites
en textes officiels; mais elles résultent de la forme prise par
notre constitution communale, après la sentence de 1254.

Jacques
de Troyes,
patriarche
de Jérusalem.

Dès le mois de juillet 1255, Jacques de Troyes, sachant
qu'il allait être transféré au siége patriarcal de Jérusalem,
avec titre de légat en Palestine, fit ses adieux à l'église de
Verdun, en y fondant son anniversaire, lequel, dit-il dans
l'acte, devra, pendant ma vie, et en quelque endroit que je
sois, se faire en forme de messe du Saint-Esprit (2). Ces

(1) « Et, s'il advient que li Nombre fasse le viscomte, un eschevin doit
prenre le serment qu'il soit eschevin dou Palais, et illecq (sur le champ,
illicò) doit fienceir, et dire : Ainsi l'aide Dieu, et les saints, que seras vrai
et léal des droitures de la viscomtei, et garderas la droiture des églises de
Verdun, et la droiture aux bourgeois de Verdun, et aux souverains, et les
droitures des vefves femmes et des orfenins. Et autre teil serment doient
faire li eschevins du Palais, et les eschevins de la viscomtei. » p. 139 du
ms.—Ces mots : *que il soit eschevin du Palais* prouvent bien que le vicomte
était le même dignitaire que le maître échevin, lequel siégeait à Sainte-
Croix après le doyen, et devait par conséquent être choisi parmi les échevins du Palais. Aussi trouve-t-on habituellement dans les épitaphes et articles nécrologiques des anciens maitres échevins la formule : *qui fût maître
échevin et échevin du Palais de la cité de Verdun.*

(2) *Jacobus*, D. G. *Virdunensis episcopus.... quòd singulis annis, die lunæ antè
festum* S. *Joan. Bapt., quamdiù fuerimus, ubicumque fuerimus, missam de
Sancto-Spiritu celebrabunt solemniter in ecclesiá Virdunensi, et, post obitum
nostrum, vigilias, etc. Actum* 1255, *mense julii.*

mots : « en quelque endroit que je sois » indiquent qu'il connaissait déjà sa translation, dont il alla, peu de mois après, recevoir les bulles en cour papale. Ce patriarcat de Jérusalem était une belle dignité, mais aussi une périlleuse et délicate mission; car la Terre-Sainte, fort négligée pendant les luttes d'Innocent IV et de Frédéric II, était encore affaiblie par les dissensions des Templiers et des Hospitaliers; et il n'y avait plus guère que saint Louis qui, malgré l'insuccès de sa première croisade, nourrit encore l'espoir qu'on pourrait un jour recouvrer la Palestine. On lit, dans l'Histoire des papes d'André Duchesne, que Jacques de Troyes écrivit une relation des choses dont il fut témoin en Terre-Sainte; mais cet ouvrage n'a point été retrouvé dans les temps modernes.

Les années qui suivirent jusqu'à la guerre des lignages n'amenèrent aucun événement mémorable. Après Jacques de Troyes siégea, pendant seize années, Robert de Milan, excellent administrateur, le meilleur peut-être qu'il y ait dans la longue histoire de nos anciens prélats. Sur sa promotion, il est à remarquer qu'elle fut faite par le pape seul, entre les mains duquel Jacques de Troyes avait résigné, en acceptant le patriarcat de Jérusalem : de sorte que la vacance de notre évêché s'ouvrit en cour romaine; ce qui le mettait à la collation du pape, d'après les règles du droit canon (1). Il est possible que le Chapitre ait eu quelque déplaisir de voir ainsi fermer son arène électorale; et on trouve en effet qu'il refusa au nouvel évêque quelques places que celui-ci demandait pour ses clercs : mais le bon

L'évêque Robert de Milan.

---

(1) *Alexander, etc., dilectis filiis Capituli Virdunensis... Venerabili fratre nostro patriarchâ Hierosolymitano de Virdunensi ecclesiâ, cui antè præfuerat, ad Hierosolymitanam, divinâ dispensatione translato..., dilectum filium Robertum, Virdunensem electum, tunc camerarium dilecti filii nostri J., Sancti-Nicolai in carcere Tulliano diaconi cardinalis, virum utiquè litteratum, etc., prædictæ Virdunensi ecclesiæ in episcopum et pastorem præfecimus, de fratrum nostrorum consilio et apostolicæ plenitudine potestatis... Datum Anagniæ, tertio nonas octobris, pontificatûs nostri anno primo,* 5 octobre 1255. — On voit par ces bulles que le titre d'élu se donnait aussi, pour la forme, aux évêques nommés.

caractère du prélat eut bientôt dissipé ces nuages. Tout ce qu'on sait de Robert, avant son épiscopat, c'est qu'il était camérier du cardinal J. Cajetan; probablement sa naissance n'était pas plus haute que celle de Jacques de Troyes; du moins il n'avait, comme lui, d'autre nom que celui de sa ville natale. Pour apprécier l'administration de cet évêque, nous dirons qu'en 1269, deux ans avant sa mort, la dette énorme de l'évêché, qui s'était élevée jusqu'à vingt mille livres tournois, se trouvait réduite à environ seize cents (1); que la paix communale ne fut jamais troublée de son vivant; que ses feudataires lui renouvelèrent, en bonne forme et par chartes, leurs actes de foi et hommage (2); enfin que le peuple des campagnes participa de plus en plus au bienfait de l'affranchissement (3). Les détails de ces diverses choses seraient longs et minutieux; mais leur ensemble donne à Robert de Milan une excellente figure historique, empreinte de modération et de sagesse.

C'est une conjecture probable que la Charte de Paix fut

(1) Acte très long, dans le cartulaire de l'évêché, n° 80. Il y est encore parlé d'annuités à payer aux foires Saint-Ayoul de Provins : *In his terminis, et hoc modo, videlicet in nundinis Sancti-Aygulfi de Pruvino, quæ erunt anno Domini 1270, etc.*

(2) On les trouve, soit dans le cartulaire, soit par mention, dans l'inventaire de l'évêché. En juillet 1257, Arnoul, comte do Los et Chiny, et Jeanne sa femme, prient Robert de Milan de recevoir à homme et à dame de Virton Louis leur fils, et Jeanne sa femme, auxquels, en faveur de leur mariage, ils cédaient le fief de Virton. V. l'arrêt de la Chambre royale de Metz, du 24 octobre 1680. Ceci prouve que ce bourg, aujourd'hui de Belgique, fut de la féodalité de l'évêché. — Mention de la maison forte de Moulainville, dans l'hommage de Eudes, chevalier, en juillet 1258, etc.

(3) Azanne, Somme-Azanne et Thil, en 1269. Billy, en 1257. Le ban de Tilly, comprenant Tilly, Bouquemont, Villers et Arécourt, en 1263. Duzey, de concert avec l'abbaye de Châtillon, en 1270. Mussey, près Longuyon, en 1265 (v. les chartes citées ci-dessus, p. 289). Louvemont et Mormont, en 1265, avec reconnaissance par le maire et les échevins que l'évêque, en faisant Louvemont neuve-ville, s'y était réservé six-vingt jours de terre, et droit de les faire cultiver par corvées : mais, par charte de l'année suivante 1266, Robert abandonna cette réserve, moyennant une redevance annuelle de dix rez moitange. Mouilly, par charte mentionnée dans la confirmation de Gérard de Granson, en 1277. — A cette même époque, Triaucourt affranchi par charte de Garnier, abbé de Beaulieu, en 1254, Brieulle en 1261, par Gobert d'Apremont et Ansiaux (Anselme) de Guerlande, etc.

rédigée sous cet évêque, entre 1260 et 1270, environ : car elle est mentionnée, comme loi reçue et pleinement en vigueur, dans le compromis de 1283, où le comte Thibauld, acceptant l'arbitrage entre les lignages, promet de juger « ainsi comme la lettre de la Paix de Verdun le devise, qui est scellée dou seel de Verdun. » Nous avons déjà dit qu'il n'existe aucune relation de ce qui se fit au sujet de la Commune après la sentence de 1254 ; et on a peu de chartes de ce temps : mais de celles qui subsistent on peut induire qu'aux environs de 1260, il y eut un moment où les jurés cessèrent, parce que, sans doute, les douze années de l'engagement de 1248 arrivaient à leur terme, et qu'on traitait de l'établissement d'une organisation nouvelle. Dans cet interim, nous ne trouvons, comme corps constitués en ville, sous l'université des citains, que le Conseil, assisté de prod'hommes, et le doyen, avec les échevins du Palais :

> Nous li conseul et li prod'hommes de la citei de Verdun avons teilles convenances à noble baron Thiébaus, comte de Bar, que ne povons, ne devons entrer, de cest jor en avant, en autrui garde qu'en la sienne, tant comme il nous tenra les convenances qu'il nous a fai-tes, que nos avons scelleies de notre seel.... Et, se il avenoit que il entreit en guerre par notre requeste, nous l'en devons aidier au nostre.... Et toutes ces choses sont faites saulve la droiture nostre signor l'évesque de Verdun...., en l'an que li miliaires corroit par mil et dous cens cinquante sept ans, on mois de juillet.

« Nous doien, eschevins et toute la communitei de la citei de Verdun... Comme li abbé et couvent de Saint-Paul, par lor cortoisie et grâce, aient paici la moitiei des despens et coustanges en refaitier le trou (brèche) dou muret qui siet entre la tour à la venne et les jardins on chief des fosseis as Dames, chose que ils en ont faite est lor grâce et volontei ; et ne povons penre à occasion qu'ils soient tenus d'ores en avant.... seel de la citei en ces lettres qui furent faites l'an que li miliaires corroit par mil dous cens et soixante trois ans, on mois de verseras (1).

(1) Mois de versaine, *Brachmonat* des allemands. — Cette charte semble indiquer qu'en 1263, on achevait de réparer aux murs, vers Saint-Paul, les brèches de la guerre de 1246. Saint-Paul, employant alors beaucoup de

Première
rédaction de la
Charte de Paix.

Intérim
sans jurés.

Thibauld,
reconnu seul
gardien.

Ces chartes, outre l'induction que nous tirons de leur protocole insolite, donnent pour renseignement sur la politique municipale, que la Ville se rattachait de plus en plus à l'alliance du comte Thibauld : car, au traité de 1246, qui ne stipulait envers lui que neutralité bienveillante, l'acte de 1257 substitua engagement formel de ne prendre d'autre sauve-garde et protection que la sienne : ce qui annulait l'arrangement de 1251 avec le comte de Grand-Pré. Le nouveau traité avec Thibauld fut, il est vrai, limité à cinq ans; mais ses termes mêmes indiquaient de la part de la Ville, intention de le proroger « tant comme le comte tenreit les convenances que il nos a faites. » Il y apparence qu'il les tint : car la bonne harmonie subsista tant qu'il vécut, c'est-à-dire presque jusqu'à la fin de ce siècle.

Bannis de la ville
et de l'évêché.

En continuant à rechercher çà et là les vestiges de la transformation communale, nous trouvons, du 21 décembre, jour de saint Thomas 1264, un acte qui fut probablement le dernier préliminaire du rétablissement de la haute justice des Jurés, et de la mise en vigueur de la Charte de Paix. Il s'agissait des bannis, dits alors foringiés ou forjugés; et l'on ne voulait pas qu'après leur condamnation, ces gens pussent aller s'établir dans quelque village de l'évêché, presque aux portes de la ville, bravant de là leurs juges, et peut-être tramant des vengeances. En conséquence l'évêque Robert accorda que tout banni de la cité le serait par là même de l'évêché, et que, s'il était trouvé sur l'un ou l'autre territoire, il y aurait contre lui prolongation d'exil de cinq ans. Si ces forbans osaient rentrer en ville, ou même dans la grande banlieue, leurs maisons devaient être abattues, et leurs recéleurs et protecteurs encourraient eux-mêmes deux ans de bannissement : la charte ajoute que les wardours (gardiens) de la paix doivent veiller à ces choses comme à la paix elle-même, sans préjudice des lettres qu'ils

maçons à sa grande église, en mit sans doute une partie au service de la Ville.

ont faites et scellées de leurs sceaux (1). Ces lettres sont probablement la Charte de Paix, qui remonterait ainsi à l'an 1264, sinon peut-être en sa forme définitive et immuable, du moins en premier texte, auquel furent faites, jusque vers 1285, des augmentations, ou accrues, dont les dernières eurent pour but de prévenir, par de sévères pénalités, le retour des scènes de furie que l'on avait vues dans la guerre des lignages. Ce qui est certain, c'est que, dès 1265, les jurés étaient rétablis, au nombre de dix-huit, avec lesquels traita Saint-Airy, pour mettre ses bois de Belrupt sous la garde de la Commune (2) : et, depuis lors, la mention des jurés n'est plus omise au protocole ordinaire des chartes communales (3).

(1) Une analyse de cette charte se trouve dans l'Inventaire de Lorraine, Recueil Verdun, à l'an 1264. Là convention est entre l'évêque Robert et toute la communauté de la cité.

(2) « Nous les xviii jureis et la communitei de la citei..., mil dous cens sexante cinq, on mois de décembre. » En 1269, dix-huit jurés également : charte ci-dessus, tom. i. p. 482.—Les bois que Saint-Airy met sous la garde de la Commune, du consentement de l'évêque Robert (à cause de la mouvance féodale) sont « lor bois qui siet en chief de la fontaine de Belrui, que on appelle le bois Saint-Martin, et lor bois aussi que on appelle la Haie... Que quiconque taillant, ou charriant, ou menant vert bois sera encheus de cinq souls d'amende : et de la neut entrée (entrée de nuit) vingt souls de forts; et des bestes qui seront en taillis, de chacune douze deniers : et des rapports des meffaits en croirons les wardes par lor serment. »

(3) Aux actes relatifs à la Commune et à la bourgeoisie de ce temps, on peut joindre la pièce suivante, instructive sur les moyens que l'on employait pour retenir les bourgeois dans la ville ou l'évêché : « Je Giles d'Avocourt, citain de Verdun, ai ces convenances à mon signour Robert, par la grâce de Deu évesque de Verdun, que je dois demorer dessous lui citain de Verdun, ou en aucun leu de sa terre, si comme mes peires et mes devanteriens ont demorei. Et se il avenoit chose que je laissasse la citei, ne l'éveschié, pour autre borjerie, ne por aillors menoir (demeurer), et preisse aultre borjerie que de Verdun ou de l'éveschié, je veul et ottroie et li acquitte de quanque (quelconque) que je aie et auerois de héritaige et de mueblé en l'éveschié de Verdun : et, se je defallois des convenances devant dites, je aurois perdu toutes les choses devant dites, et paierois à mon signour devant dit, avec toutes ces choses devant dites, cent livres de forts. Ne ne puis, ne dois vendre héritaige que je aie en la terre mon signour, fuers de Verdun, senon as hommes mon signour, qui demorent fuers de Verdun : et toutes ces choses devant dites ai-je fiancei et jurei bien loiaument à tenir. Et, por que ce soit chose ferme et estauble ai-je fait seeller ces lettres, etc., qui furent faites l'an que li miliaires corroit par mil et cc et cinquante euit ans, lundi après l'Ascension. »

Nous revenons à Jacques de Troyes qui, le 29 août 1261, devint, par élection des cardinaux à Viterbe, pape Urbain IV. Il ne régna sous ce nom qu'un peu plus de trois ans, comme si la destinée eût voulu qu'il ne fît que passer dans les grandeurs auxquelles elle l'éleva successivement; mais partout il laissait trace de son passage. Comme pape, il consomma la ruine de la maison impériale des Hohenstaufen, en ôtant à leurs derniers rejetons Manfred et Conradin, la couronne de Sicile, qu'il transféra à Charles d'Anjou et de Provence, frère de saint Louis; et notre ancien évêque Guy de Melle suivit alors l'armée française en Italie; mais de cette conquête de Sicile, il ne reste dans l'histoire que de tristes souvenirs, celui de l'échafaud où Charles fit monter l'infortuné Conradin, en 1268, et celui, encore plus néfaste, du massacre des Français aux Vêpres siciliennes, de 1282. Ces catastrophes, que personne n'avait pu prévoir, ne justifièrent que trop la répugnance de saint Louis à laisser son frère s'engager dans la voie où il devait les rencontrer. Quant à Urbain, il trouva, à son avénement, la cour papale hors de Rome, d'où elle s'était exilée en 1257, à cause des émeutes du peuple et des menées des impérialistes, qu'on appelait en Italie les Gibelins; et il ne fut jamais donné à notre pontife de rentrer dans sa capitale, ni de dater ses bulles du palais de Latran. Il résida presque toujours à Orvieto, *apud urbem veterem*, d'où il lui fallut encore fuir précipitamment, de peur des Gibelins, pour aller mourir à Pérouse, le 2 octobre 1264. Sa mort coïncida avec la disparition d'une fameuse comète, que les gens de ce temps prenaient pour signe de la fin du monde, ou tout au moins d'une guerre horrible, parce que cet astre effrayant semblait marcher vers la planète Mars. Les portraits du pape Urbain IV ressemblent à l'effigie gravée sur le sceau de Jacques de Troyes, évêque de Verdun, assez pour qu'on puisse induire de cette ressemblance que les figures peintes des papes antérieurs au XVe siècle ne sont point toutes, comme on l'a dit, dessins de pure imagination.

Il y eut, parmi les écrivains de ce temps, un poëte assez médiocre, Thierry de Vaucouleurs, qui écrivit, en distiques latins, la vie de ce pape.

Urbain IV devait avoir beaucoup d'amis à Verdun, à en juger du moins par le nombre des grâces expectatives qu'il leur accorda sur les bénéfices du diocèse. Pour les canonicats de la cathédrale seule, il y avait encore, à sa mort, cinq expectants, désignés par lui, et dont son successeur Clément IV fut obligé de régler les rangs d'admission (1). D'autres personnages avaient obtenu faveur pareille sur d'autres églises : ainsi on trouve réserve d'un canonicat de Sainte-Croix pour un pauvre clerc de Verdun, nommé Durand, dont le pape avait gardé bon souvenir, à cause d'anciens et agréables services (2). L'abbesse de Saint-Maur, que cette réserve atteignait dans ses droits ordinaires de collation, s'exécuta de bonne grâce, ayant reçu elle-même, pour sa vie, une faveur d'exemption, en forme de bulle où le pape suspendait la juridiction de son vénérable frère Robert, évêque de Verdun, sur cette abbaye (3);

Bulles et brefs d'Urbain IV pour Verdun

(1) *Asserens quòd idem prædecessor noster quintam præbendam in dictâ Virdunensi ecclesiâ vacaturam, conferendam sibi, apostolicâ donatione, reservârat; præbendaque post mortem Goberti canonici vacavit...; prædictus verò Guillelmus ex adverso proponit quòd dicta præbenda non debebat aliquatenùs in hujusmodi quinario numero computari, etc., etc. Datum Perusii, sexto idus octobris, pont. anno* I. — On voit par cette bulle, adressée à l'évêque et au doyen du Chapitre, que les cinq expectants étaient maître Nicolas de Dun, chanoine de Montfaucon; Jacques, fils du chevalier Oulry, voué de Billy; Guillaume, curé de Saint-André *(rector Sancti-Andreæ, prædictæ diœcesis);* Jacques de Bourmont, chapelain de noble dame comtesse de Bar; enfin un certain Jacques de Claustro.

(2) *Urbanus..., decano Virdunensi. Cùm favorem devotio mereatur, dignum est ut hiis qui se devotos exhibent specialem gratiam faciamus. Cùm itaque dilectus filius Durandus, Virdunensis pauper clericus, nobis, cùm præessemus ecclesiæ Virdunensi, gratum impenderit famulatum, etc... Datum apud Urbem Veterem, idibus novembris, pont. anno* III.

(3) *Urbanus..., dilectæ filiæ Agneti, abbatissæ Sancti-Mauri. Dudùm monasterio S. Mauri regimine destituto, nos, cùm tunc Virdunensi ecclesiæ præcessemus, te, de cujus vitæ munditiâ, etc., plenè constitit, in abbatissam, commissâ nobis super hoc à conventu ipsius monasterii potestate, præfecimus... Hinc est quòd nos paci et tranquillitati tuæ volentes in posterum paternâ sollicitudine providere..., præfatum monasterium, tuam et alias ejusdem monasterii personas, ab omni jurisdictione venerabilis fratris nostri R., Virdunensis episcopi, auctoritate præ-*

et le Chapitre, tout en déplorant que la cour de Rome anti-
cipât de plus en plus sur les prébendes, n'osa non plus
refuser de faire honneur aux expectatives d'Urbain IV;
mais ce pontife persistant à ne pas se départir de sa prérogative, on se tint pour fort obligé à lui d'une bulle qui mit
un terme au scandale des interdits jetés sur l'église, à la
requête des expectants évincés. Il leur fut défendu d'user,
à l'avenir, de pareils procédés, à charge par le Chapitre de
séquestrer la prébende litigieuse, pour qu'elle fût, après
jugement, conférée à qui de droit (1) : et le pape, se montrant tout à fait gracieux, déclara qu'en souvenir de son
épiscopat à Verdun, il accordait à cette église cathédrale
indulgence d'un an et quarante jours, pour les fidèles qui
la visiteraient aux fêtes de l'Assomption et de la Nativité
Notre-Dame (2).—On vit, vers la fin de ce siècle, la métropole de Trèves elle-même, première église de la province,
en interdit pendant dix ans, pour refus du Chapitre de
recevoir un certain maître Pierre, sous prétexte que ce
personnage, qui était physicien, c'est-à-dire médecin de
l'empereur Rodolfe, n'avait pas naissance noble (3). La

sentium, quamdiù vixeris, duximus eximenda... Datum Viterbii, secundo idus
martii, pont. anno I.

(1) Urbanus... abbati Sancti Pauli... Suâ nobis decanus et Capitulum petitione
monstrârunt quòd, si quandò in ecclesiâ ipsâ præbendam vacare contingeret,
plures sub expectatione ibidem recepti, per executores à sede apostolicâ deputa-
tos, præbendam hujusmodi sibi conferri ac assignari procurant : quorum quilibet
dictis decano et Capitulo, per executores ipsos mandari facit ut eum ad præbendam admittere, in decanum eumdem, ac singulos de Capitulo, ac in illos qui
distributiones inter canonicos distribuunt, si hoc non fecerint, excommunicationis, ac in ipsum Capitulum suspensionis, seu interdicti sententiis promulga-
tis... Quocircà discretioni tuæ per apostolica scripta mandamus quatenùs, si itâ
est, à tali gravamine cessare facias, dummodò (suit la disposition relative à la
mise en séquestre de la prébende). Datum Viterbii, x kal. junii, pont anno I.

(2) Cette bulle d'indulgences est dans Wassebourg, p. 376, d'après le cartulaire, p. 153. En 1289, Nicolas IV étendit la concession aux fêtes de la
Chandeleur, de l'Annonciation, et de la Dédicace.

(3) V. le Gesta, ch. 197, à l'article: Causa quare divina suspensa fuerint in
ecclesiâ Trevirensi, tom. II. p. 158, édit. Wyttenbach et Müller. — A Lyon,
Mathieu Paris dit qu'en 1245, le Chapitre menaça d'envoyer les pourvus en
cour de Rome prendre possession de leurs prébendes au fond du Rhône :
comminati sunt, et cum juramento obtestati quòd, si tales apud Lugdunum appa-

plaie des Chapitres fut toujours la tendance à transformer, le plus possible, les prébendes en patrimoines de famille des titulaires : les collations de cour de Rome interrompaient cet abus : il eût fallu qu'elles ne fussent accordées qu'à des hommes de vrai mérite; mais il arrive quelquefois aux grands de trouver du mérite aux gens qui ont celui de leur plaire.

Urbain IV institua la Fête-Dieu : et c'est là son titre au souvenir populaire. Il est dit de cette fête, dans nos traditions, qu'elle était déjà connue à Verdun, quand le pape, par bulle de 1264, en fit un rite universel pour toute l'église. Le fait est possible ; car Robert de Torote, frère de notre évêque Raoul, avait, dès 1246, établi la Fête-Dieu à Liége, Jacques de Troyes y étant encore archidiacre; mais ce ne fut qu'en 1264, après le fameux miracle de Bolsène, peint dans les fresques de Raphael, que parut la bulle d'institution générale (1). Wassebourg raconte que cette bulle, à peine écrite, fut portée à Verdun par un clerc auquel le pape venait de donner la cure de Saint-Amant; et ce nouveau titulaire s'étant empressé de célébrer la solennité, la première procession eut lieu dans sa paroisse. Il devait y avoir quelque fondement à cette tradition; car le curé de Saint-Amant jouit, jusqu'à la Révolution, de certaines préséances honorifiques à la cérémonie (2). Les

La Fête-Dieu.

rerent, non possent eos, vel archiepiscopus, vel canonici protegere quin in Rhodanum mergerentur.

(1) Le pape représenté dans la fresque de Raphael est, d'après l'histoire, Urbain IV; mais, par flatterie pour Jules II, le peintre a fait le portrait de celui-ci. M. Quatremère de Quincy dit, dans son Hist. de la vie et des ouvrages de Raphael, p. 97, qu'il n'existe peut-être aucune composition de ce grand peintre où les groupes variés des personnages soient plus heureusement rattachés au motif principal de la scène.

(2) On a objecté contre la tradition rapportée dans Wassebourg que la procession ne fut instituée qu'assez longtemps après la fête elle-même. Cela n'est peut-être pas aussi certain qu'on le prétend : car la bulle de 1264 semble indiquer aussi la procession : Ut in ipsâ quintâ feriâ post octavam Pentecostes, devotæ fidelium turbæ affectuosè concurrant, et tàm clerici quàm populi gaudentes in cantica laudum surgant, et hymnos persolvant lætitiæ, etc. Cette bulle, ayant été promulguée de nouveau au concile de Vienne de 1311, se trouve dans les Décrétales du droit canon dites Clémentines, liv. III. tit. 16.

chroniques de Metz disent que la Fête-Dieu fut célébrée pour la première fois en cette ville l'an 1274 (1).

Pendant ces années, l'histoire politique de notre pays est remplie de guerres et de troubles, qui durent rendre d'autant plus précieux aux Verdunois l'avantage de leur paix relative, sous Robert de Milan. Ces discordes eurent pour source la rivalité de la Lorraine et du Barrois pour influencer les évêchés. A Verdun, le comte Thibauld dominait seul, par le traité où on lui avait promis de ne prendre d'autre garde que la sienne : à Toul, le voisinage immédiat de la Lorraine lui créait déjà une concurrence; mais le grand champ de bataille était l'évêché de Metz qui, depuis la mort de Jean d'Apremont, à la fin de 1238, avait pour prélat Jacques de Lorraine. C'était le troisième fils du duc Ferry II; et tout fut paisible tant que régnèrent en Lorraine ses deux frères, Thibauld Ier et Mathieu II; mais ayant, après leur mort, réclamé des biens patrimoniaux dont il leur avait laissé la jouissance, il se brouilla avec son neveu Ferry III; et le comte Thibauld, voyant cette discorde persister, malgré la médiation de Gilles de Sorcy, évêque de Toul, s'y mêla en faisant, en 1258, alliance offensive et défensive avec Jacques : néanmoins, en 1260, après la mort de celui-ci, il ne put empêcher le duc de Lorraine de faire prévaloir, à l'élection capitulaire, son candidat Philippe de Florenge. Le nouvel évêque crut de bonne politique de faire espérer son alliance aux deux rivaux, et d'avoir, en attendant, l'aide de l'un et de l'autre; enfin, forcé de se prononcer, il opta pour Thibauld, qu'il reconnut, en 1268, gardien de son évêché. Alors Ferry se jeta sur le Messin et le Barrois; et Thibauld, après avoir inutilement assiégé Preny, forteresse redoutable aux environs de Pont à Mousson, fut obligé de faire avec lui une réconciliation, vraie ou fausse. Florenge s'applaudissait toujours de voir ses deux dangereux voisins se ruiner l'un l'autre; mais Thibauld, se croyant joué, lui gardait rancune; de sorte que,

(1) Huguenin, p. 33, col. I.

lorsqu'il apprit l'élection de son ancien ami Jacques de
Troyes à la papauté, il alla en Italie lui dénoncer l'évêque
de Metz comme élu par simonie, c'est-à-dire par l'argent
du duc de Lorraine : toutefois, sentant qu'après ce qui
s'était passé, la dénonciation paraîtrait suspecte dans sa
bouche, il la fit faire par des chanoines de Metz, venus
avec lui. Richer de Senones parle ici des fourberies du
comte de Bar, et des corruptions qu'il pratiqua, soit sur les
chanoines dénonciateurs, soit sur les commissaires de
l'enquête ordonnée par le pape: quoi qu'il en soit, il résulta de cette enquête que Philippe de Florenge donna sa
démission; et Thibauld obtint encore provision de l'évêché
de Metz pour Guillaume de Trainel, son parent, lequel
s'empressa de renouveler l'alliance avec Bar, et de reconnaître à Thibauld, pour ses frais de guerre du temps de
Florenge, une dette de vingt mille livres sur l'évêché.
Alors Ferry rentra en campagne, aidé, cette fois, du comte
Henri de Luxembourg, beau-frère de Thibauld, et toujours
plus ou moins brouillé avec lui, à cause de Ligny. A cette
alliance, conclue au mois d'août 1266, Thibauld riposta en
allant brûler Ligny; puis, pour empêcher la jonction des
luxembourgeois avec les lorrains, il attaqua, en route, le
comte Henri, et le fit prisonnier, après une grande bataille,
encore aux environs de Prény, le 14 septembre 1266; ensuite
il se brouilla avec Trainel, pour le butin et les prisonniers
de la journée de Prény, s'allia contre lui avec les lorrains,
qui furent battus, « en grande et piteuse déconfiture, » dit
Louis de Haraucourt. Cependant l'évêque de Metz, ne
croyant pas, malgré cette victoire, la situation longtemps
tenable pour lui, voulut s'éloigner; mais des bandits apos-
tés, à ce que l'on crut, par le comte Thibauld, l'attaquèrent
et le volèrent, vers Clermont en Argonne; et, peu après, il
mourut à Châlons (1). De toutes ces choses résultèrent des

(1) *Cùmque Romam iter dirigeret, versùs Clarum-Montem in Argonnâ spolia-
tus à comite Barrensi, seu mandato ejus, nimio dolore afflictus, Catalaunum ductus, ibidem moritur, anno 1266, vacante sede apostolicâ.* Chronique citée par

complications qui fournirent matière à deux arbitrages,
l'un de saint Louis, en 1268, l'autre du roi de Navarre
Thibauld V de Champagne, au commencement de 1269 :
un des articles du dernier portait que Condé sur Moselle,
château de l'évêché de Metz, serait séquestré entre les
mains de Robert, évêque de Verdun, et de Henri, comte
de Salm, jusqu'à exécution des conventions. Ce fut là toute
la part prise par notre évêque à ces malheureux démêlés,
dont il eut grand soin de se tenir à l'écart, ayant assez à
faire pour restaurer son propre temporel. Condé était au
confluent de la Meurthe et de la Moselle : les comtes de
Bar lui opposèrent l'Avant-Garde, sur une hauteur voisine;
puis, en 1271, le duc Ferry III érigea Frouard, pour tenir
en échec les deux autres forteresses : de sorte qu'il y eut là
trois châteaux, dont les garnisons s'observaient réciproquement; mais l'évêché de Metz perdit le sien dès le
XIVe siècle; et le duc Léopold, en 1719, y créa un marquisat pour les Custine, dont le lieu porte aujourd'hui le
nom.

Mort de Robert
de Milan.   Robert de Milan mourut le 7 septembre 1271, laissant en
excellent état notre évêché, qu'il avait trouvé presque en
ruine. Sa tombe était à la cathédrale, contre le mur méridional du transept du chœur : on voyait là, sur une dalle,
haute de trois pieds environ au-dessus du sol, sa statue
couchée, de grandeur naturelle; et l'épitaphe disait qu'il
avait été homme juste, connaissant le droit, et le défendant
avec fermeté, bon administrateur, et réparateur de toutes
les forteresses, ainsi que des bâtiments de la cour épiscopale; enfin, par un assez mauvais jeu de mots, elle ajoutait
que ce prélat, dont la table avait été des plus splendides,
servait maintenant de pâture aux vers :

> Patronus juris, injustis dira securis,
> Aulas structuris ditavit, et oppida muris.

Meurisse, p. 474. — Les chroniques Huguenin disent au contraire, p. 55,
que Guillaume de Trainel, après sa victoire, retourna à Rome, où il mourut
dans sa 6e année d'épiscopat.

Largus dispensator erat, studiosus et hermes :
Hunc comedunt vermes, cujus fuit inclyta mensa, etc., (1).

Ce n'est ni par fiction, ni par métaphore que ce versificateur parle ainsi de la table de Robert de Milan ; en réalité, il y traitait d'une manière très-noble, à Pâque, où commençait alors l'année, et à la saint Remy, premier jour du second semestre. En ces grandes occasions, on lui envoyait de Saint-Paul deux superbes coupes ciselées, l'une d'argent, l'autre de murrin (2) ; et il possédait lui-même beaucoup de vaisselle plate, dont il prêta à son prévôt de Charny jusqu'à 32 pièces, à mettre en gage pour sûreté d'un prêt (3). — N'omettons pas qu'en 1267, cet évêque donna aux drapiers du mont Saint-Vanne une charte (4) dont le texte, aujourd'hui perdu, nous apprendrait peut-être d'où venait la coutume d'étendre des draps sur le passage de l'évêque, le jour de son entrée solennelle : quoi qu'il en soit, cette charte, ainsi que l'existence immé-

(1) Les autres vers sont insignifiants. Au Nécrologe : *Septimo idus septembris, obiit reverendus pater, ac venerabilis dominus Robertus de Mediolano, episcopus Virdunensis, qui de bonis suis quæ acquisivit in episcopatu dedit nobis viginti libras turonenses in anniversario annuatim distribuendas : quas debet solvere episcopus qui est et erit pro tempore, ratione acquisitorum, videlicet molendinorum de Sammoignois et de Betincort.*

(2) Ce murrin était sans doute quelque beau verre translucide, et de couleur imitant la sardonyx, sorte d'agate calcédoine ou cornaline, à couches rougeâtres et blanches, donnant de beaux effets à la taille. — *Robertus, D. G. episcopus Virdunensis. Pensantes dilectionem et amorem quem dilecti abbas et conventus S. Pauli ergà nos gerunt, et hactenùs gesserunt..., ne per hoc in posterum præjudicium generetur, notum facimus quòd ad accommodandum nobis in festo S. Remigii scyphum unum de murrâ, et in Paschâ alium de argento, ex debito non tenentur ; sed hoc hactenùs ex merâ liberalitate fecerunt.... 1264, feriâ quintâ post Resurrectionem Domini.*

(3) « Je Giles d'Avocourt, provost de Charnei..., je dois à mon signor Robert, par la grâce de Deu évesque de Verdun, mon signor lige, dous (deux) pots, et trente dous escuelles d'argent, que il m'a presteies pour mettre en waige, pour cent livres de forts : et des trente-quatre pieices d'argent devant dites se tient-il à quanques je ai à Avocourt, à Azenne et en finaige, en tous us, en quelconque manieire, liqueilles choses muevent de l'éveschiei de Verdun, tant que je lui aurai rendu les pieices d'argent devant dites..., 1269, on mois d'avril. »

(4) Inventaire de l'évêché, chapitre Saint-Vanne, 1ᵉʳ article. La foulerie à drap, au moulin la Ville, ci-dessus, tom. I. p. 516.

moriale de la foulerie à draps au moulin la Ville, sont des preuves de l'ancienneté de la draperie à Verdun. Dans les villes du moyen-âge, cette industrie passait pour la meilleure : à Paris, les drapiers étaient encore, en 1789, le premier des six corps marchands.

Statut
de la Commune
contre
les bannis.

A' la Chandeleur 1271, Robert de Milan étant malade, et les bannis qu'on avait chassés de la ville menaçant d'y revenir, au joyeux avénement de son successeur, le parti dominant dans la Commune tint à ce sujet une grande assemblée, où l'on vit combien cette démocratie était impitoyable en ses rancunes, et comment elle tenait en sujétion les Jurés et le Conseil, de crainte de quelque entente entre eux et les détestés proscrits. Nous considérons ce décret comme mesure politique; car il n'y aurait pas eu besoin de telles précautions, si les bannis n'eussent été qu'un petit nombre de scélérats, contre lesquels il y a toujours horreur et répulsion unanimes :

« Nous li communitei de la citei de Verdun, faisons cognoissant que nous sommes accordei que quiconque haubergeroit banni ou foringié (forjugié), pour boire, mangier, ne pour gesir (coucher), il paieroit cent souls; et se il s'entremeut à demorance, et il n'en va nuncier au Nombre, il paieroit la dite summe. Et qui fiérroit (frapperait) aultrui de coutel à pointe, li Nombre le doit prenre maintenant (sur le champ), et mettre quarante jours en la tour...; et, se il y avoit aucun ami qui revengier le voulsist, il paieroit cent souls, et seroit fuers dou Conseil de Verdun. Et, se li Nombre ne faisoit ces choses dessusdites, chacun (des contrevenants) paieroit cent souls, et seroit fuers dou Conseil dou Nombre... En tesmoignaige de véritei avons mins le seel de la citei de Verdun en ces lettres, qui furent faites l'an de grâce mcc sexante et deix ans, octaves de la Chandelour. » (1271, av. P.).

Cet acte est un statut obligatoire, tant pour le peuple que pour le Nombre, c'est-à-dire pour les Jurés eux-mêmes, à peine d'amende et d'exclusion des Conseils; et la Communauté, qui seule porte le décret, l'authentique, seule aussi, par le sceau de la cité. Cette communauté était donc le

pouvoir suprême; et la Commune se gouvernait démocra-
tiquement; mais le parti des bannis était à craindre : et il y
avait, au sujet des bannissements, des rixes sanglantes,
qu'il importait de réprimer avec énergie et promptitude.
Ces signes annoncent la guerre civile qui éclata douze ans
plus tard, les haines s'étant accrues dans l'intervalle, et le
statut contre les bannis ayant été promulgué une seconde
fois, en 1278, et une troisième, avec augmentations, en
1282.

A la mort de Robert de Milan, les Trois Evêchés se trouvaient dans une situation étrange, et telle qu'on ne la revit
pareille à aucune autre époque de notre histoire. Le métropolitain de Trèves Henri de Fénétrange, que les allemands
nommaient Henri de Fistingen, était suspens, depuis la
fin de 1267; Guillaume de Trainel avait quitté Metz, en
1269; et à Toul, Gilles de Sorcy mourut en septembre 1271,
en même temps, à peu près, que notre évêque Robert : de
sorte qu'il n'y avait d'évêque en fonctions dans aucune de
nos villes. Fénétrange s'était attiré sa suspense par d'énormes voies de fait commises par lui contre l'abbaye Saint-
Mathias, et aussi parce que, voulant se gagner le duc de
Lorraine et Philippe de Florenge, il avait ratifié l'élection
de celui-ci à Metz, sans formalités canoniques, et au mépris d'un appel interjeté au saint siége par les partisans du
comte Thibauld. Pendant cette longue censure, son évêché
fut administré par un protonotaire apostolique Laurent, que
le Chapitre de Metz, voulant être enfin sûr de bien choisir
au gré de Rome, élut, quoique étranger, au commencement de 1271, et qui accepta, pour son malheur. A Toul,
le comte Thibauld et le duc de Lorraine, dès qu'ils apprirent la vacance du siége, s'avancèrent chacun avec des
troupes et un candidat : de sorte qu'il y eut encore des
élections contestées; et le pape termina les procès, en
nommant, en 1272, un franciscain appelé Conrad Probus.
Telles étaient les choses, quand notre Chapitre eut, pour sa
part, à élire le successeur de Robert de Milan. On n'avait

rien à démêler avec le duc Ferry, séparé de nous par le Barrois; mais le droit d'élection périclitait au milieu de tant de troubles; et il ne fallait pas que la moindre contestation fournît à la cour de Rome moyen de disposer encore une fois de l'évêché. En ces embarrassantes circonstances, les sages de la corporation décidèrent que, mettant cette fois de côté les scrutins et les compromis électoraux, où il y avait des formes prêtant toujours matière à quelque chicane, on agirait par la voie solennelle et extraordinaire de l'inspiration, c'est-à-dire de l'acclamation universelle, ainsi

Oulry de Sarnay, élu par inspiration.

que le permettait le décret de Latran de 1215 : et Robert de Milan étant mort le 7 septembre, on fixa la séance d'élection au 28 octobre, pour laisser aux absents le temps de venir, et aussi pour qu'on pût préparer convenablement l'inspiration. Elle éclata, en effet, le jour dit (1); et avec une unanimité qui ne laissa prise à aucune objection, ni de fond ni de forme. L'élu fut Oulry de Sarnay, archidiacre de Woëvre, prévôt de la Madeleine. Le procès-verbal de cette élection fut sur le champ envoyé à Trèves, au Chapitre métropolitain, pour qu'il le présentât, non à l'archevêque, qui était suspens, mais à qui de droit (2);

(1) *Universis, etc., Capitulum Virdunense, salutem. Vacante ecclesiâ Virdunensi, per mortem bonæ memoriæ Roberti, quondàm ipsius ecclesiæ episcopi, die Mercurii, videlicet in festo beatorum apostolorum Simonis et Judæ, anno Domini* M°CC° *septuagesimo primo, assignatâ ad eligendum episcopum in nostrâ ecclesiâ supradictâ, vocatis qui fuerant evocandis, pulsatâ campanâ ad congregandum Capitulum, ut moris est, præsentibus et assistentibus in Capitulo qui voluerunt, potuerunt et debuerunt interesse, invocatâ Spiritûs Sancti gratiâ, quasi per inspirationem divinam unanimiter consensimus in virum venerabilem et discretum Ulricum, præpositum ecclesiæ Sanctæ-Mariæ-Magdalenæ, archidiaconum in ipsâ ecclesiâ nostrâ Virdunensi, virum utiquè providum in temporalibus, et in spiritualibus circumspectum, scientem et valentem jura ipsius ecclesiæ tueri : et ipsum unanimiter elegimus in ecclesiâ nostræ Virdunensis prædictæ episcopum et pastorem. Cui electioni de se factæ, nostris devictus precibus, et ad multorum et bonorum instantias, acquievit et consensit. In cujus rei testimonium, sigillum nostrum præsentibus duximus apponendum. Actum et datum anno Domini* M°CC°LXXI°, *die festo prædicto, videlicet beatorum apostolorum Simonis et Judæ.* Cartul. de l'évêché, n° 137.

(2) *Reverendis in Christo patribus et dominis carissimis domno præposito, domno decano, totique Capitulo ecclesiæ Trevirensis, Capitulum Virdunense, etc.* (Suit le procès-verbal précédent). *Hinc est, quòd nos venerabiles viros Joffri-*

enfin, comme l'élu n'avait que l'ordre de diacre, on adressa, à la fin de juin 1272, supplique au saint père Grégoire X, pour qu'il autorisât un sacre par des évêques étrangers, attendu qu'il n'y en avait en fonctions dans la province, qu'un seul, qui était sans doute le notaire Laurent, administrateur de Trèves, élu de Metz (1). Au temporel, c'est-à-dire pour l'investiture, l'embarras n'était guère moindre : le grand interrègne durait toujours, de plus en plus compliqué, tellement qu'au lieu d'un empereur en Allemagne, il y en avait deux en rivalité à l'étranger, Alfonse roi de Castille, et Richard de Cornouailles, frère de Henri III d'Angleterre, élus tous deux en 1257, après la mort de Guillaume de Hollande : les électeurs s'étant divisés, mais s'accordant à vouloir, à la tête du corps germanique, des princes sans domaines ni territoires allemands, pour que, sous ces faibles chefs, chaque électorat, chaque duché ou comté, et même chaque ville se gouvernassent en indépendance. Le duc de Lorraine Ferry III tenait pour

dum primicerium, Guillelmum cantorem, Rogerum archidiaconum de Portu in ecclesiâ Tullensi, concanicos nostros, ad vestram paternitatem duximus destinandos, constituentes ipsos procuratores nostros ad præsentandum dictum dominum Ulricum vobis, vice nostrá, et ad supplicandum vobis et requirendum vos pro nobis ut ipsum velitis illi ad quem dictæ electionis confirmatio pertinet, eo modo quo expedit, præsentare... Datum 1271, feriâ sextâ post festum Omnium Sanctorum.— Præpositus, decanus, totumque Capitulum Treverense..., electionem de venerabili viro Ulrico in episcopum Virdunensem, ab omnibus communiter, quasi per inspirationem divinam, etc., quantùm in nobis est approbantes, et personam ipsius electi ex plurimorum fide dignorum testimonio multipliciter commendantes, volumus et consentimus ut dicta electio ab eo ad quem confirmationis spectat, vel etiàm spectabit officium, in loco debito confirmetur. Datum 1271, feriâ sextâ post festum S. Martini hiemalis.—Il n'est pas douteux que ce ne soit l'administrateur Laurent qui ait confirmé l'élection; car l'empereur Richard, écrivant au Chapitre pour lui notifier l'investiture, dit qu'il l'a accordée vestris et venerabilis L., Metensis electi, domini papæ notarii, et administratoris ecclesiæ Trevirensis precibus.

(1) Elle est dans les Preuves de Roussel, p. 15. — On voit, par ces différentes pièces combien Boucher s'écarte de la vérité en disant, p. 130 de son factum Virdunensis episcopatus, qu'Oulry de Sarnay fut nommé par le Saint Siége nullâ habitâ ratione electionis capitularis, ainsi que l'avait été Robert de Milan. Il aurait dû ajouter que, pour celui-ci même, le manque d'élection vint de ce que Jacques de Troyes s'était démis in curiâ, entre les mains du pape.

Alfonse, auquel il était allé faire hommage et demander de l'argent à Tolède : mais les partisans de Richard prévalaient chez nous; car ce fut à lui qu'on s'adressa après l'élection d'Oulry de Sarnay : de sorte que la lettre d'investiture de cet évêque fut datée du château de Berkemested, en Angleterre, le 18 février 1272, peu avant la mort de Richard, au mois d'avril suivant (1).

Son court épiscopat. Ces bizarres particularités de l'élection d'Oulry sont ce que nous savons de plus mémorable de cet évêque, qui devait être déjà vieux en 1271; car son nom se trouve au procès-verbal de l'élection de Guy de Melle, en 1245. C'était un homme révéré de tous : ce que prouvent l'inspiration unanime de ses électeurs, et le choix qu'on fit de lui, en 1254, pour être l'un des arbitres de l'importante sentence que nous avons rapportée, entre la Ville et Jacques de Troyes. Il paraît s'être toujours maintenu dans la bonne estime de la Commune, laquelle lui soumettait même des règlements qu'elle eût eu droit de faire seule (2) : néanmoins il ne put empêcher les premiers éclats de la guerre des lignages; car il est parlé, dans une réplique des Asanne aux La Porte, « dou bestens qui advint en Pont, on temps

---

(1) *Richardus, Dei gratiâ Romanorum rex, semper augustus, venerabili Ulrico, Virdunensi electo, dilecto principi suo, gratiam suam, et omne bonum. Visis et intellectis litteris venerabilis L., Metensis electi, domini papæ notarii, provisoris ecclesiæ Treverensis, et decreto primicerii, decani, totiusque Capituli Virdunensis, per quod te canonicè in eorum pastorem et episcopum elegerunt, volentes tibi facere gratiam specialem, feuda, regalia et temporalem jurisdictionem Virdunensis ecclesiæ, tuis et ipsorum inclinati precibus, tibi fiducialiter duximus, de regali munificentiâ, transmittenda; sinceritati tuæ, præsentium tenore, mandantes et specialiter committentes quantum de prædictis feudis, regalibus, et temporali jurisdictione, et de omnibus aliis quæ ad episcopum Virdunensem pertinent, te auctoritate nostrâ et Imperii, viriliter intromittas, contradictores et rebelles, si qui fuerint, fretus auctoritate regali, districtione quâ convenit compellendo. Datum Berkemested,* xviii *die februarii, indictione* xv, *regni nostri anno* xv. Cartul. de l'évêché, n° 90.

(2) « Après ont eswardei les xviii de Verdun jureis, et le doyen et les eschevins dou Palais, par le los Oulri, l'esleu de Verdun et la Communaultei, que qui auroit moins que le quart en aucun hosteil, il ne le pourroit encombreir (occuper), ains doit prenre lowier (loyer), ou héritaige aussi vaillant en deniers, à l'eswart (au jugement) de cinq hommes : et cils cinq prod'hommes doit eslire le Nombre jurei de Verdun. » Melinon, p. 149.

l'éveske Ourris (1). » C'est tout ce que nous savons de cet incident. Quant au fait d'actes de législation municipale soumis à l'approbation de l'évêché, on n'en trouve pas d'autre exemple : celui-ci nous reporte au temps où la Charte de Paix s'élaborait par des accords qui avaient sans doute fait prendre habitude de décréter de concert tout statut devant faire loi permanente.—On lit, dans les Nobiliaires, que cet évêque était de la famille des barons de Cernay en Dormois, au diocèse de Reims (2); mais, comme aucun renseignement bien précis n'est donné à ce sujet, il est possible qu'Oulry ait été, comme Jacques de Troyes et Robert de Milan, dénommé du lieu de sa naissance, qui pourrait être Sarnay, aujourd'hui hameau contigu à Vavincourt en Barrois. Son épitaphe dit qu'il mourut le jour de saint Mathias 1273 (3), c'est-à-dire le 24 février 1274 : de sorte qu'il ne siégea qu'un peu plus de deux ans, depuis son élection, à la fin d'octobre 1271 (4). Sa tombe était à la cathédrale, presque vis-à-vis de celle de Robert de Milan; et on lisait au-dessus une inscription attestant la haute estime dont il avait toujours joui, pour son intégrité sans tache et sa religion sincère :

> *Vir magnæ laudis, et purus crimine fraudis,*
> *Qui regem cœli dilexit mente fideli, etc.*

De sa tranquillité relative à Verdun, l'évêque Oulry vit les désastres qui continuaient à pleuvoir sur l'évêché de

(1) « Après, de ce que ils dient dou bestens qui avint en Pont, on temps l'éveske Ourris, disons nous et respondons que dou dit fait qui fut fait en Pont, toute véritei est contenue en notre escript, que nos vos avons donnei, qui fait mention de cel fait. » — En Pont est la rue actuelle de l'Hôtel de Ville.

(2) Husson, Simple Crayon, art. Sarnay ou Sernay.

(3) *Duodeno sex vicibus primo*, dit cette épitaphe. C'est-à-dire six fois douze, plus un, ou 73.

(4) *Sexto kal. martii, obiit reverendus pater Ulricus de Sarnaco, episcopus Virdunensis, qui dedit nobis triginta marcas de centum quæ debentur episcopatui de trecensu de Jupiliâ*. Nécrologe.—Par acte du samedi après la saint Jean-Baptiste 1266, Robert de Milan avait laissé Jupile « en ferme perpétuelle *(ad perpetuam firmam)* au Chapitre de Liége, pour une rente de cent marcs d'argent, monnaie de Liége. C'est le Jupile dont il est parlé dans le diplôme de 1156, et où était mort Pépin d'Héristall.

Metz, toujours en butte au duc Ferry et au comte Thibauld. Ils firent prisonniers l'évêque Laurent et son collègue de Strasbourg, qu'il avait appelé à son aide : Grégoire X obtint avec peine leur liberté, au concile de Lyon de 1274 ; enfin, après des incidents, qui ne sont pas de notre sujet, Laurent, voyant son évêché obéré, et étant lui-même abreuvé d'ennuis et de dégoûts, retourna en Italie, où il mourut à la fin de 1278.

Montfaucon se donne à la France.

L'an 1273, la France fit son premier pas vers nos frontières, par le Chapitre de Montfaucon qui, effrayé des envahissements du comte Thibauld, associa le roi Philippe le Hardi au domaine de son petit territoire. Thibauld, qui possédait déjà Clermont et Varennes, comme fiefs de notre évêché, convoitait encore Montfaucon et Beaulieu, afin d'avoir une frontière continue jusqu'aux environs de Stenay ; et il ne croyait pas que l'envahissement de ces terres de moines et de chanoines pût souffrir plus de difficultés qu'il n'y en avait eu pour ses anciens prédécesseurs dans leurs conquêtes aux dépens de l'abbaye Saint-Mihiel ; mais il comptait sans la cour de France, qui projetait déjà la réunion de la Champagne, et n'entendait pas trouver un tel état de choses à cette nouvelle frontière. Toutefois, les moines de Beaulieu durent patienter, parce qu'ils n'avaient pas encore le roi pour prochain voisin ; mais, à Montfaucon, on touchait au pays rémois ; et Philippe le Hardi pouvait donner de là secours immédiat. Thibauld, pour colorer son entreprise, commença par acheter de Henri VI de Grand-Pré, représentant des anciens comtes de Dormois, toutes ses prétentions sur Montfaucon (1) : puis il établit un prévôt et un clerc de prévôté, nommé maître Remy, que le Chapitre fit expulser comme usurpateurs. Il paraît qu'on employa la force : car il y eut ensuite un procès, au sujet de la maison enfoncée de ce maître Remy ; mais les chanoines se sentaient sans doute appuyés ; et, comme après un tel éclat, ils ne pouvaient manquer d'avoir affaire

(1) Miroy, Chronique de Grand-Pré, p. 68.

aù comte Thibauld, ils députèrent sur le champ à Paris deux confrères, Foulques et Ascelin, avec mission d'offrir au roi, qui probablement avait accepté d'avance, le pariage, c'est-à-dire l'association à toute la seigneurie et prévôté capitulaire. C'était, pour la France, un bien petit terri-toire; mais l'exemple donné était grave, et devait avoir les plus sérieuses conséquences. Le traité fut scellé à Paris, le mardi après la Circoncision 1272, c'est-à-dire 1273 avant Pâque (1). Il y était dit que toute la seigneurie, soit en haut domaine, soit en droits utiles des huit villages de la pré-vôté, était mise en commun avec très-excellent prince Philippe, par la grâce de Dieu roi de France, le Chapitre se réservant toutefois les dîmes, le bois de Fael, et les fours bannaux de Montfaucon, dont le revenu était affecté aux distributions, ou assistances des chanoines; enfin droit de retenir à son service exclusif trois officiers bourgeois, qui seraient exempts de toute milice, tailles et corvées royales. Le roi s'engageait, pour lui et ses successeurs, à ne jamais abandonner ni mettre en mains d'autres princes la part de seigneurie qu'on lui cédait; et, en exécution du pariage, il devait constituer un prévôt pour administrer et juger avec celui de l'église, chacun des deux ayant, au préalable, prêté serment de ne rien faire au préjudice de l'autre. Après ce traité, Thibauld ne put faire autre chose qu'un procès, en plainte de voies de fait, à ceux qui avaient maltraité ses officiers : le parlement de la Chandeleur 1274 (75 av. P.) lui accorda indemnités pour maître Remy; mais celui de la Pentecôte 1281 rejeta sa demande de nouvelle enquête,

(1) *Omnibus, etc., Fulco et Acelinus canonici et procuratores Johannis præpo-siti, Nicolai decani, totiusque capituli ecclesiæ Montisfalconis, Remensis diœce-sis... Excellentissimum dominum nostrum Ph., Dei gratiâ Francorum regem, associamus medietati omnium possessionum, jurium, justitiarum nostrarum, videlicet in villis de Montefalconis, de Chesserges, de Cuisiaco, de Gericort, de Duyllancort, de Ceri, de Espenonville, de Gennes, in hominibus, terragiis, pra-tis, aquis, furnis, molendinis factis et faciendis, in villis ædificandis, et in om-nibus accrescentiis quæ fient de cætero in terrâ nostrâ.* (Suivent les réserves et autres clauses analysées en texte). *Actum Parisiis, die martis post Circumci-sionem Domini, anno ejusdem millesimo ducentesimo septuagesimo secundo.*

attendu que les faits de violence étaient déjà anciens de huit ans, et que deux enquêtes avaient déjà eu lieu dans l'intervalle (1).

Fin du grand interrègne

Pendant ces années, se termina le grand interrègne d'Allemagne, par l'élection de Rodolfe de Habsbourg, en septembre 1273; et un nouvel évêque, Gérard de Granson, prit possession de notre siége, au mois de juillet 1275 (2). Nous connaissons déjà cette famille de Granson, qui était la souche de nos comtes de Chiny (3); et la localité de Granson devint historique, au siècle suivant, par la victoire des Suisses sur Charles de Bourgogne, le Téméraire, le 3 mars 1476. Quant à notre évêque Gérard, les vrais motifs de sa

(1) En 1273, au Parlement de la Pentecôte, arrêt jugeant, « qu'en la bourgeoisie de Montfaucon, qui est au roi, ne sont reçus les serfs, (les forfuyants), ni les condamnés et bannis pour crimes, mais expressément exceptés. » Cet arrêt prouve que le roi prit immédiatement possession. — En 1278, au parlement de la Toussaint, la cour donne défaut contre le procureur du roi dans un procés entre lui et le Chapitre, et dit, ce néanmoins, que le seigneur roi est admis à faire faire enquête d'office sur une coutume constatant certains droits à lui devant appartenir en vertu du pariage. Dans les Olim, Restitut. du volume perdu, et dans Beugnot, tom. II. p. 57 et 176.

(2) Cette date est certaine, par la charte que nous allons rapporter : en conséquence il faut admettre qu'il y a, dans l'*Excerptum* de Jean de Sarrebrück, (répété par Wassebourg et Roussel), transposition avant Gérard de Granson, de la longue vacance du siége, qui arriva après lui. *Nos G. Dei gratiâ Virdunensis electus..., constituimus procuratores nostros syndicos, yconomos, sive actores, venerabiles viros Nicolaum, olim decanum, et Th. de Amellâ, canonicum Virdunensem, dantes eis plenariam potestatem præsentandi litteras provisionis nostræ in ecclesiâ supradictâ, ad quascumque personas, collegia, universitatem, sive vassallos directas, agendi, defendendi, debita exigendi, fructus petendi, castra recipiendi, juramenta requirendi..., promittentes judicatum solvi, si necesse fuerit. Datum anno Domini 1275, die Jovis antè festum B. Mariæ Magdalenæ.* Cartul. de l'évêché, nᵒ 173. — Une charte de 1274 nous apprend qu'après la mort d'Oulry de Sarnay, le Chapitre constitua « wardoursade l'éveschié, lou siége vacant, Renard, arcediacre de la Rivière, Rogier arcediacre de Port, en l'église de Toul, et Nicolas de Belrain, chancelier de Verdun.

(3) Ci-dessus, tom. I. p. 335. — Le princier Gérard, mentionné au cartulaire, est Gérard de Sarnay, frère de l'évêque, et non Gérard de Granson, comme le dit Wassebourg : car le Nécrologe porte, au 14 des calendes de juin : *Gerardus de Sarnaco, primicerius..., Ulricus, frater ejus.* La charte nᵒ 187 du cartulaire de l'évêché prouve qu'avant d'être évêque de Verdun, Gérard de Granson était chanoine de Langres.

promotion furent enveloppés de quelque mystère. Il n'ar- L'évêque Gérard
riva qu'à la fin de 1275, s'étant fait installer, quelques mois de Granson.
auparavant, par procureurs, qui avaient titre d'économes,
comme devant gérer le temporel en son absence. Or on
sait, par d'autres documents, que ce qui retenait alors
l'évêque, et ne lui permettait en ce moment qu'une courte
présence, était le service du roi d'Angleterre Edouard Ier :
car il y a, cette année même 1275, mention que Gérard,
élu de Verdun, fut chargé de recouvrer en Angleterre
et en Ecosse la décime accordée par Grégoire X à ce roi Ses relations
Edouard (1), qui disait vouloir continuer la croisade, dont avec l'Angleterre
les revers de saint Louis, précédés de tant d'autres, avaient
dégoûté les Français. D'un autre côté, l'empereur Rodolfe
qui, avant son élection, était fort puissant en Alsace et en
Suisse, connaissait, sans aucun doute, les Granson. De ces
circonstances, et d'autres, que nous allons voir, nous
induisons que Gérard fut mis à Verdun pour y contrecar-
rer, en s'entendant avec le comte Thibauld, (dont le fils
épousa, quelques années après, une fille du roi d'Angleterre), les projets de la France sur la Champagne. Cette
grande affaire était alors en telle situation que Henri III de
Champagne, Ier de Navarre, était mort en 1274, ordonnant
par testament que sa fille mineure Jeanne, unique héritière, épouserait un prince français; et, comme on le pense
bien, Philippe le Hardi tenait, pour ses fils, au legs d'une
pareille héritière; mais les Anglais firent épouser à
Edmond, frère de leur roi, la veuve douairière du comte
défunt : de sorte qu'Edmond fut comte régent de Champagne jusqu'à la majorité de Jeanne. Il n'est pas téméraire
de supposer qu'il profita de cette position pour préparer,
s'il était possible, une échec au projet du mariage français
de sa pupille : et la pièce suivante donne soupçon que
notre évêque fut un de ses agents; mais les mystères de la

(1) Cette bulle est dans Raynaldi, à l'an 1275, n° 44, datée du 15 de
calendes de décembre, ou 19 novembre, an 4 de Grégoire X.

diplomatie étant impénétrables, il n'est pas possible d'obtenir certitude sur ce point :

Edmond, fils du roi d'Angleterre H. (Henri III), d'illustre mémoire, à tous nos baillis, prévôts, et sergents de Champagne et Brie. Ayant en affection spéciale le vénérable G., par la grâce de Dieu évêque de Verdun, nous vous mandons d'empêcher, en notre territoire, toute vexation contre sa personne, ses gens, ou ses affaires. Vous prendrez la défense de ses droits comme s'ils étaient les nôtres ; et vous lui rendrez tous les services que vous pourrez, sans injustice contre autrui. Donné le 10 mars 1276 (77 av. P.) (1).

Cette lettre pourrait bien avoir été une sauve-garde à Gérard de Granson contre les gens du parti français, s'ils venaient à découvrir ce que lui, ou ses émissaires, allaient faire en Champagne. Notre prélat demeura jusqu'à sa mort dans les légations anglaises : car on le trouve encore, en mai 1278, négociant à Vienne en Autriche pour le mariage de Jeanne, fille du roi Edouard, avec Hermann, second fils de l'empereur Rodolfe (2). Il laissa, comme successeur dans ces fonctions, son neveu Othon de Granson qui, avec l'évêque de Bath et Wells, eut commission pour les affaires anglaises en Gascogne (3), et devint évêque de Toul, au commencement du XIVe siècle.

Gérard de Granson, et son frère Henri, qui lui succéda, laissèrent pour monument la belle église, aujourd'hui détruite, de Châtillon-l'Abbaye, où ils étaient enterrés, et qu'ils avaient fait construire pour achever la fondation de

---

(1) *Edmundus, filius inclytæ recordationis H., regis Anglorum, universis baillivis, præpositis, et aliis servientibus nostris Campaniæ et Briæ. Affectione quâ prosequimur venerabilem in Christo patrem dominum G., Dei gratiâ nunc Virdunensem episcopum, vobis mandamus et præcipimus quatenùs ipsum, gentes suas, ac negotia recommendata habeatis, nec ipsum, vel suos, in terrâ nostrâ permittatis ab aliquo indebitè molestari : imò jus suum, sicut nostrum, defendatis, quotiens ab ipso, vel suis, fueritis requisiti, ità quòd de vobis, sine alterius injuriâ, se debeat meritò commendare. Datum par (sic), decimâ die martii, anno Domini* MCCLXX *sexto.* Cartul. de l'évêché, n° 188.

(2) *Testes autem hujus rei sunt G. Virdunensis et H. Basiliensis episcopi, A., major Tullensis archidiaconus, etc.* Rymer, Acta publica, à l'an 1278, tom. I. pars 2, p. 170, 71, 72.

(3) Rymer, *ibid.* p. 169, col. 2.

leur illustre parent Albéron de Chiny (1). Outre cette
entreprise, Gérard qui, malgré ses affaires politiques, soignait son diocèse, eut fort à cœur de relever Saint-Vanne
de la décadence où cette noble abbaye tombait, depuis un
temps déjà assez long (2). Dès son arrivée, à la fin de 1275,
il ordonna aux moines d'élire trois de leurs plus dignes
confrères, pour réformateurs spirituels et temporels de la
communauté, en son chef et dans ses membres; et, comme
alors il ne pouvait rester longtemps à Verdun, il voulut
que les statuts de réforme fussent dressés et présentés à
l'évêché dans un délai de quarante jours environ, faute de
quoi il réformerait lui-même, assisté du prieur des Prêcheurs et du gardien des Mineurs : assistance dont la
menace dut piquer de quelque jalousie monastique les
antiques bénédictins (3). Pendant un séjour plus long qu'il
fit en 1277, il revint sur cette affaire pour le règlement des
dettes, qui se montaient à six mille livres fortes, empruntées à Simon Pomoise, citain de Verdun, par l'abbé Rodolfe,
pour son procès électoral, et autres choses : on convint de
payer par annuités de 500 livres, tous les ans aux fêtes de
Pâque (4). On ne connaît pas d'autres actes importants de

Ordonnance pour St-Vanne.

(1) Ci-dessus, t. i. p. 245.

(2) Ci-dessus, p. 448.

(3) *Nos Radulfus abbas, totusque conventus S. Vitoni..., compromisimus in
viros religiosos Theodericum thesaurarium, Johannem priorem de Novovillari, et
Guillermum majorem cellerarium, monachos hujus monasterii, quos elegimus
mediatores, ordinatores, arbitratores et reformatores totius status monasterii
nostri, tàm in capite quàm in membris, in spiritualibus et temporalibus, ad corri-
gendos excessus de quibus facta est inquisitio, et omnes alios, ut divinæ religionis cultus augeatur. Et tenebuntur ordinationem quam facere disposuerint
ostendere reverendo patri G. Dei gratià Virdunensi electo, ut ipsam, si bonam
viderit, approbet et confirmet : sin autem, emendare possit et emendet. Præfati
verò ordinatores potestatem hanc usquè ad vicesimam diem post Nativitatem
Domini proximam habebunt : et, si infrà diem illam ordinatio non fuerit consum-
mata, nos abbas et conventus prædicti promittimus servare et ratam habere ordinationem dicti reverendi patris, quam dixerit faciendam, de consilio prioris Prædicatorum et guardiani Minorum Vird... Actum 1275, feriâ 2 post festum B.
Nicolai.* Cartul. de l'évêché, n° 136.

(4) Dans Wassebourg, p. 384. L'an 1277 n'est pas le premier de Gérard
de Granson, comme il le dit là, par suite de la transposition des trois ans
de vacance.

ce prélat, qui mourut après trois ans seulement de possession, à la fin de 1278; car nous avons une charte de ses
exécuteurs testamentaires du mois de janvier suivant (1).
Le jour de sa mort n'étant pas marqué au nécrologe, il y a
apparence qu'il mourut loin de Verdun. Sa dernière volonté
fut qu'on l'inhumât à Châtillon, et qu'on fît largesse honorable à l'abbaye pour l'illustration de ses obsèques : *pro
magnificatione sepulturæ.*

Longue
vacance.
Henri
de Granson.

Ce qui arriva ensuite dans l'évêché nous est connu par
une bulle du pape Martin IV, en 1284. Il y eut élection
contestée entre Henri de Granson, frère du défunt prélat,
et un chanoine nommé Rodolfe de Torète : puis, comme à
l'ordinaire, appel au pape, longue discussion; enfin, en
juin 1284, les deux compétiteurs abdiquèrent leurs droits
entre les mains du saint père, et s'en rapportèrent à son
jugement (2). Ils n'eurent pas lieu de s'en repentir : car le
pape nomma Torète archevêque de Lyon, où il y avait aussi
élection contestée; et Henri, demeuré sans compétiteur,
reçut ses bulles pour Verdun. Ce fait d'un de nos chanoines
promu à l'archevêché de Lyon méritait d'être mentionné

---

(1) *Jacobus de Grandisono, dominus Bellimontis, et Henricus, præpositus
Lausannensis, fratres..., executores inclytæ recordationis domini G. episcopi...,
qui nos in ipsâ ultimâ suâ voluntate rogavit, ac fidei nostræ commisit ut de pos-
sessionibus ecclesiæ Virdunensis, annui redditûs aliquam portionem assignare-
mus religioso loco et monasterio de Castellione, pro suæ magnificatione sepulturæ..., totum molendinum de Molenvillâ, quod memoratus episcopus acquisivit,
dùm vixerat, damus, concedimus et assignamus... Datum apud Virdunum, die
Veneris post festum Conversionis B. Pauli 1278 (79 av. P.).*

(2) *Martinus, etc., dilecto filio Henrico, electo Virdunensi... Post obitum bonæ
memoriæ Gerardi, episcopi Vird., dilecti filii Capitulum..., per viam scrutinii
procedentes, tres ex ipsis elegerunt concorditer scrutatores, qui secretè et sin-
gillatim vota scrutarentur. Publicato scrutinio, compertum est quòd vota invenie-
bantur esse divisa; quidam dilectum filium Rodulphum de Toretâ, Lugdunensem
electum, tunc Virdunensem, nonnulli verò te, tunc Lausannensem canonicos...
Negotio itaque hujusmodi electionum per appellationem ad sedem apostolicam
devoluto, postquàm super illo fuit primò coràm felicis recordationis Nicolao PP,
prædecessore nostro, ac deindè coràm nobis, nec non coràm aliquibus de fratribus
nostris datis super hoc auditoribus, diutiùs disceptatum, tandem omne jus quod
ex præmissis electionibus vobis competebat liberè in nostris manibus resignastis,
etc... Datum apud Urbem Veterem, IV idus junii, pont. anno quarto.*

dans nos auteurs, qui cependant le passent sous silence (1).
La fréquence des élections litigieuses semble indiquer
quelque vice dans le système électoral d'alors, ou du moins
dans la manière dont on l'appliquait : ce fut par cette
brèche que s'introduisit peu à peu la nomination directe
de Rome, à la place de l'élection capitulaire, les papes
disant que le droit de nommer leur était dévolu, quand les
Chapitres avaient fait des élections nulles. La vacance de
notre évêché entre les deux Granson dura plus de cinq
ans (2), pendant lesquels Henri, au gouvernement de qui
on s'était déjà accoutumé lorsque son frère s'absentait, eut
une certaine prééminence, du moins au spirituel (3); car,
pour le temporel, le princier Thomas de Blâmont s'en
empara: et, tout en s'avouant lige et comptable au futur
évêque, il commit quantité de dilapidations dont Henri
porta, dans la suite, plainte au saint siége.

(1) Il est constant par les bulles de Torète, rapportées dans le *Gallia
christiana*, (IV. 155). *Nos, considerantes dilecti filii Rodolphi de Torretâ conversa-
tionis merita, etc., de eodem Rodolpho, canonico Virdunensi, eidem ecclesiæ
(Lugdunensi), de fratrum nostrorum consilio providemus. Datum apud Urbem
Veterem, quarto idus junii, pont. anno IV.* — Ce nom *Rodulphus de Torreta*,
semble vouloir dire Rodolphe de Torote, d'autant plus que le pourvu était
chanoine de Verdun : néanmoins, dans le catalogue des archevêques de
Lyon, on lit Rodolfe de la Torrète.

(2) Cette durée de cinq ans et demi résulte de la date du 10 juin 1284 des
bulles de Henri de Granson, Gérard étant mort à la fin de 1278. Il y a dans
le cartulaire, p. 52, une charte du lendemain des Cendres 1283 (84 av. P.)
renfermant promesse de faire, « se nos povons, que li evesque de Verdun,
trois mois après ce que il sera créés et venus à Verdun, gréera lou vendaige »; et la même chose est répétée, en latin, dans la charte suivante,
p. 53. Donc le siége était encore vacant au commencement du carême
1284. — La chronologie de Wassebourg, qui n'admet que deux ans de
vacance, et, à plus forte raison, celle de Roussel, qui n'en admet aucune,
sont erronées; et cet embrouillement, déjà ancien, provient de la transposition, que nous avons déjà remarquée, dans l'*Excerptum* de Jean de Sarrebrück. — V. ci-dessus, tom. I. p. 161, note.

(3) Le P. Benoit, Hist. de Toul, p. 456, dit que l'évêque de Verdun (qu'il
ne nomme pas) intronisa Conrad Probus à Toul, en 1280; et les Bénédictins, Hist. de Metz, II. 476, ajoutent que Henri de Granson, évêque de Verdun, assista à l'entrée de Bouchard d'Avesne à Metz, en 1283. Il faut entendre Henri, élu (et non évêque) de Verdun : il eut sans doute commission
du métropolitain d'installer Conrad à Toul.

Guerre civile
des lignages.

Pendant ce long interrègne de l'évêché, éclata la guerre civile, que faisaient pressentir depuis plusieurs années déjà les bannissements nombreux infligés à des citoyens. Faute de relations laissées par les gens de ce temps, nous ne pouvons dire quelles causes excitèrent entre eux de si furieux débats : il ne nous reste sur ces scènes que des pièces judiciaires, n'expliquant pas l'origine première des troubles. En ce moment même, l'an 1283, il y eut aussi à Metz une grande sédition où, disent les chroniqueurs « rebellèrent le commun encontre les paraiges; et furent les bannières du commun arses et brûlées »; mais ils n'ajoutent pas un mot de plus. Dans cette indétermination, on peut attribuer à notre guerre civile toute cause vraisemblable, rivalités de familles, lutte contre une prépondérance aristocratique, peut-être aussi quelque excitation du parti champenois français contre la Commune et le comte Thibauld, alors chef des anglo-impérialistes : et comme, pour l'esprit général d'une époque, l'histoire étrangère éclaire les particularités locales, on pourra se rappeler ici la vie du fameux poëte Dante, où l'on voit les déchirements des républiques italiennes, et comment Dante lui-même fut l'un des bannis et proscrits de Florence.

L'imminence de notre orage communal s'annonça par une grande assemblée, tenue le mardi après fête saint Luc (18 octobre) 1282, au sujet précisément des bannis. Au statut de 1271, déjà renouvelé en 1278, on ajouta les dispositions suivantes, qui prouvent qu'on se battait pour ces affaires de bannissement. Si des bourgeois se joignent aux forjugés dans la ville ou l'évêché, et s'il leur arrive d'être, en ces rencontres, blessés ou incendiés, la Ville ne recevra pas leurs plaintes, et elle gardera leurs assaillants en sa paix. S'il y a des morts, leurs amis, de part et d'autre, seront mandés par le Nombre, qui leur ordonnera de faire paix : les refusants seront condamnés à cent livres d'amende et dix ans de bannissement. Le Nombre aidera tous ceux qui sont dans la paix de la Ville; et si, au cas où on les attaquerait, il ne se joint à eux, à leur requête, il encourra, pour chacune de ces requêtes non écoutées, amende de cent sous. Ordre à lui d'appréhender au corps quiconque ramènera un banni : le coupable de cette rentrée sera mis en la tour, au pain et à l'eau, jusqu'à ce que la Ville ait conseil. En cas de bataille à épées, haches, couteaux à pointe, etc., le Nombre ira voir les blessés ; et, s'il en trouve en danger de mort, il mettra leur agresseur au fond de la tour, quarante jours au pain et à l'eau, et confisquera tout ce qu'il faudra pour payer les amendes des coupables. Contre les gens du Nombre qui négligeraient ces devoirs, il y aura exclusion du Conseil, et amende de cent sous : pareille amende sur quiconque n'obéira pas à la réquisition du Nombre de venir lui prêter main forte (1).

Il ne fut pas possible de faire exécuter cette ordonnance, tant étaient grandes les divisions des citoyens et les forces du parti des bannis. Alors la Commune, sur le point d'être emportée elle-même par l'insurrection, recourut aux moyens extrêmes ; et, sachant de longtemps que le comte Thibauld était toujours prêt à intervenir, même quand on ne le demandait pas, pour augmenter son pouvoir dans les évêchés, elle l'adjura de montrer sa menaçante épée aux fauteurs de ces interminables désordres. On avait déjà avec Thibauld un traité, de 1257, qui l'obligeait à venir en aide à la Ville, en cas de guerre étrangère (2) : cette fois, on ajouta qu'il viendrait également au secours de l'autorité, en détresse de se faire respecter à l'intérieur ; et cette stipulation importante qui, pour le moment, rendait Thibauld maître absolu chez nous, était conçue en ces termes :

> Nous Th. cuens de Bar..., avons prins et reçeu, prenons et recevons la communitei de la citei de Verdun, et tous les citains d'icelle,

Demande de secours au comte Thibauld.

---

(1) Inventaire de Lorraine, à l'an 1282. Cette pièce, ainsi que celle que nous avons citée, p. 471, note 1, furent sans doute remises au comte Thibauld, pour son arbitrage : de là vint qu'elles passèrent aux archives lorraines.

(2) Ci-dessus, p. 469,70.

Traité
de la Commune
avec lui.

et de tous les bourgs, eux et lors biens, partout où qu'ils soient, en notre warde, conduit, et salvement, ainsi comme les corps et les biens des hommes de notre terre. Et devons à la communitei et au Nombre de la citei, ou autre Nombre queil qu'il fust que li communitei, ou li évesque, ou li esleu mettroient en la manière qui a été jusques à ores de mettre et faire Nombre en ladite citei, aidier à amender, à défaire et à justicier tous les méfaits et trop-faits, et toutes les amendes à lever, ainsi comme la lettre de la Paix de Verdun le devise qui seellée est dou seel de Verdun. Et, se il avenoit que aucun fait escheust qui ne fust escript en la dite lettre, ou en accreues, teil esward comme li communitei eswarderoit, tant comme ils seroient sans signor (le siége vacant), ou quand ils auroient signor, nos leur aideriens à maintenir et à justicier. Et, toutes fois que li Nombre ou li communitei nous requierra, ou fera savoir que ils aient mestier de nous ou de notre Conseil, nos iriens, se nos n'aviens loial essoine; et, se nos aviens essoine, nos y envoieriens de notre Conseil : et, quand ils seroient venus en Verdun, li chevaliers ou li baillis auront, por lui et por sa maisnie, deix sous por despens, jor et nuit, tant comme ils demorront en Verdun par la volontei dou Nombre et dou Commun. Et, se il convenoit faire justice ou force, queille qu'elle fust, se li Nombre et la communitei s'accordoient que nos feissiens la justice ou la force, ils doient mander quatre des hommes de notre conseil, c'est à savoir Phelippe, chastelain de Bar, monsignor Thierri d'Amelle, sire Lermite de Sathenai (Stenay), et Asselin, bailli de Saint-Mihiel : et, sitost comme ils seront venus à Verdun, le Nombre et le Conseil lor doient dire et conter le fait, et queille justice il afferoit à faire : et li quatre devant dits ont jurei sor saints que bonnement et loialment s'accorderont et conseilleront, avec le Nombre et le conseil de la cité, combien de gens d'armes il conviendroit mener por la justice faire; et le Nombre et la communitei nous en seroient aidants, nous et nos gens. Et, se li Nombre ou li communitei voloient faire la justice ou force, nos lor en seriens aidans, et y envoieriens hommes suffisans, à tant de gens à armes comme ils nous manderoient, jusques à la somme de vingt chevaliers et cent armures de fer, à chevaul, et la somme de trois cens sergens à pied, se tant en voloient. Et toutes fois que ils nous manderont, nos devons avoir por nos despens, deix livres, jor et nuit, por nous et notre maisnie, tant comme seriens en Verdun par lor volontei; et li chevalier à armes doit avoir deix souls por lui et sa maisnie; et li escuyer à

armes, cinq souls por lui et sa maisnie ; et li sergent à pied, douze
deniers, nuit et jor, tant comme ils seront en Verdun, par la volontei dou Nombre et dou Commun : et riens dou venir et dou raller ;
et nous doient mander un jour devant. Et toute les laies personnes
qui sont demorant, couchant et levant en la citei de Verdun et en
bourgs, sont de la paix : et, se ils faisoient outraige ou chose dont
ils deussent amender, et ils alloient fuers de Verdun, à tout le fait
nos en feriens, et chasseriens tout comme se ils l'eussent fait en
notre terre. Et toutes ces convenances tenrons en bonne foi, sans
meffaire contre l'évesque, et salves les convenances que nos lor
dovons, dont ils ont nos lettres seellées de notre seel pendant, et
nous lors lettres seellées de lor seel pendant (les lettres de 1257).
Et doient durer ces convenances à notre vie ; et lor avons jurei, nous
et notre conseil en bonne foi : et, en tesmoignaige, avons-nous mins
notre seel, etc., l'an de grâce mil dous cens quatre vingt et dous
(deux), on mois de mars. — (1285, avant Pâque, qui était, cette
année, le 18 avril).

Ce traité conclu, et Thibauld se joignant, lui et ses
chevaliers, à la Commune, force fut aux rebelles de se soumettre. Ils acceptèrent, non le jugement des dix-huit jurés
du Nombre, qui les avaient déjà condamnés, mais un arbitrage entre lignagers, cinq pour Asanne, cinq pour La Porte,
avec le comte Thibauld pour décider, en cas de partage.
C'est dans ce compromis, passé le jeudi avant le premier
dimanche de carême 1283, qu'il fut officiellement dit, pour
la première fois, que la guerre civile était entre les deux
lignages, chacun suivi de sa « porseute, » c'est-à-dire des
gens qui se rattachaient à lui. Les arbitres d'Asanne furent
Jacques La Fosse, Richard Gallyan, Godard d'Etain, Huard
de Moulainville, Pérignon Arnould : pour l'autre côté,
Martin de La Grange, Jacques Chapon, Othin le Petit, Jacques le Bergier, Guyot de Neuvilly : ces noms, avec ceux
que l'on rencontre dans la suite du procès, sont ceux des
plus anciens lignagers connus comme tels. On jura le
compromis devant le comte Thibauld et ses gens, Philippe
châtelain de Bar, et les autres nommés en l'acte précédent ;
en outre, par devant frère Olry, gardien des Mineurs, frère

Domengo, lecteur des Prêcheurs, et les prod'hommes de la ville; vingt lignagers y apposèrent leurs sceaux; enfin, pour dernière garantie, la Commune fit mettre celui de la cité, avec déclaration qu'elle serait aidante à noble homme Thibauld, comte de Bar, pour faire tenir tout ce qui était enclus èsdites lettres (1).

Les arbitres procédèrent d'abord activement, s'assemblant trois fois par semaine, au couvent des Prêcheurs; mais bientôt tant de gens de leurs lignages et parentés se trouvèrent inculpés dans l'enquête qu'ils n'eurent pas le courage de la pousser jusqu'au bout. Vers la mi-carême, ils se récusèrent eux-mêmes, en adressant, soit à Thibauld, soit aux dix-huit du Nombre et à la Commune, supplique en décharge de leurs fonctions, et demande qu'on agréât, au lieu d'eux, frère Nicole Grosse-Tête, prêcheur de Verdun, avec Hue, bailli de Bar. On accorda la requête : et les deux nouveaux juges, ayant terminé l'instruction, rendirent, le mercredi après Pâque fleurie (Rameaux), leur sentence en ces termes :

Première sentence arbitrale.

« En nom dou Peirc, et dou Fils, et dou Saint-Esprit, nous freire Nicoles, dit Grosse-Teste, et Hue, bailli de Bar..... Disons, rapportons et ordenons que bonne paix est, et sera toujours, et doit estre entre les linaiges et lors porseutes, de cest jour en avant jusques à mil ans, en la manière que ci-après est escripte :

« Por l'honnour dou linaige de La Porte, por le bien de la paix et des trièves, cils ci-après nommeis dou linaige d'Aisenne, c'est à savoir Jacques li Hungrel, Wautrel-Pocas, Perrin fils Roxat, Morans, Simon Bawier, iront outre mer en Aicre (2), et revenront sitost

(1) « Pour l'honnour de Deu, et li commun bien de notre citei de Verdun, nos li linaige d'Aisenne et notre porseute, et nos li linaige de La Porte et notre porseute, à la prière et enhortation de grans gens et bonnes, de religion et dou sieicle, sommes accordei, etc. (Suit la nomination des dix arbitres), auxquels donnons plein povoir d'enquerre, savoir et appenre tous les meffaits et forfaits des bestens et embatens qui sont et ont estei entre nos linaiges, punir, faire amendier, et nos appaisier, etc., (suivent les autres clauses analysées en texte...), l'an de grâce mil dous cens quatre-vingt-dous (deux), on mois de mars, juedi devant les Bures. — On doit faire le rapport et l'ordenance dedans l'Ascension novellement venant.

(2) A Saint-Jean d'Acre, en Terre-Sainte. — On trouve condamnation à

comme ils voùrront; et rapporteront bonnes lettres que ils ont fait
lor voiaige, seelleies dou seel le maistre de l'Ospitaul, et dou scel le
maistre dou Temple, et dou seel le patriarche de Jhérusalem. —
Même peine contre Bauduin et Joucelin, fils Othe Bauduin : « et ne
rentreront en Verdun, ne en la banleue que un an dès le jour que
ils seront partis.—Jehan Marchant, Collin li serre, Mascetriers, et
Gilet Warion iront outre mer d'Angleterre (1), et revenront sitost
comme ils vouront : et rapporteront lettres de leur voiaige, souffi-
santes à l'esward desdits freire Nicole et Hue, bailli de Bar. — Phel-
pin li Sauvaige, Joinin, fils Jacques le Hungrel, Quillart, Aubertin
fils Porchat, Henri Martes, Marcel Santes, et Colin de Fremereiville
iront à Notre-Dame de Boulongne-sus-Mer. — Trente-sept autres,
(parmi lesquels Godart d'Etain, l'un des anciens arbitres) iront à
Notre-Dame de Reims.

« Et cils ci-après nommeis dou linaige de La Porte, c'est à savoir :
Colin, freire Jacques, ira outre mer en Aicre, et rapportera bonnes
lettres seelleies dou maistre de l'Ospitaul, etc. (comme ci-dessus).—
Neuf iront à Lyon sur Rhône (2). — Quatorze à Notre-Dame de
Bleheicourt (3).

« Et tuit li hommes dessusdits commenceront lor voiaige à faire
dedans la Nativitei Notre-Dame, prochainement venant, on mois de
septembre. Et, se aucuns, quiconques fust, meffaisoit de riens
encontre ceste paix et ordenation, il seroit en la chasse de nous
Thiebaus comte de Bar, et de la communitei de la citei de Verdun,
pour li justicier comme on doit l'homme qui brise paix et trièvé.....
Sceau du comte et de la cité, le mescredi après Pasques flories
1285 (4).

des peines semblables dans un atour de Metz de 1254. Bénéd. Hist. de Metz,
III. Preuves, p. 208.

(1) A Saint-Thomas de Canterbury.

(2) A Fourvières.

(3) Blécourt, à deux lieues de Joinville. On attribuait l'origine de ce pèlerinage au roi Dagobert : v. Baugier, Mém. de Champagne, tom. I. p. 341.
« Et allai, dit Joinville, à pieds deschaux et en langes, à Bleheicourt, et à
Saint-Urbain; et, en dementières que je allois, oncques ne retornai mes
yeulx vers Joinville, por ce que le cuer ne me attendrist du biau chastel
que je laissois. » Il y a une ancienne église en ce village, aujourd'hui du
dép. de la Haute-Marne.

(4) C'est la même année que celle où avait été fait le compromis de mars
1282; mais on compta 1285 à Pâque.

Ces peines sembleraient aujourd'hui bien douces : et,
pour de tels excès, notre justice ne se contenterait pas de
si légers châtiments; mais alors on admettait encore les
guerres privées : et les combattants des lignages furent
traités, non en criminels, mais en belligérants. En envoyant les plus forcenés aux pèlerinages, on les séparait
des autres; et on pouvait espérer que plusieurs se repenti-
raient, en priant Dieu dans les lieux saints : mais ce fut une
faute que de leur accorder quatre mois pour les préparatifs de leur départ : car on laissait ainsi en présence ces
ennemis plus irrités que jamais, surtout les Asanne, contre
les quels avaient été prononcées les plus fortes et les plus
nombreuses condamnations. Aussi recommença-t-on bientôt à se battre, pour ne pas dire à s'assassiner. Le récit de
ces fureurs sauvages nous a été transmis dans la pièce
suivante, tristement instructive sur ce qu'on appelait alors
les mortelles guerres, les mêlées montant en ville, les
représailles et vengeances dont on n'avait pas fait paix ou
trève, et autres choses semblables, assez souvent mentionnées dans nos documents, aussi bien que dans ceux de
Metz (1), et de beaucoup d'autres villes :

Nouveaux excès et nouvelle plainte.

« A noble baron et saige Thiebaus, comte de Bar, Gosce de Sans
et Renart li Boutilliers, et tuit lors amis don linaige de La Porte,

---

(1) « Queille mellée qui monte en Metz, ou de fuers Metz entre ceulx de
Metz, tuit cils qui ne seront à la mellée ont bonnes trèves, où que ils soient,
jusques à tant que ils seroient à leurs lieux, cils de Port-Saillis à Port-
Saillis, cils d'Outre-Seille à Outre-Seille, etc. (C'est-à-dire que ceux qui ne
sont pas de la bataille ont trève pour regagner leurs quartiers). Si aucun
movoit (sortait) de son hostel por aidier un paraige, sa maison et ses biens
ont bon asseurement, etc. Atour de Metz de 1250, répété en 1254. Bénéd.
Hist. de Metz, III. Preuves, p. 199, 208.—La feste monsignor saint Estienne
ait teil droit que quiconque vient à la feste ait bonne paix et bonne trième,
si de mortelle guerre n'est. La feste Notre-Dame-Sainte-Marie, mi-aoust, ait
teil droit que cils qui viennent à la foire ont bonne paix et trième VIII jours
de la foire, VIII jours devant, VIII jours après, sans mortelle guerre. Chron.
Huguenin, p. 12.—Melidon, p. 90, parle aussi de la mortelle guerre : « Gens
de mortelle guerre ne doient porter tesmoignaige de riens contre le mortel ennemi l'un à l'autre, tant comme ils sont en guerre. Pour aultre
guerre ou bestens, ne peut-on un tesmoignaige blasmer, se ce n'est que
le donne la personne en grant chaleur, ou en grant ire. » — V. ci-dessus,
p. 454, au sujet des inimitiés dont parle le statut capitulaire de 1248.

et de lor pourseute, sont plaignans à vous, sire, comme à haut prince loiaul, que, quant vous partites, sire, de la citei de Verdun, et dites de vostre bouche, en généraul, devant les xviii jureis et le consel de la citei, et devant nous, que il estoit bonne paix et bonne triève, et que cil qui y mefferoit, il seroit en votre chasse et en la chasse de la citei de Verdun. Et, por la grant haultesse de vous, et por la grant loiaultei, et por la grant justice que nos savons en vos, sire, nos nos mîmes sor vos (nous nous en rapportâmes à vous) : et avons souffert et endurei grant griés de vos trièves, et de la paix qui est sor vos rapporteie.

« Si somes plaignans à vos, sires, que Henris Martes, qui est dou linaige d'Aixenne, et qui fuit au fait où li fils Gosces de Sans fust meurdris en pleinne rue, huchia et écria au peire et as freires, et à lors amis : *Hachiez fors vos bacons de terre : ils ont bien prins lor seil* (1).

Et en fusmes plaignans, sire, as xviii de Verdun; et en firent les xviii enqueste; et bien ont trovei que ce (cela) dit Henris Martes (2).

(1) C'est-à-dire : « Hachez et emportez de terre vos cochons : nous les avons bien salés.

(2) *Contredit* : Et à ce que ils (les La Porte) dient que li Hungrel et ses fils virent les dous (deux) enfans lou Boutillier, et lor corurent sus, et escrient à ciaulx qui avec eulx estient. : *Or avant, signors; et wardez que ils ne nos eschappent;* et corurent sus, et occirent et meurdrirent Henrion fils lou Boutillier : respondent li Hungrel et ses fils que ce n'est mie véritei : et que cil qui occit lidit Henrion le fit léaulment, à son corps deffendant : car lidit Henrion, d'un dard que il tenoit en avoit un féru, et l'eust mort, se on ne lui eust aidié. Et cils de La Porte y estoient malicieusement, à couverture de ciaus dou Commun, et avoient avisei par Marchant meurdrir; et armeis estoient.

« Et à ce que ils dient que de l'hosteil Marchant issirent, et en l'hosteil Marchant rentrérent, celle neut (nuit), deix hommes à deix dards pour occire; et furent devers lou puits en Rue, ce nient bien li Hungrel et ses fils, et Marchant, et ses amis qui de lors hosteils li venoient aidier, pour l'effroi que ils oïoient dou bestens que là estoit, et à son de cloche qui adonc sonnoit por ciaulx de La Porte, qui là venoient por li corre sus en son hosteil, et por li meurdrir, et son fils, et son freire : et de l'hosteil Othin le Petit li furent grosses pierres jetteies, por li et ses amis occire. » — Dénégation du meurtre de Pérignon : « ains fut mort de sa mort naturelle, car il estoit entichiés de maladie, teille comme Dieu le souffroit à avoir. » Wautrin « vesquit demei an après le bestens dou Pont, et alleit en ses besognes. » — Bauduin a couru sus Jennin et Jacomin Infrai, pour son corps à défendre, et celui de Bague le Hungrel, « que ils avoient, sans meffait, assailli et le meurdrissoient; et l'avoit jà féru Jacomin Infrai d'un dard, et li fils Jehan Chapon d'un autre dard par derriére, si qu'il en rissit

« Après sommes plaignans à vous, sire, de Wautiers de Fremereiville, chenoinne de Verdun, qui est dou linaige d'Aixenne, dont jà avons aultre fois estei plaignans, qui voult (voulut) occire Renart li Boutillier, notre ami, et trait l'espée sor lui, où il estoit à champs, avec plusors chenoinnes de Verdun; et l'eust mort, se les bonnes gens qui là estoient ne l'eussent rescous.

« Et huit jors après cest samedi devant Noeil, à houre de Vespres, cil Wautiers de Fremereiville, et Colins ses freires revenrent pour occire ledit Renart, en Chastel, devant l'hosteil Nicoles de Belrain; et li coururent sus, à chevaul et à pied, et le portont par terre, et le férirent de coutes, et fust blessiei et sanglant; et l'eussent mort, se ne fust un fort porpoint que il avoit vestu, et bonnes gens qui s'y embattirent et le rescourent. Et à cest fait à faire furent, avec lidis Wauthiers et Colins ses freires, Jehans li Porchas, et Maseriers et Bauduin et Parrin Roxat et Morans : sire, ils sont tous d'Aixenne et de lor porseute; et furent jà au fait où Henrions li Boutilliers fust murdris, qui estoit freire lidit Renart. Et de ce avons estei plaignans as xviii jureis de Verdun; et bien l'ont trouvei en lor enqueste.

par devant, ainsi comme en notre plainte et notre escript est contenu. » — Autres dénégations et excuses, trop longues à dire.

« Après, de ce que ils dient que nous cils d'Aixenne fîmes deux waits (guets), l'un en l'hosteil Henri Martes, l'aultre aux Repenties, pour occire et meurdrir les amis de La Porte, tout ce nions nous bien. Et, de ce qui advint le venredi devant mi-caresme, que ils dient que nos amis lor allont courre sus pour occire et descouper, et lors hosteils fourrer, ne allâmes que pour querre et amener Jacques li Hungrel, de Sainte-Creux où li conseuls de la ville l'avoient menei et enclos pour ciaulx de La Porte, qui le voloient là meurdrir, ainsi comme est escript en notre plainte que nos vos avons donnei...

« Et disons, sire, que comme Warin Sygars, Simonin, et li Neins, et aultres, qui sont encor en la ville (si comme nous croions) eussent meurdri li dit Bagues le Hungrel neutante (nuitamment), si comme est contenu et devisei en la plainte que nos vos avons donnei, enqueste fust faite dou meurdre doudit Bague par les xviii jureis de Verdun; et fust faite ladite enqueste diligemment, et escripte et scelleie, et porteie et publieie au Commun et au Conseil de Verdun; et eswardeirent et condamneirent les justices et li Communs de Verdun lidits Warins, Simonins et le Nein dou meurdre dou Bague desordit, et les quierrent (cherchèrent) en lors hosteils por faire justice, se trouveis les eussent, et enleveirent les lots à droit de lors biens, ainsi comme li lettre de Verdun le dit. Après ce fait, cils de La Porte et lor porseute jureirent sor sainls, sor l'auteil Sainte-Creux, as xviii et au Consel de Verdun que jamais les trois desornommeis ne reclameroient : et disons, sire, que ils vont encontre lor serment, et contre la trieve qui est entre nous et iaus, et contre la minse qui est faite sor vous, par ce qu'ils requierrent les trois desordits, etc. »

« Si vous prions et requerons, sire, por Deu devant et por pitié, comme à loiaul prince, que vous vouliés, sire, vostre rapport rapporteir (donner votre jugement), en vostre loiautei et en vostre gentilesse, des meurdres et des meffais, et des trièves qu'on nous ait brisieies : dont nos sommes plaignans à vos, et avons estei aultres fois, sire : et en voliez tant faire, sire, por Deu et por justice, que toutes bonnes gens puissent dire que si hault prince et si loiauls comme li cuens de Bar y ait mins la main, et que chacun ait comparei son meffait. Et vous souviegne, sire, ce que nos vos disiens, à la minse à keuchier, (à votre coucher) que cils dou linaige d'Aixenne vinrent plusors fois, en port à armes, bannieires desploicies por nous occire et foureir nos hosteils, ainsi comme il est apparent à huis et as fenestres de nos hosteils, qui sont derrenchieis et descoupeis. Et por nos corps défendre de mort, et saulver nos avoirs, nous convint mettre à défense : par quoi, sire, pour Deu, que nous ne soiens greveis ne à domaige de nos armures, que n'avons traies fors que por nos awardeir de mort : et vous avons dit aultres fois, sire, et disons encor que nos sommes prêts et appareilleis d'oïr le droit de vostre Hosteil : et n'avons meffais, fors notre corps deffendant, por tant que cils d'Aixenne nous vinrent corre sus dedans trièves, bannieires desploieies, et coupeir à nos hosteils.

« Et por ce, sire, que li xviii, et li consels, et li justice de la citei firent et estaublirent que tuit cils que ne voureint jurcir l'accrue que faite fust meffaisoient à ciaux qui l'accrue avient jureie; et se cils qui avient jurci les couroient sus, en queil manière que ce fust, ils en demoroient en paix envers la justice de tous eswarts : et fut, sire, celle accrue jureie dou Commun de Verdun, et de nos amis, fors que de ciaux dou linaige d'Aixenne, que jureir ne la volurent : et les minrent les xviii en escript dénomément : et ce furent cils, et aultres dou linaige d'Aixenne que vinrent corre sus et coupeir à nos hosteils. Et toutes ces choses, sire, savent prod'hommes et bonnes gens de la citei de Verdun, que furent présents où ce fust fait.

Cette anarchie, mal comprimée, durait encore au mois de juillet 1284, quand arriva, comme nous l'avons dit, l'évêque Henri de Granson. Il trouva la Commune dans l'humiliation et l'embarras. Les Asanne menaçaient de s'insurger de nouveau, sous prétexte qu'on les sacrifiait

Arrivée
de Henri
de Granson.

aux La Porte (1) : et le comte de Bar, sans s'inquiéter de
la convention de 1283, ni des remontrances du Nombre,
agissait d'autorité, procédait seul, et retenait les amendes
en garantie de ses dépens (2). On s'adressait à lui comme
au plus fort, et on passait sur la justice de la Ville : ainsi
une importante succession s'étant ouverte, l'exécuteur
testamentaire lui fit part dans les créances pour qu'il aidât
au recouvrement; et l'abbé de Saint-Paul, Herbert de
Brieulles, acheta sa protection, par une somme annuelle,
payable, dit l'acte, « jusques à tant qu'il y ait évesque paisible en Verdun (3). » Dans cette pénible situation, et aux
prises avec tant de difficultés, la Commune cherchant un
point d'appui, se jeta du côté du nouvel évêque, et passa
l'an 1285 à négocier avec lui des arrangements qui furent
promulgués au commencement de l'année suivante. C'est
à ces arrangements, les uns destinés à rester lois perma-

(1) « Ecrit contenant la plainte de ceux du lignage d'Azanne contre le
Nombre, les citains et la communauté de Verdun. » Inventaire de Lorraine,
dans les pièces sans date rejetées à la fin. Cet écrit devait être des derniers
temps du débat; car il portait, au dos, cette note : Derniers écrits de ceux
d'Aixenne.

(2) « Remontrances de ceux de Verdun au comte de Bar, qu'ils ont convenances ensemble, scelées de leurs sceaux ; et prière de tenir lesdites convenances quant aux amendes échues et à lever du temps passé : lesquelles
informations et enquêtes lui ont été données en partie; et lui donneront le
surplus quand il lui plaira. Lui déclarant que nul ne doit informer, ni faire
enquête de choses concernant ladite paix (celle du frère Grosse-Tête et du
bailli Hue), fors le Nombre; et, lorsque l'information est faite, il doit la
juger, par son serment, ou la Commune aider à faire et à justicier, comme
porte sa lettre (de 1283). Et le requièrent à faire comme il doit. » Invent.
de Lorraine, au même endroit.

(3) « Lettres de Guillaume Morennes, célerier de l'évêque de Verdun,
exécuteur du testament de Thibauld La Gorge, bourgeois de Verdun, par
lesquelles, voyant ne pouvoir exécuter ledit testament sans le secours d'une
main puissante pour retirer plusieurs dettes qui sont dues au défunt, il
associe au profit qui en peut revenir Thibauld, comte de Bar. Samedi après
la saint Jacques, en mai 1282. — Lettres de frère Herbert, abbé de Saint-
Paul, déclarant que noble homme Thibauld, comte de Bar, a pris en sa
garde et défense son église de Saint-Paul et ses biens, tant qu'il y ait évesque paisible en Verdun; et promet lui payer, pour cette garde, cinquante
livres tournois, jusqu'à ce qu'il y ait évesque. Mercredi avant la saint Laurent 1282. » Inventaire de Lorraine, aux années 1282,85. — Nous avons déjà
dit comment ces pièces se trouvaient aux archives de Lorraine.

nentes, les autres transitoires, et pour sortir de l'embarras,
que se rapporte la fameuse Charte de Paix, que l'on rédi-
gea alors en la forme et teneur immuables qu'elle garda
jusqu'au milieu du XVIᵉ siècle. Le corps de cet acte fut formé des articles de l'ancienne institution de paix, augmen-
tés des « accrues » faites au temps de la guerre civile : il
est peut-être à regretter que ces accrues, qui parlent de
tant d'actes de violence, aient pris place dans le texte
arrêté à toujours ; car, dans la suite, les batailles sanglantes
des lignages étant oubliées, la charte qu'on lisait tous les
ans semblait accuser notre ville d'être, ou d'avoir été longtemps un théâtre de brigandages féroces : mais la Commune
n'entendait pas qu'on dérogeât à son texte de 1286 ; elle en
gardait copie ; et, cent ans après l'époque où nous sommes,
elle eut débat avec Jean de Saint-Dizier, pour quelques
mots changés. Ce corps d'acte, servant de code pénal pour
les jugements de la vicomté, portait en préambule et à la fin

des dispositions qu'on pourrait appeler constitutionnelles,
sur les droits respectifs de l'évêché et de la Ville, tels qu'ils
résultaient des anciens traités et diplômes, de la sentence
arbitrale de 1254, et des arrangements intervenus ensuite.
Il y était dit que la Commune reconnaîtrait tenir de l'évêque, « comme sire, » la haute justice et seigneurie de la
cité ; qu'elle lui en ferait hommage annuel en allant présenter les jurés à son institution ; qu'entre l'expiration des
pouvoirs de l'ancienne magistrature et la création de la
nouvelle, on laisserait s'écouler quelques jours, pendant
lesquels la seigneurie serait censée rentrée aux mains de
l'évêque, afin de bien constater qu'elle était sienne ; que,
pour terminer leur gestion, les jurés lui reporteraient
l'expédition de la Charte qu'on leur avait remise à leur
institution, et qu'il en rendrait une pareille à leurs successeurs, de sorte que cette lettre, bien qu'en réalité perpétuelle, serait, par fiction légale, considérée simplement
comme annuelle ; enfin, qu'à chacune de ces cérémonies, la
Commune renouvellerait sa promesse de ne point établir

d'autre Nombre que celui qui venait d'être convenu avec l'évêché, sauf liberté à elle d'y adjoindre, aux occasions et comme Conseil, les « prod'hommes dont elle aurait mestier pour ses besoignes ;.» mais sans faire de ces prod'hommes nombre certe, c'est-à-dire fixe et permanent, ne devant y avoir d'autre Nombre Certe que celui qui aurait reçu institution épiscopale (1). Telle fut la Charte de Paix, dont la première lecture solennelle paraît avoir été faite à Pâque commençant l'année 1286 (2) ; mais peu s'en était fallu que les choses n'eussent pris une autre tournure, des plus mauvaises. A la Chandeleur précédente, la Commune et Thibauld se disputant sur les sommes exigées par celui-ci en paiement de ses services, l'évêque alla à Saint-Mihiel, où le comte lui suggéra de retirer la vicomté à la Ville, de la faire exercer, comme dans les anciens temps, par des officiers de l'évêché, et de le payer lui-même sur les produits de cette justice, ainsi recouvrée. C'était un système dangereux, tendant à mécontenter grièvement notre bourgeoisie, et ouvrant à Thibauld une route pour reprendre la position des anciens voués : aussi, bien que le projet paraisse avoir été rédigé en charte (3), l'évêque n'y donna pas suite, comme le prouvent la pacification définitive de la

Entrevue de l'évêque et de Thibauld.

(1) V. ci-dessous le texte de la Charte de Paix.

(2) Il est certain que Henri de Granson promulgua une lettre de Paix : car, dans celle de son successeur Jacques de Revigny, en 1292, après cinq ans de vacance, la Commune déclare qu'elle rend « à monsignour Jakes les lettres monsignour Henri, qui fut devanteriens à devant dit Jakes. » Cette lettre rendue ne pouvait être que de 1285 ou 1286, les deux seules années d'épiscopat de Henri. Or dans l'Inventaire de la Ville, on trouve mention de « lettres sur parchemin, scellées d'un sceau pendant de cire rouge de Henri évesque de Verdun, portant cassation de quelques abus qui se commettoient en la justice, et règlement d'icelle à l'avenir. De l'an 1186. » Ce doit être la Charte de Paix, comme pouvait la décrire le rédacteur de l'Inventaire, connaisseur des plus médiocres. Comme il a soin de noter quelles pièces sont écrites en latin, il résulte de l'absence de cette mention ici, que la pièce était en français : ce qui prouve qu'il y a erreur, soit de lui, soit de son copiste, dans la date 1186 pour 1286 : car nous n'avons pas de chartes françaises du xiie siècle. V. ci-dessus, p. 311.

(3) « Lettre de Henri, évêque de Verdun, déclarant que, pour l'utilité de son église, il a donné à noble baron Thibauld, comte de Bar..., le tiers de

guerre civile qui se fit, quelques jours après, du consentement de toutes les parties, y compris Thibauld, et la promulgation, qui suivit de près, de la Charte de Paix.

Cette coïncidence des dates indique qu'on fut prompte-
ment informé à Verdun de ce qui s'était dit à Saint-Mihiel
entre l'évêque et le comte, et du danger dont leur projet
menaçait l'établissement communal. Alors la scène changea chez nous : et, plutôt que de perdre la vicomté, on se
soumit à tout terminer en prenant l'évêque pour arbitre
unique et suprême entre les plaignants des lignages. Au
point de vue du droit, il faut remarquer ce simple pouvoir
d'arbitre conféré alors à Henri de Granson, ni plus ni
moins que, peu auparavant, à Thibauld, prince étranger :
c'est qu'en Commune, ils n'étaient pas moins étrangers l'un
que l'autre, l'évêque, une fois l'institution des jurés faite,
n'étant plus rien, et ne pouvant plus intervenir en rien ; et
c'était là le principe essentiel de la franchise communale.
On fit souscrire le compromis, non-seulement en général
par les représentants des deux lignages, mais, en particulier, par cinq individus signalés comme les meneurs les
plus acharnés d'Asanne : c'étaient les fils d'un chevalier
Regnart de Charny, parmi lesquels le chanoine Watier,
l'un des héros des batailles que nous avons vues, plus ou
moins fidèlement relatées dans la plainte des La Porte.
Pour base de la nouvelle sentence, on admit celle du frère
Grosse-Tête et du bailli Hue, comme toujours en vigueur,
notamment dans l'article qui imposait aux parties trève de

*Henri
de Granson
arbitre définitif.*

tous les profits et émoluments de la vicomté de Verdun pendant les cinq
premières années qu'elle sera en sa main, et le tiers de ce qui en pourra
revenir du temps que la vicomté a été engagée entre les mains des bourgeois de Verdun. Fait à Saint-Mihiel, le lundi avant la Chandeleur 1285 (86
av. P.). Invent. de Lorr. à l'an 1285. — Dans les pièces sans date, on en
trouve une où il est dit que la Commune avait à lever, pour sa part dans les
amendes, déduction faite de la part de l'évêque, une somme de trois mille
livres tournois, et que, s'il se trouvait que les amendes montassent plus
haut, elle n'en lèverait point au-delà de cette somme, sans le consentement
de Thibauld. Ceci indique qu'ils devaient se rendre réciproquement compte :
et il est probable que leur arrangement financier se fit au moyen de ce
compte.

mille ans : cependant l'évêque put adoucir quelques condamnations et en diminuer le nombre; mais il fut dit que
quiconque, après la nouvelle paix jurée, commettrait encore des violences serait traité, non d'après les coutumes
des guerres privées, mais en vrai criminel sous la justice
ordinaire du Nombre :

Dernière
'sentence.

« Nous Henri, par la permission de Dieu évesque de Verdun,
faisons savoir que li linaige d'Aixenne, por eulx et lor porseute, et
espécialment li Roi de Freimereiville et ses freires, à savoir Raols
moine de Saint-Venne, Watier chenoine de Verdun, Louwions et
Jennin li vieulx, fils lou signor Regnart de Charnei, chevalier, d'une
part; et li linaige de La Porte, por eulx et lor porseute, d'autre, se
sont compromins en nous, et ont promins d'ester à nos commande-
ments de totes les mesprisures que sont avenues entre les dous linaiges depuis paix faite entre eulx, comme elle est escripte et scelleie
dou seel noble baron Thiebaus comte de Bar, notre fiauble, et dou
seel la citei. Et ont promins li linaiges devant dits, devant nous et
devant notre Nombre de Verdun, que, se aucuns d'eulx ne voloit
obéir à notre rapport, que il fut demenci et contraint par la lettre
de la Paix de Verdun. Et notre rapport est teil :

« Jennin li vieux, de Charnei, dessus nommei, mouvra (partira)
dedans ces prochaines Paskes, qui ores viennent, pour alleir outre la
grant mer en Aiere, et revenra quand il voura en Lorraine et en
l'éveschié de Verdun ; mais en la citei ne pourra-t-il rentreir jusques
à tant qu'il nous plaira ; et en conseillerons avec l'abbé de Saint-
Paul : et doit rapporter lettres de son voiaige, scelleies dou maistre
dou Temple, ou dou maistre de l'Ospitaul, ou de lors tenant lieu.

« Li Roi de Fremereiville, et Lowions ses freires, doient alleir,
dedans la mei-karesme qui ores vient prochiennement, outre la mer
d'Ingleterre.

« Watiers et Raols lors freires, non pas por meffaits que ils aient
faits, mais por bien de paix, et por compaignie de lours freires, iront
avioc eulx outre la mer d'Ingleterre : et revenront tous les freires
quand ils vouront en l'éveschié et en la citei; et apporteront lettres
dou connestable de Dowre, ou de son vicaire, que ils ont parfait
lor voiaige.

« Et, en lieu dou voiaige que Jacques li Hungrel, Wateret, Poques,
Parrins li fils Rouxet, et Morans ses freires devoient faire outre la

grant mer en Aicre, ils movront dedans l'Ascension Nostre Seignor,
qui ores vient prochiennement, pour alleir à Mairsailles (Marseille),
et demoreront dous (deux) mois par de là Lyon, sans passier de là.
Complis les dous mois, ils revenront quant ils vouront, et apporteront lettres de tesmoignaige de lor voiaige seelleies dou priour des
Freires Preschours, ou dou gardien des Menours. Et, parmi ce, est-il
bonne paix, à tous jours, entre les parties. En tesmoignaige, nos
avons seelleies ces présentes lettres de notre seel, sauve la première
paix dessus dite, faite entre les dous linaiges, ainsi comme elle est
escripte et seelleie dou seel noble baron Thiebaus comte de Bar,
notre fiauble dessusdit, et dou seel la citei, et saulf notre droit en
toutes choses. Et, à plus grant seurtei, nos avons requis et priei à
comte dessusdis que il mette son seel en ces présentes lettres, avioc
lou nostre, et que il nous aide à justicier et à contraindre ciaus qui
ci-dessor sont nommeis, qui de riens iroient encontre notre rapport
devant dit. Et nous Thiebaus, cuens de Bar, à la requeste et proière
notre signour l'évesque dessusdit, avons mins notre seel, et aiderons
à nostre signour l'évesque, à sa requeste, à justicier et à contraindre
les dessusdits. (Ceci semble indiquer que le comte Thibauld assista
au prononcé de la sentence).

« Ce fust fait l'an de grâce mil dous cens quatrevints et cinq, lou
dimenge après les octaves de la Chandelour, on mois de février
(1286, av. P.).

Cette sentence rétablit la paix publique; et les rancunes
privées se cachèrent; mais elles reparurent ensuite : car,
vers 1320, nous retrouverons les Asanne aux prises avec la
Commune, et bannis par elle. En ces événements, les premiers où nos chartes parlent des lignages, Asanne et La
Porte figurent seuls, sans aucune place sur la scène pour
Estouf, le troisième membre de la trilogie municipale:
celui-ci se formait probablement alors, comme parti mi-
toyen, appelant à lui les modérés et les pacifiques. Au compromis de 1283, Asanne et La Porte eux-mêmes ne mirent
pas de sceaux communs de corporation : la Commune
seule authentiqua l'acte par l'apposition du sceau de la
cité, comme si elle n'eût pas encore reconnu d'existence
légale à ces groupes à part de citoyens : mais il lui fallut

bientôt leur accorder cette reconnaissance officielle; car, dès 1298, nous voyons, dans une charte, « le Nombre, les linaiges et la communauté de la cité de Verdun » faire accord avec le maître échevin, les treize jurés, et le conseil de la cité de Metz (1).—Il est étonnant qu'aucun de nos auteurs n'ait parlé de cette guerre civile des lignages, bien que les documents en subsistent, les uns en entier, les autres par extrait, dans l'Inventaire de Lorraine.

Tournoi
de
Chauvency-le-
Château.

Pendant ces batailles bourgeoises dans nos rues, la noblesse féodale donnait, à Chauvency-le-Château près Montmédy, au comté de Chiny, un brillant tournoi, qui dura trois jours, au commencement d'octobre 1284. Cette fête fut proclamée aux noms des comtes Henri III de Luxembourg et Louis V de Chiny; et près de cinq cents jouteurs, ou spectateurs nobles, firent honneur à l'invitation. De la haute féodalité vinrent les comtes de Limbourg, de Salm, de Blâmont, de la Roche en Ardenne, et de Sancerre; et des passes d'armes furent faites par nos chevaliers Joffroy d'Apremont, Henri de Briey, Claude de Belrain, Ferry de Chardogne, le sire de Commercy, Hue de Conflans, Reinier de Creue, Colard de Cumnières, Waleran de Ligny, Leblond de Montigny, Geoffroy et Guyard de Neuville, Aubert d'Orne, Pérard de Remoiville, Robinet de Watronville. Les plus belles dames étaient Marguerite, fille de Marguerite de Bar qui avait apporté Ligny à Luxembourg, Mahaut (Mathilde) d'Apremont, et sa belle-sœur Isabelle de Kiévrain, femme de Joffroy, et mère de Henri, qui devint notre évêque Henri d'Apremont, Agnès de Commercy, Agnès de Florainville, Jeanne de Boinville, Jeanne d'Avilers. Un trouvère, Jacques de Bretex, servit de poëte (2) : ses vers

(1) Charte dans les Preuves de l'Hist. de Metz, III. 248. — En 1294, compromis pour un arbitrage préparatoire de sept citains de Metz et d'autant de Verdun, qui doivent s'assembler à Dompierre : charte dans la Généalogie de Raigecourt, p. 7.

(2) Le poëme de Bretex a été imprimé à Valenciennes en 1835, sous ce titre : Les tournois de Chauvency, donnés à la fin du XIIIᵉ siècle.

sont assez mauvais; néanmoins les amateurs de blason les lisent avec plaisir, parce qu'ils y trouvent l'indication d'anciennes armoiries.

Un exploit d'une autre espèce, et que ses auteurs se gardèrent de faire célébrer ni par poëte, ni par prosateur, fut la folle entreprise du princier Thomas de Blâmont qui, on le dit du moins, alla, avec quarante hommes, secourir l'évêque Conrad de Toul contre ses bourgeois révoltés. Il n'existe pas trace de ce fait dans nos documents; et nous ne le connaissons que par l'histoire de Toul, où les circonstances n'en sont pas parfaitement déduites (1). On y lit que l'évêque Conrad étant réfugié dans son château de Liverdun, Thomas vint avec sa petite troupe, renforcée de pareil nombre d'épiscopaux toulois; et ils entreprirent de s'introduire nuitamment dans le palais épiscopal de Toul, par une porte donnant sur l'eau : des affidés devaient ouvrir cette porte, et tenir des barques prêtes pour le passage. Mais le guet des rebelles, ou leurs sentinelles de la tour qu'ils appelaient Qui-qu'en-grogne, découvrirent ce qui se passait dans l'évêché : de sorte qu'au lieu de la porte ouverte, Thomas trouva des bouchers armés de grands couteaux, et des arbalétriers tirant des flèches, dont une l'atteignit à la cuisse, tellement qu'il tomba et fut fait prisonnier. En manière de légende, on ajoute qu'une statue de Notre-Dame parla, pour avertir les Toulois du péril, et que cette statue ayant, en parlant, fait le geste d'avancer le pied, il demeura en cette position : la Ville reconnaissante le fit couvrir d'une lame d'argent; et on appela la miraculeuse image Notre-Dame au pied d'argent; mais dom Calmet, trouvant peut-être scandaleux que Notre-Dame se fût ainsi prononcée contre l'évêché, traita cette histoire de prétendu

Equipée
du princier.

(1) Benoit, Hist. de Toul, p. 459, d'après un manuscrit qu'il dit contemporain, et dont il aurait dû publier le texte. Il a supprimé la légende du pied d'argent; mais D. Calmet l'a rétablie, Hist. de Lorr. liv. xxiv, n° 158, tom. iii. p. 215, 2ᵉ édit. Le manuscrit donnait pour date la veille de saint Mathieu, ou 20 septembre 1284.

miracle. Ces événements arrivèrent à la fin de septembre
1284, à peu près en même temps que le tournoi de Chauvency, où était le comte de Blâmont, frère de notre princier.

Ce princier Thomas, qui devint dans la suite l'évêque
Thomas de Blâmont, était en très-mauvais termes avec
Henri de Granson, qui l'accusait d'avoir énormément dila-
pidé toutes les ressources de l'évêché, le siége vacant.
Henri s'en plaignit amèrement au pape Honoré IV : toutefois, sentant qu'il était dangereux d'entamer, au milieu de
la guerre civile des lignages, une lutte ouverte avec le princier, il conclut qu'on se bornât d'abord à admonéter ce
coupable par commissaires apostoliques; puis, s'il ne voulait pas venir à satisfaction, qu'on l'ajournât personnelle-
ment, non à Verdun, mais à l'audience du Saint-Siége à
Rome (1). Des commissaires furent en effet nommés, et
durent commencer à s'enquérir vers la fin de 1285; mais la
mort de l'évêque, au mois de juin suivant, arrêta cette procédure désagréable et difficile à conduire. Henri de Granson n'eut que deux ans d'épiscopat, qu'il passa sans aucun
repos, dans les embarras des grandes affaires. Il fut inhumé à Châtillon, près de son frère Gérard : le nécrologe
donne pour date de sa mort un 11 juin, qui doit être
1286 (2), les chartes de l'année suivante indiquant l'évêché

Mort de Henri
de Granson.

(1) *Honorius, etc., abbati Sancti-Pauli et archidiacono Lingonensi. Suâ nobis
venerabilis frater II. conquestione monstravit quòd Thomas primicerius, olim
cùm ecclesia vacaret, non attendens quòd ipse vasallus ligius episcopi Virdunensis, ratione bonorum quæ ab ecclesiá ipsâ tenet, et ex debito præstiti juramenti
tenetur jura ecclesiæ defensare..., avidas manus extendens, non solùm episcopales redditus, dilectis filiis Capitulo invitis et renitentibus, occupavit..., et per
ablationem piscium stagnorum, excisionem arborum, extirpationem vinearum,
imò, quod nefandius est, per incendia quibus nonnullas domos destruxit, damna
gravia, existimationis septem millium librarum turonensium et amplius, nosci-
tur intulisse... Datum Romæ, apud Sanctam Sabinam, quinto idus decembris,
pontificatûs nostri anno primo.* (9 décembre 1285). — Ces griefs sont, non le
jugement du pape, mais la plainte et les dires de l'évêque : et les commissaires ne doivent agir que s'ils trouvent que *super præmissis contrà præfatum
primicerium fama laborat.*

(2) *Tertio idus junii, obiit Henricus de Grandisono, quondàm Virdunensis.*

comme vacant : et cette nouvelle vacance ne fut pas moins longue que celle qui avait précédé cet évêque; car les bulles de son successeur Jacques de Revigny sont du mois de décembre 1289.—Nous notons qu'en quelques chartes, Henri augmenta son protocole ordinaire d'évêque par la grâce de Dieu, de ces mots : « et par la provision du siége apostolique »; formule qui commence à paraître vers ce temps, et qui devint de plus en plus usitée, à mesure que le Saint-Siége étendit sa prérogative sur les nominations épiscopales (1).

En 1284, la France atteignit enfin nos frontières en réalisant le mariage, qu'elle préparait depuis longtemps, de Philippe-le-Bel, fils du roi Philippe-le-Hardi, avec Jeanne héritière de Champagne et du royaume de Navarre. C'était un magnifique accroissement; mais la dot de Jeanne lui demeurait en propriété transmissible par succession féminine : de sorte qu'à la mort de Louis Hutin, en 1318, il arriva que, la loi salique appelant au trône de France son frère Philippe-le-Long, la Champagne dut aller légalement à une autre Jeanne, sa fille. Pour écarter, autant que possible, cette fâcheuse éventualité, Philippe-le-Long, oncle paternel de la princesse, traita avec Eudes IV de Bourgogne, oncle maternel, que la Champagne ne reviendrait à leur nièce qu'au cas où il naîtrait des héritiers d'un mariage dont on lui avait fait faire contrat, dès l'âge de six ans, avec Philippe d'Evreux, petit-fils de Philippe-le-Hardi;

La Champagne réunie à la France.

episcopus, qui dedit nobis medietatem asinariæ molendinorum episcopi, pro anniversario suo in perpetuum.

(1) Henricus, miseratione divinâ, et sedis apostolicæ provisione, episcopus Virdunensis. Dudùm ortâ dissensione, etc. (Suit un accord entre Saint-Paul et Saint-Airy, au sujet de leurs parts dans les dimes en vin de la porte Saint-Victor). Datum Virduni, die sabbati antè dominicam quâ cantatur Judica me (5e de carême), anno Domini 1284 (85, av. P.). Les Bénédictins, Hist. de Metz, II. 499, note, ont trouvé, pour la première fois, la formule « par la grâce de Dieu et du siége apostolique, » dans une charte de l'évêque Renauld du Bar, en 1307. Au reste, l'ancien protocole subsista encore assez longtemps chez nous après Henri de Granson; et cet évêque lui-même s'en servit dans sa sentence, que nous avons rapportée, entre les lignages.

mais le sort se jeta encore à la traverse de cette combinai-
son : car Jeanne eut pour fils le fameux Charles-le-Mauvais,
qui fut sacré roi de Navarre à Pampelune, en 1350. Alors
la France perdit la Navarre, jusqu'au temps d'Henri IV:
quant à la Champagne, on s'était précautionné d'avance
en obtenant du roi et de la reine de Navarre cession de
leur pays champenois, moyennant indemnités, stipulées
par traités de 1327 et 1335. La réunion de cette province
à la couronne devint seulement alors irrévocable en droit;
mais, de fait, la possession française ne s'était jamais
interrompue depuis 1284; et nous allons voir ce qu'opéra
chez nous l'influence de nos nouveaux et puissants voisins.

SCEAU DE JACQUES DE TROYES,
(Pape Urbain IV.)

INSTITUTIONS.

———◦✕◦———

LA COMMUNE.

Les Communes de Metz, Toul, et Verdun se formèrent au XIIIᵉ siècle, après l'extinction des avoueries épiscopales. A Metz, la première mention des Treize remonte à l'an 1208, lorsque le voué Albert de Dasbourg, mort en 1211 (1), laissait revenir à l'évêché sa charge, qu'il n'espérait plus transmettre à ses descendants. A Toul, la Commune légale fut instituée par Gilles de Sorcy (2), le même qui, en 1261, racheta le comté de son église du duc Ferry III, lequel l'avait récemment acquis d'Eudes de Lorraine-Fontenois, surnommé cucus de Toul. Pour Verdun, où l'avouerie fut supprimée dès le milieu du XIIᵉ siècle, en un temps où on ne songeait point encore aux Communes, cette coïncidence

(1) Les Bénédictins, II. 427, disent « vers 1214; » mais la date précise de 1211 est donnée par Beaulieu, Recherches sur le comté de Dasbourg, p. 192. Ceci s'accorde mieux avec la tradition qui attribue l'institution des Treize à l'évêque Bertram, mort en 1212 : au reste le voué Albert, se voyant dès 1202, vieux et sans enfants, put laisser l'évêque maître de l'avouerie. — *Testes tredecim jurati civitatis Metensis, Albero scilicet, etc.* Charte de 1208, dans Meurisse, p. 457.

(2) P. Benoit, p. 449, trop succinctement ; Thiéry, Hist. de Toul, I. 255.— Chartes diverses de l'acquisition du comté, et de sa réunion à l'église par l'évêque Gilles, dans le *Gallia christiana*, XIII, *Instrum*. p. 528,29, mieux que dans les Preuves du P. Benoit, ou dans celles de D. Calmet.

de dates n'existe pas; mais il se rencontre d'autres indications. L'empereur cassa successivement, soit les *juramenta*
de 1215, soit le diplôme subreptice de 1227 : de sorte que
la Commune n'exista en droit qu'en vertu du traité de
1236, entre Raoul de Torote et la Ville, pour l'engagement
à celle-ci de la vicomté épiscopale.

Les Communes prennent la place des avoueries.

De ces faits, nous induisons la présomption que ce qui
constitua nos Communes fut l'inféodation qu'elles obtinrent des princes évêques, soit de gré, soit par la force des
circonstances, des droits régaliens que les évêchés exerçaient auparavant sur les villes, par l'intermédiaire des
comtes voués. Quand les avoueries furent supprimées, les
évêques, ne pouvant ni en droit ni en fait être hauts justiciers autrement que par ministère de voués, inféodèrent à
leurs bourgeois les avoueries urbaines : et dès lors les cités
joignirent à leur antique juridiction civile le haut domaine
et la haute justice du prince évêque. Sur cette base se
fonda l'institution communale, qui se modifia dans le cours
des siècles, mais qui, jusqu'à la fin du moyen-âge, garda
dans les trois villes les traces de son origine.

Tout ce que nous savons des Nombres jurés, Treize de
Metz, Dix justiciers et cinq enquéreurs de Toul, Nombre
Certe de Verdun, indique que leur juridiction eut sa source
dans les évêchés, et ne fut d'abord que la transformation
civique des anciennes avoueries. Notre Charte de Paix, le
plus ancien document où se trouvent quelques détails à ce
sujet, expose comment, chaque année, le Nombre allait
prendre institution de l'évêque, et lui faire hommage,
comme à sire, de la juridiction qu'il tenait de lui. Il n'est pas
moins certain que, chaque année aussi, les Treize de Metz
étaient institués par l'évêque, la veille de la Chandeleur,
et lui prêtaient serment dans les mêmes termes que les
voués à leur suzerain (1) : ce droit n'était point de pure

(1) De garder et sauvegarder, de tout leur pouvoir, monseigneur l'évês-
que, son corps, son honneur, sa justice, ses biens, etc. Tout entier dans
Huguenin, Chron. de Metz, p. 22,23. Rapprocher ces termes de ceux du
serment d'hommage, inséré ci-dessus, tom. I. p. 413.

cérémonie; car, en 1393, la Ville paya six mille francs d'or
à Raoul de Coucy pour pouvoir, pendant huit ans seulement, « eslire, nommer et présenter audit seigneur, chacun an, jusqu'au nombre de huit ans continuels et accomplis, et non plus, bonnes personnes idoines et suffisantes,
que on suelt dire les Treize Jurés de Metz (1) : » encore
fut-il dit que, même pendant cet intervalle, ce serait toujours l'évêque qui les « créerait et prononcerait (2) ; » seulement il s'engageait à ne pas refuser les présentés. Quant
à Toul, on peut voir, dans le manuscrit de Du Pasquier,
comment, tous les ans, à la saint Remy, « on chief d'octembre, » les dix justiciers et les cinq enquéreurs allaient
porter à l'évêque un rôle de trente personnes, parmi lesquelles il avait à désigner leurs successeurs; puis comment
le seigneur évêque, ayant mis quelques jours à faire ses
choix (absolument comme dans notre Charte de Paix, suivant laquelle l'évêché gardait la seigneurie quelques jours,
pour constater qu'elle était sienne), prononçait enfin ses
élus, le dimanche le plus près de la saint Denys, 9 octobre.
De telles choses seraient inexplicables si la haute justice et
seigneurie qu'exerçaient les Nombres eût été d'origine
municipale, comme les échevinats du Palais.

Une autre trace de l'origine de ces hautes justices était
la part fiscale que les évêques s'y étaient réservée dans les
amendes. Cette fiscalité n'était pas la même dans les trois
évêchés; et à Metz on s'en affranchit de très-bonne heure,
probablement lors de la sédition contre Jean d'Apremont;

(1) Charte dans les Preuves de l'Hist. de Metz, iv. 454.

(2) Comme révérend père en Dieu monss' Raul de Coussy nous ait donnei
et transportei puissance et autorité de eslire, nommer et présenter à lui,
chacun an, jusqu'au nombre de huit ans continuels, et non plus, treize
bonnes personnes, lesquelles treize ledit révérend père, ou son certain
procureur, doivent recevoir, créer et prononcer chacun an..; et feront tous
serment en sa main : Avons promis et promettons, soubs nos honnours
comme loyaux citains, que, lesdits huit ans passés, nous rendrons et délais-
serons audit révérend père, ou à ses dits successours, ledit office de Treizerie, pour en jouir, user et exploiter par la forme et manière qu'il faisoit,
ou faire pouvoit et devoit, devant la confection de ces présentes. Preuves
de l'Hist. de Metz, iv. 457.

mais les chartes constatent qu'elle existait auparavant (1).
A Verdun, où l'on se réglait souvent sur la loi de Beaumont, l'évêché demandait part de moitié; et à Toul, il allait
jusqu'aux deux tiers. On payait sans doute fort mal; mais
on ne niait pas le droit, impliquant aveu que ces juridictions n'étaient pas patrimoine de la ville.—Du passage que
nous venons de citer de la loi de Beaumont, et des actes
d'engagement de notre vicomté, il résulte que l'évêché
considérait toutes les « issues » comme sa propriété légale;
et ce qu'il en laissait à la ville représentait la part contributive qu'il avait à payer pour l'entretien des fortifications. (2)

  Nous remarquons encore d'autres circonstances. Il y
avait à Metz, à côté des Treize, et comme assesseurs de
leur tribunal, des gens qu'on appelait les comtes des pa-

---

  (1) Les « issues » étaient ainsi réglées à Metz, au temps de la grande
avouerie. « Des sept sous et demi (faisant 90 deniers) a messire li évesque
xL deniers, et li comte de Doubourg (Dasbourg, grand voué) xx deniers; et
li voué de Metz (le sous-voué urbain, qui correspondait à notre *advocatus
urbis*, ou vicomte) x deniers, et li maistre eschevin x deniers, et les trois
maiours x deniers. Et des ix livres et une maille, a messire li évesque vi
livres; et, pour le comte de Dabour, Lx sous (5 livres); et la maille va pour
la bourse à acheter. » Huguenin, p. 11. Il résulte de ce texte que dans les
amendes de 9 livres, et au-dessus, l'évêque avait deux tiers, et le voué un :
au-dessous de neuf livres, un tiers était prélevé pour le sous-voué, le
maître échevin et les trois maïeurs; puis l'évêque et le grand voué se par-
tageaient le reste, toujours dans la proportion des deux tiers à l'évêque.
Après la suppression de la grande avouerie, on ajouta à ce texte une paren-
thèse disant que la part du comte de Dasbourg devait revenir à l'évêché;
et on lit en effet, dans la charte de commune paix, entre 1212 et 1220
(Bénéd. iii. Preuves, 177) que « totes ces justices sont les dous parts l'évesque et le comte, et la tierce la Ville. » Mais, quelques années après la sédition contre Jean d'Apremont, il fut dit, dans l'atour de décembre 1244 (*ibid.*
p. 196) que désormais la Ville aurait les deux tiers, c'est-à-dire l'ancienne
part de l'évêque, l'autre tiers réservé pour les Treize : et ce statut resta en
vigueur; car on lit dans une pièce de la fin du xve siècle : « Item, en toutes
et quelconques amendes, ledit évesque n'y ait que voir, ne que connoistre,
ne n'en vient aucune chose à lui, ne à son profit : ains sont toutes icelles
les deux parts à la cité, et le tiers à Treize. » Preuves de l'Hist. de Metz,
iv. 513.

  (2) *De universis forefactis* (forfaits) *quæ nos et successores nostri archiepiscopi
Remenses de Bellomonte capiemus, burgenses pro munitione villæ medietatem
recipient : itaque duos juratos fideles constituent, et nos servientem* (sergent)
*nostrum apponemus : et hi tres medietatem illam in sumptibus munitionis villæ
fideliter expendent.* Loi de Beaumont, art. 50.

roisses; et nous avons déjà dit qu'à Verdun les noms de
vicomtes et de vicomté s'étaient conservés en usage pour
désigner la justice du Nombre (1). Sur ces comtes des paroisses, les traditions messines, recueillies par Philippe de
Vigneulle, disaient qu'ils avaient été l'ancienne justice,
« desquels Hue, grand comte de Metz (le grand voué
Hugues de Dasbourg), étoit chief, comme avoient été ses
prédécesseurs : » et le souvenir populaire qui restait de
cette ancienne justice était qu'elle jugeait sans atours ni
ordonnances, ne mettait point d'écrits en arche, et se tirait
des embarras en ordonnant champ de bataille, à tort et à
travers : de sorte, poursuit Philippe, que, comme je puis
conjecturer, se faisoient alors, « choses bien estrainges (2).
Il se pourrait que des choses non moins, ou guère moins
« estrainges » se soient passées dans la justice des Communes, à en juger du moins par les vers satiriques de Melinon, ou par les griefs des Messins contre leurs paraiges,
lorsqu'ils se révoltèrent contre eux, l'an 1405 : quoi qu'il
en soit, les traditions de Philippe de Vigneulle sont ins-
tructives sur les choses voisines des origines communales.
Il en résulte qu'au temps des grands voués, chaque paroisse
élisait, probablement en la forme des Capitulaires, *cum
comite et populo*, un échevin pour siéger au tribunal : à
Metz, on appelait ces élus les comtes, c'est-à-dire les gens
formant le tribunal du comte; à Verdun, on disait simplement les vicomtes, parce que la grande avouerie ayant été
supprimée dès le milieu du XIIe siècle, il ne restait plus en
ville qu'une sous-vouerie, ou vicomté, l'*urbis advocatia* de
nos chartes : et ce sont ces vicomtes que mentionne le
diplôme subreptice de 1227, parlant des sept de la vicomté.
Or, à l'extinction de la grande avouerie de Metz, le corps
des Treize prit, par rapport aux comtes des paroisses, la

(1) Ci-dessus, p. 464, note 5. Jusqu'au milieu du XVIe siècle : ci-dessus,
tom. I. p. 425.
(2) Chron. Huguenin, p. 7. Mettre écrit en arche, c'est-à-dire en archive,
parce que les pièces des archives se gardaient dans des coffres, *arca*. Nous
dirions aujourd'hui mettre au greffe.

même position qu'avait eue le grand voué; et ceci indique bien que les Treize furent mis à sa place : seulement les Treize, étant eux-mêmes corporation et tribunal, réduisirent les comtes à n'être plus que les rapporteurs de leur justice, sauf toutefois ce vestige remarquable de l'ancien état des choses, qu'on ne pouvait sans assistance de comtes paroissiaux rendre ni exécuter de jugement criminel (1). A Verdun, il ne paraît pas que les vicomtes aient persisté, comme corps distinct : on appelait ainsi les gens et agents du Nombre lui-même qui avaient les fonctions de haute justice; et cette différence entre notre Commune et celle de Metz vient sans doute de ce que notre Nombre, qui alors, se composait habituellement de dix-huit jurés, suffisait pleinement pour notre ville : au reste ni les comtes de Metz, ni les vicomtes de Verdun n'étaient autre chose que de simples bourgeois.

Institution de Paix.   Avant la Commune, il y eut à Metz et à Verdun une institution de Paix, très-propre à servir de transition communale : car il suffisait, toutes choses restant d'ailleurs en même état, que des jurés de Paix reçussent, ou prissent la haute juridiction pour qu'ils se transformassent en jurés de Commune. Aussi arriva-t-il, surtout dans le nord de la France, patrie des institutions de Paix, que de vraies Communes s'introduisirent et se déguisèrent sous l'appellation bien sonnante de Paix (2). En elle-même, cette Paix n'était qu'une police de garantie municipale contre les violences:

(1) « *Item* ladite Justice (des Treize) ne donne point sentence criminelle tout seuls; car en icelle sentence y a autres qui sont aussi justice, que on appelle les Comtes, lesquels sont faits et se eslisent tous les ans par les paroiches, c'est à savoir en chacune paroiche un homme. Et on les appelle à la voix du maistre sergent de justice, on propre lieu là où tous les jours on appelle les Treize, pour juger avec lesdits Treize, et donner sentence deffinitive. Et aussi, à l'exécution à faire d'icelle sentence, ils sont avec justice : et sans eux ladite justice ne donne sentence criminelle, ne fait icelle exerciter. » Preuves de l'Hist. de Metz, iv. 514.

(2) *Definiendo quòd... Communia quam Pacem appellant, vel quocumque nomine pallietur, etc.* Charte ci-dessus, p. 357, note 1. — *Eliminato Communiæ nomine, quod semper abominabile extitit, sub nomine Pacis, cùm tamen pax non esset, etc.* Et autres textes, dans Aug. Thierry, Considérat. sur l'hist. de France, ch. 5.

mais elle se rapprochait de la Commune en ce qu'elle avait des jurés constitués, tenant audience, pouvant faire arrêter les perturbateurs, leur infliger des amendes, même avec bannissement et destruction de maisons, sommer les gens de mortelle guerre de venir en son tribunal s'expliquer et s'accorder, moyennant dommages intérêts : et on écrivait ces règlements en chartes, dont on a pour exemple celle de Valenciennes, de 1114, la première connue (1). Mais tout ceci se faisait et était déclaré fait, sauf et réservé le droit supérieur; de sorte que les princes, loin de s'opposer à l'établissement, y donnaient au contraire faveur, tellement qu'à Valenciennes, le comte de Hainaut Baudoin III fut le premier à le jurer, le fit jurer par les barons, pour qu'ils ne donnassent pas asile en leurs terres aux infracteurs, puis par tous les habitants; et il fut dit que désormais tout individu âgé de plus de quinze ans jurerait de la même manière, à peine d'être banni. On marqua les limites du territoire de paix, absolument comme dans notre charte sont marquées les limites de la grande et de la petite banlieue.

Des vestiges d'une institution semblable se trouvent fort apparents dans nos plus vieux documents communaux. La Charte de Verdun s'appela, dès son origine, et continua à s'appeler jusqu'aux derniers temps de sa désuétude, Charte ou Lettre de Paix : et elle n'est en effet pas autre chose, sauf le préambule et la fin, ajoutés quand la Paix fut érigée en Commune (2). On a, à Metz, une charte de commune paix, en texte qui doit être antérieur à 1214, puisqu'il mentionne une accrue faite, cette année, au passage de l'empereur Frédéric II (3) : et ce texte fut rédigé lorsque

(1) En latin, dans Jacques de Guyse, Annales de Hainaut. Traduction, dans Talliar, Affranchissement des Communes dans le nord-est, p. 98.

(2) V. ci-dessus, p. 505.

(3) « Ce y a adjouteï messire li roi : Totes les frairies soient abattues : nul ne soit comman à aultrui, etc. C'est-à-dire qu'il n'y ait plus d'alliances privées. Bénéd. Hist. de Metz, III. Preuves, p. 177-79.—Ce messire li roi est Frédéric II, roi des Romains.

la grande avouerie existait encore, puisqu'on y marque la part du comte dans les amendes. Pour Toul, bien que les premiers temps communaux soient mal connus, on voit cependant, à ce que dit Du Pasquier des cinq enquéreurs, qu'ils étaient analogues aux wardours de Paix de Metz et de Verdun (1). Il résulte des documents de ces deux villes que, quand les Nombre jurés furent mis à la place des anciens comtes ou vicomtes voués, ils conservèrent la Paix et ses wardours, comme fonctionnaires de leur police, et avec quelques attributions judiciaires. On voit, par un atour de 1347, qu'à Metz, on « reloignait et remettait avant, » c'est-à-dire qu'on prolongeait la paix de dix en dix ans : ceci pourrait expliquer comment, à Verdun, les premiers engagements de la vicomté par Raoul de Torote et l'élu Jean furent décennaux. Il y avait, à Metz, autant de wardours que de jurés, c'est-à-dire treize; et la commune paix de 1214 dit qu'ils étaient institués annuellement, à la Chandeleur, par l'évêque; au XIVe siècle, le droit de nommer ces wardours fut contesté entre l'évêché, les Treize et les paraiges; et, en 1385, le comte Waleran de Luxembourg-Ligny-Saint-Paul fit la guerre aux Messins, parce

(1) « Les enquéreurs, dit Du Pasquier, avoient pour charge principale de s'enquérir et informer de toutes malversations, fautes, délits et insolences qui se commettoient, tant de nuit que de jour, dans la ville; et donner ordre à ce que les rues fussent entretenues nettes : et faisoient en sorte que les vices n'étoient pas si fréquents qu'ils sont à présent; mais quelquefois ils tiroient outre raison tout ce qu'ils pouvoient de ceux qu'ils trouvoient en flagrant délit; et en cela consistoit le meilleur de leurs profits, quoique quelquefois illégitimes. Ils avoient encore l'instruction des procès d'injures, et aussi ceux des excès et batteries, et de tous crimes et délits, à la réserve du grand criminel : car, quand ils reconnoissoient le procès être de cette nature, ils le renvoyoient aux dix justiciers, qui achevoient de l'instruire, puis le portoient au maître échevin pour le juger. Au petit criminel, les enquéreurs instruisoient le procès jusqu'à sentence définitive, exclusivement : alors, quand il y en avoit plusieurs prêts à être jugés, ils étoient portés à la taxe. Cette taxe étoit ainsi : on faisoit prier les gens du conseil du seigneur évêque de se vouloir assembler en l'hôtel épiscopal avec les dix justiciers, pour voir et juger lesdits procès; et cette assemblée s'appeloit la taxe, parce qu'on y taxoit les amendes de ceux qui avoient failli et délinqué. Telles assemblées ne se faisoient que quatre ou cinq fois l'an. »

qu'ils avaient, suivant lui, constitué leurs treize eswardours de manière à empêcher la justice des grands Treize, créés par son frère l'évêque Pierre de Luxembourg. On voit, à ces détails, qu'il y avait à Metz deux sortes de Treize, dont on fait quelquefois confusion (1), et que les treize eswardours provenaient de l'ancienne institution de Paix. A Verdun, il n'y avait de nombre fixe ni pour les jurés, ni pour les wardours; et tous recevaient l'institution épiscopale au renouvellement annuel de la Charte.

En résumé, et comme théorie, on peut admettre que notre municipalité devint Commune par l'inféodation que lui firent les évêques de leur avouerie urbaine : et, pour bien comprendre l'établissement communal, nous y distinguerons deux sortes d'éléments, les uns provenant de l'antique fonds municipal, les autres cédés par l'évêché sur ses droits régaliens.

Eléments
de la Commune.

Pour base, cette constitution avait une démocratie que les chartes appellent la communitei ou l'universitei, c'està-dire l'universalité des citains. C'était la cité elle-même, libre en ce sens qu'elle n'était jamais tombée dans la servitude d'aucun seigneur, et qu'elle possédait, au contraire, franchise immémoriale de municipe, si bien reconnue que son échevinat siégeait aux assemblées avec le clergé et la noblesse (2). Les princes ne s'ingéraient pas de cet intérieur municipal : les citoyens y administraient leur ville, et y jugeaient leurs affaires privées; mais ils ne devaient s'arroger

L'université
des citains.

(1) Ainsi les Bénédictins, II. 571. Il s'agit là de l'atour de 1347, pour un prolongement de la Paix pendant dix ans; et les Treize dont il s'agit, et que les paraiges avaient à élire, devaient siéger chacun pendant trois ans et quatre mois, deux d'entre eux sortant à chacune de ces périodes. Ceci ne peut convenir qu'aux treize eswardours : v. la charte dans les Preuves de l'Hist. de Metz, IV. 112. La distinction des deux sortes de Treize est d'ailleurs clairement marquée dans un atour de 1312, prescrivant de nommer, le lendemain de la Chandeleur, « les treize prod'hommes, pour estre deleis la justice, c'est à savoir deleis les Treize et deleis les comtes. » Preuves de l'Hist. de Metz, III. 500.

(2) V. ci-dessus l'assemblée de 1148, p. 276, et ce que nous avons dit, en divers endroits, de l'échevinat du Palais et de la municipalité avant la Commune.

aucune portion du haut domaine, ni de la juridiction régalienne que l'évêque exerçait par ses comtes voués; et ce
fut parce qu'on avait outrepassé ces limites que l'empereur Frédéric cassa les jurés de 1215, ainsi que la Commune subreptice de 1227. Après ces cassations, qui n'attei-
gnaient pas les choses d'ordre purement municipal, les
citains se retrouvèrent ce qu'ils étaient auparavant, c'est-
à-dire corporation légale, et capable d'acquérir en droit ce
qu'ils avaient tenté d'usurper en fait. Or, en examinant
comment ils parvinrent à cette acquisition, on trouve
d'abord que ce fut à leur communauté tout entière, et non
à aucun corps, ni lignage particuliers, que fut engagée la
vicomté, à terme, en 1236 et 1247, puis définitivement par
la Charte de Paix. Quand cette charte fut en vigueur, on
voit cette même universitei qui l'avait obtenue, aller demander institution annuelle pour ses jurés, et rendre elle-
même l'hommage prescrit par le traité; et l'évêque la mentionne seule, quand il déclare que les prod'hommes qu'il
institue le sont « elle consentant et accordant : » en toutes
ces choses elle joue, nous ne dirons pas le rôle prépondé-
rant, mais le rôle unique; et aucune corporation municipale ne se montre comme ayant droit de la représenter, ou
de parler et de s'engager en son nom. Pareille conclusion
ressort de l'examen des chartes communales : pas une
seule de celles qui doivent faire loi commune n'est rendue
sans assentiment de l'université des citains : le protocole
varie sur tout le reste; il parle tantôt des lignages, tantôt
des maîtres des métiers, ordinairement des jurés; mais
jamais il n'omet la mention de la communauté. Elle seule
avait l'usage du grand sceau, et pouvait en le refusant
annuler les actes du Nombre ou du Conseil (1). Ce n'était

(1) « Et, pour ce que, par moult de fois, la communitei ne se pourroit
mie assembler, et ainsi ne pourroit-on mie aisément avoir le seel de la
citei..., serons tenus à mettre remeide sans ce que il convienne avoir lettre
sous le seel de la citei, non ostant que il soit dit ès autres lettres. » Addi-
tion faite en 1343 au traité avec le comte de Luxembourg et celui de Bar.
Cette charte prouve qu'on ne pouvait avoir le seel de la cité, à moins que

point de ces corps qu'elle recevait la loi : elle la leur faisait
au contraire, à peine d'exclusion contre les conseillers infracteurs (1). Ses assemblées s'annonçaient à son de cloche
et à cri public (2) : c'étaient par conséquent des assemblées
générales de tous les citoyens : et la Commune, à travers
bien des déchirements, se maintint en cette forme jusqu'au
milieu du XIVe siècle, où l'aristocratie des lignages prévalut
sur la démocratie des métiers, ainsi que nous le raconterons dans l'histoire de ce temps.

Comme ce grand Commun ne pouvait s'assembler en
toutes rencontres, ni faire lui-même les enquêtes et
recherches nécessaires à ses décisions, il avait sous lui un
conseil, dont les membres ordinaires étaient les gens du
Nombre et ceux du Palais, avec adjonction, aux cas extraordinaires, des prod'hommes que le Nombre pouvait appeler
« pour l'aider en ses besognes, » ainsi que disait la Charte
de Paix. De là les variations de protocole de nos chartes
communales. La forme la plus ordinaire mentionnait le
Nombre ou le Conseil, pour indiquer que la décision avait
été prise de leur avis et sur leur rapport : habituellement
on spécifiait le Nombre de l'année : « les 12, les 18, les 20

Protocoles des chartes.

la communauté ne se fût assemblée : il n'est pas dit que, dans les cas d'urgence, on mettra le sceau sans elle : seulement on est autorisé à agir sans
lettres scellées. La communauté protestait de nullité, quand on avait usurpé
son sceau : « Si est-il tout notoire chose que, à cest temps (l'an 1318), en
notre citeî eut un descord par lequel l'hosteil où le seel estoit, et le lieu où
on le gardoit, fut couru et brisié. »—Pareille protestation à Metz, en 1405 :
« Et donnèrent, sans le seu (à l'insu) de la Commune de la citeî, ceux qui
pour le temps estoient de la justice et officiers, auxdits comtes de Nanssons
(Nossau), de Salm, et au sire de Boulay, chacun d'eux, une lettre que on
dit avoir été seellée du grand commun seel de notre cité…, frauduleuse-
ment, et en grand déshonneur, préjudice de la franchise de notre dite cité
et des bonnes gens d'icelle. »

(1) V. les chartes citées ci-dessus, p. 480 et 495.

(2) « Nous li citains et toute li communitei de la citeî de Verdun, faisons
savoir que nous tous, de commun assentement et de une volentei, nous
assembleis deument à son de cloche et à crière de ville, pour le commun
profit de nous et de notre dite citeî, avons eswardei, consenti et accordei
que la censive dou roi se lèvera et paiera chacun an, en la manière que il
est contenu on priviloge dou roi, etc. Acceptation du traité de garde de
France, en 1329, etc.

jurés.» Presque jamais il n'est parlé ni du doyen (1), ni du maître échevin : celui-ci, comme nous l'avons déjà dit, n'était point à Verdun le même personnage que ses homonymes à Metz et à Toul ; quant au doyen, son siége de Sainte-Croix, ancienne justice municipale du Palais, n'était pas le Nombre annuel juré qui tenait la vicomté par inféodation : de sorte que ni lui ni ses échevins ne venaient qu'au conseil. Vers la fin du XIIIᵉ siècle, et au commencement du XIVᵉ, on rencontre des mentions de lignages; mais non, à beaucoup près, aussi ordinaires que celles des paraiges dans les chartes de Metz : il semblerait que nos lignages ne figurent qu'aux occurrences, et à titre de groupes de prod'hommes appelés par le Nombre ; puis viennent, dans les années suivantes, les maîtres des métiers, probablement au même titre : enfin on arrive à l'époque aristocratique, où l'invariable mention de la communauté persiste encore assez longtemps, mais pour forme, et en entendant que les lignages seuls formaient cette communauté, les autres bourgeois étant des tard venus, dont les familles n'avaient point assisté aux origines communales.

Relations de la Commune avec l'évêché.

La Commune ne devait à l'évêque, comme prince, que l'hommage annuel de la vicomté engagée et part de droit dans les amendes de cette juridiction. Elle rendait cet hommage en demandant institution épiscopale pour ses jurés : puis elle entrait en jouissance libre et complète. On appliquait ici le principe féodal que le seigneur dominant n'avait pas ingérence dans les fiefs de ses feudataires : et la conséquence de ce principe se tirait à la rigueur, ainsi qu'on le vit lors de la guerre civile des lignages, où Henri de Granson donna sentence, non comme prince, mais comme arbitre choisi par les parties (2). On ne lui accordait ainsi rien de plus qu'on n'avait fait au comte de Bar

(1) Sauf au temps de l'intérim sans jurés, que nous avons remarqué, p. 469.

(2) Ci-dessus, p. 507.

Thibauld II, prince étranger : et cependant le cas était de ceux qui nous sembleraient aujourd'hui devoir provoquer l'intervention directe du chef de l'état. C'est qu'en choses communales l'évêque n'était pas chef, et n'avait pas d'ordres à donner. Que la Commune s'organisât en aristocratie ou en démocratie, par lignages ou par métiers, qu'elle tînt ou ne tînt pas d'assemblées générales ou particulières, il n'était que spectateur, sinon lorsqu'on avait « forfait et mesprins en la nomination du vicomte et des échevins de la vicomté, » comme s'en plaignait Hugues de Bar, dans les assemblées de la salle de Saint-Paul, en 1354 et 1359, et qu'on avait préjudicié au droit épiscopal de création de la justice « que on dit Nombre Certe, wardours de la paix. » Telles étaient aussi les plaintes de Raoul de Coucy à Metz, en 1393, au sujet de nouveaux officiers qu'on avait prétendu mettre au-dessus de la haute justice des Treize créés par lui.

C'était à la Commune seule à taxer ses bourgeois : l'évêché n'avait sur eux aucun droit de tailles ni d'impôts, comme les seigneurs sur leurs hommes dans les campagnes. Sur ce sujet, il fut dit dans le traité de 1246, entre Guy de Melle et la Commune vaincue, que désormais, quand il s'agirait d'établir ou de rétablir des ponts, des chaussées et autres choses de cette sorte, la Ville ne mettrait point de nouveaux « portaiges, » ou droits d'entrée aux portes, sans avoir préalablement demandé l'agrément de l'évêché, et qu'on désignerait de part et d'autre des prod'hommes assermentés pour la levée et l'emploi de cet impôt. Ceci avait probablement pour but d'empêcher que, sous prétexte de travaux publics, les Communaux ne fissent des fonds pour quelque nouveau soulèvement : quoi qu'il en soit, le droit de l'évêché était plus honorifique que réel ; car le traité ajoutait que, faute par le seigneur évêque d'établir, dans la huitaine, l'impôt demandé, la Commune passerait outre, et ferait seule l'ordonnance (1).

(1) Ci-dessus, p. 436.

On voit, à cet article, quel sous-entendu il y avait dans les proclamations qu'on faisait en ville « de par monseigneur l'évêque, les jurés et le conseil. » A Metz, où l'évêque avait perdu, ou abandonné tous ses droits financiers, on n'usait pas de cette formule; mais on la retrouve à Toul, telle à peu près que chez nous.

Par la Charte de Paix l'évêque s'était interdit d'amener en ville « ost ni chevauchée, » c'est-à-dire sa milice féodale, à moins d'un grief dont les citains refuseraient de prendre jugement par arbitres. Ceci nous apprend que l'arbitrage fut la voie régulière convenue entre les parties pour terminer désormais leurs différends : aussi ne revit-on plus de guerres communales, telles que celles qui avaient produit tant de troubles dans la première moitié du XIIIᵉ siècle. De cette interdiction d'amener « ost ni chevauchée » il résultait que l'évêque était sans défense quand il résidait en ville : aussi la Commune se reconnaissait-elle obligée alors de le garantir et aider contre tout assaillant, mais seulement « à rez les portes de fuers (1), » c'est-à-dire jusqu'aux portes extérieures. Ainsi la Ville n'était tenue d'aucune part dans les petites guerres où l'évêché pouvait être entraîné soit pour sa propre défense, soit par ses alliances. Ce qu'elle avait de l'évêché était la vicomté, ou avouerie urbaine, et rien de plus : par conséquent elle ne devait aide à son seigneur que dans la cité et la banlieue. Réciproquement la Ville, pour ses propres guerres, n'avait pas droit d'exiger concours des féodaux de l'évêché : et on

Cause de la faiblesse des évêchés. voit ici la cause de la faiblesse de nos principautés épiscopales. Leurs territoires réunis n'eussent pas fait l'équivalent de celui d'un seul des trois grands duchés qui les étreignaient, Luxembourg, Bar et Lorraine; et non-seulement ces territoires épiscopaux étaient partagés entre trois évêchés, ayant des alliances diverses, mais, dans aucun d'eux, l'évêque ne disposait des forces de sa cité, ni la cité de celles de son évêché; en outre, les Chapitres possédaient

(1) Ci-dessus, p. 457.

encore d'assez vastes circonscriptions. Ces principautés
épiscopales avaient été constituées, au Xe siècle, par l'archiduc Brunon, non pour qu'elles s'agrandissent, mais pour
empêcher l'envahissement des villes par les féodaux, déjà
maîtres de toutes les châtellenies et forteresses des campagnes.

Le Nombre, premier corps communal, était l'ancien
voué transformé en corporation, aux mêmes droits et
attributions de justice, de force publique et de supériorité
sur les vicomtes et les wardours de la paix. Notre Nombre
était annuel, comme ceux de Metz et de Toul; et pareille
règle d'annualité s'observait aussi dans les campagnes pour
le maïeur et les échevins (1) : ce qui venait sans doute de
ce qu'aux temps carlovingiens, les échevinats des justices
royales et seigneuriales étant institués en plaids annaux,
l'annualité du plaid entraînait celle des fonctionnaires.
Nous avons déjà dit que le Nombre de Verdun était variable, que celui de Metz était fixé à treize, et qu'il y avait à
Toul dix justiciers et cinq enquéreurs : mais les Toulois,
au commencement de leurs insurrections, avaient érigé
une Commune sur le modèle de celle de Metz; car on
trouve encore quelques chartes des Treize de Toul (2). Le
Nombre de Verdun avait pour chef le maître échevin, qui
devait être choisi parmi les échevins du Palais, pour
mettre en rapport deux échevinats (3).

Le Nombre.

Comment se faisaient, sous la Commune démocratique,
les choix du Nombre annuel à présenter à l'évêque? Ni nos
documents, ni ceux de Metz ne s'expliquent sur ce point
intéressant; et il est fàcheux qu'ils poussent ici leur analo-
gie jusqu'à garder le même silence. La Charte de Paix
déclare, d'une manière générale, que l'évêque instituait

Choix
et désignation
de
ses membres.

(1) *De consensu omnium vestrùm jurati constituentur, et major similiter, qui
fidelitatem nobis jurabit, et de redditibus villæ ministerialibus nostris responde-
bit. Nec tempore major et jurati ultrà annum, nisi de voluntate omnium, in
officiis remanebunt.* Loi de Beaumont, art. 9.

(2) V. celle de 1257, dans les Preuves de l'Hist. de Metz, III. 212.

(3) Sur le maître échevin de Verdun, v. ci-dessus, p. 409,10, et p. 464,65,66.

« ce consentant et accordant l'université des citains; »
mais on ne voit pas comment s'établissait l'accord. Peut-
être y avait-il, en réticence sur ce point, quelqu'un de ces
arrangements d'argent qu'on n'écrit pas volontiers dans
les textes. Dans l'assemblée de 1329, dont nous avons déjà
cité le préambule, la Ville, cherchant les voies et moyens
de payer « la censive dou roi de France, » dit, entre autres
choses : « Item, que un chacun qui d'ores en avant sera dou
Nombre prestera, pour la partie la Ville de sa Paix, deix
livres de petits tournois, en rabattant de lor Paix : et les
presteront dedans les trois semaines que ils seront dou Nombre...; et ne lor donnera la Ville pouvoir ne sommes, tant
que ils aient prestei lesdits deniers. » Ces paroles semblent
signifier que, pour être du Nombre, il fallait s'engager à
verser, dans les trois premières semaines de son institution,
une somme de dix livres, à déduire d'une plus forte qui res-
terait à payer : le tout pour part dans la Paix, c'est-à-dire
dans la Charte de Paix et ses amendes; et on voit encore
par ce passage que, comme nous l'avons déjà dit, la Commune était maîtresse de répartir les fonctions et les émoluments entre les jurés du Nombre, puisqu'elle menace les
récalcitrants de ne leur donner ni « pouvoirs, ni sommes. »
S'il y avait en cette manière une « partie la Ville de la Paix »,
il est bien probable qu'il y en avait aussi une de l'Evêché.
On trouve mention que l'évêque de Metz Adhémar de
Monteil se débarrassa de deux créanciers en leur promettant de les créer Treize, sans toutefois s'y engager ; mais,
s'il le faisait, ces créanciers devaient le tenir quitte : et ces
arrangements ne passaient pas pour illégaux : car Paul
Ferry en trouva, dans les arches des amans, (notaires
paroissiaux de Metz) des actes, desquels il crut pouvoir
conclure que le prix ordinaire d'une treizerie variait entre
40 et 60 livres (1). A Toul, Du Pasquier dit que, pour entrer
en la maison de Ville, et être des Dix justiciers, il fallait,
ou avoir été de ce nombre, ou avoir porté la recette de la

(1) V. Klippfel, Paraiges messins, p. 60.

Ville (car le receveur de l'année précédente était de droit
le dernier des dix justiciers) : en ces cas, ajoute-t-il, on
était reçu audit nombre sans rien payer; autrement verser
comptant à la recette de la Ville 600 francs, plus ou moins,
selon la nécessité des affaires publiques (1). » Il résulterait
de ces renseignements que, quand l'ancien régime français
finança les charges municipales, il ne fit que tourner à son
profit les us et coutumes que les villes du moyen-âge
avaient établis au leur : et peut-être l'accord entre la Ville
et l'évêché, le jour où le seigneur évêque créait et prononçait le Nombre, venait de ce que, de part et d'autre, chacun
avait reçu sa finance. S'il se trouvait tantôt plus, tantôt
moins de gens dans le Nombre de Verdun, c'est que plus
ou moins de bons bourgeois s'étaient présentés comme
acquéreurs : et, par ce système de nombre variable, on
évitait l'inconvénient où l'on tomba à Metz, au xv° siècle,
que « souventes fois ledit nombre de xiii ne fut mie fourni,
par les refus faits (2) : » au reste l'ancien nombre de nos
jurés, qui était habituellement de dix-huit à vingt, diminua beaucoup aussi sous la Commune aristocratique.

La justice criminelle des Nombres, bien que souveraine en
ce sens qu'aucune autorité non communale n'avait sur elle
droit de révision, ne laissait pas absolument sans recours à
la Commune les gens mal jugés, ou trop condamnés. A
Verdun, aucune sentence portant peine grave n'était mise
à exécution qu'après ordre du Conseil (3). A Metz, l'ancien
droit, abrogé par usurpation des Treize vers la fin du xv°
siècle, permettait, en matière criminelle, appel au maître

Justice criminelle des Nombres.

(1) Du Pasquier, qui écrivait au xvii° siècle, était d'ancienne famille tou-
loise, et savait les traditions municipales d'aussi loin qu'on pouvait alors
s'en souvenir; mais il ne connaissait pas les chartes, et il n'en cite aucune.

(2) Dans les Preuves de l'Hist. de Metz, iv. 512.

(3) Ci-dessus, tom. i. p. 594.—« Et fut faite ladite enqueste dou meurdre
doudit Bague par les xviii jureis de Verdun, et escripte et scelleie, et porteie et publieie au Commun et au Consel; et eswardeirent et condamneirent
les justices et li Commun de Verdun. » Dans les pièces déjà citées de la
guerre des lignages.

échevin; et à Toul, afin que l'intervention de ce dignitaire
fût obligatoire, c'était à lui à prononcer le jugement après
nouvelle enquête, les Dix n'instruisant le procès que jusqu'à sentence définitive exclusivement. On voit ici la différence entre notre maître échevin et ceux de Metz et de
Toul. Ceux-ci, bien qu'ils pussent être des Treize ou des
Dix, appartenaient cependant par leur titre aux échevinats
du Palais, dont ils étaient les chefs : de sorte qu'on pouvait
faire réviser par eux les jugements criminels, auxquels,
s'ils étaient eux-mêmes Treize ou Dix, ils ne prenaient pas
part : tandis qu'à Verdun, où le maître échevin était chef
du Nombre, pareil recours à lui n'était pas possible contre
les arrêts de son propre tribunal. L'ancienne règle à Metz
portait que les Treize déterminant sur fait de crime, le
maître échevin allait dehors; mais, vers 1467, il fut ajouté
qu'une fois sorti il ne rentrerait pas, et ne se trouverait
nulle part devant le criminel condamné, pour recevoir
officiellement sa plainte, attendu, prétendirent les Treize,
qu'en agissant ainsi, il leur faisait « destri et empêchement; » néanmoins il lui resta de son ancienne prérogative
ce vestige que si, par cas fortuit ou censé tel, il rencontrait
la justice emmenant un condamné, il pouvait, si ce malheureux se réclamait de lui, le tirer des mains des Treize
et le faire garder au Palais, pour revoir le procès (1).
Philippe de Vigneulle raconte qu'en 1356, les Treize faisant conduire au gibet deux mauvais garçons séditieux,
l'un d'eux, quand il vint en la rue Saint-Gergonne, se mit
« très-fort à braire et à huchier l'évesque de Metz; mais
alors, poursuit le chroniqueur, n'estoit en l'hosteil; et, s'il
y fust esté, si ne l'eust-il pu aidier. » Ceci prouve qu'on
ne reconnaissait point à l'évêque de Metz droit de grâce;
mais il l'avait eu dans les temps anciens; car il est dit, au
sujet du duel judiciaire, que « cil qui est chû perd le
membre, si messire li évesque veut, » c'est-à-dire que, si
l'évêque pensait que le battu n'était réellement pas cou-

(1) V. le passage dans les Chroniques Huguenin, p. 20, col. 2.

pable, ou ne méritait pas la mutilation, il pouvait lui faire
remise de cette peine. Nous avons déjà vu que la Commune
de Verdun n'admettait qu'avec beaucoup de difficultés que
l'évêque pût, le jour de son entrée, gracier des bannis.——
On trouve dans Du Pasquier, au sujet de la procédure criminelle à Toul, des détails pouvant servir de renseignements sur celle des deux autres villes, qui n'est pas aussi
bien connue. Après l'interrogatoire de l'accusé, sans
ministère d'avocat, et après la question, tant ordinaire
qu'extraordinaire, les Dix lisaient la procédure en séance;
et, s'ils croyaient le crime prouvé, allaient remettre leurs
informations au maître échevin, avec les clefs de la prison. Celui-ci s'y transportait alors, avec les six du Palais
pour un nouvel interrogatoire : enfin l'échevinat, les Dix et
le Conseil, assemblés en la maison de Ville, lisaient encore
une fois la procédure; et le maître échevin prenait les avis :
c'était alors seulement qu'on rédigeait le jugement, pour
le prononcer et faire exécuter le samedi suivant, jour du
marché à Toul. Ce prononcé se faisait en cérémonie. On
disposait, dans la salle basse de la maison de Ville, une
chaise couverte d'étoffe rouge, sur un grand tapis, également rouge, au milieu duquel se voyait, en relief, le T des
armes de Toul. Aux hauts bancs, siégeaient le maître
échevin et les six du Palais, devant une table à tapis vert;
en face, le procureur et le secrétaire; sur les côtés les Dix
justiciers et le Conseil. Le maire (1), convoqué aussi,
demandait aux Dix les prisons, pour y aller prendre le
criminel, que l'on amenait devant la porte de la maison de
Ville, où l'exécuteur le faisait mettre à genoux, tête nue,
en chemise, une torche ardente à la main : en cette posture
il écoutait la lecture de la sentence par le maître échevin;

(1) On appelait mayeurs, ou maires *(majores)* les chefs des bourgs, et des
villages. Il y avait, à Metz, trois maires, pour des quartiers qui étaient
d'anciens faubourgs; à Toul, un maire aux bourgs Saint-Epvre et Saint-
Mansuy; à Verdun, le maire et les échevins du ban Saint-Vanne, qui était
de la seigneurie abbatiale, et le maire et les échevins du Pré, dont nous
avons parlé ci-dessus, p. 414.

après quoi, un sergent de ville lui faisait demander pardon à Dieu, à justice, et aux parties offensées. Si la condamnation était pour sorcellerie, la sentence ne se lisait pas publiquement; et le maître échevin disait seulement : « Homme, ou Femme, ton fait est jugé : Dieu te conduise : » et ce, dit Du Pasquier, d'autant qu'il y avait tant d'abominations, et des choses si horribles et épouvantables dans les jugements et sentences qui se rendaient contre lesdits sorciers, que l'on estimait plus expédient d'en faire la lecture à huis clos. Enfin le condamné était mené au lieu du supplice, savoir, pour la mort, au signe patibulaire, hors la ville; pour la fustigation, aux carrefours et lieux désignés; pour le pilori, au pilori sur une place publique; pour le bannissement, à une porte dite Malpertuis: toutes ces conduites se faisaient par le maire, son lieutenant, et son sergent à cheval, les bouchers et les arbalétriers suivant, s'il s'agissait d'une exécution capitale : et le maître échevin, avec ses six, attendait sur un banc, près de la porte Malpertuis, qu'on vînt faire rapport que justice était accomplie. Ces tristes cérémonies étaient annoncées au public par trois coups de bancloche. La procédure devait être, au fond, la même à Verdun, où on admettait aussi intervention du Conseil; mais, à Metz, les Treize ayant exclu le maître échevin, et ne reconnaissant au Palais que droit de poursuivre les crimes sur lesquels ils auraient eux-mêmes refusé d'informer, toute la justice criminelle se trouvait concentrée aux mains de ces redoutables personnages, assistés de leurs comtes des paroisses. Philippe de Vigneulle raconte comment, en 1406, furent noyés, tous ensemble, au pont des Morts, trente-un insurgés de ceux que cet aristocratique chroniqueur appelle dédaigneusement les Jacques. — Dans ces justices, on distinguait le Grand Criminel, où l'on prononçait peines de mort, de perte de membres, de fustigation, pilori, confiscation, bannissement : les autres excès, comme rixes, injures, coups étaient du Petit Criminel, dont les wardours de Metz et de

Verdun, et les enquéreurs de Toul donnaient sentence et taxaient les amendes en une audience hebdomadaire, sous la présidence du maître échevin.

L'autre corps judiciaire de la Commune était le Palais, Le Palais. antique et patrimonial sénat où, depuis les temps gallo-romains, la Ville avait administré et jugé ses citoyens, en tout ce que l'on réputait alors affaires privées : ce qui comprenait les choses purement municipales, où le souverain n'intervenait pas. La compétence du Palais était au civil, comme celle du Nombre au criminel; mais on admettait des catégories d'affaires réelles, personnelles et mixtes, à cause desquelles la ligne de démarcation n'était pas bien tranchée; de sorte qu'il y avait des complications, inutiles à exposer ici. Nos anciens Communaux se tiraient d'ordinaire de ces embarras en faisant siéger leurs deux tribunaux ensemble, comme on le voit par ces formules, assez fréquentes dans Melinon : « Ont eswardei les xx jureis de Verdun, et les eschevins par jugement... Après, les XVIII et les eschevins dou Palais ont eswardei et jugié communément, etc. » : en outre, ils faisaient souvent siéger des prod'hommes (1). Il résulte des différents jugements dont on a le texte, que cet échevinat se composait de neuf ou dix membres, y compris le doyen, avec son lieutenant et son petit doyen, ou greffier du siége : dès avant la Commune,

(1) Comme échantillon, nous citerons un jugement de Sainte-Croix, où l'on voit les noms des échevins du Palais, du moins de ceux qui furent présents : « En l'an mil ccc et xxii, le samedi avant feste saint Simon et saint Jude, fut jugié à Sainte-Croix par Jacquemin Girardin maistre échevin, monseigneur Jacques le Roucel, chevalier, Nicole de Saulx, le sire Jehan Coisat, le sire Gosse le petit, Martin Monin, eschevins du Palais, Warion Pallei, lieutenant du doien, Rossignon, Jehan Melinon, petit doien, qui escript cil livre, et plusieurs prod'hommes, que cil qui tient le lieu du doyen peut faire un estal (saisie mobilière) sur un bourgeois, ou un forain par nuit; et huchier les voisins, et brisier huis ou fenestres pour entrer, et rompre escrins ou huches, et vuidier, et mettre garde en l'hosteil. Et fut jugié pour Philippe de Florenges, escuier, qui avoit fait faire estal par Jehan dit Melinon sur l'hostel et biens Colignon Chipot, de Saint-Victor-Rue, par nuit, entre chien et loup : et disoit Colignon que li estal n'étoit mie de raison, pourtant que il avoit esté fait par nuit et à la chandoile. » Melinon, p. 98.

nous avons vu sept *burgenses* mentionnés, avec les gens de
la doyenné et l'échevin, à l'assemblée de 1148 (1). Le Palais
de Toul avait six échevins, présidés par le maître; celui de
Metz vingt ou vingt-un. Ce sont à peu près les mêmes
nombres que ceux des paroisses de chacune des trois
villes : ce qui pourrait faire conjecturer qu'à l'origine ces
échevins furent élus dans les paroisses; mais, dans la suite,
le doyen, nommé lui-même par l'évêque, nommait, de concert avec ses collègues, aux places vacantes : et ces siéges
étaient à vie, à la différence de ceux des jurés du Nombre,
qui n'étaient qu'annuels.

Le doyen
de Verdun.

Il n'y avait qu'à Verdun où le chef du Palais s'appelât le
doyen : à Metz et à Toul, c'était le maître échevin. L'origine de notre doyenné est tellement ancienne que nous ne
pouvons en rien dire que par conjecture. Il est probable
qu'antérieurement à la principauté épiscopale, lorsqu'il y
avait encore des comtes royaux, l'échevinat de Verdun fut,
en quelque manière, subordonné à leur centenier : de
sorte que le chef de ce corps reçut le nom et les attributions des dizeniers, ou doyens; et nous voyons en effet que,
même après l'institution du Nombre et du maître échevin,
le doyen garda les amendes des rixes et voies de fait non
sanglantes, qui étaient de la compétence du dizenier. Ces
dénominations de centenier et de dizenier nous reportent
aux siècles mérovingiens : elles se conservèrent très-longtemps chez nous : et, au XIIIe siècle encore, le mot centène
était, dans nos campagnes, synonyme de vicomté (2) : de là
notre conjecture que le centenier étant le même fonctionnaire que celui qu'on appela ensuite le vicomte, le doyen
tira son nom de ce qu'il avait été, sous lui, le dizenier de la
ville. Quand, en 1236, Raoul de Torote introduisit dans

(1) Ci-dessus, p. 277.

(2) « Les mortemains dou ban de Harville, l'aluel des hommes, et la
vicomtei, qu'on appelle ceinteine. » Charte de 1250, citée ci-dessus, tom. I.
p. 436.—Sur les centènes et les dizènes mérovingiennes, ci-dessus, tom. I.
p. 90 : le mot *centena* encore d'usage commun au XIe siècle, ci-dessus, tom. II.
p. 7. — Amendes de la doyenné, ci-dessus, tom. I. p. 431,32.

notre Commune la dignité, nouvelle pour nous, de maître
échevin, il fut dit que ce maître tiendrait au Palais la place
du *scabinus* que les chartes antérieures à la Commune
nomment toujours après le doyen (1) : de sorte qu'il fut le
second au Palais, et le premier au Nombre. On devait le
choisir, ou lui donner rang parmi les échevins du Palais (2),
où il restait après son année de maîtrise échevinale : à
Metz, s'il n'était pas du Palais, lors de sa nomination, il
devait s'y conférer à lui-même le premier échevinat vacant.
Ces dispositions durent avoir pour effet que les Palais de
nos villes se trouvèrent, à la longue, presque entièrement
composés d'anciens maîtres échevins. Nous avons vu comment Jacques de Troyes abrogea à Verdun, en 1254, l'élection ecclésiastique du maître échevin : elle se maintint à
Metz; et il en fut de même à Toul, où ce dignitaire était
nommé tous les ans, le jour de saint George, 23 avril, par
l'évêque, les députés des deux Chapitres et des trois
abbayes, sur une liste de trois candidats présentés par la
Ville (3).

(1) *Bernacer decanus, Rainaudus scabinus.* 1126. — *Durandus decanus civitatis, Ermardus subdecanus, Reinardus scabinus.* 1148.—*Guillelmus Ligniolum,
civitatis decanus, Giraudus scabinus.* Vers 1175. — *Subdecanum laïcum, qui
vulgò submonitor vocatur, major decanus civitatis annuatim eliget, et episcopo
præsentabit, etc.* Diplôme subreptice de 1227. — Sur l'établissement du
maître échevin par Raoul de Torote, ci-dessus, p. 410 : abrogation, par
Jacques de Troyes, de l'élection ecclésiastique, p. 464.

(2) « Et un eschevin doit prendre le serment que il soit eschevin dou
Palais, etc. Ci-dessus, p. 466.

(3) « Chaque année, dit Du Pasquier, dans la matinée du 23 avril, le
maître échevin, les dix justiciers, le syndic, et le secrétaire, ayant fait trois
fois sonner la bancloche, s'en allaient, précédés de leurs six sergents, à
l'hôtel épiscopal, où ils trouvaient la grande porte ouverte, et, dans la
salle, le seigneur évêque et son conseil : en outre, des députés de la cathédrale et de la collégiale Saint-Gengoult, plus des religieux de Saint-Epvre,
Saint-Mansuy, Saint-Léon, députés de ces abbayes, pour exercer leur droit
de suffrage. Sur la table était un rôle envoyé d'avance par la Ville, et où on
lisait : « Ce sont les noms des trois personnes citains de cette cité de Toul,
élus par nous justice et les deux procureurs de ladite cité, pour et au nom
des citains et université d'icelle, faire et instituer l'une d'elles par révérend
père en Dieu et seigneur monseigneur l'évesque de Toul, ou son commis
(délégué), selon la solennité accoutumée, maistre eschevin de ladite ville,
pour cette présente année, commençant aujourd'hui feste saint Georges. »

Dans les vrais principes communaux, il ne devait y avoir
ni appel ni recours à des autorités non communales : et
cela se pratiquait rigoureusement à Metz, non-seulement
pour les jugements criminels des Treize, mais encore pour
leurs sentences en matières personnelles et mixtes : en
ces cas l'appel allait au maître échevin, qui le jugeait au
Palais, assisté de six échevins, au moins; et sa décision
était en dernier ressort (1). A Toul, dans ces sortes
d'affaires, on pouvait appeler des Dix justiciers au conseil
de l'évêché : mais on prétendait que, dans les causes
réelles, dites causes de la féauté, le maître échevin avec
ses six du Palais étaient souverains : honneur que les
plaideurs reconnaissaient en payant, en cette justice, les
frais au double, savoir pour chaque interlocutoire un franc,
et deux pour sentence définitive. Il y avait aussi à Verdun
une salle épiscopale, dont nous trouvons la première
mention dans une charte de 1269 de Robert de Milan
disant, au sujet de la justice des villages affranchis
d'Azanne, Somme-Azanne et Thil que, s'il survenait quelque cas « doìt lors prod'hommes et saiges n'en trouvoient
entre eux, ils s'en desmonneroient par l'eswart nostre
Hosteil, et lou droit de la citei de Verdun. » Cet « Hosteil »
avait dans sa compétence tout ce qui pouvait embarrasser
les justices subalternes : et il y avait présomption qu'il
fallait recourir à lui quand une partie se plaignait d'être
mal jugée. Il est probable qu'avant l'établissement de la
salle épiscopale, les cas d'appel allaient aux plaids annaux,
ou peut-être, dans les grandes affaires, aux assemblées des
trois Ordres, dont nous avons vu un exemple en 1148.
Melinon, dans le livre des Droits de Verdun, représente les
appels à l'évêque comme chose tout à fait reconnue à

(1) De là le réglement portant qu'au conseil des Treize, le maître échevin
ne devait pas se « laisser abuser, quoi qu'on die, de dire son avis des
choses qui pouvoient retourner en son jugement et en sa bouche, ou dont
plaintif en puist à lui venir : car on diroit que le maistre eschevin en
auroit jà déterminé au conseil, et rendu sentence par sa bouche : dont la
plainte seroit de nulle valeur. » Dans les Chron. Huguenin, p. 20.

Sainte-Croix, et réglée par d'anciennes coutumes : on voit
en même temps, à la décision qu'il rapporte, que l'évêché,
loin de chercher à étendre sa prérogative, semblait la
considérer comme onéreuse, tellement qu'il laissait souvent passer les délais sans donner audience : ce qui forçait
l'appelant à rester au tribunal municipal, ou à s'arranger
par arbitrage (1). Ce droit de justice en second ressort
attestait le haut domaine de l'évêque, et devait par conséquent déplaire aux Communaux stricts; mais ils furent
obligés de le laisser subsister; car ils avaient eux-mêmes
leurs opposants qui, comme le prouvent surabondamment
les murmures et les satires qu'on voit dans ce même livre
de Melinon, étaient loin de leur souhaiter une justice
souveraine et sans appel. Quant au troisième degré de
juridiction, celle de l'Empire à la Chambre de Spire, cette
institution ne vint que beaucoup plus tard, et à la suite de
nouveaux progrès dans l'art de chicaner.

Il nous reste à parler du Conseil, corps administratif   Le Conseil.
qui formait l'abrégé de toute la Commune; car on y voyait
à la fois les échevins du Palais, les jurés du Nombre, et les
prod'hommes qui représentaient l'université des citains.
Au moyen-âge, il n'y avait pas de municipalité purement
administrative et séparée des corps judiciaires: on pensait
au contraire que les gens des diverses justices, qui péné-
traient partout, soit en juridiction, soit en police, étaient
mieux informés que personne de tout ce qui se passait en
ville et des intérêts et besoins auxquels il fallait pourvoir.
La base du Conseil fut donc chez nous l'échevinat du Palais
et le Nombre, réunis pour délibérer en commun : le Palais
était l'élément le plus fondamental, soit à cause de son
antique origine, soit parce que ses membres siégeaient à
vie, et étaient presque tous d'anciens maîtres échevins. A
ces deux corps s'adjoignaient les prod'hommes, que la
Charte de Paix permettait d'appeler pour « acconseiller, »
aussi souvent et en tel nombre que l'on voudrait, pourvu

(1) V. le passage de Melinon, ci-dessus, tom. 1. p. 392.

toutefois qu'on n'en fît pas nombre « certe, » c'est-à-dire
fixe et permanent. On usait largement de cette faculté, au
temps de la Commune démocratique : et il n'était pas
de citoyen de quelque distinction qui ne pût être, plus ou
moins souvent, appelé au Conseil, selon les bons avis ou
services qu'on espérait de lui. Il y avait ainsi beaucoup
plus de conseillers qu'aujourd'hui. « Et li consel doit estre
tel, dit un atour de Metz, de 1289 : de chacun paraige vingt
hommes, et dou commun quarante : » ce qui faisait cent
quarante membres (1). Notre conseil était nombreux dans
la même proportion : mais, chez nous, cet atour messin
eût été illégal; car il établissait un nombre certe. — C'est
de cet usage d'adjoindre des prod'hommes au Nombre que
vint la distinction du petit et du grand conseil, qui prit
forme constitutionnelle en plusieurs villes, le petit se
composant seulement des jurés et des échevins.

Passage
à la forme
aristocratique. C'était le Nombre qui désignait les prod'hommes « pour
acconseiller; » et, suivant qu'il prenait des bonnes gens
des lignages, ou des bonnes gens du commun et des
métiers, la Commune tournait à l'aristocratie ou à la
démocratie. Il est vrai que l'université des citains ne le
laissait pas sans surveillance : et, comme nous l'avons vu,
elle faisait quelquefois des règlements obligatoires pour le
Conseil du Nombre (2); mais son influence était nécessaire-
ment intermittente; car il fallait d'assez notables affaires
pour qu'on mît l'université sur pied, « à son de cloche et à
crière publique : » de sorte que, dans le cours ordinaire
des choses, le Conseil faisait pencher la balance dans le
sens de sa propre composition. L'aristocratie prévalut en
nos trois villes à dater de la seconde moitié du XIVe siècle.
En 1405, les Messins, sentant qu'ils étaient tombés sous la
domination de leurs paraiges, firent le fameux atour, dit de
la rébellion, où il était ordonné, entre autres choses, que
« les Treize de notre cité ne pourront prendre, ne appeler

(1) Bénéd. Preuves de l'Hist. de Metz, III. 255.
(2) Ci-dessus, p. 480, 494, 95.

pour le Conseil de ville, nuls qui soient des six paraiges, ne qui en descendroient : mais voulons que les prod'hommes esleus par les comtes et paroisses puissent eslire et prenre pour lor conseil ceux qu'il lor plaira, clercs ou autres (1). » Cet effort n'aboutit qu'à faire noyer, au pont des Morts, les trente-un Jacques dont parle Philippe de Vigneulle, et bannir les autres. A Toul, où il n'y avait pas de parages ni de lignages, on établit que les dix justiciers et les cinq enquéreurs désigneraient eux-mêmes leurs successeurs, en ce sens qu'ils présenteraient à l'évêque une liste de trente personnes, dont celui-ci choisirait quinze. A Verdun, la première manifestation de la prépondérance des lignages se vit quand ils réduisirent à l'état de chose non avenue la déclaration de l'évêque Hugues de Bar, à la salle de Saint-Paul, en 1359, qu'il consentait, encore pour quatre ans, à ne former le Nombre que de gens des lignages; mais qu'ensuite il se réservait de pouvoir y mettre, au moins pour un tiers, les bonnes gens du commun. Il fut admis peu à peu que les lignagers étaient les seuls vrais citains, formant à eux seuls toute l'université, laquelle les portait tous pour candidats, et approuvait d'avance les choix que l'évêque ferait parmi eux, mais n'agréait aucune autre nomination. Vers 1375, sous prétexte que l'Empire accordait aux villes impériales l'armoirie de la double aigle, nos jurés se firent faire, à ce type, un cachet à l'aide duquel ils se passèrent du grand sceau commun *Civitas Virdunum,* dont ils finirent par s'emparer. Enfin, en 1391, le bailli de Vitry ayant apporté une lettre close du roi Charles VI, adressée, dit le procès-verbal, aux maître du Nombre, jurés, justice et Commun de la cité de Verdun, trouva, pour tout Commun, une quarantaine de lignagers que les gens du Nombre avaient rassemblés, non à l'Hôtel-de-Ville de Montaubain, mais à la cathédrale, pour que le bailli pénétrât le moins possible en ville. Là, conti-

(1) Bénédictins, Hist. de Metz, Preuves, IV. 573.

nue ce procès-verbal, « ledit monsieur le bailli les requit, et fit requérir par son lieutenant, plusieurs fois, très-instamment, que ledit Commun ils fissent assembler, puisque à lui, aussi bien qu'à eux étoit adressante la lettre du roi notre sire; » mais ils refusèrent obstinément; et le bailli fut obligé de partir sans avoir vu le Commun. Il s'agissait d'un arrangement très-important, convenu entre Charles VI et l'évêque Liébauld de Cousance : de sorte qu'en cette occasion, les lignagers mirent le Commun de côté malgré le roi, malgré l'évêque, et malgré le bailli; ce qui prouve qu'ils étaient complètement maîtres de la ville. On peut dater de cet événement la fin de la démocratie communale : et là s'ouvre la période de la Commune aristocratique, dont nous verrons les institutions dans un autre chapitre, qui servira de suite et de complément à celui-ci (1).

(1) Dans les sobriquets qu'on se donnait, au moyen-âge, de ville à ville et de province à province, on trouve, avec les fameux, « badauds de Paris, » etc., etc., les usuriers de Metz, les enfreuns (renfrognés) de Toul, et les musards de Verdun. Ce mot musard, dérivé de l'allemand *musse* (d'où vient aussi le mot amuser) signifie à peu près ce que l'on appelle aujourd'hui un flâneur. — Les villes modernes ont l'avantage de ne pas figurer dans cette litanie, dont le journal *Mercure de France* a régalé ses lecteurs en septembre 1733, mars 1734 et février 1735, d'après un manuscrit qu'il dit ancien de quatre ou cinq cents ans.

LA CHARTE DE PAIX.

Cette charte, dont le fonds venait de l'ancienne institution de paix pour la sûreté publique, était une sorte de code pénal, que l'on pourrait appeler la Coutume criminelle de Verdun, comme le droit de Sainte-Croix, formé des décisions du Palais, devint la Coutume civile : mais l'évêché n'ayant cédé son droit régalien de haute justice que moyennant hommage, et à condition de certaines formes pour l'institution des jurés, la charte faisait aussi loi communale : et les dispositions qu'on avait écrites en préambule et en clauses finales tenaient lieu des anciens engagements de la vicomté. Nous n'avons plus à expliquer ici ces choses, déjà dites, soit dans le cours de l'histoire, soit dans le précédent chapitre : il ne nous reste qu'à faire connaître la charte elle-même. Elle fut arrêtée, en teneur invariable, dans la seconde moitié du XIIIe siècle ; et demeura telle, sans qu'on y changeât un mot, jusqu'au milieu du XVIe, lue à chaque nouvelle institution de jurés et de wardours, et remise à eux, comme loi de leur tribunal, en expédition qu'ils devaient rendre à la fin de leur gestion. On n'a pas de transcription plus ancienne que celle de 1292; mais il est dit, en cette pièce, que les jurés dont les pouvoirs finissaient remirent à l'évêque Jacques de Revigny la lettre pareille qu'ils avaient de son prédécesseur Henri de Granson, en 1286; et il est probable que la rédaction primitive fut faite entre 1260 et 1270, après l'expiration du dernier engagement de la vicomté par l'élu Jean. Ce texte commence ainsi :

« Connue chose soit que, comme nous universitei des citains de Verdun eussiens rendu à notre signor Jakes, par la grâce de Deu évesque de Verdun, toute la justice et toute la signorie temporeille de la citei, et recogneu que toute la devant dite justice et signorie estoient pleinement et apertement à devant dit évesques, et à ciaulx qui après lui seront évesques, ou esleus confermeis, et à nuls autres : Et li devant dit évesque eust tenu en sa main, comme sire, par aucuns jours, la devant dite justice et signorie, il y mint prod'hommes, une fois et autre, pour la citei warder en paix pour lui et de par lui. Après, il entendit que la citei povoit, à temps dès lors, mieux estre wardeie en paix par ciaulx de la citei que par gens estrainges, il esleut unze prod'hommes : et li devant dit évesque et li universitei devant dite se consentirent et accordeirent que li devant dits unze wardassent la citei, en teille manière comme est ci après contenu et escript. Et la paix et la manière en sont teilles :

« Qui homme occiroit dedans Verdun ou la banleue, et tesmoignei en seroit par dous (deux) prod'hommes au moins, se il est tenu, on en feroit le droit de la citei (mort); et, se il eschappoit, on destruroit sa mason, et sexante livres paieroit de son mueble et de son héritaige : et seroit foringié à tous jours fuers la citei et l'éveschié; et si trouvei y estoit, on en feroit le droit de la citei.

« S'aucun estoit reteis (accusé) d'homecide, et tesmoignei n'en estoit, (par deux prod'hommes), lui vingtième s'en descolperoit (1), ou il seroit coupable : et s'aucun des amis au mort le voloit appeler (en champ clos), bien le pourroit faire devant la justice.

. « S'aucun feroit (frappait) autrui dont il perdist membre, il paieroit vingt livres d'amende, vingt livres à celui qui affolé (estropié) seroit; et veudroit (vidrait) la ville et l'éveschié dous (deux) ans : et on chief des dous ans, il puet revenir, et auroit paix; et, se il revenoit avant, il seroit foringié (banni à toujours).

Autres peines analogues et proportionnelles pour les plaies ouvertes et blessures sanglantes.—En cas d'insuffisance des témoignages, l'accusé devait se disculper de l'affollement lui vingtième, de la plaie ou blessure lui septième.

« Les enfants de douze ans et plus sont de cette paix, se ils faisoient coup malicious.

« Qui porteroit coutel à pointe grand ne petit, ne broches nulles qui soient, ne miséricorde dedans Verdun ou la banleue, se non par les wardours de la paix (par leur autorisation), paiera cent souls, et veudera la ville et la banleue un an. Et, se il y avoit aucun que les

_____

(1) C'est-à-dire qu'il devrait produire dix-neuf personnes acceptables, jurant avec lui vingtième qu'ils le croient non coupable. C'est ce qu'on appelait en latin *jurare duodecimâ, jurare vicesimâ manu.*

wardours soupçonnassent que il en portoit, ils le doient appeler devant eux, et lui dire : « On nous a dit que tu portes coutel : liève ta robe; car nous le voulons voir. » Et il la doit lever, partout où ils vouront, mesme en chausses, et aillors : et ce peuvent faire quatre des wardours de la paix, au moins.

« A bestens qui saille (à bataille qui s'élève) dedans Verdun ou la banleue, quicunque portera dart, feulne (faulx), hache, baston de couvre (cuivre), ne de fer, acier, plomb, étain, il paiera cent souls ; et enquerera-t-on comme de celi qui est soupçonné de coutel.

« Qui portera espée grande ou petite à plaid (aux plaids), ou devant les wardours de la paix, ou en tavernes, il paiera quarante souls.

« Nul ne portera, ne fera porter son armure fuers son hostel, pour bestens, meslées, ou pour warnison tenir : et cil en qui l'hostel l'armure seroit trouvcie paieroit deix souls; et seroit l'armure perdue, moitié à l'évesque, moitié à la Ville.

« Quiconque trairoit d'arbaleste ou d'arc dedans Verdun ou la banleue, pour mal faire, paiera vingt livres : et autant paieroit cil de qui l'hostel le coup est parti

« Quiconque, pour faire force à autrui, assaura (assaillira) hostel, et qui l'y aidera, paiera vingt livres, et veudra la ville un an : et, se doubte en estoit, s'en descoulperoit lui dixième.

« Quiconque ameneroit homme estrainge dedans la citei ou dedans les bourgs, pour noise ou pour bestens, il paieroit cent souls, et qui les haubergeroit, cent souls. Et s'aucuns forains chevaliers, ou escuyers, ou aultres de la justice l'évesque les paraiges de Verdun (1) feroit (frappait) aucun des citains dedans la citei ou la grande banleue, nuls des citains, ne ses parents, ne les puissent aidier : et, se le faisoient, paieroient double amende : et cil qui les haubergeroit, après que les wardours de la paix l'auroient fait crier, paieroit, pour chacune nuit que il les haubergeroit, vingt livres

(1) C'est-à-dire les chevaliers feudataires de l'évêché, qui n'étaient justiciables que de sa cour des pairs, ou Grands Jours. La justice de la cité n'ayant sur eux aucune compétence, ne pouvait que défendre à tout citain, fût-il leur parent, de leur venir en aide et de les héberger, après que les wardours de la paix en auraient fait faire cri.—Pour le cas inverse, la Charte dit : « Et s'aucun citain feroit homme forain de la justice l'évesque des paraiges de Verdun, et autre citain voloit aidier à revengier le forain homme, bien le pourroit faire, mais il lui convenroit payer la pleine amende de ceste paix, selon le meffait que il auroit fait. »

« Li évesque ne peut amener ost ne chevaulchée devant la citei, ne warnison tenir, se les citains ne li font force ou tort apparent, dont ils ne vuellent recroire par prod'hommes (dont ils refusent arbitrage)

« Nul des borgeois ne soit command (coalisé) l'un à l'autre. Nulles alliances qui faites soient par foi et par serment ne tenront ; ne nul n'en fasse dès ores en avant.

« S'aucuns gens des mestiers faisoient atour (statut), ou chose qui vinst en la grevance de la citei, ils paieroient sexante souls.

Des fonctionnaires de la justice et police; de leurs devoirs, et de leurs pouvoirs. « Quiconque seroit maistre eschevin, ou un des aultres eschevins, lequel que li maistre des wardours de la paix requerroit pour la paix, pour aller avec lui semonre (faire sommation) en lieu de ban, il y doit aller ; et, se n'y alloit, paieroit quarante souls, se n'avoit loial essoine. Et, se le maistre des wardours n'avoit semons en lieu de ban, du juedi que il auroit oï la clamour jusques à l'aultre juedi (1), il paieroit deix livres. Et, se ne povoit trouver l'homme dedans les sept jours, il le semonroit en sa maison, ou en son meix, en lieu de ban. Et quiconque penroit bannie (ban contre quelqu'un), et ne l'amenoit à la justice dedans nuit et jour (en 24 heures), il paieroit vingt souls : et, se l'y amcine, la justice lui doit seuretei, se ne la puet avoir de son bannier.

« Li maistre eschevin et li wardours de la paix se puevent armer, pour deffaire la meslée, chacun un bâton en sa main, sans glaive, sans espée, et sans aultres armes pour mal faire (2). Et, s'aucun feroit un des wardours de la paix, par ire, il paieroit vingt livres, et vuideroit la ville et l'éveschié trois ans : et, s'il l'affoloit (estropiait),

(1) C'était le jour où le commun des wardours s'assembloit à Sainte-Croix, pour ses enquêtes, ainsi que la Charte le dit plus loin. La Paix de Metz dit aussi que « qui que soit maistre eschevin, il doit seoir chacun venredi avec ceux qui la paix warderont. » Preuves de l'Hist. de Metz, III. 178.

(2) Même chose dans la Paix de Metz, ibid. III. 178. « Li maistre eschevins, et li trois maiours (les maires des trois bourgs), et li wardours de la paix se porront armeir, pour deffaire la meslée, un baston chacun en sa main, sans glaive, sans espée, ou aultre arme pour mal faire. » — On voit que les maires des bourgs étaient assimilés aux wardours de la paix : ce qui pourrait indiquer que les mairies des quartiers, qui existaient encore à Verdun en 1790, d'ancienneté alors immémoriale, étaient une transformation des wardours de la Charte de Paix.

il paieroit cent livres, et veuderoit la ville et l'éveschié deix ans; et, se on ne trouvoit autant de la sienne chose, mobles ou héritaiges, il ne revenroit tant que la somme devant dite seroit paiée; et, se il revenoit, on en feroit comme de celui qui seroit foringié. Et sont de tel point (sous cette protection de la loi) les wardours de la paix, dès qu'ils issent (sortent) de lors hosteils, et tant que les trèves ne sont prises (tant que les combattants ne se sont pas donné trève).

« S'aucun bestens montoit dedans Verdun ou la banleue, les wardours de la paix se doient tantost (aussitôt) traire à Sainte-Creux, et aller vers le bestens pour l'apaisier, et les trèves prenre : et cil qui n'iroit paieroit sexante souls. Et se il estoit ainsi que on ne voulsist trève donner, à la volontei des wardours, ils y peuvent mettre cinq sommes, la première cent souls, l'autre deix livres, la tierce vingt, la quarte quarante, et la quinte cent : et ces sommes puevent mettre au moins dous (deux) des wardours. Et cil qui se détourneroit que il ne voulsist trève donner, les wardours le doient tantost faire savoir à dous des plus prochiens parents, et lor doient faire donner trève; et, se il ne vouloit dedans le tiers jour, cils dous wardours et li autres parents le doient foringier (bannir) au quart : et demorra en la chasse l'évesque et la citei.

« Des meffaits qui en ces lettres sont deviseis, on fera enqueste le juedi, devant le commun des wardours de la paix : et nul des wardours qui appartenroit jusques au tiers à cil qui le coup auroit fait ne demorra en l'enqueste. Et des faits dont il convinst veuder la ville, le maistre des wardours de la paix se doit tantost (aussitôt) traire à Sainte-Creux, et mander ses compaignons; et cil qui n'y venroit paieroit cent souls. Et doient faire l'enqueste tantost; et les tesmoins qui seront semons, se ils ne venoient, ils paieroient quarante souls; et on le semonroit au lendemain, sus quarante souls; et, pour chacun jour, quarante souls. Et, se tel fait escheoit par nuit, li maistre doit mander ses compaignons on lendemain on point dou jour. Et doit faire le maistre l'enqueste à tout la plus grant partie de ses compaignons. (à la majorité) (1).

« Ceste paix warderont prod'hommes citains de Verdun, que li évesque doit muer, renouveler, eslire et nommer, par lui, ou par ses lettres, pendant et au terme dessous nommé, se il lui plaist, en sa

_____

(1) On voit, par cet article, que les fonctions judiciaires des wardours de la paix étaient de faire les enquêtes. Ils étaient par conséquent les mêmes officiers à peu prés que les enquéreurs de Toul.

cour de Verdun (1). Et, se cil qui sera nommé ne vuelt estre des wardours, il paiera vingt livres : et cil qui l'auroit esté une fois n'en seroit devant dous ans après ce que il l'auroit esté. Et n'en peut-on nuls prenre ou Paraige, se au Commun non (sinon au commun) (2) ; et doient jurer, le jour que ils seront esleus, que de nulle justice que touche à l'évesque ou aux siens, ne à la citei de Verdun (5) ne s'entremettront, senon de ce qui est escript en ces lettres ; et que léaulment s'en entremettront, compteront et rendront à l'évesque, ou son commandement, sa partie des amendes, et la Ville l'autre ; et nommeront les personnes qui les meffaits auront faits, et quels ils auront faits. Et doient estre chacun juedi à Sainte-Crœux, à la messe, pour maintenir ceste paix. Et doient avoir dous (deux) sergens qui soient sortables à l'évesque et à la citei : et cils sergens doient avoir des communes amendes por lors despens, por lors robes, por lors loiers, et por toutes choses, chacun an, quinze livres. Et les doient penre les unze (le Nombre de cette année) le jour que ils seront esleus, en lor bonne foi et lor serment : et si doient renvoyer les waittes (guetteurs) au terme, ainsi comme les varlets.

« Cil qui sera enchéu en amende, il la paiera dedans le mois ; et, se il n'en faisoit, il paieroit le quint en avant (le 5e en sus), sans relaissier. Et de toutes les amendes de ceste paix, li évesque en aura la moitié, pour faire sa volontei, et les citains l'autre, pour la Fermetei, ou autres prous (profits) de la citei. Ne li évesque, ne les wardours de la paix ne peuvent, ne doivent, par lor serment, de ces amendes rien quitter : et, avec ce, les anciennes amendes l'évesque, s'aucunes en ait, sont à lui, sans part nullui.

(1) A Metz, il y avait autant d'eswardours que de jurés, c'est-à-dire treize. A Toul, on ne mettait que cinq enquéreurs pour dix justiciers. A Verdun, où le Nombre n'était pas fixe, il est probable que les wardours, qui étaient institués en même temps que lui, en suivaient les variations.

(2) Il est remarquable que la Charte de Paix semble ne pas connaître les lignages. Le Paraige dont elle parle ici est probablement la même chose que ce qu'elle appelle plus haut « la justice l'évesque les paraiges de Verdun, » c'est-à-dire la noblesse justiciable de la cour des pairs de l'évêché, ou Grands-Jours. Quiconque n'était pas noble, ou du Paraige, pouvait être nommé wardour de la paix, à moins qu'il ne préférât payer vingt livres pour s'exempter de cette lourde charge.

(3) La justice qui touche à l'évêque, ou aux siens, est la cour féodale du Paraige. Celle qui touche (appartient) à la cité est la justice civile du doyen et des échevins du Palais. Les wardours, étant les officiers de la justice criminelle du Nombre ou vicomté, ne doivent s'entremettre d'aucune de ces deux autres juridictions.

« Nul des citains ne peut devenir bourgeois d'autre lieu, se par l'évesque et les wardours de la paix non (sinon par leur autorisation); et, se il le faisoit, il ne pourroit revenir en Verdun; et, se il revenoit, on n'en tenroit mie pour bourgeois. Et, se cil qui auroit fait bourgesie ailleurs par le gré l'évesque et les wardours de la paix, feist chose qui lor despleust, ils li pourroient mettre terme de revenir et laissier sa bourgesie; et, se il n'en faisoit, il ne seroit bourgeois de Verdun, tant comme ceste paix durera (1).

Du maître échevin et des jugements. « Le maistre eschevin ne doit gesir (coucher) fuers Verdun plus de trois nuits, l'une après l'aultre; et, se il y gisoit, il paieroit, pour chacune nuit, cent souls.

« Les eschevins de Verdun ne peuvent juger sans le maistre eschevin : et li maistre eschevin doit estre au plaid à Sainte-Creux tant que li plaids sont levés, chacun lundi et chacun mercredi, quand on pladie : et, se n'y estoit, il paieroit deix sols, se n'avoit loial essoine.

« Tous les jugements de la citei de Verdun doient estre chargiés et rapportés dedans vingt et un jours, se par les parties ne demeure (si le retard ne vient pas d'elles). Et, se li eschevin sur lequel le jugement seroit mins n'en rapportoit dedans vingt et un jours, il paieroit quarante souls.

« Ne le maistre eschevin, ne li autres eschevins ne peuvent prenre d'un jugement chargié plus que seix deniers; et, se on vient querre enqueste, ne peuvent penre plus que seix deniers.

«S'aucunes gens queroient conseil, si comme de querelle, de plaid, li eschevins n'en peuvent donner conseil sans le maistre eschevin. Et teils jugements doit-on chargier aux gens forains le samedi à Sainte-Creux. Et li forains eschevins sont assencis (assurés) des citains de penre (conseil) et de plaidoier le venredi, le samedi et le dimenge;

(1) Nous omettons, pour abréger, divers articles de peu d'intérêt. La Charte renferme quelques réglements de simple pôlice. « Cil qui seroit trouvé sans feu, (sans lumière) aval la ville, après la cloche, il paieroit deix souls. — S'aulcune femme féroit aultrui, elle perderoit son meillour warniment après le primerain (sa meilleur nippe, après le premier vêtement).—Quiconque venderoit viande desloial, ou chair doliette (douillette, c'est-à-dire corrompue), il paieroit quarante souls; et si ne venderoit viande de son mestier de toute l'année. — Nuls massacrier ne doit ardoir (brûler) nuls de ses chons de xeu (suif) et de sain dedans Verdun. — Nul regratier ne puet acheter, ne faire acheter viande dedans Verdun, ne dedans la grande banleue, pour revendre : et qui le feroit, il paieroit deix souls; et si perderoit la viande, quelle qu'elle fuist, etc. »

et li eschevin qui venroit à jugement, et qui s'embouteroit au conseil, il penroit autant comme l'un des autres; et cil qui n'y venroit n'y penroit néant, se n'avoit loial essoine (1).

« Et la banleue de ceste Paix de Verdun dure, etc. (Suit la délimitation rapportée ci-dessus, tom. ι. p. 522, de la banlieue grande et petite).

Disposition finale sur le Nombre Certe, son renouvellement, et l'annulation de la Charte entre ses mains, dès qu'il sera arrivé au terme de sa durée. « Et est à savoir que le Nombre de Verdun devant dit, mis et ordonné de par nous pour gouverner et justicier, ainsi comme ces présentes lettres de la paix le devisent, les citains et la citei de Verdun ne doivent, ne peuvent mettre, ne ordonner, ne recevoir, ne estaublir, ne consentir aultre Nombre, ne aultres conseillers estaublir, pour eux aidier à justicier et à gouverner la citei, se par notre consentement non, et par notre ottroi espécial : et, se ils le faisoient, chose que ils en feissent ne vaulroit rien. Et jurera le Nombre que nous y aurons mis, et une partie des prod'hommes de la ville espéciaulment, et toute la communitei après, que Nombre estaubli ne feront, ne n'auront, ne tenront, fors que celui que nous y avons mis, ainsi comme il est dessus devisei. Mais nous volons bien que ils prennent et appellent à leurs besoignes, toutes fois que ils en auront mestier, des prod'hommes de la ville, pour eux acconseiller, sans estaublir Nombre certain, ainsi comme il est dessus dit.

« Ceste paix ne doit durer que fors que jusques au dimenge prochain après Paskes prochainement venant : et, sitost que li devant dit dimenge sera trespassé, le jour tout le jour jusques au lendemain, ces lettres sont nulles, quant à ce qui touche ceste paix : et ne peut-on, ne doit-on plus ouvrer de ceste paix, se par la volontei l'évesque non. Ne n'aura jamais en la citei de Verdun cettui Nombre, ne aultre pour justice maintenir, se par celui non qui est ou sera évesque, ou esleu confermé, sire de Verdun. Et nous citains devons rendre à notre signour Jakes toutes les lettres que nos aviens de monsignour Henri, qui fut devanterien à devant dit Jakes : et, se nous ne li ren-

---

(1) On voit, par cet article, comment les forains prenaient droit à Sainte-Croix. La sentence prononcée alors n'était légalement qu'un conseil qu'ils venaient demander, et auquel ils s'étaient réciproquement promis de se soumettre. Ils devaient être présentés par un des échevins de leur propre justice, lequel entrait au conseil avec ceux de Verdun, et recevait, comme eux, l'honoraire de six deniers fixé par la charte.

dions, nos volons que de cest jour en avant, elles soient nulles, et
que nos ne nous en puissiens aidier. Et li wardours de la paix se
peuvent, se doient entremettre de warder et défendre notre signour
l'évesque, ainsi comme les lettres le dient qui sont seelleies dou
seel de Verdun. Ces lettres furent faites et seelleies dou seel notre
signour Jakes, par la grâce de Deu évesque de Verdun, et dou seel
la citei de Verdun, l'an de grâce mil dous cens quatre vint et douze
ans, lou dimenge après Pasque, treszeime jour d'avril.» .

SCEAU PAROISSIAL DE S! SAUVEUR.

GRAND SCEAU DU CHAPITRE
(Commencement du XIIIme siècle).

N. B. Les retouches qu'on voit aux lettres dans le champ sont ainsi sur la matrice en cuivre rouge.

L'ANCIENNE CATHÉDRALE

Il ne reste aucun souvenir de l'antique église construite, recons-truite, réparée et renouvelée à diverses reprises, du ve siècle au xie, d'abord par saint Pulchrone, dit-on, puis par saint Airy, saint Madalvé, Hatton et Dadon. Tout ce qui pouvait rester de ce vieil édifice disparut dans les flammes, en 1048, lors de l'assaut de Godefroy le Breux. Thierry releva ces ruines : et il est bien pro-bable que c'est le portail de son nouveau temple que l'on voit au revers de l'une de ses monnaies, dont nous donnerons ici le dessin, comme seul indice de ce qui put exister avant la construction que nous allons décrire.

En admettant que ce portail soit celui de la cathédrale de Thierry, nous supposerions, en outre, qu'il était à l'est, et le chœur à l'ouest : car la disposition des lieux ne permet guère de croire qu'il y ait jamais eu un grand portail du côté de l'évêché, soit parce qu'il eût fallu que l'entrée publique se fît par la cour de la maison épiscopale, soit à cause de la forte pente du terrain, qui eût nécessité là une descente de plusieurs marches. De toute ancienneté, et sans qu'aucun document dise pourquoi, le chœur occidental de notre cathédrale s'appela le Vieux Chœur : nous conjecturons que ce nom

vint de ce qu'il était à la place de celui de la basilique de Thierry (1).
La règle de l'orientation ne laissait pas d'être gardée : car, ainsi que
le notaient les vieilles rubriques de l'église, et que l'avaient encore
vu nos anciens avant 1755, le prêtre disant la messe au Vieux
Chœur regardait la nef, et ne se tournait pas pour saluer les assistants, aux *Dominus vobiscum*.

Renauld le Borgne ayant, vers 1155, détruit encore cette cathédrale de Thierry, l'évêque Albéron fit tout rebâtir à neuf par un
fameux maître en constructions nommé Garin, qu'il manda des
provinces rhénanes. Cet architecte travailla à la mode de son pays,
sur un plan fort différent de celui des cathédrales françaises. Dans
le système rhénan, on terminait les grandes églises par deux chœurs,
l'un à l'est, l'autre à l'ouest, l'entrée principale étant reportée sur
le milieu en longueur de l'édifice, et d'autres issues s'ouvrant sur un
transept, par deux portes, entre lesquelles le chœur faisait saillie au
dehors. On appelle transepts, ou grandes croisées, les nefs transver-
sales formant croix avec la nef longitudinale : chaque chœur rhénan
avait son transept, en avant de lui : de sorte que la basilique rhé-
nane semblait formée de deux églises françaises jointes à leur base,
avec suppression du portail au fond de chacune d'elles. De part et
d'autre de l'édifice, à la naissance des chœurs, s'élevaient deux clochers pareils et parallèles : tellement que notre cathédrale avait
quatre clochers : ce qui la faisait ressembler, suivant un dicton populaire et bizarre, à un grand bahut (coffre) ayant les quatre pieds en
l'air ; et c'était ce bahut que les Huguenots de 1562 se proposaient de
retourner, pour qu'il ne fut plus sens dessus dessous. On comparait
aussi la cathédrale, avec ses deux transepts, à la croix de Lorraine,
où il y a deux croisillons, un vers chaque extrémité.

On voit, sur le grand sceau *Civitas Virdunum* (2), cette cathédrale
comme elle était vers l'an 1200, sans aucune des modifications pos-
térieures, et telle absolument qu'elle sortit des mains de l'architecte
Garin. Ce dessin laisse beaucoup à désirer comme œuvre d'art; mais
il est parfaitement authentique : seulement il ne faut pas prendre
pour dépendance de l'édifice la tour carrée qui s'élève derrière lui,
vers le milieu de sa longueur : cette tour est le beffroi communal,

----

(1) Il reste encore, à côté des tours actuelles, des murs de structure
telle qu'on pourrait les croire demeurés de cet édifice de Thierry.

(2) Ci-dessus, p. 274. Ce sceau, comme nous l'avons dit, p. 355, est mentionné dans une charte de l'an 1211.

qui en réalité n'était pas là, mais dont la représentation ne pouvait manquer sur un sceau de Commune. La construction était de pur style roman, à pleins ceintres, conformément aux traditions romaines, que Garin suivit si bien, pour la solidité, que jamais son œuvre n'eut besoin de grosses réparations : bien plus, depuis le xive siècle, ses murs soutiennent, sans déviation ni contre-forts, la poussée des grandes voûtes, pour lesquelles ils n'étaient pas faits. Ceci prouve combien l'architecture romane l'emporte, en résistance, sur la gothique, qui ne dure que par un fort coûteux entretien.

En comparant l'état actuel de l'édifice avec celui que représente le grand sceau, on trouve, pour commencer par la porte, que le porche du milieu était l'unique entrée sur la Place, et qu'il exista dès l'origine, bien qu'ensuite on l'ait reconstruit en style ogival, et enfin embelli, à la mode de 1755. De ce portique sont datées plusieurs de nos chartes : *datum in porticu Sanctæ-Mariæ* (1), en assemblées où les autorités siégeaient sous cette voûte, et le public assistait sur la Place. A la reconstruction ogivale, le porche fut orné à l'intérieur, et au tympan du fond, d'un triple rang de statues, devant lesquelles, dit la tradition, méditaient les gens qui faisaient là pénitence publique, pendant le carême, hors de l'église. On y voyait les quatre fins de l'homme, le jugement universel, Adam et Eve chassés du paradis terrestre, David pénitent, les apôtres et les évangélistes, les mystères de l'Annonciation et de Noël; et il y avait, sur le pilastre entre les battants de la porte intérieure, une grande Notre-Dame, placée comme au milieu des deux Testaments. Chacun des protoplastes portait au bras une aumusse, qu'Eve tirait un peu devant elle, pour couvrir, tant bien que mal, sa nudité : ces aumusses signifiaient, suivant de mauvais plaisants, que plus d'un chanoine serait ainsi mis à la porte du paradis. Comme toutes ces effigies étaient barbares et gothiques, on les détruisit après 1755; et le doyen messire Antoine-Vincent de-Noguez en fit jeter les débris dans les fondations de sa neuve maison ; mais l'Adam et l'Eve à l'aumusse furent séquestrés, comme curiosité, dans un coin des jardins de l'évêque, où les remarqua l'intendant Charles-Alexandre de Calonne, dans son voyage de 1779. Quand on refit ce porche tel qu'il est maintenant, on remarqua combien le sol extérieur s'était exhaussé depuis la construction de la cathédrale : car on trouva sous terre quatre à cinq degrés, que

(1) V. l'assemblée de 1148, ci-dessus, p. 277, note 2, et la charte latine citée, p. 289, etc.

l'on montait autrefois pour entrer là, tandis qu'aujourd'hui on descend un peu. — Les deux autres entrées sont modernes : anciennement chaque transept était clos, sur la Place, d'un grand mur plein se terminant en haut en fronton triangulaire, sur les bords duquel s'élevaient comme de petites pyramides formant dentelure.

Dans la gravure du sceau, on voit les hautes fenêtres de la nef s'ouvrir sur la toiture des bas côtés; et ceux-ci eux-mêmes ont des fenêtres qui s'ouvrent également sur une toiture inférieure. La construction que recouvre cette dernière toiture occupait la place des chapelles actuelles, mais fort en contre-bas, puisque les bas côtés prenaient jour sur son toit : et les fenêtres de cette partie basse étaient à peu près sur la même ligne que celles des cryptes, dont on voit encore les places entre les contre-forts du chœur. Il résultait de cette disposition, d'abord que nos chapelles n'existaient pas, les bas côtés étant clos latéralement d'un mur percé de petites fenêtres semblables et parallèles à celles de la haute nef: ensuite qu'il régnait, le long de l'église par dehors, une sorte de galerie basse, à peu près de même niveau que la crypte : ce qui n'empêchait pas cette galerie, de recevoir la lumière de la Place, le sol de celle-ci n'étant pas exhaussé comme aujourd'hui. C'était peut-être là que se trouvait la sacristie primitive, dont on ne connait pas la place dans l'édifice de Garin; et il est possible encore qu'il y ait eu en ces réduits quelques ateliers pour les travaux de la Fabrique (1).—Trois rangées parallèles de petites fenêtres ceintrées, les hautes, les moyennes et les basses (les deux premières de ces rangées seules visibles à l'intérieur) régnaient ainsi tout autour de cette cathédrale, sauf au Vieux-Chœur et aux murs de fond des transepts; la rangée basse à peu près sur la ligne des fenêtres des cryptes, la moyenne, à la hauteur des chapelles actuelles; enfin la haute, plus élevée que nos voûtes, qui les condamnent et les ont bouchées, mais au-dessus desquelles, quand on y monte, on en reconnaît parfaitement la place. Du préau, ou cour du cloître, on aperçoit encore une de ces anciennes hautes fenêtres, murée à l'extrémité d'un bras du transept occidental.

La partie la mieux ornée de l'édifice roman était le chevet oriental; mais cette abside est, depuis la fin du xive siècle, remplacée par

(1) Il est dit, au sujet de la construction de la chapelle de Pitié, dans les premières années du xvie siècle, que *locus ille, antè sacellum conditum, latomis specialissimè serviebat*, et qu'en creusant, on trouva *prægrande mausoleum, ossibus in foveâ refertum*, V. au Nécrologe, *quinto idus januarii*. Là peut-être avaient été recueillis les morts déplacés par les bâtisses de Garin.

CHEVET PRIMITIF DE LA CATHÉDRALE
Terminé en 1144.
(Les fenêtres basses sont celles de la crypte)

la gothique, qui existe : l'ancienne ne se voit plus que sur le grand sceau : et les dispositions n'en sont reconnaissables qu'aux vestiges qui en restent de part et d'autre du chœur, et en haut, sous la charpente. (1) Cette abside romane était notablement plus basse que la nef (2) : de sorte que celle-ci se terminait, au-dessus du toit du rond-point, par un fronton plat, triangulaire, à petits degrés sur les bords, ornementé en son plein, et portant en son milieu une croix encastrée : le haut de ce fronton paraît encore sous la croix de fer actuelle; le reste est caché sous la toiture. Au-dessous, l'abside faisait saillie semi-circulaire, flanquée, de part et d'autre, de constructions à façades plates, l'une sous la tour, ouvragée par le haut triangulairement, à peu près comme le grand fronton, l'autre plus loin, et en retrait, pour les portes. En haut de ces portails, une galerie à colonnettes, sous laquelle une arcade romane en creux, dont il ne reste, du côté de la Place, qu'un enfoncement assez informe, mais qui subsiste, de l'autre côté, derrière des constructions plus récentes. En bas, à droite et à gauche de l'abside, les portes de fond, regardant aussi à l'est, et s'ouvrant aux endroits, à peu près, où sont maintenant les autels de Saint-Saintin et de la Sainte-Vierge : celle de ce dernier côté existe, en sa partie haute, au local dit Sorbonne, où l'on voit, au mur du fond, quatre archivoltes à pleins ceintres, en retrait l'une sur l'autre, ornementées, coloriées, et formant cordons autour d'un tympan : elles se sont bien conservées là, abritées par cette Sorbonne, qui est la sacristie construite au XIII° siècle : alors la porte romane fut condamnée; et on la remplaça par l'ogivale, que l'on voit en dehors, un peu plus bas. L'entrée correspondante, de l'autre côté, s'appelait porte du Lion (3), parce

(1) Les esquisses ci-jointes de ce chevet, et de la façade latérale, telle qu'elle fut modifiée au XIV° siècle, sont faites d'après les dessins de M. Thirion, professeur au collége de Verdun.

(2) Dans nos anciennes églises, la hauteur de la nef dépassait souvent celle du chœur. On lit ces vers, assez plats, dans la chronique rimée de Metz, à l'an 1486 :

> Ces trois chœurs, à l'ancienne guise,
> Trop bas estoient, selon l'église.
> Relevée en fut la voulture,
> Pour estre l'église à sa mesure.

(3) Dans une petite gravure, dite *Monstra te esse matrem*, fort commune autrefois, on voit la porte du Lion s'ouvrant sur la Place, au-dessous du clocher nord-est. Il est certain qu'elle n'était pas ainsi; et le graveur l'a

qu'il y avait, sur la plate-forme de son perron, une sorte de gros chien de pierre, couché, représentant un lion, animal qui, suivant les anciens, dort les yeux ouverts : ce qui le faisait prendre pour modèle et emblème de vigilance, comme le disait l'inscription :

Est leo, sed custos : oculis quia dormit apertis,
Templorum idcircò ponitur antè fores.

Le Vieux Chœur était carré, et non en abside, comme le grand. Le côté sud de l'édifice répétait le côté nord, sauf qu'il n'avait pas de porche au milieu, et qu'après le bras sud-est du transept s'ouvraient, sur le bas côté, l'entrée du cloître et celle des grandes salles du Chapitre, qui sont aujourd'hui les sacristies.

Pour achever cette description de l'extérieur, il nous reste à parler des tours. Elles étaient, comme nous l'avons dit, au nombre de quatre, deux à chaque chœur, parfaitement semblables entre elles, et portant, chacune à sa partie haute, deux rangées d'arcades romanes, au-dessus desquelles naissaient de grandes flèches, en pyramides quadrangulaires, couvertes de plomb, comme tout l'édifice. Ces longues pointes, s'élevant du haut de la ville, et communiquant avec d'immenses toitures métalliques attiraient le tonnerre ; et, bien qu'on ne connût pas alors l'électricité, cause de ces accidents, on ne doutait pas que les flèches n'y fussent pour beaucoup ; car, dès 1758, il y eut projet de les abattre, à cause du péril de foudre (1).

transposée parce que, de son point de vue, on n'aurait pu l'apercevoir. Cette image, de pure dévotion, n'a aucune prétention à l'exactitude.

(1) « A la requête de messire Charles Teinturier, prêtre, conseiller du roi en sa cour de parlement de Metz, archidiacre et chanoine en l'église cathédrale de Verdun, qui fait élection de domicile, etc., soit signifié à MM. les vénérables doyen, chanoines et Chapitre, au domicile de maître Périn, leur secrétaire, et encore en celui de maître Jean-Benoit Mahaut, le jeune, l'un de leurs présidents : Que le requérant a été très-surpris d'apprendre que, par conclusion dudit Chapitre, du 19 décembre dernier (1758), au lieu de conclure à la réparation de la flèche du clocher qui a été incendiée le 10 du mois d'aoust, il auroit été conclu que les flèches des trois autres seroient démolies; et qu'en leur place, il seroit fait une balustrade pour la couverture basse qu'on y substitueroit : conclusion que mesdits sieurs ont affecté de faire en l'absence de monsieur l'abbé Le Juge, et du requérant, profitant de leur absence pendant leur semestre... Et, bien qu'il eût été remontré audit Chapitre que messieurs les conseillers clercs étoient sur le point de revenir de Metz, leur semestre finissant le dernier du présent mois de janvier, il auroit été intimé, le 24 janvier, un chapitre général au lundi 26 du même mois, pour procéder à l'approbation desdits plan et dessins. Le requérant, de même que monsieur Le Juge, auroient résolu

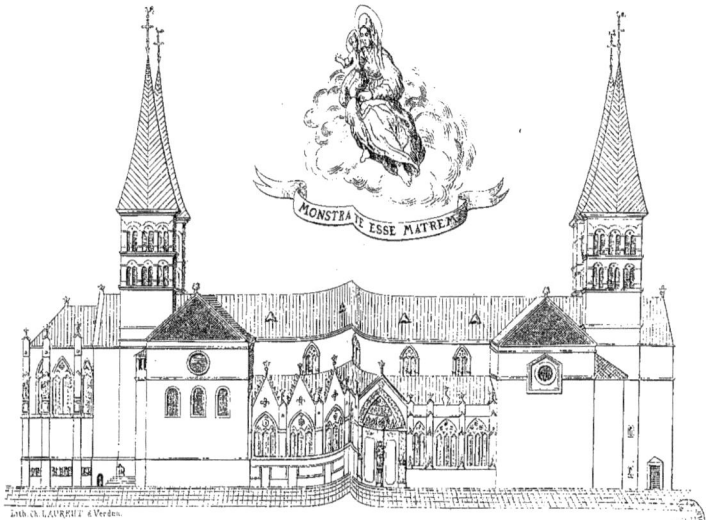

MONSTRA TE ESSE MATREM

LA CATHÉDRALE EN SON SECOND ETAT
(De 1581 à 1755)

Lith. Ch. LAURENT à Verdun.

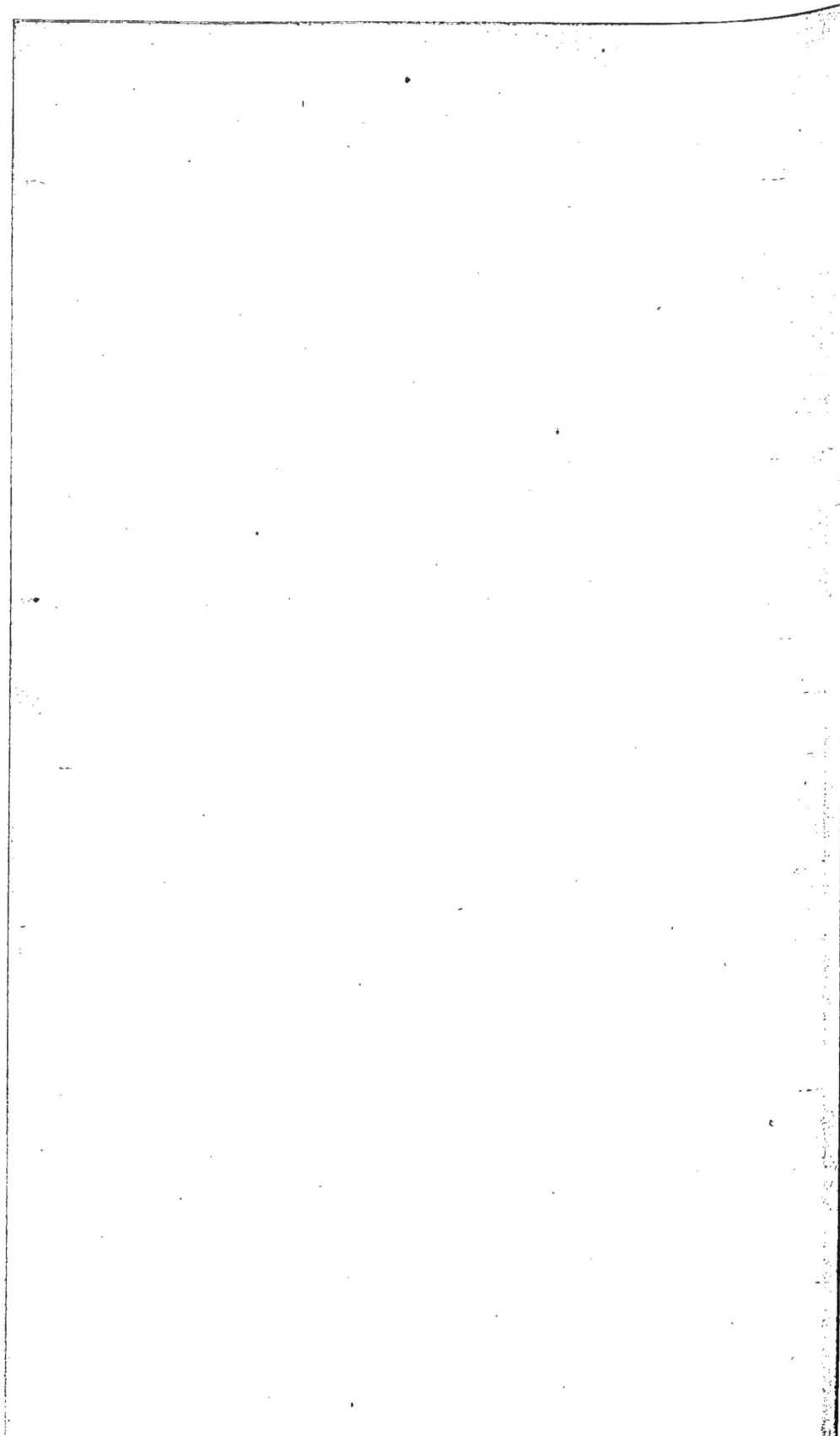

La catastrophe arriva dans la nuit du 2 avril 1755; et elle amena non-seulement les réparations, mais encore les dégagements et embellissements qui ont mis la cathédrale dans son état actuel. Les deux tours de l'ouest, entièrement consumées, furent remplacées par 'les deux grosses qu'on voit aujourd'hui : celles de l'est, découronnées de leurs flèches, subsistèrent jusque vers l'an 1800. — Il y avait treize cloches dans les quatre anciens clochers : huit petites, dites pinpignon, dans celui du Lion ; deux moyennes, appelées cloches du sacraire, à la tour opposée ; la grosse, dite Sainte-Marguerite, toute seule dans la tour sud-ouest, sur laquelle tomba le tonnerre de 1755, qui fondit non-seulement cette grosse cloche, mais encore les deux bancloches de la tour nord-ouest. La Sainte-Marguerite portait une inscription datée de 1535 : elle pesait dix-huit mille livres; poids égal à celui des deux bancloches ensemble : celles-ci étaient à l'usage de la Ville, à charge d'entretenir le guetteur. Les deux cloches actuelles, qu'on appela les nouvelles bancloches, furent jetées en fonte le 15 août 1756, dans les proportions et les tons de celles de l'abbaye Saint-Germain-des-Prés de Paris : la première, du poids de douze mille livres, est en excellent son A-mi-la : la seconde, de huit mille, en B-fa-si (1) : elles sonnèrent pour la première fois en volée, à Noël 1756. En 1783, le Chapitre fit fondre, en G-ré-sol, une nouvelle grosse cloche, qui pesait entre 21 et 22 mille ; elle fut détruite à la Révolution ; et ceux qui l'ont entendue disent que sa sonorité n'était pas parfaite. Le métal de la cloche des Heures de l'ancienne flèche de Montaubain, dont

d'attendre leur retour à Verdun, pour faire à messieurs dudit Chapitre leurs remontrances; mais, après la conclusion du 24 de ce mois, étant assurés que mesdits sieurs ont voulu prévenir et empêcher l'effet de cette remontrance, le requérant ne diffère plus à former son opposition... Pourquoi, il leur déclare, par les présentes, qu'il s'oppose formellement à ladite conclusion du 19 décembre 1738, et à tout ce qui pourroit s'en être ensuivi, et qu'il en appelle, comme d'abus, en la cour de parlement de Metz, pour les raisons et moyens qu'il déduira en temps et lieu. Dont acte. C. Teinturier. — L'an 1739, le 27ᵉ jour du mois de janvier, cinq heures de relevée..., fut le présent acte bien et deument signifié, et d'icelui baillé et laissé copie au domicile de maitre Jean-Benoit Mahaut, l'un des présidents dudit Chapitre, à lui enjoint d'en avertir mesdits sieurs, à ce qu'ils n'en ignorent, par moi Claude Colinet, huissier en la cour de parlement de Metz, soussigné. Fait audit Verdun, où je me suis exprés dudit Metz, à cheval, transporté. »

(1) Ces chiffres de douze et de huit mille livres sont donnés par Langlois, qui assista à la fonte des deux nouvelles bancloches.

nous avons parlé ailleurs (1), fut employé à cette grosse cloche de
1783, qui coûta au Chapitre près de trente mille francs.

Intérieur. Comme, au XIIe siècle, on ne savait pas voûter les grands
édifices (2), il n'y eut d'abord, à la cathédrale, qu'une seule voûte,
assez petite, celle que Laurent de Liége appelle *testudo* (3), qui
couvrait, comme une sorte de four, la basse abside dont nous venons
de parler : et cette voûte se répétait, en dessous, sur la crypte. Un
plafond régnait sans doute sur les autres parties, peut-être divisé en
compartiments par de hautes arcades, telles que l'on en voit encore
aux intersections des transepts avec la nef, les quatre autour du baldaquin enjolivées, celles du côté de l'orgue restées dans leur état
ancien : il est probable que des arceaux pareils s'élevaient sur la nef,
aux piliers où l'on voit des colonnettes, taillées, pour les voûtes du
XIVe siècle, dans les vieux pilastres romans. Quant aux basses arcades, et aux piliers carrés qui séparent la nef des bas côtés, ils ont
été embellis de canelures et de moulures, après 1755 : on voit leur
architecture, sans ces modifications, à la crypte déblayée en 1847 (4).

Le Vieux Chœur, à peu près à la hauteur des orgues actuelles,
avait sous lui la Petite Crypte, à la place de laquelle sont maintenant
les fonts baptismaux : elle s'avançait, ainsi que le chœur supérieur,
jusqu'à la grande arcade sur le transept ; on montait par un double
escalier, le long des murs latéraux. L'autel du Vieux Chœur, tout en
avant, sans gradin ni retable, laissait l'officiant visible de toute la nef :

(1) Ci-dessus, tom. I. p. 479.

(2) « Je connais un très-grand nombre d'églises de cette époque qui n'ont
été voûtées qu'aux XIIIe, XIVe, XVe siècles, et d'autres qui ne le sont point
encore. » Caumont, *Abécédaire d'archéologie*, p. 119.

(3) *Testudo fœtebat luto plena*, dit-il, à propos des désastres causés par
Renauld le Borgne. Ce mot *testudo* désignait généralement les voûtes d'église,
par métaphore tirée de la carapace des tortues. *Testudines, gallicè* voultes,
dit le Nécrologe, au 3 des nones d'avril, en parlant des grandes voûtes construites par Wautrec.

(4) « Les colonnes cylindriques qui, dans les beaux temps, servaient de
support aux arcades, furent, vers la fin du IVe siècle, fréquemment remplacées par des piliers carrés, comme on en voit à l'intérieur de plusieurs
églises antérieures au Xe siècle, notamment dans celles de Saint-Martin
d'Angers, et de la Basse-Œuvre à Beauvais, dans la nef de la cathédrale
d'Aix-la-Chapelle, bâtie par Charlemagne, etc. Les piliers offraient donc,
assez ordinairement, de simples prismes carrés pourvus de leurs corniches,
mais non couverts de ces demi-colonnes engagées, dont l'usage devint
presque général dans la suite. » Caumont, Cours d'antiquités monumen-
tales, tom. IV. p. 75, édit. 1831.

PLAN DE LA CATHEDRALE DE VERDUN.

en 1755

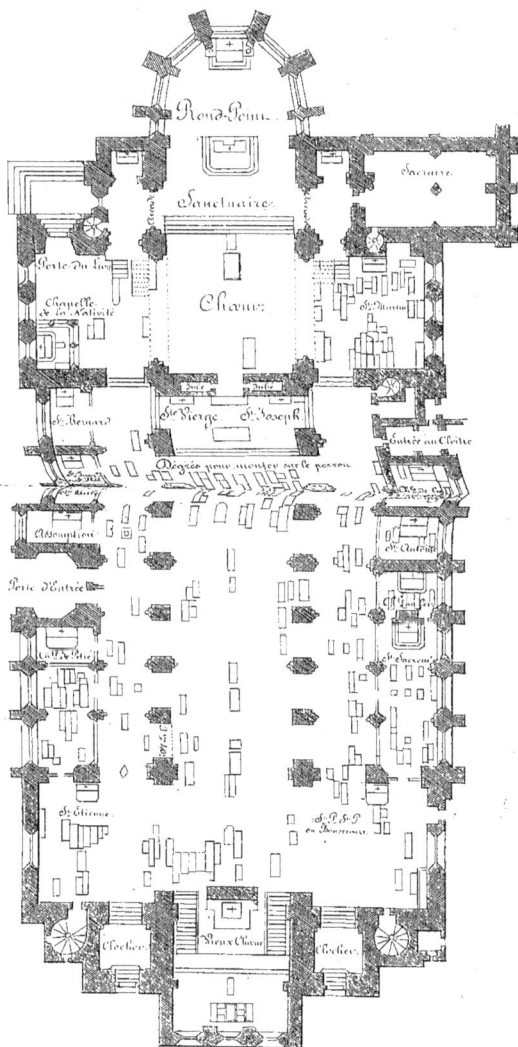

cet autel s'élevait au milieu de l'espace compris entre les deux esca-
liers : bancs et boiserie au pourtour du reste de l'enceinte; rosace
au fond; pour pavé, la mosaïque d'Albert de Hirgis, décrite ci-dessous. A la crypte, autel Saint-Nicolas, éclairé d'une lucarne donnant
sur le transept ; autre lucarne percée dans les degrés de l'autel du
Vieux Chœur : ce qui n'empêchait pas que cette crypte ne fût
sombre; et on y allait rarement.

Le grand chœur, comprenant le chœur proprement dit, carré
en avant, et le sanctuaire en fer à cheval, depuis le transept
jusqu'au fond semi-circulaire. Ces lieux ont beaucoup changé
depuis 1755. Le chœur est représenté par le vaste carré garni maintenant de la belle balustrade de marbre : alors il était clos par le
jubé en avant, sur les côtés par des murs pleins ; à l'intérieur, contre
les murs de tout ce circuit, les stalles, qui se trouvaient ainsi devant
l'autel, au lieu d'être derrière, comme à présent. De ce carré, on
montait, par plusieurs degrés, au sanctuaire, où était l'autel, tout en
avant, parfaitement en vue des chanoines dans leurs stalles; mais le
public ne le voyait pas, à cause du jubé et des murs latéraux : de
sorte que, quand on voulait le découvrir, il fallait monter à ce qu'on
appelait les arcades du sanctuaire : vieux arceaux romans, cachés
aujourd'hui par la boiserie des stalles modernes, mais qui subsistent,
bien conservés sur l'escalier de la Sorbonne, ainsi que, d'autre part,
dans la sacristie des chantres : les côtés de l'ancien autel et de son
vieux baldaquin à rideaux étaient justement en face de ces arcades.
Ces dispositions, dont les pareilles se conservèrent jusqu'à la Révolution, à la Madeleine et à Saint-Vanne, avaient été adoptées, à une
époque extrêmement ancienne, en l'honneur de ce qu'on appelait le
secret des mystères; mais le Chapitre de 1755, qui tenait, au contraire, à avoir une église brillante de marbres et inondée de lumière,
fit abattre le jubé et les murs, mit à leur place la balustrade : et,
pour avoir le plain-pied, réellement très-beau, qui s'étend en marbre
de cette balustrade au fond de l'abside, il fit renverser les degrés du
sanctuaire : ce qui amena la destruction de la voûte souterraine, et
le comblement de la grande crypte : antiquité regrettable. Derrière
l'ancien autel, le sanctuaire était à peu près vide : à l'endroit où est
maintenant la stalle épiscopale, au fond de l'abside, on vit longtemps
un lourd fauteuil de pierre, où l'on faisait asseoir l'évêque à son
installation : en 1694, ce massif objet fut séquestré dans la crypte;
et on le remplaça par un autel secondaire, décoré du joli tabernacle

en forme de temple grec, transféré, après 1755, à la chapelle du Saint-Sacrement, où il est encore (1). — C'est ce grand chœur que Laurent de Liége appelle le *presbyterium*, quand il dit qu'au moment où il posa la plume, en 1144, Garin avait complètement terminé le presbytère et ses deux tours, et qu'il poursuivait activement l'immense bâtisse, *ingens opus*, du reste de l'église. — Les deux grands tableaux au-dessus des stalles modernes sont un présent de M. Desnos, en 1779. Copies de Jouvenet, faites par un peintre de Metz, nommé Mansuy, qui peignit également les tableaux de la chapelle et de l'ancienne bibliothèque de l'évêché.

Il y eut toujours, à l'autel de la cathédrale, un baldaquin qui était la transformation de l'antique *ciborium* des églises gallo-romaines (2). Antérieurement à 1755, le baldaquin se composait de quatre colonnes creuses d'airain, de dix à douze pieds de hauteur; sur les chapiteaux, des anges tenant des candélabres : d'une colonne à l'autre, des trin-gles portant des rideaux, dits courtines, pour le secret des mystères en certains moments de la liturgie. Derrière l'autel, au milieu, une cinquième colonne courbée par le haut, en longue crosse, de l'extrémité de laquelle pendait une riche boîte, en forme de colombe, contenant le saint sacrement : pas d'autre tabernacle. Un suspensoir analogue, en dais circulaire, fut longtemps sous le nouveau balda-quin : et cet usage était aussi de très-haute antiquité; mais, en 1824, le nouvel évêque le supprima, sans autre motif, à ce qu'il paraît, sinon qu'il trouva la chose extraordinaire (3). Ce nouveau baldaquin est un ouvrage vraiment magnifique : il paraîtrait encore bien davan-tage si, comme tous les autels de ce genre, il était sous un dôme; mais on n'osa charger d'un tel poids les murs qui n'étaient pas faits

(1) Le fauteuil de pierre, mis aux cryptes par conclusion du 13 mars 1694. Le 20 août 1696, M. de Béthune bénit le nouveau tabernacle posé sur l'au-tel derrière le grand autel, et payé, pour la plus grande partie, des deniers donnés à cet effet par le feu sieur Galavaux, chanoine.

(2) *Ciborium est œdicula turrita, ad modum umbraculi, aliquot columnis innixa, ad legendum altare, seu alicujus sancti sepulcrum.* Mabillon, *Liturgia gallicana*, liv. I. ch. 8, n° 8.

(3) Dès avant l'incendie, on projetait un nouveau baldaquin; car, au Registre de la Ville, 7 septembre 1755, il est parlé d'une contestation entre le Chapitre et le fermier de la batterie, friperie et Poids barisel, parce que le Chapitre avait vendu des piliers et un pupitre de cuivre qui ornaient le maître autel et le chœur. Le fermier réclamait 96 livres pour le droit de 40e denier, et les quatre sous pour livre du prix des 4461 livres poids du cuivre vendu; plus 25 livres d'amende, parce qu'on avait pesé ledit cuivre à un autre Poids qu'à celui de la Ville.

pour le porter. Peut-être l'art des constructions en fer permettrait-il aujourd'hui de surmonter cet obstacle : malheureusement il n'y a plus d'évêché ni de Chapitre pour faire une si grande dépense.

Chacun des deux chœurs du xiie siècle avait, à droite et à gauche, et à même hauteur que lui, des chapelles latérales qui dominaient les bas côtés, comme il dominait lui-même la nef. On voit encore, en haut de l'escalier de la Sorbonne, la place d'une de ces chapelles : avant qu'il y eût là une boiserie, ce petit sanctuaire était visible de toute la longueur de l'allée à laquelle il faisait face. Ainsi le plan de l'architecte Garin avait été de terminer les deux extrémités de chacune de ses nefs, soit par des chœurs pour la grande, soit par des chapelles tenant lieu de chœurs, pour les basses. — Les voûtes des basses nefs, bien que non primitives, sont cependant plus anciennes que celles de la haute; et nous avons déjà dit que ces bas côtés étaient, avant la construction des chapelles, clos à l'extérieur d'un mur plein, percé de petites fenêtres ceintrées.

La grande crypte répétait sous le pavé la disposition de l'ancien sanctuaire et de ses deux chapelles latérales. C'était une vaste salle voûtée qui s'étendait sous tout l'espace garni aujourd'hui de stalles, et qui communiquait par deux belles arcades ceintrées, en face l'une de l'autre, avec les deux chapelles souterraines. Tout ce local était bien éclairé par de petites fenêtres dont on voit encore les places bouchées entre les contreforts du chœur. La chapelle sud, dont la voûte n'avait pas été atteinte par les aplanissements de 1755, fut déblayée en 1847 : on profita de ce travail pour jeter un coup d'œil sur la grande salle; et on déboucha une de ses fenêtres : mais on n'aperçut rien autre chose qu'un haut chapiteau engagé dans le mur, et divisé en trois parties, desquelles s'élançait un arc doubleau dirigé vers l'intérieur, et se perdant dans les décombres. Il est impossible de pénétrer dans ce lieu sans ébranler le pavé de marbre supérieur.

La première modification faite à l'édifice que nous venons de décrire fut la construction, au xiiie siècle, de la sacristie dite aujourd'hui Sorbonne. Cette dénomination, tout à fait moderne, vient de ce qu'après le rétablissement du culte, dans les premières années de notre siècle, on fit longtemps là un grand catéchisme que l'on s'avisa, probablement par plaisanterie, de comparer aux leçons de la vieille Sorbonne théologique de Paris. On disait autrefois le Sacraire. C'est une belle salle d'architecture gothique; mais comme, dans le temps où elle fut construite, on ne tenait point encore de registre, nous

n'avons rien trouvé ni sur la date précise, ni sur le nom de l'architecte de ce bâtiment. Après l'établissement des nouvelles sacristies,
en 1755, on utilisa ce local en y plaçant les archives du Chapitre,
qui y étaient encore au moment de la Révolution.

Au xive siècle, le gothique, après avoir été essayé au Sacraire,
pénétra largement dans l'église, et en altéra le primitif caractère
roman. On fit d'abord voûter en ogives les bas côtés, probablement
par le même architecte qui construisit le Sacraire; mais on recula
longtemps devant l'entreprise des grandes voûtes : œuvre difficile, et
que différents désastres, que nous raconterons dans l'histoire, forcèrent d'ajourner. Pour stimuler le zèle des fidèles, l'évêque Jean de
Bourbon, en 1361, obtint de Rome des indulgences, auxquelles il
ajouta les siennes dans un mandement de 1364 (1) : enfin, en 1378,
la cité ayant rassemblé beaucoup d'ouvriers pour commencer
l'enceinte des fortifications décrites au tome précédent, le doyen
séculier Jean Wautrec ou Waultreit, le même qui érigea la belle
tour de la Chaussée, prit ces travailleurs à sa solde, et se fit honneur
de sa grande fortune en terminant la cathédrale. Ce riche et généreux bienfaiteur fut, au xive siècle, ce qu'avait été, au xiie, Constance
dont nous avons raconté les largesses à la construction primitive :
non-seulement les grandes voûtes s'élevèrent à ses frais, mais, trouvant basse et mesquine la vieille abside romane, il y substitua, sur
les mêmes fondations, et à pareille hauteur que la nef, le beau rond-
point qui termine l'édifice à l'orient. L'architecte fut Pierre Perrat,
dont il est dit, dans son épitaphe de 1400, qu'il fut maître de l'œuvre
de la grande église de Metz, ainsi que de celles de Toul et de
Verdun (2). Les nouvelles voûtes ayant caché les hautes fenêtres
romanes, on les remplaça par un fenêtrage ogival à meneaux; et la
cathédrale prit ainsi l'aspect gothique qu'elle garda jusqu'à l'incendie de 1755. Wautrec mourut en 1394 : l'inscription qu'on mit
sur sa tombe ne peut être omise dans cette notice:

« Ci gist sires Jehan Waultrax, doien de la laie justice, citain de

(1) « Bulle d'Innocent VI, qui accorde cent jours d'indulgence à ceux
qui feront des aumônes à l'église de Verdun, pour la décoration. De l'an
1361. Invent. p. 4, n° 17. — Mandement de Jean, évêque de Verdun, par
lequel il exhorte à faire des aumônes pour rétablir l'église cathédrale, et
accorde des indulgences à ceux qui y contribueront. De l'an 1364. Ibid.
p. 85, n° 2.

(2) Cette épitaphe, dans l'Hist. de Metz, des Bénédictins. t. ii. p. 118.

Verdun, qui fist faire et fondeir ceste chapelle (celle où il était inhumé), et voulteir la neif de l'esglise, de ses propres deniers : qui trespassa en l'an de grâce Nostre Seignor ᴍᴄᴄᴄᴍᴵᴵᴵˣˣ et xɪɪɪ ans, xxvɪɪɪᵉ jour dou mois d'opvril. Proiiez pour l'âme de li. — Item fist faire ledit doien le fenestris darrie le grant auteil, et les voultes dessus; donneit le calice d'or, et le waignaige (le gagnage, c'est-à-dire la ferme) de Wadelaincourt. »

Cette épitaphe nous apprend que Wautrec avait fait construire la chapelle où l'on voyait son tombeau : c'est celle que l'on appelle maintenant Saint-Jean-Baptiste, voisine de la sacristie. A la suite, et de l'autre côté en parallèle, il y en a plusieurs absolument semblables, et qui doivent être toutes de ce même temps. Elles n'ont rien de bien remarquable comme architecture; mais on peut admirer celle qui vient après, plus vaste, et d'excellente structure, en style gothique qu'on nomme rayonnant. C'est encore un monument dû à un de nos doyens séculiers, Gilles Paixel, et à son frère le chanoine Regnauld, personnages que nous rencontrerons dans les premières années du xvᵉ siècle : leur chapelle, dite aujourd'hui du Saint-Sacrement, était terminée en 1420, comme le prouve le procès-verbal d'une sentence qui y fut rendue, cette année, dans l'affaire de Baleicourt (1). Il s'écoula près d'un siècle avant que la rangée parallèle de l'autre côté ne fût complète par la construction de la Pitié, commencée en 1504, achevée en 1515, sous le nom de chapelle du Chapelet (2) : on y mit alors un

(1) « L'an de l'Incarnation Notre-Seigneur 1420, le deixiesme jour de febvrier (1421, av. P.), en l'église cathédrale de Verdun, en la chapelle que maistre Regnauld Paixel, chanoine, et messire Gilles Paixel, chevalier, frères, ont fait édifier et construire, et en présence des notaires publics dessous nommés, etc. »

(2) « Parce que M. Pètre Roberti a remontré que plusieurs personnes de dévotion ont offert cinquante florins, et le charroi d'un char par un an entier, pour commencer une chapelle à l'opposite de celle de M. Gilles (Gilles Paixel), cejourd'hui MM. ont accepté icelle offre : et commencera-t-on à faire les fondements, sans entamer l'église. (C'est-à-dire sans ouvrir le mur latéral, tant que la chapelle ne sera pas finie) Registre, 10 juillet 1504. — « Il est conclu que l'on fera la chapelle du Chapelet, et qu'on donnera 300 francs : et ceux qui murmureront contre ladite chapelle, ladite confrérie du Chapelet, (approuvée, en 1495, par Guillaume de Haraucourt), et la quête, seront mis, pendant un mois, à verdevaine, et leurs fruits de ce temps appliqués à ladite chapelle. Conclusions diverses de l'an 1507. — En 1514, dotation, sous le titre de la Transfiguration, *per magistrum Hugonem Cadi, de Duno castro, in decretis licentiatum, nuper ecclesiæ nostræ, in præsentiarum*

très-beau vitrage, dont viennent peut-être les verres qui sont maintenant au Saint-Sacrement, transférés là à la suite de quelque accident causé par le voisinage de la Place (1). Enfin la dernière en date de nos chapelles est celle de l'Assomption, près du portail : elle est un don des deux frères Jacques et François les Musson, riches chanoines qui, ayant rebâti la Princerie, et, voulant être fondateurs de quelque chose à la cathédrale, ne trouvèrent plus de place vacante qu'une sorte de réduit où l'on serrait des ustensiles près de la porte : cette petite chapelle fut bénie en 1550 (2).

Pour l'état moderne, que chacun peut voir de ses yeux, il est inutile de le décrire. Après 1755, le projet fut de faire disparaître, autant que possible, du vieil édifice toute trace de la barbarie des âges qu'il avait traversés. Ce fut surtout à la grande nef qu'on appliqua ces principes du bon goût : on cannela les piliers et les pleins ceintres romans : tout le fenêtrage ogival de Wautrec disparut et fit place à de grandes vitres blanches, même au chœur, dont les meneaux et les verrières n'ont été rétablis qu'en 1862 : on combla

verò *Remensem canonicum et pœnitentiarium, qui piè considerans quòd, si festum illud gloriosissimæ Transfigurationis, singulis annis sub solemni officio, et per ejus octavas, celebraretur, etc., obtulit suprà buffetum nostri Capituli trecentos francos, unà cum aliis viginti quinque monetæ similis, seorsim, pro unà representatione ejusdem Transfigurationis in quddam fenestrâ vitreâ capellæ dicti capelli* (chapelet) *noviter constructæ... Datum et actum in vigiliâ beati Joan. Bapt.* 1514. Cette conclusion prouve que la chapelle s'appellait Chapelet avant la fondation de la Transfiguration, qui était son titre canonique : elle continua à servir à la confrérie, qui y fit faire la statue de Notre-Dame de Pitié, d'où est venu le nom vulgaire. L'architecture, sans être aussi belle que celle du Saint-Sacrement, est néanmoins distinguée.

(1) Outre le vitrail de Cadi, mentionné dans la note précédente, le Nécrologe parle, au 5 des ides de janvier, d'un *sumptuosum opus vitrinum quod in fenestrâ mediâ sacelli novi conspicitur,* et qui avait été donné par le chanoine Laurent Chouart, mort en 1514. *Donavit etiàm sex grossos pro continuatione missæ coronæ Virginis* (chapelet); *et sacellum præaltis et devotis imaginibus et sedilibus, ingentique candelabro œneo in testudine mediâ pendente adeò exornavit ut locus iste magnâ cum veneratione ab omnibus invisitur et colitur.*

(2) « Il est permis à M. Jacques de Mussono de bâtir une chapelle de l'Assomption et des douze apôtres, entre celle de Saint-Jacques-Saint-Christophe et le portail, 30 avril 1522. Au 28 septembre 1530, on prend jour pour la consécration de cette chapelle. Elle avait été dotée dès 1520; et érigée, avec indulgences qui la faisaient appeler chapelle privilégiée, par bulle de Léon X, du 17 des calendes de juillet de cette année. Il est dit dans la bulle que Jacques et François les Musson entreprirent cette œuvre pour remplir les pieuses intentions de leur parent Etienne Waltrini, archidiacre de la Rivière.—Nouvelles indulgences en 1581, par Grégoire XIII.

la grande crypte; on remplaça la petite par une sorte de four à œil
de bœuf, au-dessus duquel fut mis, sur une belle tribune, substituée
au Vieux Chœur, l'orgue, qui était auparavant dans un transept.
Ces embellissements classiques, entremêlés de ce qu'on fut obligé
de laisser des deux barbaries précédentes, la romane de Garin et la
gothique de Wautrec, produisent des disparates que l'on a peine à
s'expliquer quand on ne connaît pas l'histoire de cette cathédrale
qui, sous ses faux airs modernes, est la plus ancienne des Trois
Evêchés.

Monuments et principales tombes. A la porte du Lion, en dehors
l'inscription *Constantis fidei*, etc., en l'honneur de Constance et de
sa femme Effice, les anciens bienfaiteurs dont nous avons parlé,
p. 250,31. — Ils étaient inhumés sous le perron.

Dans le transept aujourd'hui de Saint-Saintin, autrefois de la
Nativité, chapelle de ce dernier nom, fondée, en 1388, par Roland
d'Ancelrue, avec grand monument, que l'on avait en face quand on
entrait par la porte du Lion, et dont on foule la place en passant
par la porte actuelle. En retable, adossé au mur sur la Place, statue
de la Vierge, entre deux saints; à leurs pieds, deux hommes et deux
femmes, les mains jointes : tout au bas, grande statue de chevalier
armé et couché sur le dos, un chien aux pieds. Inscription : « Roland
d'Uselrue, chevalier, citain de Verdun, qui morut l'an de grâce
Notre Seignor мcccciii^{xx} et viii, le xiiie jour dou mois (effacé). » Construction gothique, peinte et dorée à l'intérieur, avec une vingtaine
d'écussons, presque tous aux hermines d'Asanne : deux plus grands,
à une vingtaine de pieds du pavé, penchés l'un vers l'autre : sans
doute ceux de Roland et de sa femme, l'un à hermines.—Les actes
du Chapitre mentionnent la dotation de cette chapelle, en 1390, par
dame Julienne, veuve et exécutrice testamentaire de Roland d'Ancelrue, citain et échevin du Palais de Verdun.

Au mur, remplacé maintenant par la balustrade du chœur, grande
niche à trois statues, la Vierge en haut; plus bas, un chanoine et un
laïque; peinture et restes de dorure; environ une douzaine d'écussons : « Ci gist li sires Nicoles li Roucels, chanoinne et sous–diacre
des églises de cians, de la Magdeleinne et de Montfalcon, que fust fils
signor Jaiques lou Roucels, et morut l'an de grâce мcccxx. »

Sur le pavé, plusieurs tombes peu remarquables, ou effacées. —
Au mur, vis-à-vis saint Saintin, inscription moderne, longue et

ampoulée, en l'honneur de messire Pierre-Mathurin de l'Ecluse,
docteur de la maison et société de Sorbonne, archidiacre de la
Rivière, et théologal, mort le 22 mai 1782. Il était inhumé au cloître,
vis-à-vis la porte de la nouvelle salle du Chapitre.

Au bas du large pilier, le chanoine médecin Jehan de Pouligny,
ou Poulougny, « maistre ens arts et en médecine, fusicien (physicien,
c'est-à-dire médecin) des signours et dames de Bar, chenoinne de
céans, cureis de Saint-Médard, et doien de la chrestientei de Verdun, qui trespasseit l'an de grâce мccciiiˣˣ et vi (1586), le xxᵉ jour
de février. » (87, av. P.).

Sous la première arcade, entre le collatéral et la nef, la tombe de
Wassebourg, ayant au-dessus d'elle, attaché au pilier et au jubé, le
monument à la véritable image de Notre-Dame, dont nous avons
parlé ci-dessus, tom. i. p. 67, et qui est aujourd'hui dans la nouvelle chapelle de la Vierge, transféré de l'ancienne, laquelle s'ouvrait
à côté de lui, sous le jubé. La pierre tumulaire de Wassebourg, se
trouvant en un endroit de grand passage, était tellement effacée en
1755, qu'on y distinguait à peine, sur l'inscription en bordure, les
mots *Richardus de Wassebourg* : sur la dalle, un squelette gravé en
creux.

Dans la première chapelle, aujourd'hui Saint-Vincent de Paul, le
monument de sire Saincte, que Lionnois a fait graver à la fin de sa
Généalogie des Saintignon. Un guerrier armé de toutes pièces, lance
à la main, à cheval, sortant par la grande porte d'un château à trois
tourelles (les trois tours des La Porte) : un ange lui montrant une
croix dans les nues. « Ci gist li sires Saincte, qui fut fils sire Jehan
dit le Preste, citain et eschevin dou Palais de Verdun, qui morut l'an
de grâce Notre Seignour мcc iiiˣˣ et vi ans, le sisiesme jour dou mois
de mars (1287, av. P.). — Ci gist sires Jehan Sainctignon, fils sire
Saincte, qui morut l'an de grâce мccc. » — Ce monument, en statuettes appliquées au mur, indiquait que le sire Saincte avait été
croisé.

Le grand bénitier est l'ancienne cuve baptismale de Saint-Jean du
Cloître, l'une des chapelles extérieures mentionnées ci-dessus,
tom. i. p. 495. Près de ce bénitier, grande tombe, en marbre noir,
de « messire Jean Roton, chanoine et archidiacre en l'église cathédrale, prévost de la Madeleine, conseiller de l'évêché et comté de
Verdun, notaire apostolique, mort le 28 avril 1658. En haut, un

écusson soutenu par deux anges. — Cette pierre tumulaire a été transférée devant la chapelle du Saint-Sacrement.

Dans la chapelle de l'Assomption, retable de trois jolies arcades, style Renaissance, en marbre, sous lesquelles des statuettes de la Vierge et des douze apôtres, contemplant son élévation au ciel. Ces statuettes, d'excellent travail, ont été détruites à la Révolution. Au-dessous du retable, inscription en l'honneur des frères de Musson, donateurs : au-dessus, une sorte de grande tenture, en bois sculpté d'attributs tirés des litanies de la Vierge, en relief de dorures. C'est un ouvrage de 1755. Nous avons déjà parlé de cette chapelle et de celle de Pitié : rien de remarquable dans le reste de l'allée.

La grande nef, et les deux chœurs. — Aucune tombe dans l'abside du sanctuaire. A la crypte souterraine, devant l'autel Saint-Vincent, les deux doyens capitulaires Nicolas de Gorze, frères jumeaux, qui s'étaient succédé dans le doyenné, le dernier n'ayant survécu à l'autre que de quarante jours : cela était dit, en vers latins, dans leur épitaphe, de 1252 (1). — Outre l'autel principal de Saint-Vincent, la grande crypte en avait encore deux autres, sans compter ceux de ses deux chapelles.

Devant l'autel de l'ancien chœur, et au bas des degrés du sanc-tuaire, deux grandes tombes entièrement effacées, à la suite l'une de l'autre : la première, de l'évêque Thierry, transférée là de la cathédrale rebâtie par lui (2), l'autre du cardinal légat Albéric d'Ostie, mort à Verdun, vers 1150 (5).

A droite de l'entrée du chœur par le milieu du jubé, la tombe de M. de Béthune, mort en 1720. Elle était immédiatement sous la stalle épiscopale : en 1755, on la transféra au milieu de la nef, devant la nouvelle entrée. Martelée, comme toutes les autres, lors du décret révolutionnaire contre les emblèmes de la féodalité, mais reconnaissable au nombre des lignes de l'inscription et aux vestiges des glands du chapeau armorial des évêques. Dalle de marbre noir.

---

(1) Roussel, dans sa liste des doyens, se borne à dire qu'un titre de 1229 mentionne un doyen Nicolas. Ceci prouve qu'il ne se donnait pas même la peine de lire les épitaphes, encore existantes de son temps.—Il y a quantité d'omissions dans ses listes.

(2) Ci-dessus, p. 149. Le procès-verbal dont nous parlons là en note dit qu'il parut, à différents indices, que ce sépulcre était en cet endroit par translation.

(5) Ci-dessus, p. 252.

Le jubé séparant le chœur de la nef. C'était une large tribune, avec porte en son milieu. A droite et à gauche de cette porte, à l'intérieur, les stalles, régnant de là, tout le long des murs, jusque aux arcades du sanctuaire : ces stalles, données aux Récollets, après 1755, avaient été faites, en 1515, par maître Charles Waldrop, menuisier, pour 1200 francs (de douze sous), et dix rez de froment. Sous le jubé, et tournées vers la nef, les deux principales chapelles de l'église : celle de Notre-Dame, du côté nord; du côté sud, celle de saint Jean l'évangéliste, remplacé par saint Joseph, au XVIIe siècle. En avant, un perron à trois degrés, qui sont ceux de l'entrée actuelle du chœur, le mur de fond du jubé s'appuyant, de part et d'autre, aux piliers de la grande arcade du transept. Ce jubé avait été plusieurs fois reconstruit. Celui qu'on démolit en 1755 datait de 1514, suivant son inscription, où étaient conservés les noms des donateurs du précédent, Bertrand de Germigny, doyen capitulaire, et Simon Pougnet, citain de Verdun, vers 1400 (1). Une balustrade assez élégante couronnait la construction de 1514 : sur cette tribune, le petit orgue; et là montaient les amateurs, pour faire de la musique les jours de fête.

Dans la chapelle de la Vierge, sous ce jubé, la véritable image de Notre-Dame de Verdun, ordonnée par saint Pulchrone, suivant Wassebourg, qui l'a déjà un peu embellie, soit dans son monument, soit au frontispice de son livre. La vraie et primitive, autant qu'on peut la connaître aujourd'hui, se voit sur le grand sceau du Chapitre, du commencement du XIIIe siècle, dont nous avons donné la gravure, page 552 : c'est une statue assise, couronne en tête et sceptre en main. Barbare et gothique : le doyen Mathieu de la Réauté en donna, en 1638, une autre de même type, mais plus belle, qu'il paya soixante écus d'or : elle est représentée sur la cathédrale, dans la petite image de dévotion *Monstra te esse matrem*, où le graveur aurait bien fait de la placer sur des nuages, au lieu de la faire seoir sur l'arête

---

(1) *Suggestum hoc lapideum, prisco indè sublato, quod quondàm nobiles viri Bertrandus de Germiney, istic, dùm vixit, decanus, et Simon Pougnet, civis Virdunensis, opus eà tempestate speciosum, struxerant, depactà tamen testudine, patentibus jàm undiquè ruinis nutabundum, patres hujus sacræ ædis, tàm publico quàm privato ære, in hanc ampliorem commodioremque formam restituerunt, anno salutis* MDXIIII. Inscription sur plaque métallique. Les épitaphes de Bertrand de Germigny et de Simon Pougnet, en d'autres endroits de l'église, étaient datées, la première du 24 janvier 1400 (1401 av. P.), la seconde du 14 mars 1414 (1415 av. P.).

du toit. Après 1755, la chapelle ayant été transférée où elle est aujourd'hui, dans le transept, à l'ancien autel saint Martin, les dimensions de cette haute croisée semblèrent exiger une statue plus grande et debout : c'est celle qui existe, donnée par le chanoine Nicolas Cabillot, mort en 1764, doyen d'âge du Chapitre, et léguant tous ses biens aux hôpitaux (1). En marbre blanc, par le sculpteur anversois Antoine-François Schobbens, en 1761 : tête réparée; les stupides vandales de 1795, auteurs de cette mutilation, détruisirent la Notre-Dame de Mathieu de la Réauté, qui avait été transférée à la sortie de la chapelle du Saint-Sacrement, sur le transept occidental.

Dans la nef, après le jubé, deux grandes tombes couvertes en cuivre, l'une de l'évêque Liébauld de Cousance, mort en 1404, l'autre de son frère, ou de l'un de ses parents, en armure de chevalier. Épitaphes devenues illisibles en 1755; mais Wassebourg avait transcrit celle de l'évêque.

Devant l'arcade à droite de la chaire à prêcher, maître Pierre de Sponville, écolâtre et personnage notable, mort en 1453.

Au même endroit, plus avant dans la nef, l'évêque Nicolas Boucher mort en 1593. Grande tombe de marbe noir; effigie du prélat crossé, mitré, et en chappe; cette figure ne paraissait qu'à mi-corps, tout le bas de la dalle étant rempli par l'épitaphe. En haut, un écusson, sous lequel ces mots : *Episcopi locus primus cathedra.* Boucher prêchait bien; mais c'était un ligueur.

Plus près de la chaire, le doyen Guy : *Consilio sanus, dùm vixit, Guido decanus, Audax et lœtus, largus fuit, atque facetus,* 10 janvier 1521 (22 av. P.) D. Cajot, s'imaginant sans doute que le mot *facetus* voulait dire un bouffon, trouvait cette épitaphe burlesque; mais, en bon latiniste, il eût dû se rappeler son Horace : *Molle atque facetum, etc.*

Au milieu de la nef, en face de la chaire, Louis de Haraucourt, chef du conseil du roi René, et auteur du célèbre Mémorial des grands gestes et faits en la province de Lorraine, dont il ne reste malheureusement que des fragments. Évêque mort en 1456. Il n'avait pas mérité, du moins dans la première partie de sa carrière épiscopale, qu'on lui donnât en épitaphe l'éloge d'homme très-ecclésias-

_____

(1) *Admirabili hâc marmoreâ imagine templum decoravit vivens..., xenodochiis civitatis omnia quœ sibi supererant reliquit,* disait l'épitaphe de Cabillot, dans cette chapelle même.

tique : *vir valdè ecclesiasticus*, comme les anciens l'avaient écrit du bon abbé Ornatus de Saint-Mihiel. Grand mausolée, qui gênait les auditeurs du sermon : ce qui le fit tranférer, en 1624, au transept occidental, contre le mur en face de la chapelle de Pitié. Voir ci-dessous. p. 574.

Encore au milieu de la nef, vis-à-vis du pilier à gauche de la chaire à prêcher, l'élu Arnoul de Chiny, tué au siége de Sainte-Ménehould, en 1181 (V. ci-dessus, p. 505). Mausolée qui, vers l'an mil cinq cent, dit Wassebourg, « estant tout desmoli à force de vieillesse, et empeschant beaucoup la place, fut rabaissé rez à rez de terre, et, en son lieu, assise une tombe de marbre. » Cette tombe, telle qu'elle était en 1755, portait la figure d'une crosse, dont on ne voyait que le haut et le bas, le milieu soutenant un cadre où était l'inscription moderne.

Encore au milieu de la nef, à peu près en face du portail, Charles-François-Gabriel d'Hallencourt, chevalier, marquis de Dromesnil, maréchal des camps et armées du Roi, mort le 20 décembre 1749, à l'évêché, chez son oncle, l'évêque d'Hallencourt. Grande tombe de marbre, avec écusson.

Aux grands piliers terminant la nef et soutenant l'arcade du transept occidental, deux monuments, se faisant face. Du côté nord, à cinq ou six pieds du pavé, niche à trois statues, la Madeleine au milieu, saint Pierre à gauche, un évêque à droite; près de lui, un chanoine à genoux, en surplis, l'aumusse au bras. « Ci gist vénérable personne maistre Pierre de Toul, qui fut licencié en loix, et chanoine des deux églises de Verdun, et doien de la Magdeleine, qui mourut l'an m 4ᶜ et vi, le euticsme (huitième) jour dou mois de septembre. » Au-dessous, tombe effacée : cette inscription était encastrée au pilier. — En parallèle, du côté sud, niche à deux statues : le Christ couronnant la Vierge : en avant, un chanoine à genoux, aussi en surplis, et l'aumusse au bras gauche. « Ci gist li sires Warin Monnin, chanoine de céans et écolastre de la Magdelaine, qui mourut l'an de grâce mcccxxxiiii (1554), le second jour dou mois de septembre. Priez por li, que Deus merci li fasse. » Egalement encastrée au pilier.

Dans le carré au milieu du transept, devant le Vieux Chœur, « maistre Jehan de Triconville, chanoine de céans, maistre en arts, qui mourut l'an de grâce m 4ᶜ et iii (1403), la vigile de Noeil. » Ce maître Jean de Triconville, en chasuble antique, servait d'hygro-

mètre : on prétendait que sa dalle de pierre devenait grisâtre, quand
il devait pleuvoir. Il y avait encore là « honorable homme et saige,
maistre Jacques Devaulx, licencié en loix, chanoine de céans et
d'Arras, conseiller de mons^r le duc de Bar. 1405. — Dame Alix,
femme feu Pierresson Thirion, qui fust maistre eschevin, 14…
(effacé) » : enfin, parmi beaucoup d'autres, le doyen Louis Gérauld
d'Escorailles, docteur en Sorbonne, grand vicaire de Verdun, mort
le 10 mai 1744. Sa tombe, avec écusson, était la dernière de la nef,
au milieu, presque au-dessous de l'œil-de-bœuf qui éclairait l'autel
Saint-Nicolas de la petite crypte.

Au Vieux Chœur, Albert de Hirgis, dans sa grande mosaïque de
fleurs, raisins, feuillages, qui formait pavé jusqu'aux marches de
l'autel. Au milieu, la tombe, s'élevant d'un pouce environ, et enca-
drée de belle pierre blanche, sur laquelle l'inscription *Ecce pater
populi*, etc., (ci-dessus, p. 550) : dans l'intérieur du cadre, l'effigie
d'Albert, de grandeur naturelle, en habits pontificaux, les pieds tournés
vers l'autel, à l'orient : sur le contour extérieur de tout l'ouvrage,
l'inscription *Distincti flores*, etc. (ci-dessus, ibid.), aussi en pierres
et marbres de couleur. Dans l'espace blanc autour du cadre central,
trois petits carreaux de pierre, avec inscriptions. 1° viii° *kal. augusti*,
obiit Albertus, Virdunensis episcopus. 1208. 2° xi° *kal. maii, obiit
Radulphus de Thorotâ, felicis memoriæ Virdunensis episcopus.*
5° iii° *idus augusti, obiit Johannes Dax, electus Virdunensis.* Il y
avait encore là un carreau de marbre, aux armes de messire Armand
de Monchy d'Hocquincourt, mort à Paris, en 1679 : son cœur était
sous cette dalle; et on voyait au mur du côté sud, à peu près à la
hauteur des orgues actuelles, son buste en marbre blanc, au-dessus
d'une longue épitaphe sur marbre noir.

Les bras du transept occidental s'appelaient, celui du côté de la
Place, croisée Saint-Etienne, à cause d'un autel de ce saint, au
tournant du collatéral vers la chapelle de Pitié : autre autel parallèle
de saint Nicaise, au tournant vers la nef. Pareille disposition de
l'autre côté : au tournant vers la chapelle du Saint-Sacrement,
l'autel Saint-Pierre-Saint-Paul; vers la nef, saint Léonard. Ces
autels remontaient aux temps où les chapelles de Pitié et du Saint-
Sacrement n'étaient pas construites : celui de Saint-Pierre fut ensuite
remplacé par une statue de Notre-Dame de Bon-Secours, qui fit
changer le nom de la croisée sud. Tout ce transept, où ne s'ouvrait

aucune porte, était un endroit fort retiré; et les autels érigés sur sa longueur ne gênaient pas le passage.

A l'endroit où est maintenant la porte d'entrée sur la Place, le monument du Dieu de Pitié, ou *Ecce homo*. Statue du Christ flagellé, posée sur un piédestal, dans une grande niche ogivale d'environ douze pieds de haut sur six de large, faiblement creusée dans le mur : après 1755, la statue fut mise au cloître.

A peu près en face de la chapelle de Pitié, le monument de Louis de Haraucourt, transféré là du milieu de la nef, en 1624. Il était posé à terre, le long du mur occidental. Niche en dais gothique, 8 pieds de haut, 5 1/2 de large; statue de grandeur naturelle, en relief d'au moins un pied : belle tête mitrée, mains jointes, crosse couchée au côté droit, un chien aux pieds; quatre écussons; pas d'inscription, l'épitaphe ayant été refaite en 1624, à l'ancienne place du monument. Marbre noir. Il existe de ce mausolée une ancienne esquisse, que nous pourrons donner, dans l'histoire du prélat.

Un peu plus loin, contre le même mur, le doyen Conon : *Hic jacet Cono decanus, qui dotavit capellam sancti Michaëlis, etc.*, mort en 1505 (1). Statue de saint Michel; à gauche, saint Firmin ou Frémy; à droite, le doyen en robe rouge, à genoux, l'aumusse au bras; écusson aux hermines d'Asanne. On prétendait que cette robe rouge était le costume de cérémonie des doyens capitulaires au moyen-âge; et il y avait un vitrail où l'on voyait un doyen en violet. — La chapelle Saint-Michel, dont parle cette épitaphe, était l'une des deux latérales du Vieux Chœur; l'autre était Sainte-Marguerite, qui donnait son nom à la grosse cloche, placée dans le clocher au-dessus d'elle. Les deux chapelles latérales du grand chœur étaient, au sud, Saint-Jacques, ayant Saint-Augustin pour chapelle souterraine dans la crypte; au nord, Sainte-Madeleine, à laquelle Sainte-Catherine correspondait en dessous. Pas de chapelles souterraines sous Saint-Michel et Sainte-Marguerite : là, on n'eût pu avoir que des caves obscures.

Sous le monument du doyen Conon, épitaphe d'un ancien bienfaiteur de la Ville, « vénérable personne messire Jehan Demanget,

(1) Ce doyen manque encore dans la liste de Roussel; et il en est de même du princier Adenulfe de Supin, qui avait aussi un grand monument à la cathédrale. On ne comprend pas comment Roussel, en dressant ses listes, ne consulta pas les inscriptions de l'église. Ceci prouve le peu de cas qu'on faisait alors des monuments gothiques, et explique comment la majorité du Chapitre de 1755 ne les considéra que comme un embarras.

chanoine de céans, citain de Verdun, lequel, après l'accomplissement des legs de son testament, donna le résidu de ses biens à ceste
cité de Verdun, pour convertir en Fermetei : et fust ledit résidu mis
en l'édification de la Nuefve Porte d'arrière les Augustins, sur le pont
du Prei ; et trespassa l'an mcccc et xxvi, le xii du mois de juillet. »

L'autre bras du transept occidental, vers la chapelle du Saint-
Sacrement, était la place des Apremont. Le premier dont l'inhumation y soit mentionnée, vers 1222, est Joffroy, père de l'évêque Jean,
et de Gobert le Bienheureux : l'autel Saint-Pierre-Saint-Paul fut
érigé là « pour l'âme mon peire, dit Gobert, dans une charte de
1234, pour l'âme ma meire, et les âmes mes ancessours (1). » Au
fond, contre le mur du cloître, et en face du Dieu de Pitié de l'autre
croisée, grand mausolée de l'évêque Jean d'Apremont II, dit de Ri-
chericourt, mort en 1302. Niche ogivale, de vingt pieds de haut, dix
de large, cinq de côté : statues de la Vierge et de plusieurs saints :
au bas, tombe de l'évêque : statue couchée, de grandeur naturelle ;
mains jointes ; deux chiens aux pieds ; inscription : *Inclyta proge-
nies Aspermons, etc.*, dans Wassebourg, p. 595. Devant ce mausolée, la tombe de Guillaume, prévôt de la Madeleine, frère du prélat :
Aspermons matre, Richericuriâ patre, etc., ibid. Au mur occidental,
en symmétrie avec le doyen Conon, Joffroy d'Apremont, chanoine de
Verdun et de Trèves : niche ogivale, haute, mais peu large : la
Vierge entre deux anges tenant des chandeliers saillant au dehors :
Hunc salva, Christe, tumulus quem contegit iste, etc. De l'évêque
Henri d'Apremont, rien : pas même une inscription, « combien, dit
Wassebourg, p. 415, qu'il l'eust bien méritée, et fust digne de
mémoire » : ceci est d'autant plus étrange que, par son testament,
daté du 20 octobre 1349, il avait choisi là sa sépulture. — Enfin, en
pendant du monument de Louis de Haraucourt, celui de Psaulme,
transféré du milieu de la chapelle du Saint-Sacrement : environ sept
à huit pieds de haut, trois à quatre de large, et autant de côté.
Statue mitrée, en chappe, ou manteau à plis : tête posée sur un
coussin ; figure et mains en marbre blanc, semblant sortir du vête-

---

(1) Ci-dessus, p. 579. Dans une charte latine de 1255 : *Altari sancti Petri
in ecclesiâ Virdunensi, ubi pater meus Joffridus, bonæ memoriæ, sepultus est.*
Cartul. p. 161, verso, 163. Ce fut l'évêque Henri qui, en augmentant la
dotation de cette chapelle, y ajouta le titre de Saint-Paul : ce qui a fait
dire mal à propos à Roussel qu'il était le fondateur.—Sur ce Joffroy, v. ci-
dessus, p. 543,565.

ment noir : sur la longueur du mausolée, et simulant des supports, colonnettes corinthiennes engagées, alternant avec des dieux termes sortant à mi-corps de bornes pyramidales allongées et s'élargissant de bas en haut : sur les têtes de ces cariatides, coussins soutenant l'entablement. Il reste aussi une esquisse de ce monument.

Il y avait, dans cette partie du transept, à peu près sous la grande arcade entre lui et la nef, un puits, qui probablement existe encore sous le pavé. On faisait, au sujet de ce puits, dont aucun document n'indiquait l'origine, toutes sortes de conjectures, entre autres que c'était un ouvrage des Romains, au temps du paganisme. Il subsista, avec sa margelle et ses engins, jusqu'en 1687, où Louis XIV, visitant l'église, parut choqué d'y trouver un tel monument. La place en est encore reconnaissable à la lettre P, gravée en creux sur une pierre du nouveau pavé.

Dans la chapelle du Saint-Sacrement, dont nous avons déjà dit la date de construction, était, au bas de l'autel, du côté des fenêtres, la tombe des fondateurs Gilles et Regnauld Paixel, avec une inscription curieuse, relatant le voyage de Gilles en Terre-Sainte : « Cy gist noble et vénérable seigneur Gilles Paixel, chevalier, doien séculeir de la citei de Verdun, lequel alleit en la sainte terre de promission outre mer, on voaige de la citei de Jhérusalem, veoir le sépulcre nostre signour ; alleit on flueve de Jourdain, et en la citei de Bétlehem, et par toute la terre de Surie : item on voaige de madame sainte Katherine on mont de Sinay, et saint Paul, premier hermite ez déserts d'Egypte : liqueil signour Gilles et maistre Regnauld Paixel, son freire, chanoine de céans, firent édifier ceste chapelle de lors propres deniers ; et la doa (doua, dota) ledit signour Gilles dou sien ; et en icelle institua deux chapelains perpétuels, et trespassa l'an de grâce notre signour ᴍᴄᴄᴄᴄxʟɪɪɪɪ, le xxɪᴠᵉ jour dou mois d'avril, et maistre Regnauld l'an ᴍᴄᴄᴄᴄ et xxɪ, le ɪᴠᵉ jour d'aoust. » Sur une plaque de bronze, attachée au mur. Ecu aux alérions et fleurs de lys d'Estouf : Gilles Paixel avait ajouté au sien une roue de sainte Catherine, en souvenir de son voyage au mont Sinaï ; et c'était à sainte Catherine, à Marie Egyptienne, et aux autres saints dont il avait visité les pèlerinages que la chapelle était dédiée (1). Le titre

---

(1) *In capellâ sanctarum Catharinæ et Mariæ Egyptiacæ, quam ipsi fratres ædificaverunt et erexerunt*, dit le Nécrologe, aux articles des deux frères, 4 août et 26 novembre. Gilles devait être fort ancien dans les honneurs

actuel vient de la confrérie du Saint-Sacrement érigée par l'évêque
Psaulme : la messe d'installation fut célébrée le jeudi 26 décembre
1555 : Wassebourg était l'un des membres fondateurs ; et ce fut
probablement pour lui qu'on fit le premier service funèbre ; car il
mourut au mois de juillet suivant. Ces confrères, ou peut-être les
Paixel eux-mêmes, avaient garni la chapelle d'une belle balustrade
à colonnettes alternativement de marbre noir et de cuivre : on la
sacrifia, après 1755, pour l'uniformité des grilles de fer qu'on mit
alors à l'entrée de toutes les chapelles : ces grilles, d'un beau
travail, étaient l'œuvre d'un excellent serrurier de la ville, nommé
Gauny.

Dans la chapelle suivante, qu'on appelait chapelle au Fer, est un
retable à colonnes et à compartiments, en belle menuiserie du temps
de Louis XIII. Ce retable, et les trois niches en arcades de
l'Assomption, viennent de l'ancienne cathédrale. Aucune tombe
à remarquer dans cette chapelle, qui communiquait par une petite
porte avec celle du Saint-Sacrement.

A la chapelle Saint-Antoine, à la suite de celle au Fer, et dans le
collatéral aux environs, plusieurs sépultures des Gerbillon, famille
notable du XVIIe siècle. Le célèbre jésuite, dont on trouve l'article dans
tous les dictionnaires biographiques, repose, bien loin de ses parents,
dans le cimetière de l'église de Pékin en Chine où, lors de l'expédition
française de 1860, on retrouva sa tombe, avec celle de son confrère
Bouvet, toutes deux intactes, grâce au respect des Chinois pour les
morts (1).—Sous la fenêtre, grande dalle portant, gravées en creux,
les effigies de deux anciens échevins du Palais, en longues robes,
toque sur la tête : « Ci gissent honorables et discrètes personnes
Jehan Galiant, jadis maistre eschevin, à son vivant escuyer du vénérable Chapitre de céans (2), et sire Jacques Galiant, frères, qui fust
eschevin du Palais, ambedeux citains de Verdun. 15 août et 6 septembre 1466. » Beaucoup de titres municipaux parlent des Galiant,
gens considérables au XIVe siècle et au XVe.

De l'autre côté du collatéral, sous l'arcade en face du portail,

municipaux : car son nom était sur la cloche des heures, faite en 1404.
Ci-dessus, tom. I. p. 479,80.

(1) V. le journal le *Constitutionnel*, du 12 janvier 1861, reproduisant un
article du *Moniteur de l'armée*.

(2) L'écuyer était le grand justicier du Chapitre, comme le bailli celui de
l'évêché.

grande tombe de marbre noir, placée là, aux frais de la Ville, en l'honneur du gouverneur Manassès de Pas, marquis de Feuquières, tué au siége de Thionville, le 13 mars 1640. Ecusson, avec ornements : assez longue inscription : *D. O. M. Prudentiœ, fortitudini, pietati Manassis de Pas, marchionis de Feuquières..., Virdunensis provinciœ administratoris integerrimi, urbis et arcis prœfecti vigilantissimi, œternum devotionis monumentum Virodunum ponendum curavit. Obiit in Theodonis villâ, tertio idus martii, anno* MDCXL, *œtatis* L. Le Recueil des épitaphes dit que son corps n'était pas sous cette tombe, et n'avait jamais été rapporté de Thionville : cependant on lit, au Registre de la Ville, 8 mars 1642 : « Sur l'avis que monseigneur le gouverneur se dispose à faire célébrer les obsèques de feu monseigneur de Feuquières, son père, décédé à Thionville, avec tous honneurs pour sa mémoire à l'arrivée de son corps, qu'il attend lundi prochain, pour être inhumé en l'église cathédrale, Messieurs ont résolu assister en corps à cette pompe funèbre, etc. » — Dans le collatéral, entre les chapelles Saint-Antoine et Saint-Jean-Baptiste, Dominique Fabry, chanoine de céans, curé de Saussures, au diocèse de Toul, mort le 24 mai 1555. Effigie en chasuble antique.

La dernière chapelle près de la sacristie était celle qu'on appelait Décollation Saint-Jean-Baptiste, et aussi Visitation. Il paraît qu'il y eut là deux chapelles : celle qui existe, et une autre consistant en un autel, à la place à peu près des armoires à droite, en entrant à la sacristie. Dans la première était Wautrec, dont nous avons ci-dessus rapporté l'épitaphe, sur plaque de métal attachée au mur : sur sa dalle de pierre, inscription plus courte, en bordure, et l'effigie en creux, tête nue, en robe de doyen séculier. Plusieurs tombes des La Fosse, ou, comme on écrivait alors, La Foxe : famille distinguée au XIVe siècle et au XVe : écusson aux hermines d'Asanne. Quant à l'autel « près du petit huys du Chapitre », comme dit Wassebourg, p. 450, c'était celui d'une chapelle fondée en 1589 (1590, av. P.), par Iolande de Flandre, comtesse de Bar, dame de Cassel, soit pour son anniversaire, soit en expiation de ce qu'en 1558 elle avait fait noyer, dans une fosse, ou puits du château de Clermont, des gens d'église par lesquels le Chapitre lui envoyait des remontrances (1). Cette

(1) Roussel, p. 546,47, place mal à propos la fondation de cette chapelle en 1368, en même temps que celle de Saint-Anne à Clermont. La véritable date est dans Wassebourg, qui cite le titre, p. 450 : c'est le 24 mars 1389,

Iolande, avant qu'elle fût vieille, était une méchante femme, qui faisait, sans forme de procès, emprisonner, ou même étrangler et noyer les gens : on trouve une assez longue énumération de ses méfaits de cette espèce dans les lettres de pardon que lui accorda le roi de France Charles V, en octobre 1575, après l'avoir tenue en prison, pendant deux ans, au Temple de Paris. Ceux qui fondaient une chapelle, ou un service religieux expiatoires se reconnaissaient par là même coupables du crime ; mais Iolande n'ayant jamais voulu avouer officiellement qu'elle eût fait noyer les deux chanoines, l'acte de fondation portait seulement qu'on dirait là trois messes hebdomadaires, dont l'une de *Requiem*, à l'intention de personnes pour lesquelles la comtesse souhaitait qu'on priât Dieu. — La statue moderne de saint Jean-Baptiste, qui existe depuis 1755, est du sculpteur Joseph, de Nancy, ainsi que la Notre-Dame de Pitié, dans la chapelle de ce nom.

. Il ne nous reste plus, pour terminer notre visite dans l'ancienne cathédrale, qu'à parcourir le lieu où est aujourd'hui la chapelle de la Sainte-Vierge, ancienne croisée Saint-Martin, ainsi dite d'une statue équestre de ce saint, que remplace maintenant Notre-Dame, laquelle était autrefois sous le jubé. Le premier titre que l'on trouve de l'autel de cette grande croisée est celui de chapelle de Bar fondée, l'an 1259, par le comte Thibauld II, « en l'honneur de Notre–Dame–Sainte–Marie (1) ; » et le local étant vaste, on y fit plusieurs autres

c'est-à-dire 1590 avant Pâque. V. les Annales de M. Servais, tom. II. p. 165, exact sur ce point, comme sur tous les autres.

(1) Je Thiebaus, cuens de Bar..., en l'honnour Notre-Dame-Sainte-Marie, por le remeide de m'ame (mon âme), et por les âmes mon peire, ma meire et tos mes ancessours, ai establi une chapellerie en l'église Notre-Dame de Verdun, et donnei et ottroiei à tous jours huit reises froment, à penre en mes terraiges d'Aubreiville chacun an..., en teille manière que je weil (veux) que ceste rente ne soit jamais donneie à nul homme, se n'est prestre, ou se il ne jure sor saints que il devenra prestres dedans l'année ; et, se il non devenoit, que jamaix il ne puet avoir la chapellerie, ne la rente : et wel encore que ne puisse riens penre, ne rien avoir tant que ne sera prestre. Et wel que il desserve en sa personne, chacun jour, de la messe à l'auteil qui, por ceste chapellerie estaubli y sera, et il desserve avec les chanoines de l'église on cuer (au chœur) Notre-Dame, à toutes les heures dou jour. Et ceste chapellerie ai-je donneie et ottroieie à Nicole Franquin, de Verdun ; et, se de lui deffalloit avant que de moi, doit remeur à moi, et la donnerai toutes fois que elle venra à donneir tant comme je vivrai : et, après mon décès, je wel et ottroie que li Chapitre de Verdun la doint à teil personne comme il est dessus deviseis, et qui lour desserve

fondations, qui le firent appeler Sainte-Elisabeth, puis Saint-Martin, dernier nom qui prévalut, vers le milieu du xiv⁰ siècle, à cause de la statue équestre ; mais c'était toujours la chapelle de Bar : et ce fut à cause de ce titre que voulut être inhumé le cardinal duc Louis, dernier prince de cette très-haute maison, éteinte avec lui, en 1430 (1). Cet endroit était plein de monuments. Au mur du chœur, où est maintenant la balustrade, on rencontrait d'abord, à la descente de l'escalier du Sacraire, un grand mausolée du princier Adenulfe de Supin et de son frère le chevalier Renauld : belle niche ogivale de quinze pieds de haut sur dix environ de large : la Vierge et deux saints qui lui présentaient l'un le chevalier, l'autre le princier : derrière chacun d'eux, inscriptions encastrées : « Ci gist messires Renaul, sires de Supin, chevaliers, qui morut l'an de grâce мссс et xxxi, le tiers jour de julet. » — « Ci gist messires Adenulphes de Supin, princiers de l'église de céans, freire à monsignour Renaul, qui morut l'an de grâce мссс et xxxi, le tiers jour d'octembre ». Intérieur peint ; plusieurs écussons effacés par le temps : au fronton de l'ogive, cercle dans lequel la statuette d'un cavalier armé de toutes pièces, cheval bardé. — Au bas du même mur, à la suite de ce mausolée, grande dalle de l'évêque Oulry de Sarnay, s'élevant d'environ deux pouces au-dessus du sol : effigie d'évêque gravée en creux : au-dessus, et attachée au mur, l'inscription : *Vir magnæ laudis, et purus crimine fraudis, etc.*, ci-dessus, p. 485 (2).

Au mur en face de l'autel, où est maintenant le monument de Wassebourg, l'ancienne horloge. C'était un grand buffet, ou bahut

comme est desordit. En tesmoignaige, ai-je mis mon seel en ces présentes lettres, qui furent faites l'an de l'Incarnation Notre Signour quant le miliares corroit par mil et cc et cinquante nuef ans, lendemain de Pasques. Cartul. p. 116. Au verso, l'acceptation du Chapitre : et, en marge, d'une écriture plus récente : *Chapelle Sainte-Elisabeth.* C'est également le nom que Wassebourg, p. 574, et Roussel, p. xxiii, donnent à la chapelle du comte Thibauld, bien que les actes de la fondation ne parlent que de Notre-Dame-Sainte-Marie-Saint-Martin ne fut érigé qu'en 1335.

(1) *Ecclesiasticam sepulturam eligimus in ecclesiá nostrá Virdunensi, antè altare capellæ Sancti-Martini, in eâdem ecclesiâ per prædecessores nostros fundatæ.* Testament du cardinal de Bar.

(2) Joignant Oulry de Sarnay, tombe que nous remarquons, à cause du nom de Richier : « Ci gist vénérable et circonspecte personne maistre Simon Richier, maistre ès arts, bachelier formé en théologie de l'université de Paris, chanoine de céans, qui trespassa de cest siècle l'an mil quatre cens et vingt iii, le huict jour du mois de mars. » Peut-être de la famille du fameux sculpteur Richier de Saint-Mihiel.

quadrangulaire, de bois peint, contenant les rouages fort détraqués d'une antique machine, que le chanoine Henri Bousmard, mort en 1725, à 90 ans, ne se rappelait pas avoir jamais vue en activité. Largeur, environ 12 pieds : trois colonnes cylindriques en pierre, de 8 à 9 pieds de haut, soutenaient, en avant, ce grand coffre, appuyé au mur par derrière : le tout surmonté d'une haute pyramide à jours, au sommet de laquelle un ange dont la tête touchait presque la voûte : cet ange portait une trompette, dont il avait dû sonner jadis; car on trouvait dans la machine les soufflets qui lui fournissaient le vent. La cloche de la sonnerie se voyait dans la pyramide : l'horloge indiquait non-seulement les heures, mais encore les jours de la semaine et du mois, les phases de la lune, et le signe où était le soleil dans le zodiaque : il y avait des figures des mois et des saisons, que le mécanisme faisait alternativement sortir et rentrer. On ignore le nom du constructeur et la date de construction de cette pièce compliquée, qui subsista jusqu'en 1752 : l'ancien plan de l'église indique, à peu près à l'entrée de nos sacristies modernes, un escalier tournant, par lequel on allait sans doute à l'horloge : et le pavé de dalles funéraires continuait sous elle, derrière et entre les colonnes qui la soutenaient.

Au mur méridional, à l'angle du côté de la sacristie actuelle, Thomas de Blâmont, évêque mort en 1505. Grande arcade ogivale, de 15 pieds de haut, 9 à 10 de long sur ce mur méridional, trois au-dessus du pavé : statues représentant l'adoration des Mages; crucifix dans le haut de l'ogive. Sur la tombe en bas, statue d'évêque couché, en habits antiques, crosse au bras gauche, mains jointes, chien aux pieds. Intérieur peint : une trentaine d'écussons assez bien conservés : au mur ouest, épitaphe rappelant que le prélat était Salm par son père et Bar par sa mère : *Qui Salmone natus, in Barri stirpe creatus, etc.*

Vers le milieu de ce même mur méridional, sous les deux premières petites fenêtres (1), du côté et à trois pieds environ de Thomas de Blâmont, Robert de Milan, sans écusson, ni armoiries : ce qui nous confirme dans l'idée qu'il n'était pas noble (2). Tombe

---

(1) A ce transept oriental étaient, de part et d'autre, sous la rosace d'en haut, trois petites fenêtres romanes, de l'architecture de Garin : disposition qui ne se répétait pas au transept occidental, où il n'y avait aucun jour percé sous les rosaces. V. ci-dessus, dans la description de l'architecture.

(2) Ci-dessus, p. 468.

sans niche au-dessus : sept pieds de long, trois et demi d'élévation :
statue couchée, de grandeur naturelle, en costume d'évêque; aux
pieds, un gros chien en lion : au mur, l'épitaphe *Patri Roberto*,
dont nous avons cité quelques vers, p. 478, et que l'on trouvera tout
entière dans Wassebourg. Cette tombe était à peu près à l'endroit
de la grande niche moderne du monument aux reliques.

Sous la troisième des petites fenêtres, sire Pierre Natuaire, jadis
maistre eschevin, mort le 20 août 1378. — A l'angle, dans le mur
du côté de l'autel, porte de l'escalier descendant à Saint-Jean, percée
après que l'ancienne porte romane en symétrie avec celle du Lion
eût été condamnée, pour le Sacraire dit à présent Sorbonne.

Au bas des degrés de l'autel Saint-Martin, un peu du côté du
chœur, le cardinal évêque (1) et duc Louis, dans lequel s'éteignit la
maison de Bar. Une simple dalle : monument bien peu splendide
pour un tel prince, surtout quand on regardait l'écu écartelé de
Bar et des trois fleurs de lis, à cause de Marie de France, fille du
roi Jean, mère du cardinal; mais celui-ci, dans son testament, avait
défendu qu'on lui mît autre chose qu'une simple pierre (2); et il
fallut user d'interprétation pour lui composer une épitaphe un peu
plus longue, et lui ériger une tombe un peu plus noble. Dalle de
pierre : quatre pieds et demi de long, trois et demi de large; sept à
huit pouces d'élévation : au milieu, un marbre noir, portant les
armoiries en relief : ceci encore par interprétation du testament;
mais un tel blason ne se pouvait décemment écrire ou figurer qu'en
marbre. Sur la pierre, les seize vers de l'épitaphe, quatre sur chaque
côté, toutes les lettres tournées vers l'écusson : de sorte qu'on ne
pouvait lire entièrement les quatrains sans faire le tour de la tombe.
Pour date, le mois de juin 1450.

Au pavé de cette même chapelle, entre beaucoup d'autres sépultures, celles des Bousmard, sous deux grandes dalles de marbre
noir, dont les inscriptions attestaient la large part qu'ils avaient
prise aux prébendes et dignités de l'église. Sur la première dalle,
un grand squelette, passant la tête et le haut de la poitrine au-dessus

(1) Il était de l'ordre des évêques dans le sacré collège; et l'épitaphe le
disait: *Dùm Portuensi cardine dignus erat.*

(2) *Super sepulcrum, seu foveam nostram nolumus fieri sepulturam elevatam,
sed tantùm superponi unam tumbam lapideam, ecclesiæ pavimento adæqualam,
aut saltem ultrà duos digitos altitudinis nullatenùs elevatam. Super eamdem
verò tumbam, nihil aliud præter quàm nomen, titulum, diemque et annum
decessûs nostri describi volumus, seu etiàm figurari.* Testament déjà cité.

de deux compartiments : autour de la tête, large ruban flottant, où on lisait *Miserere nostri, Deus;* à la main, cet écriteau : « Ci gissent deux frères, natifs de Sivry-le-Franc (1) ». Le squelette disait vrai pour le premier des deux frères, maître Henri Bousmard aîné, chanoine de céans, qui reposait effectivement là; mais, dans le compartiment de l'autre frère, qui était l'évêque Nicolas, on lisait que celui-ci, « après avoir fait poser ceste tumbe estant évesque, auroit choisi sa sépulture en l'église des Minimes de ceste cité, où il fut inhumé le 11 avril 1584. » En bas, sous les compartiments : « Soubs la mesme tumbe, vénérable et discrète personne, maître Nicole Bousmard, nepveu aux susdits frères, grand prévost de Montfaucon, archidiacre d'Argonne, qui décéda le 27 janvier 1596. » La seconde dalle, contiguë à la première, avait un pélican, en écusson porté par deux anges, et, pour inscriptions, les épitaphes de messire Henri Bousmard, archidiacre de la Rivière, mort en 1650, d'un autre messire Henri, son neveu, mort le 30 décembre 1649, jubilaire à cinquante trois ans, par conséquent chanoine dès l'âge de discrétion, de demoiselle Ursule, leur cousine, morte en 1661 ; enfin d'un dernier Henri, fils de Nicolas Bousmard, premier capitaine du régiment de Meuse, commandant la forteresse de La Mothe pour le service de Son Altesse Charles IV de Lorraine. Cet Henri était celui dont nous avons déjà parlé, mort le 5 février 1725, à quatre-vingt-dix ans, ayant été, disait l'épitaphe, soixante-quinze ans chanoine : ce qui prouve qu'il le fut dès l'âge de quinze, probablement comme résignataire de son oncle, mort à la fin de décembre 1649. Ainsi se transmettaient les canonicats dans les familles, au moyen des résignations et des nominations du tournaire ; et cet abus dura jusqu'à la fin du Chapitre. Au siècle dernier encore, on trouve Jean-François Langlois nommé le 30 août 1745, à l'âge de quinze ans trois mois.

Au bas des degrés de l'autel actuel, sur le milieu, tombe de messire Aymard-Chrétien-François-Michel de Nicolaï, évêque comte de Verdun, prince du Saint-Empire, premier aumônier de madame la Dauphine, mort à quarante-neuf ans, le 9 décembre 1769 : avant-dernier évêque de l'ancien régime (2). Son épitaphe, assez longue, en lettres d'or, sur marbre noir, au mur en face de la statue de la Vierge : buste fort ressemblant, en marbre blanc, offert par Mangeot,

(1) Ou Xivry-le-Franc, aujourd'hui dép⁺ de la Moselle, arrond⁺ de Briey.

(2) Cette dalle a été déplacée, probablement quand on posa la grille qui est aujourd'hui devant cet autel.

de Saint-Mihiel, auquel le prélat avait fait apprendre l'art de sculpteur. Lors de la circulaire révolutionnaire sur le plomb des cercueils
à transformer en balles, cette tombe fut ouverte; et les gens de
l'église d'alors allèrent de nuit enfouir là les reliques, profitant du
dérangement du pavé, qui fut rétabli, sans que personne fît attention
à ce travail. — Dans la grande niche établie au mur méridional,
reconstruit après 1755, en symétrie à la nouvelle porte de l'autre
côté au nord, la statue du Dieu de Pitié, dite Dieu du Trice, transférée là des anciens jardins de Saint-Airy, comme nous l'avons dit,
tom. i. p. 469,70. A la place de cette statue, détruite pendant la
Révolution, est aujourd'hui le monument aux reliques, avec son
inscription *Hùc retulit pietas*, etc., datée de 1804 : c'est une sorte
de mausolée où l'on déposa les reliques tombées en confusion dans
la fosse de M. de Nicolaï : celles qui purent être reconnues sont dans
les nouvelles châsses, pour lesquelles, en 1868, on a modifié ce
monument. — A la haute fenêtre, la verrière que Mᵍʳ l'évêque Le
Tourneur fit faire, en 1842, par M. Maréchal, de Metz, pour la fenêtre médiane du fond de l'abside : ce vitrail, qui représente l'Assomption, a été transféré lors du rétablissement au chœur, en 1862, du
fenêtrage à meneaux, avec nouvelles verrières : et peut-être ferait-on
bien de rétablir également ce style ogival aux grandes fenêtres de la
nef, où les meneaux de Wautrec devaient produire meilleur effet que
les immenses et peu élégantes ouvertures blanches, percées pour la
clarté, par les embellisseurs de 1755. Il n'y a, à la cathédrale,
d'autres vitraux anciens que ceux de la chapelle du Saint-Sacrement.
— Il est encore à dire que la plupart des grandes dalles noires
qu'on voit entre les piliers, et ailleurs, ne sont point à leurs anciennes places : on les a ainsi disposées, après 1755, en symétrie
dans le nouveau pavé.

Pour dimensions, on attribuait à l'édifice, en vieilles mesures et
en termes simples, cinquante toises de long sur vingt de large : ce
qui ferait, en mètres, quatre-vingt-dix-sept cinquante, sur près de
trente-neuf; mais on avait sans doute mesuré hors d'œuvre, et à partir
des contre-forts : car un toisé moderne porte seulement quatre-vingt-
quatorze mètres, sur trente-cinq cinquante, dans œuvre : hauteur
dix-neuf mètres, sous voûte. Au coup-d'œil, l'église paraît d'une
longueur imposante, quand on la regarde de la chapelle des Fonts
Baptismaux; et cependant, de là comme d'ailleurs, le baldaquin
dérobe la vue de tout le vaste chœur aux stalles, qui s'étend encore

loin derrière lui. Le chœur dans sa totalité, de la balustrade à
l'abside, est à lui seul aussi grand qu'une église paroissiale ordinaire.
— Le titre patronal de la cathédrale est la Nativité Notre-Dame, au
8 septembre; mais, comme cette fête n'est plus chômée, on lui a, de
fait, substitué la Notre-Dame d'août, ou Assomption, que rehaussent
la procession du vœu de Louis XIII, et la solennité nationale de saint
Napoléon (1).

Cette église était autrefois propriété du Chapitre, en tout domaine, soit utile, soit surtout fort onéreux, et entraînant charge
d'entretien : mais l'évéché venait en aide dans les cas extraordinaires. C'était également sur la mense capitulaire que se prenaient
les frais de ce qu'on appelle Fabrique : au moment de la suppression,
en 1790, cette dépense était ainsi réglée que, tous les ans, on préle-
vait sur la totalité du revenu en grains, une quantité de mille trente-
trois franchards (2), en substitution desquels le département de la
Meuse alloua, le 29 juillet 1792, à la Fabrique de l'église épiscopale,
une somme annuelle de deux mille neuf-cent quarante-trois livres, à
verser, par trimestres, au citoyen chargé de ladite administration,
sur mandats du directoire du district. Du temps du Chapitre, il y
avait, en outre, beaucoup de redevances en cire, stipulées dans les
baux. — L'ancienne fabrique prétendait que tout évêque lui devait
une chapelle, c'est-à-dire un assortiment complet de toute l'argenterie et autres objets nécessaires pour officier (3) : elle vit rarement cette
prétention contestée par nos prélats, qui presque tous s'acquittèrent
largement envers l'église, soit en chapelle, soit en autres choses.

(1) Ce titre de la Nativité fut encore reconnu au rétablissement du culte,
en 1803; car il est dit, dans les lettres d'institution données par Antoine-
Eustache d'Osmond, évêque de Nancy, à Charles-François Montardier, premier curé de la nouvelle paroisse Notre-Dame, que cette église paroissiale
de Verdun est *sub invocatione beatæ Mariæ in Nativitate*. Ces lettres sont
datées de Nancy, 9 janvier 1803, ou 19 nivôse, an XI.

(2) Le franchard valait trente litres, ou un double décalitre et demi : en
poids, dans les bonnes années, quarante livres, ou vingt kilogrammes. L'administration de 1792 l'évalua au taux moyen de cinquante-sept sous : en
nouveau style, deux francs quatre-vingt-cinq.

(3) « Remontrent très-humblement les doyen, chanoines et Chapitre de
l'église cathédrale de Verdun qu'ils sont en possession immémoriale d'obliger les évêques dudit lieu de leur fournir une chapelle, de prix propor-
tionné à leur qualité d'évêques, ainsi qu'il se pratique dans tous les autres
sièges de l'Europe : à quoi néanmoins n'auroit été satisfait par messire
François de Lorraine, dernier évêque dudit Verdun, quoiqu'il en eût sou-

En 1790, il n'y avait presque plus rien d'ancien au trésor, toute l'argenterie et tous les joyaux ayant été, aussi bien que l'église, mis au goût moderne. La pièce la plus estimée, comme orfèvrerie du temps de Louis XV, était une Notre-Dame d'argent, faite à Paris; on la portait sur un brancard aux processions; elle a servi de modèle au sculpteur de celle qu'on voit en relief sous le porche, au tympan de la porte du milieu : le donateur était un chanoine du nom de l'Ecluse. De l'ancienne châsse, qu'on appelait, au moyen-âge, la grande fierte, (feretrum), il est noté, sans détail, qu'elle était en vermeil, et se recommandait plus par l'ancienneté que par la beauté : celle de saint Saintin appartenait alors à l'abbaye Saint-Vanne. La Notre-Dame gothique, en sa vieille chapelle du jubé, avait, pour joyaux de ses jours de fête, une couronne d'argent doré, « à unze fleurs de lix d'or tenant à charnières, et un collier, en forme de pate-nostre (chapelet), où estoient soixante-cinq gros couraulx (coraux), avec xvii nowes (nœuds) de perles, dont l'un plus gros que nuls des aultres; et huit boutons d'argent doré : » le tout donné par dame Poince, fille de Roland d'Ancelrue, « de quoi, dit l'acte de reçu, du 5 avril 1445, mess^{rs} de Chapitre se tinrent bien contents. » Nous trouvons, dans une déclaration des reliques, joyaux et ornements mis et délaissés, le 1er de janvier 1609, en la charge des deux cous-tres, la description suivante d'un notable reliquaire qu'on appelait la Sainte-Epine : « Premier, un reliquaire, auquel sont deux anges d'argent, à demi dorés, de la hauteur de deux pieds environ, assis sur une longue table soutenue de six lions en cuivre doré : iceux anges portant une couronne d'épines, d'argent doré, en laquelle sont deux pièces de la Sainte-Épine Notre-Seigneur : et, au milieu, une pièce de la vraie croix, enrichie d'une grande pierre d'anti-quaille, couleur céleste. Au-dessous, quatre perles, et quatre autres pierres : deux en façon de table, couleur céleste, une de couleur verte, l'autre relevée en figure d'antiquaille, en laquelle pend, à

vent été requis. Ce considéré, monseigneur, il vous plaise ordonner qu'une somme de six mille livres sera préalablement prise par préférence sur les deniers restant de la succession dudit seigneur prince évêque, et que les receveurs d'iceux, même le nommé Drouet, syndic des créanciers d'icelui, seront contraints d'en vuider leurs mains, même par corps, comme de-niers privilégiés; et ferez justice. — A monseigneur Colbert, conseiller du Roi en ses conseils, président à mortier au parlement de Metz, intendant de justice, police et finances ès Trois-Evêchés de Metz, Toul et Verdun, pays de Luxembourg et Lorraine, etc., 1662.

chaînette d'argent blanc, une croix d'argent doré, ou d'or, où sont encloses quelques reliques : icelle croix enrichie de huit perles et deux pierres, l'une bleue, l'autre incarnat. (1) Lequel reliquiaire est dedans un grand armoire de pierre, derrière le grand autel, *in cornu epistolæ,* où est ausssi le Saint-Sacrement (ostensoir) qu'on porte en la procession, chacun jeudi (2). » On ne sait pas positivement d'où provenait à notre cathédrale cette Sainte-Epine, jadis fort renommée, tellement qu'en tous nos livres liturgiques antérieurs au rite romain de 1862, on trouve, au 3ᵉ dimanche après Pâque, un office commémoratif de sa susception, c'est-à-dire de sa réception. La tradition disait assez vaguement que saint Louis, lorsqu'il devint possesseur de la Sainte Couronne, en donna des fragments à différentes églises de son royaume, lesquelles les partagèrent avec d'autres; et que c'était ainsi qu'il en était arrivé à Verdun : mais ces choses n'étaient point écrites en acte authentique; car M. de Béthune, après avoir déclaré, dans son procès-verbal de visite du 20 août 1696, qu'il examina cette relique consistant en deux fragments exposés dans une couronne de vermeil, soutenue par deux anges d'argent, ajoute : « Nous n'y avons trouvé aucune approbation. » En preuve d'authenticité, on ne donnait qu'une notoriété ancienne, bien constatée, dès le milieu du xvᵉ siècle, par une demande de l'évêque de Toul pour qu'on fît part à son église de cet objet de pieuse et commune vénération (5).

(1) Ce reliquaire avait été fait en 1486. « Il est conclu que le juel (joyau) de la couronne se fera en forme et façon de deux anges, qui pourteront une couronne, en laquelle y aura un crystaul en forme d'une croix, là où la Sainte-Epine sera mise. Registre, 15 décembre 1486.

(2) Il y avait, du côté de l'évangile, et creusée aussi dans le mur, vers les arcades du sanctuaire, une armoire pareille, où était la grande fierte. « Item, dit le procès-verbal de M. de Béthune, que nous citons plus loin, vis-à-vis de ladite armoire, il y en a une autre, du côté de l'évangile, dans laquelle est une châsse considérable de vermeil, laquelle nous avons fait ouvrir : on en a tiré un petit coffre enveloppé d'étoffe de soie cousue partout, et scellée d'un sceau de cire rouge, dans laquelle sont plusieurs reliques. Il ne nous est point apparu d'approbation; les chanoines nous ont assuré qu'elles sont révérées depuis plusieurs siècles. »

(5) « Touchant la branche de la couronne Notre-Seigneur, que demandoit dernièrement monsʳ de Toul, on en parlera à monsʳ de Verdun, et on fera selon qu'il conseillera. 25 juin 1456.—*Cùm reverendus in Christo pater dominus episcopus Tullensis dudum petiisset quòd posset habere aliquam particulam coronæ Domini, de quâ duæ sunt peciæ* (pièces) *in feretro hujus ecclesiæ, domini commiserunt Joannem Boucher ad loquendum super hoc domino episcopo Virdunensi; et contenti fuerunt petitioni annuere, juxtà devotum propositum*

La veille de l'Ascension, les châsses de toutes les abbayes, ainsi que celle de la paroisse Saint-Victor (la seule qui possédât un de ces grands reliquaires) devaient être portées à la cathédrale, où elles demeuraient tout le jour de la fête, exposées sur des tables dans la nef, avec la fierte de la cathédrale elle-même. Cette cérémonie, qu'on appelait le rachat des châsses, attirait un grand concours de peuple. Le Chapitre faisait solennellement encenser les châsses pendant sa grand'messe; et le soir, entre Vêpres et Complies, il prenait congé d'elles par un beau salut en musique. — On trouve, dans le long article Verdun de la Notice de Lorraine de D. Calmet, quelques détails sur d'anciens usages liturgiques de notre cathédrale (1).

Le Cloître. Construit entre les années 1509 et 1517, à la place d'un plus ancien, dont il reste une arcade romane, à la descente de la sacristie. Il est d'un fort beau gothique, du style que les archéologues nomment flamboyant : ces fenêtrages à meneaux s'appelaient autrefois des ouvrages à claire-voie; et ainsi parlent nos Registres au sujet de ce cloître, dont l'architecte fut maître Nicolas, masson (maçon), que le Chapitre, en signe de contentement, récompensa de plusieurs gratifications extraordinaires, avec cadeau à sa femme d'un beau couvre-chef à pelisson (2). Ce maître Nicolas fut également l'architecte de la chapelle de Pitié, et probablement aussi du jubé, rebâti en 1514 : ce dernier ouvrage n'existe plus; mais les deux autres prouvent que l'architecture gothique était encore dans sa fleur chez nous, au commencement du xvie siècle. Pour le trans-

---

domini Tullensis. 5 mars 1458.—*Conclusum est quòd reverendus dominus Tullensis habebit de coronâ Domini, juxtà conclusionem nuper factam in Capitulo generali.* 30 mars 1459.

(1) A l'alinéa commençant par ces mots : « Voici quelques cérémonies, etc. »—Il serait long et peu intéressant d'entrer dans les détails qu'on trouve dans le grand cérémonial manuscrit, rédigé au siècle dernier.

(2) Projet de reconstruire le cloître, 8 mars 1508 (1509 av. P.). — Deux chanoines commis pour veiller à l'édification du cloistre de ceste église, et y feront travailler le plus tost qu'on pourra. 6 novembre 1510. — Aujourd'hui, messieurs ont décerné mandement aux commis des ouvraiges du cloistre pour, par ceux de la terre, faire charroyer des pierres de Lucey et Chastillon, et toutes autres, en toute diligence. 13 mai 1511. — Ont conclu que l'ouvrage du cloistre sera continué, et qu'on ne changera pas maistre Nicolas. 24 décembre 1515. — A la femme de maistre Nicolas, un couvre-chief et un pellisson. 25 mai 1517. — La dernière conclusion est du 16 novembre 1517 : elle parle des degrés « de la montée en la cour de l'évêché, qui seront faits en demi rond, en la meilleure forme que les commis sauront deviser. »

port des matériaux, on mit à la corvée les paysans des terres de l'église : système commode et fort économique, jadis à l'usage des seigneurs.

Sur les trois allées du cloître, régnaient les salles suivantes :

Le Petit et le Grand Chapitre, aujourd'hui sacristies. Le premier s'ouvrait immédiatement sur l'église, afin qu'on pût y entrer sommairement pour délibérer, ou converser sur simple *maneatis*, c'est-à-dire sur avis répandu au chœur que l'on eût à rester après l'office. Pour les séances plus importantes, on les tenait dans l'autre salle, après intimation, ou convocation officielle : ce qui les faisait appeler chapitres généraux intimés. Il y en avait, par an, trois de Réforme, à la mi-carême, à la Saint-Jean et à la Toussaint, où, sous la présidence du doyen, on traitait de la bonne discipline du corps, en ses chefs et en ses membres; et on chapitrait et punissait ceux contre lesquels il y avait plainte. Au milieu du Grand Chapitre était une large dalle noire sur laquelle les coupables de fautes d'une certaine griéveté s'agenouillaient pour recevoir leur réprimande : dans les temps anciens, lorsqu'il y avait une école et de jeunes prébendés sous le gouvernement de l'écolâtre, on fouettait là ceux qui méritaient correction : de sorte que la pierre noire était pour eux un épouvantail (1). Des scènes plus tragiques s'y étaient passées. « Cette pierre, dit le Chapitre, dans une de ses amères répliques au doyen Marius, vers la fin du xvie siècle, est le siége de notre juridiction sur les membres de notre église. Qu'il vous souvienne du chancelier Jacques de La Roche, qui y reçut sa sentence de condamnation à la prison perpétuelle, et du chapelain Godfrin, qui y fut dégradé des saints ordres, avant d'être livré à la justice séculière : vous-même vous avez, par notre délégation, dirigé le procès de celui-ci : prenez garde que votre propre présomption ne vous conduise un jour à ce funeste marbre » (2). Dans les derniers temps, la pierre

(1) *Quia Joannes Goberti canonicus acolythus, et Joannes Vincent capellanus quoddam vas testeum urinâ congelatâ refertum irrisoriè in choro, et inter cantandum missam, undè exortus fuit rumor, attulerunt, eapropter virgis à Scholastico cædendos domini declarârunt.* 9 janvier 1533 (34, av. P.).— Cette date de mois indique que cette inconvenante facétie avait dû être commise le jour de la fête des fous.

(2) *Mutus iste lapis marmoreus in medio Capituli majoris situs, et pro signo capitularis jurisdictionis positus, te monet. Locus est hic ubi graviora delicta puniuntur. Tui non te capiat oblivio; cave ne abusus tuæ prænominationis et præcessionis ad marmorei lapidis stationem, criminosis solitam, te deducat.*

noire ne servait plus qu'aux nouveaux chanoines, qui faisaient là leurs inclinations, salutations et génuflexions pour demander d'être admis en stage; et le président leur disait toujours : « Rappelez-vous que c'est sur ce marbre qu'on punit ceux qui s'écartent de leurs devoirs. » Ce carreau de mauvais souvenir disparut lors de la transformation du local en sacristies.

A l'angle sud-est, et à la suite du Grand Chapitre, la Salle des causes, où l'on rendait la justice aux sujets des terres de l'église (1) : mais ceci offusquait les gens du bailliage royal, qui finirent par obtenir, en 1681, arrêt du Conseil portant défense au Chapitre de plus justicier en ce lieu, et injonction de faire à l'avenir exercer sa justice seigneuriale par ses prévôts, aux chefs lieux de ses prévôtés. Il ne faut pas confondre cette salle des causes avec l'auditoire de la princerie, qui était un siége de juridiction spirituelle, où l'Official du Chapitre jugeait comme grand archidiacre, en vertu de l'union de la princerie à la mense capitulaire, par bulles de 1585. — Dans les temps anciens, la Salle des causes avait été le réfectoire : on y voyait encore, en 1755, les restes d'une peinture représentant la Cène; et l'usage s'était conservé d'y faire le Mandat, c'est-à-dire le lavement des pieds et le repas des pauvres au Jeudi-Saint, ainsi que diverses collations de cérémonie, prescrites par d'anciens usages (2). La porte, assez grande, faisait face à l'allée orientale du cloître.

Sur l'aile méridionale, après la Salle des causes, l'ancienne bibliothèque ou, comme on disait, la librairie (5). Il n'en restait que le nom

Interfuisti degradationis sententiæ per Capitulum, ad præfatum lapidem, contrà. Nicolaum Godfrin, hujus ecclesiæ capellanum, latæ, circà annum 1581, te processûs, ex delegatione Capituli, directore. Interesse etiàm potuisti simili Jacobi de La Roche cancellarii ad perpetuos carceres condemnationi.

(1) L'escalier qu'on voit à cet angle sud-est est moderne, pour la communication du séminaire avec une maison à lui appartenante derrière le chœur.

(2) « On a conclu de faire ce mur d'entre la Librairie et le Réfectoire, le mieux qu'on pourra. Et fera-t-on fenestres, en demi-rond, pour voier l'ouvraige (le mettre à claire-voie, c'est-à-dire à meneaux), 13 février 1505 (1506, av. P.). — On fera faire des siéges au Réfectoire, honnestes et dorsès, et les tables honnestement. 27 février 1503 (1504, av. P.).—Il semble résulter de ces conclusions qu'alors le Réfectoire n'était pas encore transformé en Salle des causes. »

(5) « En considération de la bonne volonté qu'a monss^r de Verdun (Psaulme) de donner ses livres à l'église, pour les mettre en la librairie de céans, messieurs permettent qu'on fera un guichet entre le cloistre et la cour l'évesque, afin qu'il y puisse plus commodément vaquer : à condition que

et le souvenir ; car, à la suite des désastres de 1636, elle avait été vendue, sauf quelques précieux manuscrits, que l'on mit au trésor du Sacraire. Dans ce local vide, le Chapitre de 1755 transféra sa salle capitulaire, à laquelle on fit une haute et neuve porte, à fronton triangulaire, où on lisait, en lettres d'or sur marbre noir, ces mots *Capitulum Virdunense*. Cette porte a été remplacée par celle que l'on voit maintenant, en gothique moderne, pour l'entrée de la chapelle du séminaire.

A l'angle sud-est, les prisons, devenues sans usage depuis la suppression de la Salle des causes, en 1681. Ce lieu est aujourd'hui le corridor de communication avec le séminaire : avant cette communication, il y avait, au mur qui fait face à l'allée méridionale, une niche gothique, avec statue assise du Dieu de pitié ; et, à l'angle, s'ouvrait la geôle, par une assez petite porte. — Enfin, sur l'allée occidentale, l'ancienne école, en petites et laides salles, dont les portes ont été murées, pour transformer ce local en sortes de caves ou caveaux.

Le cloître aussi était pavé de tombes ; et ses murs portaient beaucoup d'épitaphes encastrées, ou attachées ; mais elles ne mentionnaient aucun personnage bien notable. A la porte de l'ancienne école « sires Nicoles Verdereis, preste chapelain de Saint-Vincent, qui donna pour les escolliers de ceste escolle » sous de cens annueis ; et morut l'an de grâce MCCC, lendemain des Innocens. » — Au bas de l'escalier qui monte vers le fond de l'église, messire Antoine-Vincent de Noguez, doyen et chanoine de cette cathédrale, vicaire général dn diocèse, abbé de Saint-Sever de Rustan, mort le 27 mars 1781, à soixante-quinze ans. — Nous terminerons par Guédon, qui mérite que l'on recueille son épitaphe ; car c'est à lui qu'on doit la copie de toutes les autres, qu'il s'empressa de transcrire quand il vit le Chapitre de 1755 décidé à les supprimer, pour avoir le beau pavé uniforme qui brille de netteté, à la place de tant de funèbres dalles, donnant jadis à la cathédrale l'apparence d'un vaste et antique cimetière. Il mourut le 6 juin 1759, à soixante-douze ans, et fut inhumé dans la grande allée du cloître, au côté gauche en entrant de la porte de l'ancienne bibliothèque. Son épitaphe, en style un peu

ledit guichet fermera du dedans, et que le maistre marlier, (marguillier) en aura la clef. Et priera-t-on monss^r de Verdun de ne faire sa clef commune, s'étendant ledit privilége à lui seul, et non à aultre. » Registre, 19 février 1561.

maniéré, et à redondances cicéronniennes de goût classique, fut
gravée aux frais du Chapitre, en reconnaissance et mention honorable de ses services, comme archiviste, pendant trente ans : *Vene-*
rabilis vir Nicolaus Guédon, hujus ecclesiæ canonicus, et de illâ
insigniter meritus, ejus usibus, juribus, ritibus, tenendis, tuendis,
tradendis, studio, consilio, calamo totâ virtute incubuit, cartophy-
lacium hucusquè neglectum collegit, digessit, descripsit, per xxx
annos direxit; ceremoniarum ordinem antè memoriæ commissum
litteris mandavit; de rebus, de actis, de personis ecclesiæ multa
conquisivit consignavitque valdè utilia. Cui Capitulum decrevit
sumptibus suis ponendum hocce grati animi perenne monimentum.
Cette épitaphe, du meilleur style lapidaire que l'on connût alors,
fit honneur à Langlois, chargé de la composer, comme parent du
défunt.

Telle était l'ancienne cathédrale, avec ses inscriptions et ses monuments. Nous nous sommes borné à ce qu'elle renfermait de plus
remarquable; et, si le lecteur trouve cette notice un peu longue,
il nous saura du moins gré de ne l'avoir pas allongée par des
phrases, et de nous en être tenu à ce qui pouvait présenter quelque
intérêt historique.

FIN DU DEUXIÈME VOLUME.

TABLE DES MATIÈRES

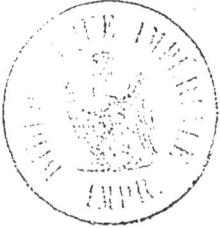

LES INVESTITURES.

PÉRIODE DE TRANSITION A LA COMMUNE.

De 1150 à 1200 environ.

PÉRIODE COMMUNALE.

Treizième siècle.

INSTITUTIONS.

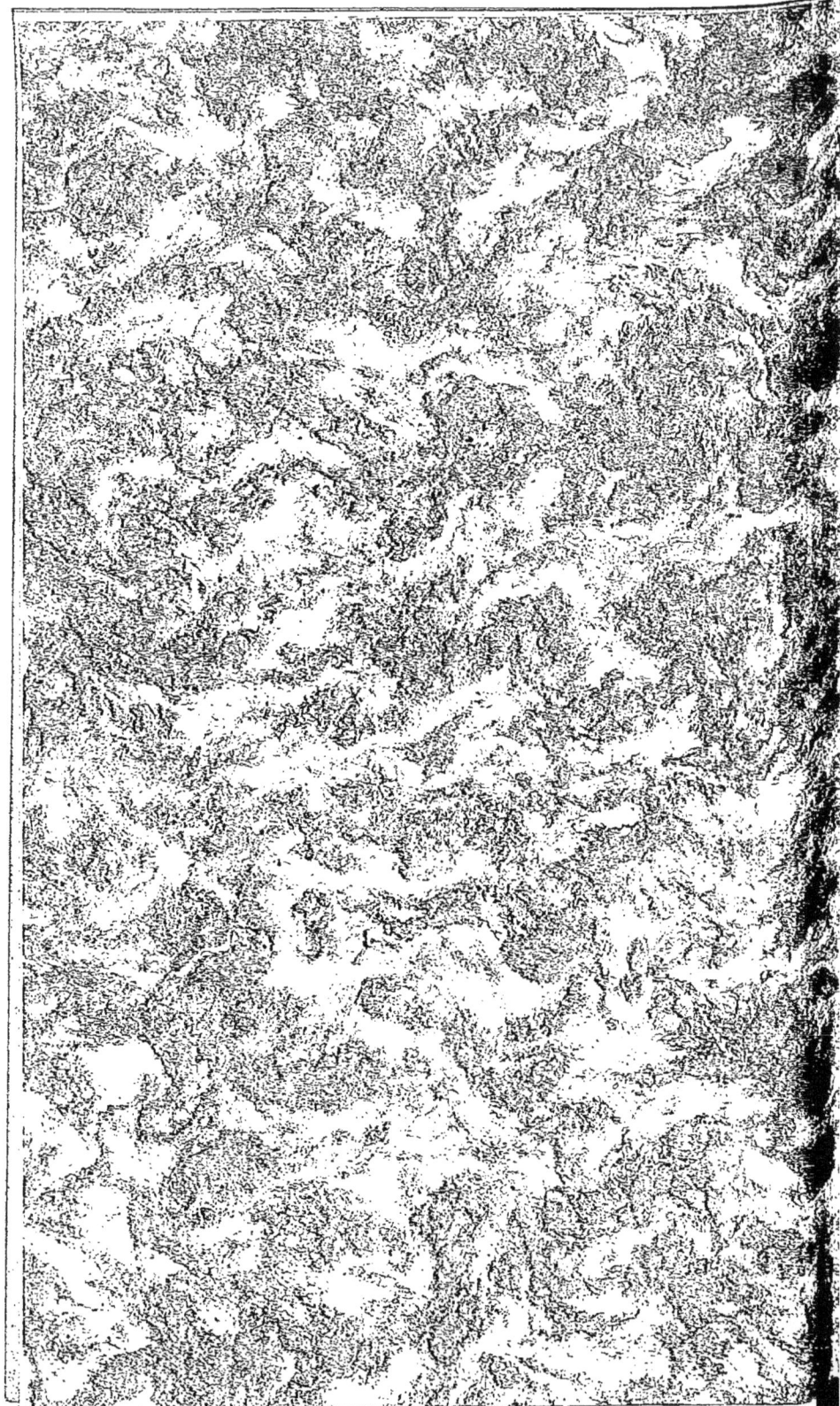

BIBLIOTHEQUE NATIONALE DE FRANCE

3 7502 04229772 3

www.ingramcontent.com/pod-product-compliance
Lightning Source LLC
Chambersburg PA
CBHW060845220326
41599CB00017B/2395

9 782013 020183